晋城年鉴

(2020)

中共晋城市委党史研究室
晋城市地方志研究室 编

http://www.jcgov.gov.cn/book/jcnj/2020/mobile/index.html

方志出版社
Publishing House of Local Records

图书在版编目(CIP)数据

晋城年鉴. 2020 / 中共晋城市委党史研究室,晋城市地方志研究室编. --北京:方志出版社, 2020.11

ISBN 978-7-5144-4433-9

Ⅰ. ①晋… Ⅱ. ①中… ②晋… Ⅲ. ①晋城—2020—年鉴 Ⅳ. ①Z522.53

中国版本图书馆CIP数据核字(2020)第251316号

晋城年鉴(2020)

编　　者: 中共晋城市委党史研究室
　　　　　晋城市地方志研究室
责任编辑: 黄　彦

出 版 者: 方志出版社
　　地址　北京市朝阳区潘家园东里9号(国家方志馆4层)
　　邮编　100021
　　网址　http://www.zgfzcb.cn
发　　行: 方志出版社图书经销中心
　　电话　(010) 67110500
经　　销: 各地新华书店
印　　刷: 山西智慧景潮包装印刷有限公司

开　　本: 889×1194　1/16
印　　张: 23.75
字　　数: 698千字
版　　次: 2020年11月第1版　2020年11月第1次印刷
印　　数: 001～800册

ISBN　978-7-5144-4433-9　　定价: 380.00元

《晋城年鉴》编纂委员会

办公电话：0356-8981010　8981088

办公地址：山西省晋城市文博路 373 号

市档案馆 7 楼

邮　　编：048026

电子信箱：jcnjbzwyh@126.com

晋城市地图

审图号：晋 S（2020）005 号

上党区
长
治
市
陶清河水库
河
南
太
省
高平市
北城街道
神农镇
寺庄镇
永禄乡
三甲镇
陈区镇
建宁乡
金泉山
王村水库
野川镇
米山镇
米山水库
北诗镇
河西镇
石末乡
石末水库
杨村镇
秦家庄乡
平城镇
板山
陵川县
崇文镇
礼义镇
六泉乡
西岭山
陈家园水库
蚂蚁山
古郊乡
潞城镇
附城镇
西河底镇
石门山
夺火乡
马圪当乡
前岭
北义城镇
巴公镇
高都镇
任庄水库
北石店镇
北街街道
泽州县
金村镇
城区
东街街道
晋城市
柳树口镇
晋庙铺镇
丹河
白水河
白洋泉河
大东仓河
武家湾河
香磨河
大沙河
石门河
峪河
太行山
南
河
马村区
中站区
焦作市
修武县
图 例
市级行政中心
县级行政中心
乡、镇、街道
省 级 界
市 级 界
县 级 界
河流、湖泊
舜王坪 山 峰
比例尺 1：380 000

山西省自然资源厅 监制

习近平同志在晋城

2009 年 5 月 24 日，习近平在洞头村

2009 年 5 月 24 日，时任中共中央政治局常委、中央书记处书记、国家副主席习近平在山西考察期间，莅临晋城，深入城区钟家庄办事处洞头村，详细询问小麦田间管理、农村经济发展、农村基层组织建设等情况，对洞头村发展给予了深切厚望和谆谆嘱托。

2009 年，洞头村开始突破传统农业束缚，借鉴他山经验，试水城郊生态旅游。2010 年，引进长江实业等企业入驻，建立培训中心；鼓励百姓开办农家乐，大力发展城郊旅游，广开脱贫致富门路。村里先后完成采摘园、农业科技馆、老年活动中心、污水处理管网、文化广场、水冲式公厕等项目建设。2012 年，洞头村红色旅游、生态旅游的品牌效应初步形成，年接待游客 10 万余人次。2019 年，洞头村农家乐收入约 100 万元，营业总收入 130 多万元。

洞头村在总书记的指引下，内练苦功、精准发力，不断把总书记视察洞头的政治优势转化为发展的实际行动，以“洞头速度”实现从“跟跑”到“领跑”的跨越。可以说洞头村的成长和发展史是习近平新时代中国特色社会主义思想的生动实践。

2009 年 5 月 24 日，习近平在洞头村考察调研

洞头村全貌

洞头旅游公路

奋进新时代　筑梦新征程

从1949年到2019年，时光跨越了整整七十个春秋。

七十年的矢志不渝，七十年的凤凰涅槃。在中国共产党的坚强领导下，晋城辟除榛莽、砥砺前行，书写了一段段瑰丽的发展奇迹，让这座古老而又年轻的城市发生了令人瞩目的巨变。

晋城坚持以经济建设为中心，经济结构持续优化，增长动能日趋多元，综合实力不断增强。

晋城坚持城乡统筹协调发展，基础设施日臻完善，人居环境日益改善，城乡面貌焕一然。

晋城坚持“走出去引进来”，改革力度不断加大，开放领域持续拓展，发展水平显著提升。

晋城坚持倾情倾力办实事，民生事业全面进步，人民生活更加富足，幸福指数不断攀升。

晋城坚持全面加强党的建设，旗帜鲜明讲政治，狠抓基层筑堡垒，执政能力全面过硬。

抚今追昔，晋城人民不畏艰难，应势而动，乘势而上，实现了从传统计划经济向社会主义市场经济的历史性转变，从农村改革向全面深化改革的历史性转变，从相对封闭向全方位开放的历史性转变，从人民生活温饱不足向小康富裕的历史性转变，从建设煤炭和煤化工基地向建设转型综改示范区的先行区、能源革命排头兵的领跑者、对外开放新高地的桥头堡的历史性转变。

奋进新时代，筑梦新征程。中共晋城市委、市政府坚定以习近平新时代中国特色社会主义思想为指引，带领234万晋城人民以奋楫者先的豪气，奋力推动新时代美丽晋城高质量转型发展取得新成果。

城市夜景

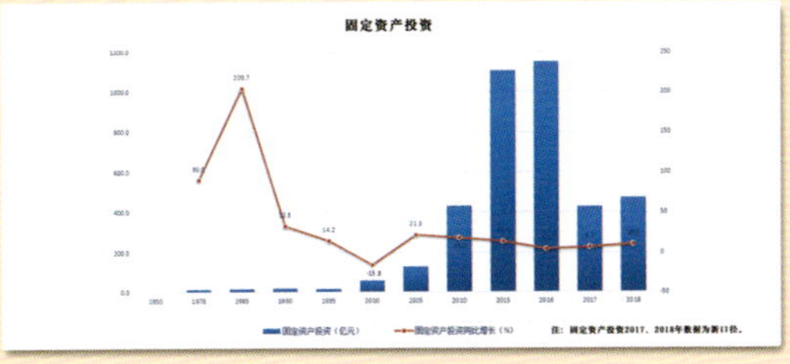
固定资产投资

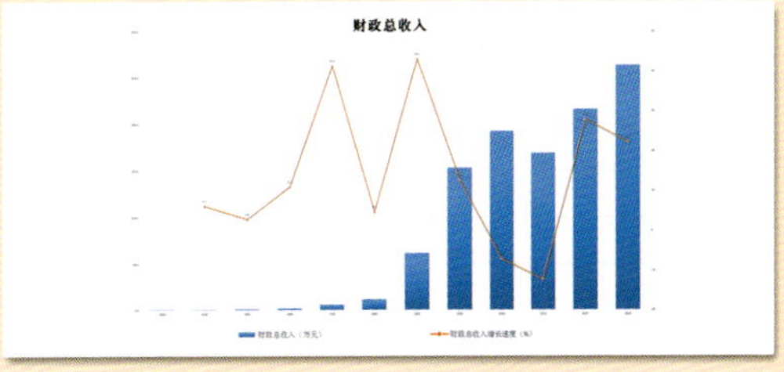
财政总收入

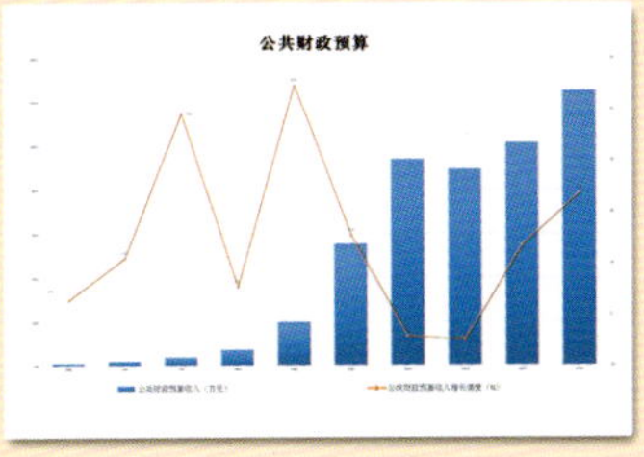
公共财政预算

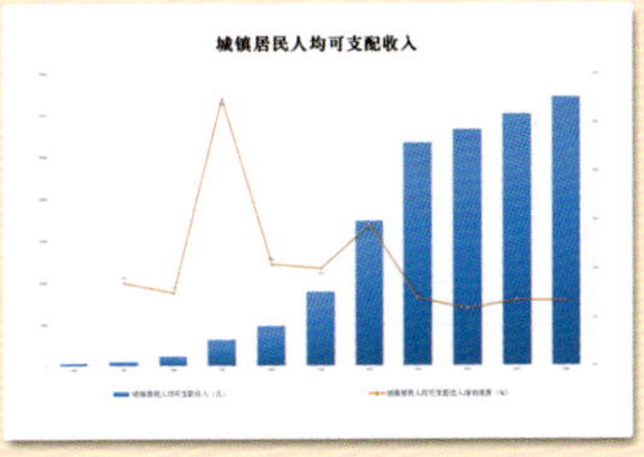
城镇居民人均可支配收入

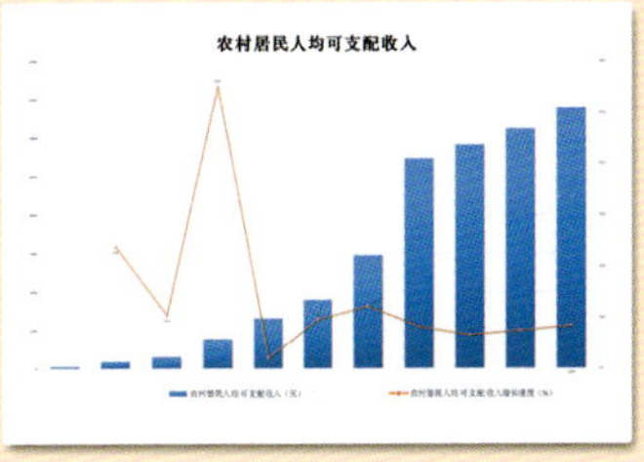
农村居民人均可支配收入

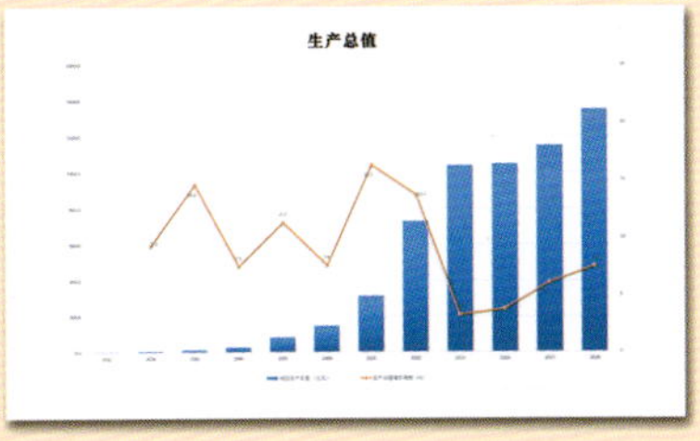
生产总值

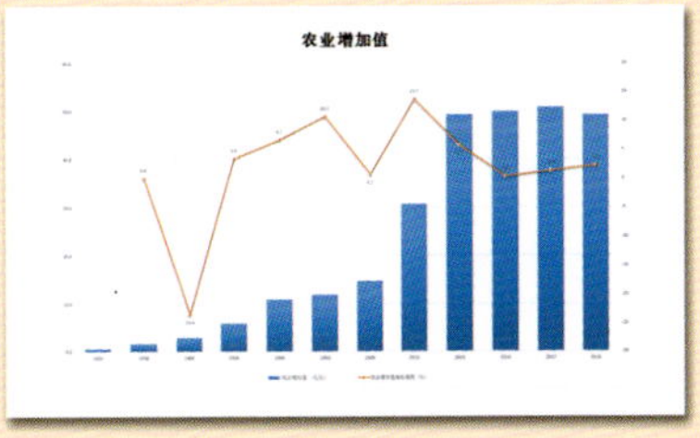
农业增加值

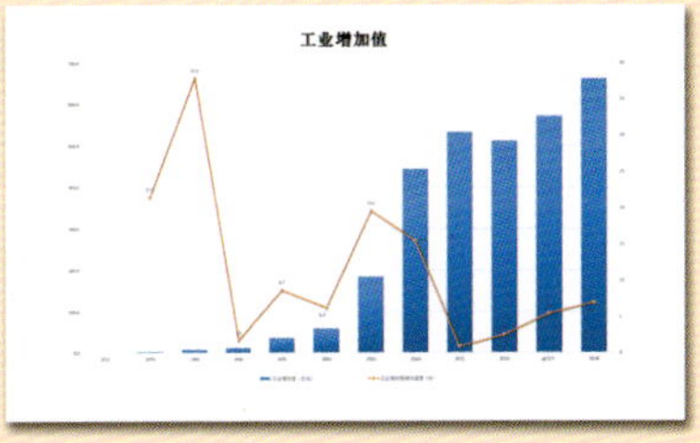
工业增加值

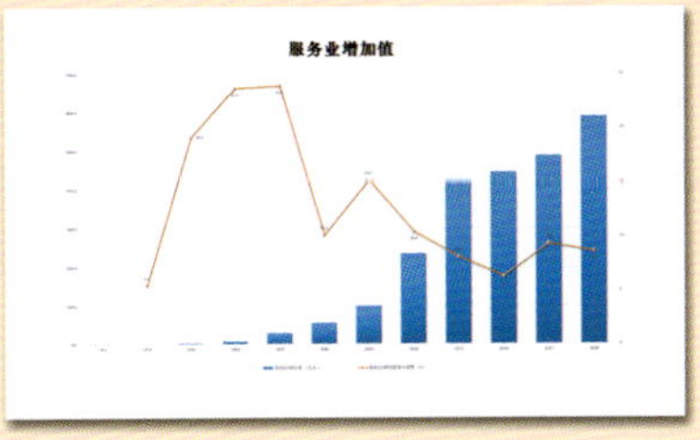
服务业增加值

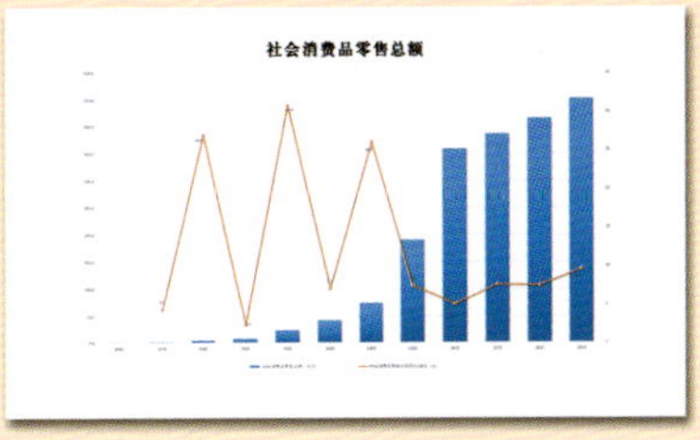
社会消费品零售总额

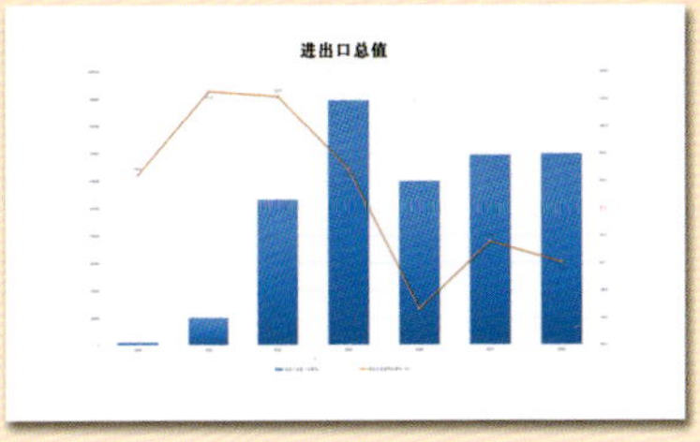
进出口总值

奋进步履

市人民广场

七十年砥砺奋进，七十年开拓进取，特别是沐浴着改革开放的春风，让建市只有 34 年的晋城发生了翻天覆地的变化。

国资国企改革持续深化，从扩权让利到转换企业经营机制，再到国有资产监督管理体制改革，国有经济的影响力和竞争力显著增强。

农村改革不断破题，从实行家庭联产承包责任制，到小康建设领先全省，再到全面建成小康社会，全力推进脱贫攻坚，为乡村振兴注入更大活力。

外向型经济发展水平持续提升，对外投资和经济合作经历了由小到大、由弱到强、由区域到全球的发展过程，外向型经济发展动能不断增强，实现量质齐升的嬗变。

科教文卫体制改革不断深入，改革发展成果惠及更多群众，学有所教、劳有所得、病有所医、老有所养、住有所居，人民的获得感、幸福感更加充实、更有保障、更可持续。

今日阳城

今日沁水

今日陵川

今日高平

经济建设成绩斐然 综合实力明显增强

晋煤蓝焰煤层气输气中心

70 年来，中国共产党领导晋城人民进行了大规模社会主义建设，经济总量逐步扩大。特别是改革开放以来，晋城经济进入快速发展通道，经济总量连续迈上新台阶。近年来，我们坚持“晋城的事，大家想、大家说、大家干”，解放思想、凝聚共识、先行先试，千方百计破解发展不平衡不充分的主要矛盾，全力以赴建设转型综改示范区的先行区、能源革命排头兵的领跑者、对外开放新高地的桥头堡，全市经济综合实力显著提升。全市地区生产总值年均增长 8.7%，2019 年达到 1355.2 亿元，是 1952 年的 1751 倍，是 1978 年的 225 倍。全市人均地区生产总值由 1952 年的 72 元增加到 1978 年的 345 元，再到 2019 年的 57714 元，增长了 802 倍。全市财政总收入 2019 年完成 281.2 亿元，是 1952 年全口径财政收入的 8680 倍，是 1978 年的 443 倍。

晋城市光伏和风电产业

山西高平凯永现代生态循环农业园区

华昱煤化

阳电具有国际先进水平发电机组

产业结构优化升级 高质量转型步履坚实

“大气源”项目南村门站

70年来，晋城的产业结构发生了根本性变化，特别是党的十八大以来，全市产业结构转型升级，投资消费深刻变化，两只翅膀腾飞、三足鼎立支撑的高质量转型格局初步构建，一、二、三产业比例由1952年的78.6∶10.5∶10.9调整为1978年的27.5∶55.6∶16.9再到2019年的4.1∶54.0∶41.9，经济发展的“含金量”“含新量”“含绿量”不断增加。农业生产由传统农业向现代农业快步迈进，2019年全市第一产业实现增加值47.5亿元，是1978的28.8倍，是1952年的77.7倍。工业发展由弱到强，经济规模在发展中调整、在调整中优化，2019年全市规模以上工业企业总产值1520.3亿元，是1978年全部工业总产值的146倍，是1949年的6295倍。服务业发展突飞猛进，消费市场繁荣兴旺，2019年，全市第三产业增加值571.6亿元，是1952年的6764.8倍，年均增长12.4%；全市社会消费品总额490.3亿元，是1949年的3571倍，年均增长12.5%。

“智能晋城·数创未来”——数字中国行晋城峰会

晋城太行一号国家旅游风景道（沁水段）

富士康工业园区

基础设施全面升级 城乡面貌焕然一新

晋城市政务服务中心

70 年来，全市城市建设和基础设施建设发生质的飞跃，交通、通信、能源供应等瓶颈制约不断缓解，城市化水平显著提升。中心区路网拉大城市框架，高速路网四通八达，“铁公机”“岸港网”统筹推进，全省率先实现市域交通公交化，综合立体交通体系正在形成。全市公路通车里程由 1949 年的 60 公里延伸到 2018 年的 9651 公里。建成区面积稳步扩大，城镇化率由 1978 年的 8.34% 上升到 2019 年的 60.79%，历史上规模最大的老城更新与保护工程全面启动，丹河新城建设起步，一大批公用设施相继投入使用，城市综合承载力和辐射带动力显著提升。启动实施水源、热源、气源“三源”工程，加快智慧电网建设，水、电、气、暖等公用设施保障能力全面提升。全市信息通信网络迅猛扩张，手机普及率、互联网宽带接入用户、邮电业务总量大幅增长。

四好乡村公路

东上庄立交桥

新建成的山门街

正在建设中的太原至焦作高铁工程

居民收入显著增加 民生改善统筹推进

晋城市幸福汇老年养护服务中心

70 年来，全市城乡居民收入持续增长。2019 年全市城镇常住居民人均可支配收入 34627 元，是 1978 年的 115 倍。农村常住居民人均可支收入 14809 元，是 1978 年的 130 倍。脱贫攻坚取得决定性进展，陵川县、沁水县两个省定贫困县摘帽，全省首家实现整市脱贫。教育、医疗、卫生、科技等一大批惠民举措落地实施，覆盖城乡居民的社会保障体系基本建立，教育事业蓬勃发展，人民健康和医疗卫生水平大幅提高，全社会科技投入显著增加，区域教育核心竞争力明显增强，群众安全感和满意度在全省实现“七连冠”，成功入选“中国地市级民生发展 100 强”。

晋城市福利院儿童公寓

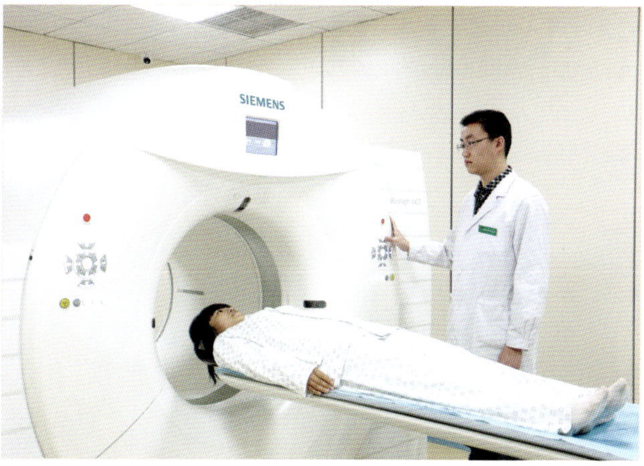

晋城大医院具有世界一流水平的 PET-CT

晋城市城区汇仟小学

晋城市鸿禧限价房小区

生态文明持续向好　美丽晋城再谱新篇

70年来，全市持之以恒推进生态文明建设，美丽晋城建设力度空前。全市森林面积383万公顷，森林覆盖率40.65%，生态建设绿色大网越织越密。“井”字型供水网络初具雏形，农村饮水安全得到有效保障，“河长制”开启水生态文明建设新篇章。强化重点领域节能和资源综合利用，大力发展清洁能源，加快丹河流域生态恢复治理，生态环境持续改善，污染防治攻坚战取得阶段性成果。全市园林绿地面积2067公顷，人均公园绿地面积14.6平方米。农林文旅康产业融合发展纵深推进，太行一号国家风景道加快建设，太行古城堡申遗工作全面启动，一批特色产业小镇、历史文化小镇、生态农业旅游小镇和美丽乡村加快建设，国际花园城市、国家园林城市、全国卫生城市、全国绿化模范城市、国家森林城市等荣誉花落晋城。

第二届全国青年运动会晋城赛区

中国首部大型古堡实景剧《古堡！古堡！》

2008 年完成的亚行煤层气项目城西储配站 8 万立方米气柜

司徒小镇

丹河流域生态恢复治理

党的建设卓有成效 干事创业氛围浓厚

70 年来，晋城市始终坚持加强党的建设，把实现好维护好发展好最广大人民根本利益作为出发点和落脚点，开辟党的建设新境界。特别是近年来，坚决落实市委“以党建引领发展，把党建融入发展，用党建推动发展，靠发展检验党建”的党建工作要求，全面加强政治建设，推动习近平新时代中国特色社会主义思想往深里走、往实里走、往心里走，引导全市党员干部群众增强“四个意识，坚定“四个自信”，做到“两个维护”。树立干事导向，强化“三基建设”，基层党组织全面进步、全面过硬，干事创业氛围日益浓厚。从严正风肃纪，严厉整治形式主义、官僚主义和不作为、慢作为、乱作为问题，始终保持惩治腐败高压态势，不断推动全面从严治党向纵深推进。

2019 年 9 月 10 日，晋城市“不忘初心、牢记使命”主题教育动员部署会议召开

2019 年 9 月 2 日，中共晋城市委七届七次全体会议召开

2019 年 2 月 18 日，晋城市“改革创新、奋发有为”大讨论动员部署会召开

传承红色基因 · 唱响太行精神

（注：“中华人民共和国成立 70 周年晋城市发展成就”图片、文字来源于中共晋城市委新闻中心、晋城在线，数据来源于《晋城统计年鉴 2020》《晋城市 2019 年国民经济和社会发展统计公报》。）

行政区划调整正式启动
优化生产力布局谋求战略突破

在 2019 年 11 月 21 日举行的中国共产党晋城市第七届委员会第八次全体会议上，审议通过了《晋城市部分行政区划调整方案》，标志着晋城市行政区划调整正式启动。实施行政区划调整，既是省委、省政府交给晋城市的一项重大政治任务，也是晋城市更好地发挥区位优势、解决经济社会和城市发展突出问题和矛盾的迫切需要，更是激发晋城市发展内生动力的重要举措，是大势所趋、势在必行。实施行政区划调整，有利于破除各县（市、区）之间的产业同构和重复性建设，提升区域竞争力和整体发展活力，形成分工合理、布局有序的产业体系；有利于吸纳周边人口向中心城区集聚，统筹推进区域和城乡协调发展，加快新型城镇化建设步伐；有利于进一步优化城市建设和改革管理体制，提升城市管理效能和管理水平，增强中心城区的辐射带动能力。对于进一步调整优化更加科学、更加合理的生产力布局，为发展增加动力、增添活力，推动高质量转型发展实现战略突破具有里程碑意义。这项工作启动以来，领导重视、群众期盼，受到广泛关注。

2019 年 11 月 21 日，中共晋城市委七届八次全体会议召开

（张 培 摄）

新一轮党政机构改革顺利完成 转型发展机制保障更加健全

市纪律检查委员会监察委员会机关
市委办公室
市委组织部
市委宣传部
市委统一战线工作部
市委政法委员会
市委政策研究室
市委全面深化改革委员会办公室（设在市委政策研究室）
市委全面依法治市委员会办公室（设在市司法局）
市委国家安全委员会办公室（设在市委政法委员会）
市委网络安全和信息化委员会办公室
市委财经委员会办公室（设在市发展和改革委员会）
市委外事工作委员会办公室（设在市政府外事办公室）
市委机构编制委员会办公室
市委审计委员会办公室（设在市审计局）
市委教育工作领导小组办公室（设在市教育局）
市委农村工作领导小组办公室（设在市农业农村局）
市直属机关工作委员会
市委巡察工作办公室
市委老干部局
市精神文明建设指导委员会办公室

中共晋城市委机构设置表　　（来源：晋城在线）

市政府办公室
市发展和改革委员会
市教育局
市科学技术局
市工业和信息化局
市公安局
市民政局
市司法局
市财政局
市人力资源和社会保障局
市规划和自然资源局
市生态环境局
市住房和城乡建设局
市城市管理局
市交通运输局
市水务局
市农业农村局
市商务局
市文化和旅游局
市卫生健康委员会
市退役军人事务局
市应急管理局
市审计局
市政府外事办公室
市市场监督管理局
市体育局
市统计局
市医疗保障局
市行政审批服务管理局
市信访局
市政府金融工作办公室
市能源局
市人民防空办公室
市大数据应用局

晋城市人民政府机构设置表　　（来源：晋城在线）

新一轮党政机构改革是晋城市在“两转”基础上全面拓展党的建设和党的事业新局面、新时代美丽晋城高质量转型发展取得良好开局的关键时期进行的一次重大改革，是对党委、政府组织结构和管理体制的一次系统性、整体性重构。改革后，市级共设立党政机构 47 个，其中：市委机构 13 个、市政府工作部门 34 个；6 个县（市、区）共有党政机构 210 个。承担行政职能的事业单位改革纳入党政机构改革，统筹推进、同步实施，市级精减事业单位 2 个，县级精减 10 个。通过改革，健全了党对深化改革、依法治市、国家安全、网络信息、财经、机构编制、外事、审计、教育、农业农村、精神文明等重大工作的领导；理顺了体制机制，适应新时代、新形势、新要求的机构职能体系主体框架初步建立，重点对自然资源确权登记、城乡污染排放监管、农业投资项目管理、城乡医疗保障、退役军人事务保障、应急管理、国家物资储备、城市管理、煤矿安全等职责作了调整优化。新一轮党政机构改革，为高质量转型发展提供了更加健全的机制保障。

2019 年 1 月 15 日，晋城市机构改革动员大会召开　　（来源：“太行日报”微信公众号）

相对集中行政许可权取得突破
“一枚印章管审批”经验全省推广

市委书记张志川（中）在相对集中行政许可权改革（试点）审管衔接备忘录签署暨集中审批印章启用仪式上讲话

（程立胜　摄）

2019年4月28日，相对集中行政许可权改革（试点）审管衔接备忘录签署暨集中审批印章启用仪式在市政务大厅举行，标志着晋城市在全省率先启动“一枚印章管审批”改革。改革后，市级集中了29个部门313项行政许可及关联事项，封存了45枚审批印章，探索形成了1个清单、7项制度、29份审管衔接备忘录“1729”制度体系。晋城市行政审批发生五个转变，即审批方式由“碎片化”向“集成化”转变，审批流程由“差异化”向“标准化”转变，审批理念由“严审批”的权力思维向“尽快办”的服务思维转变，“放管服效”政策由“落地慢”向“见效快”转变，群众办事由“多门跑”向“进一门”转变。10月29日，全省相对集中行政许可权改革现场推进会议在晋城市召开，全省各市县开始推广复制晋城经验。11月14日，全省深化“放管服效”改革优化营商环境电视电话会议召开，再次明确全省推广晋城模式。率先在全省开展市县两级相对集中行政许可权试点改革，体现了晋城市在全省“放管服”改革中的重大使命担当。

市长刘锋封存各单位审批用章　　（程立胜　摄）

市长刘锋（前左）启用审批专用章并盖发首张“营业执照”

（程立胜　摄）

老城更新保护、丹河新城建设加速推进城市品质进一步提升

2019 年 6 月 18 日，丹河新城金村起步区招商推介大会在市文体宫召开

（来源：“晋城市泽州县人民政府”微信公众号）

2019 年，市委、市政府继续把老城更新与保护作为一项重要民生工程，统筹推进，分步实施，夯实责任，倒排工期，挂图作战。截至年底，老城一期居民住宅征收完成 3589 户，完成率 99%，工建征收完成 113 处，完成率 95%。老城改造进入到由拆到建的新阶段。“五个二”建设项目进展顺利，“两路”具备通车条件，“两街两河”正在加紧施工，“两会两园”正在进行规划。南大街立面改造让这条有着五百年历史的老街焕发新颜，城市形象更加靓丽。与此同时，市委、市政府践行新型城市理念，站在有利于晋城长远发展的高度，高标准规划建设以金村新区、柳泉新区、空港新区为主的丹河新城，并作为“一体两翼”高质量转型发展的战略重点和战略支点，着力构建主城区之外新的增长极，成立了丹河新城投资建设集团有限公司，高标准制定了《金村新区控制性详细规划》《金村新区开发建设实施方案》等，举办了丹河新城金村起步区招商推介大会，起步区 24 项基础设施建设项目全面开工，总投资 200 亿元的金村起步区基础设施建设项目取得实质性进展。对接企业 100 余家，与中铁七局、中船重工等十余家央企国企积极合作，完成第一批 511 亩的土地招拍挂，获得土地出让收入 17. 7 亿元。第二、三批土地招拍挂工作正在有序推进。2020 年 1 月 1 日，丹河新城金村起步区建设暨教育园区正式开工，标志着丹河新城建设全面迈入快车道。

改造后的南大街　　（来源：市委新闻中心）

2019 年 10 月 1 日，丹河新城金村起步区建设项目集中开工仪式举行

（程立胜　摄）

举全市之力创建全国文明城市
城市面貌大改观市民素质大提升

2019 年是晋城市创建文明城市的巩固提升年，是历届市委、市政府重视程度最高、投入力度最大、参与人数最广、人民群众满意度最高的一年。工作中，全市上下群策群力、勠力同心，大力弘扬文明新风，积极践行社会主义核心价值观，深化群众性精神文明创建，不断提高未成年人思想道德水平，加快美丽乡村建设。各级各部门始终对标一流，坚决把少失分得高分作为攻坚冲刺的终极目标。实行军令状管理，建立五色十星星级评定、每月通报约谈、单位社区联点共建等机制，带动文明村镇、文明单位、文明校园、文明家庭一体创建，全市一半以上的行政村成为县级以上文明村，20% 以上家庭成为星级文明户，并通过修建人行天桥、文明交通志愿者劝导、背街小巷改造、停车位应划尽划、15 分钟便民生活圈打造、空中蜘蛛网整理、校园周边环境整治等一系列举措，切实解决了群众最关心、最直接、最现实的利益问题。市区交通环境畅通便捷、居住环境干净整洁、生活环境舒适便利、校园周边安全有序，城市秩序井然、出行便利、干净卫生、生态良好，城市的颜值和群众的满意度、舒适感、安全感和幸福感双提升。农村人居环境得到持续改善，农村基础设施建设和农村公共服务水平全面提升，拆违治乱、垃圾治理、污水治理、厕所革命、卫生乡村等工作取得实效。创文的氛围日益浓厚，创文的成效逐渐显现。文明意识扎根到广大人民群众的日常生活中，让晋城更有“温度”。

2019 年 6 月 13 日，晋城市 2019 年创建全国文明城市攻坚大会召开（赵文肖　摄）

2019 年 11 月 15 日，“传承好家风　共建文明城”第二届晋城市文明家庭颁奖典礼举行（宋鹏鹏　摄）

“晋文文的夏天”创文文艺系列演出活动（韩艳帅　摄）

创文明城市　展校园风采（李　伟　摄）

两个《条例》颁布实施
为城乡发展提供良好法治环境

2019 年晋城市出台了《晋城市村庄规划建设条例》和《晋城市城市绿化条例》，为乡村振兴战略实施和城市生态文明建设提供了重要制度保障。《晋城市村庄规划建设条例》在有效解决村庄规划缺位、不规范，充分发挥引领、管控作用，解决村庄规划建设管理中存在的重发展建设、轻规划管理等问题，统筹推进村庄合理布局、村民建房管理、乡村产业发展、基础设施建设以及生态环境保护等方面作出了规范指引，标志着全市农村村庄规划建设步入了法治化新轨道，对于晋城市进一步加强农村村庄规划建设管理，改善农村人居环境，集约节约利用土地，建设美丽乡村，加快推进实施乡村振兴战略具有重要意义，开启了乡村振兴战略的晋城新篇章。《晋城市城市绿化条例》赋予城市绿化主管部门特定管理手段，对绿化缺建补偿形式加以细化，明确了临时占用绿地及恢复、城市绿地养护管理责任、病虫害防治、古树名木保护、树木砍伐补种、违法行为举报及侵害绿化设施的禁止行为，为城市绿化工作规范有序开展提供了有力制度支持，填补了晋城市城市绿化立法的空白，对于保护城市绿化成果、发展城市绿化事业、建设宜居宜业晋城具有重大意义。

城区西上庄办事处牛山村　　（来源：“太行日报”微信公众号）

12 月 6 日，发布《晋城市村庄规划建设条例》和《晋城市城市绿化条例》　　（来源：晋城在线）

白马寺山森林公园　　（来源：“太行日报”微信公众号）

市域公交一体化全省领先
高铁（速）机场建设取得新进展

2019年市委、市政府通过大力实施公共交通发展战略，积极构建“城际、城市、城乡、镇村、旅游”五位一体公交服务体系，基本实现城市公交有效衔接，城际公交同城相接，城乡公交无缝对接，镇村公交全部连通，旅游公交一站直通的“五级公交体系”，在全省率先完成“市域公交一体化”。全市共有公交线路450余条，公交车辆1538台，城乡公交覆盖了全市74个乡镇；镇村公交通达1863个建制村，镇村公交覆盖率达到91%，极大方便了全市人民的出行，让广大城乡居民享受到了交通发展的红利。与此同时，继续加大力度推进高铁、机场、高速公路等重大交通基础设施建设，立体交通体系正在加速完善。太郑高铁晋城市境内76千米，路基、桥梁、隧道全部完工，已转入铺轨阶段。晋城东站站房工程2019年10月全面开工。太郑高铁将于2020年底如期通车；机场公司组建成立，民航局对晋城新建民用机场场址进行批复，编制完成预可研报告，由省发改委上报民航局审查；阳蟒高速公路通过交工验收，具备通车条件。晋城东南过境高速公路编制完成工程可行性研究报告提交省交通运输厅进行技术审查，并完成特许经营项目实施方案、规划选址报告和土地预审基础资料的编制等。

2019年12月12日，山西晋城新建民用机场工程预可行性研究报告评估会召开 （来源：晋城在线）

太焦高铁白水河特大桥成功转体 （来源：晋城在线）

阳蟒高速公路全线贯通 （来源：“山西高速公众服务平台”微信公众号）

深化开发区改革创新
县县都有了省级开发区

2019 年 8 月 18 日，阳城经济技术开发区正式挂牌成立

（来源：“太行日报”微信公众号）

2019 年 7 月 18 日，山西省考察组在陵川县考察生态文化旅游示范区建设工作

（来源：“陵川电视台”微信公众号）

2019 年，市委、市政府把加快开发区改革创新作为实现转型发展的第一抓手，推动全市开发区建设在“三化三制”改革、基础设施建设、创优营商环境等方面取得了积极成效，助推开发区改革创新再出发。在深化“三化三制”改革方面，晋城市先后出台支持开发区改革创新发展的“黄金政策 18 条”和支持开发区加快发展“8 条”措施，通过财税分成、职权下放、用地保障、人才引进、骨干培训等方面给予直接支持，在优化空间布局、创新体制机制、扩大招商引资、创优营商环境等方面寻求突破。截至年底，晋城经济技术开发区和高平开发区“三制”改革基本完成，陵川生态文化旅游示范区获批，全市开发区“1+3+1”（即 1 个国家级经济技术开发区、3 个省级经济技术开发区和 1 个省级生态文化旅游示范区）目标任务圆满完成，设立工作排全省第二。随着改革创新步伐的加快，全市开发区发展活力倍增、发展势头迅猛，在高质量转型发展中的主战场、主引擎作用进一步凸显。2019 年，全市开发区立足产业定位，强化招商引资，共引进项目 34 个，总投资 122 亿元，17 个项目开工建设，实际到位资金 10. 5 亿元，开发区初步形成以光机电、生物医药、现代陶瓷、煤层气综合利用等为主的差异化、错位式发展产业格局。

山 西 省 人 民 政 府

晋政函〔2019〕127 号

山西省人民政府
关于同意设立陵川生态文化旅游
示范区的批复

晋城市人民政府：

你市《关于设立陵川生态文化旅游开发区的请示》（晋市政〔2017〕37 号）收悉。经研究，现批复如下：

一、同意设立陵川生态文化旅游示范区，纳入省级开发区管理序列。

二、陵川生态文化旅游示范区总规划面积 525 平方公里，由南北两个片区构成。其中：

北片区面积 295 平方公里，以王莽岭风景区、棋子山森林公园、锡崖沟为核心，四至范围：北至六泉乡烟水村、南至古郊乡南边村、东至古郊乡锡崖沟村、西至古郊乡大路沟村。

南片区面积 230 平方公里，以上云台风景区、凤凰欢乐谷、塔水河遗址为核心，四至范围：北至佛水村、南至望洛村、东至水渔村、西至寺南岭村。

三、陵川生态文化旅游示范区以文化旅游和康养产业为主导发展产业。

四、你市要根据国家、省、市有关规定和要求，认真贯彻落实省委、省政府《关于开发区改革创新发展的若干意见》精神，加强对陵川生态文化旅游示范区的领导，依据城市总体规划和土地利用总体规划，结合当地文化旅游资源优势，组织编制陵川生态文化旅游示范区总体规划。

五、陵川生态文化旅游示范区要组织编制示范区规划环境影响报告书，报相应生态环境部门审查。要高度重视安全生产工作，严格落实责任，全面提高监管水平，确保人民群众生命财产安全。

六、省商务厅、省文旅厅要会同有关部门做好指导、管理和服务工作。要加强景区配套设施和旅游公路等建设，加大景区及周边环境整治力度；要提升服务质量，推进旅游服务标准化；要创新体制机制，探索适应生态文化旅游业态特点的改革模式，切实激发示范区发展活力。

山西省人民政府

2019 年 12 月 25 日

（此件公开发布）

抄送：省委编办，省发展改革委，省工信厅，省司法厅，省自然资源厅，省生态环境厅，省商务厅，省文旅厅，省国家安全厅。

— 2 —

山西省人民政府关于同意设立陵川生态文化旅游示范区的批复　　（来源：“山西省人民政府”网站）

“两只翅膀腾飞、三足鼎立支撑”产业定位清晰激发内生动力高质量转型发展全面提速

周村北留工业园　　（来源：“沁水关注”微信公众号）

2019 年 3 月 14 日，晋城市人民政府与富士康科技集团举行合作座谈会并签署光机电项目合作协议　（程立胜　摄）

“两只翅膀腾飞、三足鼎立支撑”是市委、市政府立足实际，着眼未来而确立的高质量转型发展思路，瞄准了晋城未来转型的战略性方向，即把先进制造业作为转型腾飞的一只翅膀，重点培育光机电产业，打造“世界光谷”；把煤层气作为转型腾飞的另一只翅膀，努力建设“一枢纽三基地一中心”；把煤化工作为支撑转型的一足，建设全国重要的现代煤化工基地；把铸造业作为支撑转型的另一足，努力建设“两基地一中心一集聚区”；把全域旅游作为支撑转型的第三足，依托太行古堡群和南太行风光，构建“一核、两带、三山、多点”的空间格局。为了助力高质量转型发展，市委围绕“人”和“地”两个核心，出台了《关于深化户籍制度改革助力高质量转型发展的实施办法》《关于盘活农村集体土地资源的实施办法》，大力宣传，用近两个月时间完成覆盖市、县、乡、村四级干部近万人的培训，在全市上下凝聚起推进高质量转型发展的强大合力。2019 年，全市制造业势头强劲，与富士康合作打造“世界光谷”取得实质性进展，250 亿元合同已经签署；煤层气产业动力十足，总投资 152 亿元的煤层气扩能项目加快推进，全市煤层气抽采和利用实现“双提升”；现代煤化工未来可期，投资 100 亿元的造气岛和煤化工升级项目顺利实施；铸造产业蓬勃发展，总投资 136 亿元的晋钢、南村两个铸造业园区快速推进；全域旅游亮点纷呈，晋城市荣获“中国国家旅游最佳文化旅游目的地”称号，全市接待旅游人数、旅游总收入再创新高，高质量转型发展全面提速。

煤化工　　（程立胜　摄）

煤层气　　（程立胜　摄）

“数字中国行·晋城峰会”举行 晋城大数据建设步入快车道

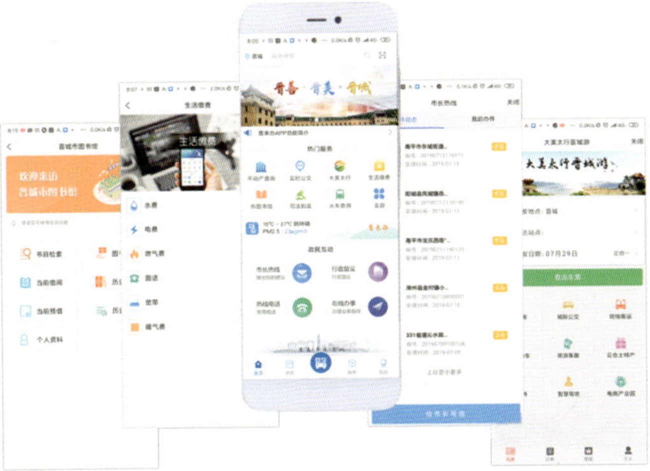

晋来办 App　　　　（来源：晋城在线）

2019 年 9 月 3—5 日，市委、市政府与阿里巴巴集团联合举办 2019“数字中国行·晋城峰会”，标志着晋城市大数据建设步入快车道。此次峰会，主题为“智能晋城 数创未来”，分为主论坛、主题演讲、展会展览三部分。与会专家围绕数字经济、交旅融合、智能制造、物联网及大数据应用进行主题演讲和案例分享，展示智慧城市应用的前沿技术与解决方案，发布了晋城市大数据发展应用特色成果。以此为契机，晋城市还主动与山西大学深入对接，协调 18 名大数据研究生开展课题研究，共建“大数据研究生教学实训晋城基地”；主动对接山西大数据中心和云时代公司，共建了“山西大数据晋城协同实验室”，进一步深化拓展对外交流合作，统筹协调引进优势资源落地晋城。建成了“一云一网一中心”，建成了涵盖 70%的人口、法人、宏观经济、信用“四大数据库”，从四个受众层面开发推广了晋 e 通、指尖办、晋来办、“一号通”四大应用系统，让广大老百姓享受到了大数据带来的便利。此外，晋城市还被确定为山西首批 5G 试点城市之一。

“智能晋城·数创未来”大数据科技应用展　　（来源：晋城在线）

2019 年 9 月 3 日，2019“数字中国行·晋城峰会”举行

（张 培 程立胜　摄）

数字晋城 2019

综　合

地区生产总值	1362.40 亿元
第一产业	55.60 亿元
第二产业	736.10 亿元
第三产业	570.70 亿元
人均地区生产总值	58024 元

人　口

常住人口	235.30 万人
男性	117.66 万人
女性	117.64 万人
出生人口	2.25 万人
死亡人口	1.26 万人

对外经济贸易

海关进出口总额	72.90 亿元
出口总额	10.40 亿元
进口总额	62.50 亿元
实际利用外资额	3.12 亿美元

能　源

能源生产总量	8595.11 万吨标准煤
社会用电量	211.12 亿千瓦时
向省外运输煤炭量	5965.20 万吨
向省外输送电力	182.00 亿千瓦时

物　价

居民消费价格指数	102.6
商品零售价格指数	101.4
工业生产者出厂价格指数	99.7
工业生产者购进价格指数	101.1

就　业

社会从业人员	143.38 万人
第一产业	45.56 万人
第二产业	39.58 万人
第三产业	58.24 万人
城镇就业人员	71.86 万人
乡村就业人员	71.52 万人

固定资产投资

全社会固定资产投资	523.00 亿元
第一产业	18.10 亿元
第二产业	201.10 亿元
第三产业	303.80 亿元

人民生活

居民人均可支配收入	25897 元
城镇居民人均可支配收入	34627 元
农村居民人均可支配收入	14809 元

农　业

农作物种植面积	17.10 万公顷
粮食种植面积	15.66 万公顷
粮食产量	64.20 万吨
设施蔬菜产量	8.50 万吨
肉类产量	13.20 万吨

数字晋城2019

工　业

规模以上工业企业单位数	294 个
原煤产量（全社会）	11257 万吨
煤层气产量	47 亿立方米
生铁产量	482 万吨
钢材产量	461 万吨
水泥产量	338 万吨
化肥产量	225 万吨
发电量	260 亿千瓦时

建筑业

建筑业企业单位数	164 个
建筑业企业总产值	89.40 亿元
房屋建筑施工面积	390.00 万平方米

住宿　餐饮业和旅游

A 级旅游景区	25 个
星级饭店	17 家
国内旅游人数	7326.76 万人次
国际旅游人数	17414 人次
旅游总收入	668.75 亿元

财政　金融

财政总收入	281.20 亿元
一般公共预算收入	138.20 亿元
一般公共预算支出	252.50 亿元
各项存款余额	2631.30 亿元
保费收入	54.80 亿元

交通运输　邮电　通信业

公路线路里程	9611 千米
高速公路里程	389.00 千米
民用汽车保有量	46.70 万辆
邮电业务总量	124.25 亿元
移动电话户数	249.00 万户

国内贸易

社会消费品零售总额	490.30 亿元
城镇消费品零售额	414.60 亿元
乡村消费品零售额	75.80 亿元

教育　科技

普通高等学校数	1 所
普通高等学校在校学生数	4077 人
中等职业学校在校学生数	13891 人
普通高中在校学生数	42434 人
初中在校学生数	63840 人
小学在校学生数	108273 人
高新技术企业	62 家

文化　体育　卫生　环保

文化馆数	6 个
公共图书馆数	7 个
各级各类体育场馆数	6217 个
各级医疗卫生机构数	3179 个
自然保护区数	5 个

（晋城市统计局）

编辑说明

一、《晋城年鉴》以马克思列宁主义、毛泽东思想、邓小平理论、“三个代表”重要思想、科学发展观和习近平新时代中国特色社会主义思想为指导，坚持辩证唯物主义和历史唯物主义的立场、观点和方法，为晋城的经济社会发展服务。

二、《晋城年鉴》记载晋城市自然、政治、经济、文化、社会状况，以及市委、市政府的新思路、新举措、新进展、新成就和新经验，为了解晋城、认识晋城、研究晋城、投资晋城、建设晋城提供基础信息。

三、《晋城年鉴（2020）》采用分类编纂，共分四个层次编辑，即类目、分目、副分目、条目。全书共设立28个类目。

四、《晋城年鉴（2020）》涉及数据由于行业和地区统计口径等方面的原因，个别条目或有不一致之处，当以晋城市统计局发布的统计数字为准。

五、《晋城年鉴（2020）》记事时限为2019年1月1日至12月31日。特载、文献辑录类目选载2020年市人大常务委员会、市人民政府、市政协、市中级人民法院、市人民检察院及市发改委、市财政局等工作报告中回顾2019年部分，增强年鉴所载资料的时效性。

六、《晋城年鉴（2020）》资料和照片均由各单位提供。

彩页目录

彩页目录

彩页目录

鸣谢单位

山西兰花煤炭实业集团有限公司

总　目

特 载

专 记

大事记

市情概览

经济管理

工 业

工 业

电 力

城镇集体工业

民营经济

招商引资

晋城经济技术开发区

重点企业

·晋煤集团·

·晋能集团晋城有限公司·

·阳城电厂·

住房和城乡建设 环境保护

住房和城乡建设

公用事业

园林绿化

环境保护

交通运输 邮政 通信

交通运输

交通运输执法

公 路

教育 科技

教 育

科 技

气 象

文化 体育 卫生

文化和旅游

体 育

新闻传媒

上党戏剧研究

医疗保障

卫生健康

人 物

文献辑录

索 引

CONTENTS

解放思想　先行先试　狠抓落实
奋力夺取新时代美丽晋城高质量转型发展新胜利（摘要）

——在市委经济工作会议上的讲话

中共晋城市委书记　张志川

（2020年1月6日）

过去两年，我们坚持“解放思想、凝聚共识、先行先试”主题，不断深化“晋城的事，大家想、大家说、大家干”，新时代美丽晋城高质量转型发展，由开创新局面到取得新成果，大局已定、布局已成、气势已起。晋城两年来的大胆实践，让我们深刻认识到：解放思想是一项长期任务，必须持之以恒、常抓不懈；先行先试永无止境，我们做得还远远不够，必须加大力度、形成突破。在共识已经形成的基础上，狠抓落实就是我们一切工作的生命线。所以，这次的经济工作会，我们把会议的主题，确定为“解放思想、先行先试、狠抓落实”，就是要号召全市党员干部群众继续解放思想、先行先试，把凝聚共识汇聚起来的磅礴力量，转化为狠抓落实的具体行动，奋力夺取高质量转型发展新胜利。

2020年是全面建成小康社会和“十三五”规划的收官之年，是第一个百年奋斗目标的实现之年。在大局稳定的前提下，我们也面临着“三大风险”。我们要有清醒的认识，心存忧患，坚决树牢必胜的信心和决心，牢牢把握我市高质量转型发展的良好态势，坚定不移践行新发展理念、坚定不移将转型综改进行到底、坚定不移推进“五个三”战略部署落实，用好先行先试的“尚方宝剑”，擦亮转型综改这块金字招牌，走出资源型地区经济转型发展的金光大道。做好今年的经济工作，总的要求是：以习近平新时代中国特色社会主义思想为指导，全面贯彻党的十九大和十九届二中、三中、四中全会精神，深入贯彻习近平总书记“三篇光辉文献”精神，按照中央、省委经济工作会议部署，紧扣全面建成小康社会目标任务，坚持稳中求进工作总基调，坚持新发展理念，坚持以供给侧结构性改革为主线，坚持“四为四高两同步”总体思路和要求，坚定不移将转型综改进行到底，解放思想，先行先试，狠抓落实，加快实现“五个三”战略部署的重大突破，奋力夺取新时代美丽晋城高质量转型发展新胜利，确保全面建成小康社会和“十三五”规划圆满收官，得到人民认可、经得起历史检验。

2020年，我们必须集中所有资源，在事关全局的重点工作上实现重大突破，交好脱贫攻坚、全面小康、文明创建三张优秀答卷，绘好“十四五”规划、国土空间规划两张发展蓝图，坚持“转型为纲，项目为王”，在全面完成今年市委市政府总体安排的基础上，下大力气在能源革命、先进制造业、铸造业、煤化工、全域旅游、老城改造、新区建设、基础设施建设、民生保障等九方面重点工作上取得战略突破，进一步夯实我市高质量转型发展的基础，形成以重点突破、项目突破带动整体突破的可喜局面。全市各级各部门要处理好重点突破和整体推进的关系，全面贯彻落实市委市政府“五个三”战略部署和十项重点工作，做好统筹文章，更加注重防范化解风险，更加注重污染防治，更加注重安全稳定，更加注重民生改善，更加注重城乡统筹，更加注重社会事业发展，推动各项工作全面提升，夺取高质量转型发展新胜利。

改革是推动高质量转型发展的关键一招，创新是引领高质量转型发展的第一动力。做好2020年经济工作，必须坚持“改革为要、创新为上”，以生产关系变革牵引生产力变革，不断激发全市经济发展的内生动力和活力。要抓好开发区改革，深化“三化三制”改革，对开发区充分授权、充分赋能。要抓好国资国企改革，全面加强党对国有企业的领导，推行契约化管理，持续深化劳动、人事、分配制度改革，确保国有资本保值增值。要抓好营商体制改革，持续深化“一枚印章管审批”，继续推动招商机构改革，拓展企业投资项目承诺制改革，做到“一步领先、步步领先”。要抓好农村“四块地”改革，发挥“黄金政策27条”等政策优势，把改革红利放到最大。要抓好人才体制机制改革，实行“一人一策”的柔性引才机制，继续抓好高层次人才引进工作，加快培养本土人才，进一步提升我市人才素质。要完善创新制度，培育创新文化，打造创新体系，集聚创新人才，打造活力迸发的创新生态。

做好今年工作的关键，重点在抓落实。一要列出一张清单，明确责任抓落实。继续大力推行清单工作法，重点抓好清单制定、责任下沉两件事。清单中每一项具体的工作任务，都要明确责任领导、责任单位以及责任科室，把责任压实到科长一级，切实形成上下联动、一竿到底、狠抓落实的局面。二要坚持一线作战，攻城拔寨抓落实。严格落实市县两级领导干部包联乡村、社区、企业、项目制度，认真执行“深入一线抓落实工作周”制度，沉下身子、现场办公，转变角色、优化服务。要用好项目建设专班负责制，建立“企业吹哨、部门报到”工作机制，当好“金牌店小二”。继续抓好为基层减负，对要求基层上报的报表材料压减30%以上。三要健全一套机制，全程跟进抓落实。强化市委市政府督查办公室工作职能，用好“13710”系统等信息化督查手段。要拓宽监督渠道，充分发挥社会监督、舆论监督的作用。要全过程跟踪监督。四要树牢一个导向，严格奖惩抓落实。认真贯彻“把结果导向更加鲜明树立起来”的工作要求，让“洞头速度”成为标杆，让“马上就办”成为习惯，决不把“说了”当“干了”、把“干了”当“干成了”。要以结果论英雄，严格考核奖惩，用好电视问政和差异化考核，坚决做到“奖得心跳、罚得脸红”。要探索设立注重落实成效的考核指标，对善抓落实的干部给予重点关注，真正把结果导向树在每一名干部心中。

任务越艰巨，越要加强党对经济工作的领导。各级党委政府、各级领导干部要始终坚持党对经济工作的集中统一领导，保持战略定力，狠抓第一要务，推进治理体系和治理能力现代化，把党领导经济工作的制度优势转化为治理效能。要进一步选好用好干部。坚持在高质量转型发展的主战场发现、培养、选拔干部。对年轻干部，要多给机会、多给舞台，让他们到发展第一线经受历练。市委坚持重实干、重实绩、重基层，把心中有责、眼里有活、手上有招的干部选出来、用起来，形成鲜明的选人用人导向。要进一步夯实基层基础。重要的工作党旗扛在前面，困难的工作党员干在前面。巩固和拓展“不忘初心、牢记使命”主题教育成果，持续推进基层党组织联建共建、软弱涣散党组织整治提升和基层党员教育培训，切实加强基层党组织带头人建设。要进一步汇聚转型合力。各级人大及其常委会、各级政府、各级政协、各级纪委监委、各级政法机关、各级宣传部门和新闻媒体、各级统战部门、各级群团组织、人民团体、社会组织要在党的领导下，围绕中心、服务大局，积极担当、主动作为，坚持“晋城的事，大家想、大家说、大家干”，汇聚万众一心促转型的强大正能量。

晋城市人民代表大会常务委员会工作报告（节选）

——在晋城市第七届人民代表大会第六次会议上

晋城市人大常委会主任　范丽霞

（2020年4月28日）

过去一年的主要工作

2019年是中华人民共和国成立70周年，是全面建成小康社会的关键之年，也是地方人大设立常委会40周年。市人大常委会坚持以习近平新时代中国特色社会主义思想为指导，在市委的坚强领导下，全面贯彻党的十九大和十九届二中、三中、四中全会精神，深入贯彻习近平总书记关于坚持和完善人民代表大会制度的重要思想和对地方人大工作的重要指示，围绕中心、服务大局，依法履职、务求实效，圆满完成各项目标任务。

一、突出政治引领，坚持党的领导，牢牢把握正确的政治方向

旗帜鲜明加强政治建设。常委会始终坚守政治机关定位，增强“四个意识”、坚定“四个自信”、做到“两个维护”，始终在政治立场、政治方向、政治原则、政治道路上同以习近平同志为核心的党中央保持高度一致，做到立场坚定、态度鲜明、行动自觉。扎实开展“不忘初心、牢记使命”主题教育，时刻保持政治清醒。坚持把学用习近平新时代中国特色社会主义思想、“三篇光辉文献”、总书记重要指示批示作为党组会议和理论中心组学习的第一议题、“三会一课”的长期主题、人大代表和人大干部培训的必备课程，把握整体全面系统学、紧扣工作联系实际学，先后组织召开党组会议39次、中心组学习16次、学习交流13次，学思践悟，在解放思想中统一思想，在深化认识中提高认识。

坚定不移坚持党的领导。坚持党的领导是实行人民代表大会制度的内在要求，是人民代表大会制度本质特征和政治优势的集中体现。市委高度重视人大工作，加强对人大工作的全面领导，多次听取市人大常委会工作汇报，及时作出相关部署，研究解决有关问题。常委会坚持把党的领导贯穿于人大工作的全过程、各方面，建立完善并严格执行请示报告制度，先后就人大工作中的重大问题、重要事项、重要情况，及时向市委请示报告35次，真正把党的领导落实到贯彻执行市委的决策部署要求上，落实到不折不扣执行党的各项纪律规矩制度上，确保人大工作始终在市委的坚强领导下高效开展。

矢志不渝坚定制度自信。党的十九届四中全会作出了坚持和完善中国特色社会主义制度、推进国家治理体系和治理能力现代化的重大战略部署，常委会坚持把学习贯彻四中全会精神与深入学习习近平总书记关于坚持和完善人民代表大会制度的重要思想结合起来，班子成员以栗战书委员长概括的“十个坚持”领题学习、研讨交流，召开了第二次全市人大系统学用交流会暨纪念地方人大设立常委会40周年座谈会，深刻认识人民代表大会制度是中国特色社会主义制度的重要组成部分，是坚持党的领导、人民当家做主、依法治国有机统一的根本政治制度安排，进一步坚定制度自信，增强做好人大工作的责任感、使命感和光荣感，自觉做制度的忠实尊崇者、坚定维护者、有力执行者。常委会组成人员带头在学用中探索规律、找准定位、推动创新发展，为做好新时代人大工作奠定了思想基础，注入了精神动力。

围绕中心树牢大局观念。常委会致力于能力提升、水平提高，开阔“跳出人大看人大”的思维视野，坚持在全局中定位人大工作，始终与市委同频共振、同向发力，充分发挥法定职能和职权集成效应，力推中央和省市委重大决策部署落地见效。围绕大局谋划工作。紧扣市委中心工作、紧扣人民群众重大关切、紧扣依法治市根本任务确立人大工作的总体思路和目标，全年召开常委会会议13次，主任会议28次，制定地方性法规2部，审议专项报告15项，开展专题询问1次，确保人大的立法、监督等工作始终围绕中心，突出重点，扎实有效。服务大局开展工作。在代表中广泛开展“我是代表我带头”主题活动，深化了“晋城的事，大家想、大家说、大家干”，凝聚起了“解放思想、先行先试、狠抓落实”的人大力量。常委会班子成员认真落实包联重点项目、民营企业、脱贫攻坚、文明创建等，帮助企业和贫困村解决问题20个，办实事32件，组成人员办实事40余件，圆满完成了市委交给的各项任务。保障大局发挥作用。认真行使重大事项决定权，依法作出了批准预算调整、修改大气污染防治条例等决议决定11项，使党的主张通过法定程序成为全市人民的共同意志。坚持党管干部原则与人大依法任免相统一，任免国家机关工作人员108人次，补选市人大代表22人，使党组织推荐的人选通过法定程序成为国家政权机关的领导人员，确保了新一轮机构改革涉及的各机构负责人依法及时到位。

二、突出良法善治，保障法律实施，深入推进法治晋城建设

常委会坚持用社会主义法治理念指导法治建设实践，完善法律规范，强化法治实施，支持促进“一府一委两院”依法行政、依法监察、公正司法。

着力强化重点领域立法。遵循“不抵触、不重复、有特色、可操作、重实效”的原则，“扁平化”沟通、“直通车式”反馈，开门立法、民主立法、保证质量、增强实效，制定出台两部地方性法规。《晋城市村庄规划建设条例》对村庄规划的基本原则、管理体制、村庄建设、保障机制、产业促进与法律责任等作出明确规定，以立法引领推动乡村振兴。《晋城市城市绿化条例》全面总结了近年来我市城市绿化工作的具体实践，对城市绿化的原则、职能划分、规划和建设、保护和管理等作出具体规定，促进我市园林绿化事业健康发展。两部地方性法规的颁布实施，入选2019年晋城市最有影响的十件大事。

监督保障法律法规实施。上下联动、协同推进，依法对水污染防治法、老年人权益保障“一法一办法”、残疾人“一法一条例”、规范性文件备案审查条例等6部法律法规开展执法检查，就发现的养老服务结构不优、残疾人基本生活保障水平不高等问题，形成意见，督促整改，促进法律法规的有效实施。对市政府及各县（市、区）人大常委会报送的15件规范性文件进行备案审查，严格效能质量，维护法制统一。

提升法治建设水平。牵头召开全面依法治市委员会立法协调会议，听取审议法治政府建设报告，督促政府严格按照实施纲要，依法行政、高效治理。强化对司法工作、落实公益诉讼决定、扫黑除恶专项斗争等的工作监督，通过视察检查、专题调研、听取报告，督促司法机关履行法律职责，维护公平正义。跟踪监督“七五”普法决议落实情况，严格落实国家机关工作人员向宪法宣誓制度，利用“每日一题”公众平台广泛宣传法律法规，营造了尊崇宪法、崇尚法治、依法办事、全民普法的良好氛围。认真对待人民群众来信来访，全年共受理群众来信来访126件288人次，办结122件，办结率达到96.8%，有效化解了社会矛盾，维护了群众合法权益，促进了社会和谐稳定。

三、突出问题导向，聚力重点工作，持续增强监督实效

常委会坚守人大监督的政治原则和法律定位，深化选题、组织、报告、审议、整改、反馈6个环节的“全链条”监督工作流程，立足全局、突出重点，综合施策、取得实效。

围绕高质量转型发展，强化经济监督。按照新时代美丽晋城高质量转型发展新要求，就经济运行、计划预算执行、部分行政区划调整、重点工程建设深入调研、监督落实。听取审议市政府落实市委《关于人大预算审查监督重点向支出预算和政策拓展的实施方案》，推动预算审查监督重点向支出预算和政策拓展；督促政府贯彻落实中央全面实施预算绩效管理的意见，推动构建全方位、全过程、全覆盖的预算绩效管理体系。常态化推进各县（市、区）预算平台建设，为实现横向联通、纵向贯通打牢基础。听取审议市政府“放管服效”改革情况报告，开展专题询问，要求持续简政放权、加快审管衔接、切实深化服务、提升行政效能等，深入推进行政审批制度改革，全力打造“六最”营商环境。我市企业创办、项目审批、不动产登记等时限大幅压缩，2019年晋城营商环境评

价名列全省第三。开放的晋城进一步敞开了大门，美丽的晋城凝聚起了高质量转型发展的磅礴气势。

围绕三大攻坚战，强化专项监督。聚力污染防治，听取审议市政府环境状况和环境保护目标完成情况报告，跟踪监督河长制工作审议意见落实，以“强化精准管控，打赢扬尘污染防治攻坚战”为主题，开展了“2019年晋城环保行”，全市上下生态优先、绿色发展的理念更加牢固，人民群众的幸福感和获得感不断增强。聚力防范化解重大风险，听取审议行政事业性国有资产管理情况专项报告，审议国有资产管理情况综合报告，为管好用好国有资产加上了一道“安全门”；听取审议政府债务情况报告，督促政府积极化解债务风险，建立健全预警机制，牢牢守住不发生区域性系统风险底线；制定出台审计查出问题整改情况监督办法，推进审计查出问题整改工作制度化、长效化，提升审计整改实效。聚力脱贫攻坚，听取审议农作物秸秆综合利用情况报告，推动政府健全协调机制、加大投入力度、加快培育市场主体、强化技术支撑，促进农业绿色可持续发展；持续强化常委会机关结对帮扶工作，在支部建设、扶贫队伍、红色旅游等方面出实招、助脱贫。

围绕提升人民生活品质，强化民生监督。始终坚持以人民为中心的发展思想，紧紧抓住人民群众普遍关心的热点、难点问题，听取审议全市养老服务业发展情况报告，着力构建多元化养老服务体系，不断提升养老服务业发展的质量和水平。听取审议疾病预防控制工作情况报告，督促政府夯实基层网络、提升装备水平、加强人才队伍建设。对主城区教育资源配置情况报告审议意见落实情况进行跟踪监督，推动全市教育优质均衡发展，不断满足人民群众对高质量现代教育的需求。

四、突出主体地位，服务常态履职，深化拓展代表工作

平台建设扎实推进。在市委、市政府的高度重视和大力支持下，在各县（市、区）的积极配合下，我市在全省高标准、规范化地率先建起84个代表联络站，253个代表联络点。市主要领导代表和省下派代表带头进站接待人民群众，五级代表依托联络站认真履职、成效彰显。全市代表进站活动1200余次，接待基层代表和人民群众8900余人次，涉及的饮水安全、河道整治、公路改造、中药材产业发展等民生问题得到有效解决。全省人大代表工作晋城现场会上，我市“五级联动、就近进站、全面覆盖、专题活动”的工作经验，受到与会人员的高度评价，10市60余县人大工作者来我市学习考察。

主题活动有力有效。扎实开展“向申纪兰学习，做人民好代表”活动，邀请报告团举办专场报告会，组织代表赴西沟村参观学习、见贤思齐，广大代表积极响应、掀起热潮，用实际行动践行“人民选我当代表、我当代表为人民”的庄严承诺。2019年以代表建议办理为重点，开展主题活动，出台实施意见、建立办理台账、完善答复机制、专题调研视察。制作播出《代表之声》60期，跟踪报道70余条建议的办理落实情况。首次与市年度目标责任考核领导小组办公室联合下发代表建议办理考核办法，加大考核力度，督促建议办理。市七届人大五次会议期间交付审议的1件议案，451件建议、批评和意见，10件重点建议，已全部办理并答复代表。积极开展代表小组活动，市七届人大泽州第三代表小组活动经验被全国人大常委会办公厅《联络动态》刊发报道。“三晋人大代表采风行”活动走进晋城，中央及多家省级媒体对我市代表工作进行集中采访，刊发报道68篇，全面展示了我市各级人大代表依法履职的生动实践。

服务代表提供保障。出台《关于进一步加强市人大常委会组成人员分工联系代表的实施意见》，加强规范代表活动经费管理使用，为无固定工资收入的省、市代表发放误工补贴，保障代表依法履职。及时发布动态、印发会议公报、征订报刊资料、赠阅业务书籍，帮助代表了解人大工作，提升履职能力。组织我市省人大代表参加专业知识培训、重点工程和医疗保障等集中视察；组织市人大代表开展履职能力提升培训；邀请市人大代表列席常委会会议，保障代表依法参与管理国家事务和社会事务的民主权利，增强代表履职的积极性和实效性。

五、突出能力提升，密切联系群众，夯实依法履职基础

常委会以建设“成为全面担负起宪法法律赋予的各项职责的工作机关，成为同人民群众保持密切联系的代表机关”为目标，干一流工作、建一流队伍、创一流业绩，着力落实全面从严治党要求，不断提升

依法履职能力。

主题教育固本培元。坚持把思想政治建设摆在首位，强化党性锤炼，筑牢思想之基。认真开展“不忘初心、牢记使命”主题教育，把学习教育、调查研究、检视问题、整改落实贯穿始终，形成24份高质量调研报告，检视出5方面23个问题，整改落实37项举措，制定完善7项制度机制，成为人大党员干部的一次思想再提升、党性再淬炼、初心再觉醒、使命再升华。扎实开展“改革创新、奋发有为”大讨论，不折不扣完成省委、市委“10+3”规定动作，高质量组织“五个一”自选活动，制定大讨论“三清单”，形成《对标一流找差距，学习先进促发展》调研报告和《对标，永远在路上》考察侧记，进一步激发了人大干部和人大代表对标一流、干事创业的动力和干劲。

抓好党建强筋壮骨。常委会党组认真履行把方向、管大局、保落实的领导职责，严格落实市委党建“四句话”要求，协助设立常委会机关党组，加强日常领导和统筹指导，推动全面从严治党向纵深发展。制定落实党风廉政建设责任制办法，认真开展专题警示教育，支持纪检监察组履行监督职责，党风廉政建设进一步加强。强化对意识形态工作的领导，落实责任，健全制度，牢牢掌握领导权、管理权和话语权。机关党组深化党建融合，拓展广度深度，积极开展“书香人大”活动，着力打造学习型机关，让爱学习、会干事、比贡献蔚然成风；严格落实中央八项规定精神，制定解决形式主义突出问题为基层减负工作方案，实现文件精减、会议高效；深化以“和谐·尚法·务实”为核心价值理念的人大文化建设，塑造形成了“讲政治、重和谐、创一流”的新时代晋城人大精神。

加强联系凝神聚力。牢固树立“一盘棋”思想，上下联动、纵向协同、整体发力，推动人大工作与时俱进、创新发展。主动联系交流。密切联系上级人大，争取帮助指导，配合开展活动，提升工作水平；组织对外交流，赴杭州市、湖州市考察学习，对标一流；成立第一届人大工作和理论研究会，借用智库和专家库，发挥“外脑”作用，强化决策支持和咨询服务。积极联系指导。召开县（市、区）人大常委会主任座谈会、秘书长工作交流会，坚持邀请县（市、区）人大常委会副主任、乡镇人大主席、人大代表列席人代会和常委会会议，开展基层人大组织制度与工作制度调研，总结工作经验，形成整体合力。

在总结成绩和经验的同时，我们也清醒地认识到，常委会工作还存在一定差距，主要是：对创造性开展工作、增强人大工作整体实效的研究和探索还不够，立法促进高质量发展的作用有待继续强化，聚焦基层群众诉求度高、社会关注度高的一些问题依法监督的力度不够到位，密切联系代表和群众的制度优势发挥还不充分，履职平台建设还需要加强，等等。对这些问题，我们要高度重视，在今后工作中努力改进。

新冠肺炎在全球蔓延，“疫考”面前，常委会在市委的坚强领导下，认真学习习近平总书记在统筹推进新冠肺炎疫情防控和经济社会发展工作部署会上的讲话精神，第一时间向全市各级人大代表发布公开信，首次以视频会议形式召开常委会会议，确保防疫期间依法履职。贯彻省委、市委部署，及时作出清明节期间全面禁止野外祭祀用火、全力推动文明祭祀的决定，以法治方式和力量服务疫情防控大局，保障人民群众生命健康安全。第一时间向机关全体党员提出疫情防控十条举措，统一思想、凝聚合力。选派30名党员干部参与晋城高速东口、“万人入户、千人入企”服务等防控工作。危难时刻见真情，点滴爱心显担当，全市各级人大代表积极响应倡议，不惧危险、冲锋在前，履行诺言、展示风采。迎难而上的医疗专家救治组组长贾龙斌、全力保障口罩生产的高平市科兴集团董事长乔颖、坚守安全防线的驿后社区党支部书记焦建生，代表们用自己的实际行动逆行而上，发挥作用。当前，疫情防控形势依然严峻，全市各级人大代表要带头坚定信心、听从指挥、履职尽责，为夺取疫情防控和转型综改双胜利贡献力量。

今后一年的主要任务

2020年是全面建成小康社会和“十三五”规划的收官之年，是第一个百年奋斗目标的实现之年。人大常委会工作的总体要求是：以习近平新时代中国特色社会主义思想为指导，在中共晋城市委的坚强领导下，全面贯彻党的十九大和十九届二中、三中、四中全会精神，深入学习贯彻习近平总书记“三篇光辉文献”精神，坚持和完善人民代表大会制度，坚持党的领导、人民当家做主、依法治国有机统一，紧扣市委“五个三”战略部署，践行“两个维护”，聚力“四权行使”，深化“三项机制”，推进“五大建设”，在巩固深化完善提升中不断开创新时代人大工作新局面，为奋力夺取新时代美丽晋城高质量转型发展新胜利、确保全面建成小康社会提供坚强的法治保障。

一、紧扣初心使命，践行“两个维护”，坚定自觉地深学笃行习近平新时代中国特色社会主义思想

要持续深入学习习近平新时代中国特色社会主义思想、党的十九届四中全会精神、习近平总书记关于坚持和完善人民代表大会制度的重要思想，创新形式、丰富内容，召开第三次学用交流会，推动人大干部和代表将新思想、新精神内化于心、外化于行，夯实信仰之基，筑牢思想之魂。要始终坚持党的领导这一重大政治原则，紧紧围绕省委“四为四高两同步”总体思路和要求，紧紧围绕市委“五个三”战略部署，配合做好市委人大工作会议筹备工作，研究加强新时代晋城人大及常委会建设的新思路新举措，找准切入点、着力点，充分发挥人大党组领导核心作用，推动党的路线方针政策和决策部署在地方人大工作中得到全面贯彻、有效执行。

二、紧扣发展大局，聚力“四权行使”，坚定自觉地增强履职实效

依法行使立法权。严格落实党委领导立法工作机制，充分发挥人大主导作用，深入推进科学立法、民主立法、依法立法，制定出台《晋城市生活垃圾分类管理条例》《晋城市养老服务条例》《晋城市电动车管理条例》，着力提升法治的供给力、引领力、推动力，以高质量立法护航高质量发展。

依法行使监督权。紧扣市委七届八次全会和经济工作会议提出的目标任务，寓支持于监督之中。聚焦总攻全面小康，加强对农村人居环境改善、乡村振兴、农作物秸秆利用等工作的监督，促进全面建成小康社会筑牢底盘、提升成色。聚焦高质量转型发展，加强对经济运行、计划预算执行、创新生态小气候、企业国有资产管理、“十三五”规划完成情况的监督，开展创新生态专题询问，推动市委决策部署落地生根。聚焦法治建设，加强对法治政府建设、扫黑除恶专项斗争、基本解决执行难、公益诉讼的监督；修订《晋城市人大常委会规范性文件备案审查暂行办法》，加强规范性文件备案审查工作。聚焦保障改善民生，开展对动物防疫“一法一条例”执法检查，跟踪监督市政府落实疾病防控、老年人权益保障审议意见情况，督促问题有效解决，回应群众期盼关切。聚焦疫情防控，监督支持政府加强突发公共卫生事件应急体制机制、管理体系和工作能力建设，把根本政治制度的显著优势转化为地方政府治理体系和治理能力现代化的实际成效。

依法行使决定权和任免权。坚持完善人大讨论决定重大事项常态化工作机制，讨论决定全市经济建设、政治建设、文化建设、社会建设、生态文明建设各方面的重大事项，把全市人民的智慧和力量凝聚到市委的决策部署上来。严格程序依法任免国家机关工作人员，积极开展任后监督，进一步激发使命担当，切实增强法治意识和为民情怀，不断提高依法履职能力和水平。

三、紧扣民生民情，深化“三项机制”，坚定自觉地发挥代表主体作用

深化主题活动机制。将2020年确定为“联络站规范运行提升年”，建设代表网上联络站，建立联络站意见建议收集办理机制，实现“线上线下”有机结合，召开全市代表联络站运行经验推进会，进一步畅通代表联系群众的“最后一公里”，激发代表履职热情，力促代表“有为”。深化履职保障机制。常委会要进一步增强服务意识，加强代表履职服务保障，落实代表交通、通信补贴。开展代表履职培训，举办代表专题培训班和联络站负责人培训班，用好代表基本信息库和履职管理系统，释放代表履职能量，力促代表“能为”。深化代表参与机制。拓展代表对常委会工作的参与，邀请代表列席常委会会议，参加执法检查、调研活动，加强代表小组工作，丰富代表闭会期间活动，认真总结“代表建议办理年”经验，提高议案、建议质量，建立代表建议“直通车”，深化代表建议办理，着力提高办理实效，增强代表履职本领，力促代表“善为”。

四、紧扣“两个机关”，推进“五大建设”，坚定自觉地提升履职能力水平

围绕“两个机关”定位，探索方式方法创新，突出制度建设和制度执行，进一步解放思想、狠抓落实。加强党的建设。认真贯彻新时代党的建设总要求，

政府工作报告(节选)

——在晋城市第七届人民代表大会第六次会议上

晋城市人民政府代市长　王　震

(2020年4月27日)

一、2019年工作回顾

2019年,在中共晋城市委的坚强领导下,全市上下坚持以习近平新时代中国特色社会主义思想为指导,全面贯彻党的十九大和十九届二中、三中、四中全会精神,深入贯彻习近平总书记"三篇光辉文献"精神,认真落实省委、省政府和市委决策部署,解放思想、凝聚共识、先行先试,奋力实施"五个三"战略部署,全市经济运行稳中有进、稳中向好,新时代美丽晋城高质量转型发展大局已定、布局已成、气势已起。

2019年,全市生产总值完成1362.4亿元,增长6.5%,排名全省第3;一般公共预算收入完成138.2亿元,增长10.3%,排名全省第2;规模以上工业增加值增长7.6%,排名全省第2;固定资产投资完成523亿元,增长10.4%,排名全省第4;社会消费品零售总额完成490.3亿元,增长8.3%,排名全省第1;城镇居民人均可支配收入完成34627元,增长7.7%;农村居民人均可支配收入完成14809元,增长9.2%;全市城镇新增就业和农村劳动力转移就业分别达到5.76万人和3.31万人;城镇登记失业率1.27%;居民消费价格涨幅2.6%。全市空气质量和节能降耗明显改善,其他约束性指标都较好地完成了年度目标。市域经济转型升级考核全省第一。

(一)坚定推进转型,发展质量稳步提升。深化转型项目建设年活动,省市重点工程完成投资266.9亿元,完成率117.5%。携手富士康打造"世界光谷",全力推动煤层气增储上产,基本建成南村铸造产业园一期,开工建设巴公园区"造气岛",光机电、煤层气、冶铸、化工行业分别增长16.6%、14.2%、28.4%和8.9%。大力推进全域旅游,王莽岭、皇城相府等大景区建设扎实推进,大阳古镇、炎帝陵荣膺国家AAAA级旅游景区,太行一号国家风景道部分路段竣工通车,成功举办太行古堡国际论坛、太行山文化旅游节、海峡两岸神农炎帝经贸文化旅游招商活动,旅游总收入和接待人次增速保持在20%以上。

(二)协同城乡发展,人居环境显著改善。深化农林文旅康产业融合发展试点,扎实推进"点供用地双平衡"、农村集体产权制度等改革,狠抓"四好农村路"建设、农户改厕、垃圾分类等工作,出台实施乡镇"三

充分发挥党组织战斗堡垒和党员先锋模范作用,严格落实"一岗双责",扎实开展好警示教育活动,强化担当落实、践行"两个维护",推进常委会及机关全面从严治党向纵深发展。牢牢把握意识形态工作主动权,切实维护好政治安全和意识形态安全。加强思想建设。深入开展理论学习,坚定理想信念,增强制度自信,在"真信笃行、知行合一"上下功夫,以新思想引领继续前行的步伐。充分发挥人大工作与理论研究会、人大智库作用,编辑、出版《晋城市人民代表大会志》。加强作风建设。按照市委"解放思想、先行先试、狠抓落实"的工作主题和"抓工作先抓作风"的要求,驰而不息反对"四风",密切联系人民群众,深入开展调查研究,强化与县乡人大的协调联动、联系指导,建设风清气正的人大机关。加强队伍建设。强化干部教育管理培养,注重提升人员年轻化、知识化、专业化水平,为人大及其常委会依法履职提供有力组织保障。加强阵地建设。推进"互联网+人大"建设,办好《晋城人大》《晋城人大网站》《代表之声》等宣传平台,展示代表新风采,传播人大好声音,讲好时代新故事。

农”考核办法，农村发展活力动力进一步增强。积极推进行政区划调整。加快推进老城更新与保护，“两路”即将通车，“两街”“两河”进展顺利，“两会”“两园”全面启动，南大街立面改造基本完成。丹河新城建设全面启动，编制完成金村起步区控制性详规，总投资219亿元的45个项目开工建设。全力创建全国文明城市，市区17条道路建成通车，10座新建人行天桥全部投入使用，“三洗六见一红旗”活动深入开展，城市品质不断提升。构建立体化交通体系，太郑高铁开始铺轨，阳蟒高速全线贯通，晋城至济源城际公交开通运营，太行山机场选址正式获批，通往中原城市群的门户城市和对接长三角地区的桥头堡作用更加凸显。

（三）**聚力改革创新，发展动能更加强劲**。扎实推进能源革命综合改革试点，强力推进国资国企改革。“一枚印章管审批”经验在全省复制推广。全面落实民营经济“30条”，深入实施“236”行动计划，培育小升规企业60家。出台支持科技创新政策，与省内外大专院校联合成立了一批研发机构，高新技术企业突破60家。在全省投资促进系统首家实施“三化三制”改革。实现县县有开发区，出台“18+8”政策，开发区正成为推动晋城率先发展的强力引擎！

（四）**坚持精准发力，三大攻坚战成效显著**。认真整改落实省委巡视组反馈问题，扎实开展“回头看”，圆满完成省定减贫任务。狠抓中央和省生态环保督察及督察“回头看”问题整改，完善市县乡村四级网格化监管体系，实现全市工业企业“技防”设施全覆盖。构建“河长+河长助理+巡河员”工作模式，9个国、省考监测断面水质全部达标。全力防范化解重大风险，政府债务率和银行业不良贷款率全省最低。

（五）**倾力改善民生，社会事业全面进步**。大力实施“人人持证、技能社会”工程，技能培训4万多人。新改建幼儿园13所，建设乡村小规模学校和乡镇寄宿制学校38所。晋城一中教育集团南岭爱物学校组建开学，晋城三中、五中和晋城中专搬入新校区，综合实践基地投入运营，丹河新城教育园区奠基开工。清华、北大裸分录取人数全省第一。县域医疗卫生一体化改革深入推进，市医院易址扩建项目开工建设，沁水、阳城通过国家卫生县城评估验收。退休人员基本养老金、城乡低保等标准稳步提高。新开工棚改住房4157套，建成保障性安居房6435套。完成清洁取暖改造7.51万户。上党梆子《太行娘亲》荣获“文华大奖”提名剧目，珐华器获称“山西三宝”之一。扫黑除恶专项斗争扎实推进，信访形势持续向好，安全生产形势总体平稳。全市民生支出占比保持在80%以上，16件民生实事全部兑现，连续三年入选“中国地级市民生发展100强”，连续六届荣获山西省双拥模范城，连续八年群众安全感、获得感、幸福感排名全省第一！

（六）**持续转变职能，政府效能不断提升**。深入开展“不忘初心、牢记使命”主题教育。严格落实政府系统全面从严治党主体责任。完成市县政府机构改革。配合市人大常委会制定《晋城市村庄规划建设条例》和《晋城市城市绿化条例》，认真办理人大代表建议426件、政协委员提案506件。加快数字政府建设，荣获全国12345政府服务热线先锋奖、中国信息化示范实践奖等荣誉。

在肯定成绩的同时，我们也要清醒地看到：受新冠肺炎疫情影响，经济运行的不确定性增加；产业结构单一，“一煤独大”的格局还没有根本性改变；资源环境约束加剧，完成环境约束性指标的压力加大；城市功能还不完善，管理较为粗放，品质提升还有很大空间；民生领域还存在不少短板，实现“两同步”目标还有不小差距；干部作风和政府治理效能有待进一步提升等等。对此，我们一定要采取有效措施，切实加以解决。

二、2020年工作安排

2020年是全面建成小康社会和“十三五”规划的收官之年，是第一个百年奋斗目标的实现之年。做好今年政府工作，要以习近平新时代中国特色社会主义思想为指导，全面贯彻党的十九大和十九届二中、三中、四中全会精神，深入贯彻习近平总书记“三篇光辉文献”精神，按照中央和省委、市委经济工作会议部署，紧扣全面建成小康社会目标任务，坚持稳中求进工作总基调，坚持新发展理念，坚持以供给侧结构性改革为主线，坚持“四为四高两同步”总体思路和要求，解放思想，先行先试，狠抓落实，统筹抓好疫情防控和经济社会发展各项工作，坚定不移将转型综改进行到底，加快实现“五个三”战略部署的重大突破，奋力夺取新时代美丽晋城高质量转型发展新胜利，确保全面建成小康社会和“十三五”规划圆满收官。

今年经济社会发展的主要目标是：全市生产总值

增长6.2%左右，固定资产投资增长6.5%，社会消费品零售总额增长7%以上，一般公共预算收入增长3%以上，城乡居民人均可支配收入分别增长6.2%和6.5%以上，居民消费价格涨幅控制在3%左右，城镇新增就业3万人，城镇登记失业率控制在4.2%以内。各项约束性指标控制在省下达指标以内。

（一）坚持转型为纲，着力构建现代产业体系

要把转型摆在经济工作的核心地位，把握转型方向，找准转型载体，全力构建“两只翅膀腾飞，三足鼎立支撑”的产业转型格局。

做优“两只翅膀”。煤层气，承接好省里下放的六项审批权，切实解决制约煤层气产业发展的深层次问题。编制完成全市域煤层气管网规划，举办煤层气（晋城）国际论坛，加快建设“一枢纽三基地一中心”，力争年内建成山西（晋城）煤层气交易中心。深入实施煤层气增储上产三年行动计划，力争三年投资两年完成。今年投资45.5亿元，新增产能12.3亿立方米、产量6.7亿立方米。先进制造业，围绕打造“世界光谷”，与富士康合作建设“两中心一基地”，加快引进核心项目和关键技术，培育全产业链。大力发展装备制造业，重点抓好中船重工新能源装备产业基地二期、长征动力三元锂电池一期等项目，推动爱驰汽车甲醇制氢燃料电池动力系统生产项目落地。

强化“三足鼎立”。现代煤化工，加快巴公园区“造气岛”建设步伐，启动北留—周村工业园“造气岛”建设，推动常压固定床间歇式气化炉改造。大力发展精细化工，抓好晋丰煤化工技改项目，推动兰花己内酰胺技改项目建成投产。冶铸业，推动南村铸造产业园一期投产达效，加快二期、三期建设，支持爱司凯3D打印中心项目尽快投产，加快园区共用高炉建设。晋钢智造产业园一期年底达产，二期、三期加快建设。全域旅游，争创国家全域旅游示范区。推动跨县区跨景区旅游资源整合，加快王莽岭国家AAAAA级旅游景区创建步伐，完成锡崖沟提升改造。推进古堡申遗。“太行一号国家风景道”10月份全线通车。制定乡村旅游示范村市级标准，培育一批“太行人家”。推进智慧旅游，实现“一部手机游晋城”。改造建设特色步行街，着力发展“小店经济”。办好全国性康养大会、海峡两岸神农炎帝经贸文化旅游招商等重大活动，叫响“晋善·晋美·晋城”品牌。

提升现代服务业。现代物流，依托立体化交通体系，打造中东部地区现代物流节点城市，抓好兰花、蓝远、均和等综合物流园区和栖菁园、隆顺鑫等农贸物流园区建设，加快中通快递项目落地。承办全国性的物流发展大会。现代金融，创建金融支持资源型经济转型发展改革创新试验区，引导金融机构创新融资方式和产品，着力解决中小企业融资难、融资贵问题。利用好多层次资本市场，推动一批企业在区域股权交易中心挂牌，对接郑州商品交易所在我市设立甲醇（尿素）期货交割库。数字经济，加快5G、数据中心、物联网等新型基础设施建设，实现中心城区和主要景区5G网络连续覆盖和商用。实施“企业上云”专项，推动工业互联网部署应用。加快实施“1183”工程，着力打造中等智能城市全国样板。

（二）坚持项目为王，着力促进经济稳健发展

要把项目建设作为硬任务、硬指标、硬抓手，推动项目建设提速增效，夯实经济社会发展硬支撑。

精准谋划引进。紧盯国家产业政策，立足晋城发展定位，围绕开发区“建链、延链、补链、强链”，谋划包装一批产业转型类和科技研发类项目；围绕构建立体交通体系和“一体两翼”城市发展格局，谋划包装一批基础设施类和城乡建设类项目；围绕补齐民生短板，谋划包装一批民生和社会事业类项目。市财政安排1000万元专项用于项目谋划和包装。办好郑州招商大会、首届泽商大会、阳城（国际）陶瓷博览会等活动，精准对接中原城市群、长三角、粤港澳大湾区、台湾等区域，提高招商引资成效。深化市县两级投资促进系统“三化三制”改革，强化考核奖惩兑现，确保项目招得来、落得下、能见效。

强力推进建设。实施总投资1353.6亿元的70项省市重点工程，年内完成投资232.6亿元。围绕培育壮大新兴产业，实施25个项目，总投资324.2亿元，年度投资48.4亿元。煤层气重点推进马必区块10亿立方米、潘庄区块5亿立方米开发利用等项目，先进制造业重点推进清慧轨道交通新型材料结构件、鸿智硬质合金新材料及智能工程装备等项目，现代服务业重点推进总投资20亿元的万达城市广场、总投资5亿元的蓝远综合物流园等项目，文化旅游业重点推进总投资19.8亿元的王莽岭景区整治提升、总投资20亿元的华谊兄弟星剧场等项目。围绕做强做优做绿传统产业，实施6个项目，总投资275.6亿元，年度投资31.4亿元。煤化工重点推进总投资61.3亿元的巴公园区“造气岛”、总投资5亿元的晋丰10万吨尿素产业链延伸技改等项目，冶铸业重点推进总投资136亿元的晋钢智造科技产业园、总投资30亿元的南村绿色智能铸造产业园等项目。围绕完善基础设施及公用设施，实施39个项目，总投资753.8亿元，年度投资152.8亿元。交通设施重点推进总投资68亿元的晋阳高速拓宽改造、总投资31.2亿元的国道342晋城市过境段改线、总投资29亿元的高铁东站等项目，城市基础设施重点推进总投资238亿元的丹河新城金村起步区建设和总投资100亿元的老城更新与保护等项目。为加快项目建设，我们要坚决落实“6+3”推进机制和“24小时直通车”制度，实行“容缺”机制，市县两级共安排6000万元，用于企业投资项目供地前服务事项的统一办理，确保项目早开工、早见效。

强化要素保障。土地方面，实行“五统一”管理，逐步建立土地一级市场，实现“一个池子蓄水、一个龙头出水”。用足用活城乡建设用地增减挂钩、工矿废弃地复垦等政策，盘活闲置凋敝宅基地、空心村、散乱污企业占地等闲置低效用地，保障重点项目用地。融资方面，深度整合经营性资产和非经营性资产，壮大市国有资本投资运营公司，运用市场化融资、政策性融资、PPP融资、发行债券、争取上级资金等模式，全力保障项目建设。

（三）坚持改革为要，着力激发转型动力活力

扎实推进能源革命。立足全省“五大基地”建设，实施“八大领跑工程”，争做全省能源革命排头兵的领跑者。推进煤炭走“减、优、绿”之路，加快煤炭清洁高效利用。完成60万吨以下煤矿减量重组，加强安全生产标准化矿井建设，持续提高先进产能占比。支持重点煤矿开展智能化矿山和智能工作面建设。巩固拓展清洁煤市场。推进电力体制改革，降低用电成本。加快发展风电、光伏、氢能等新能源产业。全力抓好能耗“双控”以及煤炭减量消费目标管控。大力发展装配式建筑。积极推广使用新能源、清洁能源汽车。

持续深化开发区改革创新。围绕“九有”要求，推动开发区突出特色、加快发展。落实“三化三制”改革任务，鼓励开发区与发达地区、优势企业合作共建产业园区。推动市县两级向开发区充分授权，人权、财权、事权全部下放到位，实行市场化竞争、目标化管理、绩效化考核。推行全程领办代办机制，探索完善区域评估制度，全面实现开发区一般工业项目“全承诺、无审批、拿地即可开工”。持续加大土地收储、“标准地”保障力度，落实好用地、用电、用气等优惠政策，全市开发区和园区年内建成50万平方米标准化厂房。晋城经济技术开发区要切实发挥示范引领作用。

加快推进国资国企改革。强化市国投公司资本投资运营功能，优化国有资本布局，提高国有资本运营质量与效率。强化国有资本监管。推行契约化管理，完善国有企业考核评价体系，探索股权激励机制，确保国有资本保值增值。抓好第二批市属企业分类改革，积极推进混改、国有资本退出和市场出清各项工作。深化劳动、人事、分配制度改革，推动兰花集团体制机制改革方案落地，加快天泽集团上市步伐。有序推进国企退休人员社会化管理工作。

全力创建全省民营经济发展改革示范市。全面落实支持民营经济改革发展、支持中小企业应对疫情各项政策措施，完善中小企业公共服务体系。继续清理政府部门和大型国企拖欠民营企业、中小企业账款。深入实施民营企业“236”行动，抓好30个民营企业龙头项目建设，培育45家“小升规”企业和3家省级专精特新“小巨人”企业。大力推动民营企业规范化股份制改造，引导建立现代企业制度。深化与德国GIZ等专业机构合作，加快培养企业家和经营管理人才。统筹抓好其他各项改革，确保全面深化改革任务落地落实。

（四）坚持创新为上，着力打造一流创新生态

激发创新动能。继续实施高新技术企业五年倍增计划，今年达到68家。支持晋煤、兰花、富士康、中船重工等骨干企业开展关键性技术研究，实现规上工业企业研发活动全覆盖。支持社会力量建设各类创业创新基地，加快科技创新型小微企业孵化，新增10家市级“星创天地”和3家省级小微企业创业创新基地。加大R&D经费投入强度，建立中小企业科技特派员制度，促进大中小企业联合创新、协同发展。

搭建创新平台。加快山西“智创城5号”建设。围绕光机电全产业链发展，推动晋城市光机电产业研究院、山西大学晋城光电信息产业研究院实质性运作，东京大学石川研究室晋城纳米光机电研发中心尽快

落地。围绕煤层气全产业链发展，支持“一室一院一站”开展核心技术攻关。围绕冶铸、新材料等产业，支持中北大学晋城先进材料与智能装备研究院开展科技研发，推动太原理工大学晋城新材料研究院尽快落地，启动铸造产品研发创新中心和交易中心建设。扎实推进国家标准化综合改革试点和质量提升行动，以先进标准抢占创新制高点。

集聚创新人才。围绕产业转型重点领域，实行“一人一策”，引进各类高精尖人才和专家团队。调整优化太原科技大学晋城校区、晋城职业技术学院、技师学院专业设置，充分发挥光机电、旅游职业教育集团和中德职业教育“双元”培育机构的平台作用，培养、用好本土技能型人才，推动产教融合。深化重点领域科研和人事制度改革，吸引更多人才来我市就业创业、创新创造。

（五）坚持扩大开放，着力构建开放型经济新格局

大力内联外拓。铁路方面，完成太郑高铁晋城段及站房、站前广场等配套设施建设，丹河快线“1+3”11月底前通车。公路方面，国道342改线工程年内建成通车，加快推进国道207长治至陵川段升级改造和晋阳高速拓宽改造工程，力争晋城东南过境高速、晋阳至阳蟒高速连接线、晋城至阳城一级路、国道208长治司马至高平刘庄段改扩建工程开工建设。协调推进陵川至新乡高速加快建设、阳运和安沁高速做好前期工作。积极协调周边城市畅通国省道出省口。机场方面，争取将晋城机场列入国家航空布局和民航“十四五”规划。今年抓好空港新区规划编制，力争年内开工，为“三年飞起来”打好基础。加快推进阳城通用机场建设。

提升开放能级。用好国家进一步促进两岸经济文化交流合作的“26条措施”。实施对外贸易主体培育三年行动计划，推进中国（山西）自贸试验区晋城片区的申报设立工作。发挥好海关、保税区等开放平台作用，拓展兰花保税物流中心功能，积极发展跨境电商业务。挖掘友城合作潜力，深化国际交流合作。

深化区域合作。加强与周边城市的紧密协作，在交通设施互联、产业发展互补、要素资源互享等方面形成常态化合作机制，推动建设一批合作项目。加强与央企和省属大型企业的合作，积极争取一批国家和省级战略布局项目落地晋城。主动对接中原经济区和太原都市区，在中部崛起、黄河流域生态保护和高质量发展中展现晋城担当。

（六）坚持“两同步”目标，着力打赢三大攻坚战

决战完胜脱贫攻坚战。聚焦“两不愁三保障”，统筹开发式扶贫和保障性兜底政策，确保剩余贫困人口全部脱贫。持续关注不稳定脱贫户、边缘户及因病致贫返贫的困难家庭，开展动态帮扶，确保稳定脱贫不返贫。全面排查整改突出问题，上半年实现问题清零。强化扶贫资金管理，抓好扶贫领域作风建设专项整治。坚持“一摘四不摘”，巩固拓展脱贫攻坚成果，建立解决相对贫困的长效机制，推动脱贫攻坚与乡村振兴有机衔接。

坚决打赢污染防治攻坚战。落实工业企业深度治理和精准管控、机动车辆污染管控、扬尘综合治理、冬季清洁取暖、燃煤管控、锅炉综合整治、露天焚烧和喷涂管控、餐饮油烟管理、重点区域环境污染整治、重污染天气应对“十大任务”，完善组织领导、有奖举报、部门联动、信息化管控、源头管控、工作承诺、督查巡查、经费保障、宣传引导、追责问责“十项机制”，全面打赢蓝天保卫战。坚持地表水、地下水、饮用水、黑臭水、污废水“五水同治”，持续改善水环境质量，全面打赢碧水保卫战。加快国家级工业资源综合利用基地建设，推进工业固废减量化、再利用、资源化，全面打赢净土保卫战。

全力打好防范化解重大风险攻坚战。加快推进陵川农信社改制，有效防控信用风险，多措化解处置不良资产，扎实推进市场化法治化债转股。稳妥化解一批非法集资陈案积案，坚决打击网络传销、电信网络诈骗。始终绷紧安全生产这根弦，严格完善落实企业安全生产法人主体责任和第一责任人法律追究工作机制，持续开展安全风险排查管控和隐患排查治理，抓好森林防火及煤矿、非煤矿山、危化品、建筑施工、交通运输等重点领域安全生产，坚决杜绝重特大事故发生。健全应急指挥体系，加强应急能力建设，推动预防与救援责任链条无缝衔接。严防群体性事件、突发性事件，统筹抓好食品药品安全监管、房地产领域风险防控等工作，保持社会大局稳定。

（七）坚持一体化推进，着力提升中心城市能级

按照“一体两翼、协同发展”的总体布局，全方位完善城市规划体系，统筹推进老城更新与新区建设，不断增强城市承载力、吸引力和辐射力。

着力拓展空间。加快行政区划调整,优化城市空间布局。围绕拉大城市框架,全力推进丹河新城建设,统筹推进金村新区、柳泉新区、空港新区建设。今年重点铺开城乡基础设施、社会事业、保障性住房、电网续建、商贸会展等五大类54个项目,完成"三纵四横"主干道路、丹河流域生态治理提升、五谷山公园等16个项目,实现起步区"路成、水成、树成、形象初成"。举办丹河新城中原城市推介活动,吸引更多人前来投资兴业、旅游康养、求学就业。

不断完善功能。重点抓好十项工作:一是实施主城区19条道路建设改造工程,中原街改造及地下综合管廊、七岔口连通、太行路中段等10条道路建成通车,瑞丰路、上辇街等4条街道完成提升改造,建设北路延伸、古书院街等5条道路开工建设;二是完成老城"五个二"和十宗地块回迁楼主体工程,加快历史文化遗迹提升改造;三是加快推进"两馆六中心"建设;四是完成东南新区学校建设工程,9月份投入使用;五是完成市人民医院易址扩建主体工程;六是基本建成第三水厂;七是加快推进阳电至市区集中供热工程;八是加快推进生活垃圾焚烧发电项目;九是加快推进晋城东500千伏输变电项目;十是新(改)建一批公共厕所。

持续提升品质。全面加快西北片区改造,适时启动东西大街以北片区改造,高标准打造3~5个棚户区(城中村)改造样板。以凤台小区为样板,改造一批老旧小区。深入开展"两下两进两拆四提升"行动,重点抓好"十纵十横"主次干道品质提升,有序推进建成区背街小巷改造。完成时家岭公园建设和泽州公园提质工程,开工建设凤台公园。积极推进城市生活垃圾分类,打造高品质生活引领区。

强化精细管理。逐步理顺国土空间规划管控、城市管理执法、城中村改造、违法建设管控、建筑垃圾清运等体制机制。加快智慧城市建设,运用大数据、云计算、区块链、人工智能等前沿技术,推动城市管理提质增效,重点抓好数字城管系统改造升级,对城市停车系统和公交系统实施智慧化管理,努力实现数字城管全覆盖。

(八)坚持城乡融合,着力推动乡村振兴

加快农林文旅康产业融合发展。全面落实市委推进农林文旅康产业融合发展的27条政策,全力推动现有试点开展综合改革,鼓励支持村集体经济组织,以出租、入股、联营等方式,兴办农林文旅康产业。大力发展特色功能农业、有机旱作农业,加快农产品精深加工产业集群化发展,重点建设6个特色产业联盟和22个现代特色农业产业园区,打造"药食同源、康养晋城"品牌。

深入开展农村人居环境整治。继续安排专项资金支持农村人居环境整治。明确标准,突出特色,6月底前完成全市星级村创建认定工作。坚持改厕和治污同步推进,完成5万座改厕任务。彻底整治非正规垃圾堆放点,基本建成农村生活垃圾收运体系,启动运行99个垃圾中转站,扩大生活垃圾分类试点范围。新(改)建"四好农村路"635公里。全面推行农村公路"路长制"。开展第三届最美乡村和村庄清洁行动"百村"评选。建立健全农村人居环境整治管护长效机制。

深化农村改革创新。加快农村"四块地"改革,推进各类废弃农村土地的复垦利用。全面完成农村集体产权制度改革,统筹推进农村"三变"改革。大力培育新型农业经营主体,加大国家级、省级农民专业合作社和示范性家庭农场培育力度。建立职业农民培育体系,完成3000名新型职业农民培训任务。完成466个行政村撤并任务。创建一批"三治融合"乡村治理示范村镇,推动各类要素向农村流动。

(九)坚持生态优先,着力建设美丽晋城

持续加大生态修复治理力度。紧紧抓住国家实施黄河流域生态保护和高质量发展战略的契机,实施一批生态修复工程。完成39万亩水土流失治理任务,加大采煤沉陷区、工矿废弃地等生态修复治理力度。完善"河长制"工作机制,加快推进沁河、丹河等河道综合治理和生态修复,推动主城区河道实现清水复流。

扎实推进国土绿化。积极推行"林长制",完成国省营造林1.6万亩,加快中幼林抚育进度,加强未成林管护。实施天然林保护植被恢复工程。抓好高速公路、重点国省道沿线绿化。加强重点乡村园林绿化工作,集中连片建设生态园林村。持续推进环城生态圈、城市河流水系绿网和城市道路绿网建设。

完善生态文明建设体制机制。全面完成生态保护红线、永久基本农田、城镇开发边界三条线的划定和落地，编制完成市县两级国土空间总体规划，实现“多规合一”。建立国土空间规划和用途统筹协调管控制度及生态环境分区管控体系。完善生态环境监管执法机制，严格落实生态补偿和生态环境损害赔偿制度。

（十）坚持民生为本，着力提升人民生活品质

切实提高就业和保障水平。深入开展“人人持证、技能社会”暨全民技能提升工程。统筹做好高校毕业生、退役军人、农民工、去产能职工、建档立卡贫困劳动力等重点群体的就业工作。实现零就业家庭动态清零。完善社会保障体系。用好用足援企稳岗政策。落实社会救助、社会福利等政策，提升困难群众基本生活保障水平。深化全国居家和社区养老服务改革试点建设。城镇棚户区住房改造开工4483套，保障性安居工程基本建成800套。完成5.3万户清洁取暖改造任务。扩大住房公积金制度覆盖面。

全力提升教育品质。实施普通高中教育强市工程，做优高中教育，擦亮高中教育品牌。坚持就近就便服从就优原则，建设改造41所农村寄宿制学校和乡村小规模学校，推进高中初中向县城集聚、小学向乡镇集中。新改建10所幼儿园，扶持认定16所普惠性幼儿园，深入推进小区配套园建设整治，推进学前教育普及普惠发展。推进集团化办学和中小学教师“县管校聘”改革，试点推进校长职级制改革，促进义务教育城乡一体化发展。深化职业教育产教融合，全面推行现代学徒制，办好特殊教育、继续教育、网络教育。依法支持和规范民办教育发展。

加快完善公共卫生体系。坚持外防输入、内防反弹，科学防控、精准施策，坚决打赢疫情防控阻击战。持续深化县域卫生一体化改革，加快建立整合型医疗卫生服务体系，做到“一步领先，步步领先”。加强公共卫生防疫体系和应急管理体系建设，推进医防融合。推动晋城大医院和市人民医院两大医疗集团规范运行。支持陵川、高平创建国家卫生县城（城市）。

大力发展文化体育事业。在全省率先完成图书馆文化馆总分馆制建设，做好第四批国家公共文化服务体系示范区迎检工作。深入推进文明守望工程、文物安全及保护利用工程、乡村文化记忆工程和文化惠民工程。加强非遗品牌建设，举办“首届中国珐华文化传承与创新高峰论坛”。广泛开展全民健身活动，推进体育设施进学校、进社区、进公园，在市区建设足球场、网球场、篮球场、羽毛球场等体育设施19块，在各县（市、区）建设社会足球场地10块以上。

加强和创新社会治理。积极创建全国市域社会治理现代化试点城市，探索“全科网格”社会治理模式，推动社会治理和服务下沉。创新发展新时代“枫桥经验”，深入开展“三零”单位创建，建立完善社会矛盾纠纷多元化化解联动机制，扎实做好信访稳定工作。纵深推进扫黑除恶专项斗争，健全社会治安防控体系，完成“雪亮工程”。加强国防动员和后备力量建设，争创全国双拥模范城“四连冠”。举全市之力，下非常之功，确保今年成功创建全国文明城市。开展第七次全国人口普查。更好发挥工会、共青团、妇联等群团组织作用，大力发展残疾人、慈善等事业。扎实做好民族宗教、新闻出版广电、气象、地震、人防、治超、援疆等工作。

各位代表，在办好省政府确定的10件民生实事的基础上，今年市政府还要办好10件民生实事。(1)实施农村饮水安全巩固提升工程，受益人口10万人；(2)对完成清洁取暖改造的农户进行补助；(3)对农村旱厕改造实施奖补；(4)实现主城区新能源纯电动公交车全覆盖；(5)在主城区新改建10座人行天桥；(6)在主城区改建提升智能停车位1万个；(7)在主城区新建综合便民服务场所10处；(8)推动公共体育场馆定时免费或低收费对外开放；(9)实施中小学校（幼儿园）安防提升工程；(10)实施“大数据”惠民应用工程。我们将信守承诺，坚决把好事办好，让老百姓得到更多实惠、收获更多幸福！

三、全面加强政府自身建设

认真贯彻落实党的十九届四中全会精神，深入推进政府治理体系和治理能力现代化，建设人民政府、法治政府、效能政府、担当政府、廉洁政府。

（一）始终加强政治建设。坚持用习近平新时代中国特色社会主义思想武装头脑，深入学习贯彻习近平总书记“三篇光辉文献”精神，树牢“四个意识”，坚定“四个自信”，坚决做到“两个维护”，始终与以习近平同志为核心的党中央保持高度一致，始终把党的领导贯穿政府工作各方面、全过程，坚决贯彻中央大政方针政策和省委、省政府决策部署，坚决落实市委各项决定。

（二）始终坚持依法行政。严格遵守宪法和法律，严格依法行政、依法履职，把政府各项工作都纳入法治化轨道。严格执行市人大及其常委会的决议和决定，认真办理人大代表议案建议和政协委员提案。高水平编制好“十四五”规划。加强政务公开和政府信息公开。自觉接受人大、政协、监察、司法、审计、社会和舆论监督，虚心听取代表的建议、批评和意见，进一步拓宽与群众沟通协商的渠道，不断增强政府的公信力和执行力。

（三）始终做到担当干事。以担当履行使命，为担当者担当，为干事者撑腰，敢于聚焦矛盾，勇于直面问题，以创新的思维和改革的办法破解难题、推动发展；以实干践行宗旨，多干群众所想所愿、所急所盼的事情，多干顺民意、解民忧、惠民生的事情，多干打基础、增后劲、利长远的事情；以履责诠释初心，坚持一张蓝图绘到底，强化执行力、落实力，脚踏实地地干，雷厉风行地干，掷地有声地干，干在每一天，干好每件事。

（四）始终提升服务效能。加快数字政府建设。依托“一云一网一中心”，强化政务数据管理。深化“一枚印章管审批”改革，推动营商环境继续领跑全省，跻身全国第一方阵。加快完善市县一体的政务服务平台和便民服务平台，优化审管衔接机制，推动更多事项“全程网办”“一次不用跑”，加快推进政府治理体系和治理能力现代化。

（五）始终保持清正廉洁。认真履行全面从严治党责任，深入推进党风廉政建设和反腐败工作，严格落实中央八项规定精神和廉洁自律准则。加强对公共权力、公共资金、公共资源的监管。全体政府公务人员要始终加强道德修养，筑牢防线、守住底线、远离红线，坦诚做人、踏实干事，树立忠诚、干净、担当的良好形象。

《政府工作报告》名词解释

1.“三篇光辉文献”：2019年12月9日，省委常委会召开扩大会议，重温了习近平总书记视察山西重要讲话、习近平总书记在推动中部地区崛起工作座谈会上的重要讲话、习近平总书记在黄河流域生态保护和高质量发展座谈会上的重要讲话，并指出这“三篇光辉文献”，是习近平新时代中国特色社会主义思想的重要组成部分，是做好山西工作的重要法宝。

2.“五个三”战略部署：市委七届六次全会暨经济工作会议明确提出，要举全市之力，集全市资源，主攻全省转型综改示范区的先行区、能源革命排头兵的领跑者、对外开放新高地的桥头堡三大目标；打赢防范化解风险、精准脱贫、污染防治三大攻坚战；补齐交通、民生、开发区三大短板；干好老城改造、新区建设、乡村振兴三件大事；守住安全生产、社会稳控、反腐倡廉三条底线。

3.“点供用地双平衡”：“点供用地”，即在城镇开发边界以外，按照建（构）筑物占地面积等点状布局，按建多少、转多少、征（占用）多少的原则点状报批，按规划用地性质和土地用途灵活点状供应，开发建设服务于乡村振兴的项目用地；“双平衡”，即对建设项目占用的耕地、林地，通过开发复垦等方式补充，实现本县（市、区）域内占补平衡。

4.“三洗六见一红旗”：即开展洗地、洗树、洗墙三项行动，实施开门见绿、游园见景、空地见翠、道路见树、逢山见林、河清见底六大工程，并在市区各机关、企事业单位、镇（街道）、村（社区）设立流动红旗，推动专项行动取得实效。

5.“236”行动计划：即从2018年起，用3~5年的时间，重点培养2个旗舰企业、30个行业标杆企业和60个潜力型企业。

6.“小升规”：即小微企业提升为规模以上企业。

7.“三化三制”改革：即实行领导班子任期制、全员岗位聘任制和绩效工资制，建立专业化、市场化、国际化的管理运行机制。

8.“18+8”政策措施：是市委、市政府为支持晋城经济技术开发区率先发展而出台的2个政策文件。一是《关于支持晋城经济技术开发区改革创新发展的实施意见》，主要包括理顺开发区财税管理体制、规划审批、土地报批、社会事务等18项措施；二是《关于支持晋城经济技术开发区加快发展的若干措施》，主要包括设立平台公司、扶持基金等8条措施。

9.“山西三宝”：即高平珐华器、平遥推光漆、新绛澄泥砚。

10.“四为四高两同步”：2019年12月23日至24日召开的山西省委经济工作会议，明确提出了“四为四高两同步”的总体思路和要求，强调必须坚持转型为纲、项目为王、改革为要、创新为上，在推动高质量发展、高水平崛起、高标准保护、高品质生活上用非常之力、下恒久之功，确保到2020年与全国同步全面建成小康社会，到2035年与全国同步基本实现社会主义现代化。

11.“一枢纽三基地一中心”：即全国输气管道重要枢纽、煤层气生产基地、煤层气装备制造业基地、煤层气储气调峰基地、煤层气交易中心。

12.“两中心一基地”：2019年4月，我市与富士康科技集团签订了“两中心一基地”合作框架协议，包括建设智能制造产业中心、纳米光机电产业示范中心和高端人才培育基地。

13.“1183”工程：是我市大数据发展三年规划确定的重点任务的简称，即1个大数据中心、1个政务统一服务平台、8个示范行业应用和3个领航应用。

14.“6+3”项目推进机制：即在省里六项常态化工作机制（并联审批、职能部门责任制、项目化管理、协调调度、市县联动和监督考核）的基础上，实施清单管理、观摩考评、领导包联三大机制。

15.“五统一”：即统一规划、统一征收、统一开发、统一供地、统一管理。

16.“六稳”：即稳就业、稳金融、稳外贸、稳外资、稳投资、稳预期。

17.“六保”：2020年4月17日中央政治局会议在强调加大“六稳”工作力度的同时，首次提出“六保”，即保居民就业、保基本民生、保市场主体、保粮食能源安全、保产业链供应链稳定、保基层运转。

18.“五大基地”：中央出台的《关于在山西开展能源革命综合改革试点的意见》中明确指出，要把山西建成全国煤炭绿色开发利用基地、非常规天然气生产基地、电力外送基地、现代煤化工示范基地和煤基科技创新成果转化基地。

19.“八大领跑工程”：立足全省“五大基地”建设，力争在煤层气产业、煤炭清洁利用、电力建设运营、新能源发展、煤机制造、煤基科技成果转化、煤化工提质转型、装配式建筑和绿色交通发展等八个方面领跑，争做全省能源革命排头兵的领跑者。

20.开发区“九有”：市委书记张志川在市委经济工作会议上提出，开发区改革要坚持全市“一盘棋”，紧盯有区、有地、有业、有链、有海关、有引力、有先行先试、有敢闯敢试、有贴心服务的“九有”要求，找准定位、补齐短板、奋力赶超。

21.“标准地”：即带着建设规划、能耗、环境、投资强度、亩产税收等一系列标准进行出让的建设用地，企业拿地后通过“一窗受理”即可开工，建成投产后按照法定条件和既定标准进行验收。

22.R&D经费投入强度：R&D经费，即全社会研究与试验发展经费。R&D经费投入强度，即R&D经费与地区生产总值的比值。

23.“一室一院一站”：即煤与煤层气共采国家重点实验室、安徽理工大学晋城能源革命工程技术研究院、国家煤层气产业创新联盟晋城专家工作站。

24.“双元”：即由企业和学校共同担负培养人才的任务，按照企业对人才的要求组织教学和岗位培训。

25.丹河快线“1+3”工程：即主城区通往丹河新城高铁东站主要通道的简称。“1”，即丹河快线，工程南起规划太岳街东延，北至陵沁线；“3”，即与丹河快线相连接的太岳街东延、中原街东延、金村大道南延工程。

26.“两不愁三保障”：即实现扶贫对象不愁吃、不愁穿，保障其义务教育、基本医疗和住房安全，是贫困人口脱贫的基本要求和核心指标。

27.“一摘四不摘”：即摘帽不摘责任、不摘政策、不摘帮扶、不摘监管，是对贫困县摘帽后剩余贫困人口脱贫工作的要求。

28.“两馆六中心”：即科技馆、规划展览馆、全民健身中心、文化艺术中心、老年活动中心、职工活动中心、青少年活动中心、防灾教育中心。

29.“两下两进两拆四提升”：“两下”，即广告下墙、管线下地；“两进”，即停车进位、进库；“两拆”，即拆除违法建设、拆除不必要的围墙；“四提升”，即建筑立面、景观亮化、背街小巷、环境卫生品质提升。

30.农村“四块地”改革：我市出台的《关于盘活农村集体土地资源的实施办法（试行）》中指出，要进一步盘活承包地、宅基地、农村集体建设用地、集体林地等农村集体土地资源，加快农林文旅康产业融合发展。

31.农村“三变”改革：即资源变股权、资金变股金、农民变股民。

32.“三治融合”：即德治、自治、法治相互融合。

中国人民政治协商会议
第七届晋城市委员会常务委员会工作报告(节选)

——在政协第七届晋城市委员会第五次会议上

晋城市政协主席　常国荣

（2020年4月26日）

2019年工作回顾

2019年，在中共晋城市委的坚强领导下，市政协及其常委会以习近平新时代中国特色社会主义思想为指导，深入贯彻习近平总书记关于加强和改进人民政协工作的重要思想，全面贯彻中共中央大政方针及省委、市委决策部署，深化拓展“晋城的事，大家想、大家说、大家干”，紧紧围绕全市中心工作，建言资政和凝聚共识双向发力，为新时代美丽晋城高质量转型发展书写了政协篇章。

一、坚持以习近平新时代中国特色社会主义思想为指导，在强化理论武装上取得新成效

常委会始终把高举旗帜、维护核心作为根本性大事摆在首要位置，不忘初心，牢记使命，不断增强“四个意识”，坚定“四个自信”，做到“两个维护”，确保政协工作沿着正确政治方向前进。

突出强化理论武装。始终把学习贯彻习近平新时代中国特色社会主义思想作为首要政治任务，同深入学习贯彻中共十九大和十九届二中、三中、四中全会精神相结合，同深入学习贯彻习近平总书记“三篇光辉文献”和中央政协工作会议精神相结合，同深入学习贯彻习近平总书记最新重要讲话精神和重要指示批示精神相结合，持续在学懂弄通做实上下功夫。全年共组织党组中心组专题学习18次，常委会议、主席会议集中学习12次，机关干部集体学习48次，委员界别小组学习24次，培训市县两级政协委员160余人次，组织政协系统1250多人听取中央政协工作会议精神专题宣讲，不断夯实团结奋斗的共同思想基础。

着力加强党的建设。毫不动摇坚持党对政协工作的领导，认真贯彻落实中央、省委、市委关于加强新时代人民政协党的建设工作的意见，确保政协工作始终围绕市委的重大决策部署来展开。充分发挥政协党组的领导作用，不断强化全面从严治党主体责任。进一步完善市政协党的组织体系，探索建立党的组织对党员委员的全覆盖、党的工作对政协委员的全覆盖工作机制。认真落实意识形态工作责任制。扎实推进党风廉政建设各项工作，积极支持纪检监察组履行职责、严格执纪。

认真开展主题教育。市政协党组把深入开展“不忘初心、牢记使命”主题教育同加强和改进政协

33.“多规合一”：指将国民经济和社会发展规划、城市总体规划、土地利用总体规划、环境保护规划等涉及的相同规划内容统一起来，落实到一个共同的空间规划平台上，形成协调一致的一张蓝图。

34.“全科网格”：即以基层社会治理“一张网”为基础，整合部门“网”“员”，建立一支全科网格员队伍，承担党建、综治、公安、民政、司法行政、国土资源、环保、住建、食品药品、安监、综合执法、消防等部门的基层网格管理工作，实现“一网运行，全域覆盖”“多元合一、一员多用”。

35.“三零”：即零上访、零事故、零案件。

36.“一云一网一中心”：即全市统一的城市云平台、电子政务外网和大数据中心。

工作一体推进，坚持讲政治与抓具体、学理论与解难题、守初心与担使命、抓教育与强自身紧密结合，着力在深化学习、融会贯通上下功夫，在改进调研、注重实效上下功夫，在检视问题、整改落实上下功夫。主题教育期间，市政协党组及机关班子成员共撰写学习研讨材料39份，形成调研报告12篇，讲授专题党课11次，制定问题清单51个，整改措施80项，修订完善11项制度等，圆满完成各项目标任务。

二、坚持围绕中心服务大局，在助推高质量转型发展上作出新贡献

常委会紧紧围绕市委“五个三”战略部署，充分发挥专门协商机构作用，精心选题，广泛调研，协商献策，全力助推新时代美丽晋城高质量转型发展。

聚焦中心任务，加强常委会议协商。围绕“改革创新、奋发有为”专题议政，沟通思想、交换意见，坚定改革信念信心，营造对标一流、勇攀高峰的氛围。围绕民营经济发展献计出力，从破解融资难题、增强发展活力、优化营商环境等方面提出18条对策建议，推动相关部署落实落地。围绕全国文明城市创建凝心聚力，组织委员深入创文一线开展调研，外出先进地区学习取经，结合晋城实际提出意见建议28条，助力创文工作扎实推进。围绕农村人居环境整治议政添力，按照中央、省、市农村人居环境整治总体部署，组织委员广泛调研，专题协商，从坚持高位推动、科学制定标准、创新融资模式、建立长效机制等方面提出意见建议15条，被相关部门吸收采纳。

突出界别优势，加强专题对口协商。围绕五大产业发展体系，对全市传统产业改造升级、新兴产业培育壮大建言献策。围绕发展有机旱作农业，对打好特色农业品牌，建设标准化生产示范基地出谋划策。围绕完善公共法律服务体系建设，对推动全市形成线上线下一体化公共法律服务平台寻找对策。围绕优化学前教育，对推进学前教育普及普惠安全优质发展提出意见建议。围绕打造新一线旅游城市，对全市大景区资源整合和扩容提质深入调研，务实建言。围绕城市两翼发展，就我市行政区划调整进行议政协商，为市委提供决策参考。

创新方式方法，加强提案办理协商。首次面向社会公开征集发布提案选题参考目录，引导委员把握提案方向，提高提案撰写质量。加大对口协商督办力度，提升提案办理质量。建立提案办理成效评价机制，完善提案办理满意度反馈制度，切实提高提案办理实效。市领导亲自领衔督办重点提案，有力推动提案的办理落实。市政协七届四次会议以来，共收到提案589件，审查立案551件，均已办复。

紧扣群众关切，加强社情民意协商。着力打造上连“天线”、下接“地气”的民声“直通车”。聚焦就业、收入分配、教育、社会保障、医疗卫生、住房、食品安全等民生关切，收集反映社情民意，编报《晋城社情民意》112期，全国政协和省政协采用60余篇，省、市领导批示10余篇，为党政领导科学决策提供了重要信息支持和民意参考。

三、坚持用创新理念谋划工作，在推动政协履职提质增效上增添新活力

常委会坚持运用协商民主的理念和方法推动履职实践，创新协商机制，丰富协商内容，完善协商形式，规范协商程序，提高协商实效。

广泛组织视察考察。以各专委会、各界别为依托，统筹市县政协力量，组织委员针对创新驱动、产业转型、老城改造、新区建设、乡村振兴、脱贫攻坚、文旅融合发展、生态环境保护等课题开展视察考察，全年共组织视察考察28次，为委员知情明政畅通渠道、搭建平台。

扎实推进协商监督。按照省、市政协统一部署，加强省、市、县三级政协联动，对深化转型项目建设年、打赢蓝天保卫战、放管服效改革、推动农业适度规模经营等情况开展专项视察监督，推动党委政府重大决策部署贯彻落实。组织政协委员积极参加“向人民汇报，请人民阅卷”电视评议活动，推荐政协委员担任司法机关、政府职能部门政风行风监督员，及时向有关部门提出意见建议。

认真开展督导调研。市政协主席班子成员深入包联重点工程和民营企业，了解工程进展情况，摸清民营企业诉求，协调解决实际问题。组织政协委员围绕创文推进情况开展督导调研，全力助推全国文明城市创建工作。积极开展对口帮扶和脱贫攻坚“回头看”大排查大清底工作，推动脱贫攻坚决策部署落实落地。

积极拓展履职平台。继续办好《政协之声》《委员建言》电视议政栏目，新增《政协话民生》电视议政栏目，精心选题，精良制作，全年共播出《政协之声》48期，《委员建言》28期，《政协话民生》29期，受到社会广泛关注。做好晋城政协网站的日常更新维护和《晋城政协》杂志的编辑工作，多方位展示政协工作成果和委员履职风采。

四、坚持团结民主两大主题，在广泛凝心聚力上彰显新作为

常委会牢牢把握大团结大联合的优良传统，团结各方，联系各界，为新时代美丽晋城高质量转型发展寻求最大公约数，画出最大同心圆，汇聚强大正能量。

深化合作共事。加强与市各民主党派、工商联、无党派人士的联系与合作，主动征求对政协工作的意见建议。积极邀请党派团体参加政协各类会议和各项履职活动，运用政协平台发表意见、提出建议。在视察调研、大会发言、重点提案等方面对党派团体给予更多关注。

密切协作配合。配合全国政协就“文物保护法实施与文博事业发展”进行调研。配合省政协就“打造能源革命排头兵”“互联网+医疗健康”等课题开展调研。加强市县政协联合联动，重要视察调研、重大专项工作，上下联动、同步开展，更好发挥整体优势，增强工作合力。

促进对外交往。密切与省内外兄弟市政协的工作交流，采取“走出去”和“请进来”相结合，组织委员赴福建、江苏、安徽、河南等地进行学习考察。热情做好外地政协来我市调研考察的接待工作，积极宣传晋城、推介晋城。

加强宣传工作。充分利用广播电视、报纸杂志、新媒体、微信工作群等宣传平台，及时发布政协活动信息，展示委员履职成果。组织开展庆祝中华人民共和国和人民政协成立70周年主题征文活动，配合省政协开展“庆祝新中国成立70周年、人民政协成立70周年”书画摄影征集工作，23件作品在省政协获奖。完成《山西政协年鉴·晋城卷》(2018)编纂工作。

助力疫情防控。疫情就是命令，防控就是责任，新冠肺炎疫情发生以来，市政协认真学习贯彻习近平总书记重要讲话精神，全面落实中央、省委、市委决策部署。向全市广大政协委员发出倡议书，动员政协委员踊跃投身疫情防控第一线，积极开展捐助活动，收集反映社情民意。选调机关党员干部奔赴企业、农村、社区、高速路口等地开展防控工作。组织委员深入疫情防控和复工复产一线视察调研，为统筹推进疫情防控和经济社会发展献计出力。

五、坚持与时俱进守正创新，在完善工作制度上形成新格局

常委会立足新使命新任务，不断强化自身建设，提升服务保障水平，为高质量履职建言提供有力支撑。

增强委员履职活力。加强委员学习培训，组织部分政协委员、县(市、区)政协主席和市政协机关干部赴中山大学进行集中培训，提升委员素质能力。强化委员履职服务，健全履职量化管理考评机制，引导委员做好“委员作业”，交好履职答卷。创新委员活动形式，扎实开展“委员阅读日”“委员建言日”主题活动，不断丰富载体、创新形式、提升实效。全年共组织主题活动30余次。

优化政协机构设置。深化政协机构改革，优化专委会机构和职能设置，政协机构设置更加科学、工作职能更加优化。认真落实新修订的《专门委员会通则》，健全主席会议成员分管专委会、专委会对口联系党政部门和界别委员的工作机制，进一步提升专委会的统筹谋划、组织落实能力。

健全完善工作制度。认真贯彻《政协章程》，注重制度创新和机制完善，出台了《政协晋城市委员会加强和改进调研工作实施办法》《政协晋城市委员会委员视察考察工作规定》等制度，充分发挥人民政协在国家治理体系和治理能力现代化中的重要作用，努力把政协制度优势转化为治理效能。

持之以恒转变作风。认真落实中央八项规定精神及省委、市委有关要求，积极开展“反对形式主义、官僚主义”警示教育月和肃清腐败流毒影响、持续净化政治生态专题警示教育活动，通过领导干部讲党课、专家学者作辅导、开展典型案例教育等活动，激励机关干部求真务实、担当作为、廉洁从政。

在看到成绩的同时，我们也清醒地认识到，工作

中还存在薄弱环节和不足之处，主要是：建言资政和凝聚共识双向发力不够到位，协商民主的实践探索有待深入，政协工作提质增效还需进一步强化，等等。对此，我们将在今后的工作中切实加以改进。

2020年工作任务

2020年，是全面建成小康社会和“十三五”规划的收官之年，是实现第一个百年奋斗目标的决胜之年，也是我市夺取高质量转型发展新胜利的关键之年。市政协工作的总体要求是：以习近平新时代中国特色社会主义思想为指导，全面贯彻中共十九大和十九届二中、三中、四中全会精神和习近平总书记“三篇光辉文献”精神，深入贯彻落实中央政协工作会议精神，在中共晋城市委坚强领导下，紧扣全面建成小康社会目标任务，坚持“四为四高两同步”总体思路和要求，把服务“五个三”战略部署作为工作主线，把加强思想政治引领、广泛凝聚共识作为中心环节，坚持团结和民主两大主题，不断提高政治协商、民主监督、参政议政水平，为我市“十三五”规划圆满收官、同步全面建成小康社会，奋力夺取新时代美丽晋城高质量转型发展新胜利贡献智慧和力量。

一、强化党的建设，着力打造加强政治引领的重要阵地

始终坚持党对人民政协工作的领导，认真贯彻中共中央《关于加强新时代人民政协党的建设工作的若干意见》和省委、市委实施意见，全面落实新时代党的建设总要求，以党的政治建设为统领推进政协党的各项建设。

强化思想教育。持续推动习近平新时代中国特色社会主义思想不断走心走深走实，深化习近平总书记关于加强和改进人民政协工作的重要思想学习研讨，全面贯彻落实中央政协工作会议精神，坚持在学懂弄通做实上下功夫。巩固拓展“不忘初心、牢记使命”主题教育成果，发挥市政协党组中心组学习的示范引领作用，引导各党派团体、各族各界人士增强“四个意识”，坚定“四个自信”，做到“两个维护”，把党的主张转化为社会各界的思想共识。

强化政治责任。认真落实党对政协组织实施领导的制度规定，切实发挥政协党组把方向、管大局、保落实的领导作用，严格执行重大问题请示报告制度，确保政协始终在党的领导下主动负责、协调一致地开展工作。协助市委筹备开好市委政协工作会议，研究出台我市加强和改进新时代人民政协工作的具体举措，健全发扬民主和增进团结相互贯通、建言资政和凝聚共识双向发力的程序机制，把政协制度优势转化为治理效能，确保党的各项决策部署在政协落地见效。

强化组织功能。切实加强政协系统党的建设，不断提升党组织在政协工作中的政治领导力、思想引领力、群众组织力、社会号召力。健全政协系统党的组织体系，加强对县级政协党建工作的指导，形成上下贯通的工作机制。深化市政协党组成员联系党员委员、党员委员联系党外委员制度，充分发挥党员委员在政治引领、发扬民主、凝聚共识、合作共事、廉洁奉公等方面的模范作用。

二、锚定目标任务，充分发挥专门协商机构的重要作用

坚定不移贯彻新发展理念，把服务“打造创新生态、培育转型动能”作为履职重点，紧紧围绕“五个三”战略部署，紧扣“两只翅膀腾飞、三足鼎立支撑、城市两翼发展”高质量转型格局，精准选题，广泛协商，务实建言。

突出重点协商。围绕争做能源革命排头兵的领跑者，就推进煤炭清洁高效开发利用开展协商议政，为我市煤炭产业可持续发展出谋划策。围绕巩固脱贫攻坚成果、改善农村人居环境，就农村饮水安全情况开展协商议政，为全面提升农村居民生活质量和生活品质提出意见建议。围绕加强和创新社会治理模式，就推进市域社会治理现代化开展协商议政，为提升我市社会治理能力建言献策。

抓好专题议政。紧扣我市经济社会发展的重点任务和人民群众对美好生活的期盼，就我市交通体系建设、突发公共卫生事件应急体系建设、生猪产业发展、“太行一号”国家风景道周边景区景点的宣传推介等课题开展专题协商。紧扣我市改革发展重点工作，就推进重点工程、项目建设、城市两翼发展、生态环境保护、民生改善等开展专题调研，协助党委、政府破解发展难题。围绕统筹推进疫情防控和经济

社会发展认真调查研究,积极献计献策。

强化民主监督。紧扣市委、市政府决策部署贯彻落实情况,组织委员重点围绕打造创新生态、培育转型动能、巩固脱贫攻坚成果,创建全国文明城市、引进高层次人才、加强体育设施和场馆建设以及推进国家公共文化服务体系示范区创建等工作,开展专项视察监督,促进工作落实。

创新视察方式。加强联合视察和交叉视察,依托市政协各专委会和各县(市、区)政协委员活动小组,针对转型升级、项目建设、改革开放、创新驱动、老城改造、新区建设、乡村振兴、生态环境保护、民营经济发展等课题进行视察调研,拓宽委员知情参政渠道,提高视察的针对性和实效性。

加强提案督办。修订完善《政协晋城市委员会提案工作规定》,制定出台《政协晋城市委员会关于进一步提高提案质量的意见》和《提案办理协商办法》,引导政协委员、党派团体围绕事关我市发展全局和群众关注的重点工作,深入调研,积极献策。健全完善提案办理协商机制,加强重点提案督办,有效促进政协意见建议的办理落实。

二、发挥政协优势,拓展畅通广泛凝聚共识的重要渠道

人心是最大的政治,共识是奋进的动力。坚持"有事好商量,众人的事由众人商量",用平等真诚协商画出最大同心圆,用充分发扬民主汇聚强大正能量。

扩大凝聚共识范围。进一步密切与市各民主党派、工商联、无党派人士的联系,对各民主党派以本党派名义在政协发表意见、提出建议作出机制性安排。鼓励和支持委员深入基层、深入界别群众,及时收集反映社情民意,宣传党和国家的方针政策。健全同党外知识分子、非公有制经济人士、新的社会阶层人士沟通联络机制,为他们创造有序参与协商、合理表达诉求的条件。做好民族宗教和对外联谊工作,为我市改革发展汇聚力量。

提高凝聚共识效果。坚持建言资政和凝聚共识双向发力,把思想政治引领贯穿到政协各项履职活动之中。深化走访委员、谈心谈话等活动,打造务实管用的凝聚共识平台。征集"太行一号"国家风景道周边文化文史资料,助力文化旅游融合发展。开展"我为'十四五规划'荐一言"活动,为"十四五"时期高质量转型发展贡献智慧。

营造凝聚共识氛围。正确处理一致性和多样性的关系,鼓励委员敞开思想,在坚持党的基本理论、基本路线、基本方略基础上,畅所欲言、各抒己见,促进不同思想观点的充分表达和深入交流,在相互尊重、平等协商中,体谅包容,聚同化异,实现思想上的共同进步。

四、加强改革创新,不断强化政协履职实践的重要保障

立足新时代人民政协新方位新使命,按照推进治理体系和治理能力现代化要求,进一步提高履职能力,夯实履职根基,增强履职合力,为推动政协工作高质量发展提供有力保障。

强化委员责任担当。教育引导政协委员坚持为国履职、为民尽责的情怀,把事业放在心上,把责任扛在肩上,认真履行委员职责。加强委员学习培训,不断提升履职能力。强化委员服务管理,完善委员履职档案,健全委员履职评价和激励机制,引导委员扛起政治责任,严守纪律规矩,勇于担当作为。

打造一流履职平台。创新《政协之声》《委员建言》《政协话民生》广播电视议政栏目,推进智慧政协云平台建设,办好晋城政协网站、《晋城政协》杂志和《晋城社情民意》信息专刊,为政协委员履职搭建更多平台。深化"委员阅读日""委员建言日"主题活动,着力打造专委会特色品牌。积极探索网络议政、远程协商,推动履职活动更加广泛多层、灵活多样。

加强工作协同联动。争取省政协更多的指导和支持,配合完成相关工作任务。树立全市政协一盘棋思想,构建全市政协系统协同联动机制。密切与党派团体和市工商联的工作联系,组织开展重大课题联合调研,重要事项联动监督,切实增强全市政协工作的整体合力。

激励干部干事创业。认真落实中央和省委、市委关于激励广大干部新时代新担当新作为的部署要求,进一步加强政协机关干部队伍建设,坚持一流标准,树立一线意识,强化责任担当,提升工作效能,着力打造一支高素质敢担当善作为的干部队伍。

中华人民共和国成立70周年晋城经济社会发展成就综述
砥砺奋进结硕果　璀璨明珠耀太行

1949年10月1日，中华人民共和国成立，晋城从此翻开崭新的一页。70年来，特别是改革开放以来，在中国共产党的正确领导下，在党的政策光辉照耀下，晋城人民自强不息、开拓创新、励精图治、奋发图强，谱写了波澜壮阔的壮丽篇章，经济社会发展取得举世瞩目的辉煌成就，泽州大地发生了翻天覆地的历史巨变，宛如一颗璀璨的明珠耀起在太行之巅。党的十九大以来，晋城人民以习近平新时代中国特色社会主义思想为指引，以习总书记视察山西重要讲话精神为契机，紧紧围绕建设“先行区”“领跑者”“桥头堡”三大目标，深化改革开放，加强创新驱动，进入高质量转型发展新阶段，234万晋城人民信心满怀，昂首阔步走在中国特色社会主义的康庄大道上。

一、经济总量快速腾飞，产业结构明显升级

中华人民共和国成立初期，晋城经济极其落后，生产力水平十分低下，百业凋零、百废待兴。70年来，中国共产党领导晋城人民进行了大规模的社会主义建设，经济总量逐步扩大，特别是改革开放以来，晋城市经济发展速度明显加快，质量效益不断提高，经济实力跃上新台阶。全市人均地区生产总值(GDP)由1952年的72元增加到1978年的345元再到2018年的57819元，增长了803倍。随着经济的快速发展，GDP跃上新台阶的步伐越来越快，从1亿到10亿，用了29年的时间；从10亿到20亿，用了5年时间；从20亿到100亿元用7年时间。1994年突破百亿大关，新增百亿台阶的时间不断缩短，2008年突破500亿元，2018年全市地区生产总值达到1351.9亿元，是1952年的1739倍，是1978年的225倍。70年来全市GDP年均增长8.7%，其中，1952—1978年均增长6.2%，1978—2018年改革开放40年平均增速达到10.6%。2018年全市一般公共预算总收入完成263.8亿元，是1952年全口径财政收入的8143倍，是1978年的416倍。

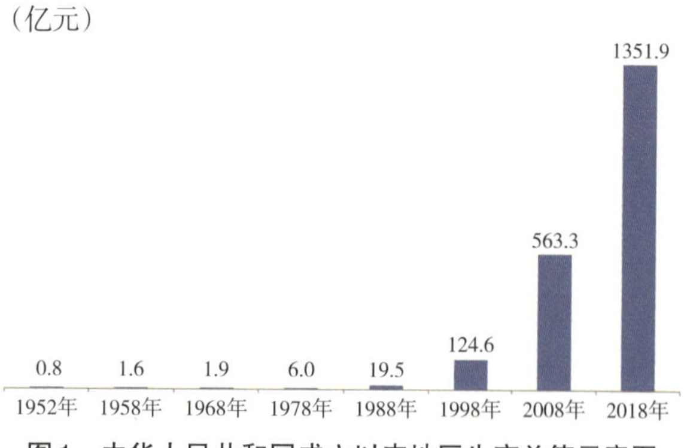

图1　中华人民共和国成立以来地区生产总值示意图

随着经济发展加快，晋城的产业结构发生了根本性的变化。特别是改革开放以后，工业化进程加快，第二产业快速提升，产业结构不断优化。一、二、三产业比例1952年为78.6∶10.5∶10.9，一产业占绝大比重，非农比重仅占21.4%；经过30年的建设，

经济结构发生较大变化，1978年三次产业比为27.5∶55.6∶16.9；经过40年的改革开放，2018年调整为3.6∶53.1∶43.3，非农产业比重已超过95%。与1952年相比，第一产业下降了75.0百分点，第二产业上升了42.6个百分点，第三产业提高了32.4个百分点。产业结构由解放初的“一、二、三”发展格局，到现在形成了以第一产业为基础、第二产业为主导、第三产业为支撑的“二、三、一”格局。

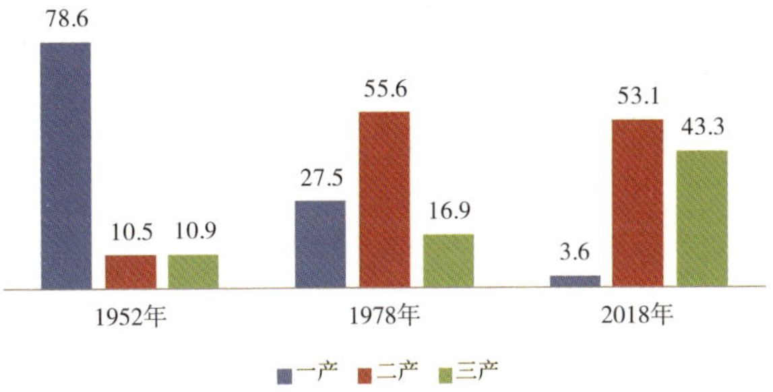

图2　中华人民共和国成立以来产业结构变化示意图

二、农村经济全面发展，工业经济强力支撑

农产品实现由短缺到丰富的历史性转折。中华人民共和国成立后，在农村实行了土地改革，极大地提高了农民的积极性，特别是1978年以后，农村改革步伐加快，实行联产承包责任制后，农民的积极性空前高涨，农业的基础设施快速改善，农田水利建设成绩显著，科学技术推广迅速，生产水平大幅提高，产业化步伐加快，经济结构调整成效明显。2018年全市第一产业实现增加值49.2亿元，是1978年的29.8倍，是1952年的80.5倍。粮食总产量达到80.8万吨，比1978年净增30.6万吨，是1949年的3.2倍；肉类总产量16.5万吨，比1978年增加15.4万吨，比1949年增加16.5万吨。

工业从无到有，从小到大，由弱到强。中华人民共和国成立以来，晋城工业的发展是突飞猛进的。1949年全部工业总产值仅2415万元，1978年全部工业总产值为10.4亿元，到2018年，全市规模以上工业企业总产值达1351.2亿元。70年来，晋城工业在发展中调整，在调整中提高，经济规模显著扩大，产业、产品结构趋向优化。晋城作为依托改革开放发展起来的新兴工业城市，晋城市工业经济走出了一条由大到强、由传统到新型的工业化发展道路，为晋城市建设经济强市、实现经济跨越式发展起到了决定性的作用。

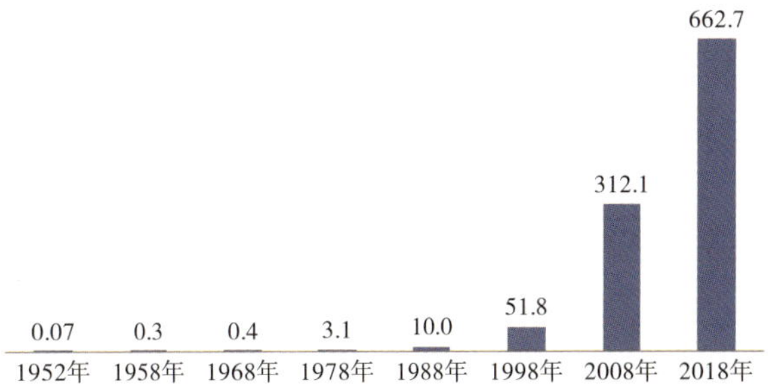

图3　中华人民共和国成立以来全部工业增加值示意图

三、服务结构多元发展，消费市场繁荣兴旺

随着经济的快速发展，服务业逐步占据了国民经济举足轻重的地位，经济发展已经从过去的主要依靠工业拉动转为工业、服务业共同拉动，当前全市服务业发展为以批零住餐业、旅游业、房地产业、营利性服务业等多个产业为主体，文体产业、商务服务业等现代服务业齐头并进的蓬勃态势。2018年，全市第三产业增加值达到584.8亿元，是1952年的6921倍，年均增长12.4%，高于GDP平均增速3.7个百分点，占GDP的比重由10.9%提高到43.3%。

城乡市场不断繁荣。中华人民共和国成立初期，市场商品匮乏，人民购买力低下，商业、饮食业网点稀少，重农抑商，重工抑商的观念在较长时期存在，商业的发展缓慢。随着国民经济的迅速发展，商业的流通和桥梁作用越来越明显，无商不活的观念深入人心。特别是改革开放以来，随着城乡经济的快速发展和人民收入的大幅提高，城乡市场更加繁荣，商业网点增多，从业人员增加，商品丰富多彩，集市贸易蓬勃发展。多种所有制、各种业态、不同规模的商贸业发展迅速，活跃、繁荣了城乡市场。2018年全市社会消费品零售总额达到452.8亿元，是1949年的3298倍，年均增长12.5%。1950年全市金融机构各项贷款余额仅17万元，2018年达到1375.6亿元，年均增长21.8%。作为内陆城市的晋城并不占据开放发展的优势，但进出口贸易总额由2000年的1019万美元上升到2017年的69846万美元，不仅实现了总量的大幅增长，还实现了年均高达28.2%的增幅。

四、基础设施发展加快，城市建设日新月异

70年来，晋城城市建设和基础设施建设取得质的飞跃，交通、通信、能源供应等瓶颈制约不断缓解，城市化水平显著提升，城市面貌发生翻天覆地的变化。能源供给能力不断提高。2018年，全市规上工业发电量251.6亿千瓦时，年均增长20.1%。用水普及率达到99%，城市燃气气化率达到99.3%，基本实现全覆盖。交通设施建设跨越式发展。改革开放以来，基础设施建设加快，晋城建成晋阳、长晋、高陵等多条高速公路，建成了晋城火车站、晋城客运东站等重要交通枢纽，各类交通设施在泽州大地遍地开花，太焦高铁、民用机场等重大交通工程正在加速建设中。全年公路通车里程由1949年的60公里延伸到2018年的9506公里，其中高速公路389公里。2018年全市营运公共车辆944辆，是1985年的41倍；出租车1978辆，是1985年的396倍。邮电通信业迅猛扩张。2017年，全市邮电业务总量68.8亿元，年均增长18.9%。固定电话用户达12.6万户，年均增长12.9%。移动电话业务从无到有，手机已由20世纪90年代的奢侈品变成现在生活中的日常用品，2018年普及率达到每百人107部，是1999年的73.1倍。互联网设施迅猛发展，2017年互联网宽带接入用户达到56.35万户。

城市建设不断发展，面貌日新月异。2018年底，全市城镇人口达到234.3万人，城镇化率59.88%，高于全国平均水平0.3个百分点。道路宽畅明亮、桥梁飞跨河流，公园、广场绿草茵茵，城市初步达到净化、绿化、亮化、美化，人居环境长足发展，2006年4月，晋城市被建设部命名为国家园林城市，2012年11月获得国际花园城市综合金奖。正在建设安全、生态、山水的宜居城市，人民群众的生活环境大大改善。

五、居民收入显著增加，生活质量节节提高

中华人民共和国成立前，晋城人民生活饥寒交迫，民不聊生。中华人民共和国成立后，党和政府把维护好、实现好、发展好人民的利益作为工作的出发点和落脚点，统筹安排生产建设和人民生活，通过采取提高工资、养老金、最低生活保障水平，实施奖励制度，增加各种津补贴，平抑市场物价，拓宽居民收入渠道等方式，解决了大量人民群众最关心、最直接、最现实的利益问题，使得城乡居民收入持续较快增长，生活水平不断提高，实现了由温饱到总体小康的历史性跨越。2018年，全市城镇常住居民人均可支配收入达32162元，是1978年的107倍，年均增长12.5%；农村常住居民人均纯收入达13566元，是1978年的119倍，年均增长13.0%。

居民生活质量空前改善。随着收入的增加，人们的衣食住行用大大改善。衣着从中华人民共和国成立初期的穿不暖，到讲究服装的款式、色泽、时髦、美感等。食品消费从吃不饱向营养丰富变化，城乡居民消费结构发生了明显变化。城镇居民人均消费水平从1978年的230元提高到2017年的23061元，增长100.3倍，年平均增长12.5%；农村居民人均消费水平从101元提高到10062元，增长99.6倍，年平均增长12.5%。反映居民家庭富裕程度的恩格尔系数，城镇居民家庭由60.9%下降到21.6%，农村居民家庭由68.3%下降到23.2%。

六、社会事业全面进步，经济社会协调发展

教育事业成绩显著。70年来，晋城基本建立起比较完备的现代教育体系。学前教育基本普及，义务教育由基本均衡迈向优质均衡，高中阶段教育全面普及，高等教育起步良好，各种职业培训蓬勃开展。2018年，共有正规教育学校1016所，其中高校2所、中专2所、普通中学157所、职业中学11所、普通小学448所、特殊教育学校6所，专任教师数23504人，在校生和毕业生分别为298668人和71132人，小学学龄儿童入学率达100%，小学升学率达100%，初中毛入学率达100%。

科技事业成果丰硕。2018年全市组织实施省级科技项目10项。其中，列入重点研发项目（农业领域）1项，人才专项（优秀人才科技创新）项目1项，平台基地专项项目2项，农村技术承包项目6项。全年全市技术合同交易265项，交易额13.8亿元；有效发明专利拥有量451件；新备案国家级星创天地1个，新认定国家高新技术企业13个，新认定省级众创空间2个，新认定省级科技企业孵化器1个，新认定省民营科技企业7家。截至2018年末，全市拥有高新技术企业49家，国家级星创天地3个，国家级

众创空间1个，国家级重点实验室1个，省级众创空间10个，省级重点实验室和省级工程技术研究中心4个，省级科技企业孵化器2家，省级民营科技企业47家，省级科普基地11个。

卫生事业成效明显。晋城医疗卫生服务体系建设不断强化，卫生综合实力大幅增强，服务水平和治理能力迈上新的台阶，公共卫生事业取得显著成效。2018年，全市拥有卫生机构数3155个，是1949年的79倍；卫生机构床位数12103张，是1949年的493倍；卫生机构人员数19494人，是1949年的12.6倍。每千人拥有的卫生床位数5.47张，每千人拥有卫生技术人员数8.32人。

文化事业繁荣发展。文化基础设施建设得到加强，2018年全市有公共图书馆7个，总藏书136.4万册；博物馆4个，总藏品5.18万件；影剧院18个，文化艺术馆7个，艺术表演团体10个，演出场次3302场。文化事业的发展给城乡居民建设了深受欢迎的文化消费服务市场，城乡居民文化消费水平也日益提高。

体育事业获得明显进步。基础体育设施建设方面，市委市政府十分重视体育基础设施建设，先后建成市体育场、游泳馆、训练馆等大型体育设施。到2018年，晋城市各类体育场馆由建市初的600个发展到6217个，增幅达10倍。体育组织方面，2017年共举办各级各类运动会180次，参加运动员6.15万人，体育锻炼达标人数达32.88万人。等级运动员和等级裁判员分别达到23人和135人。2018年晋城市运动员在省级以上重大比赛中获金、银、铜牌分别为30枚、25枚和47枚。

中华人民共和国成立70年来，晋城经济社会快速发展，经济实力明显增强。当前，正值经济转型发展的关键期，晋城市经济社会也陷入了短暂的阵痛期，经济发展方式落后，科技创新能力不强，环境整治压力较大，影响发展的深层次体制机制障碍有待进一步突破，发展、改革、稳定任务还十分艰巨。未来，我们将认真贯彻落实党的十九大精神，高举中国特色社会主义伟大旗帜，紧密团结在以习近平同志为核心的党中央周围，在习近平新时代中国特色社会主义思想的引领下，对标全省“示范区”“排头兵”“新高地”三大目标，围绕晋城市确定的“先行区”“领跑者”“桥头堡”的新定位，牢牢把握发展大势，善于抓住各种机遇，充分发挥自身优势，克服前进中的困难，开创新时代美丽晋城高质量转型发展新局面。

（来源：晋城在线）

砥砺奋进七十年　农业跃上新台阶

——中华人民共和国成立70周年晋城市经济社会发展成就系列报告之二

中华人民共和国成立70年来，晋城市探索奋进、砥砺前行，农业生产取得了前所未有的成绩。特别是党的十八大以来，以习近平同志为核心的党中央坚持把解决好“三农”问题作为全党工作重中之重，深化农村土地制度和农业供给侧结构性改革，大力发展农业综合生产，不断优化农业产业结构，加快培育农业新型经营主体，农业生产跃上新台阶。

一、农业综合生产能力显著增强

农业是国民经济的基础，中华人民共和国成立70年来，晋城市农业经济得到了快速发展。农林牧渔业总产值1949年仅为0.7亿元，到2018年达到了90.2亿元，是1949年的128倍，年均增长7.3%。

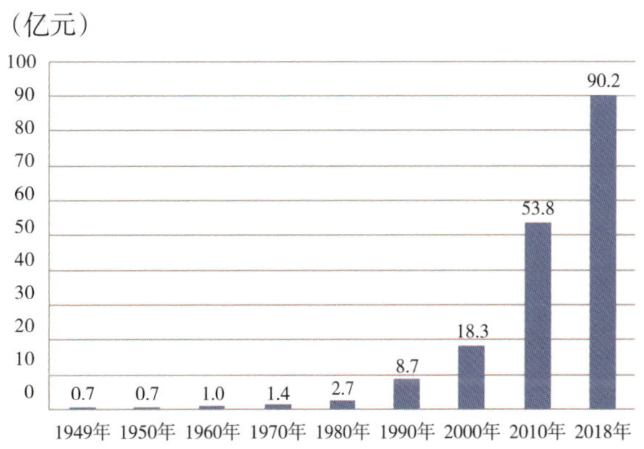

图4　1949—2018年部分年份农林牧渔业总产值情况示意图

（一）粮食生产跃上新台阶

中华人民共和国成立之初，晋城市粮食总产量为24.9万吨，1952年为32.1万吨，土地改革后粮食生产有了一定发展，但未能突破40万吨，直到1964年达到40.4万吨，从30多万吨到40多万吨用了12年时间。1965年至1982年17年间晋城市粮食产量一直在50万吨左右徘徊。改革开放以来，家庭联产承包责任制的建立，激发了广大农民的积极性，解放了农业生产力，促进粮食产量快速增长。1983年全市粮食总产量突破60万吨达到62.1万吨，到1993年全市粮食产量突破70万吨达到76.8万吨，用了10年时间，到1998年全市粮食产量突破80万吨达到83.6万吨，用了5年时间，到2010年全市粮食产量突破90万吨达到91.5万吨，用了12年时间，此后8年晋城市粮食产量一直在80~90万吨左右徘徊。2018年全市粮食总产量为80.8万吨，比1949年增长2.2倍，年均增长1.7%。

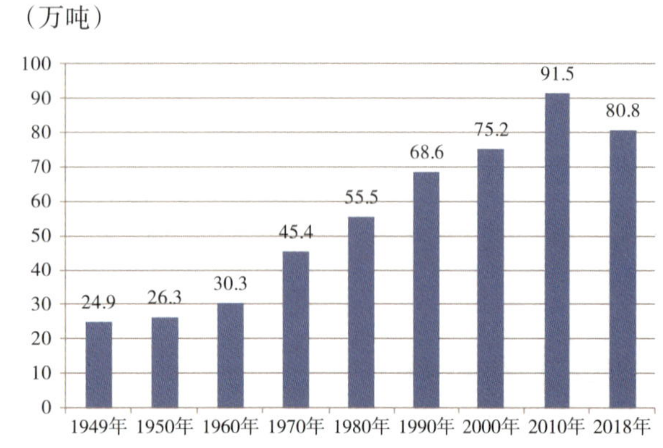

图5　1949年—2018年部分年份粮食情况产量情况示意图

（二）经济作物品种优化升级

中华人民共和国成立之初晋城市的主要经济作物仅有棉花、油料和蔬菜，随着市场经济的发展农品种不断丰富和优化。晋城市经济作物品种出现油料和棉花产量减少、蔬菜产量大幅增加、中药材和食用菌有无到有的变化。

油料和棉花产量减少。从油料生产来看，1949年油料产量仅有0.3万吨，1989年达到1.0万吨，2000年达到2.1万吨，此后逐年减少，2018年全市油料产量仅为0.4万吨，仅比1949年增加0.1万吨。从棉花生产来看，1949年棉花产量为430吨，1983年达到历史最高水平5665吨，此后逐年减少，2018年仅为71吨，比1949年减少359吨。

蔬菜产量大幅增加。随着人们生活水平的不断提高及近年来设施蔬菜的发展，晋城市蔬菜产量大幅增加。1949年全市蔬菜产量仅为3.2万吨，2018年达到28.1万吨，比1949年增长7.7倍，年均增长3.2%。

中药材和食用菌从无到有。随着市场经济的不断深化，人民生活水平不断提高，晋城市经济作物的品种得到不断发展、不断丰富，有益于人民生活健康的中药材和食用菌业也从无到有、不断壮大。2018年全市中药材产量1.4万吨，比2007年增长2.2倍。食用菌产量1.1万吨，比2007年增长114.3倍。

（三）林业产业健康发展

中华人民共和国成立70年来，晋城市采取护林造林等措施建设和发展林业产业，2018年各项林业指标比1999年明显提高。2018年全市林业用地面积为403.0千公顷，比1999年增长14.4%；森林面积达到377.1千公顷，增长77.2%；森林覆盖率40.0%，提高17.4个百分点；森林蓄积量1424.3万立方米，增长1.4倍。

（四）畜牧业产品供应增加

中华人民共和国成立初期，晋城市畜产品供应总体不足，改革开放后，特别是1985年国家放开猪肉、蛋、禽、牛奶等畜产品价格后，晋城市生猪、羊和家禽等养殖业发展迅猛，畜牧业产品产量快速增加。

从肉类总产量来看，1949年全市肉类总产量仅有152吨，2018年增加到16.6万吨，增长1091.1倍，年均增长10.7%。在主要肉类品种中，1985年猪肉产量1.6万吨，2018年增加到13.4万吨，增长7.4倍，年均增长6.7%。1985年羊肉产量1255吨，2018年增加到5557吨，增长3.4倍，年均增长4.7%。

从禽蛋产量来看，1949年全市禽蛋产量仅有1283吨，2018年增加到8.6万吨，增长66倍，年均增长6.3%。

从蜂蜜产量来看，1985年蜂蜜产量551吨，2018年增加到1847吨，增长2.3倍，年均增长3.7%。

二、农业生产结构持续优化

(一)农业产业结构调整成效显著

中华人民共和国成立70年来,晋城市农业实现了由单一以种植业为主向农林牧渔业全面发展的转变。从产值构成来看,1949年农业产值占农林牧渔总产值的比重为89.3%,处于绝对主导地位,林业和畜牧业所占比重分别为1.3%和9.4%,渔业和农林牧渔业服务业没有产值。改革开放后,林、牧、渔业开始全面发展,农林牧渔产业结构日益协调合理。2018年农业产值占农林牧渔总产值的比重为45.0%,比1949年降低44.3个百分点;林业占3.9%,提高2.6个百分点;畜牧业占47.8%,提高38.4个百分点;渔业和农林牧渔业服务业从无到有,渔业占比0.6%,农林牧渔业服务业占比2.7%。

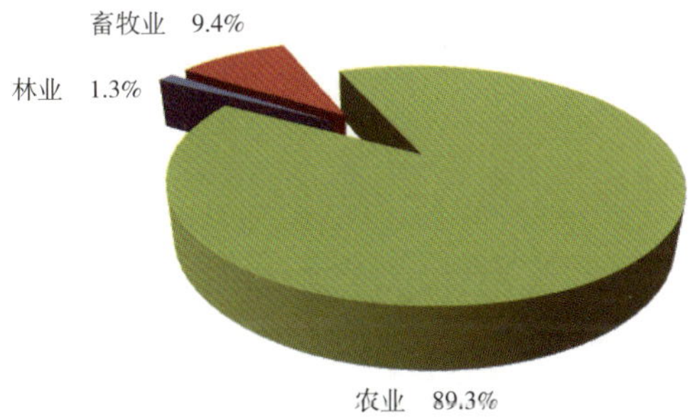

图6 1949年农林牧渔业产值占比情况示意图

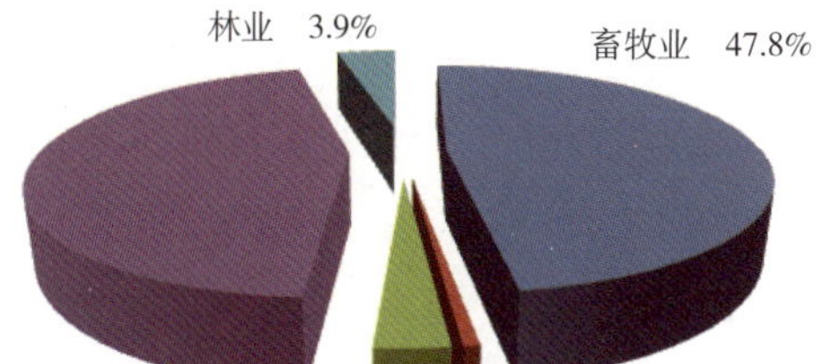

图7 2018农林牧渔业产值占比情况示意图

(二)农产品绿色健康发展转型明显

随着人们生活水平的提高,对农产品的需求也不断提高,从中华人民共和国成立初期吃得饱,到改革开放以后吃得好,再到现在吃得健康,对农产品品质要求不断提高,农业开始向绿色健康迈进,化肥、农药使用量零增长行动成效明显。2018年全市农用化肥施用量16.6万吨,比历史最高年份2011年减少9.2万吨,下降35.6%。农药使用量913.9吨,比2010年减少137.1吨,下降15.0%。农用薄膜使用量731.7吨,比2010年减少234.8吨,下降24.3%。

三、农业基础设施明显改善

(一)农田水利条件明显改善

中华人民共和国成立70年来,晋城市持续加强农田水利基础设施建设力度,农田灌溉条件明显改善。2018年晋城市耕地灌溉面积48500公顷,比1985年增长99.1%,年均增长2.1%。全市累计建成高标准农田3100公顷,确保了农业综合生产能力稳步提升。

(二)农业机械化水平快速提高

随着社会现代化水平的发展,农业生产实现了由主要依靠人畜力向主要依靠机械动力的转变。中华人民共和国成立初期,晋城市没有任何农用机械,到1958年农业机械总动力2188千瓦、农用大中型拖拉机12台,到1985年建市初农业机械总动力60.73万千瓦、农用大中型拖拉机2364台、农用小型拖拉机10699台机,再到2018年农用大中型拖拉机4418台、农用小型拖拉机34642台机。2018年全市机耕面积135200千公顷、机播面积123400公顷,机电灌溉面积19500公顷、机械植保面积19.3千公顷、机收面积90.8千公顷,耕种收综合机械化率超过60%。农业机械拥有量较快增长及广泛应用,不仅极大地提高了农业劳动生产率,也逐步把农民从传统的"面朝黄土,背朝天"的高强度农业生产劳动中解放出来。

四、农业生产方式发生变革

(一)农业规模化经营快速发展

随着农村土地制度改革不断深化和"三权分置"制度的确立,农村承包地更加有序流转,农业规模化经营快速发展。第三次全国农业普查结果显示:2016年耕种规模化(100亩以上)农业经营户和单位共481个实际耕种面积10.9万亩,占全市的比重为5.2%;2016年末生猪规模化(年出栏生猪200头以上)农业经营户和单位共1203个存栏64.8万头,占全市的比重为76.3%;2016年末家禽规模化(肉鸡出栏10000只及以上,蛋鸡存栏2000只及以上)农业经营户和单位共996个存栏902.1万只,占全市的比重为93.8%。

(二)新型经营主体大量涌现

在国家大力培育各类新型农业生产经营主体和服务主体的政策作用下,农民专业合作社、家庭农场等大量涌现。第三次全国农业普查结果显示:2016年末全市以农业生产经营或服务为主的农民合作社数量为2334个,家庭农场及专业大户984个。2018年农民专业合作社达到3766个,比2016年增加1432个,增长61.4%。新型经营主体的大量涌现为现代农业发展注入新要素,增添新活力和持久动力。

(三)新型生产模式快速发展

随着农业生产技术和科技水平的提升,设施农业、观光农业等新型农业生产模式快速发展,各类大棚、中小棚、温室等农业设施增长较快。2018年末全市农业设施数量10624个,其中连栋温室346个、日光温室4942个、大棚4882个、中小棚454个,设施农业占地面积为1137.9公顷,比2006年的208.6公顷增长4.5倍。

中华人民共和国成立70年来,晋城市农业农村发展取得了巨大成就,已逐步从传统农业向优质高产高效的市场农业转化。十八大以来,市委、市政府在习近平新时代中国特色社会主义思想的指导下,坚持稳中求进工作总基调,以实施乡村振兴战略为总抓手,深入推进农业供给侧结构性改革,加快推进农业现代化发展,走出了一条具有晋城特色的乡村振兴之路。

(来源:晋城在线)

砥砺奋进七十载　晋城工业铸辉煌

——中华人民共和国成立70周年晋城市经济社会发展成就系列报告之三

中华人民共和国成立70年来,晋城工业经济实现历史性的飞越,从中华人民共和国成立初期的一穷二白逐步建设成为门类较全、结构合理、发展高质的现代化工业,为晋城经济社会的繁荣作出了卓越的贡献。

一、从百废待兴到百业俱兴,总量规模不断壮大

(一)经济总量大幅提升,支撑作用不可替代

中华人民共和国成立初期,晋城经济以解决自身温饱为主要目标,以自给自足的农业经济为主导,工业基础十分薄弱。1949年,全市乡及以上工业企业仅有5家,工业总产值只有305万元。中华人民共和国成立70年来,晋城工业经济突飞猛进,总体实力不断壮大。1978年,改革开放前夕,全市乡及以上工业企业单位达到733户,全市工业总产值增至9.3亿元,较1949年增长303倍,但大中型企业数量仅有8户。改革开放以来,全市规模以上工业企业数快速增长,2007年达到238家。2007—2018年,全市规模以上工业企业数进入平稳增长阶段,由238家增至284家,企业单位数增长19.3%。随着晋城工业企业队伍的发展壮大,晋城工业经济实现了跨越式发展,总量迭创新高。2003年,晋城全部工业增加值迈上100亿元台阶,达105.6亿;2006年突破200亿元;2011年突破500亿元;2018年突破662.7亿元(按可比价计算较1952年增长1685倍)。1953—2018年,晋城全部工业增加值年均增长11.9%(按可比价计算,下同),高于全市地区生产总值(GDP)年均增速3.2个百分点。

随着经济总量的不断扩大,全市各项主要工业经济指标总量均实现扩张。2018年,全市规模以上工业总产值1372.8亿元,较1978年增长311倍,拥有资产3985.3亿元,实现主营业务收入1569.6亿元、利润190.7亿元,分别较1978年增长796倍、406倍、358倍。

2018年,晋城全部工业增加值占GDP比重49.0%,对GDP增长的贡献率达17.2%;2011年以来,随着晋城第三产业的发展,工业占全市GDP的比重虽有所下降,但是对全市经济社会发展的支撑与拉动作用仍不可替代。

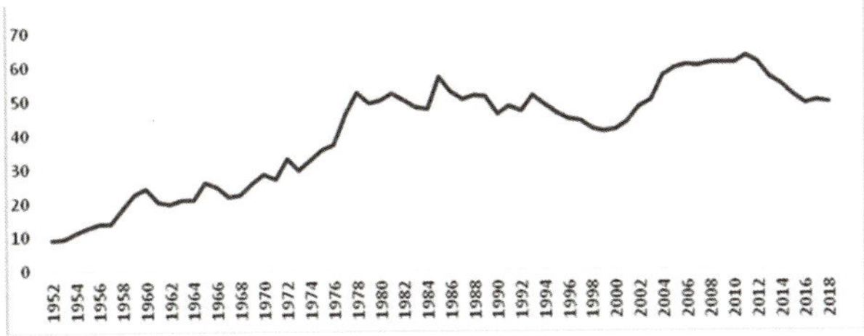

图8 1952年—2018年晋城全部工业增加值占GDP比重

(二)生产能力大幅提升，产品产量快速增长

中华人民共和国成立初期，晋城工业生产能力严重不足，难以满足人民生产和生活的基本需求。经过70年特别是改革开放以来的快速发展，全市工业产品产量大幅增长，工业生产能力快速扩张，产品种类逐步丰富。原煤产量由1949年的65万吨增至2018年的9982万吨；生铁产量由1949年的0.7万吨增至2018年的403万吨；钢材产量由1978年的0.9万吨增至2018年的345.1万吨；发电量由1956年的8万千瓦时增至2018年的256.7亿千瓦时；水泥产量由1959年的1万吨增至2018年的229万吨；化肥产量由1965年的100吨增至2018年的218.4万吨；布匹由1956年的17万米增至2018年的998万米。与此同时，煤层气、瓷砖、太阳能电池、矿山专用设备、金属切削工具、光电子器件等新兴产品产量也实现了从无到有，由少至多的飞跃，2018年产量分别达到38亿立方米、2600万平方米、46235千瓦、55955吨、4924.6万部、12.1万辆、3605.9万千瓦、622万件、11.5亿只。此外，晋城部分主要产品产量在全国的地位也举足轻重，2018年，农用化肥(折纯)产量占全省的60.6%，全国的4%；煤层气产量占全省的67.2%，全国的52.6%。

主要工业产品产量的迅猛增长，也有力地带动了全市工业出口的发展。全市规模以上工业出口交货值从无到有，2018年完成92.8亿元，比2008年增长3.5倍，其中，计算机、通信和其他电子设备制造业完成87.4亿元，比2008年增长24.7倍，占全市规模以上工业出口交货值比重高达94.2%，占比较2008年提高77.5个百分点。

二、从体系单一到多元并重，产业结构不断优化

中华人民共和国成立70年来，晋城工业结构调整不断推进，工业经济在所有制结构、产业结构等领域都发生了深刻的变化。

(一)多元化市场主体格局逐步形成

中华人民共和国成立后的三年困难时期，晋城工业所有制结构以非公有制经济为主体；通过1954—1956年三年的社会主义改造，非公有制经济直线下降，公有制经济迅速上升；1978年，晋城工业经济处于国有工业和集体工业二分天下的阶段，国有工业占工业总产值比重为62.3%，集体工业占工业总产值比重为37.7%。党的十一届三中全会以后，中央提出了以公有制为主体、多种所有制经济平等竞争和共同发展的方针，晋城工业经济成分日趋多元化，所有制结构调整稳步推进，多元化市场主体格局逐步形成，外商及港澳台商投资工业、民营、私营工业快速发展，成为推动晋城工业经济发展的重要力量。

从企业个数来看，2018年，晋城共有规模以上工业企业284家；其中，外商及港澳台商投资工业企业15家，私营工业企业111家，国有控股和集体工业企业122家。从分经济类型增加值以及从业人员占比来看，2018年，国有控股工业总产值占全市规模以上工业比重为61.8%(国有企业占0.9%)，从业人员占全市规模以上工业比重为63.2%(国有工业占1.9%)；集体工业总产值占比为0.1%，从业人员占比为0.2%；外商及港澳台商投资工业总产值占比为17.9%，从业人员占比为17.5%；私营工业总产值占比为18.5%，从业人员占比为13.7%。外商及港澳台商投资工业以及民营工业不仅有力地推动了晋城工业经济的发展，在稳定就业方面也发挥了关键性作用。

与此同时，国有控股工业也在不断做优做强，虽然在全市工业中的各项占比均有所下降，但是在重要战略性领域仍然占据主导地位。2018年，在全市规模以上工业中，煤炭、煤层气、煤化工、电力行业国有控股工业企业数占比达33.5%，资产占比达76.4%，主营业务收入占比达61.9%。

(二)产业结构优化升级

中华人民共和国成立初期，晋城工业主要以煤炭为主。1949年，全市工业总产值仅为205万元。依托丰富的自然资源优势和地方“五小”工业，晋城

工业快速发展。至20世纪70年代末，晋城工业形成了以重工业为主，煤炭、机械、化学、纺织、冶金、电力成为六大重点行业的工业体系；改革开放初期，晋城市轻重工业比重约为1:4。1985—2000年，随着资源开发力度的加大，晋城市工业结构继续向重型工业结构倾斜。轻工业总产值所占比重由1985年的17.4%下降到2000年的11.6%，煤炭工业主导地位进一步强化，增加值占比提高了近3个百分点；冶铸行业依托资源优势，上升到工业第二大行业；机电行业随着国家大中型企业搬迁，地位逐步下滑；纺织行业虽经改革重组，仍未发展壮大。进入21世纪以来，晋城工业结构调整进一步优化。煤电行业支柱地位巩固，装备制造业和冶铸行业比重回升，煤层气行业异军突起。2018年，装备制造业增加值占比达到9.4%，一跃成为第二大行业，煤层气行业紧随其后，占比9.3%。在装备制造业等高技术行业支撑作用日益显著的同时，化工、钢铁等传统行业也在转型升级。近年来，在供给侧结构性改革、“三去一降一补”、环保督查等一系列政策的影响下，钢铁、化工行业落后产能逐步消减，“僵尸企业”有序清退，行业获利能力、生产效率稳步向上。

晋城工业经济新的支柱产业日益明晰，以煤炭为基础，以先进制造业和煤层气行业为发展引擎，铸造业、煤化工和电力为主要支撑的发展格局已经形成。2018年，晋城六大支柱行业增加值占全市规模以上比重超九成，对全市规模以上工业增加值增长的贡献率达90.1%。

表1　规模工业增加值前五位行业比重变化

单位:%

年份	前五位行业占比	合计
1949年	煤炭35.7%、冶金40%、纺织12.8%、食品4.6%、建材4.3%	97.4
1966年	煤炭64.5%、食品10.4%、纺织6.9%、机械5.8%、化学3.1%	90.7
1978年	煤炭47.5%、机械11.7%、化工9.1%、纺织8.1%、冶金6.5%	82.9
1985年	煤炭59.8%、冶金8.2%、机械7.9%、电力4.3%、化工4.1%	84.3
2000年	煤炭61.9%、冶金9.6%、电力5.7%、化工4.9%、建材3.1%	85.2
2012年	煤炭72.9%、装备制造6.9%、化工5.3%、冶铸5.0%、电力4.8%	94.9
2018年	煤炭65.7%、装备制造9.4%、煤层气9.3%、电力5.4%、化工3.9%	93.7

注:1949年和1966年为工业总产值比重

三、从数量扩张到质量提升，发展方式加速转变

改革开放以来，特别是党的十八大以来，全市深入推进创新驱动发展战略，大力实施供给侧结构性改革，不断推动工业经济发展质量变革，工业经济发展由数量规模扩张向质量效益提升方式转变。

(一)质量效益显著提升

中华人民共和国成立初期至改革开放前夕，晋城工业发展曲折，工业经济效益水平起伏不定；改革开放以后，晋城工业经济效益持续提升，总体保持较高水平增长，运行质量不断改善，提质增效成果明显。

经济效益持续提升。2018年，全市规模以上工业实现主营业务收入、利润同比分别增长16.1%、50%，呈现出利润增长快于主营业务收入增长的良好发展态势。与1985年建市初期相比，全市规模以上工业企业主营业务收入、利润分别由8.8亿元、1.2亿元增至1569.6亿元和190.7亿元，分别增长177.6倍、158.8倍。

提质增效成果明显。2018年，全市规模以上工业企业总资产贡献率、成本费用利润率、主营业务收入利润率分别为7.2%、16.7%、12.1%，分别较1990年提高4.1个、10.8个、7.3个百分点；从人均主营业务收入、人均利润等指标来看，1990—2018年，人均主营业务收入、人均利润分别由1.2万元、0.06万元增至77.8万元、9.3万元，单位劳动的产出稳步提升，工业企业提质增效成果显著。

(二)创新驱动日益增强

企业创新是高质量发展的内生动力，晋城全面实施创新驱动发展战略，不断推进大众创业万众创新，工业的创新环境不断优化，创新投入力度持续加大，创新产出能力快速提升，创新成效进一步显现。2018年，全市工业专利授权量增长49.6%，2001—2018年年均增长23.8%；规模工业企业研发经费投入强度1.18%，比2017年同期提高0.1个百分点。同时，在《中国制造2025》等一系列加快振兴装备制造业政策的引领下，晋城积极拓展装备制造业等创新型产业领域，加大产业投入，扶持重点企业发展，推动产业集群发展，装备制造业在推动全市工业快速发展中的支撑作用日益显著。2018年，全市规模工业企

业装备制造业增加值同比增长31.3%，较2017年加快24.6个百分点，快于全市规模工业24.3个百分点，对规模工业增长的贡献率为37.4%，占规模工业的比重9.4%，高于2017年0.5个百分点。

（三）供给侧结构性改革取得新进展

去产能持续发力。2018年全市完成4座煤矿240万吨过剩产能。煤炭先进产能占比大幅提升，先进产能7110万吨/年，占现有产能10740万吨/年的66.2%。去库存压力有所缓解。年末全市规模工业产成品存货周转天数为6.4天，比2017年减少0.2天，比2015年减少2天。去杠杆效果显现。年末全市规模工业企业资产负债率63.2%，同比下降5.1个百分点，比2015年下降0.6个百分点。其中：煤炭行业的资产负债率63.1%，同比下降6.8个百分点，比2015年下降0.7个百分点；装备制造业的资产负债率57.8%，同比下降5.0个百分点，比2015年下降0.7个百分点。降成本措施效果显现。2018年，规模工业企业每百元主营业务收入中的成本为72.4元，较2017年同期（75.2元）下降2.8元，较2015年下降8.2元。其中：煤炭行业的每百元主营业务收入中的成本为62.4元，较2017年同期（64.9元）下降2.5元，较2015年下降11.9元。与此同时，主营业务收入利润率稳步提高。2018年全市规模工业主营业务收入利润率12.6%，较同期提高2.8个百分点，较2015年提高8个百分点。

（四）对外开放步伐不断加快

工业出口规模不断扩大。改革开放以来，晋城工业始终坚持开放发展理念，全市工业企业产品质量不断提高，市场竞争力不断增强，走向世界市场的步伐加快，工业发展空间不断拓展。2018年，全市规模工业产品实现出口交货值89.3亿元，同比增长82.1%，比2008年增长3.5倍。

利用外资水平不断提升。2018年底，全市规模工业外商及港澳台商投资企业由1998年的2户增加至15户，外商及港澳台商投资企业资产总计440.5亿元，占规上工业比重为11.1%，较1998年增长546倍；实现主营业务收入242.5亿元，占规上工业的比重为15.7%，较1998年增长241倍；完成利税58.1亿元，占全市规模工业的比重为17.2%，较1998年增长1130倍。

回顾70年来的发展历程，晋城工业经济经历了中华人民共和国成立初期的工业恢复与改造期、"大跃进"运动与"文化大革命"调整期、改革开放与建市发展期、产业升级与快速提升期，目前正处在增速换挡与转型升级期。历经70年拼搏奋进，晋城工业无论是经济总量还是结构升级都实现了质的飞跃，取得了辉煌成就。放眼未来，全市工业战线将在晋城市委、市政府的坚强领导下，在习近平新时代中国特色社会主义思想指引下，牢固树立新发展理念，坚持供给侧结构性改革，不断推动工业转型，致力将晋城打造成为山西新型城市、中国煤层气产业化基地、21世纪"世界光谷"，奋力谱写美丽晋城高质量转型发展新篇章。

（来源：晋城在线）

大事记

1月

1日 晋城市第四次全国经济普查入户登记启动仪式在凤展新时代广场举行。

2日 市委书记张志川主持召开七届市委第99次常委会议，审定2018年度目标责任考核相关述职材料，听取关于在央视投放城市形象广告和协助拍摄电视剧《立秋》有关情况的汇报。

3日 晋城市2018年度目标责任考核大会召开，市委书记张志川代表市委班子作述职报告。

4日 市委书记张志川主持召开第三次学用习近平新时代中国特色社会主义思想经验交流会。

△ 晋城市妇女第六次代表大会召开。

5日 晋城市干部素质提升工程第二十七期专题讲座在文体官举行，军事专家、国防大学教授金一南少将作题为《心胜:来自内心的光明信念与力量》的专题讲座。

6日 《晋城市五大产业发展思路研究》汇报会召开。国家发改委国际合作中心课题组，分别就晋城市五大产业发展研究总报告和煤层气、装备制造、冶铸、现代服务业、全域旅游六份报告进行说明。

△ 晋城民用机场被列入国家“十三五”中期调整规划。

7日 市委书记张志川、市长刘锋、市委副书记李根田分别到城区南街街道西巷社区、北石店镇小张村和高平市北城街街道南王庄村走访慰问退役军人。

8日 晋城市被列为全省民营经济发展改革示范市。

△ 市政府召开国家标准化综合改革试点工作推进会，对晋城市承担的山西省国家标准化综合改革试点工作重点任务进行安排部署。

11日 市长刘锋主持召开市政府35次常务会议，审议《关于全市2018年主要指标完成情况和2019年计划安排》和市委七届六次全会暨经济工作会议上的相关文件，听取《2018年全市安全生产工作情况汇报》等。

14日 市委书记张志川主持召开七届市委第100次常委会议暨市委中心组学习会议。学习习近平在中央政治局第十一次集体学习时的重要讲话精神，《习近平新时代中国特色社会主义思想三十讲》第十讲、十一讲、十二讲，《领导干部报告个人有关事项规定》，《领导干部个人有关事项报告查核结果处理办法》，中央及省委经济工作会议及省委书记骆惠宁对晋城工作的批示精神；传达全省扫黑除恶专项斗争视频会议主要精神，研究晋城市贯彻落实意见；听取市纪委有关案件审理情况的汇报。

△ 省台办就对台交流工作情况和第四届海峡两岸神农炎帝文化旅游招商系列活动筹备情况在晋城市调研。

15日 市委书记张志川主持召开七届市委第101次常委会议，研究干部事宜。

△ 晋城市召开机构改革动员大会，市委书记张志川讲话，市长刘锋宣读《中共山西省委办公厅、山西省人民政府办公厅关于印发〈晋城市机构改革方案〉的通知》。

△ 2019年“送温暖、献爱心”“慈善情暖万家”活动正式启动。

16日　市长刘锋到晋城经济技术开发区就基础设施建设、企业发展、开发区改革创新发展等工作进行调研。

△　市长刘锋到陵川县就王莽岭景区体制机制改革和整治提升工作进行调研。

△　市政府常务副市长张利锋、市直相关部门和部分煤炭企业负责人在晋城分会场参加全国煤矿安全生产专题视频会议。

17日　晋城市召开2018年度党委(党组)书记抓基层党建专项述职评议考核会议。

18日　市长刘锋到精准扶贫联系点沁水县土沃乡南阳村以及龙港镇吴家沟村、沁水全民健身中心等地就脱贫攻坚、乡村振兴、河长制落实等工作进行调研。

19日　晋城军分区党委全体(扩大)会议暨党管武装工作述职会议召开。

20日　市委书记张志川到扶贫攻坚联系点陵川县潞城镇西八渠村走访慰问贫困户，听取脱贫攻坚情况汇报。

△　市长刘锋在晋城市分会场参加全省脱贫攻坚工作电视电话会议。

21日　晋城市市县间城际公交暨旅游公交线路正式开通。

△　市长刘锋在晋城市分会场参加省委农村工作电视电话会议。

22日　市委书记张志川主持召开七届市委第102次常委会议。审议向市委七届六次全会提交的《市委常委会工作报告》，听取关于2018年全市主要指标完成情况和2019年计划安排专题汇报。

△　市长刘锋主持召开市政府第36次常务会议，研究《晋城市经济技术开发区“一区四园”总体规划(2018—2035)》。

23日　市委七届六次全会暨经济工作会议召开。市委书记张志川向全会报告2018年工作并部署2019年全市经济工作，市长刘锋对2019年全市经济工作作具体安排，会议表决通过《中共晋城市委七届六次全会关于递增任彩虹、张文同志为市委委员的决定》。

△　市委书记张志川主持召开七届市委第103次常委会议，听取七届六次全会关于市委常委会工作报告和张志川、刘锋讲话讨论情况的汇总情况报告。

24日　中共晋城市纪委七届四次全体会议召开，总结晋城市2018年全面从严治党工作，安排部署2019年工作。

31日　市四大班子领导与市直单位一把手集体谈话。

△　市四大班子领导和市民代表一起观看2019晋城市春节联欢晚会。

1月　2018年下半年“山西好人”评选揭晓，晋城市4人入选。沁水县教师进修校退休教师李畴入选“助人为乐好人”，阳城县蟒河镇寺沟村村民郝三铁入选“诚实守信好人”，晋城新闻传媒集团职工叶拽入选“敬业奉献好人”，陵川县杨村镇东尧村村民刘喜成入选“孝老爱亲好人”。

2月

1日　市委书记张志川主持召开七届市委第104次常委会议暨中心组学习会议，审议晋城市六县(市、区)机构改革方案；研究确定省管干部担当作为先进典型推荐人选及考核等次建议。

△　市委书记张志川、市长刘锋分别参加市委网络安全和信息化委员会办公室、市精神文明建设指导委员会办公室、市政府外事办公室，市行政审批服务管理局、市应急管理局等机构改革新组建单位挂牌仪式。

△　市长刘锋到市区部分超市，调研春节市场供应安排情况。

2日　市委市政府举行2019年新春团拜会。

△　市长刘锋带领市交通运输局、汽运集团晋城公司、市公交公司相关负责人就城乡公交运行情况进行调研。

△　市长刘锋主持召开市政府专题会议，部署推进城区老城“5个2工程”、泽州县金村新区和陵川县王莽岭大景区相关建设工作。城区、泽州县、陵川县和相关部门负责人就相关工作推进情况进行汇报。

4日　市长刘锋到市自来水公司二水厂、市新闻传媒集团、市热力公司第五分公司，看望慰问坚守岗位的广大干部职工，向大家致以新春祝福。

11日　市委书记张志川主持召开七届市委第105次常委会议，审议《晋城市乡村振兴战略总体规划(2018—2022年)》《晋城市质量提升行动实施方案》等；传达全国全省统战部长会议精神，研究晋城市贯彻落实意见。

△　市委书记张志川主持召开市

委中心组学习(扩大)会议,市委党校政治和法律教研室副主任王琴琴作《坚持依法治国与以德治国相结合》专题讲座。

△ 市长刘锋主持召开市长碰头会,安排部署下阶段重点工作。副市长分别就项目建设、产业发展、招商引资、脱贫攻坚、深化改革等工作推进情况进行汇报。

12日 市长刘锋主持召开全市开发区改革创新工作专题会议,对2019年工作进行安排部署。

13日 市委书记张志川主持召开市委"改革创新、奋发有为"大讨论领导小组第一次会议,传达省委"改革创新、奋发有为"大讨论领导小组第一次会议精神;审议《晋城市"改革创新、奋发有为"大讨论重点工作计划安排意见》。

14日 市长刘锋到城区就老城更新与保护工作和城建重点工作情况进行调研。

△ 市长刘锋带领市住建局、交通运输局等部门负责人到市生态环境局,就做好当前生态环境保护工作进行调研。

18日 市委书记张志川主持召开七届市委第106次常委会议。听取市人大常委会、市政府、市政协、市中级人民法院、市人民检察院党组工作汇报。

△ 市委书记张志川主持召开电视电话会议,对全市"改革创新、奋发有为"大讨论进行动员部署。

△ 市长刘锋主持召开晋城市相对集中行政许可权改革试点专项领导小组第一次全体会议。领导组成员单位负责人汇报审批事项分布情况,并提出首批拟划转事项建议。

△ 市政府办公室班子召开"改革创新、奋发有为"专题讨论会,市长刘锋听取讨论发言并讲话。

19日 市委书记张志川主持召开七届市委第107次常委会议。听取市七届人大五次会议、市政协七届四次会议筹备情况;讨论拟提请市七届人大五次会议、市政协七届四次会议审议的各项工作报告(送审稿);听取关于相对集中行政许可权改革拟划转审批事项的情况汇报。

△ 市长刘锋主持召开市政府第37次常务会议。传达学习《习近平新时代中国特色社会主义思想三十讲》第四讲、第五讲等内容;研究《政府工作报告(征求意见稿)》《关于2019年全市国民经济和社会发展计划草案的报告》等;听取关于相对集中行政许可权改革拟划转审批事项和承办第二届全国青年运动会晋城赛区(现代五项)筹备情况的汇报。安排部署工作。

21日 市长刘锋,常务副市长张利锋等在晋城市分会场,参加省政府安委会2019年第一次全体(扩大)会议暨全省安全生产工作电视电话会议。

24日 市七届人大五次会议和市政协七届四次会议召开新闻发布会,发布2018年晋城最有影响的10件大事。分别是:市委召开七届四次全会暨经济工作会议,瞄准"三大目标"确立未来五年发展思路;"晋城的事,大家想大家说大家干",进一步凝聚共识激发干事创业活力;高起点规划美丽晋城高质量发展蓝图,高标准推进老城更新改造和新区建设;发挥立法引领推动作用,三部地方性法规颁布实施;精准施策合力攻坚,两县摘帽整市脱贫;开发区改革创新持续提速,"一县一开发区"目标基本实现;构建"3+5"政策体系,争创民营经济发展改革示范市;举全市之力打响蓝天保卫战,环保被动局面得到初步扭转;五级公交形成体系机场高铁推进顺利,开放立体交通网络加速建设;"太行一号"开工古堡申遗启动,全域旅游亮点纷呈。

24—27日 晋城市七届人大五次会议、政协七届四次会议召开。市委书记张志川、市长刘锋分别参加政协联组讨论,分别参加阳城、城区代表团审议。

27日 市长刘锋主持召开市长办公会议。传达全国政策性粮食库存数量和质量大清查视频会议精神、安排晋城市政策性粮食库存数量和质量大清查工作;听取陵川县政府关于王莽岭景区项目建设工作情况的汇报;研究王莽岭景区总体规划事宜和《晋城市促进科技成果转化实施细则(试行)》《晋城东站站前广场及丹河快线"1+3"项目一期工程PPP项目实施方案》。

28日 市委书记张志川在太原参加省委召开的市委书记对标一流述职评议会并进行述职发言。

2月 中旬,2019年全国学雷锋志愿服务"四个100"(100个最美志愿者、100个最佳志愿服务组织、100个最佳志愿服务项目、100个最美志愿服务社区)先进典型名单公布，晋城市的“同心同梦”关心关爱偏远山区未成年人公益项目入选“最佳志愿服务项目”。

3月

2日　省委常委、省委政法委书记商黎光在泽州县大阳古镇就景区保护与开发、政法综治、平安建设等工作进行调研。

5日　全市“改革创新、奋发有为”大讨论举行先进典型报告会。汾酒集团专职党委副书记、副董事长、副总经理刘卫华，浙江省农业农村厅产业信息处副处长林爱梅，中国科学院深圳先进技术研究院高级工程师、瑞亚力集团董事长苏少博受邀作报告。

6日　省发展改革委副主任赵友亭一行到晋城市，就煤层气迎峰度冬保供情况和煤层气产业基地建设情况进行调研。

△　“改革创新再出发、奋发有为巾帼行”晋城市纪念“三八”国际妇女节109周年大会暨“最美家庭”“最美女性”揭晓活动在市歌舞剧团剧院举行。

8日　晋城市举行“反对形式主义、官僚主义”警示教育专题讲座，邀请中央纪委、国家监委法规室政策研究处处长沈涛就新修订的《中国共产党纪律处分条例》作辅导报告。市委常委、市纪委书记那志茂主持讲座。

10日　市委书记张志川主持召开全市对标一流述职评议会。

11日　巴公园区气化升级改造暨产业结构调整项目开工。

12日　副省长贺天才在晋城市就“二青会”场馆周边城市风貌整治和工业企业大气污染防治工作进行调研。

13日　市委书记张志川带领市四大班子领导，到建设中的太焦高铁晋城东站附近的五谷山公园，参加义务植树造林活动。

14日　晋城市与富士康科技集团签署光机电项目合作协议。市委书记张志川与富士康科技集团副总裁卢松青座谈，就双方进一步深化合作进行交流。

△　晋城市召开深化市县两级相对集中行政许可权改革试点工作推进座谈会。省行政审批服务管理局巡视员王沼、副市长武健鹏参加会议并讲话。

14—15日　中央农办关于加强传统村落保护专题调研工作座谈会在晋城市召开。农村农业部农村社会事业促进司副巡视员戴军出席会议并讲话。省住建厅副厅长翟顺河、副市长冯志亮分别汇报省、市加强传统村落保护工作。

15日　山西大学、晋城市政府、富士康（晋城）科技工业园区光机电产业政产学研用项目正式启动。

16日　市委书记张志川参加指导城区钟家庄办事处洞头村党支部专题组织生活会，就洞头村打造乡村振兴试点，加快基础设施、产业发展、环境改善和文明建设等工作提出具体指导意见。

17日　全市“反对形式主义、官僚主义”警示教育月专题辅导第2期讲座在泽州会堂举行，邀请清华大学马克思主义学院教授、博士生导师王传利作《反对形式主义和官僚主义，奋发有为，开拓工作新局面》专题辅导报告。

18日　市委书记张志川主持召开七届市委第108次常委会议暨中心组学习会议，听取全市“改革创新、奋发有为”大讨论开展情况报告；审议《中共晋城市委常委会2019年工作要点》等。

19—22日　市委书记张志川率晋城党政考察团赴河南省焦作市、新乡市、郑州市、济源市考察学习。

20日　市委办公室、市政府办公室印发《2019年重大改革任务清单》《2019年先行先试改革清单》《2019年重点工程项目清单》，实行重大改革市级领导分工负责制和重点工程四大班子领导包联制。

△　全市媒体深度融合工作推进会召开，市、县媒体融合责任单位代表发言。

21日　晋城市召开第二届全国青年运动会晋城赛区筹备工作情况新闻发布会，介绍第二届全国青年运动会基本情况、晋城赛区筹备工作情况。

22日　第29届上海白玉兰戏剧表演艺术奖在上海大剧院揭晓。晋城市上党梆子演员陈素琴、张晶凭借在《太行娘亲》中的精彩表演，分获上海白玉兰戏剧表演艺术奖“主角奖”和“新人配角奖”。

24日　市委书记张志川主持召开“万名干部入企进村”动员部署会议。

△　市长刘锋到城区西北片区、老城街区、黄华街、景西南路、中原街等就加快推进城建重点工程建设工作进行调研。

25—27日　山西省援疆前方指挥

部党委书记丁永平带领新疆生产建设兵团某师某团党政代表团一行到晋城市考察。市委书记张志川会见代表团一行。市人才协会、市新闻传媒集团、山西夏普赛尔公司、市柏基菌业公司等分别与其签订战略框架协议。

26日　市长刘锋主持召开全市安全生产和应急管理工作会议。

28日　市委书记张志川参加泽州县巴公镇对标一流述职评议会。

△　市委常委、常务副市长张利锋和市直单位相关负责人，在晋城市分会场参加国务院召开的全国工程建设项目审批制度改革工作电视电话会议。

29日　市委书记张志川主持召开七届市委第109次常委会议，研究干部事宜。

△　市委书记张志川在市规划和自然资源局主持召开国土空间规划座谈会。

△　全市能源工作会议召开，对2019年能源工作进行安排部署。

3月31日至4月4日　市委书记张志川到沁水县、阳城县、市森林资源监测预警中心就高陡边坡隐患排查、森林防火专项督查、安全生产大检查“三个专项行动”工作进行调研。

3月　上旬，市委常委分别参加各县(市、区)委常委班子民主生活会，市委书记张志川参加指导泽州县委常委班子民主生活会。

4月

2日　市委书记张志川主持召开七届市委第110次常委会议暨中心组学习会议。

△　市长刘锋深入陵川县就高陡边坡隐患排查、森林防火专项督查、安全生产大检查“三个专项行动”工作和王莽岭大景区建设工作进行调研。

3日　市委书记张志川主持召开全市组织、宣传、统战、政法工作会议。

△　市长刘锋主持召开市政府第38次常务会议。传达学习《中共中央关于加强党的政治建设的意见》等文件，审议《晋城市森林康养产业发展规划(2018—2035年)》。

4日　全省“三个专项行动”调度电视电话会议召开，市长刘锋在晋城市分会场作“三个专项行动”进展情况汇报。会后，市长刘锋又主持召开全市“三个专项行动”调度电视电话会。

△　市长刘锋以普通党员身份，参加市政府办公室党支部第一党小组组织生活会。

5日　市长刘锋到市森林防火指挥中心调研检查清明节期间森林防火工作落实情况。

8日　市委书记张志川主持召开副市级以上领导干部会议，宣布省委关于晋城市常委班子人事调整的决定：孙世新任晋城市委委员、市委常委。

△　市委书记张志川主持召开七届市委第111次常委会议，研究干部事宜。

△　晋城市召开“三洗六见一红旗”活动动员会议。“三洗”，即洗地、洗树、洗墙；“六见”，即开门见绿、游园见景、空地见翠、道路见树、逢山见林、河水见底；“一红旗”，即实行综合环境流动红旗制度。

10日　市委书记张志川主持召开专题会议，听取城市总体规划纲要编制工作、全市水利中长期发展和城市水系发展规划汇报，并到市区污水处理企业和部分河段，就加快城市水系建设进行调研。

10—11日　副省长张复明率省直相关部门负责人在晋城市就旅游基础设施建设、重点旅游项目实施、文物单位“两权”分离改革及基础教育等工作进行调研。

12日　市委书记张志川主持召开七届市委第112次常委会议。

16日　全市“反对形式主义、官僚主义”警示教育月活动总结大会召开。市委书记张志川出席会议并讲话，市委常委、市纪委书记、市监委主任那志茂主持会议，并通报全市警示教育月活动基本情况。

△　市委书记张志川在市委党校为参加全市农村(社区)“领头雁”示范培训班学员作“抓住改革开放再出发的重大历史机遇、以乡村振兴助推美丽晋城高质量转型发展”专题党课。

17日　“榜样山西——第七届山西道德模范颁奖典礼”在山西广播电视台举行，晋城市天溪公司仪表车间团支部书记、班长黄凯获评“见义勇为道德模范”；阳城县北留镇郭峪村村民石双砚获评“敬业奉献道德模范”。

18日　市人民医院易址扩建项目开工暨全市深化转型项目建设年项目集中开工月活动在市人民医

院新址启动，市委书记张志川出席并宣布启动。全市207个项目集中开工。

22日　市长刘锋主持召开市政府全体(扩大)会议。分析全市一季度经济运行情况，对当前重点工作进行再安排、再部署。

△　市长刘锋主持召开市政府第39次常务会议。研究《晋城市关于加快发展五大产业发展的实施意见》《晋城市深化转型项目建设年工作方案》《关于进一步深化党政机关与所办企业脱钩改革工作方案》《晋城市市属国有企业2019年深化改革工作方案》和《晋城市降低制造业成本的若干政策措施》；听取金村新区规划有关情况的汇报。

△　市政府召开城建重点工程进展和老城更新与保护工作汇报会议。

△　市政府与山西中医药大学签订战略合作框架协议。

△　市人民医院护士郭蓓蕾当选2018"感动山西"十大人物。

24日　沁水县融媒体中心挂牌成立，晋城市在全省首家实现县级融媒体中心全覆盖。

26日　市委书记张志川与德国C.Grossmann钢铁铸造公司常务副总经理、运营总监贝尔格座谈，就推动双方进一步深度合作进行深入探讨和交流。

△　"以初心、致匠心"2019年"晋城工匠"颁奖典礼举行。十大"晋城工匠"获得者：孙永胜、张勇勇、孙军伟、田安善、张天林、贾红光、何兴军、武旭升、宰红斌、张晨光；"晋城工匠提名奖"获得者：徐卫强、常进、赵学文、郭立威、潘三葱、来剑云、安阳军、张生光、白爱霞、初显仁；"工匠人才培育贡献奖"获得者：晋煤集团成庄矿、国网晋城供电公司、晋煤集团工会、泽州县总工会、高平市总工会、晋城市晋氏实业公司董事长晋战平。

27日　市委书记张志川主持召开七届市委第113次常委会议。

28日　晋城市相对集中行政许可权改革(试点)审管衔接备忘录签署暨集中审批印章启用仪式在市政务大厅举行，市级集中29个部门313项行政许可及关联事项，封存45枚审批印章，探索形成1个清单、7项制度、29份审管衔接备忘录"1729"制度体系。

29日　市总工会"新时代、新担当、新作为"优秀工会工作者表彰暨先进事迹报告会举行，对十佳工会工作者进行表彰，授予98名优秀工会工作者荣誉称号。

29—30日　省委书记、省人大常委会主任骆惠宁在晋城市城区、陵川县，就巩固拓展"改革创新、奋发有为"大讨论成果，推动整体工作迈上新台阶进行调研。骆惠宁强调，要努力把晋城打造成山西新型城市、中国煤层气产业化基地、21世纪"世界光谷"，把锡崖沟打造成"太行天堂"。

△　全省人大代表工作会议在晋城市召开。省人大常委会副主任李悦娥参加会议并讲话。晋城、大同、晋中等市12名市县乡人大负责人和人大代表作交流发言。

30日　市委办公室、市政府办公室印发《关于构建新型政商关系的实施办法》，建立正负清单管理制度。

△　山西省教育厅批准晋城职业技术学院2019年开设五年一贯制"学前教育"专业的申请。

5月

4日　市委书记张志川主持召开纪念五四运动100周年座谈会，与广大青年代表共谋晋城未来发展。

△　晋城市"五四精神、传承有我"纪念五四运动100周年主题活动在晋城一中举行。

5日　全市领导干部大会在市委市政府多功能会议厅召开，就深入学习贯彻省委书记骆惠宁在晋城市调研期间的重要指示和重要讲话精神，进行安排部署。

△　全市金融机构支持民营经济中小企业发展座谈会召开。

6日　十三届全国人大代表、省十三届人大代表、市七届人大代表、市长刘锋以人大代表身份到城区东街街道人大代表联络站参加接待群众工作，倾听群众呼声、回应群众诉求。

△　市政府召开城区城建重点工程汇报会。

△　市委书记张志川、市长刘锋等市领导在晋城市分会场，参加中央第二生态环境保护督察组向山西省反馈"回头看"及专项督察情况。

7日　市委书记张志川主持召开七届市委第114次常委会议暨中心组学习会议。

△　全市廉政工作会议召开，市长刘锋出席会议并讲话。

8日 市委书记张志川会见台湾中华神农大帝协进会创会理事长李乾龙一行，双方就举办第四届山西高平海峡两岸神农炎帝经贸文化旅游招商系列活动、弘扬神农炎帝文化、推动经济文化和项目合作进行深入交流。

△ 市长刘锋深入阳城县润城镇润湖公园第五届太行山文化旅游节开幕式项目现场、濩泽古城东城墙城门、古城东门广场、六福客栈旧址和东关老街等项目工地进行调研。

8—9日 省政协副主席李青山带领部分省政协常委、委员以及省直部分厅局有关人员在晋城市就"大力开展五大专项行动，持续改善农村人居环境"进行专项监督视察。

9日 市委书记张志川在城区调研，听取区委、区政府工作汇报，听取部分班子成员、办事处和区直单位负责人，就坚决打赢棚户区(城中村)改造和高质量转型发展硬仗方面的意见建议。

10日 市长刘锋到高平市，就高平经济技术开发区台湾产业园筹备情况进行调研并参加奠基仪式。

△ 南京市政协副主席陈发喜一行到晋城市考察生态环境保护工作。

△ 山西江淮重工有限责任公司院士专家工作站在晋城成立。首席科学家丁文江为中国工程院院士、轻合金精密成型国家工程研究中心主任、上海交通大学材料科学与工程学院教授。

11日 2019中国女企业家走进山西"晋善晋美·魅力晋城"主题交流合作活动在晋城开幕。

△ 省委常委、省委统战部部长徐广国就宗教工作到晋城市调研。市委常委、市委组织部部长卫明喜陪同调研。

△ 全国政协副主席、民进中央常务副主席刘新成在民进晋城市城区支部委员会就推进民进基层组织建设工作进行调研。民进中央副主席、山西省主委、山西省人大常委会副主任卫小春，市委书记张志川，市政协主席常国荣等陪同调研。

12—13日 新时代海峡两岸神农炎帝文化高端论坛在市委党校报告厅举行。

△ 新时代海外侨胞台湾同胞山西(晋城)经贸交流恳谈会在司徒小镇3号馆召开。海内外客商签约30个项目，总投资123.39亿元，其中晋城市签约项目24个。恳谈会还组织晋城市光机电产业、旅游产业、农林文旅康融合发展和海外侨胞经贸座谈会等4项专题活动。

△ 市长刘锋主持召开市政府第40次常务会议。传达学习《习近平新时代中国特色社会主义思想三十讲》第八讲、第九讲，《党政领导干部考核工作条例》，习近平总书记在纪念五四运动100周年大会上的重要讲话精神，国务院第二次廉政工作会议精神以及传达学习贯彻省委书记骆惠宁在晋城调研期间的重要指示和重要讲话精神、全市领导干部大会精神和市委书记张志川近期调研会议精神；研究《晋城市招商局"三化三制"改革方案》《全面深化新时代教师队伍建设的实施意见》。

△ 晋城市光机电产业座谈会在金辇大酒店召开，市长刘锋出席座谈会并讲话。

12—17日 第四届"问祖炎帝寻根高平"海峡两岸同胞神农炎帝故里民间拜祖典礼在高平炎帝陵举行。

13日 由中共山西省委宣传部、晋城市委、市政府主办的第五届山西(晋城)太行山文化旅游节在阳城县砥洎城开幕。

14日 晋城市启动"企业上云云光慧企"暨工业企业监测平台，对全市284户规模以上工业企业全面监测。

16日 市委书记张志川主持召开全市脱贫攻坚领导小组扩大会议，总结全市脱贫攻坚工作阶段性成果，对下一步工作安排部署。

17日 第四届海峡两岸神农炎帝经贸文化旅游招商系列活动总结会召开。

△ 市委书记张志川主持召开七届市委第115次常委会议。听取晋城市脱贫攻坚工作进展情况报告，研究部署下一步工作；听取关于成立市委退役军人事务工作领导小组的情况报告；传达省委防范化解重大风险第九督导调研组督导反馈情况，研究全市贯彻落实意见；听取2019年第一季度全市党风廉政建设和反腐败工作情况报告；听取全市2018年度目标责任考核及担当作为表现突出干部推荐情况报告；听取市纪委有关案件审理情况的报告；研究干部事项。

△　市委书记张志川主持召开市委深改委第一次会议。传达学习中央深改委第五、六、七次会议精神和省委深改委第一、二、三次会议精神。审议《中共晋城市委深改委（晋城市国家资源型经济转型综合配套改革试验区工作委员会）工作规则》《中共晋城市委深改委（晋城市国家资源型经济转型综合配套改革试验区工作委员会）办公室工作细则》；审议《中共晋城市委全面深化改革领导小组2018年工作总结报告》《中共晋城市委深改委2019年改革工作要点及责任分工》；审议《晋城市招商局“三化三制”改革方案》；审议《晋城市市属国有企业2019年深化改革工作方案》。

△　市委书记张志川主持召开市委机构编制委员会第一次会议。传达学习习近平总书记在中央机构编制委员会第一次会议上的讲话精神；审议《中共晋城市委机构编制委员会工作规则》《中共晋城市委机构编制委员会办公室工作细则》；研究机构改革后续工作。

20日　市委书记张志川主持专题会议，听取太焦高铁晋城东站站前广场和丹河快线项目汇报。

22日　市委书记张志川出席在晋城职业技术学院召开的中德合作企业家培训座谈会，对晋城市参加培训的企业家提出要求。

23日　全省养老服务工作会暨康养产业推进会在晋城市召开。

25日　市委书记张志川出席晋城籍在京博士“服务家乡行”活动座谈会，对晋城籍在京优秀人才支持家乡发展提出殷切期望。

△　CMPA2019全国现代五项青少年锦标赛U16体校男子接力游泳比赛和CMPA2019全国现代五项青少年锦标赛U19体校女子接力游泳比赛在晋城市游泳馆开赛。来自黑龙江、内蒙古、辽宁、上海、江苏、福建、山东、山西、河南、湖北等地18支参赛队伍的219名运动员参加锦标赛。

27日　全市目标管理暨“改革创新、奋发有为”大讨论交流总结会议召开。

27—29日　副省长贺天才在泽州、阳城等地调研，并在晋城市召开沁河河长工作座谈会，听取长治、临汾、晋城三市关于贯彻落实全省相关会议精神及沁河流域水生态修复与治理情况汇报。

29—30日　由市上党梆子剧院创排的爱国主义革命红色题材现代戏《太行娘亲》，代表山西省赴上海参加第十二届中国艺术节，获第十六届中国文化艺术政府奖“文华大奖”提名剧目。领衔主演陈素琴获第十六届中国文化艺术政府奖“文华表演奖”，探索出地方小剧种走向全国的“晋城样本”。

29日　市委书记张志川会见美国阿巴拉契亚作业公司副总裁理查德·图斯曼一行，双方就开展煤层气技术科学实验和合作利用进行深入探讨。

△　全市“银税保联动”升级推进暨战略合作助企融资租赁签约会举行，市税务局、市银保监分局、金融机构共同签署《“银税保联动”战略合作框架协议》。

30日　晋城市召开第五届“十佳工程师”和优秀工程技术人员表彰大会，为30名“十佳工程师”和优秀工程技术人员代表颁发获奖证书和奖章。

31日　市委书记张志川召开七届市委第116次常委会议暨中心组学习会议。学习习近平同志在中央政治局第十四次集体学习时的讲话精神；学习《习近平关于狠抓落实做好督查工作论述摘编》；学习习近平同志在解决“两不愁三保障”突出问题座谈会上的讲话精神；学习中央政治局常委、中央纪律检察委员会书记赵乐际在全国市县巡察工作推进会上的讲话精神；传达全省农村改革座谈会精神，研究全市贯彻落实意见；传达全省公务员工作会议精神，研究全市贯彻落实意见；研究2019年晋城市劳动模范和模范单位（集体）建议名单。

△　市长刘锋到泽州县金村镇铺头村铺头幼儿园和铺头小学校和少年儿童共庆“六一”。

6月

1日　晋城首部本土院线《七彩梦》电影，获得国家电影局“龙标”，并在晋城市嘉域国际影城金辇店举行首映式。

3日　“美丽中国，我是行动者”2019晋城市最美生态环境人物颁奖仪式举行，卫刚、郭义、李文俊、王迎庆、郭国兵、田飞、和福军、卢瑞莲、李鹤飞、赵峰10人获得最美生态环境人物称号。

5日　市委书记张志川、市长刘锋与中交集团就老城区改造和新区建设进行座谈交流。

6日　市委书记张志川、市长刘锋等在职市领导、离退休市领导和市直单位负责人在晋城分会场参加全省“不忘初心、牢记使命”主题教育工作会议。

△　市长刘锋主持召开市政府第42次常务会议。学习《习近平新时代中国特色社会主义思想三十讲》第十讲、第十一讲和《中国共产党党员教育管理工作条例》，习近平总书记在推动中部地区崛起工作座谈会上的重要讲话精神，《中华人民共和国行政复议法》相关知识；听取关于出访俄罗斯、英国、捷克的情况汇报，王莽岭景区项目进展情况汇报；研究《晋城市进一步深化河长制改革工作方案》《晋城市城市绿化条例》《晋城市全面推进工程建设项目审批制度改革实施方案》《关于进一步推进太行古堡文物密集区保护改革的意见》《晋城市集中供热管理办法》《晋城规划与设计集团有限公司组建方案》《金村新区开发建设实施方案》《丹河新城建设投资集团有限公司组建方案》及《金村新区控制性详细规划》。安排部署防汛抗旱、森林防火以及安全生产工作。

10日　市委书记张志川主持召开七届市委第117次常委会议，审议《晋城市公务员职务与职级并行制度工作方案》；审议《关于推进农业农村优先发展的实施意见》；审议《晋城市规划和设计集团有限公司组建方案》；审议《丹河新城金村新区开发建设实施方案》和《晋城市丹河新城建设投资集团有限公司组建方案》。

△　市委书记张志川主持召开市文明委会议。审议《晋城市精神文明建设指导委员会2019年工作要点》《晋城市2019年创建全国文明城市工作方案》《晋城市2019年创建全国文明城市工作星级评定督查考核办法(暂行)》；听取市创文指挥部关于1—4月创建全国文明城市实地考核测评情况报告。

△　市委书记张志川、市长刘锋等市领导以及各县(市、区)书记、政法委书记、公安局局长，市直部门负责人，在晋城市分会场参加全省公安工作会议。

11日　市委书记张志川与《太行娘亲》《古堡！古堡！》两个剧组主创人员座谈。

△　市长刘锋到陵川县就王莽岭景区整治提升工作进行调研。

△　“新时代晋城最美乡贤”颁奖仪式举行，王小圣、牛广兴、牛喜庭、刘庆庆、许乐天、郭锦堂等30位乡贤获得“新时代晋城最美乡贤”称号。

12日　市委书记张志川到泽州县周村镇调研“三夏”生产。

△　市委书记张志川出席市委网络安全和信息化委员会第一次全体会议并讲话。

△　市委审计委员会第一次全体会议召开。传达中央及省委审计委员会第一次会议精神和全国、全省审计工作会议精神，审议《中共晋城市委审计委员会工作规则》《中共晋城市委审计委员会办公室工作细则》《2019年度全市统一组织审计项目计划》。

13日　全市深化国有企业改革大会召开。市委书记张志川出席会议并讲话，市长刘锋主持会议，市政协主席常国荣出席会议。

△　全市创建全国文明城市攻坚大会召开。市委书记张志川出席会议并讲话，市长刘锋主持会议。

△　“晋城市大数据云平台”获年度中国信息化(数字政府)示范实践奖。

14日　晋城市首届旅游发展大会在司徒小镇举行。市委书记张志川出席会议并讲话，市长刘锋出席并主持第二阶段会议，市政协主席常国荣出席会议，省文化和旅游厅副巡视员陈燕萍代表省文化和旅游厅到会祝贺并讲话，副市长梁丽萍主持第一阶段会议。

△　全市农业农村优先发展推进大会召开。决定把乡镇党委书记、乡镇长抓“三农”工作履职情况，纳入年度目标责任考核范畴。

15—18日　市长刘锋到泽州县大阳古镇、城区、市体育局就做好旅游专项规划、发扬“洞头精神”和全国“二青会”比赛项目各项筹备工作等进行调研。

18日　丹河新城金村起步区招商推介大会在市文体官召开。近70家企业参加。市委书记张志川出席大会并讲话。市长刘锋致欢迎辞。

20日　市委书记张志川主持召开农林文旅康产业融合发展试点汇报会。听取阳城县农林文旅康产业融合发展试点基础数据汇报，并就蟒河镇试点工作中的具体问题进行分析研究。

△　《晋城年鉴(2018)》首次通过“晋城在线”网站和“晋城在线”“晋城政务”微信公众号发布，实

现网上阅览。

20—22日　市长刘锋先后赴北京、太原就晋城民用机场建设、行政区划调整、政校合作、重点项目建设等事宜分别拜访中国人民解放军空军参谋部作战局、中国民用航空局机场司领导；拜会省民政厅、省总工会、省水利厅、山西金融投资控股集团有限公司等省直部门和单位负责人；与太原科技大学、山西大学进行座谈；就王莽岭旅游区建设、相对集中行政许可权改革等工作向省政府领导汇报。

26日　市长刘锋主持召开市政府第43次常务会议。研究《关于促进政府投资基金发展的意见》《晋城市村庄规划建设管理条例(草案)》《关于进一步加快推进中心城区城中村改造的若干意见》。

26—30日　市委书记张志川，市长刘锋，市委副书记、市委统战部部长李根田等市领导分赴各地，走访慰问老党员和生活困难党员。

27—28日　市委书记张志川在陵川县就进一步巩固“改革创新、奋发有为”大讨论成果、开展好“不忘初心、牢记使命”主题教育等进行调研。

30日　“晋城旅游惠民年卡”在物茂广场面向市民正式发行。

7月

1日　市委书记张志川以普通党员身份参加市委办公室党支部在城区洞头村开展的“践行初心使命、助力乡村振兴”主题党日活动，听取洞头村概念规划及提升改造方案汇报。

△　市政府召开纪念建党98周年专题党课学习会议。

3日　市委召开专门会议，听取全市农林文旅康产业融合发展试点情况汇报，安排部署下一阶段工作。

△　市委书记张志川主持召开七届市委第118次常委会议暨市委中心组学习会议。学习全国、全省“不忘初心、牢记使命”主题教育工作会议精神；学习习近平总书记关于社会主义精神文明建设重要论述；学习中央精神文明建设指导委员会第二次全体会议精神；学习《中共中央关于印发〈习近平新时代中国特色社会主义思想学习纲要〉的通知》；学习《习近平新时代中国特色社会主义思想学习纲要》之《习近平新时代中国特色社会主义思想是党和国家必须长期坚持的指导思想》《中国特色社会主义进入新时代》两个部分；学习《党委中心组学习参考》第4期《正确认识中美经贸斗争，集中精力办好自己的事》；传达《中共中央关于李平同志搞形式主义、官僚主义案件查处情况及其教训警示的通报》；学习尤权在宗教工作督查整改工作专题会上的讲话(摘要)；学习中央深改委第八次会议精神；传达学习全国、全省公安工作会议精神，研究全市贯彻落实意见；传达全省易地扶贫搬迁后续扶持工作现场推进会精神，研究晋城市贯彻落实意见。听取关于晋城市6月份创建全国文明城市各责任单位测评情况和城区创建文明城市情况的报告；审议《中共晋城市委国家安全委员会工作规则(试行)》《中共晋城市委国家安全委员会办公室工作细则(试行)》；审议《晋城市坚决打好防范化解重大风险攻坚战方案》；听取晋城市关于省委统一战线领导小组宗教工作督查问题整改情况的报告；听取市纪委有关案件审理情况的报告；干部事项。

△　市委书记张志川主持召开市委深改委第二次会议。学习中央深改委第八次会议精神；审议《晋城市文联深化改革方案》；审议《关于进一步深化河长制改革的工作方案》；审议《关于进一步深化自然资源领域改革　助推美丽晋城高质量转型发展的意见》。

△　市委书记张志川主持召开市委全面依法治市委员会第一次全体会议。审议《中共晋城市委全面依法治市委员会工作规则》《中共晋城市委全面依法治市委员会协调小组工作规则》《中共晋城市委全面依法治市委员会办公室工作细则》《中共晋城市委全面依法治市委员会协调小组成员单位名单》《中共晋城市委全面依法治市委员会办公室组成人员名单》《中共晋城市委全面依法治市委员会2019年工作要点》。

△　“扣好人生第一粒扣子”2019年“新时代晋城好少年”发布暨全市优秀童谣表彰仪式举行。30名“新时代晋城好少年”和2019年全市优秀童谣获奖者及作品受到表彰。

4日　市长刘锋与阿里巴巴集团高层就进一步拓宽合作领域、深化和升级战略合作进行深入交流。

4—7日　第五届“棋源杯”全国业余围棋公开赛暨少年儿童围棋大赛在晋城市开赛，来自全国20多个省市的36支代表队200余名队员参加比赛。晋城队王弈新获公开组个人冠军，晋城市少年围棋一队、阳城围棋协会少年队分获少年组团体二、三名。

5日　市委书记张志川到新组建的市委市政府督查办公室调研座谈。

△　市长刘锋到晋城东站站前广场及丹河快线“1+3”项目建设现场进行调研。

△　晋城市召开违法排污大整治“百日清零”专项行动动员会，贯彻落实中央生态环保督查“回头看”反馈问题整改要求和省委、省政府决策部署。

8日　山西前和农工商集团有限公司、山西兰花酿造有限公司、山西源源醋业有限公司、陵川县乡土人家农业综合开发有限公司四家晋城企业在第十一届中国国际商标品牌节上获得博览会金奖。

10日　2019年全国煤矿瓦斯抽采利用现场会在晋城市召开。国家能源局党组成员、副局长刘宝华，副省长贺天才，中国煤炭工业协会副会长孙守仁出席会议并讲话。市长刘锋致辞。

11日　2019年全国能源革命·煤层气论坛在晋城市开幕。国家能源局煤炭司副司长任育之，山西省能源局副局长闫文泉参加开幕式并讲话。

13日　晋城市首部规模最大的原创儿童剧《孔雀王国历险记》在司徒小镇童梦剧场首演。

△　2019第一届太行古堡文化艺术周在阳城县润城镇润湖公园泊水剧场开幕。

17日　应急管理部副部长、党组成员，国家煤矿安全监察局党组书记、局长黄玉治带领调研组到晋城市，就煤矿安全监管和防范化解煤矿重大安全风险工作进行调研。

17—18日　全国政协常委、社会和法制委员会主任沈德咏带领全国政协调研组，就“文物保护法实施与文博事业发展”在晋城市进行监督调研。

△　省政协副主席李思进带领省委政协工作调研组到晋城市进行调研。

17—19日　市四大班子领导带领6县(市、区)党政主要负责人和市直主要经济部门负责人到6县(市、区)、开发区和市区，对22个重点工程项目进行现场观摩并召开汇报会，对下一步工作进行安排部署。

19日　文化和旅游部资源开发司副司长石艳杰一行就太行山区旅游总体规划编制工作到晋城市进行调研，听取晋城市关于太行山区旅游产业发展情况汇报。省文化和旅游厅副厅长王琳、副市长梁丽萍参加调研。

19—20日　2019首届中原城市群新媒体峰会在晋城市举行，10位新媒体专家学者进行主题演讲。

20日　市长刘锋在太原与中铁三局集团有限公司董事长郝刚、省经建投集团董事长谷建春、省建投集团董事长孙波就加快推进G342晋城市过境段改线、中原街改造及地下综合管廊道路、丹河快线“1+3”等重点工程项目建设进行座谈。

22日　市委书记张志川主持召开七届市委第119次常委会议暨市委中心组学习会议。学习习近平同志在中央政治局第十五次集体学习时的讲话精神；学习习近平、丁薛祥在中央和国家机关党的建设工作会议上的讲话精神；学习《中国共产党宣传工作条例》；学习《干部选拔任用工作监督检查和责任追究办法》；学习省委深化改革委员会第九次会议精神；学习骆惠宁在山西省“不忘初心、牢记使命”主题教育专题党课暨第三次学用习近平新时代中国特色社会主义思想经验交流会上的讲话精神；传达学习省委书记骆惠宁关于乡村振兴和脱贫攻坚工作的批示；审议《晋城市庆祝中华人民共和国成立70周年活动方案》《晋城市隆重庆祝中华人民共和国成立70周年广泛开展“我和我的祖国”群众性主题宣传教育活动工作方案》；听取关于市七届人大代表补选事宜的报告。

△　市委书记张志川主持召开市委深改委第三次会议。学习省委深化改革委员会第九次会议精神；审议《关于深化户籍制度改革助力高质量转型发展的实施办法(试行)》《关于全面深化新时代教师队伍建设改革的实施意见》。

△　市委书记张志川主持召开市委意识形态工作领导小组会议。审议《关于市委2019年上半年落

实意识形态工作责任制情况报告》《晋城市意识形态工作责任制网格化管理一级网络责任清单(修订)》《晋城市论坛、讲坛、讲座、年会、报告会、研讨会等阵地管理制度》。

△ 晋煤集团入选美国《财富》(Fortune)杂志最新世界500强企业排行榜第482位。

23日 市委书记张志川到任庄水库调研防汛工作。

24日 2019年夏季全国煤炭交易会晋城无烟煤专场推介会在日照举行。

25日 中华全国总工会副主席郭明义带队在晋城市就高质量发展中创新深化劳动和技能竞赛主题开展调研。

△ 市长刘锋主持召开市政府全体(扩大)会议,分析上半年全市经济形势,安排部署下半年重点工作。

△ 市长刘锋主持召开市政府第44次常务会议。学习《习近平新时代中国特色社会主义思想三十讲》第十二讲、第二十三讲;传达学习习近平总书记在深化党和国家机构改革总结会议、在中央和国家机关党的建设工作会议上的重要讲话精神等。

26日 省委脱贫攻坚第六督导组晋城对接会召开。省委脱贫攻坚第六督导组组长、省政协农业和农村委一级巡视员张建全讲话,市委书记张志川代表市委、市政府作表态发言。

△ 市领导刘锋、张利锋等在晋城市分会场,参加全国、全省安全生产电视电话会议。

△ 晋城市在全省首批完成工程建设项目审批管理系统个性化改造,并正式上线运行。

27日 山西省医学会第18届麻醉学术年会暨CAA科研工作委员会2019麻醉科研中国行在晋城市举行。来自国内、省内麻醉专业专家学者600余人参加。

28日 晋城市在阳城县蟒河镇启动"点供用地双平衡"改革试点。

29日 晋城市首个高中教育集团——晋城一中教育集团成立。该集团由晋城一中牵头,联手矿区中学、泽州县启程未来实验学校(晋城一中教育集团南岭爱物学校)共同组建成立。

△ 刘开周、郎光辉、钱宇华、马凯、王永志、赵海明、郭盛强、张新文、李军虎、申国平10名科技工作者获得2019"晋城最美科技人"称号。

30日 市委书记张志川、市长刘锋等市领导到晋城市民兵综合训练基地,参加"八一"军事日活动。晋城军分区司令员荆俊明主持军事日活动。

△ 市长刘锋主持召开市政府专题会议。贯彻落实生态环境部2019年1到6月份环境空气质量预警视频会议精神,分析晋城市生态环境保护工作形势,研究部署相关工作。

31日 "双拥花开模范城"晋城市2019年"双十佳"表彰暨"双拥"主题晚会举行。

△ 市长刘锋到泽州县周村镇圪套水库、山西大通铸业有限公司、长河湿地公园等地就防汛抗旱、安全生产和环保工作进行调研。

△ 晋城市李畴、靳杜君、郝三铁、叶拽、刘喜成共5人入选"中国好人榜",并分别获得"助人为乐好人""见义勇为好人""诚实守信好人""敬业奉献好人""孝老爱亲好人"称号。

7月 市政府出台《关于进一步加快推进中心城区城中村改造的若干意见》《进一步深化河长制改革工作方案》《关于进一步推进太行古堡文物密集区保护利用改革的意见》《金融支持民营企业发展若干政策措施》。

△ 晋城市毕腊英、陈素琴、张晨光3人入选全国"最美奋斗者"候选人。

△ 沁水县人社局职工索宝山入选全国"最美社保人"。

8月

1日 市委书记张志川主持召开七届市委第120次常委会议。听取市政府党组上半年经济运行分析及工作情况报告;听取市人大、政协、法院、检察院党组上半年工作情况报告;听取市委常委上半年工作情况报告;传达省纪委监委"不忘初心、牢记使命"主题教育专题党课暨全省纪检监察工作会议精神,研究晋城市贯彻落实意见;传达全省审计局长会议内容,研究晋城市贯彻落实意见;传达全省2018年脱贫摘帽县问题整改暨国家抽查情况通报会精神,研究晋城市贯彻落实意见;传达省委农村工作领导小组2019年第三次会议精神,研究晋城市贯彻落实意见;听取晋城市7月份创建全国文明城市测评情况的报告；审议《晋城市乡镇“三农”工作专项考核办法》《晋城市投资促进中心2019年度绩效考核办法》《2019年度晋城市党政主要负责人履行推进法治建设第一责任人职责工作清单》；传达学习全国、全省公安工作会议精神，研究晋城市贯彻落实意见；学习2019年党的对外联络工作座谈会、2019年全国友协系统会长年会、省委外事工作委员会第一次会议、省外事办工作会议精神，审议《中共晋城市委外事工作委员会2019年工作要点》《中共晋城市委外事工作委员会工作规则》《中共晋城市委外事工作委员会办公室工作细则》；听取关于成立市委“不忘初心、牢记使命”主题教育领导小组及其办公室事宜的报告；听取市教育系统、阳城经济技术开发区、沁水经济技术开发区成立党工委事宜的报告；听取关于停止执行程琳第七次党代表大会代表职务事宜的报告；听取市纪委有关案件审理情况的报告。

△ 市委书记张志川主持召开市委深改委第四次会议，审议《晋城市融资担保有限公司整合方案》。

△ 市长刘锋深入城区钟家庄办事处回军社区等地，就创建全国文明城市工作进行督查。

3—10日 泽州县、阳城县部分乡镇遭受暴雨洪涝灾害。10日，中国红十字会总会山西省红十字会国家彩票公益金救灾物资发放仪式在阳城县东冶镇举行，向遭受洪涝灾害的阳城县发放红十字赈济包500箱、毛巾被2000条、帐篷100顶、折叠床100张、价值40.54万元。

5日 市委召开全市肃清腐败流毒影响、持续净化政治生态专题警示教育动员大会，安排部署专题警示教育工作。

△ 市委书记张志川主持召开七届市委第121次常委会议，听取全市肃清腐败流毒影响、持续净化政治生态专题警示教育动员大会分组讨论情况汇报。

△ 市委书记张志川与德国C.Grossmann钢铁铸造公司董事长、总经理约翰尼斯·贝尔格，常务副总经理、运营总监弗洛里安·贝尔格一行进行座谈，就进一步深化合作，实现优势互补，联手开拓市场进行深入探讨和交流。

△ 市委书记张志川出席晋城市青年“树立远大理想，立志报效祖国”座谈会，同2019年参加高考的优秀学生代表、新高三学生代表畅谈人生理想。

6日 市委副书记、市长、市政府党组书记刘锋主持召开市政府党组（扩大）会议，传达全市肃清腐败流毒影响、持续净化政治生态专题警示教育动员大会精神，安排部署专题警示教育活动。

△ 晋城爱物学校选送案例《丰富多彩的学校少年宫》获得全国活力校园案例100强、体育文化校园创新奖。

6—7日 省政协主席李佳到晋城市就转型发展、乡村振兴等工作进行调研。

8日 晋城市社会主义学院在市委党校正式挂牌成立。

△ 晋城市举行新闻发布会，市委改革办等单位负责人就《关于深化户籍制度改革助力高质量转型发展的实施办法（试行）》《关于盘活农村集体土地资源的实施办法（试行）》进行详细解读。

8—9日 晋城市“12345”市长热线在2019年全国政务热线发展高峰论坛上获全国最佳政务服务热线“2019年度卓越百姓服务奖”，市长热线办公室李慧慧获“2019年度卓越服务之星”称号。

9日 市长刘锋等参加省政府召开的专项整治视频会议。

10日 全国第二届青年运动会晋城赛区现代五项比赛开赛仪式在市全民健身中心举行。

12日 全市“改革创新奋发有为，助力高质量转型发展”培训班在市委党校开班，市委常委、市委秘书长孙世新出席开班仪式并讲话。该次培训历时近2个月，培训对象覆盖市直单位主要负责人、市县乡科级干部和村“两委”主干近万人。

△ 市长刘锋主持召开市政府第45次常务会议。研究深化城市管理综合行政执法改革、晋城市应急救援指挥体系建设、规范市级国有经营性资产管理以及落实2019年度粮食安全责任制等工作。

△ 市长刘锋深入城区老城更新与保护工程施工现场，就工程推进情况进行调研。

△ 晋城市青少年体育俱乐部的王嘉怡获全国第二届青年运动会U16俱乐部组跑游两项赛女子组个人赛冠军。

13日 丹河新城建设投资有限公司正式挂牌。市委书记张志川、市长刘锋出席揭牌仪式，并与公司全体员工座谈。

14日　市长刘锋在晋城市分会场参加省政府召开的全省焦化行业压减过剩产能行动推进电视电话会议。

△　晋城市习近平新时代中国特色社会主义思想入脑入心“两转三讲”宣讲大赛总决赛举行。

15日　市长刘锋到城区就金建街拆迁工作及工程进展情况，南大街两侧小街小巷改造、太行印刷厂老厂房保护与利用情况进行调研。

16日　市委“倡导良好家风文化，推动廉洁家庭建设”专题辅导讲座在泽州会堂举行。

19日　晋煤集团成庄矿被确定为山西省绿色开采试点煤矿。

22日　市委书记张志川主持召开七届市委第122次常委会议。传达学习十一届省委第八次全体会议精神；传达学习省纪委十一届五次全体会议精神；传达学习省委贯通落实“两个责任”汇报点评会精神；听取关于市委七届七次全体会议召开时间和日程安排的建议；听取晋城市“不忘初心、牢记使命”主题教育动员会筹备情况的汇报；传达全省社会主义学院工作会议精神，研究晋城市贯彻落实意见；听取终止王晋峰中国共产党晋城市第七次代表大会代表资格事宜汇报；审议《晋城市领导干部（厅级）配偶、子女及其配偶经商办企业行为禁止范围》；听取市纪委监委有关案件审理情况的汇报。

△　市委书记张志川主持召开市委深改委第五次会议。传达学习中央深改委第九次会议和省深改委第十一次会议精神；审议《2019年上半年全市重大改革任务和先行先试改革督察情况报告》。

△　市委书记张志川主持召开市委国家安全委员会第二次全体会议。听取关于全省防范化解重大风险攻坚战情况通报会议暨全省党委国安委（办）主任会议主要精神及晋城市贯彻落实情况的汇报。

△　市长刘锋到丹河快线“1+3”项目和太焦高铁晋城东站站前广场进行调研。

△　晋城市第十二届见义勇为表彰大会召开，对全市各行各业各条战线涌现出的19个见义勇为先进分子和先进集体进行表彰。

25日　《中华文明圣地昆仑丘》图书首发式在北京人民大会堂举行。阳城县析城山被该书科学推定为“远古昆仑丘（昆仑虚）”，是“中华人文始祖伏羲王都”“中华文明发祥圣地”。山西省政协原副主席、山西中华文化促进会主席姜新文，市委书记张志川，中科院东北地理研究所研究员华仁葵，世界图书出版公司长春有限公司董事长吴迪出席首发式，共同为新书揭幕。

△　“2019年山西省星火创业大赛决赛”在太原落幕，晋城市获奖项目位居全省第二。

29日　市长刘锋主持召开全市脱贫攻坚巩固提升工作推进会议，通报全市脱贫攻坚工作进展情况、安排部署下一步工作。

△　市长刘锋主持召开全市农村人居环境整治和提升城市品质工作会议。

△　晋城市举行庆祝中华人民共和国成立70周年“习近平用典暨党史、国史知识竞赛”决赛，晋城职业技术学院图书馆代表队获一等奖。

30日　市委书记张志川主持召开七届市委第123次常委会会议暨市委中心组学习会议。学习习近平总书记在中共中央政治局第十六次集体学习时的重要讲话精神；学习《习近平同志在深化党和国家机构改革总结会议上的讲话》；学习《党委中心组学习参考》第5、6、7、8期；传达学习《中共中央办公厅关于贵州省认真贯彻习近平总书记重要指示批示精神深入开展领导干部利用茅台酒谋取私利问题专项整治情况的通报》；学习汪洋、尤权在第七次全国对口支援新疆工作会议上的讲话精神；审议张志川在市委七届七次全体会议上的讲话及《市委七届七次全体会议决议（草案）》（讨论稿）；听取关于富士康“两中心一基地”项目进展情况的汇报；审议《关于支持晋城经济技术开发区加快发展的实施意见》；听取《关于当前全市意识形态领域形势的通报》；听取创建文明城市指挥部办公室关于8月份创建全国文明城市测评情况的汇报研究《晋城市年度目标责任考核办法》；研究《中共晋城市委关于向郭建平同志学习的决定》；听取全市“三农”工作推进情况汇报；听取凤台公园设计方案和市民广场、政务中心亮化提升工程的情况汇报；听取《建设美丽晋城 创文明城市 提升城市品质行动方案》有关情况的汇报。

8月　晋城市在市区各大公园、广场举行"我和我的祖国"庆祝中华人民共和国成立70周年"经典影片展映月"活动和"晋文文的夏天"创建全国文明城市文艺演出活动,全月共举行100场。

9月

2日　中共晋城市委七届七次全体会议召开,市委书记张志川讲话,对坚持和加强党的全面领导,落实好省委深化"三基建设"意见,开展"不忘初心、牢记使命"主题教育等工作作出部署。

△　市委书记张志川主持召开七届市委第124次常委会会议,听取市委七届七次全体会议各组讨论情况汇总报告。

3日　2019"数字中国行·晋城峰会"在金辇大酒店举行。

△　市长刘锋主持召开市政府第46次常务会议。学习《习近平新时代中国特色社会主义思想三十讲》、新修订的《中华人民共和国土地管理法》等,传达省委十一届八次全会精神、市委七届七次全会精神;研究《关于创建全省民营经济发展改革示范市的实施方案》以及加强全市食品安全工作有关事宜。

4日　市长刘锋到泽州县巴公园区气化升级改造项目、晋钢智造科技产业园项目就转型项目建设进行调研。

5日　市委书记张志川主持召开市委反腐败领导小组第五次会议。市委常委、市纪委书记、市监委主任那志茂通报晋城市人防系统腐败问题专项治理工作情况。

△　市委书记张志川到市慈善总会调研,与市慈善总会、爱心企业和公益组织代表、县级慈善总会负责人座谈,听取市县慈善事业发展情况汇报。

△　中国·晋城首届全球光机电产业高层次人才创新创业大赛暨深圳选拔赛启动。晋城市达成签约项目7个,总投资30.9亿元。

△　阳城县石双砚获得第七届全国道德模范提名奖。

5—6日　市长刘锋在深圳参加第21届中国国际光电博览会,并带领全市有关部门和部分企业代表,赴深圳华强方特集团、华为集团、前海自贸区等地进行考察。

△　全国政协常委、副秘书长,致公党中央常务副主席蒋作君率致公党中央医药卫生委员会调研组,就"健康中国人行动"开展情况在晋城市开展专题调研。

6日　市委"不忘初心、牢记使命"主题教育领导小组第一次会议召开,传达省委对主题教育工作的最新部署,审议研究有关文件,安排部署晋城市主题教育重点工作。

6—8日　首届东西方古堡对话活动在晋城市举行。

8日　市委书记张志川主持召开七届市委第125次常委会会议,传达关于山西省庆祝中华人民共和国成立70周年防风险、保安全、护稳定动员部署会议主要精神,研究全市贯彻落实意见;审议《关于在全市开展"不忘初心、牢记使命"主题教育的实施方案》。

△　2019中国(晋城)农民丰收节暨首届中华药食同源产业发展论坛在文体宫举行。中国文联副主席、中国电视艺术家协会主席胡占凡,农业农村部种植业管理司一级巡视员陈友权,中国农业电影电视中心副书记李永生,省委农办专职副主任、省农业农村厅党组成员张软斌,市领导冯志亮、武四海出席开幕式并为农民丰收节揭幕。

△　晋城市生态环境保护专项督察见面会召开。省生态环境保护专项督察第五组组长李平社参加会议并讲话,省生态环境保护专项督察第五组副组长刘军对专项督察工作提出具体要求。市委副书记、统战部长李根田主持会议并作表态发言。

9日　省委第二巡视组对晋城市开展脱贫攻坚专项巡视动员会召开。省委第二巡视组组长任在刚,省委巡视办副主任郝点亮讲话,省委第二巡视组副组长赵玉明出席会议。市委书记张志川主持会议并表态发言。

△　市委书记张志川、市长刘锋分别在晋城二中、晋城三中调研,与全市教师代表座谈。

10日　全市"不忘初心、牢记使命"主题教育动员部署会议召开。

△　全市教育大会召开。市委书记张志川出席会议并讲话,市长刘锋主持会议。

△　晋城市教育系统庆祝中华人民共和国成立70周年暨第35个教师节主题音乐会在市新闻传媒集团演播大厅举行。市委书记张

志川。市长刘锋等市四大班子领导到场祝贺并和全市教师代表共同观赏音乐会。

11日 市委书记张志川以普通党员身份,参加市委办公室党支部第一党小组肃清腐败流毒影响专题组织生活会。

△ 市长刘锋到市区部分超市、农贸市场,就中秋、国庆两节市场供应工作进行调研。

△ 市长刘锋带领有关部门负责人深入沁水县,就旅游公路建设、农林文旅康产业融合发展和扶贫工作进行调研。

15日 市长刘锋深入牛匠收费站和金鼎路互通工程项目工地进行调研。副市长王宏微参加调研。

15—17日 市总工会选送的"太行风职工合唱团"在"中国梦·劳动美——与共和国同成长、与新时代齐奋进"全省职工歌咏比赛中获得总决赛金奖。

16日 省人大常委会"三晋人大代表采风行"晋城活动启动仪式暨座谈会召开。

△ 晋城钢铁控股集团有限公司入围2019山西民营企业前10强。

17日 市委书记张志川在市委党校讲授"不忘初心、牢记使命"主题教育专题党课。

△ 市政府与安徽理工大学战略合作框架协议签署暨晋城能源革命工程技术研究院成立仪式举行。市长刘锋,中国工程院院士、安徽理工大学校长袁亮出席仪式并讲话,共同为晋城能源革命工程技术研究院揭牌;市委常委、常务副市长张利锋,安徽理工大学校党委常委、副校长官能平代表双方签署战略合作框架协议。

△ 晋城市"12345"市长热线获第三届全国"12345"政府服务热线"先锋奖"。

18日 市委常委班子召开专题民主生活会。市委书记张志川主持会议并讲话。

19日 市政府党组召开肃清腐败流毒影响、持续净化政治生态专题民主生活会。市长刘锋主持会议并讲话。

△ 晋城市教育园区规划汇报会召开,市委书记张志川出席会议并对推进园区规划建设提出要求。

△ 晋城市城区西街街道北大街社区党支部书记刘会元获"山西最美社区干部"称号,晋城市城区东街街道东岭巷社区党支部书记马国保获"山西最美社区干部"提名奖。

20日 市委书记张志川主持召开七届市委第126次常委会会议。学习《王沪宁同志在"不忘初心、牢记使命"主题教育第一批总结暨第二批部署会议上的讲话》;讨论《晋城市委领导班子"不忘初心、牢记使命"主题教育问题清单(讨论稿)》;听取全市"三农"工作1—8月份考核情况汇报;听取《关于全市农村人居环境整治专题观摩筹备情况汇报》;审议《全面加强和改进城市基层党建工作指导意见》;听取关于加强全市食品安全工作情况汇报;听取创建全国文明城市八大专项行动工作情况汇报;听取全市人才工作会议筹备情况汇报;审议《关于创建全省民营经济发展改革示范市的实施方案》;关于调整"两馆四中心"项目建设地址及内容的情况报告;听取市委党校党建工作及社会主义学院近期工作情况汇报;听取七届市委第八轮巡查工作情况汇报;听取案件审理情况。

△ 市委书记张志川主持召开市委深改委第六次会议,审议《晋城市吸引大学毕业生就业创业实施办法(试行)》《关于激励高层次人才助力高质量转型发展的若干意见(试行)》。

21日 市委副书记、市长刘锋指导城区常委班子关于"肃清腐败流毒影响、持续净化政治生态"专题民主生活会。

△ 市长刘锋就老城更新与保护、西北片区改造等工作在城区调研。

22日 由北京大学、山西大学相关领导和专家组成的考察团在晋城市就加强校地合作进行考察调研。市长刘锋会见考察团一行。

△ 市长刘锋主持召开老城区文物建筑保护方案汇报会。

23日 市委办公室领导班子召开"肃清腐败流毒影响、持续净化政治生态"专题民主生活会。市委书记张志川到会指导并进行点评。

△ 市委书记张志川到高平市陈区镇,就文物保护和文化旅游工作进行调研。

△ 市长刘锋主持召开市政府党组"不忘初心、牢记使命"主题教育第一次集中学习会。

△ 晋城机场预可研中期技术汇报会召开,研究机场预可研技术方案和跑道方向优化方案。

△ 阳城县获“首批国家全域旅游示范区”称号。

24日 市委书记张志川主持召开市委常委班子“不忘初心、牢记使命”主题教育第一次集中学习研讨暨对照党章党规找差距专题会议。省委第五巡回指导组组长贾雪峰到会指导。

△ “改革创新、科技引领——助力能源革命与产业转型”2019年山西省科协年会在晋城开幕。全国政协常委、省科协主席周然出席开幕式并讲话，中国工程院院士彭苏萍、武强出席开幕式。市委书记张志川致辞，市长刘锋为两位院士颁发晋城市人民政府高级顾问聘书。省科协党组成员、副主席温万一主持开幕式。

25日 市委副书记、市长刘锋主持召开市政府党组“不忘初心、牢记使命”主题教育第一次集中学习研讨暨对照党章党规找差距专题会议。省委第五巡回指导组组长贾雪峰到会指导。

26日 市长刘锋主持召开市政府第47次常务会议。市长刘锋作主题教育专题党课，省委第五巡回指导组列席指导。会议听取全市脱贫攻坚工作情况、全市安全生产工作情况、全市大气污染防治及2019—2020年秋冬季大气污染综合治理工作情况、全市审计工作及审计查出问题整改情况；研究《关于编制晋城市国民经济和社会发展第十四个五年规划工作方案》《晋城市建立更加有效的区域协调发展新机制实施方案》《关于推动创新创业高质量发展打造“双创”升级版的实施意见》《晋城市光机电产业优惠政策(试行)》《关于进一步稳定生猪生产保障市场供应的具体意见》《关于晋城市国有企业退休人员社会化管理实施方案》、加强犬类管理有关事宜和市对外贸易工作有关事宜。

27日 绿洲大麻纺织智能化生产线暨晋城装配式建筑工业化项目投产仪式在晋城经济技术开发区金匠工业园区举行。市领导刘锋、范丽霞、范兆森等出席启动仪式。

△ 市长刘锋对巡视组反馈晋城市脱贫攻坚存在的问题进行专题研究，并对整改工作进行安排部署。

△ 市长刘锋到客运东站、蓝远物流园，就节前安全生产工作进行调研。

△ 晋城新建民用机场场址获得中国民用航空局正式批准。

28日 市领导刘锋、张斌胜、梁丽萍与广大市民一起参加庆祝中华人民共和国成立70周年健步走活动。

△ 市长刘锋带领城区、泽州领导和市财政、住建、环保等相关部门负责人，到部分城建重点工程现场进行调研。

9月28日至10月7日 晋城在泽州公园展出“我和我的祖国”庆祝中华人民共和国成立70周年创文展集。

29日 市委书记张志川主持召开七届市委第127次常委会会议。听取省委第二巡视组脱贫攻坚问题反馈会议情况，研究全市贯彻落实意见；传达学习中共中央、国务院、中央军委《关于加强新时代退役军人工作的意见》和全国全省退役军人会议精神，研究全市贯彻落实意见；听取创建文明城市指挥部关于9月份创建全国文明城市测评情况的汇报；传达学习陈希在第二批“不忘初心、牢记使命”主题教育中央指导组、巡回督导组培训会议上的讲话；传达学习中纪委领导批示抄清；传达学习骆惠宁在省委常委扩大会议上的讲话；传达学习骆惠宁在全省能源革命综合试点动员部署会上的讲话；传达学习骆惠宁在山西中部盆地城市群一体化发展推进会上的讲话；审议《关于贯彻落实〈省委关于深化“三基建设”进一步加强基层工作的若干意见〉重点工作任务分工方案》；传达全省统战系统主题教育上下联动抓整改推进会精神，研究部署晋城市贯彻落实意见。

△ 晋城市在金凤凰广场举行中国煤矿文工团专场音乐会，热烈庆祝中华人民共和国成立70周年。

30日 市委书记张志川等市四大班子领导与社会各界代表在市烈士陵园举行烈士纪念日敬献花篮仪式。

△ “我和我的祖国”——晋城市庆祝中华人民共和国成立70周年大型文艺晚会在金凤凰广场举行。市四大班子领导和市直单位、驻市单位、国有大型企业的主要负责人，晋城好人，劳模代表及各行各业代表近万人观看晚会。

9月 晋城皇城相府生态文化旅游区入选迈点研究院发布的“2019年5A级景区品牌100强榜单”。

10月

1日　晋城市迎国庆转型项目集中竣工仪式在市区金凤凰广场举行。

△　丹河新城金村起步区建设项目集中开工仪式在丹河新城东一路举行。

6日　太焦高铁全线最长的隧道——珏山隧道顺利贯通。

△　晋城市召开青年科技人才国庆70周年联谊座谈会。

8日　市长刘锋主持召开全市重点工程、开发区建设和招商引资工作推进会。

△　全市"不忘初心、牢记使命"主题教育推进会召开。

△　泽州县巴公镇入选"2019年度全国综合实力千强镇前100名"。

9—12日　市四大班子领导带领各县(市、区)党政主要负责人和市直相关部门负责人到六县(市、区),对全市22个农村人居环境整治项目进行集中观摩并召开点评会议。

14日　晋城市举行第四届职工运动会。

14—15日　省长楼阳生在晋城调研行政审批制度改革、城市规划建设和产业发展等工作。

15日　黄河、长城、太行三大板块旅游公路首批建成路段启用仪式在沁水县举行。省长楼阳生出席黄河一号长城一号太行一号旅游公路建设现场推进会,宣布公路启用并讲话。省委常委、副省长胡玉亭主持。省领导张复明、李晓波出席。

16日　晋城市获省级"双拥模范城"称号,实现省级双拥模范城"六连冠"。高平市、泽州县、陵川县、沁水县获"省级双拥模范城(县)"称号。

△　晋城市"大水源"建设第三水厂项目举行开工仪式。

△　晋城市7处文物入选第八批762处新的全国重点文物保护单位名录。全市国保单位总数达到72处,位居全国第四。

17日　全市人才工作大会在泽州会堂召开。

△　市人大常委会召开学用习近平总书记关于坚持和完善人民代表大会制度重要思想,纪念地方人大设立常委会40周年座谈会。

△　晋城市选手刘富强代表山西省参加中宣部等七部委在湖南省湘西土家族苗族自治州举行的"时代新人说——我和祖国共成长"演讲大赛"脱贫攻坚"主题演讲比赛决赛,获得铜奖。

19日　太焦高铁全线最长一级风险隧道——太行隧道山西段贯通。

20日　市长刘锋到老城南大街就老街亮化、商业业态提升等工作进行调研。

21日　市委书记张志川在城区调研指导"不忘初心、牢记使命"主题教育、创建全国文明城市、背街小巷整治工作。

△　市长刘锋到城区和高平市,就"不忘初心、牢记使命"主题教育开展情况进行调研。

△　市长刘锋在司徒小镇会见到晋城市考察的深圳华强集团董事长张恒春、华强方特集团执行总裁顿忠杰一行,双方就开展文化旅游项目合作进行座谈。

△　市长刘锋到阳城电厂至市区集中供热热网工程东北环管网施工现场,就冬季供暖工程项目进行调研。

23日　市长刘锋主持召开市政府第48次常务会议。传达学习全省推进工业高质量发展大会精神,省长楼阳生在晋城调研期间的重要讲话和有关指示精神;传达中共中央、国务院、中央军委《关于加强新时代退役军人工作的意见》和全国、全省退役军人工作会议精神;听取市统计局、市发改委关于全市前三季度经济主要指标完成情况的汇报;研究《市长履行经济责任风险防控办法》《晋城市推进职业技能提升培训实施方案》。

△　市长刘锋主持召开全市2019—2020年秋冬季大气污染综合治理攻坚行动动员部署会。

24日　市委书记张志川主持召开七届市委第128次常委会(扩大)会议。传达学习楼阳生晋城调研指示精神,研究晋城市贯彻落实意见;听取市政府党组关于晋城市前三季度经济运行情况汇报;学习习近平总书记关于网络安全工作的重要指示,听取晋城市网络安全工作情况汇报,研究部署下一步工作;传达学习中央第八巡回督导组组长杨雄讲话精神,听取晋城市主题教育工作情况汇报,研究部署下一步工作;学习骆惠宁在全省深化党政机构改革总结会议上的讲话精神,听取晋城市党政机构改革评估情况汇报;

审议《晋城市建立更加有效的区域协调发展新机制的实施方案(送审稿)》;听取山西省双拥模范城(县)命名表彰暨双拥模范单位和个人表彰大会的情况汇报;传达全省深化"三基建设"加强基层工作推进会暨合并行政村现场会会议精神,研究晋城市贯彻落实意见;听取全市"三农"工作9月份考核情况汇报;听取晋城市"肃清腐败流毒影响、持续净化政治生态"专题警示教育情况汇报;听取2019年1—3季度全市党风廉政建设和反腐败工作情况汇报;干部议题。

△ 市委书记张志川主持召开市委深改委第七次会议,审议《关于深化入学制度改革助力户籍政策落地的实施细则(试行)》。

△ 市委书记张志川主持召开市委常委班子"不忘初心、牢记使命"主题教育第二次集中学习研讨暨对照党章党规找差距专题会议,省委第五巡回指导组组长贾雪峰到会指导。

25日 丹河新城教育园区规划会议召开。市委书记张志川出席会议并听取各方意见建议。

△ 富士康工业园项目洽谈座谈会召开。市委书记张志川、市长刘锋与富士康科技集团执行总经理林政辉等高层深入座谈交流。

26日 市委书记张志川主持召开市委常委会"不忘初心、牢记使命"主题教育调研成果交流会,省委第五巡回指导组组长贾雪峰到会指导。

△ 市委书记张志川主持召开市委中心组学习会议。学习习近平总书记在庆祝中华人民共和国成立70周年大会上的重要讲话等,学习《中国共产党党组工作条例》《党政领导干部选拔任用工作条例》等十项制度条例,听取《全面落实能源革命综合改革试点任务,全力打造能源革命排头兵的领跑者》汇报。

△ 晋城市关工委获"全省家庭教育示范单位"称号,是全省11市(地)关工委中唯一获此称号的单位。

27日 市四大班子领导集体到泽州县巴公镇山耳东村"红色三杰"纪念馆,接受革命传统教育。

△ 市委书记张志川主持召开市委常委会"不忘初心、牢记使命"主题教育市委常委班子深入对照党章党规找差距专题会议。省委第五巡回指导组组长贾雪峰到会指导。

29日 全省相对集中行政许可权改革现场推进会在晋城市召开。省委常委、副省长胡玉亭出席并讲话。

△ 山西省2019年文物建筑认养北部片区推介会在高平市召开。

△ 晋城市全域公交移动支付正式上线运行。

29—30日 省水利厅党组书记、厅长陈耳东深入晋城市城区、泽州、沁水等地,就大水源建设、农村饮水安全、河流生态治理工作进行调研。

30日 市委书记张志川与中交第三公路工程局有限公司党委书记、董事长、总经理蒋万民一行进行座谈,双方就丹河新城起步区相关工程和市区东南环高速建设达成合作共识,并就具体细节进行磋商交流。

31日 全市第四次学用习近平新时代中国特色社会主义思想经验交流会召开,市委书记张志川就开展"不忘初心、牢记使命"主题教育和学用习近平新时代中国特色社会主义思想,联系个人学习和调研讲专题党课。

10月 晋城月星家居建材精品商业街、晋城书院集酷文化小镇商业街入选山西省特色商业街。

△ 农业农村部公布第九批"一村一品"示范村镇名单,沁水县土沃乡南阳村(农业观光、康养旅游)入选。

△ 阳城县蟒河镇被评选为全国森林康养基地试点建设乡(镇),阳城县蔡节、高平市清云、沁水县常康、沁水县中村被评选为全国森林康养基地试点建设单位。

△ 沁水县获得"中国美丽城市"称号。

11月

1日 晋城市正式被列为5G商用全国首批50个城市之一,并与中国移动山西公司签署5G战略合作协议。

1—2日 市委书记张志川在泽州县,围绕"不忘初心、牢记使命"主题教育、脱贫攻坚、产业转型、丹河新城、基层党建等重点工作进行调研。

5日 市委书记张志川主持召开全市"不忘初心、牢记使命"主题教育专项整治工作汇报会,对进一步抓好专项整治整改工作作出安排。省委第五巡回指导组组长贾雪峰到会指导。

△ 晋城空港新区概念(创意)规划思路汇报会召开。

△ 市政府召开中心城市停车场专项规划汇报会。

△ 山西晋城钢铁控股集团、山西清慧机械制造有限公司、晋城市金工铸业有限公司三家晋城企业在第二届中国国际进口博览会上,与外商企业签署投资合作框架协议,签约总金额24.7亿元。

10日 晋城市省级工艺美术大师赵翠林在首届"2019中国工艺美术博览会"上,获首届"百鹤杯"工艺美术创新设计大赛新锐奖(铜奖)。

11日 市委书记张志川主持召开市委常委会议,传达学习省委十一届九次全会精神。

△ 市政府党组书记、市长刘锋主持召开市政府党组会议,传达学习贯彻省委十一届九次全会精神。

11—12日 市委书记张志川主持召开市委常委会"不忘初心、牢记使命"主题教育第三次集中学习研讨,省委第五巡回指导组副组长梁荣到会指导。

12日 市委书记张志川主持召开七届市委第129次常委会会议。传达习近平总书记关于精神文明建设的重要论述,听取创文指挥部关于10月份创建全国文明城市测评情况的汇报;听取全市未成年人思想道德建设工作督察检查情况的汇报;传达学习中共中央办公厅、国务院办公厅《法治政府建设与责任落实督察工作规定》,研究晋城市贯彻落实意见并听取晋城市法治政府建设情况报告;传达全国、全省扫黑除恶专项斗争会议精神,研究晋城市贯彻落实意见;传达京津冀及周边地区大气污染防治领导小组电视电话会议、全省大气污染防治工作会议精神,研究晋城市《2019—2020年秋冬季大气污染综合治理攻坚行动强化督查方案》;传达全省宗教工作整治整改推进会议精神,研究晋城市贯彻落实意见;审议《学习贯彻党的十九届四中全会精神宣讲工作方案(送审稿)》《关于我市深入开展学习党的十九届四中全会精神集中轮训实施方案(送审稿)》;听取晋城市景观亮化提升工程设计方案的汇报;研究市人大常委会《关于成立晋城市人大工作与理论研究会的请示》;听取关于依规终止部分晋城市第七次党代会代表资格的情况汇报;听取市纪委监委有关案件审理情况的汇报。

△ 市委书记张志川到市客运东站和市区步行街,实地督导文明城市创建工作并现场办公。

△ 市政府召开煤层气产业发展推进座谈会。

13日 市委副书记、市长刘锋主持召开市政府领导班子"不忘初心、牢记使命"主题教育第三次集中学习研讨。省委第五巡回指导组副组长梁荣到会指导。

△ 市长刘锋到市委市政府督查办公室调研。

△ 阳城县润城镇中庄村、高平市东城街道办事处沟北村入选"2019年中国美丽休闲乡村"榜单。

13—14日 市委书记张志川到高平市、阳城县、陵川县、沁水县部分乡镇,就"不忘初心、牢记使命"主题教育、基层党建、"三农"工作进行调研。

△ 全市边巡边改暨"两不愁三保障"工作推进会召开。

14日 晋城市政府与山西大学合作共建"山西大学晋城光电信息产业研究院"签约仪式举行。市长刘锋、山西大学校长黄桂田出席签约仪式并为山西大学晋城光电信息产业研究院揭牌。

15日 市长刘锋结合"不忘初心、牢记使命"主题教育到市住建局、市农业农村局进行专题调研。

16日 市委书记张志川主持召开七届市委第130次常委会会议。传达学习省委常委、组织部部长曲孝丽在第一批单位整改落实督导暨第二批单位巡回指导工作调度会上的讲话;听取关于市委七届八次全体会议召开时间和日程安排建议的汇报;讨论拟提请市委七届八次全体会议审议的文件及表决事项;七届市委委员请辞及递补事宜。

△ 市长刘锋主持召开市政府第49次常务会议。传达学习习总书记在上海考察时的重要讲话、全省深化"放管服效"改革优化营商环境电视电话会议精神;学习《重大行政决策程序暂行条例》;研究贯彻落实全省扫黑除恶专项斗争领导小组第15次(扩大)会议精神、京津冀及周边地区大气污染防治领导小组电视电话会议及全省大气污染防治工作系列会议精神的工作举措;听取全市扫黑除恶专项斗争情况、法治政府建设

情况等报告;研究关于贯彻习近平总书记在推动中部地区崛起工作座谈会上重要讲话精神实现高质量发展、能源革命综合改革试点、加强行政村合并工作等实施意见或方案。

17日　市长刘锋结合"不忘初心、牢记使命"主题教育到市工信局(国资委)进行专题调研。

18日　晋城市举行学习贯彻党的十九届四中全会精神省委宣讲团报告会。市委书记张志川主持报告会并讲话,省委宣讲团成员、省社会科学院(省政府发展研究中心)党组书记、院长杨茂林作宣讲报告。

△　市长刘锋结合"不忘初心、牢记使命"主题教育到城区公安局西街派出所进行专题调研。

20日　省委常委、省委政法委书记商黎光到晋城市就深入推进第二批"不忘初心、牢记使命"主题教育进行调研并听取整治整改工作意见建议。省委第五巡回指导组组长贾雪峰参加调研和汇报会。市委书记张志川参加调研并主持汇报会。

△　市长刘锋结合"不忘初心、牢记使命"主题教育到市文化和旅游局进行专题调研并召开座谈会。

21日　市委七届八次全会召开。听取和讨论张志川受市委常委会委托作的工作报告,并对全市学习贯彻中共十九届四中全会精神作出全面安排部署,审议通过《晋城市部分行政区划调整方案》。

△　市委书记张志川主持召开七届市委第131次常委会会议,听取市委七届八次全体会议各组讨论情况汇总报告。

22日　全国、全省安全生产电视电话会议召开,市长刘锋在太原主会场参加会议。

23日　晋城市《皇城有戏》获得2019第四届博鳌国际旅游传播论坛颁发的2019年度短视频创意榜大奖。

25日　晋城市在生态环境部公布的10月京津冀大气污染传输通道"2+26"城市降尘监测结果中列首位。

△　晋城鸿刃科技有限公司被确定为山西省2019年省级智能制造试点企业。

25—26日　在首届全国蜜蜂授粉产业大会、全国蜂业"十四五"座谈会、中国养蜂学会40周年系列活动大会上,市蜂业协会田志勤获"全国蜂业突出贡献"奖;沁水县获优秀"蜜蜂之乡"奖、"精准扶贫"示范县奖;山西沁水圣康蜂业有限公司获"国际影响力"奖、优秀"成熟蜜基地"奖;山西阳城紫金山蜂业农民合作社获"优秀蜂业合作社"奖。

27日　"陵川生态文化旅游示范区"设立,晋城市"一县一省级开发区"目标完成。

△　晋城市人民医院、晋城大医院医疗集团揭牌成立。

28日　市委书记张志川主持召开市委中心组学习会议。

△　太行古堡研究院成立暨校地合作基地揭牌仪式举行。

29日　市委书记张志川到太原科技大学晋城校区,宣讲中共十九届四中全会精神。

△　市委副书记、市长刘锋到晋城职业技术学院,宣讲中共十九届四中全会精神。

30日　《晋城市村庄规划建设条例》《晋城市城市绿化条例》获山西省第十三届人民代表大会常务委员会第十四次会议批准。

△　晋城市招商引资项目推介会在北京举行。现场签约光机电、文化旅游等7个项目,总投资66.7亿元。

11月　晋城市选送节目《上党八音醉太行》获山西金唢呐八音会竞技大赛最佳节目奖。

△　第四届《中国国家旅游》年度榜单正式揭晓,晋城市获2019年度中国国家旅游最佳文化旅游目的地,大型实景剧《古堡!古堡!》获2019年度中国国家旅游优质旅游节目品牌。

△　中共晋城市委宣传部被中宣部表彰为"全国基层理论宣讲先进集体"。

△　市委党史研究室(市地方志研究室)获全国地方志工作先进集体称号。

△　高平丝织印染厂入选国家工业遗产认定名单。

△　沁水县被授予国家生态文明建设示范市县称号。

△　晋城市皇城相府和大阳古镇被评为山西省首批文旅产业融合示范区创建单位。

△　沁水县获"四好农村路"全国示范县称号。

12月

1日　市委书记张志川主持召开七届市委第132次常委会(扩大)

会议。传达全省领导干部会议精神；听取关于《晋城市教育园区修建性详细规划方案》的汇报；听取全市“三农”工作1—10月份专项考核情况汇报；传达省委常委、政法委书记商黎光在联系指导全市推进第二批主题教育整改工作时的讲话精神和省委第二批主题教育工作推进会议精神，研究晋城市贯彻落实意见；传达全省干部监督工作会议精神，研究全市贯彻落实意见；讨论《中共晋城市委领导班子主题教育民主生活会检视剖析材料（讨论稿）》；审议《晋城市贯彻落实〈关于贯彻习近平总书记在推动中部地区崛起工作座谈会上重要讲话精神 实现高质量发展的意见〉的分工方案》；研究“山西省优秀人才突出贡献奖”和“山西省人才工作贡献奖”拟推荐对象。

2日　市长刘锋带领城区、泽州和市财政、住建等相关部门负责人，到部分城建重点工程现场进行调研。

△　市政府召开工作汇报会，市长刘锋出席会议并讲话。

3日　全市“点供用地双平衡”改革试点阳城现场会召开，市领导孙世新、张利锋及省委改革办、省自然资源厅领导出席会议并讲话。

4日　副省长王一新到晋城市，就工业经济运行、国资国企改革、开发区建设等工作进行调研。

△　市长刘锋带领各县（市、区）、相关市直部门领导干部，旁听晋城市中级人民法院公开开庭审理的宋某诉长治市某区人民政府违法强制拆迁行政诉讼案件的庭审。

5日　市政府党组班子召开“不忘初心、牢记使命”专题民主生活会。市委副书记、市政府党组书记、市长刘锋主持会议。省委主题教育第五巡回指导组成员慕建伟到会指导。

6日　市长刘锋主持召开市政府第50次常务会议。传达学习习近平总书记在中央深改委第十一次会议、在中央政治局第十九次集体学习时的重要讲话精神，全省领导干部会议精神等；研究通过关于改组陵川县太行云顶旅游开发有限公司，整建制托管城区、泽州县部分乡镇，清理拖欠民营企业中小企业账款工作以及关于促进晋城市工业高质量发展的系列实施意见、通知和决定等；听取关于安全生产和应急管理工作的情况汇报。

△　晋城市出台《进一步深化县域综合医改加快建立整合型医疗卫生服务体系的指导意见》。

△　市委书记张志川、市长刘锋分别参加指导泽州县委、高平市委常委班子“不忘初心、牢记使命”专题民主生活会。

7日　市委常委班子召开“不忘初心、牢记使命”专题民主生活会。省委常委、省委政法委书记商黎光参加指导并讲话。省委主题教育第五巡回指导组组长贾雪峰点评，省纪委常委、省监委委员王晓鹏指导讲话，省委主题教育第五巡回指导组副组长梁荣出席。市委书记张志川主持会议并作总结讲话。

10日　市委书记张志川、市长刘锋率晋城市党政代表团赴京与中国交通建设集团有限公司洽谈合作。

11日　市委书记张志川主持召开晋城市文艺工作者座谈会。

13日　市委书记张志川主持召开七届市委第133次市委常委会议。审议《关于促进晋城市工业高质量发展的实施意见》《关于加强行政村合并工作的实施意见》《关于对陵川县太行云顶旅游开发有限公司改组的方案》等；讨论晋城市“不忘初心、牢记使命”主题教育开展情况总结报告；听取全市脱贫攻坚大排查“回头看”情况、安全生产和应急管理工作等情况汇报。

△　市委书记张志川主持召开市委深改委第八次会议。传达学习中央深改委第十一次会议精神和省委深改委第十三次会议精神，审议《市领导分工负责抓重大改革任务落实制度（试行）》。

△　市长刘锋主持召开市委教育工作领导小组第一次全体会议。审议市委教育工作领导小组工作规则、办公室工作细则等，听取研究全市教育现代化实施方案、三年行动计划等情况汇报。

14日　阳城县微电影《永远的山村》，在中宣部宣教局等单位举办的“第三届社会主义核心价值观主题微电影征集展示活动优秀作品发布仪式”上获二等优秀作品奖。

15日　市政府出台《关于推动创新创业高质量发展打造“双创”升级版的实施意见》。

△ 晋城市大数据应用平台获“2019年政务信息化应用创新杰出案例”奖。

16日 市长刘锋以普通党员身份参加市政府办公室党支部第一党小组“不忘初心、牢记使命”主题教育专题组织生活会。

△ 2019《魅力中国城》文化旅游魅力榜发布会暨城市文化旅游论坛在北京举行。晋城市获“年度魅力生态景区”“年度魅力文旅品牌节庆”“年度魅力旅游演艺”三项大奖。

17日 全市能源革命综合改革试点动员部署会召开。

△ 全市推进工业高质量发展大会召开。

△ 市政府与中国移动山西公司签署5G战略合作协议。

△ 全省财贸工会“五比一争”劳动竞赛经验交流会暨观摩晋城市餐饮住宿行业集体协商会议召开。

18日 中国石化晋城油库搬迁项目开工奠基仪式在泽州县大东沟镇贾泉村举行，市长刘锋出席仪式并宣布中国石化晋城油库搬迁项目开工。

19日 阳城县入选2019中国县域旅游竞争力百强县。

20日 市长刘锋带领城区、市财政、市住建、市自然资源等部门负责人，到城区部分重点工程现场进行调研。

21日 晋城市示范性综合实践基地正式揭牌投入运营。

24日 整合重组后的晋城市融资担保有限公司揭牌成立。

△ 泽州大阳古镇和高平炎帝陵景区被确定为国家AAAA级旅游景区。

25日 全市青少年工作联席会议第一次全体（扩大）会议召开。传达《中长期青年发展规划（2016—2025年）》实施工作部际联席会议第一次全体会议精神；审议《晋城市青少年工作联席会议工作规则》《晋城市青少年工作联席会议办公室工作细则》《晋城市青少年发展规划实施重点工作（2019—2025）》。

△ 晋城市22家乡村旅游服务单位入选首批“太行人家”。

26日 市政府与中北大学战略合作协议签约暨“中北大学晋城先进材料与智能装备研究院”揭牌仪式举行。

△ 市政府与中环装备公司高层就进一步拓宽合作领域、深化战略合作进行座谈。

△ 泽州县人民政府与清华大学慕华成志战略合作协议签约仪式举行。

26—27日 全省推广福建省和三明市医改经验暨深化县域医疗卫生一体化改革现场培训会在高平市召开。高平市、阳城县作先进典型经验交流发言。

27日 市委书记张志川主持召开七届市委第134次常委会（扩大）会议暨中心组学习会议。重温习近平总书记视察山西重要讲话、在推动中部地区崛起工作座谈会上的重要讲话、在黄河流域生态保护和高质量发展座谈会上的重要讲话“三篇光辉文献”；学习中共十九届四中全会《中共中央关于坚持和完善中国特色社会主义制度，推进国家治理体系和治理能力现代化若干重大问题的决定》部分内容：第五部分《坚持和完善中国特色社会主义行政体制，构建职责明确、依法行政的政府治理体系》、第六部分《坚持和完善社会主义基本经济制度，推动经济高质量发展》；学习《中国共产党党校（行政学院）工作条例》；传达学习省委经济工作会议精神；传达全国市域社会治理现代化工作会议精神，研究晋城市贯彻落实意见；传达省委书记楼阳生在省公安厅调研政法工作时的讲话精神，研究晋城市贯彻落实意见；听取晋城市关于落实省纪委监委专项监督检查反馈问题整改的责任分工方案；审议市人大常委会党组《关于2020年立法计划》；听取全市“三农”工作1—11月份专项考核情况汇报；传达全国党校（行政学院）校（院）长会议精神，研究全市贯彻落实意见；审议《关于深化晋城市纪委监委派驻机构改革的意见（送审稿）》。

△ 市委书记张志川与中科院企业党委书记、新里程医院集团有限公司董事长吴乐斌座谈，双方围绕甲醇经济、康养医疗、文旅开发、高等教育等方面进行深入交流。

△ 市长刘锋主持召开市政府第51次常务会议。重温习近平总书记视察山西重要讲话精神，传达省委经济工作会议精神，研究并原则通过《关于全面实施预算绩效管理的实施方案》《晋城市市级企业国有资本收益收支管理办法》《晋城市打好防范化解重大金融风险攻坚战实施方案》。

29日 市长刘锋实地调研中原街

主干道路、地下综合管廊建设和临时通车准备情况。

30日　市委书记张志川听取晋城市与中交集团对接情况汇报。

△　市委宣传部、市总工会联合发布第三期“晋城楷模”，毕腊英、王平获“晋城楷模”称号。

△　晋城市召开2019年标准化创新奖表彰大会，对10家在标准化创新活动中作出突出贡献的企业和组织进行表彰。

12月　阳城县润城镇中庄村获“2019年中国美丽休闲乡村”称号。

△　晋城市凯永养殖有限公司被评为第六批300家农业产业化国家重点龙头企业。

△　高平良户村、阳城皇城村、沁水侯村村3个村庄入选全国乡村治理示范村候选名单。

△　2016—2018年度“赵树理文学奖”评选揭晓。晋城市张暄的《解个手到底用多久》获短篇小说奖，任慧文获优秀编辑奖。

△　晋城市被全国普法办评为“七五”普法中期先进城市，沁水县被评为先进县（市、区）、晋城市司法局被评为先进集体、泽州县司法局法宣股股长梁锐被评为先进个人。

△　皇城相府景区获“2019最具影响力旅游景区”称号。

△　第三届“宣传晋城好新闻奖”评选揭晓，评出“晋城好新闻奖”“外宣好新闻奖”各43件作品。

〔市委党史研究室（市地方志研究室）〕

皇城相府　（来源：晋城在线）

市情概览

自然地理

【位置　境域】 晋城市古称泽州，位于山西省东南隅、太行山南麓。地理坐标为：北纬35°11′12″—36°13′56″，东经111°56′05″—113°37′15″。总面积9424.9平方千米。最东端在陵川县古郊乡锡崖沟村当中洼东，最南点在泽州县山河镇龙门村南槽自然村南，最西端在沁水县中村镇后河庄村西，最北点在沁水县十里乡范庄村果角岭庄北。因四周多山，与周边县、市多以山为界，四至分界变迁不大，基本上与古泽州相同，分别为：东与河南省的辉县市、修武县相接，距离辉县市168千米，距修武县122千米；南与河南省的博爱县、沁阳市、济源市交界，距离博爱县78千米，距沁阳市74千米，距济源市80千米；西与省内临汾市的安泽县、浮山县、翼城县及省内运城市的垣曲县为邻，距离浮山县183千米，距翼城县137千米；北与省内长治市的长子县、长治县、壶关县相连接，距离长子县93千米，距长治县73千米，距壶关县115千米。晋城市区位于境域南部偏东，与所属各县、市的距离为：北距高平市40千米，西距阳城县36千米，西北距沁水县86千米，东北距陵川县56千米。

【气候　气温】 晋城市属暖温带大陆性季风气候，基本特征是四季分明，冬长夏短，雨热同季。境内大部分地区年日照时数在2393～2630小时之间，平均为2565小时，属于“长照地区”。太阳辐射数值在每平方厘米130.8～136.3千卡之间，属光线资源比较丰富的地区；年平均气温为7℃～12℃，其中东西山区为7.9℃，其余地区均在10℃左右。35℃以上极端最高气温和-20℃以下极端最低气温很少出现。全境年平均气温≥0℃的持续天数达264～274天，大部分地区在255天左右。冬夏温差不太悬殊，夏季即使在高温酷暑的年份，高温天数也只有半月左右，尤其是陵川县，由于地形条件，温差很小，即使到严冬也不太冷，盛夏则是清凉避暑的胜地。境内平均无霜期为165～198天，少数地区农作物为一年一熟，多数地区为两年三熟。2019年，晋城市气温略偏高，降水总体偏少，日照偏少。全市平均气温介于8.6℃～13.2℃之间，较历年平均值偏高0.8℃～1.2℃，平均日照实数介于1810.3～2059.1小时。

〔市委党史研究室(市地方志研究室)〕

建置区划

【历史沿革】 晋城是华夏文明的发祥地之一。境内有女娲补天、精卫填海、愚公移山、尧舜禅让、神农播谷、舜耕历山、渔于濩泽、禹凿石门等众多传说。中华人民共和国成立后，在考古中发现的多处古人类遗址，证明晋城地区开化较早。1972年，在沁水县下川发现的下川遗址，是旧石器时代晚期的文化遗存，证明早在2万多年以前就有人类在这里繁衍生息；1986年，在陵川县夺火乡发现的塔水河遗址则属于旧石器时代古人类洞穴生活遗址，经考古专家鉴定，距今约10万～7万年。

春秋战国时期。春秋时，周襄王十三年（公元前639年），晋文公围原，以信服原，迁原伯姬里于翼，以赵衰为原大夫，境域属晋。周安王二十六年（公元前376年），赵、韩、魏三分晋地，境域大部属韩，部分属魏。周赧王五十三年（公元前262年），秦伐韩，拔野王（今河南沁阳），断新郑（韩国都）与上党联系。上党守冯亭举上党17城入赵，境域遂归赵，并因此引发"长平之战"。周赧王五十五年（公元前260年），秦将白起在长平大败赵军，坑杀赵降卒40余万，悉拔上党诸城。

秦汉魏晋南北朝时期。秦统一天下后，推行郡县制，该境属上党郡。汉代，于境内置5县，分属2郡，其中：濩泽（今阳城县）、端氏（今属沁水县）属河东郡（治所在今夏县北）；泫氏（今属高平市）、高都（今属泽州县）、阳阿（今属泽州县）属上党郡（治所在今长子县西）。东汉时于阳阿、濩泽置侯国，其余县建制不变，同属并州。三国时期，境域属魏，县之建置同西汉。西晋时，废阳阿，端氏、濩泽属平阳郡（治所今临汾市），泫氏、高都属上党郡（治所在今长治市）。十六国时，境域先后为刘渊、石勒占据，属前、后赵国。西燕慕容永据长子称帝后，复阳阿县并在阳阿置建兴郡，境内始设县以上建置。后燕因之。南北朝时，境域属北魏。北魏于境内置建州，治所在今泽州县高都镇。建州领4郡、10县：高都、阳阿二县属高都郡（治所亦在今高都镇）；高平（称高平始于此，治即今高平市）、泫氏二县属长平郡（治所在泫氏城，今高平王报村）；端氏、濩泽二县属安平郡（治所在端氏）；东永安（治所在今沁水县西15千米固镇村）、西河（治所在今沁水县东20千米西河村）、西濩泽（治所在今阳城县泽城村）、高延（治所不考，约在今沁水县境内）四县属泰宁郡（治所在沁水县固镇村）。北齐袭北魏，仍置建州，领长平、高都二郡，省安平、泰宁等郡，并东永安、西河、高延等改为永宁县。后周改高都为丹川县，泫氏并入高平县，并长平、高都二郡为高平郡，治所在丹川县。

隋唐五代时期。隋开皇三年（583年），改建州为泽州，盖因濩泽为名，泽州古称始于此。开皇十六年（596年），析高平置陵川县，陵川置县始于此。开皇十八年（598年），改高平郡为丹川县，改永宁为沁水县。大业三年（607年），复改州为郡，置长平郡，领丹川、沁水、端氏、濩泽、高平、陵川6县。义宁二年（618年），复改长平郡为泽州。

唐代，境域属河东道泽州或高平郡。唐武德元年（618年），于丹川置建州，濩泽置泽州。武德三年（620年），分丹川置晋城县，隶于建州，晋城之名始于此；又于长平置盖州（治所在今高平米山镇），分置盖城县（治所在今陵川县盖城村）以隶之。武德六年（623年），废建州徙盖州来治。武德八年（625年），复泽州，移治端氏。武德九年（626年），并丹川、盖城二县入晋城。唐贞观元年（627年），废盖州，徙泽州州治于晋城，领晋城、高平、陵川、濩泽、沁水、端氏6县。唐天宝元年（742年），复改泽州为高平郡，仍领晋城、高平、陵川、阳城（原濩泽改，阳城之名始于此，治所在今阳城县城）、沁水、端氏6县。唐乾元元年（758年），仍改高平郡为泽州，属河阳节度。唐末属昭义军，亦称泽潞军。

五代十国时期，境内为梁、唐、晋、汉、周五代反复争夺之地，战争频繁，或称泽州，或称高平，或称昭义军，或称匡义军，朝名夕改，相继归属后梁、后唐、后晋、后汉、后周。

宋金元时期。宋代，境域仍设泽州，辖晋城、高平、阳城、端氏、沁水、陵川6县，属河东路。金天会六年（1128年），改泽州为南泽州，以别于北京泽州。天德三年（1151年），复称泽州，属平阳府。贞祐四年（1216年），置泽州昭义军，属上党，兴定元年（1218年）改隶孟州。元光二年（1223年），升阳城县为勣州，于泽州置忠昌军，统晋城、端氏、高平、陵川、沁水5县。

元代，境域属晋宁路（治所在今临汾市）。蒙古世祖中统元年（1260年），置司侯司，领晋城、高平、阳城、沁水、陵川、端氏6县。元至元三年（1266年），裁司侯司，并裁陵川入晋城，裁端氏入沁水，以泽州领晋城、高平、阳城、沁水4县。至元三十一年（1294年），复由晋城析置陵川县，泽州领晋城、高平、阳城、沁水、陵川5县，第一次确立泽州领5县建制，辖区约相当于今晋城市范围。

明清时期。明洪武元年(1368年),裁晋城县入泽州,领高平、阳城、沁水、陵川4县,隶平阳府。洪武九年(1376年),泽州改为直隶州,属冀南道,隶山西布政使司,领县不变。

清沿明制。雍正六年(1728年),升为泽州府,附廓置凤台县。泽州府辖5县:凤台、高平、阳城、陵川、沁水。治所在凤台县。

民国初年至中华人民共和国成立前。辛亥革命后,全国废府、州,存县设道。民国3年(1914年)废泽州府,所辖各县归冀宁道,同年改凤台县为晋城县。民国19年(1930年)全省统一废道,5县俱属山西省。抗日战争初期,阎锡山成立7个专署,于长治设第五专署,晋、高、阳、陵、沁5县归属山西省第五专署。日军侵占上党后,曾设上党道,企图统治晋东南。为抗击日军侵略,八路军于民国26年(1937年)底至民国27年(1938年)初挺进敌后,以晋东南为中心逐步建立太行、太岳抗日根据地,属晋冀豫区。民国29年至民国32年(1940—1943年),晋、高、阳、沁、陵5县县城,先后被日军占领。为便于发动和组织军民抗日,晋冀鲁豫边区所属的太行行署和太岳行署,除建立高平、陵川、沁水等县抗日县政府外,并在边缘地区设置新县,先后计有:士敏县(以端氏为中心,为纪念爱国将领武士敏而名)、沁(水)南县、晋(城)沁(阳)县、晋(城)北县、晋(城)东县、陵(川)高(平)县、建宁县、阳(城)南县与阳(城)北县。

民国34年(1945年),晋城、高平、阳城、陵川、沁水5县相继解放,原置边缘县撤销,恢复原5县建制,其中晋城、高平、阳城属太岳四专属,沁水属太岳二专属,陵川属太行四专署。民国37年(1948年)2月,析晋城县城关区设晋城市,1949年8月撤销,辖区仍归属晋城县。

中华人民共和国时期。1949年9月,山西省设立7个专区,长治专区成立。晋城、高平、阳城、陵川4县属长治专区,沁水县归属翼城临时专区。1950年1月,翼城临时专区撤销,沁水县归属长治专区。1958年,陵川、高平两县并入晋城县,沁水县并入阳城县,境内只设2个县,同年,长治专区改为晋东南专区,晋城、阳城归属晋东南专区。1959年7月,陵川县从晋城县分出,恢复原陵川县建制;1959年10月,沁水县从阳城县分出,恢复原沁水县建制;1961年5月,高平县从晋城县分出,恢复原高平县建制,隶属关系不变。1971年,晋东南专区改为晋东南地区,辖县归属不变。1983年7月,晋城县撤县设市,为省辖县级市,由晋东南地区代管。

1985年5月,经国务院批准,晋城市升为地级市,原晋城市(县级)分为城区和郊区。原属晋东南地区所辖高平、阳城、陵川、沁水4县划归晋城市管辖。晋城市属山西省管辖。

【行政区划】 山西省东南部古时统称上党。上党有两个中心,北边以长治为中心,称北上党,南边以晋城为中心,称南上党,故当时有"两上党"之说。

夏商时期,晋城属"帝都畿内"。周朝重心西移关中,封周文王第十六子姬绞于原(今高平原村一带)。春秋时,晋文公围卫得原,境内始属晋。

战国时期,上党共有17城(具体情况,至今无考)。见于史籍记载的晋城境内的城有原、长平、泫氏、濩泽、高都、端氏、光狼(高平康营)、阳阿(泽州大阳)等。

秦统一天下,推行郡县制,于境内置5县,分属2郡,其中:濩泽(今阳城县)、端氏(今沁水县)属河东郡(治所至今夏县北);泫氏(今高平市)、高都、阳阿(今泽州县)属上党郡(治所至今长治市)。县分若干乡,乡下设亭、里。

汉承秦制,后汉时于阳阿、濩泽置侯国,其余不变,魏因之。

西晋废阳阿县,境内置4县,濩泽、端氏属平阳郡(治所在今临汾市),泫氏、高都属上党郡。

东晋十六国时,境域先后为刘渊、石勒占据。西燕慕容永称帝后,复置阳阿县,并于阳阿置建兴郡,领阳阿、高都、泫氏、端氏、濩泽5县,境内始有县以上建置。

北魏实行州、郡、县制,于高都置建州(治所在今泽州县高都镇),领4郡、10县:高都郡,领高都、阳阿2县,治高都;长平郡,领高平(称高平始于此,治所即今高平市)、泫氏2县,治泫氏(在高平王报村);安平郡,领端氏、濩泽2县,治端氏;泰宁郡,领东永安(治所在今沁水县西)、西河(治所在今阳城县西）、西濩泽（治所在今阳城县泽城村）、高延（治所已不可考，约在今沁水县境内）4县。县下设党、里、邻，五家为一邻，五邻为一里，五里为一党。

北齐仍置建州，裁安平、泰宁2郡，其属县西濩泽并入濩泽，东永安、西河、高延并为永宁县。建州领长平、高都2郡，辖高都、阳阿、泫氏、高平、濩泽、端氏、永宁7县。北周并长平、高都郡为高平郡，改高都为丹川县，为高平郡治。

隋朝实行州、县或郡、县制。隋开皇三年（583年），改建州为泽州，泽州之称始于此，废高平郡，泫氏并入高平，析高平置陵川县，改永宁为沁水县。泽州领丹川、高平、濩泽、陵川、沁水、端氏6县，治丹川。此后，或改称长平郡或为泽州，辖县不变，县下设党、里、保，五家为保，五保为里，五里为党。

唐初，实行州管县制，于丹川置建州、濩泽置泽州、高平置盖州。唐武德三年（620年），分丹川置晋城县，移治今市区，晋城之名始于此，增置盖城县（治所今陵川县盖城村）。这时，境内设3州8县：泽州辖濩泽、端氏、沁水3县，治濩泽；建州辖丹川，晋城2县，治丹川；盖州辖高平、陵川、盖城3县。武德六年（623年）废建州并入盖州，丹川、盖城2县并入晋城县，为盖州治所。这时，境内设2州6县，分别是：泽州，辖濩泽、沁水、端氏3县，治所移至端氏；盖州，辖晋城、高平、陵川3县。贞观元年（627年），废盖州，泽州州治由端氏迁至晋城，领晋城、高平、陵川、濩泽（天宝年间改名阳城）、端氏、沁水6县，县下设乡，乡下设里，每里辖一百户。从此时起奠定今市行政区划雏形，直至清末，其间，虽有过名称变化或县的短时裁置，但千余年一州（府）五县格局基本无大的变化。

辛亥革命推翻清政府后，全国废府、州，存县，实行道辖县，民国3年（1914年），废泽州府，改凤台县为晋城县，与高平、阳城、陵川、沁水同属冀宁道。民国19年（1930年），全省统一废道，由省直管县。

抗日战争初期，阎锡山为便于统治，在全省设7个专员行政公署，代省府管辖各县，于长治设山西省第五专署，晋、高、阳、陵、沁5县属第五专署。后又设4个行署，其中第三行署驻阳城岩山，晋、高、阳、陵、沁5县属第三行署。

民国27年（1938年），日本侵略军侵占境内大部分城镇及交通沿线，阎锡山委任的行政长官不得不依附于部队四处游散，原有的行政区划失去应有作用，名存实亡。在此情形下，中国共产党为便于发动和组织军民抗日，统一战争秩序，先后成立太行、太岳行署，并于境内设太岳二、四专署、太行八专署，于广大山区先后设置沁（水）南、士敏（端氏）、高平、阳（城）南、阳（城）北、晋（城）沁（阳）、晋（城）北、晋（城）东、陵川、陵（川）高（平）、建宁等县。民国34年（1945年），晋城全境解放，太岳行署先后移驻沁水郑庄、阳城县城，恢复原5县建制，于晋城县设太岳四专署，领导晋城、阳城、高平、士敏4县。沁水县[民国36年（1947年）士敏并入]属太岳二专署，陵川县属太行四专署。

民国37年（1948年）2月，析晋城县城关区设晋城市，属太岳四专署，1949年8月，撤销晋城市重新并归晋城县。

1949年9月，撤销太岳行署、太岳四专署，成立长治专署，晋城、高平、阳城、陵川属长治专署，沁水县归翼城临时专署。1950年1月，翼城临时专署撤销，沁水县归属长治专署，从此至1985年4月，境内无独立行政区划，5县属长治（1958年改为晋东南）专区管辖。其间，1958年11月，陵川、高平一度并入晋城县，沁水县并入阳城县，境内只设2县。1959年7月，陵川县从晋城县分设，同年10月，沁水县从阳城县分设，1961年5月，高平县从晋城县分设，恢复原5县建置。1971年，晋东南专区改为晋东南地区，5县仍属晋东南地区。1983年7月，晋城撤县设市，为省辖县级市，由晋东南地区代管。1985年5月，经国务院批准，晋城市升为地级市，原晋东南地区所辖的高平、阳城、陵川、沁水4县划为晋城市辖区。原县级晋城市分为城区和郊区。晋城市辖城、郊2区和高平、阳城、陵川、沁水4县，至此，境内重新成为独立的行政区划。1993年5月，高平撤县设市，为省辖县级市，由晋城市代管。1996年8月，晋城市郊区改为泽州县。全市6个县（市、区）共设立办事处8个，建制镇35个、乡80个。2001年撤并乡镇后，至2019年底，晋城市辖1区1市4县，共设48个镇、26个乡、10个办事处。

〔市委党史研究室(市地方志研究室)〕

【人口】 据2019年人口抽样调查，年末全市常住总人口为235.30万人，比上年末增加0.99万人，其中城镇常住人口143.05万人，占总人口比重(常住人口城镇化率)为60.79%，比上年末提高0.91个百分点。户籍人口城镇化率为42.82%，比上年末提高0.92个百分点。全年全市出生人口2.25万人，出生率为9.58‰；死亡人口1.26万人，死亡率为5.37‰；自然增长率为4.21‰。常住总人口性别比为100.02(以女性人口为100)。

表2 2019年年末晋城市人口数及其构成表

指标	年末数（万人）	比重%
全市常住人口	235.30	
其中：城 镇	143.05	60.79
乡 村	92.25	39.21
其中：男 性	117.66	50.01
女 性	117.64	49.99

（市统计局）

自然资源

【土地资源】 晋城市古为上党地，地势高峻险要，素称“天下之脊”“与天为党”。境内除被称为“泽州盆地”的狭小平川地带外，到处是层峦叠嶂，群峰壁立。山地和丘陵占总面积的87.1%，其中山地占58.6%，丘陵占28.5%。东部、西部和南部，群山连绵；北部和中部丘陵起伏，盆地相间。盆地及山间宽谷占总面积的12.9%。最高处海拔2358米，最低处海拔不足300米，相对高差2000米，大部分地区海拔在800米以上。位于境内陵川县的佛子山，主峰海拔1884米，雄踞太行绝顶，被称为“太行第一峰”，周围山岭峥嵘突兀，峰峦连绵不绝，号称“天中天”。

【环境资源】 截至2019年，晋城市共建成省级以上自然保护区5个，总面积145930.9公顷，占全市国土面积的16.5%，其中国家级自然保护区2个(沁水历山、阳城蟒河)，省级自然保护区3个(阳城崦山、泽州猕猴、陵川南方红豆杉)。建成省级以上森林公园6个，面积2.16万公顷，占全市国土面积的2.2%，其中国家级森林公园1个(陵川棋子山)，省级森林公园5个(城区白马寺山、高平七佛山、泽州珏山、泽州华阳山、阳城阳高泉)。建成省级地质公园3个(泽州丹河蛇曲谷、沁水历山、阳城析城山)，总面积为3.04万公顷，占全市国土面积的3.21%。建成省级风景名胜区4个(皇城相府、王莽岭、山里泉、珏山)。晋城市自然生态物种主富，生态良好，生物多样性保持较高水平。晋城市陆生野生动物343种，其中兽类45种，鸟类256种，两栖爬行类42种。包括金钱豹、原麝、猕猴、大鲵、林麝等国家一、二级保护野生动物；勺鸡、金胜、秃鹫、猎隼等国家一、二级保护鸟类共计45种；省级保护野生动物23种。全市重点保护植物物种8种，其中包括南方红豆杉、水曲柳等国家一、二级保护植物。晋城特有珍稀植物白皮松、山西特有植物南方红豆杉、银杏、千头柏、侧柏、栓皮栎、皱皮木瓜、黄连木、水杉9种植物处于濒危状态。

【水资源】 晋城市是华北地区相对富水区，境内有沁河、丹河、卫河3条水系，总流域面积为9490平方千米；全市年平均降雨量为650毫米左右，水量尚属充沛，只是年度间变化较大。水资源总量为21.49亿立方米，占全省水资源总量的15.1%，人均和亩均水资源占有量分别高出山西全省平均数的1～2倍。2019年，晋城市年平均降水量为421.1～656.1毫米。

【森林资源】 晋城市境内属温暖半湿润地区，林木生长条件较好。2019年，全市森林面积383394公顷，森林覆盖率达40.65%，居山西省首位。其中，天然林占全市森林面积的70.2%，以天然次生林为主，主要分布于西南部中条山区和东部的太行山南端。中条山是全市树种最多的地区，有“山西植物宝库”之称，已发现的高等植物有1000余种，其中，有国家重点保护的树种10余种。2006年4月、2007年11月，分别获“国家园林城市”“全国绿化模范城市”称号，2012年获“国际花园城市”称号。

【矿产资源】 晋城市自然资源丰

富，地下地上，宝藏遍布，尤以地下宝藏之多称冠全省。境内已发现的矿藏有20余种，不仅有大量的煤、铁、铝、硫黄、石膏、石英、石灰石、白云岩、耐火黏土、大理石、花岗岩等，而且还有稀有金属锰、铜、铅以及铀。在各种矿藏中，煤、铁储量最大。境内煤炭总储量预计为808.1亿吨，已探明储量273.3亿吨，其中，无烟煤储量占山西储量的1/2多和全国储量的1/4多。与煤伴生的清洁能源——煤层气已探明储量达6.85万亿立方米。铁矿储量为2.23亿吨。硫铁矿、铝矾土的储量也在5000万吨以上，石灰石储量高达6.5亿吨。大理石的储量约6.05亿立方米，品种有墨玉、汉白玉、紫檀玉、象牙玉、晚霞玉等达28种之多。

〔市委党史研究室(市地方志研究室)〕

气候影响评价

【气候特征】 2019年，晋城市主要气候特征是气温略偏高，降水总体偏少，日照偏少。主要气候事件：暴雨、连阴雨、转折性降雨、初雪、冰雹、寒潮、大风、扬沙和浮尘、大雾、干旱、高温、干热风。

气温：2019年，全市平均气温介于8.6～13.2℃之间，较历年平均值偏高0.8～1.2℃；极端最高气温介于31.9～38.3℃之间，出现在7月30日、31日；极端最低气温介于－14.8～－10.7℃之间，晋城出现在1月1日和12月31日，阳城出现在1月1日，其他(市)均出现在2月1日。

降水：2019年，全市降水总体偏少，时空分布极为不均。全年降水量为421.1～656.1毫米，除晋城较历年偏多80.2毫米外，其余县(市)均较历年偏少10.8～139.2毫米。降水偏多的月份有2月、4月、8月、9月、10月，其余月份均偏少。全市多局地性暴雨，雷暴、冰雹、短时强降水等强对流天气出现的次数多。8月4—5日，全市出现2019年最强降水过程，3日20时—5日20时各县(市)平均降水量73.4毫米，1个站点过程雨量超过250毫米，33站过程雨量超过100毫米，43站过程雨量超过50毫米。各县(市)降水量如下：晋城137.9毫米，高平32.3毫米，阳城108.8毫米，陵川55.6毫米，沁水32.3毫米；测站最大降水量出现在阳城县蟒河景区，降水量达372.5毫米。

日照：2019年，全市全年日照时数介于1810.3～2059.1小时之间，比历年偏少335.8～509.6小时，年日照百分率介于40.5%～46.6%之间。(2019年4月开始，日照使用自动观测数据)

无霜期：2019年，晋城市区为246天；阳城为238天；高平为209天；沁水为208天；陵川为198天。

【气候事件及其影响】

(一)暴雨、连阴雨、转折性降雨

暴雨：2019年，全市国家站共出现8站(次)暴雨。

6月5—6日，受高空槽影响，全市普降中雨，沁水降暴雨，全市过程降水量：14.2～60.2毫米，主要降水时段在5日白天，沁水的降水时段分为4日夜间、5日白天。

7月29日，全市出现分布不均的雷阵雨天气，10～11时沁水县郑庄、樊村河出现暴雨，降水量在50～70毫米，最大小时降雨量42.6毫米。

8月1日，全市出现分布不均的雷阵雨天气，陵川县城出现57.3毫米的暴雨。

8月4—5日，全市出现入汛以来最强降水过程，各县(市)平均过程降水量73.4毫米，1个站点过程雨量超过250毫米，33站过程雨量超过100毫米，43站过程雨量超过50毫米。各县(市)降水量如下：晋城137.9毫米，高平32.3毫米，阳城108.8毫米，陵川55.6毫米，沁水32.3毫米；测站最大降水量出现在阳城县蟒河景区，降水量达372.5毫米。

8月8日，晋城出现局地雷阵雨天气，陵川县平城出现暴雨，降雨量为64.9毫米。

8月9日，晋城出现分布不均的雷阵雨天气，有4个乡镇出现暴雨，最大雨量出现在泽州县柳树口，降雨量为64.0毫米。

9月11日，全市出现暴雨天气过程，共有59个区域站和3个国家站日降水量超过50毫米。各县(市)降水量如下：晋城71.4毫米，高平39.0毫米，阳城66.0毫米，陵川24.3毫米，沁水61.6毫米；测站最大降水量出现在沁水县樊村河，降水量达99.8毫米。

连阴雨：2019年秋季出现两

次连阴雨天气,9月10~15日全市出现持续6天的连阴雨天气,过程雨量在30~140毫米之间之间,以稳定性降水为主,雨强小,有利于土壤蓄水,缓解前期旱象,对冬小麦播种非常有利,但对秋收作物收获与晾晒比较不利;10月3~7日再次出现了连阴雨天气,降水量达35.6~39.2毫米,不利于国庆长假后期旅游出行,持续出现的阴雨天气对大秋作物的收割晾晒造成不利影响,对冬小麦播种前蓄水保墒非常有利。

转折性降雨:5月份开始全市降水偏少,全市出现不同程度气象干旱。6月全市出现2次转折性降水过程:5~6日全市普降中雨,沁水降暴雨,全市过程降水量为14.2~60.2毫米;28日全市普降中到大雨,过程降水量为14.3~24.6毫米。

(二)初雪

11月17日,晋城(城区、泽州)、高平、陵川和沁水出现雨夹雪天气。晋城(城区、泽州)、高平出现日期较历年偏早,沁水与历年持平,陵川偏晚。

(三)冰雹

4月24日19:56高平市出现冰雹天气,持续时间两分钟,冰雹最大直径8毫米,给果树种植业造成一定经济损失。

7月10日下午,陵川县出现了雷阵雨天气,在附城镇后山、川里、窑岭、鼻良掌、平道、青杨庄村出现短时强降水和冰雹等强对流天气。

8月1日12时24分至12时29分,陵川县城出现冰雹,冰雹最大直径为4毫米。

(四)寒潮

受强冷空气影响,1月31日~2月1日全市气温骤降5.7~9.1℃,阳城、高平、沁水达到寒潮标准,沁水24小时气温降幅最大,为9.1℃。

受强冷空气影响,3月21~22日全市出现寒潮天气,各县(市)48小时最低气温均下降10℃以上,其中21日陵川县最低气温24小时下降8℃,22日沁水最低气温24小时下降8℃以上。

11月全市冷空气活动较频繁,强冷空气过程有两次,出现在16~18日、23~25日。受其影响,共出现5站(次)寒潮。

12月30~31日受强冷空气影响,全市出现寒潮天气。

(五)大风、扬沙和浮尘

大风:2019年,全市共出现15站(次)大风,出现在春夏秋三季。

春季全市共出现7站(次)大风。3月29日15:53陵川县出现18.1米/秒的8级大风;4月24日19:55高平市出现17.1米/秒的西北偏北大风;5月全市共出现大风5站(次),其中12日高平(最大风速17.1米/秒,风向西北偏北)、陵川(最大风速20.4米/秒,风向西北偏北)出现偏北大风;19日上午阳城(最大风速17.1米/秒,风向西北)、沁水(最大风速17.7米/秒,风向西北)、陵川(最大风速22.3米/秒,风向西北)出现西北大风。

夏季全市共出现2站/次短时大风:7月14日17:00出现在阳城,最大风速17.6米/秒,风向东东北;8月11日13:30出现在阳城,最大风速为18.5米/秒。

秋季全市共出现6站/次短时大风:11月10日沁水出现极大风速为20.9米/秒的西北大风;13日阳城、沁水瞬时极大风速分别为:19.9米/秒(西西北)、19.2米/秒(西);17日阳城、陵川、沁水瞬时极大风速分别为:17.1米/秒(西西北)、19.8米/秒(北西北)、17.4米/秒(西)。

扬沙和浮尘:受地面气旋过境影响,3月6日和31日高平市出现浮尘天气,浮尘导致空气中PM_{10}浓度增大,空气质量急剧下降。

沁水10月28日出现浮尘和扬沙天气。

(六)大雾

2019年全市共出现82站(次)的大雾。

1月份全市共出现10站(次)的大雾,其中晋城有5天,分别出现在5日、10日、20日、30日、31日,能见度分别为698米、719米、77米、464米、566米;高平有1天,出现在20日,能见度为302米;陵川有4天,分别出现在5日、16日、26日、31日,能见度分别为253米、692米、247米、461米。

2月份全市共出现12站(次)的大雾,其中晋城有4天,分别出现在11日、13~15日,最小能见度分别为498米、405米、580米、283米;沁水有1天,出现在13日,最小能见度为741米;高平有4天,分别出现在7日、11日、14日、15日,最小能见度分别为707米、202米、682米、143米;陵川有3天,分别出现在7日、11日、13日,最小能见度分别为265米、645米、494米。

3月份陵川县出现2站(次)大雾,分别出现在2日、3日,最小能见度为627米、268米。

4月全市降水频繁,共出现13站(次)大雾,晋城市区出现在22日、24日、25日;沁水县出现在13日、22日;高平市出现在10日、25日、29日;陵川县出现在20日、23日、24日、26日、28日。

5月全市只出现了1站(次)大雾:5日陵川出现最小能见度为365米的大雾。

6月全市降雨日数少,全市共出现2站(次)大雾,均出现在29日,高平最小能见度为272米、陵川最小能见度为350米。

8月9日早晨陵川出现能见度仅256米的大雾,8月25日沁水县出现597米的大雾。

9月全市共出现5站(次)的大雾,其中晋城市区出现2次,出现在13日和18日,能见度分别为561米和207米;高平1次,出现在18日,能见度为234米;陵川出现1次,出现在18日,能见度为477米;沁水1次,出现在13日,能见度为334米。

10月全市出现13站(次)的大雾,晋城1次,出现在17日,能见度为103米;高平3次,出现在17日、23日、24日,能见度为138米、723米、130米;阳城1次,出现在20日,能见度为524米;陵川7次,出现在6日、7日、10日、16日、17日、18日、24日,能见度分别为571米、297米、649米、394米、237米、250米、220米;沁水1次,出现在23日,能见度为734米。

11月全市共出现6站(次)的大雾。其中晋城2次,分别出现在5日、8日,最小能见度为192米、650米;高平3次,出现在4日、5日和8日,最小能见度分别为613米、98米和133米;陵川1次,出现在18日,最小能见度为719米;大雾天气给当地交通运营和行人出行带来不便。

12月全市共出现16站(次)的大雾。晋城市区出现6次,分别出现在15日、16日、22日、23日、24日、25日,最小能见度分别为612米、612米、113米、575米、108米、160米;沁水出现3次,分别出现在23日、24日和25日,最小能见度分别为636米、135米和221米;高平出现4次,分别出现在17日、23日、24日和26日,最小能见度分别为736米、117米、208米和744米;陵川出现3次,分别出现在17日、24日和26日,最小能见度分别为298米、232米和240米。

(七)干旱

3月降水特少,月总降水量介于1.5~3.0毫米之间,比历年偏少16.4~21.2毫米,偏少9成左右,致使土壤墒情变差,全月泽州、高平、沁水的20厘米墒情不足60%,旱象发生且持续。5月全市降水特少,比历年同期偏少5~9成,主要降水过程出现在月初。由于从5月上旬后期到月底没有有效降水,全市出现不同程度的旱象,土壤墒情较差,对冬小麦的灌浆不利,同时对春播作物生长造成不同程度的影响。

6月7~26日全市平均降水量7.8毫米,比历年同期偏少8成;期间全市平均气温23.6℃,比历年同期偏高1.9℃。降水特少、气温特高导致全市土壤墒情变差,晋城、泽州、高平、沁水旱象严重,陵川深层土壤墒情不足。全市出现了较重的气象干旱。

7月全市降水特少,比历年同期偏少3~8成。由于降水特少,且高温天气偏多,全市出现不同程度的旱象,土壤墒情较差,对大秋作物的生长较为不利。7月26日,省防汛抗旱指挥部启动了Ⅳ级抗旱应急响应,要求各单位按照相关预案以及汛期气象服务工作需求,认真做好抗旱气象服务。

(八)高温

2019年夏季全市气温偏高,高温天气较多,共出现35℃以上的高温35站(次)。其中6月全市超过35℃的天数(站/次)共9次,其中晋城1天,阳城3天,高平4天,沁水1天;7月全市超过35℃的天数(站/次)共25次,其中阳城10天,高平8天,沁水4天,晋城3天。8月仅1次,出现在阳城。

(九)干热风

5月22~23日、25~26日全市大部分县(市)出现不同程度的干热风天气,对冬小麦的灌浆造成不利影响。

【气候对各行业的专题影响评价】

(一)农业

1月份晋城市冬小麦处于越冬期,气温较历年同期偏高,降水偏少,对冬小麦越冬不太有利,易导致病虫害的发生。2月份几场瑞雪为冬小麦越冬准备了充足的水分,雪后的降温冻死了土壤中的害虫,对冬小麦返青及后期生长极为有利。

3月全市平均气温偏高,降水特少,由于冬小麦处于返青起身期,3月的干旱和寒潮天气未对冬小麦造成不利影响,小麦长势良好。4月全市降水异常偏多,对小麦的拔节孕穗抽穗比较有利;但降水偏多、光照不足致使土壤过湿,延迟了部分地段的春播进度。5月全市降水特少,且有效降水出现在月初,从5月上旬后期到月底全市无有效降水,土壤墒情变差,出现了不同程度的旱象,对冬小麦的后期生长及春播作物的生长不利。5月下旬气温偏高,22~23日、25~26日大部分县(市)出现了不同程度的干热风,对冬小麦的灌浆造成不利影响。

6月中旬至下旬前期全市降水特少、气温特高导致全市土壤失墒加快,农作物普遍受旱。据来自晋城市农业农村局田间调查:6月中旬全市多数地区田间作物叶片发生卷叶,叶色发灰,农作物生长受到影响。同时,由于土壤墒情不足,给夏种工作带来困难,复播进度缓慢。6月全市出现了2次转折性降水过程:5~6日全市普降中雨,沁水降暴雨;28日全市普降中到大雨。这两次降雨过程缓解了前期旱情,对大秋作物生长、夏种工作有利。

7月全市降水特少、气温偏高,全市出现了不同程度的旱象,土壤墒情差,对大秋作物的生长不利。7月10日下午,陵川县出现了雷阵雨天气,附城镇的后山、川里、窑岭、鼻良掌、平道、青杨庄村出现了短时强降水和冰雹等强对流天气,农作物受灾面积约3000亩,受灾农作物主要为玉米、谷子等,主要表现为植株受雨水冲击,严重倒伏淤埋。

8月4日至6日,晋城市出现入汛以来最强降水,泽州县和阳城县遭受暴雨袭击,其中蟒河景区受灾最为严重,全市农作物受灾面积1613.67公顷,成灾面积640.7公顷,绝收面积85.3公顷,损坏耕地21.27公顷,倒塌房屋548间,严重损坏房屋538间,一般损坏房屋137间,造成直接经济损失14831.35万元。

由于前期干旱,导致2019年的大秋作物较往年提早进入收获期,9月中旬到10月中旬降水量和降水日数偏多,特别是9月10~15日全市出现持续6天的连阴雨天气,过程雨量在30~140毫米之间,以稳定性降水为主,雨强小,非常有利于土壤的蓄水,缓解了前期的旱象,对即将开展的冬小麦播种及出苗生长非常有利;但对秋收作物的收割晾晒比较不利。10月下旬以后全市进入降水偏少时段,同时大风天气多,对越冬作物的冬前壮苗非常不利。

11月全市冷空气活动较频繁,强冷空气过程有两次(16~18日、23~25日),出现5站(次)寒潮;12月全市气温偏高,降水偏少,受强冷空气影响,30~31日全市出现寒潮,寒潮天气对设施农业造成不利影响。

(二)交通

2019年全市出现82站(次)的大雾,大雾造成的低能见度天气给交通运营带来一定的不利影响。

2019年全市出现15站(次)的大风,对交通及人们出行带来不便。

1月、2月、11月及12月出现降雪天气,降雪导致的积雪、道路湿滑和道路结冰给春运交通和人们出行造成不利影响。

夏季晋城市强对流天气增多,短时强对流天气导致部分路段出现积水,给交通运营、车辆及行人出行带来不便。夏季出现的持续高温闷热天气对交通运营也造成不利影响。

(三)人体健康

1月、3月、4月、5月全市平均气温偏高,降水偏少,气候干燥,流感、呼吸系统疾病人数增多。

2月气温略偏低,降水过程频繁,心脑血管病人增多。

夏季晋城市前期天气干热,人体感觉比较舒适;中期气温高、空气湿度大,天气闷热,中暑患者增多,不利于人体健康;立秋后虽气温偏高,但早晚凉爽,人体感觉较为舒适,气象条件对人体健康有利。

进入秋季,9月气温偏高,气温起伏比较大,降雨日数较多,空气湿度大,人体感觉比较闷热,不利于人体健康。11月冷空气活动频繁,出现了5站(次)寒潮,加之降水偏少,导致心脑血管疾病增加,气象条件对人体健康较为不利。

12月全市降水偏少,气温偏

高，空气干燥，许多人出现感冒，30日至31日出现寒潮，气温骤降，感冒人数进一步增加。

（四）旅游业

1月至2月进入旅游淡季，但1月气温偏高，降水偏少，2月适逢春节长假，春节前期全市天气晴好，对短线旅游较为有利。

春季气温回升，春暖花开，非常适宜旅游，长线和短线旅游人数明显增多。

夏季总体来说前期、后期气候适宜，有利于外出旅游。7月下旬至8月上旬降雨日数多，气温高，不利于人们外出旅游。分月来说，6月全市大部分时间为晴天或多云天气，对外出旅游有利；7月全市以晴热天气为主，多午后局地强对流天气，特别是下旬出现持续高温闷热天气，不利于人们外出旅游；8月上旬降水日数偏多，且降水量大，给全市许多旅游景点带来隐患，为避免发生危险，许多旅游景点暂停关闭，对旅游产业不利。

秋季全市多大雾天气，9月中旬到10月中旬降水量和降水日数偏多，以及11月中下旬冷空气活动频繁，剧烈降温。大雾、连阴雨以及剧烈降温给人们的外出旅游造成一些不便。10月下旬到11月上旬气温适宜，降水日数少，有利于人们外出观赏红叶、银杏。随着天气越来越冷，12月份长线短线旅游的人员进一步减少，全市旅游业处于淡季。

（五）林业

1月气温偏高，降水偏少，风干物燥，森林火险等级较高。2月全市气温偏低，降水过程多，有效降低了森林火险等级。

2019年3月、5月降水特少，森林火险等级高、林火发生的隐患大。3月气温偏高，降水稀少，风干物燥，森林防火形势严峻。3月25日下午高平市野川、寺庄部分山区由于农民野外用火引发山林火灾，夜间11时扑灭。4月全市降水偏多，有效降低了森林火险等级，缓解了防火压力，林木生长比较旺盛。5月全市降水特少，森林火险等级偏高。5月22日15时30分许，阳城县芹池镇小西沟村附近（与沁水交界处）发生森林火灾，火势蔓延到沁水县龙港镇木亭村境内。火情发生后，晋城市立即启动应急响应机制，成立了协调指挥部和两个现场指挥部，积极组织开展扑救工作。经过省、市、县各级消防、武警及当地灭火队伍40多小时的奋战，5月24日10时55分，现场明火全部扑灭。

6月、7月、11月、12月气温偏高，降水偏少，对林木生长不利；8月至10月降水增多，对林木生长较为有利。

（六）生态环境

2019年，全市生态环境较2018年有所好转，市区空气质量二级以上天数有184天，比2018年多12天。

（七）水资源

2019年2月、4月、8月、9月、10月全市降水偏多，有利于河流及水库的蓄水。其他月份降水均偏少，不利于河流及水库的蓄水。

（八）能源

4月气温剧烈变化，煤炭、电力等能源的压力较大。夏季晋城市气温偏高，空气湿度大，人体感觉闷热，空调、电扇使用量大，煤炭、电力压力明显增大。3月、5月、9月、10月电力、煤炭等能源的需求压力较小。

（九）牧草

5月至7月，全市降水偏少，牧草生长受到抑制，长势较差，8月开始到秋季降水充沛，气温偏高，比较有利于牧草的生长。

（晋城市气象局）

水文状况分析

【水资源概况】 2019年，晋城市降水总量51.36亿立方米，平均雨深541.2毫米，相应频率72.5%，属偏枯水年。全市地表水资源量5.56亿立方米，地下水资源量7.15亿立方米，扣除二者重复计算量5.10亿立方米，水资源总量7.61亿立方米，地表水入境水量1.16亿立方米，出境水量5.70亿立方米。年底，7座大中型水库蓄水量1.98亿立方米。

【雨洪灾害】 2019年汛期，全市共有城区、泽州县、阳城县等3个县（区）受灾，受灾人口60人，死亡5人，倒塌房屋177间；农作物受灾面积1910亩，成灾面积1910亩，绝收面积380亩，损坏河堤护岸1处，因洪涝灾害造成的直接经济损失9698万元。

【河流水质】 2019年，晋城市评价河长402.8千米，依据国家标准

GB3838-2002《地表水环境质量标准》评价，2019年符合Ⅰ类水质的河长为57.5千米，占评价河长的14.3%，分布在丹河干流的掘山和沁河干流的拴驴泉坝下河段；符合Ⅱ类水质的河长为53.2千米，占评价河长的13.2%，分布在丹河干流的青天河水库和沁水县河油房河段；符合Ⅲ类水质的河长为214.0千米，占评价河长的53.1%，分布在丹河干流的下城公、任庄水库河段以及沁河干流郑庄、润城河段；符合Ⅳ类水质的河长为48.1千米，占评价河长的11.9%，分布在丹河干流的韩庄、青莲寺河段，主要污染物为化学需氧量、氨氮及氟化物，其中韩庄河段化学需氧量超标0.34倍，氨氮超标0.18倍，青莲寺河段氟化物超标0.34倍；2019年无符合Ⅴ类水质的河段。符合劣Ⅴ类水质的河长为30.0千米，占评价河长的7.4%，分布在白水河钟家庄段，主要超标污染物为化学需氧量、氨氮、总磷、石油类，超标倍数分别为0.4、6.05、0.47、0.2倍。

【用水量】 2019年，全市用水总量43500.04万立方米，其中新鲜用水总量38961.04万立方米，污水处理回用及矿坑水利用量4539.00万立方米。

2019年新鲜水用水总量中，城镇生活用水量4955.12万立方米，占新鲜用水总量的12.7%；农村生活用水量2128.12万立方米，占新鲜用水总量的5.5%；第一产业用水量13610.86万立方米，占新鲜用水总量的34.9%；第二产业用水量15370.36万立方米，占新鲜用水总量的39.5%；第三产业用水量2031.29万立方米，占新鲜用水总量的5.2%；生态用水865.29万立方米，占新鲜用水总量的2.2%。全年污水处理回用及矿坑水利用量4539.00万立方米中，第一产业用水量1832.51万立方米，第二产业用水量2369.89万立方米，生态用水量336.60万立方米。

【用水指标】 2019年，全市人均用水量185立方米，万元工业增加值用水量为25.10立方米/万元，GDP用水量为36.19立方米/万元，农田灌溉亩均用水量182.0立方米/亩，城镇居民生活人均用水量94.9升/天，农村生活人均用水量63.2升/天。

〔长治水文（晋城水文）〕

生态环境状况公报

【城市环境空气质量状况】 2019年，依据《环境空气质量标准》（GB3095-2012），六项主要污染物中：二氧化硫（SO_2）年均浓度为16微克/立方米、二氧化氮（NO_2）年均浓度为38微克/立方米、可吸入颗粒物（PM_{10}）年均浓度为111微克/立方米、细颗粒物（$PM_{2.5}$）年均浓度为54微克/立方米，一氧化碳（CO）第95百分位数为2.6毫克/立方米、臭氧日最大8小时（O_3-8h）第90百分位数为201微克/立方米。与2018年相比，二氧化氮（NO_2）、可吸入颗粒物（PM_{10}）、臭氧日最大8小时（O_3-8h）第90百分位数年均浓度分别上升2.7%、6.7%、2.6%，二氧化硫（SO_2）年均浓度下降30.4%，细颗粒物（$PM_{2.5}$）、一氧化碳（CO）第95百分位数年均浓度与2018年持平。2019年，晋城市环境空气质量达标天数为184天，占全年有效监测天数的51.4%。其中：一级天数14天，较2018年（24天）减少10天；二级天数170天，较2018年（179天）减少9天。

【酸雨质量状况】 2019年，晋城市降水pH值介于6.01—6.65之间（酸雨标准：pH＜5.6），4个点位降水pH值均大于5.6，为中性，全年无酸雨出现。

【大气主要污染物排放状况】 2019年，全市废气排放量2926.7亿立方米，主要污染物二氧化硫排放量控制在5.79万吨，氮氧化物排放量控制在5.43万吨，完成省政府下达的年度大气主要污染物减排任务。工业二氧化硫排放量较大的行业依次为：化工、非金属矿物制品业、电力，3个行业二氧化硫排放量占全市工业二氧化硫排放总量的84%；工业氮氧化物排放量较大的行业依次为：电力、非金属矿物制品业、黑色金属冶炼和压延加工业，3个行业氮氧化物排放量占全市工业氮氧化物排放总量的75.25%。

【地表水环境状况】 2019年，全市9个国、省考监测断面（沁河张峰水库出口、郑庄、润城、拴驴泉断面，丹河赵庄、高平河西、东焦河出口、后寨和白水河断面)均达到水质类别要求,其中8个断面(沁河张峰水库出口、郑庄、润城、拴驴泉断面,丹河赵庄、东焦河出口、后寨和白水河断面)可以达到或优于Ⅲ类水质,比例为88.89%,高平河西断面为Ⅴ类水质,劣Ⅴ类水体比例为0。

与2018年相比,高平河西断面水质由劣Ⅴ类好转为Ⅴ类,润城断面水质由Ⅲ类好转为Ⅱ类,白水河断面水质由Ⅳ类好转为Ⅲ类,其余断面水质类别无明显变化;各断面综合污染指数下降幅度在20%以上的断面为高平河西断面,下降了47.94%。丹河、沁河河流综合污染指数均有所下降,其中:丹河降低18.81%,沁河降低0.61%。

【地下水环境状况】 2019年,全市监测的15个地下水井中:东峰煤矿、郭壁泉水水源地、东王庄村、磨河、武安村、董封村深井、安阳村7个深井达到Ⅲ类以上水质;米东村、保福村、郜匠村、胡底村、庙沟村、南郎村6个深井达到Ⅳ类水质,米东村超标污染物为总硬度、硫酸盐,郜匠村超标污染物为总硬度、总大肠菌群,保福村、胡底村、庙沟村和南郎村超标污染物均为总大肠菌群;义汉井为Ⅴ类水质,超标污染物为总硬度、溶解性总固体、硫酸盐;漏河深井停止使用,未监测。

2019年,14个井位按照地下水综合水质评价,水质良好的有12个,占85.7%;水质较差的有2个,占14.3%。

根据地下水水质类别统计,14个点位中有7个地下水点位水质达标,其中:3个点位达到Ⅱ类,占21.4%;4个点位达到Ⅲ类,占28.6%;有7个地下水点位水质超标,其中:6个点位达到Ⅳ类,占42.9%;1个点位达到Ⅴ类,占7.1%。

【城市集中式饮用水水源地水质状况】 晋城市城市集中式饮用水水源地共有两处,分别为晋城市主城区水源地和郭壁水源地,两处城市饮用水水源地均为地下水型水源类型,2019年两处水源年供水总量为2989.5118万吨,各项水质指标均达地下水Ⅲ类水质标准要求,达标率均为100%。

【废水主要污染物排放状况】 2019年,全市废水排放量1.1646亿吨,较2018年(1.2022亿吨)削减3.13%。其中,生活污水排放量0.9023亿吨,工业废水排放量0.2622亿吨,生活污水所占比重为77%。全市废水中化学需氧量排放量2.5330万吨,较2018年(2.6163万吨)削减3.19%;氨氮排放量0.3654吨,较2018年(0.3883万吨)削减5.89%,完成省政府下达的年度废水主要污染物减排任务。

2019年,工业废水排放量最大的县是泽州县和阳城县,2个县的工业废水排放量占全市工业废水排放总量的76%,工业废水排放量较大的行业依次是:化工、煤炭、电力,3个行业的废水排放量占全市工业废水排放总量的75%;工业源化学需氧量排放量居前三位的依次是:泽州县、开发区、阳城县,化学需氧量排放量占全市工业化学需氧量排放总量的86%,工业源化学需氧量排放量较大的行业是化工行业,占全市工业源化学需氧量排放总量的42%;工业源氨氮排放量居前三位的依次是:阳城县、泽州县、陵川县,氨氮排放量占全市工业源氨氮排放总量的80%,工业源氨氮排放量较大的行业是化工行业,占全市工业源氨氮排放总量的57%。

围绕饮用水水源地保护,编制完成《晋城市城市饮用水源2018年环境状况评估自查报告》《晋城市县级城镇饮用水水源状况评估报告》;开展全市饮用水水源地环境保护专项整治工作,对检查发现的15处问题制定整治方案;依托全市饮用水水源地监管平台,实现对全市79个集中式饮用水水源地地理信息数据的动态管理。

围绕工业水污染专项整治,对全市16家化工企业和1家工业污水处理厂实施最严格的水环境管理制度;对2018年已完成废水提标改造的93家煤矿开展抽查抽测工作,确保外排废水达地表水三类标准;对全市所有涉水的企事业单位,实施环保"黄、红"牌管理制度;全面启动8家重点涉水企业超低或零排放改造。

【土壤环境状况】 2019年,全市土壤环境总体安全。落实国家土壤污染防治行动计划(简称土十条），制定年度土壤污染防治行动计划，明确工作重点，加大风险防控力度，有效保障土壤环境安全。

【城市区域环境噪声状况】 区域环境噪声监测频率为每年一次，监测时间定于秋季，在昼间正常工作时间内进行监测，按《声环境质量标准》（GB3096－2008）规定进行。

2019年晋城市城市区域环境噪声昼间平均等效声级为二级，与2018年相同，声环境质量等级为较好，噪声声源以生活类声源为主。

【城市道路交通噪声状况】 2019年，共监测道路交通噪声路段全长28.16千米，城市道路交通噪声年均等效声级为63.0dB（A），较2018年上升0.8dB（A），声环境质量等级为好，≤68.0dB（A）的路长所占比例较2018年持平。

【城市功能区声环境质量状况】 2019年，晋城市对城市区域开展1－3类功能区噪声监测，昼夜达标率为100%。

【固体废弃物环境】 2019年，全市固体废物产生总量为2275万吨，其中工业固体废物产生行业以煤炭、火电、煤化工、煤炭洗选为主，工业企业固体废物处置利用率为100%。工业危险废物产生总量为15500吨，产生行业以化工、制造为主，工业危险废物处置利用率为100%。全市医疗废物产生量1300吨，其中城区、泽州县、高平市、陵川县、沁水县产生的医疗废物由晋城市华洁医疗废物处置有限公司进行集中安全处置，阳城县产生的医疗废物由阳城县特种垃圾处置中心进行集中安全处置，全市医疗废物处置率达100%。

【核与辐射环境】 2019年，全市纳入管理的涉源单位和射线装置使用单位共有149家，其中：涉源单位27家，共使用放射源224枚（其中Ⅲ类源3枚、Ⅳ类源146枚、Ⅴ类源75枚）；射线装置使用单位151家，共有射线装置397台（其中Ⅱ类射线装置70台，Ⅲ类射线装置327台）。

2019年，开展放射源安全检查专项行动，对全市环境违法行为进行立案查处，共处罚金6.2万元。安全收贮安信公司、高平伯方煤矿、市政公司、阳城义城煤矿共17枚放射源，为全市可持续发展提供更加安全核环境，提升全市放射源安全管理水平。

（晋城市生态环境局）

经济建设

【概况】 2019年，晋城市完成生产总值1362.4亿元，比上年增长6.5%。其中，第一产业增加值55.6亿元，同比下降1.2%，占生产总值的比重为4.1%；第二产业增加值736.1亿元，同比增长7.8%，占生产总值的比重为54.0%；第三产业增加值570.7亿元，同比增长5.7%，占生产总值的比重为41.9%。人均地区生产总值58024元，按2019年平均汇率计算为8411美元。

2019年晋城市财政总收入281.2亿元，同比增长6.6%。其中，增值税111.4亿元，同比增长2.0%；企业所得税52.5亿元，同比增长15.0%；个人所得税4.5亿元，同比下降40.6%；资源税43.7亿元，同比增长1.3%。一般公共预算收入138.2亿元，同比增长10.3%。其中，税收收入92.5亿元，同比增长5.6%。一般公共预算支出252.5亿元，同比增长10.5%。其中，科学技术支出同比增长88.7%，教育支出同比增长5.8%，农林水支出同比增长17.7%，社会保障和就业支出同比增长9.7%，文化旅游体育与传媒支出同比增长41.7%，卫生健康支出同比增长6.9%，节能保护支出同比增长8.9%。

2019年，居民消费价格比上年上涨2.6%。工业生产者出厂价格同比下降0.3%。

表3 2019年晋城市居民消费价格比上年涨跌幅度表

指　标	涨跌幅度%
居民消费价格	2.6
食品烟酒	5.5
衣　着	0.9
居　住	2.7
生活用品及服务	0.4
交通和通信	-1.3
教育文化和娱乐	1.2
医疗保健	2.4
其他用品和服务	3.8

2019年，晋城市城镇新增就业5.77万人。年末城镇登记失业

率1.27%。

【农业】 2019年，晋城市农作物种植面积171000公顷，增加1600公顷。其中，粮食种植面积156600公顷，减少79.5公顷；油料种植面积3500公顷，增加800公顷；棉花种植面积58.5公顷，减少13.6公顷。在粮食种植面积中，玉米种植面积98700公顷，增加12800公顷；小麦种植面积39800公顷，减少1300公顷。

全年粮食产量64.2万吨，减少16.6万吨，同比下降20.5%。其中，夏粮17.5万吨，同比增长6.8%；秋粮46.6万吨，同比下降27.6%。

表4 2019年晋城市主要农林产品产量及增长速度表

产品名称	产量（万吨）	比上年增长%
粮食	64.2	-20.6
其中：玉米	42.2	-26.9
小麦	17.5	6.8
谷子	2.7	-0.7
豆类	0.5	-79.6
薯类	5.1	-6.1
油料	0.6	40.3
棉花	0.01	-24.4
蔬菜及食用菌	31.9	9.4
水果	7.6	97.3
其中：瓜果类	0.2	-5.5
园林水果	7.4	103.8
食用坚果	1.2	148.5
其中：核桃	1.1	163.1

全年完成造林面积2200公顷，同比增长14.1%。其中，经济林面积10公顷，同比下降41.9%。全年木材产量21320立方米，同比增长25.0%。

全年全市肉类总产量13.2万吨，同比下降20.4%。猪牛羊肉总产量10.1万吨，同比下降28.6%。其中，猪肉产量9.4万吨，同比下降29.8%；牛肉产量0.1万吨，同比下降2.3%；羊肉产量0.5万吨，同比下降4.7%。年末生猪存栏85.9万头，同比下降12.4%；生猪出栏121.4万头，同比下降31.6%。牛奶产量0.02万吨，同比下降25.7%；禽蛋产量9.9万吨，同比增长16.5%；水产品产量0.2万吨，同比增长1.7%。

全年全市设施蔬菜产量8.5万吨，同比下降0.2%；食用菌0.8万吨，同比下降24.2%；蚕茧0.2万吨，同比增长5.6%；蜂蜜0.2万吨，同比增长33.9%；药材2.8万吨，同比增长100.0%。

2019年末，全市农业机械总动力61.3万千瓦，同比增长2.4%。机械耕地面积133300公顷，同比下降1.4%；机械播种面积122500公顷，同比下降0.7%；机械收获面积91900公顷，同比增长1.2%。

【工业和建筑业】 2019年，全部工业增加值688.9亿元，比上年增长7.7%。规模以上工业增加值比上年增长7.6%。年末规模以上工业企业294家。

全年全社会原煤产量11257万吨，同比增长8.6%；规模以上工业发电260亿千瓦时，同比增长2.7%；水泥338万吨，同比增长47.9%；农用化肥（折纯）225万吨，同比增长3.1%；焦炭117万吨，同比增长44.3%；钢材461万吨，同比增长33.6%；生铁482万吨，同比增长19.7%。

表5 2019年晋城市规模以上工业增加值增长速度表

指　标	比上年增长（%）
规模以上工业	7.6
其中：轻工业	-2.5
重工业	7.8
其中：国有控股企业	1.0
其中：集体企业	22.0
股份制企业	7.9
外商及港澳台投资企业	7.0
其中：煤炭开采和洗选业	1.3
黑色金属冶炼和压延加工业	28.4
电力、热力的生产和供应业	2.5
石油与天然气开采业	17.2
化学原料及化学制品制造业	-0.5
石油加工、炼焦及核燃料加工业	17.9
非金属矿物制品业	29.2
通用设备制造业	11.4
专用设备制造业	13.6
计算机、通信和其他电子设备制造业	15.9

全年规模以上工业企业实现主营业务收入1655.1亿元，同比增长4.9%。其中，煤炭、煤层气、装备制造、冶铸、化工和电力六大行业分别实现主营业务收入831.6亿元、102.7亿元、186.7亿元、201.7亿元、149.8亿元和86.8亿元，同比增速分别为-3.9%、1.0%、3.4%、29.9%、9.8%和4.5%；建材、医药、炼焦和食品制造工业分别实现主营业务收入30.7亿元、13.8亿元、45.8亿元和18.3亿元，分别同比增长30.0%、16.0%、89.1%和32.9%。

规模以上工业实现利税312.7亿元，同比下降8.5%；实现利润185.7亿元，同比下降5.1%。

2019年，全市具有资质等级的总承包和专业承包建筑业企业164家，完成总产值89.4亿元，同比增长18.3%；房屋施工面积390.0万平方米，同比增长1.3%；签订合同额为173.4亿元，同比增长17.6%。

表6　2019年晋城市规模以上工业主要工业产品产量及增长速度表

产品名称	单位	产量	比上年增长%
原 煤(全社会)	万吨	11257	8.6
洗 煤	万吨	4448	17.5
煤层气	亿立方米	47	9.0
金属切削工具	万件	473	-24.0
矿山专用设备	吨	59056	5.5
光电子器件	万只(片、套)	122077	6.2
焦 炭	万吨	117	44.3
合成氨	万吨	313	4.1
精甲醇	万吨	152	33.8
水 泥	万吨	338	47.9
农用化肥(折纯)	万吨	225	3.1
生 铁	万吨	482	19.7
钢 材	万吨	461	33.6
发电量	亿千瓦时	260	2.7

表7　2019年晋城市规模以上工业企业利润总额及增长速度表

指　标	利润总额（亿元）	比上年增长%
规模以上工业	185.7	-5.1
其中：国有控股企业	127.5	-4.7
其中：集体企业	0.02	2.9
股份制企业	137.2	-8.3
外商及港澳台商投资企业	48.5	7.7

【固定资产投资】　2019年，晋城市固定资产投资完成523.0亿元，同比增长10.4%。其中，国有控股投资281.0亿元，同比增长30.8%；港澳台商及外商投资19.8亿元，同比下降36.0%；民间投资225.5亿元，同比下降2.4%。在固定资产投资中，第一产业投资18.1亿元，同比增长16.0%；第二产业投资201.1亿元，同比增长6.2%；第三产业投资303.8亿元，同比增长13.0%。在第二产业中，工业投资201.1亿元，同比增长6.2%。

全年全市在库项目1302个。其中，5亿元以上项目101个，计划总投资1446.3亿元，2019年完成投资217.7亿元，占全市固定资产投资的比重为41.6%。

表8　2019年分行业固定资产投资及增长速度表

行　业	投资额（亿元）	比上年增长%
总计	523.0	10.4
农林牧渔业	19.4	18.8
采矿业	79.1	31.1
制造业	72.3	-1.7
电力、热力、燃气及水的生产和供应业	49.7	-10.4
建筑业		
批发和零售业	2.2	55.1
交通运输、仓储和邮政业	89.0	79.4
住宿和餐饮业	1.0	393.6
信息传输、软件和信息技术服务业	1.8	-40.3
金融业		
房地产业	108.9	-3.6
租赁和商务服务业	4.2	-58.3
科学研究和技术服务业	0.4	174.2
水利、环境和公共设施管理业	69.4	1.3
居民服务、修理和其他服务业	0.3	41.9
教育	3.1	87.4
卫生、社会工作	8.9	-19.9
文化、体育和娱乐业	12.9	47.6
公共管理、社会保障和社会组织	0.4	-37.1

全年房地产开发投资77.2亿元，同比增长6.4%。其中，住宅投资59.2亿元，同比增长5.5%；商业营业用房投资5.2亿元，同比下降12.9%。

全年房屋新开工面积258.8万平方米，同比增长51.1%。其中，住宅新开工面积194.9万平方米，同比增长54.5%。商品房销售面积69.5万平方米，同比下降21.4%，其中，住宅销售面积67.2万平方米，同比下降16.8%。商品房销售额37.7亿元，同比下降17.9%，其中，住宅销售额36.0亿元，同比下降12.4%。房地产开发企业土地购置面积79.8万平方米，同比增长162.0%。房地产开发企业2019年实际到位资金94.0亿元，同比增长38.2%，其中，国内贷款同比下降78.9%，自筹资金同比增长79.8%，定金及预售款同比增长68.3%，个人按揭贷款同比下降42.8%；其他到位资金同比增长127.0%。

表9　2019年晋城市房地产开发和销售情况表

指　标	单　位	绝对数	比上年增长%
投资完成额	亿元	77.2	6.4
其中：住宅	亿元	59.2	5.5
房屋施工面积	万平方米	949.3	9.8
其中：住宅	万平方米	687.0	10.6
房屋新开工面积	万平方米	258.8	51.1
其中：住宅	万平方米	194.9	54.5
房屋竣工面积	万平方米	174.9	-14.3
其中：住宅	万平方米	127.6	-18.8
商品房销售面积	万平方米	69.5	-21.4
其中：住宅	万平方米	67.2	-16.8

【能源】　2019年，晋城市一次能源生产折标准煤8595.11万吨，同比

增长9.3%;二次能源生产折标准煤4459.3万吨,同比增长16.2%。

全年全市向省外运输煤炭5965.2万吨,同比下降9.5%,外运煤炭占原煤产量53.0%。向省外输送电力182.0亿千瓦时,同比增长0.2%,外输电量占发电量的67.7%。

全年全社会用电总量211.12亿千瓦时。其中,第一产业用电1.12亿千瓦时,占全社会用电量的0.5%;第二产业用电185.86亿千瓦时,占全社会用电量的88.0%,其中,工业用电185.15亿千瓦时;第三产业用电14.24亿千瓦时,占全社会用电量的6.8%;城乡居民生活用电9.9亿千瓦时,占全社会用电量的4.7%。

【国内贸易】 2019年,晋城市市社会消费品零售总额490.3亿元,同比增长8.3%。按经营地统计,城镇消费品零售额414.6亿元,同比增长7.5%;乡村消费品零售额75.8亿元,同比增长13.0%。按消费类型统计,商品零售额409.6亿元,同比增长8.2%;餐饮收入额80.7亿元,同比增长8.8%。

表10 2019年晋城市社会消费品零售总额及增长速度表

指 标	绝对数(亿元)	比上年增长%
社会消费品零售总额	490.3	8.3
分地域:城镇	414.6	7.5
其中:城区	303.9	13.3
乡村	75.8	13.0
分行业:批发业	42.8	8.9
零售业	366.6	8.1
住宿业	10.9	7.3
餐饮业	70.1	8.9

表11 2019年晋城市限额以上批发零售业零售额及增长速度表

指 标	绝对数(万元)	比上年增长%
粮油、食品类	146221.9	8.8
饮料类	19026.9	5.3
烟酒类	53093.4	35.9
服装、鞋帽、针纺织品类	140695.7	6.0
化妆品类	10945.8	-5.8
金银珠宝类	8992.8	8.6
日用品类	25965.5	18.7
五金、电料类	10072.3	-8.5
体育、娱乐用品类	1128.9	20.5
书报杂志类	13032.9	-14.5
电子出版物及音像制品类	1364.8	-5.3
家用电器和音像器材类	77648.1	29.3
中西药品类	37937.4	4.1
文化办公用品类	6726.8	-7.7
家具类	39975.2	12.8
通信器材类	19376.4	28.1
煤炭及制品类	20387.3	72.0
石油及制品类	217844.3	-13.2
建筑及装潢材料类	22647.9	2.2
机电产品及设备类	17080.0	-9.5
汽车类	346807.8	-4.9
其他类	57282.1	47.5

【对外经济】 2019年全市海关进出口总额72.9亿元,同比增长58.2%。其中,进口额62.5亿元,同比增长86.8%;出口额10.4亿元,同比下降17.8%。

全年出口煤炭181万吨,同比下降40.2%;出口钢材1.9亿元,同比下降17.6%;出口机电产品7.7亿元,同比下降19.9%;出口高新技术产品2.8亿元,同比下降15.4%;出口电器及电子产品3.9亿元,同比下降25.5%;出口计算机及通信技术产品6118万元,同比下降34.3%。

表12 2019年晋城市海关进出口总额及增长速度表

指 标	绝对数(万美元)	比上年增长%
进出口总额	729042	58.2
出口额	103645	-17.8
其中:一般贸易	57895	0.4
加工贸易	45726	-33.2
其中:机电产品	76956	-19.9
高新技术产品	28031	-15.4
其中:国有企业	144	-76.7
外商投资企业	58652	-24.4
进口额	625397	86.8
其中:一般贸易	311579	22.8
加工贸易	68640	-11.1
其中:机电产品	372241	137.6
高新技术产品	352294	179.2
其中:国有企业	10329	866.4
外商投资企业	221887	42.4

全年进口铁矿砂23.7亿元,同比增长54.2%;进口机电产品37.2亿元,同比增长1.4倍;进口集成电路27.3亿元,同比增长3.2倍;进口电子技术产品29.8亿元,同比增长2.82倍;进口计算机集成制造技术产品1.1亿元,同比增长13%。

表13 2019年与晋城有贸易往来的主要国家进出口情况表

国家	进出口额(万美元)	比上年增长%	出口额(万美元)	比上年增长%	进口额(万美元)	比上年增长%
印 度	552	29.8	525	29.8	27	
日 本	263252	260.4	4751	-17	258501	284
韩 国	12674	-50.4	2660	-47.2	10014	-51.1
德 国	3928	12.6	1269	-34.1	2660	69.9
意大利	1441	-20.6	1435	-20.2	6	-59
巴 西	49188	119.3	420	53.3	48768	120.1
美 国	20850	-42.1	19327	-37.1	1523	-71.3
澳大利亚	169419	32.6	2124	99.7	167295	32

全年全市按全口径统计实际

使用外商直接投资金额31183万美元,同比增长9.5%。

【交通、邮电和旅游】 2019年,全市公路线路里程9611千米。其中,高速公路389千米。

2019年末,全市民用汽车保有量46.7万辆(包括专项作业车、三轮汽车和低速货车0.3万辆),同比增长7.4%,其中,私人汽车43.1万辆,同比增长7.7%。2019年新注册汽车3.6万辆,同比下降5.7%。年末轿车保有量31.6万辆,同比增长7.7%,其中,私人轿车30.5万辆,同比增长8.1%。

全年全市完成邮政业务总量3.10亿元,同比下降2.19%。电信业务总量121.15亿元,同比增长79.7%。年末移动电话用户249.0万户,同比减少7.0万户,其中,3G电话用户5.2万户,4G电话用户194.4万户,全市(固定)互联网宽带接入用户76.1万户。

2019年末,全市共有A级景区25个。其中,国家AAAAA级旅游景区1个,国家AAAA级旅游景区8个,国家AAA级旅游景区15个,国家AA级旅游景区1个。共有星级饭店17家。其中,五星级2家、四星级9家、三星级5家、二星级1家。全年全市接待海外旅游者17414人次,接待国内旅游者7326.76万人次,分别增长7.4%和20.5%;旅游外汇收入893.37万美元,国内旅游收入668.21亿元,旅游总收入668.75亿元,分别增长8.2%、20.0%和20.0%。

【金融、证券和保险】 2019年,晋城市金融机构本外币各项存款余额2631.3亿元,比年初增加312.0亿元,增长13.5%。各项贷款余额1547.1亿元,比年初增加156.0亿元,增长11.2%。

2019年末,全市农村金融合作机构(农村信用社、农村合作银行、农村商业银行)人民币贷款余额275.6亿元,比年初增加45.7亿元,增长19.9%;人民币存款余额595.8亿元,比年初增加52.1亿元,增长9.6%。

表14 2019年末晋城市金融机构本外币存贷款及增长速度表

指 标	年末数(亿元)	比上年增长%
各项存款余额	2631.3	13.5
其中:非金融企业存款	768.3	24.4
住户存款	1373.4	10.5
其中:人民币	1371.1	10.6
各项贷款余额	1547.1	11.2
其中:短期贷款	720.2	9.1
中长期贷款	721.2	14.1
其中:个人消费性贷款(人民币)	256.1	29.5

年末全市共有证券营业部6家,从业人员83人。累计资金开户数185546户,银证转入资金52.3亿元,同比增长16.8%。全年营业收入0.4亿元,同比增长24.2%;利润总额0.1亿元,同比增长1.6倍。

全年全市保费收入54.8亿元,同比增长3.9%,其中,寿险业务保费收入38.9亿元,同比增长1.7%;财产险业务保费收入15.9亿元,同比增长9.6%。

(晋城市统计局)

社会建设

【教育和科学技术】 截至2019年底,全市普通高等学校1所,独立设置的成人高等学校1所。高中阶段毛入学率96.8%。

表15 2019年晋城市各类教育发展情况表

指 标	招 生(人)	在校生(人)	毕业生(人)
普通高等教育	1295	4077	2210
中等职业教育	5402	13891	4534
普通高中	14083	42434	16893
初 中	19883	63840	23231
小 学	18465	108273	20195
特殊教育	202	657	107
学前教育	18656	55304	18472

2019年,全市组织实施省级科技项目7项,其中,列入重点研发项目(高新技术领域)2项,农村技术承包项目5项。全年全市技术合同交易256项,交易额35.9亿元;新认定国家高新技术企业13个,新认定省级众创空间1个,新认定省级科技企业孵化器1个,新认定省民营科技企业10家。截至2019年末,全市拥有高新技术企业62家,国家级星创天地2个,国家级众创空间2个,国家级重点实验室1个,省级众创空间9个,省级重点实验室和省级工程技术研究中心5个,省级科技企业孵化器9家,省级民营科技企业57家,省级科普基地11个。

【文化、卫生和体育】 2019年,晋城市共有艺术表演团体10个,演出场次5018场,演出收入1568万元;有艺术表演场馆4个,群众艺术馆1个,文化馆6个,美术馆2个,公共图书馆7个,总藏书153.5万册。

2019年末，全市共有各级医疗卫生机构3179个，其中，妇幼保健院(所、站)7个。医院和卫生院床位12900张，卫生专业技术人员1.47万人，每千人拥有病床5.8张，每千人拥有医生数2.6人。村卫生室覆盖率100%、县乡村三级医疗机构达标率均为100%。全年各县(市、区)的儿童“五苗”全程接种率以乡镇为单位均达到90%以上。碘盐覆盖率达到99.17%，合格碘盐食用率达到94.5%，各种地方病得到有效控制。全市乡镇卫生监督站覆盖率达到100%。

2019年末，全市拥有各级各类体育场馆6217个，中小学体育锻炼标准达标人数达20.5万人。全年晋城市运动员在省级以上重大比赛中获金、银、铜牌分别为53枚、49枚和46枚(包括非奥运项目比赛)。全市销售中国体育彩票2.15亿元，同比下降28.3%。

【收入与消费】 2019年，居民人均可支配收入25897元，同比增长8.6%。按常住地分，城镇居民人均可支配收入34627元，同比增长7.7%，城镇居民人均消费支出21850元，同比增长8.5%；农村居民人均可支配收入14809元，同比增长9.2%，农村居民人均消费支出10834元，同比增长5.0%。按全市居民五等份收入分组，城镇低收入组人均可支配收入14251元，同比增长9.0%；农村低收入组人均可支配收入6945元，同比增长13.3%。城镇居民家庭恩格尔系数(即居民家庭食品消费支出占家庭消费支出的比重)21.17%，农村居民家庭恩格尔系数21.79%。

【社会保障】 2019年，全市参加基本养老保险162.4万人，比上年末增加4.8万人，其中，参加职工基本养老保险50.5万人，增加3.6万人；参加城乡居民基本养老保险111.9万人，增加1.2万人。参加基本医疗保险212.0万人，增加1.5万人，其中，参加职工基本医疗保险46.8万人，增加3.4万人；参加城乡居民基本医疗保险165.2万人，减少1.9万人。参加失业保险32.1万人，增加0.5万人。参加工伤保险48.6万人，增加0.3万人，其中，农民工22.4万人，增加4.3万人。全年资助基本医疗保险12.5万人，医疗救助7.0万人。

2019年末，城市低保人数8597人，减少1815人；农村低保人数35960人，减少3369人。享受国家定期抚恤补助的优抚对象16309人。全年共发放最低保障资金2.2亿元。全市提供住宿的社会服务机构61个，床位数4510张，年收养救助人数2941人。全市社区养老机构和设施882个。福利彩票发行单位1个。

【资源、环境和安全生产】 截至2019年底，市区环境空气质量二级以上天数达到184天。其中，一级天数14天。空气综合污染指数为6.26，较上年上升1.5%。

全市共发生各类生产安全事故72起，事故死亡83人。

(晋城市统计局)

精神文明建设

【概况】 2019年，晋城市文明办贯彻落实全国宣传思想工作会议精神，围绕举旗帜、聚民心、育新人、兴文化、展形象使命任务和庆祝中华人民共和国成立70周年主线，着力培育和践行社会主义核心价值观，深化群众性精神文明创建活动，开创新时代精神文明建设新局面。

【社会主义核心价值观宣传】 2019年，晋城市文明办以“我们的节日”为主题，开展“我们的节日——新时代晋城书享荟”等节庆文化活动，推动“新时代晋城书享荟”传统节日品牌活动创建；组织“文艺轻骑兵”到社区、公园、广场进行演出，打造“晋文文的夏天”等工作品牌。开展选树宣传道德模范活动，举办2019“第七届晋城好人”评选活动，表彰54名“晋城好人”，4人获评2019年“山西好人”，2人入选“第七届山西省道德模范”，李畴等5人荣登“中国好人榜”，石双砚获得“第七届全国道德模范提名奖”。举办“我爱上党戏暨道德模范文明行”活动，到文明村镇、文明校园进行文艺演出和道德宣讲。出台《晋城市帮扶礼遇道德模范、好人等道德典型实施办法(暂行)》，建立帮扶礼遇道德模范、身边好人等道德典型的长效机制。

【文明城市创建】 2019年，晋城市对照《全国文明城市测评体系》,突出“为民、育民、便民、亲民”创建理念,制定《2019年创建全国文明城市工作方案》,实施巩固提升年“九大行动”,建立“市委统一领导、党政齐抓共管、文明委组织协调、有关部门各负其责、全社会积极参与”的领导体制和工作机制。重组创文指挥部,制定下发《晋城市2019年创建全国文明城市实施方案》,分解任务指标,实行军令状管理,建立一月一通报机制。建立例会制度、联席会议制度等工作机制,采取责任单位和社区“联点共建”、打造创建示范样板、多部门联合行动专项整治、每月召开创文成绩通报大会、进行创文工作末位约谈等措施,实行四级创文工作共建式推进、清单化管理、一体化考评,拓展深化创文工作。面向市区和过境人群,发送有关文明城市创建的手机短信,开设创文专题专栏,策划、拍摄制作各类视频公益短片,营造浓厚的创建氛围,提高群众知晓率、支持率和参与度,展示创文工作阶段性成果。

【新时代文明实践】 2019年,晋城市推进新时代文明实践中心工作,全市新时代文明实践中心完成挂牌,三级文明实践网络基本建成。阳城县探索“546”工作法,被中央文明办确定为第二批新时代文明实践全国试点县。成立新时代文明实践志愿服务队300余支,搭建理论宣讲、社会宣传、教育服务、文化服务、科技与科普服务、乡风文明建设等志愿服务平台,各乡镇(街道)村(居委会、社区)相应组建新时代文明实践志愿服务队。各级志愿服务队开展理论宣讲1416场,直接受众25万余人次,间接受众200余万人次。

【文明乡风建设】 2019年,晋城市出台《乡村振兴战略乡风文明专项规划(2018—2022)》《关于进一步推进移风易俗建设文明乡风的实施意见》,发放《推进移风易俗倡导文明新风倡议书》30多万份,教育引导农村广大党员干部以身作则,带动群众破除陈规陋习。以村民议事会、道德评议会、禁毒禁赌会、红白理事会为依托,全市70%以上的行政村通过红白理事会规范农村喜事、丧事规模,遏制铺张浪费、炫富攀比等现象。把推动移风易俗、建设文明乡风纳入地方党政领导班子和有关领导干部综合考核,纳入文明县城(城市)、文明村镇、文明单位、文明校园、文明家庭创建的内容,加大测评分值和权重。全市80%以上的行政村建立“一约四会”(“一约”即村规民约,“四会”即村民议事会、道德评议会、红白理事会、禁毒禁赌会),60%以上的行政村成为县级及县级以上文明村。

【文明创建活动】 2019年,晋城市文明办深化文明村镇、文明单位、文明校园、文明家庭等创建工作,先后表彰市级文明家庭125户,向省文明委推荐文明家庭5户;推荐18个省级文明乡镇、81个省级文明村;推荐22个省文明单位标兵、63个省文明单位。出台《晋城市实施乡村振兴战略星级文明户创评管理暂行办法(试行)》,开展“星级文明户”创评工作,全市星级文明户达到20%以上。

【未成年人思想道德建设】 2019年,晋城市文明办持续开展“扣好人生第一粒扣子”主题实践、“新时代好少年”学习宣传和童心向党、向国旗敬礼、“传承红色基因”等系列活动。表彰30名市级“新时代好少年”,4人获评“新时代山西好少年”,刘雨墨获得全国“新时代好少年”提名,并成立“雨墨学雷锋志愿服务队”。联合市委政法委、市公安局、市文化和旅游局、市人民检察院等9部门开展“整治中小学校周边环境治理”专项活动,共排查各类学校100余所,整改安全隐患50余处。在社区综合服务站、未成年人心理健康辅导站、乡村学校少年宫等,开展形式多样内容丰富的主题活动。推进“社区心理咨询师”特色项目建设,84个社区配备168名心理健康咨询师,帮助未成年人树立科学的身心健康观。

【中华人民共和国成立70周年宣传活动】 2019年,晋城市文明办围绕庆祝中华人民共和国成立70周年主线,在城乡广泛开展群众性宣传教育活动,组织主题宣传、成就宣传、典型宣传。拍摄制作“唱响我和我的祖国”快闪视频,宣传新时代美丽晋城“晋善·晋美·晋城”新形象。筹划“唱响核心价值观、我的祖国我的歌”群众性主题歌咏活动,宣传展示中华人民共和国成立70年来,特别是中共十八大以来的生动实践、伟大成就和宝贵经验,激励广大干部群众投身新时代中国特色社会主义伟大事业。

(闫晨俊)

2019年机构设置和负责人名录

中国共产党晋城市委员会

书　记　张志川
副书记　刘　锋　李根田*　姚　逊
常　委　赵沂旸　孙世新　那志茂　卫明喜
王晋峰*　石云峰　张利锋　荆俊明
范兆森
秘书长　王晋峰*　孙世新
常务副秘书长　闫通宇
副秘书长　王学忠　王志强(兼)　牛泽民(兼)
李克平(兼)　宋军民　任露旭
李靖芳　谢　飞*

晋城市人民代表大会常务委员会

主　任　范丽霞(女)
副主任　张斌胜　郭治琛　冯裕民
李翠叶(女)　尹红岩　史晓莉(女)
秘书长　王学琦
副秘书长　蒋志红(兼)　赵红生　张　翀
李咏锋

晋城市人民政府

市　长　刘　锋
副市长　张利锋　王斌权　梁丽萍(女)
武健鹏　冯志亮　王宏微
秘书长　焦新文
副秘书长　卢海建(兼)　司国奇(兼)　李东升
史小军　杨金中　李子荣　刘宇亮
上官东亮(兼)　李永和*　樊小润*
张俊威

政协晋城市委员会

主　席　常国荣
副主席　郭一峰*　崔守安　武四海(女)
阴建正　郭向阳
秘书长　和贵喜
副秘书长　温保山　赵三毛

中国共产党晋城市纪律检查委员会

书　记　那志茂
常务副书记　王贵平
副书记　李宏军　杨德培
常　委　程晋鹏*　杨晓红　王宏伟　岳友谊
王殿梅(女)　闫立志

晋城市监察委员会

主　任　那志茂
副主任　王贵平　李宏军　杨德培
委　员　杨晓红　王宏伟　王殿梅(女)
安　铭

晋城市中级人民法院

党组书记、院长　于昌明
党组副书记、常务副院长　王世运
副院长　**高国林**　**李秋红**　祁连关
派驻纪检监察组组长　梁晋旗
政治部主任　韩建岗
审委会专职委员　刘沁长　张晓彬
李凌云(女)

晋城市人民检察院

党组书记、检察长　张世荣

常务副检察长 苏文革
副检察长 王万虎 赵贵炉 王红玲(女)
派驻纪检监察组组长 王卫东
政治部主任 郭世锋

市委工作部门和部门管理机构

市委办公室

主　任　王学忠
派驻纪检监察组组长　宋丽莉(女)

市委组织部

部　长　卫明喜
常务副部长　郭竹林* 董小清
副部长　董小清* 张新光(兼) 李　炎(兼)
　　　尹文德 杜　琳 吴　洪
市委党建办主任　杜　琳(兼)
市公务员局局长　吴　洪(兼)
正处级组织员　王庆和 贺建国 王　涛*
派驻纪检监察组组长　李甫安
部务委员　吴　洪* 王志清 魏　鑫(女)
市委人才办主任　赵　垠
市考核办专职副主任　张继忠
市高层次人才项目工作办公室(8月更名为市高层次人才项目工作服务中心)主任　马书进
市非公经济组织和社会组织工委书记　朗军芳
副处级组织员　魏　鑫(女)* 毕海霞(女)

市委宣传部

部　长　赵沂旸
常务副部长　王联民
副部长　孙加慧 连继红 侯虎胜(兼)
　　　王　毅(兼) 李华文(兼) 李建亮
　　　王晓艳(女)
派驻纪检监察组组长　李建亮* 张一军

市委统一战线工作部

部　长　李根田
常务副部长　梁红兵
副部长　刘东平 张建乐 李凌志 张国建

市委政法委员会

书　记　石云峰
常务副书记　常先勤(女)
市委国安办专职副主任　李向阳
副书记　孔建宁 殷　辰
政治部主任　赵　军

市委政策研究室

主　任　王志强
副主任　李可大* 郭文忠 杜高生
李海胜 张　敏(女)

市委全面深化改革委员会办公室(设在市委政策研究室)

主　任　孙世新(兼)
常务副主任　王志强
副主任　李可大* 郭文忠 杜高生 李海胜
　　　张　敏(女)

市委全面依法治市委员会办公室(设在市司法局)

主　任　石云峰(兼)
副主任　宋书平

市委网络安全和信息化委员会办公室

主　任　李华文
副主任　张亚丽(女) 石少平

市委财经委员会办公室(设在市发展和改革委员会)

主　任　王学忠(兼)
副主任　邹树琦

市委外事工作委员会办公室(设在市政府外事办公室)

主　任　曹广全

市机构编制委员会办公室

主　任　张高峰
副主任　任林书 张春林 邓守卫*
市事业单位登记事务中心主任　张一晴(女)

市委审计委员会办公室(设在市审计局)

主　任　杜　平

市委教育工作领导小组办公室(设在市教育局)

主　任　李志忠

市委农村工作领导小组办公室(设在市农业农村局)

主　任　武小雅(女)

市直属机关工作委员会
书　记　张　文* 樊小润
副书记　王江海　车建利　王鸿鹰(女)
纪工委书记　尚海根

市委巡察工作办公室
主　任　郭天德
副主任　李利刚* 殷宏伟　程晋霞　原永和
市委正处级巡察专员　李志明　李喜红(女)
杨元平　殷宏伟
市委巡察组巡察专员　苗保旦　武　琳(女)
申福林* 贾巨峰

市委老干部局
党委书记、局长　李　炎
副局长　牛惠军　郭旭勤　郭向奎(援疆)

市精神文明建设指导委员会办公室
主　任　王　毅
副主任　秦志刚　史丽娟(女)

市人民代表大会常务委员会工作机构

市人大常委会办公室
派驻纪检监察组组长　冯永源

人事代表工作委员会
主　任　杨珠义
副主任　李雪丽(女)

法制委员会
主任委员、法制工作委员会主任　傅彦虎
副主任委员　张革平
法制工作委员会副主任　贾　飞

财政经济委员会
主任委员　李　斌
副主任委员　马　丰

城建环保工作委员会
主　任　李俊杰
副主任　于小丽(女)*

教科文卫委员会
主　任　刘晓丽(女)
副主任　郭玲玲

农村工作委员会
主　任　王振堂
副主任　张平生

社会建设委员会(民族宗教侨务外事工作委员会)
主任委员　闫建升
副主任委员　刘文华

研究室
主　任　蒋志红
副主任　卢元芳(女)
信访接待室主任　郭云龙
信息中心主任　牛　晋

市政府工作部门和部门管理机构

市政府办公室
派驻纪检监察组组长　朱全红
督查专员　贾苗丽(女)　王晋亭

市发展改革委员会
党组书记、主任　邹树琦
副主任　杨跃卿　黄天明　靳宏伟* 任智慧
邢海斌　马树敬
派驻纪检监察组组长　王江元* 娄新才
市重点工程管理办公室主任　常瑞琪

市教育局
党组书记、局长　李志忠
教育工委专职副书记　刘霄云
副局长　胡铁柱　来庭会　原红卫
派驻纪检监察组组长　李留兵
市招生考试管理中心主任　田静妮(女)
副处级督学　李雪明

市科学技术局
党组书记、局长　茹　刚* 郑　泽
副局长　张建树　高兴国　贾莹峰
总工程师　申瑾瑜

市工业和信息化局(国资委)
党委书记　杨建平
党组书记、局长　田志军
副局长　梁建刚　梁金雄　韩志堂　李俊强
原向东　卢瑞莲(女)

派驻纪检监察组组长　栗松林

市公安局

党委书记、局长　王斌权

常务副局长　赵建云

副局长　史慧军　杜志强　文海潮　张　宁

政治部主任　李　平

派驻纪检监察组组长　姬金恒

市民政局

党组书记、局长　王仁庆*　王　涛

副局长　刘学胜　栗　莎(女)

市司法局

党组书记、局长　宋书平

副局长　高永才*　牛迎利　孙晋军　李建民　陈旭伟　马林屯

派驻纪检监察组组长　郎龙喜

市财政局

党组书记、局长　崔国炜

副局长　李英杰*　段志坚　续永福　杨兴文

总会计师　王　健

派驻纪检监察组组长　王继荣(女)

国库集中支付中心主任　李　军

市人力资源和社会保障局

党组书记、局长　张新光

副局长　赵惠斌(女)　赵志义　司惠民　原　亮

派驻纪检监察组组长　李加文

市规划和自然资源局

党组书记、局长　刘　闯

副局长　商国富　李培红　毋建喜　刘世繁　原志非　高青定　车文莲(女)　杜建莲(女)　裴小霞(女)

市国土资源监察支队支队长　原保瑞

市土地收购储备中心主任　张怀慎

市生态环境局

党组书记、局长　郎诗华

副局长　焦金生　李维民　刘永会　冯晓伟

生态环境保护综合行政执法队队长　李乾元

市住房和城乡建设局

党组书记、局长　郭明太

副局长　原保红　尚东方　米晋斌

总工程师　原明碧

总建筑师　张海忠

派驻纪检监察组组长　梁飞昊

市城市管理局

党组书记、局长　王秀峰

副局长　靳海峰　王江元

市交通运输局

党组书记、局长　董小清*　张海芳

副局长　乔宪民　和全忠(兼)*　王卫军　李明建　靳小东(兼)

派驻纪检监察组组长　王玉亭

市交通运输事业发展中心主任　王国庆

市水务局

党组书记、局长　杜　平*　张国文

副局长　焦林林　崔林成　樊武斌

派驻纪检监察组组长　李保金

市农业农村局

党组书记、局长　武小雅(女)

副局长　张祥林　王天圣　刘建云(女)　刘鹏飞　梁敏斌

派驻纪检监察组组长　秦书平

市商务局

党组书记、局长　申连太

副局长　王加强　段玉太　乔荣生　李　英(女)

商务综合行政执法队队长　郑聚义

市文化和旅游局

党组书记、局长　王　丽(女)

副局长　杜喜霞(女)　岳建明　马小林　李立新　侯俊玲(女)　郑忠社　赵　芳(女)

市卫生健康委员会

党组书记、主任　樊林奎

副主任　尚晋河　段新亮　李玉平(女)　孙建平　原沁霞(女)　赵　东

派驻纪检监察组组长　李红梅(女)

市退役军人事务局

党组书记、局长　张四祥

副局长　白军龙　张　涛

市应急管理局

党组书记、局长　鲍瑞卿

副局长　张前林　郭建军　王洪太　范常胜

政治部主任　魏亚东

市审计局

党组书记、局长　李天胜*　杜　平

副局长　王国斌　曹和生　郭义光　吕丽芳(女)　张向阳

市政府外事办公室

党组书记、主任　曹广全

副主任　韩　萍(女)　原张晋

市市场监督管理局

党组书记、局长　白亚平

副局长　李先锁　赵智慧　阎建鸿　司丽芳(女)　李建平(女)　王瑞新　郝少勤*　程跃虎*　闫莉莉(女)

派驻纪检监察组组长　邵锁昌

市体育局

党组书记、局长　郭　斌

副局长　刘宇光　范春俊

市统计局

党组书记、局长　张志兴

副局长　程满胜　唐振芳　李鸿贤

总统计师　姜孝则

市调查监测中心专职副主任　李晓峰

市医疗保障局

党组书记、局长　马阳光

副局长　王小岗　成文鹏　李　琳(女)

市行政审批服务管理局

党组书记、局长　司国奇

党组副书记　郭虎庆

副局长　陈亚东　刘鹏鹏　刘小丽(女)

市信访局

党组书记、局长　上官东亮

副局长　邢军霞(女)　原学忠　张建兵

副处级信访督查专员　李国忠

市政府金融工作办公室

党组书记、主任　任志忠

副主任　杨利生　王敬峰

市能源局

党组书记、局长　席学武

副局长　秦　强　朱晓波　许德旺　原前进　张育松

派驻纪检监察组组长　于建斌

市人民防空办公室

党组书记、主任　田永健

副主任　牛泽辉*　张宝明　肖海清

市大数据应用局

党组书记、局长　聂永平

副局长　李满红　郎荷宝　于朝阳

政协晋城市委员会工作机构

市政协办公厅室

派驻纪检监察组组长　宋建霞(女)

提名提案委员会

主　任　秦李芳*　王晓光

副主任　陈慧卿

经济委员会

主　任　赵晋阳

副主任　贾俊玲(女)

农村工作委员会

主　任　朱国胜

副主任　郭富太

教科卫体委员会

主　任　郝　锐

社会法制委员会

主　任　贾晓娥(女)

文化文史和学习委员会

主　任　靳虎松

调研室

主　任　许国胜

市直属事业机构

市委信息化中心

主　任　谢　飞

副主任　程瑞强

市委党校

校　长　卫明喜(兼)

常务副校长　王晓光* 上官建红

副校长　卢　路　赵旭杰　秦志刚*　陈究盆　任丽丽(女)

市社会主义学院

院　长　阴建正(兼)

副院长　刘完保

市委党史研究室(市地方志研究室)

主　任　邵俊生

副主任　李文福　宋喜俊(女)

市委新闻中心

主　任　侯虎胜

副主任　秦宏平　王　林

市委讲师团

团　长　李兴文

副团长　司芳琴(女)　李静宇

市上党戏剧研究院

院　长　王丽萍(女)

市新闻传媒集团

党委书记、董事长　徐浩

党委副书记、副董事长、总经理　王为民*　杨　钟

党委副书记、副董事长、总编辑、太行日报社总编辑、晋城广播电视台总编辑　牛龙飞

党委专职副书记(企业正职)、副董事长　杨　钟*　赵春林

党委委员、副总经理　赵春林*　张成利　何慧芬(女)

党委委员、副总编辑　王春平　杨　斌

党委委员、监事会主席、工会主席　林仲民*

副总编辑　程旭荣

副总经理　时青松

党委委员、纪委书记　杜慧东

市政府发展研究中心

党组书记、主任　卢海建

副主任　成少宏　李　海　邱亚南(女)　司进锋

市直属机关事务服务中心

党组书记、主任　牛泽民

副主任　陈建国　司国振　崔玉明*　闫茂盛　李会峰

市档案馆

党组书记、馆长　李克平

副馆长　申晓霞(女)*　程　鹏　焦　健(女)

市投资促进中心

党组书记、主任　吴华芳(女)

副主任　张建军　李奔峰*　王　强

市园林绿化服务中心

党组书记、主任　陈建军

副主任　高连江　李安国　潘乐善

市中小企业发展促进中心(市民营经济发展促进中心)

党组书记、主任　王建辉*　朱全红

副主任　常俊龙　朱守顿　邢　捷

市城镇集体工业联合社

党组书记、主任　张强胜

副主任　焦晋莎　谭青芳(女)

市农业机械发展中心

党组书记、主任　苗富才

副主任　王宏生　牛保凤(女)　郭素军

市农业综合开发中心

党组书记　刘东平*　赵启明

副主任　王关武　原粉娥(女)　张建明*

市扶贫开发中心

党组书记、主任　赵启明

副主任　刘黎辉　牛　昆　张建明*

市畜牧兽医服务中心

党组书记、主任　王万荣

副主任　白崇进　靳　军　门尿安

市住房公积金管理中心

主　任　梁云辉

市防震减灾中心

党组书记、主任　毕明荣

副主任　刘完保*　赵学军

市供销合作社联合社

党组书记、主任　刘建光

副主任　李志文　闫海荣
监事会主任　李志文*　郜长安

市科技研究所

所　长　原建堂
副所长　张丽丽(女)　冯静梅(女)　焦民顺

沁水示范牧场

场　长　王友战
副场长　田晓华*　牛保平　窦沁太

市治理非法超限超载事务中心

主　任　陈高晋
副主任　贺海燕(女)　程江平

市人才服务中心

主　任　田和平*　吴伟玲(女)
副主任　张　鹏　赵旭升

市疾病预防控制中心

主　任　原太平*　郭建英(女)
党总支书记　秦玉明
副主任　秦玉明*　张先堂(女)　靳　勇

驻市单位

市税务局

党委书记、局长　张锁林
党委副书记、副局长(正处级)　赵耀中
副局长　关保利　李　文　王余屯　段胜平
　　　　延如庆　乔春铭　原　锋
纪检组组长　张小刚
总经济师　卢坤军　张欣义
总会计师　田卫东　李晓峰
开发区税务局党委书记、局长　杨全民

市烟草专卖局(公司)

局　长(经理)　张春荣
副经理　常熙旺
副局长　王　军
总会计师　王浩卫
工会主席　毋晋民

山西煤矿安全监察局晋城监察分局

局长　李京文*　祁　砖
党总支书记　田一军*　王江虹
副局长　时志云*　成建明　庞文忠
监察专员　康荣力
总工程师　成建民(兼)

山西省公路局晋城分局

局　长　马　远
党委书记　张根法
副局长　王振明　陈建国　徐　斌
纪委书记　赵锁金
工会主席　申济众
总工程师　陈建国(兼)

市交通运输执法局

局　长　张慧锋
党委书记　王卫华
副局长、工会主席　王黎平
党委副书记、纪委书记　谢小兵

市气象局

党组书记、局长　张　平*　帅克杰
党组副书记、纪检组组长　王存仁
副局长　常素萍(女)　张　磊

人行晋城市中心支行

党委书记、行长　王东红
副行长　原晋凉　宋光在*　许雪峰
工会主任　袁浩波
纪委书记　刘成炳

晋城银保监分局

党委书记、局长　王亮清
副局长　范文书*　琚美霞(女)
纪委书记　李　峰

邮政管理局

党组书记、局长　和全忠*　靳小东
副局长、纪检组组长　张　伟

晋城国调队

党组书记、队长　翟怀明*　原　广
副队长　梁国宏*　尚红梅(女)　李梅梅(女)
纪检组组长　师英贵*　张灵龙

晋城海关

关　长　周进民
副关长　宋振宁*　刘小继
纪检组组长　连庚寅

纪检组副组长　杨东波

群众团体

市总工会

主　席　孔庆鹏* 张斌胜

党组书记、常务副主席　李勤才

副主席　任有福* 韩敦锋　丁文彬

张灵芝(女,挂职)　杨建平(兼)

王高毅(兼)　张永国(兼)

共青团晋城市委员会

党组书记　牛晓明

副书记　常　阳　李　剑(女)　庞雅亮

韦　波* 殷启阳(挂职)

青少年活动中心主任　刘　毅

市妇女联合会

党组书记、主席　宋丽云(女)

副主席　许素平(女)* 申李玲(女)

黄　璟(女)　成　琳(女)

市妇女儿童事务中心负责人　金秀萍(女)

市科学技术协会

党组书记、主席　焦　勇

副主席　冯文忠　曹峰毅　李振宇(女)

市归国华侨联合会

党组书记　王红斌

主　席　尚建忠

副主席　王晋萍(女)

晋城市工商联合会

党组书记　李凌志

主　席　程刚强

副主席　杨月书　陕建锋　牛俊峰

市文学艺术界联合会

党组书记、主席　贾大一

副主席　谢红俭(女)　韩有珍(女)　潘　登

市残疾人联合会

党组书记、理事长　郭忠平

副理事长　和建平　李向青

驻外办事处

市政府驻北京办事处

主　任　姚宝鸿

学校医院

太原科技大学晋城校区

党委常委、副校长、党工委书记、管委会主任　柴跃生

党工委副书记　韩如成

党工委委员、纪检专员　赵卫平

管委会副主任　闫献国　刘立功

晋城职业技术学院

党委书记　朱　莉(女)*

党委副书记、院长　邱建国

副院长　卢文汇　毕文才　姬爱国

杨玉琴(女)

工会主席　牛　翠(女)

晋城一中

校　长　周双林

副校长　李坤明　范春俊* 张建国　张晋斌

党总支副书记　卫俊婷(女)

工会主席　张晋斌* 陈雁芳(女)

晋城广播电视大学

党总支书记、校长　裴家留

副校长　车军社　李雪明* 赵春明

市中等专业学校

校　长　李永富

副校长　任学文　张　敏　陈广瑞　董笑红

矿区中学

校　长　于红英(女)

副校长　王文惠　徐景红

高平市中等专业学校

校　长　牛惠军

副校长　申青山　赵海青　张玉凤　李永太

工会主席　崔志强

晋城技师学院

院　长　姚允刚

副院长　刘世峰　马雷正　贺双俊

　　　　李　艳(女)

市人民医院

党委书记　刘　冰

党委副书记、院　长　秦中胜

副院长　贾龙斌　赵红亮　焦振恒　侯志云

纪委书记　秦建平

工会主席　茹小红

晋城大医院

院　长　赵瑞峰

党委书记　薛伟民

副院长　张红庆　王光林　杨大明　李华兵

　　　　徐　峰　靳江涛

纪委书记　赵立生

晋城经济技术开发区

开发区管委会

主　任　范兆森

副主任　李韶华　董海顺　赵永红　李永斌

开发区党工委

书记　范兆森

副书记　李韶华　吴伟玲(女)*　赵永红

纪工委书记　赵德富

组织人力资源部部长　闫　芳(女)*

民主党派

中国国民党革命委员会晋城市委员会

主任委员　原　云

副主任委员　姚承辉　刘海屯　贾祥瑞

　　　　　　冯雪松　张慧敏(女)

秘书长　姚承辉(兼)

中国民主同盟晋城市委员会

主任委员　梁丽萍(女)

副主任委员　郭建英(女)　王小桃(女)

　　　　　　贺新刚　王宇泽

专职副主委　钱红林

秘书长　李军团

中国民主建国会晋城市委员会

主任委员　阴建正

副主任委员　冯德强　韩连弟(女)　柴慧青

　　　　　　郭荣林　王庆琰

秘书长　符纯美(女)

中国民主促进会晋城市委员会

主任委员　郭向阳

副主任委员　王国亮　李卫国　原向东

　　　　　　王军民　李　琳

秘书长　李卫国(兼)

中国农工民主党晋城市委员会

主任委员　王胜利

副主任委员　李全林　段韶军　郭金祥

　　　　　　赵红亮　孙夏芳(女)

秘书长　孙夏芳(女,兼)

九三学社晋城市委员会

主任委员　程春明

副主任委员　解小竹(女)　安建峰

专职副主委　王小芳(女)

秘书长　王淑静(女)

注:所记载机构为2019年1月18日机构改革后征集到资料的市级正处级以上机构,机构和领导人名录排序不作为其他依据;2019年1月18日机构改革后至12月31日凡调离原岗位的都在姓名后右上角标注*。

(市委组织部、驻市单位、各民主党派等)

中国共产党晋城市委员会

市委办公室

【概况】 2019年，中共晋城市委办公室贯彻落实全国、全省党委秘书长会议精神，围绕中心、服务大局，做好参谋助手、综合协调、信息调研、督促检查、后勤保障等各项工作，保障市委高效有序运转，促进市委重大决策部署落地生根，为全市经济社会高质量转型发展作出贡献。

【督查工作】 2019年，晋城市整合全市督查资源，成立市委、市政府督查办公室，建立专兼一体督查队伍，形成抓督查、促落实的浓厚氛围。重点工作督查方面，围绕市委、市政府主要领导批示事项、全市年度重点指标、重点工作开展督查，办理市级领导批示30件，做到批必查、查必清、清必办、办必果，确保市委、市政府重大部署任务落地落实。专项督办方面，围绕重要项目推进过程中的难题，采取“四不两直”方式，深入一线查进度、找关键、解难题，保证重点工程顺利推进。围绕社会敏感问题、群众关注问题、民生焦点问题开展专项督查，及时回应社会关切，推进问题解决。关注网络舆情，针对网民向市委书记留言事项，累计跟踪督办20件。建议提案办理方面，督办人大议案26件、政协提案30件，并就办理情况向市人大、市政协作专题汇报。

【文稿起草】 2019年，中共晋城市委办公室按照“贴得紧、跟得上、重创新、求突破”工作思路，共撰稿180余篇100多万字，市委全会、全市经济工作会的领导讲话和省委领导调研晋城工作报告等大型文字材料，受到市委主要领导的肯定。与此同时，及时掌握和发现经济和社会发展中的新情况、新事物、新经验，认真总结和提炼基层的先进典型和先进经验，将基层的情况汇总反映给领导，将上级的政策和文件精神消化归纳后汇报给领导，将领导的意见和意图分解传达到基层，为领导决策提供参考和依据，提高以文辅政的针对性和实效性。

【服务工作】 2019年，中共晋城市委办公室坚持“务实、专业、高效”服务理念，完成包括省委书记、省长在内的7位省委常委和8位省政府领导在晋城调研考察工作，承接安排市委领导走访调研和活动40余次。组织筹备市委七届六次、七次、八次3次全会以及全市目标责任考核大会、对标一流述职评议会、推进工业高质量发展大会、经济工作会等全市性重大会议43次。协助完成高平两岸祭祖活动、全国女企业家年会、太行山文化旅游节等重大活动。办理请示报告事项272件。组织市委常委会议16次、中心组学习3次，审核会议议题154个，整理会议记录22.4万余字，编发《市委常委会议纪要》16期。

【公文办理】 2019年，中共晋城市委办公室共发文144件，收文1100余件，及时提出合理化的拟办意见，为市委领导决策提供参考；清退中央文件725份，销毁

15958份，留存归档429份。落实《关于切实解决形式主义突出问题为基层减负的通知》要求，发给县级以下的文件减少30%~50%。党内规范性文件审核报备方面，严格执行党内规范性文件审查制度，建立《党内规范性文件前置审核流程》，发出《法律顾问参与法规工作和规范性文件征求意见卡》58份，收集采纳有效意见建议170余条，向省委报备党内规范性文件31件，报备及时率100%；受理承办各县（市、区）委、市直部门党组（党委）报备的党内规范性文件70件。

【信息资政】 2019年，中共晋城市委办公室编发《每周省情》48期、《每日要情》248期，提供各类数据资讯、特情分析、政经动态600余篇。开办《工作情况交流》专刊，提供分析预判专刊4期。编发上报《双日要情》149期、山西信息454篇，其中，省委信息综合室报中办采用单篇29篇、综合17篇，报省领导采用单篇22篇、综合18篇，工作交流采用单篇19篇、综合58篇。编写的“相对集中行政许可权改革”“大数据建设”“煤层气开采技术问题”“市级媒体融合改革”等方面的新思路、新举措，引起省委关注。探索“社情民意+媒体”新路径，筛选关注度高、涉及面广、办理效果好的网民留言进行回访报道，及时传递市委的关心关注。接受省委社情民意转办件63件，自办190件，促进群众反映问题的解决和工作落实。

【应急值守】 2019年，中共晋城市委办公室办理处置涉访维稳、安全生产、自然灾害等各类突发事件88起，为领导科学决策与正确处置提供保障。加强领导干部外出报备工作，坚持每天审核汇总，及时报送市委领导，全年报备269期。

【档案工作】 2019年，中共晋城市委办公室牵头做好全市涉改单位档案处置工作，共接收涉改档案44918卷（件），确保涉改单位档案的完整、安全、及时归档和接收进馆。根据《全市“三基建设”2019年度重点工作任务清单》要求，对全市641名档案管理工作人员进行档案专业知识培训和专业能力测试。推动形成满五年档案移交进馆工作，市档案馆馆藏档案671290卷（件），馆藏量位居全省11个地级市首位。

【保密工作】 2019年，中共晋城市委办公室加强对密码通信网络的使用和管理，坚持24小时值班制度，做到全方位、全天候及时为领导提供密码通信保障服务；严格中央发电和密码电报的使用管理，及时、高效收发办理各类明、密电报、特提电报及书记亲启件，做到“零事故、零差错”。落实保密工作责任制，加大保密法律法规宣传教育力度，组织全市省管干部、各县（市、区）主要领导、市直单位一把手16批全员轮训，制作微视频作品《保密责任重如山》，提高党政干部保密意识。加强保密指导管理，全程参与市“两会”、全市重大活动以及高考、成考、卫考、研究生考试等重要考试的安全保密工作。加强办公场所保密安全检查，检查全市机关单位83家，提出整改建议221条，下发情况反馈书20份。

（李　容）

组织

【概况】 2019年，晋城市委组织部以习近平新时代中国特色社会主义思想为根本遵循，践行新时代党的组织路线，突出全面覆盖，组织110多个处级班子、1000多名处级干部、8000多基层党组织和15万名党员开展“不忘初心、牢记使命”主题教育；突出党建融合发展导向，推动基层党组织建设全面进步；突出激励干事导向，加快推进高素质干部队伍建设；出台“两项人才新政”，开创人才新局，为新时代美丽晋城高质量转型发展大局提供组织保证。

【主题教育】 2019年，晋城市委组织部组织开展“不忘初心、牢记使命”主题教育，市委常委会和中心组带头学习29次，完成3次集中学习交流研讨。县处级以上机关事业单位、国有企业召开中共十九届四中全会精神专题学习会议238场，5.5万余名党员参加学习，举办全会精神专题宣讲398场。全市组织革命传统教育、形势教育、先进典型教育和警示教育2219次。

调查研究方面。开展“百乡千村（企）万户行”大调研，全市处级以上干部共撰写调研报告968篇,调研转化成果1481项。科级以上领导班子结合学习调研成果讲专题党课2458人次。

检视问题方面。县处级以上班子及班子成员共列出问题清单1087份,查找问题13823个,解决问题11512个,推进解决2311个。分三批次统一征求对市四大班子、各县(市、区)、市直各单位领导班子及班子成员在改进作风、改进工作方面的意见建议,共征求意见建议1.6万条。

整改落实方面。全市"8+5"专项整治共梳理存在问题2899条,整改率99.3%。查处不担当不作为问题148起,处理174人,党纪政务处分44人,对不担当不作为的2名市管干部予以免职;公开曝光14起违反中央八项规定精神问题,13起形式主义官僚主义问题,4起扶贫领域腐败和作风问题,8起群众身边腐败和作风问题;第三季度全市文件、会议和"督检考"事项分别下降27%、21%和70%;完成220个软弱涣散基层党组织整顿任务。处级以上干部共参加"三服务"(服务项目、服务企业、服务基层)2296次,现场解决问题1637个;9个民生重点领域单位共解决群众急难愁盼问题1789件。落实群众诉求,在农村开展拆违治乱、垃圾治理、污水治理、厕所革命、卫生乡村"五大专项行动",在城市开展以"建美丽晋城,创文明城市"为主题、以"两下两进两拆四提升"为主要内容的提升城市品质行动,在扶贫领域市级领导带队组织25个工作组深入县区开展脱贫攻坚"回头看"大清理大排查工作,上门解决"两不愁三保障"问题。

【党建融合发展】 2019年,晋城市委组织部推进实施"党建融合发展提升年"行动,瞄准抓党建促经济转型、抓党建促乡村振兴、抓党建促脱贫攻坚等重点,创新"支部建在产业链上"等一系列举措,探索出具有晋城特色的党建融合发展路径。实施党建驱动乡村振兴"双百双服务"工程,在全市打造100个农村基层党组织服务群众的示范典型、100个村级集体经济发展示范典型,2047个行政村全部实现集体经济收入"破零达万",5万元以上的村占到81%。

【基层党组织建设】 2019年,晋城市委组织部加大基层基础投入保障力度,下拨基层党建工作专项经费2677万元。创新优化基层组织设置,丰富和拓展村村联建、村企联建、产业联建、城乡联建"四联并进"基层党组织设置模式,编印《创新基层党组织设置案例选》,选树30个示范典型,供全市基层党组织学习借鉴。加强城市基层党建工作,出台《关于全面加强和改进城市基层党建工作的指导意见》。以加强城市社区活动场所建设为抓手,加快推动集党员服务、居民议事、便民服务、文化活动、社区养老和老年服务于一体的设施齐全、功能完善的社区党群服务中心建设,全市所有社区活动场所面积全部达到200平方米以上,并为每个社区拨付工作经费10万元。推进非公党建工作,成立晋城市互联网行业党委,开展互联网行业党建工作和"两个覆盖"专项行动。常态化举办"非公党建主题沙龙"等活动,选派15名老干部为非公党建工作指导员。

【农村干部培训】 2019年,晋城市委组织部完成市县两级"领头雁"培训,实现农村"两委"干部培训全覆盖。将乡镇干部、乡镇挂职干部、农村第一书记、大学生村干部等纳入培训范畴。实施"农村干部学历提升"工程,联合晋城广播电视大学,在太岳干部学院召开晋城市2019年"农村干部学历提升工程"工作推进会暨学情分析研讨会,为全省推进"农村干部学历提升"工程提供晋城方案、晋城经验,全市2000余名农村干部注册入学,实现所有行政村全覆盖。推进农村带头人队伍建设,构建"县委主导、县乡联动、全程把关"选用机制,结合年度工作目标责任制对村"两委"主干进行集中分析评价,统筹推进"农村本土人才回归"工程和村级后备力量建设,共储备农村后备人才4649名。

【机构改革】 2019年,晋城市委组织部完成全市党政机关机构改革相关工作。提交市委常委会议研究干部事项11次,调整市管干部497人次。推进公务员职务与职级并行制度改革,在全省率先完成12名二级巡视员的晋升工作,各县(市、区)和市直机关均开展晋升工作，全部套转完成，共套转3784人。

【干部培训】 2019年，晋城市委组织部开办第3期市管干部读书班和第18期中青年干部培训班，培训学员89人。组织市委党校春季主体班学员赴郑州大学参加中原城市群发展专题培训班，邀请中原地区专家学者授课，组织学员考察郑州自贸实验区、航空港、郑东新区规划展览馆等现场教学点。办好干部素质提升工程高端专题讲座，邀请金一南、姚景源、单霁翔、金灿荣等专家到晋城讲学。

【干部考评】 2019年，晋城市委组织部启动新一轮市直单位和县区领导干部和领导班子研判工作，把政治标准作为“硬杠杠”，把领导干部政治素质考察作为“必选动作”，同步建立领导干部政治素质档案，全面记载干部政治素质考核考察结果，特别收录参与脱贫攻坚、扫黑除恶等重大专项工作和承担急难险重任务干部的评价性材料。开展优秀年轻干部调研摸底，协助山西省委组织部年轻干部调研工作组，对晋城市70名副处级以上年轻干部进行调研。分3个小组对全市6个县(市、区)各乡镇和市直相关部门年轻干部情况进行调研。

【干部管理】 2019年，晋城市委组织部探索开展干部档案遗留问题集中清理工作。下发《关于开展解决干部人事档案审核遗留问题专项工作的通知》，以干部“三龄二历一身份”信息为重点，坚持实事求是、准确定性，坚持区别情况、恰当处理，坚持宽严相济、惩教结合的原则，为一批干部解决档案历史遗留问题。做好领导干部个人有关事项报告集中填报工作，对涉及漏报瞒报的70名领导干部作出相应组织处理。对市委编办等25家单位选人用人工作进行专项检查。办理因公出国(境)403人次、因私出国(境)43人次。做好规范领导干部配偶、子女及其配偶经商办企业行为工作，对晋城市54名省管干部和969名市管干部的配偶、子女及其配偶经商办企业行为进行摸底汇总，结合中组部、省委组织部意见制定晋城市禁业范围。建立干部档案信息库，完成干部信息管理平台建设，实现干部档案数字化，建成干部智能档案室。完成2019年非定向选调生工作，共招录30名非定向选调生。

【人才引进】 2019年，晋城市委组织部召开全市人才工作大会，出台激励高层次人才助力高质量转型发展和吸引大学毕业生就业创业两项“人才新政”。为各县(市、区)和市直单位引进全日制硕士研究生及以上人才506名，其中“985”“211”“双一流”院校全日制硕士研究生114名。做好高层次人才评价认定工作，共认定各类人才395人。制定落实高层次人才奖励工作实施细则，发放人才奖金721万元。

【人才服务】 2019年，晋城市委组织部对市委联系专家进行调整补充，179人被推荐为市委联系专家人选。举办高层次人才国情研修暨人才工作者培训班。完善落实定期体检、一事一议、一人一策等服务机制。开展“晋城籍在京博士服务家乡行”活动，邀请21名晋城籍在京博士回乡服务、对接合作。

(上官华波)

宣 传

【概况】 2019年，晋城市委宣传部高举习近平新时代中国特色社会主义思想伟大旗帜，聚焦主题主线，服务全市大局，坚持守正创新，履行使命任务，为推动新时代美丽晋城高质量转型发展取得新成果提供思想保证、舆论支持和精神动力。市委宣传部被中宣部表彰为全国基层理论宣讲先进集体。

【理论学习】 2019年，中共晋城市委中心组带头开展集体学习21次、交流研讨9次，召开全市学用经验交流会2次，对90家县处级党委(党组)中心组学习情况进行督查。深化拓展晋城的事大家想大家说大家干，开展“唯实求真、提升‘四力’”大调研，理论宣讲、文艺创作、市级媒体融合改革等案例被《人民论坛》等国家级期刊推广。组建市县乡村四级学习管理组4255个，通过组织习近平用典知识竞赛、开办“学习强国”特色示范课等形式，推动“全党学习”向“全民学习”转变，全市学员总数29万人，学员参与度和人均积分在全省各地市中位列第一，晋城市推广应用平台的典型经验多次在全省交流。

【理论宣讲】 2019年，晋城市举办的习近平新时代中国特色社会主义思想入脑入心“两转三讲”活动吸引186支队伍3000余人参赛，开出“学习纲要”“主题教育”“十九届四中全会精神”等进基层“专列”800余趟，“新时代理论宣讲快车”累计发车2300余趟，直接听众28万人次、间接受众200余万人次，推动党的创新理论学习往深里走、往心里走、往实里走。

【中华人民共和国成立70周年宣传活动】 2019年，晋城市组织开展“壮丽70年、奋斗新时代”“爱国情、奋斗者”等10余个主题宣传活动，围绕脱贫攻坚、文明创建、主题教育等重点工作推出20多项主题报道，组织新闻发布会21场，开展“请人民阅卷”电视承诺活动，展示全市各行各业的新进展新成效和全市人民的获得感幸福感。举办“时代新人说——我与祖国共成长”演讲大赛和“红色故事讲解大赛”，2名选手进入全国专题演讲决赛，获得1枚金牌、1枚铜牌。举办《中华文明圣地昆仑丘》人民大会堂首发式，组织“把美丽晋城寄出去”明信片设计大赛暨全球免费邮寄活动，先后邀请境内外112家媒体到晋城市采访采风，发表宣传晋城稿件480余篇，新华社、《人民日报》、中央电视台等中央级媒体刊播晋城市稿件530多篇。组织第14届全国网络媒体实地采访活动，举办“记录晋城记住我”抖音比赛、“网视晋城”微电影大赛等系列活动，网评工作在全省量化考核中名列第一。开展悬挂国旗、传唱爱国歌曲、展映爱国主义影片等群众性宣教活动，举办70周年成就展、美术书法展、文艺展演和“我和我的祖国”大型文艺晚会，在全市营造同心共庆祖国华诞的热烈氛围。

【全国文明城市创建】 2019年，晋城市创造性开展五色十星星级评定工作，6轮模拟测评累计测评点位3500余个，提出整改建议1000多条；开展一月一轮通报约谈，按照军令状管理要求，召开创文工作约谈会14次，81家次单位被约谈。深化社会主义核心价值观“十融十连十创”主题实践活动，7家单位被评为省级示范点，6人入选2019年度“山西好人”，4人入选“新时代山西好少年”，2人入选第七届山西道德模范，5人荣登中国好人榜，刘雨墨获得全国“新时代好少年”提名，石双砚获得第七届全国道德模范提名奖。开展单位社区联点共建活动，8位市委常委统筹8个镇办、84家单位与84个社区结对。实施集贸市场、交通秩序、文明养犬等八大专项整治行动，提升群众的获得感、幸福感。

【文化惠民工程】 2019年，晋城市实施文化惠民工程，围绕春节、国庆等重要时间节点组织专题文化活动近300项，其中，“两节”推出专题晚会7场、大型灯展11处、优秀剧目展演23场，“新时代太行文艺轻骑兵”开展下基层活动14场，“晋文文”系列活动惠及40万人次，免费送戏(文艺)下乡等活动持续11年不断线。

【文化市场培育】 2019年，晋城市推进文化市场主体培育“四项工程”，成功举办第四届太行山文化旅游节，成立全省首家国有文化资产管理委员会，举办“晋善·晋美·晋城”文化创意产品展示大赛和“晋城工美在行动”五大系列活动，推动形成铁器、丝麻、陶瓷琉璃三大特色文化产业，参展第四届省文博会取得优异成绩，三件作品获“神工杯”工艺美术精品奖金奖，珐华器被誉为“山西三宝”之一。

【文化创作实践】 2019年，晋城市开展“三为”文艺创作实践活动，上党梆子《太行娘亲》在第12届中国艺术节上获得文华大奖提名剧目和文华表演奖，上党梆子《郝经》获得第16届“杏花奖”新剧目奖和戏剧表演奖，国内首部大型古堡实景剧《古堡!古堡!》获评国家旅游优质文化旅游节目，张暄、任慧文两位作家获得赵树理文学奖，全市文艺作品获省级以上表彰300多件。

【意识形态工作】 2019年，晋城市压实“管理网格化+责任清单化”模式，出台论坛讲座报告会等阵地管理制度，组建市互联网行业党委和市新媒体协会，组织意识形态工作责任制落实情况专项督查，开展“扫黄打非”五大专项行动，对7家微信公众号和2个微信群群主进行约谈。高平市马村镇被评为全国第三批“扫黄打非”进基层示范点，晋城市落实意识形态工作责任制工作经验被党建网、中国文明网等推介。

【“两个中心”建设】 2019年，晋城市推进新时代文明实践中心建设，阳城县被中央文明办确定为全国试点县，全市组建300余支新时代志愿服务队，全市注册志愿者17.9万人。全覆盖推动县级融媒体中心建设，建立联席会议工作制度，举办浙江长兴培训班，泽州、陵川两县融媒体中心基本建成。

（马永进）

统　战

【概况】 2019年，晋城市统一战线系统学习贯彻习近平总书记关于加强和改进统一战线工作的重要思想，坚持加强党对统一战线工作的集中统一领导，把握新使命，建设新机构，展现新作为，为助推新时代美丽晋城高质量转型发展贡献统战力量。

【机构改革】 2019年，晋城市宗教局、晋城市侨办并入晋城市委统战部。成立晋城市社会主义学院，落实社院班子配备、机构编制、经费保障等问题，为全市民主党派、无党派人士的学习成长提供新的平台。

【助力经济发展】 2019年，晋城市委统战部推动晋城市创建全省首家民营经济改革发展示范市，起草出台《关于构建新型政商关系的实施办法》《关于创建全省民营经济发展改革示范市的实施方案》等相关政策，推进民营经济发展30条惠企政策落地；晋城市在全省营商环境评价评估测试中排名第3，在全国292个地级市政商关系排行中排第119位，名次上升速度位列全国第6。推动晋城经济技术开发区设立工商联组织。

【助力脱贫攻坚】 2019年，晋城市委统战部组织动员民营企业、各民主党派全力投入脱贫攻坚，召开全市统一战线助力脱贫攻坚推进会，全市176家民营企业和商（协）会组织结对帮扶571个村，累计帮扶贫困人口15819人，其中建档立卡贫困村142个、非贫困村429个，累计实施帮扶项目709个，总投资8347.99万元。

【助力民营经济】 2019年，晋城市委统战部举办晋城市企业融资暨异业联盟接洽会，为全市108家中小企业达成意向融资3000万元，20家企业参与项目路演，16家企业进行现场产品展示，5家企业进行法律会计税务相关咨询。

【首届中原城市群新媒体峰会】 2019年，晋城市承办首届中原城市群新媒体峰会，邀请国内各类重点新媒体行业大咖、总监，网络大V等百余人参会。峰会期间，“晋善晋美晋城游”话题阅读量6000万次，全国旅游话题排行第3名。

【“四比四促”活动】 2019年，晋城市委统战部组织开展“四比四促”活动（比学习、促思想政治共识进一步凝聚；比贡献，促参政议政能力进一步提升；比服务，促民主监督效果进一步显现；比作风，促自身建设水平进一步提高），形成各类议案、建议、专报100余条，开展医疗、教育、文化、养殖等方面的社会实践活动20余次。

【民族宗教】 2019年，晋城市委统战部加强组织领导，落实宗教工作主体责任，推动市县两级党委、政府均做到宗教工作“四个纳入”（纳入党委重要议事日程，纳入党政领导班子考核内容，纳入宣传工作计划，纳入党校、行政学院、干部学院、社会主义学院的重要教学内容）。组织开展“宗教工作整改落实‘百日攻坚’行动”，全市129处开放场所实现由教职人员负责，“四进”（国旗、宪法和法律法规、社会主义核心价值观、中华优秀传统文化进宗教场所）宗教活动场所实现全覆盖。加强信教群众聚居村党组织建设，党在信教群众聚居村的执政基础得到巩固、基层党员干部依法管理宗教事务的能力得到提高。

【对台及海外统战】 2019年，晋城市委统战部完成“问祖炎帝寻根高平”第四届（己亥年）海峡两岸神农炎帝经贸文化旅游招商系列活动相关任务。组织26个国家的400余位商界人士会聚晋城，共商经贸合作，签约项目17个，总投资64.5亿元。遴选出5名优秀教师赴泰国、菲律宾、印尼进行为期一年的优秀华文教师赴海外侨校任教。完成2019“亲情中华”夏令营沁水营活动。

（赵　赫）

政策研究

【概况】　2019年，晋城市委政研室（市委改革办、市综改办）完成各项工作任务。在全省深改目标考核中，晋城市改革工作继续保持全省“第一方阵”。市委政研室机关支部被授予“先进基层党组织”称号，扶贫工作被授予“脱贫攻坚红旗单位”称号。

【机构改革】　2019年，党政机构改革后，晋城市委政研室（市委改革办、市综改办）实行一个机构、三块牌子，市委深改（综改）领导小组改为委员会，市委改革办作为市委深改委的办公室，实现由任务型组织向常规型组织转型，决策职能和综合协调职能得到强化。市县两级深改委、改革办（综改办）组建到位，全市改革系统组织机构建设显著增强，各级党委对全面深化改革的集中统一领导进一步强化。在履行服务市委决策职能的同时，工作重心向改革倾斜，内部科室设置更加适应改革要求，职能职责进一步明确。

【深化改革】　2019年，晋城市强化党委对全面深化改革的集中统一领导，市县两级深改（综改）领导小组全部改为深改（综改）委，制定工作规则、细则，推进改革工作制度化、规范化。强化基层改革系统队伍建设，县级改革办工作人员平均达到7人。筹划召开市委深改（综改）委会议8次，审议重大改革方案和文件19项。完善“清单制”，推出“14+4”重大改革和先行先试任务清单。健全“台账制”，将《市委全面深化改革委员会2019年改革工作要点及责任分工》细化分解为99小项，压实责任到部门、到科室、到个人，形成严格细致的目标责任体系。6县（市、区）、晋城经济技术开发区和市直24家重点改革部门，年初公开承诺，年中汇报，年底“向人民汇报、请人民阅卷”，人大代表、政协委员、群众代表现场打分，社会各界网络投票。95家单位亮相《太行日报》，集中展示10项满意工作，公开接受群众监督。

【督察考核】　2019年，晋城市委政研室修订《全面深化改革目标任务考核实施细则》，压缩督考频次，减轻基层负担。坚持“月报告、季分析、年考核”机制，累计向市委呈报改革督察报告4次，反映改革推进中各类问题61条，下发反馈意见书或整改提示函34份。

【推动改革】　2019年，晋城市委政研室牵头完成《关于深化户籍制度改革助力高质量转型发展的实施办法（试行）》和《关于盘活农村集体土地资源的实施办法（试行）》两个政策文件，召开新闻发布会2次，分10期回复网民提问104条；举办培训班13期，举行巡回宣讲6场，累计受众人数近万人；督促14个部门出台配套文件17个。牵头组织阳城蟒河镇“点供用地双平衡”改革试点，协调完成省、市、县三级行政审批，12月3日，召开全市“点供用地双平衡”改革试点阳城现场会。督促各单位新争取省级以上改革试点50余项，推进先行先试和创新性工作196项。

【“改革创新、奋发有为”大讨论】　2019年，晋城市委政研室承担市委“改革创新、奋发有为”大讨论组织协调工作，编制实施方案，组织各类会议，巩固深化拓展大讨论成果，汇编全市典型案例和先进事迹130篇、优秀调研报告60篇，牵头编制市级“两个清单”，汇编各县（市、区）及市直单位“两个清单”112个。跟进入企进村服务工作，解决“居然之家黄华店消防许可办理”和“城区大张村康养项目土地手续办理”2个典型问题。

【调研辅政】　2019年，晋城市委政研室聚焦市委中心工作开展调研考察，围绕户籍改革、土地改革、政商关系、农林文旅康、人才引进、工业高质量发展等重大改革、重点工作，牵头或参与起草多项政策文件，服务市委决策。完成上报省市各类讲话、文稿20余篇。晋城市委政研室围绕“点供用地双平衡”改革、“1+9”试点乡镇转型综改、农村“三变”改革、晋城与中原核心城市比较分析等课题，完成高质量调研报告15篇。

（肖瑞敏）

机构编制

【概况】 2019年，中共晋城市委机构编制委员会办公室以新一轮党政机构改革为主线，以提请和落实市委编委会议审议事项为重点，以统筹优化配置机构编制资源为抓手，推进党政机构改革、改革评估跟踪问效、市县相对集中行政许可权改革试点、市区“5+1”综合行政执法体制改革、基层统计制度改革、编外聘用人员管理等工作，完成各项工作任务。年中考核，排名市直单位第一，连续第5年获优秀等次，连续第6年获市级文明单位标兵称号。

【机构改革】 2019年，中共晋城市委机构编制委员会办公室完成机构组建、人员转隶、职责调整和“三定”方案印发等20项改革任务。市级共设立党政机构47个，比改革前增加1个；设立文明办、行政审批服务管理局、大数据局、城市管理局；行政机关共划转部门职能119项，转隶行政人员编制256名；调整事业单位63个，转隶事业编制704名、人员589名；重新制定“三定”方案32家、调整“三定”方案14家；督促指导县级改革与市级改革同步完成。

【相对集中行政许可权改革】 2019年，中共晋城市委机构编制委员会办公室推进相对集中行政许可权改革试点工作，晋城市是全省唯一一家市县两级推进相对集中行政许可权改革试点的市。与市行政审批局共同划转29个部门313项行政许可及关联事项，推行“一枚印章管审批”。10月，全省相对集中行政许可权改革现场推进会在晋城市召开，在全省推广晋城市改革试点经验。

【事业单位改革】 2019年，中共晋城市委机构编制委员会办公室全面完成承担行政职能的事业单位改革。在党政机构改革中，将事业单位承担的行政职能全部划归行政机关，市级共划归143项，六县（市、区）共划归56项。对42个副处级以上事业单位、232个涉改科级事业单位，进行名称规范、隶属关系调整、职能调整、机构整合。推进经营类事业单位改革，将改革任务纳入市委、市政府重点督办工作和“13710”督办事项，及时协调解决保险、人员安置、国有资产处置等问题。印发市级19家涉改单位的转企改制方案和机构编制文件，各涉改单位按照方案组织实施。

【综合行政执法改革】 2019年，中共晋城市委机构编制委员会办公室完成市县“5+1”（山西省安排市场监管、生态环境、文化市场、交通运输、农业五个领域，晋城市选加一个城市管理领域）综合行政执法改革。在市区两级探索实行“两上两下两分离”的管理模式，破解市级人员不想下、城区工作无抓手的难题。整合组建7支市城市管理综合行政执法大队，委托城区管理。指导各县（市）探索“局队合一”新模式，其中生态环境分局在不突破原有人员编制的前提下，可以统筹调配行政和事业人员。

【基层管理体制改革】 2019年，晋城市整合优化乡镇（街道）党政机构和事业站所，全市84个乡镇（街道）的175个事业单位，全部明确按副科级配备负责人。推进巴公经济发达镇行政管理体制改革。在全省率先深化基层统计管理体制改革，全市84个乡镇（街道）实行县派出乡镇统计员制度和片区首席统计员制度，市级调剂84名财政拨款事业编制用于基层统计工作。牵头完成市县乡三级政府签订责任状事项清理规范工作，汇总责任状、任务书事项194项，继续保留58项，不在清理范围的14项，合并5项，其余117项全部取消。

【机构编制管理】 2019年，中共晋城市委机构编制委员会办公室加强机构编制管理，简化引才办理手续，保障48家单位的177名人才引进工作；为晋城一中南岭爱物分校和丹河校区增加309名编制，为晋城三中增加编制100名。在全省率先制定编委和编办工作规则、编外聘用人员管理意见、编制使用核准入编备案流程。创新机构编制管理，对县级党政群机关的部门领导职数实行总量控制，由各县(市、区)自行统筹平衡、动态调整，不再报市委编办审批。梳理编制部门权责清单，审核完成32个部门3000余项行政权力。在市直单位开展履职评估试点工作，确定市水务局、市能源局、市文旅局为试点单位，完成评估。加强日常管理，完成市直11家空壳事业单位的清理工作，为632家单位更换机构编制管理证，为845名机构改革转隶人员办理转隶手续；办理上下编手续865件。加强事业单位登记管理工作，办理事业单位登记事项408件、法人年度报告事项475件。完成网上名称管理和机构编制信息化工作。完成全市提升"三基建设"基础工作专项行动，督促指导市县两级3100多家单位重新制定和完善"一目录三手册"，分级开展专项检查和情况通报。

(秦树兵)

老干部工作

【概况】 2019年，晋城市委老干部局贯彻落实习近平总书记关于老干部工作的重要论述，按照"以一化带两化促三性"的工作要求，聚焦政治引领、发挥作用、精准服务、文体教育、信息管理"五大平台"建设，为老干部安享幸福晚年创造良好条件。

【学习教育】 2019年，晋城市委、市政府及有关部门召开专题会议3次，向老干部传达中央精神，通报全市经济社会发展情况、党建工作、党风廉政建设和反腐败工作情况，引导老干部与党同心、同向、同力。晋城市委老干部局根据中央及省委、市委统一部署，按照标准、质量不降低和充分考虑老干部身体状况的要求，采取在一定范围讲党课、组织现场教学，以及送学上门全覆盖的方式，在离退休干部中全面推进主题教育开展。市老年大学在城区西大街等社区建立分校区，扩大教学规模，增加教学内容，拓宽老干部就学渠道。

市老年大学在教学班开展"课前五分钟、思想不放松"政治教育，利用课前时间，组织老干部学员学习党的知识、举行主题党日活动，打造"微党课"品牌。以直属离退休干部党支部的老党员为主体，开展"不忘初心、牢记使命"专题组织生活会、"改革创新、奋发有为"述职会，以及"如何抓好离退休干部党支部建设""我为晋城改革发展稳定建言献策"等方面的交流会，引导离退休干部党员树牢"四个意识"、坚定"四个自信"、做到"两个维护"。

【服务管理】 2019年，晋城市委老干部局、市直工委联合下发《关于进一步做好市直离退休干部党支部工作的通知》，实现离退休干部支部的有效服务管理。市直新增单建支部6个，在市老年大学新设立临时党支部5个、党小组36个；在城区62个社区全部建立"夕阳红"离退休干部临时党支部，统一建设标准、规范服务管理；高平市开展"夕阳红"乡镇离退休干部党建驿站建设，完善硬件设施，推进组织生活规范化。

【社会活动】 2019年，晋城市委老干部局开展"我和我的祖国老干部故事汇"专题宣讲，组织老干部宣讲团成员，以"我和我的祖国"为主题，到市直中小学校和部分单位，开展宣讲25场。创建"百名老干部百场报告会"品牌，全市老干部宣讲队伍以"改革创新、奋发有为""庆祝新中国成立70周年""不忘初心、牢记使命"为主题，到机关、企业、学校、农村宣讲习近平新时代中国特色社会主义思想和党的知识、党的历史，共宣讲378场。组织市级老干部考察调研晋城市、城区、泽州县的重点工程建设项目，参加丹河新城开工建设仪式；邀请128名老干部担任创建全国文明城市义务监督员，参与社区、街道、单位的志愿服务。配合市非公党委聘请15名老干部担任非公企业和社会组织党建工作指导员。陵川县县城老干部社会治安综合治理办公室党支部受到中组部表彰。

4月，在全市离退休干部中开展"千人问卷大调查"活动，掌握离退休干部的需求。提升市直离退休干部慰问金和体检费标准；将市直特殊困难离退休干部帮扶资金从15万元提高到30万元，对个人帮扶最高额度提升到5000元/人。开创"一本账、两提高、三分类、四必访、五对接""12345"精准服务工作法，试行一人一策，在市直单位和改制企业的离休干部服务管理上先行先试，提升离休干部的幸福感和满意度。与市卫健委、市医保局联合出台《晋城市离休干部医疗服务实施细则》。

【文体活动】 2019年5—10月，晋城市委老干部局、市文旅局、市体育局、市老龄办、市老体协共同举办全市第二届老年文体艺术节，开展门球、乒乓球、广场舞、模特、书画摄影等10项老年人喜欢的比赛项目，1000余名老干部参赛。5月27—28日，举办"(皇城相府杯)四省二十三市老干部门球邀请赛"，晋、冀、豫、陕4省23个市的老干部门球队近300名运动员参加比赛。

【信息化建设】 2019年4月，晋城市委老干部局分批组织干部职工到浙江杭州、四川成都、山东、河南等地，学习先进地区的信息化建设经验。7月，召开建立"离退休人员服务管理信息系统"研讨会，安排部署离退休干部基础信息的采集工作。下半年，市老年大学开发运用App，实现网络招生，老干部学员可在10分钟内完成所有班级课程的登录报名，解决现场报名难问题。

（李　冰）

信　访

【概况】 2019年，晋城市信访局贯彻落实习近平总书记关于加强和改进人民信访工作重要思想和中央及省委、市委信访工作决策部署，坚守初心、践行使命，改革创新、奋发有为，各项工作都取得明显成效，为促进新时代美丽晋城高质量转型发展取得新成果营造良好社会环境。2019年，晋城市到市走访总量658批次6565人次，同比下降13.2%和32.7%。办理来信460件次，办理网上信访事项993件次。到省以上走访总量、批次在全省处于低位，到市"走访总量、集体访、个体访、重复访、市委、市政府门前上访"实现"五下降"。

【信访应急预案实施】 2019年，在全国"两会"、第二届一带一路中非国际合作高峰论坛、亚洲文明对话会、世界园艺博览会、中华人民共和国成立70周年、十九届四中全会、山西省"两会"、"二青会"以及市"两会"、第四届高平炎帝祭祖招商活动、二青会测试赛、晋城火炬传递以及第五届山西(晋城)太行山文化旅游节等系列重大活动期间，晋城市信访局组织和部署，制定工作方案和应急预案，采取驻京驻省驻会值班、领导干部接访、零报告、信访接待场所无假日接访和24小时值守、成立应急小分队等措施，防止规模性聚集性、极端涉访事件和被媒体炒作事件发生。省"两会"、"二青会"期间，晋城市信访工作受到山西省"两会"信访组、山西省信访局致函表扬。

【矛盾化解】 2019年，晋城市信访局按照全省信访矛盾大排查大化解暨"四个重点"攻坚战部署和市委、市政府要求，牵头制定"四个重点"信访矛盾化解攻坚战工作方案，成立攻坚领导组和14个工作组、督查组，建立任务清单、领导包处、会商研判、双周调度、定期督导等多项工作机制，国家信访局交办的2件信访积案全部办结、化解和息诉罢访，办结率、化解率达100%；山西省信访局分3批交办的43件信访积案办结、化解39件，办结率100%、化解率90.7%；市县梳理的20件信访积案全部办结和化解。

【规范管理】 2019年，晋城市信访局根据山西省联席办"信访业务规范化提升年"活动要求，制定实施方案，明确17项具体任务，推动依法分类处理信访诉求工作，确定市人社局等5家先行试点单位，结合党政机关机构改革后各部门职能变化，梳理制定分类诉求工作清单。开展信访工作"三无"县乡村创建工作，制定发展新时代"枫桥经验"、创建信访工作"三无"县乡村活动工作方案，确定陵川县为创建试点县，高平市原村乡等15个乡镇、泽州县川底村等279个村为试点乡村。初步建立社会矛盾纠纷多元化解机制，出台《关于加强信访与人民调解对接工作实施意见》，成立信访事项人民调解中心，2名调解员、律师进驻市信访接待大厅开展访调对接工作。与山西泽州、山西尽诚等5个律师事务所签订合作协议，发挥律师在领导接访、法律咨询、化解疑难信访事项等方面的作用。创建"网上信访督查室”,加大信访事项网上督查力度,开通“今日头条”政务号网上信访投诉入口。加大信访工作考核力度,制定印发《晋城市信访工作考核评分细则》,把信访事项及时受理率、按期答复率、案件化解率、群众满意率列入县区、市直部门年度目标责任考核内容,将进京、赴省、到市50人以上上访列为对乡镇考核的主要内容。完善驻京驻省信访工作机制。推动市级领导接待来访群众工作,印发《晋城市级党政领导干部接待来访群众工作通知》,协调解决疑难信访问题13个。开展人民满意信访窗口创建,完善服务设施,优化服务环境,接谈员统一佩带上岗牌,接待流程、服务用语更加规范。

【信访秩序维护】 2019年,晋城市信访局在全市开展以“依法理性走访、维护信访秩序”为主题的《信访条例》宣传周活动,开展《信访条例》、依法逐级走访等信访知识宣传活动,泽州、城区等县区印制《关于依法处置信访活动中违法犯罪行为的通告》,宣传教育引导群众依法理性逐级反映诉求,营造良好信访法治环境。推动和督促各地公安机关加大对违法上访行为依法处置力度。加强信访形势分析研判工作,形成信访形势分析报告12份,为领导决策提供参考。

(裴陆茂)

市直机关党建

【概况】 2019年,中共晋城市直机关工委落实新时代机关党的建设新要求,突出“党要管党、从严治党”,坚持以政治建设为统领,夯实党建工作基础,打造最优党建氛围,落实“两个责任”,推进“不忘初心、牢记使命”教育,各项工作取得新成效。市直机关工委党支部被市委表彰为市级先进党组织。

【党建工作】 2019年,中共晋城市直机关工委加强党费收缴和管理使用工作,形成规范化、制度化管理机制,收缴党费350万元。推进一把手“一肩双挑”工作,市直机关由“一把手”担任党组织负责人比例达95%。做好基层党组织换届、成立、选举工作,新成立基层党组织19个,基层党组织换届95个,转隶7个。严格按照《中国共产党发展党员工作细则》25道程序,对入党积极分子、发展对象进行摸底初审备案,共有入党积极分子604名,发展对象324名。指导市直处级单位开好领导班子专题民主生活会,督促审批民主生活会方案,班子成员全程参与指导13个单位;指导各基层党支部专题组织生活会和民主评议党员工作,664个党支部全部召开组织生活会,774名县级以上党员领导干部均以普通党员身份参加所在支部的组织生活会。共有11720名党员参加民主评议活动,其中评定为“优秀”等次的3867名,评定为“合格”等次的7748名,评定为“基本合格”等次的105名。班子查摆具体问题1389条,党员查摆具体问题35168条。开展“七一”党建观摩考核评比表彰,抽调基层党务干部组成7个观摩考核评比小组,采用“一人一表”“党委评党委、总支评总支、支部评支部”的方式,对88个直属党组织开展党建观摩考核评比。6月28日,对市直各条战线、各个领域在党建各项工作中取得显著成绩的72个先进党组织和169名优秀个人进行表彰。与考核办联合下发《关于加强市直机关效能建设的实施方案》,确定79家目标责任考核单位为效能建设试点,对市直各单位效能建设进行指导督促检查。

【大型活动开展】 2019年,中共晋城市直机关工委组织开展五项大型活动:4—6月,开展机关环境卫生大整治“争挂红旗”活动。围绕“室内洁净”“院内干净”“楼体明净”“保持常净”的总目标,评出“三洗六见”大整治红旗单位20个、环境卫生大整治红旗单位20个、机关卫生大整治红旗单位20个。举办“一户一花灯、欢乐度新春”手工花灯展。以市委七届六次全会精神为主线,精心设计“解放思想、凝心聚力、建设美丽晋城”主题灯箱,226家单位的289盏花灯参展。开展“信仰的力量”电视演讲大赛。“七一”前夕,筹备“信仰的力量”演讲大赛。7月5日,10名优胜选手在市传媒集团二楼演播厅参加决赛,评选出一等奖1名,二等奖3名,三等奖6名。开展“凝心聚力杯”系列体育大赛。4月,举办第七届“聚力杯”系列体育大赛,共设拔河、跳绳、自行车慢骑、定点投篮、乒乓球、羽毛球、华牌(对家拱猪)、毽球、象棋、围棋10个项目，共有100多个市直单位、400多个代表队、5000多名选手参赛。举办庆祝中华人民共和国成立70周年歌咏大赛和升国旗仪式。9月29日，组织市政府东区、西区办公楼18个单位575人在三馆大厦升旗；9月30日，组织市委、市政府办公楼内等25个单位825人在市委、市政府楼前升旗。开展"喜迎国庆、升挂国旗、祝福祖国"活动，组织庆祝中华人民共和国成立70周年"歌唱祖国"歌咏比赛，市直机关30个党组织3000名人员参赛，12支代表队进入决赛。

【文明创建】 2019年，中共晋城市直机关工委开展文明单位、文明校园推荐申报工作。3月2日，组织2000人开展"志爱晋城"学雷锋志愿服务活动启动仪式。6月12日，组织980人在物茂广场参与"志爱晋城蓝"环保誓师活动。制作400块社会主义核心价值观亮角落宣传牌，在市直机关各单位以及各广场公园的卫生间、电梯、楼梯广泛安装，营造创建氛围。制定关于开展社会主义核心价值观"融入机关连接干部创示范机关"主题实践活动工作方案。

【案件审理】 2019年，中共晋城市直工委制定《市直单位案件审理处分执行工作试行办法》，对案件的审理审核进行流程优化，规范运作，执纪审理质量和效率得到提升。共受理案件35件，其中，受理移送审理案件63件74人次，已审结案件58件69人次。给予党纪处分37人、政务处分18人、党纪政务双重处分5人次、组织处理9人。其中，给予党纪政务重处分7人次，占到总人数的10%。

【群团组织建设】 2019年5月，中共晋城市直工委对市直机关工会联合会、共青团晋城市直机关工委进行换届和调整，成立晋城市直属机关青年工作委员会。8月，成立市直机关妇女联合会，下发《关于加强党建带群建工作的实施意见》，推动市直单位群团组织工作，各单位工会、团支部、妇委会按期换届达到90%以上，新成立妇女委员会21家、青年委员会9家。召开纪念五四运动100周年暨团的工作表彰会议，举办女职工维权行动、2019年"邮储银行杯"晋城市市直单位篮球赛、"终于找到你"大型联谊活动、第七届"凝心聚力杯"基本能力大赛系列活动、"不忘初心、诵读新时代"读书节活动等。

（王志现）

党校教育

【概况】 2019年，晋城市委党校以习近平新时代中国特色社会主义思想为指导，贯彻落实中共十九大和十九届四中全会精神，贯彻落实省委、市委全会精神，结合新的《中国共产党党校（行政学院）工作条例》，深入学习贯彻习近平总书记关于党校办学治校系列重要指示精神，分析把握新时代党校发展新形势新任务新要求，开创党校工作高质量发展新局面。

【理论学习】 2019年，晋城市委党校学习宣传贯彻中共十九大和十九届四中全会精神，用习近平新时代中国特色社会主义思想武装头脑。发挥中心组学习带头示范作用，机关党委书记带头讲，班子成员分别讲，坚持集中学习与自学相结合，读原著、学原文、悟原理，把习近平新时代中国特色社会主义思想讲深、讲透、讲活。运用现场诵读、即兴发言等多样学习方法，引导教职工研读中共十九大报告、十九届四中全会公报和习近平总书记"三篇光辉文献"等重要论述，准确领会习近平新时代中国特色社会主义思想的精神实质和核心要义。依照《学习贯彻习近平新时代中国特色社会主义思想课程体系和教学大纲（试行）》备课，派出10名骨干教师到中央党校、人民大学、华北电力大学、省委党校学习十九届四中全会精神，并在全市范围内开展多场宣讲，受众人数2000余人。

【干部培训】 2019年，晋城市委党校共举办各类培训班67期，培训学员1.3万多人次。其中主体班包括第3期市管干部读书班、第18期中青年干部培训班、"不忘初心、牢记使命"主题教育集中学习培训班、全市党校系统教学经验交流研讨班、晋城市学习贯彻十九届四中全会精神轮训班。8月12日至9月25日，举办该校历史上最大规模的培训班——晋城市"改革创新、奋发有为"助力高质量转型发展基层（市直）干部培训班13期，累计培训7000余人。在抓好主体班的同时，拓展对外培训，举办各类社会培训班48期，培训学员近5000人次。选派优秀教师到基层宣讲100余次，受众1.1万余人次。

【教学改革】 2019年，晋城市委党校在课程设置环节，依照《学习贯彻习近平新时代中国特色社会主义思想课程体系和教学大纲（试行）》要求，把党的理论教育和党性教育放在主业主课地位，形成以习近平新时代中国特色社会主义思想和中共十九大、十九届二中、三中、四中全会精神为核心的新教学课程体系，传达省委十一届七次、八次、九次全会和市委七届六次、七次全会精神，理论教育课和党性教育课占比均超过中央70%和20%的规定标准。创新教学方式方法改革，探索完善结构化研讨和双讲式教学模式，增设经典诵读课程，利用三大主题长廊开展特色党性教育教学；发挥优质现场教学资源在党性教育中的作用，挂牌15个教学点，确定14名兼职教师开发微党课，提升现场讲解效果。

【科研咨政】 2019年，晋城市委党校会同泽州县委组织部，出台《党校教师到基层锻炼实施方案》，在金村镇、高都镇、北义城镇，为教师提供为期3个月的挂职镇长助理机会，并开展“七个一”活动：参与组织召开一次重要会议；参与化解解决一个基层棘手难题；协助包片领导包一个村，接待并化解一个信访问题；实地调研基层一个项目或一项主要工作；为党员干部讲一次党课；完成一篇调研报告。与城区、泽州县人大、政协沟通，派教师跟随人大代表、政协委员外出视察调研，倾听民声民意，了解晋城市发展最新动态。选派骨干教师担任市委、市政府督查办公室特聘督察员，增强教师理论结合实践能力。完成国家级论文2篇、省级论文13篇、市级论文5篇，完成市级课题2项、市级内刊调研报告2篇、咨政报告5篇，编印《2019年晋城市市情资料手册》《2018年度科研成果汇编》等书籍。

【队伍建设】 2019年8月8日，晋城市社会主义学院在晋城市委党校挂牌成立，至此，党校拥有市委党校、晋城市行政学院、晋城市社会主义学院、晋城市国防教育学院4块牌子。通过选聘、市直招考、高层次人才引进等方式，选录教师13名。选拔兼职教师18名，授课教师比例从25%上升到63%。选拔15名兼职班主任。

【“163+”大党校建设】 2019年，晋城市委党校提升县区党校业务指导，构建“163+”大党校格局。组织评估组到六县（市、区）党校、法院分校、杨村分校、太岳干部学院进行调研，推进党校系统办学体制改革，推进全市党校系统协同发展。举办全市党校系统教学经验交流研讨班，组织全市党校系统开展“用学术讲政治”精品课赛讲，召开全市党校系统教师节表彰大会，建立师资库、课程库，实现教师、课程共享。

【学习交流】 2019年，晋城市委党校与晋城职业技术学院建立战略合作关系，与长治、焦作、洛阳、侯马、稷山等地党校开展学习交流，与太原科技大学、晋城中专、市党纪教育基地加强交流。对接运城、临汾、新乡、济源等市级党校，倡导构建新党校联盟。10月1日，党校微信公众号上线，为扩大宣传交流合作提供新平台。

（李张亮）

讲师团

【概况】 2019年，晋城市委讲师团以习近平新时代中国特色社会主义思想为指导，贯彻落实党中央的重大方针政策和省委、市委的重大决策部署，服务党委中心组理论学习，开展重大主题和基层理论宣讲活动，拓展延伸党员干部在职理论学习教育，深化理论研究工作，完成各项工作，被省委宣传部列为首批“双百计划”基层理论宣讲联系示范点。

【服务党委中心组理论学习】 2019年，晋城市委讲师团制定市委中心组学习计划，设置集中学习专题，组织集体学习21次。建立中心组学习秘书联系机制，对110多个县处级党委（党组）中心组学习秘书进行确认登记，发放学习资料700余册，发放学习记录本300余册。将各级党委(党组)中心组学习纳入年度目标责任考核,制定共性指标,对全市90家县处级党委(党组)中心组学习进行督查,完成晋城职业技术学院等5家单位理论学习中心组联系示范点申报工作。以《学习》杂志为载体,围绕"中共十九届四中全会精神"等6个专题,为各级党委(党组)中心组编印6期30余万字的辅导资料,发放7000余册。

【重大主题宣讲】 2019年,晋城市委讲师团在全市开展"《习近平新时代中国特色社会主义思想学习纲要》进基层""学习贯彻中共十九届四中全会精神""我和我的祖国共成长"等主题宣讲活动,以"新时代理论宣讲快车"为载体,组织集中宣讲2000余场次,直接受众人数30万余人次,间接受众100万余人次。配合市委宣传部组织开展习近平新时代中国特色社会主义思想入脑入心"两转三讲"系列活动,全市3000人、186支队伍参赛,推出优秀作品50余个。

【基层宣讲】 2019年,晋城市委讲师团围绕学习贯彻习近平新时代中国特色社会主义思想,采取送报告下基层、送党课下基层、送政策下基层等形式,在城区建设路社区、晋煤集团凤凰山煤矿、高平市米山镇等地,就基层干部群众关心的理论热点、难点、疑点进行解疑释惑,发放理论宣传辅导资料1万余册。司芳琴被山西省委宣传部授予"2019年基层理论宣讲先进个人"称号,《增强诚信意识、培育诚信自觉》被评为优秀理论宣讲报告。

【理论学习】 2019年,晋城市委讲师团根据党中央和省委、市委部署,围绕重要会议、重大活动、重要节点,以"改革开放40周年""社会主义核心价值观""不忘初心、牢记使命"等为主题,组织开展党员干部在职理论教育和形势政策教育等工作,准备"学习纲要精神,牢记使命担当""青山遮不住,毕竟东流去——中美贸易战"等课程,相继为市统计局、市残联、市人社局、市妇联、市实验中学等50多家基层单位提供各类培训授课100余场次。

【理论研究】 2019年,晋城市委讲师团完成山西省委社科联重点课题2个、市重点课题1个,围绕基层理论武装、脱贫攻坚、中心组学习等主题,到阳城县芹池镇等基层单位和90多家市直单位开展调研,形成《推动党的创新理论"飞入寻常百姓家"——关于晋城市基层理论宣讲工作的调查与思考》等4篇调研报告,组织撰写理论文章20余篇。编写《晋城市第四次学用习近平新时代中国特色社会主义思想经验交流会材料汇编》和《晋城市2019年基层理论宣讲优秀作品选》,满足广大干部群众理论学习需求。

【意识形态工作】 2019年,晋城市委讲师团配合市委宣传部,强化意识形态工作责任制网格化管理,制定《晋城市2019年意识形态工作责任制网格化管理一级网格责任清单》,要求各级党委(党组)特别是涉改单位进一步做好网格划分,确保责任人身上有担子、职责内事情有人管。落实意识形态工作责任制,组织3次全市意识形态领域形势分析研判,向山西省委报送2次意识形态责任制落实情况,对全市意识形态领域形势进行通报,制作《2019年晋城市落实意识形态工作责任制工作台账》,为基层意识形态工作干什么、怎么干提供遵循。加强意识形态工作专项督查,对七届市委第八轮、第九轮巡察21家单位意识形态工作进行专项检查,对全市90家单位进行专题督查,推动各级党委(党组)肩负起意识形态工作责任。

【网络学习平台】 2019年,晋城市委讲师团完善新媒体理论宣传平台,推进《理论在身边》全媒体理论栏目和《小晋爱理》"纸媒+新媒体"联动专栏,综合运用"两微一端"和动画、视频、H5等技术,建立网络理论宣传矩阵。规范讲师团网站平台管理,将网站迁移至晋城在线,及时更新网站,充实板块内容,更新内容360余条、数据50余万字节,为各级党委(党组)中心组成员和干部群众理论学习搭建重要平台。

(闫婷婷)

新闻工作

【概况】 2019年,晋城市委新闻

中心以习近平新时代中国特色社会主义思想为指导，担当举旗帜、聚民心、育新人、兴文化、展形象使命任务，用心讲述晋城故事，用情传播晋城声音，为推动新时代美丽晋城高质量转型发展取得新成果营造良好舆论环境。

【法治宣传】 2019年，晋城市委新闻中心在省级以上媒体发表晋城市依法治市方面的稿件200多篇。如《山西法制报》的《晋城督导部署扫黑除恶专项斗争》《晋城：开展"我要当监督员"宣传活动》《晋城职工法律维权走进"免费时代"》等。配合市委政法委、市公安局、市市场监督局等单位和部门召开工商消费、全省公安审批服务、谁执法谁普法、扫黑除恶等专题新闻发布会。"晋城发布"微博微信新媒体平台围绕市委、市政府"两个文件""人才新政"等系列重大政策进行学习发布和解读。

【媒体报道】 2019年，晋城市委新闻中心围绕市委、市政府中心工作，组织52家媒体百余名记者开展海峡两岸神农炎帝拜祖典礼大型媒体采风活动；邀请新华社、人民网、《光明日报》等40多家媒体60多名记者参加山西（晋城）太行山文化旅游节媒体采风；组织省、市媒体参加"二青会"火炬传递和晋城赛事宣传报道；组织21家媒体对晋城市市区和6县（市、区）7个站点火炬传递活动进行全程报道；配合媒体对"二青会"在晋城市举办的预赛、决赛进行拍摄报道；配合省委宣传部庆祝中华人民共和国成立70周年开展"壮丽70年"媒体记者蹲点采风活动；结合"不忘初心、牢记使命"主题教育，开展大型采风活动，发稿20多篇；参与"华文媒体看晋城"大型采风活动。接待来访记者350多人次。评选"宣传晋城外宣好新闻"43篇。在省级以上媒体发稿3600多篇，其中，在《人民日报》《光明日报》《半月谈》、中央电视台、新华网、人民网、中新网、中国文明网等国家级媒体发稿530多篇，在《山西日报》、山西电视台发稿1100多篇，在《山西经济日报》《山西晚报》《山西法制报》山西画报》《山西农民报》《山西市场导报》、山西新闻网、黄河新闻网等省级媒体发稿2000多篇。

【主题报道】 2019年，晋城市委新闻中心围绕市委、市政府中心工作和重大举措，5次邀请新华社、新华网、人民网、光明日报社、中国日报社、中新社等国家级媒体参加晋城市组织举办的首届中原城市群新媒体峰会、全国煤矿瓦斯抽采现场会和能源革命论坛、"古堡·家园"文化论道、东西方古堡论坛、"数字中国行·晋城峰会"等重大主题报道。组织市级媒体参加上海世博会等宣传报道。

【图片宣传】 2019年11月6日，晋城市委新闻中心组织策划"晋善·晋美·晋城"首届城市形象明信片设计大赛暨"把美丽晋城寄出去"全球邮寄活动。通过网络投票、专家评审，评选出太行古堡、大阳古镇等展现"美丽晋城"形象明信片7套78幅。创新"晋城发布"运营机制，围绕市委、市政府重大政策进行信息发布和解读。国庆期间，举办"讴歌时代、记录晋城"大型摄影图片展，展出近400幅照片，全方位展示中华人民共和国成立70年来，晋城市在各个方面取得的辉煌成就。开展"摄影进农家""摄影采风行"等活动，推送图片上线入网，通过自媒体、微博、微信、客户端、抖音、快手公众号、"晋城发布"新媒体平台和各新闻网站，开创"图片外宣"新时代。

【新闻发布】 2019年，晋城市委新闻中心对全市新闻发言人及助理重新进行选任、登记、公示。两次请专家到晋城专题授课，9月3—6日，组织全市102名新闻发言人赴四川大学进行专业培训。全年组织新闻发布22场，52个市直单位70名处级干部参加。市"两会"期间，连续召开新闻发布会3场，邀请18位市直单位主要负责人发布抓落实具体举措，在全省尚属首次。农村产权制度和户籍制度改革的两场专题新闻发布会内容，首次由"山西发布"转发推送。配合阳城县在北京人民大会堂举办《中华文明圣地昆仑丘》图书首发式新闻发布会；"二青会"晋城赛事举办期间，组织举办多场相关新闻发布会；通过"晋城发布"两微一端新媒体平台发布各类信息2000多条。配合相关涉事舆情单位及时引导处置"5·22"森林火灾、"8·5"山洪灾害等5

起热点舆情事件。

（薛长青）

档案馆工作

【概况】 2019年，晋城市档案馆深化档案机构改革，理顺档案工作管理体制，加强涉改单位档案处置工作，加强档案资源体系建设，提升档案现代化管理水平，深化项目档案改革，服务经济社会高质量转型发展，各项工作取得新进展。晋城市档案馆加强资源体系建设，馆藏档案数量大幅增长。推进形成满5年档案移交进馆改革，实行集中时间、集中地点、集中指导、集中整理、集中数字化“五集中”工作模式。市档案馆馆藏档案达到680072卷(件)，馆藏量位居全省地市第一。

【机构改革】 2019年，晋城市档案机构进行改革，行政职能划入市、县(市、区)委办公室，市、县(市、区)委办公室加挂档案局牌子，内设档案工作科；市、县(市、区)档案馆调整为市、县(市、区)委直属事业单位。晋城市档案局(晋城市档案馆)，不再保留晋城市档案局牌子，更名为晋城市档案馆，集中统一管理市委、市政府及市直机关、企事业单位重要档案资料，市委直属正处级事业单位，公益一类。内设办公室、收集征集科、保管利用科、信息技术科、编研宣传科。财政拨款事业编制24名。

【涉改单位档案处置】 2019年，晋城市档案馆召开全市涉改单位档案处置工作推进会，明确涉改单位档案工作的主体责任、移交范围、归属流向、工作标准、时间要求、工作纪律。指派专业人员加强业务指导和督促检查，确保涉改档案完整、安全，市档案馆接收涉改档案92041卷(件)。

【档案干部培训】 2019年，晋城市档案馆牵头对全市641名档案管理工作人员进行档案专业知识培训和专业技能测试，并将专业能力测评结果通报到各部门各单位，作为年度考核、评先评优、职级晋升的依据。

【档案服务】 2019年，晋城市档案馆编制文件目录、案卷目录、全引目录、专题目录3857426条，建立数据库，加快推进档案鉴定、划控、开放利用，为各级党政机关、人民团体、企事业单位和广大人民群众查阅档案资料提供精准、便捷、高效服务，全年接待利用档案3969人次，查阅利用满意度100%。

【信息化建设】 2019年，晋城市档案馆优化市国家级数字档案馆系统功能，加强数字档案资源建设，馆藏档案数字化量20098074页(条)，档案数字化率90%以上。提升数字档案馆系统应用水平，市档案馆信息化工作走在全国先进行列，为全省数字档案馆建设树立“晋城样本”。

【项目档案】 2019年，晋城市档案馆加强城市建设、工业转型、生态环境、能源革命、乡村振兴等建设项目档案监管，将重大建设项目档案专项验收纳入相对集中行政许可权改革试点。完成对巴公河人工湿地生态治理工程、兰花路道路工程、廉租房住宅楼工程、国家煤层气检验中心等16个建设项目档案的专项验收。

【民生档案】 2019年，晋城市档案馆对退休人员档案实行集中管理，明确退休人员社会化档案移交工作要求和规范标准，将中央及省、市国有企业41229名退休人员人事档案接收进各县(市、区)档案馆实行集中统一管理，为企业退休人员基本公共服务社会化提供档案支持。

【宣传教育】 2019年，晋城市档案馆利用馆藏档案资源，打造晋城市档案馆爱国主义教育基地，对中小学生、党员干部、社会各界人士开展理想信念、革命传统和爱国主义教育，弘扬太行太岳精神，践行社会主义核心价值观。

（李先丽　苏　涛）

党史(方志)工作

【概况】 2019年，晋城市委党史研究室(市地方志研究室)围绕市委中心工作，发挥“以史为鉴、资政育人”作用，服务新时代美丽晋城高质量转型发展大局，史志资料征编、研究、宣传教育等方面都取得较好成绩。11月，被中国地方志指导小组办公室授予“全国地方志工作先进集体”称号。

【机构改革】 2019年1月，原中共晋城市委党史研究室与原晋城市地方志办公室合并组建中共晋城市委党史研究室(晋城市地方志研究室)，是党史研究及地方志编研的专门机构，市委直属正处级事业单位，实行一个机构、两块牌子。内设办公室、党史研究一科、党史研究二科、方志编研一科、方志编研二科、宣传教育科、信息资料科7个科室(正科级)。下设晋城市史志服务中心，正科级自收自支事业单位。

【党史编研】 2019年，晋城市委党史研究室(市地方志研究室)为服务全域旅游和乡村振兴战略，编辑出版《晋城革命遗址选粹》。该书从主要党政军群机构旧址、重大历史事件遗址遗迹、重要党史人物故居旧址、其他革命纪念场所等方面全面准确地反映晋城革命遗址的分布、保护、开发利用情况。于9月正式出版发行，被中共晋城市委列为“我和我的祖国”向中华人民共和国70华诞献礼作品。

【宣传教育】 2019年，晋城市委党史研究室(市地方志研究室)制作晋城革命时期影像宣传片《太行之巅红日升》，介绍晋城党组织艰难曲折的发展历程以及领导人民群众在反帝反封建斗争、抗日战争、全国解放战争时期前仆后继、英勇斗争的真实历史。协助市委组织部摄制红色纪录片《长江支队》，配合市委宣传部举办“我和我的祖国”红色故事演讲大赛，配合市委政法委建设法治文化公园，与市退役军人事务管理局联合举办“9·3”纪念中国人民抗日战争胜利暨世界反法西斯战争胜利74周年网上知识竞赛活动，与市传媒集团联合制作“探红色基地，讲革命故事”6集系列片。开展参加过北伐、南昌起义的红九军二十六师师长红军将领赵�的研究以及晋城籍烈士家书的征集活动。

【年鉴编纂】 2019年，晋城市委党史研究室(市地方志研究室)编辑出版《晋城年鉴(2019)》。该书采用分类编排法，设特载、专记、2018年晋城市大事记、市情概况等27个类目，计80余万字。

【旧志影印】 2019年，晋城市委党史研究室(市地方志研究室)挖掘传统文化资源，影印晋城现存最早的古方志明万历版《泽州志》。委托北京金诺尚品文化传播有限公司在北京国家图书馆购买胶片《泽州志》副件，在山东购买其他版本复印件，相互对照，拾遗补阙，影印该古志书500套，保护传承晋城历史文化资料。

【党史(方志)馆建设】 2019年，晋城市委党史研究室(市地方志研究室)充实完善晋城市党史馆、方志馆布展内容。党史馆补充更新中共十九大以来“谱写伟大‘中国梦’晋城篇章”板块，展示“晋城的事大家想、大家说、大家干”迸发出的蓬勃力量及高质量转型发展取得的丰硕成果；方志馆完善补充全国重点文物保护单位、山西省文物保护单位、中国历史文化名镇名村、5县古八景等资料。两馆先后被确立为山西省党史教育基地、晋城市爱国主义教育基地、党性教育基地等主题教育培训基地。

【数字化建设】 2019年，晋城市委党史研究室(市地方志研究室)响应市委“改革创新、奋发有为”大讨论活动的号召，创新开展党史方志编研数字化工作，在“晋城在线”发布电子书，实现手机版和网上阅读同时上线，发挥资料书籍的查阅功能和宣传好晋城红色故事。同时帮助指导县区开展数字化工作，《泽州年鉴(2018)》完成数字化。

(李　娜)

晋城市发展和改革委员会

"不忘初心、牢记使命"主题教育动员部署会

2019 年 9 月 4 日，太焦高铁白水河特大桥转体跨越太焦铁路既有线和白水河

2019 年 2 月 22 日，晋城新建民用机场选址报告、选址阶段航行服务设计报告通过专家组评审

2019 年 11 月 27 日至 29 日，晋城空港新区概念（创意）规划评审会议在北京召开

晋城市庆祝中华人民共和国成立 70 周年歌咏大赛 市发改委代表队

兰花集团

2019年，兰花集团坚持以习近平新时代中国特色社会主义思想为指导，深入贯彻落实党的十九大精神和中央、省、市决策部署，统筹推进防风险、守底线、谋改革、抓重点、促发展各项任务，保持了稳定健康的发展态势。

总体经营运行稳健。截至2019年底，公司资产总额426.47亿元，较2018年同期增加34.58亿元；净资产121.79亿元，较2018年同期增加2亿元；全年实现销售收入111.07亿元，实现利润7.05亿元，上缴税金21.36亿元。

国企改革不断深入。公司紧紧抓住深化国资国企改革这一战略机遇，启动集团化管控改革、积极推进契约化管理试点、扎实开展瘦身健体、持续推进“三项制度”改革、大力推进人才队伍建设、加快分离企业办社会职能，在体制机制改革方面取得显著成效。

项目建设加快推进。坚持以项目为抓手，针对玉溪煤矿项目、巴公园区气化升级改造项目、煤层气产能提升工程及其他在建工程项目，细化目标任务，抓具体、抓深入，全力以赴破除难点、堵点，稳步推进重点项目落地见效。

安全生产平稳可控。公司认真践行“安全不保、大局不保，安全不保、一切归零”理念，统筹处理安全、环保、生产、效益之间的关系，严守安全生产底线，切实压紧安全生产责任，重视环保治理，持续保持环保管理高压态势，为生产经营夯实基础。

打造创新竞争能力。2019年，公司申请专利18项，受理15项，授权2项。低压低渗煤层气水平井钻完井与多簇压裂高效开发关键技术与应用、煤矿虚拟现实（VR）培训系统开发及应用技术开发项目，获得多个重要奖项。成功在煤矿试点推广使用沿空留巷技术，减少煤柱损失，提高煤炭回收率。

兰花煤化工厂区全景图

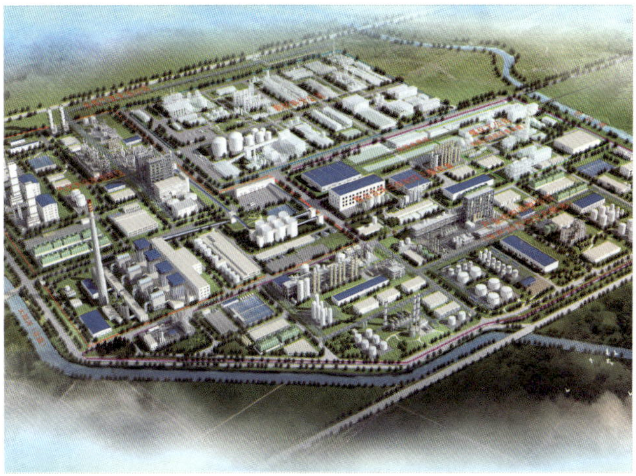

兰花“造气岛”鸟瞰图

玉溪煤矿全景

党建引领企业发展。全面落实新时代党的建设总要求，按照市委党建“四句话”要求，集团党委坚持“强三基、补短板、创一流”党建工作思路，广泛开展“改革创新、奋发有为”大讨论活动，引导广大干部职工结合岗位实际，树立一流工作标准；扎实开展“不忘初心、牢记使命”主题教育，引导党员干部扛起使命担当，推动各项工作迈上新台阶。

惠民工程温暖职工。公司始终把维护好解决好职工的切身利益问题放在首位，着力提高职工收入和福利待遇，帮助239名就业困难职工子女实现就业。承担社会责任方面，在公司选派的9支驻村工作队和9名第一书记的辛勤工作下，结对帮扶的13个贫困村全部脱贫。期间，台北村第一书记兼驻村工作队长郭建平同志倾情奉献、忘我工作、因公殉职先进事迹广为传颂，被《人民日报》报道。

兰花城商业中心

巴公园区夜景

能源集运

兰花物流保税区

煤矿采掘工作面

兰花新材料第三车间环己酮装置

煤层气压缩站一角

晋城军分区

2019 年 1 月 19 日，晋城市委书记、军分区党委第一书记张志川（中）在晋城军分区调研

2019 年 7 月 30 日，晋城市市长、市国防动员委员会主任刘锋参加军事日活动

2019 年 10 月 30 日，晋城军分区在“红色三杰”纪念馆开展“不忘初心，牢记使命”主题教育参观见学活动

2019 年 5 月 28 日，晋城军分区检查考核民兵整组工作

2019 年 9 月 24 日，晋城市实验小学少先队员参加晋城军分区军营开放日活动

2019 年 9 月 10 日，晋城市新兵入伍欢送大会

2019 年 12 月 5 日，晋城军分区举行 2019 年度复转军人退役仪式

晋城市中级人民法院

全国首创审委会听证制度

2019年，全市法院受理案件33374件，审执结32593件，同比分别上升8.59%和9.70%，审判工作18项核心指标有10项位列全省前三，执行工作14项核心指标有10项位列全省前二，审判执行质效连续三年保持全省法院第一方阵。

党建与业务深度融合。坚持“党务就是第一业务”，认真落实市委要求，以“五个做实”推进“五个融合”实现“五个转变”，经验做法先后被多家省市级媒体刊载。

创新管理牵引审判发展。建立审判委员会听证制度，改革举措入选最高法院《司法改革案例选编》。推行审判管理“五四工作法”，经验做法被《人民法院报》推广。

量刑规范化确保扫黑除恶精准有力。制定强迫交易罪等涉黑恶案件常见罪名量刑指导意见，统一认定标准。减刑假释案件经验做法被中国社科院《实证法学研究》推广。

“一性三统五化”执行机制展现威力。全市两级法院顺利通过中国社科院“基本解决执行难”第三方评估，两项机制入选全省法院“十佳执行工作创新机制”，执行工作在2019年全省平安建设考核中被评为一类等次。

“诉源治理”迈上新台阶。受理诉前调解案件4662件，调解成功2333件，同比分别提升21.56%和19.34%，在全省平安建设考核中，全市法院矛盾纠纷多元化解工作被评为一类等次，工作做法被中国社科院《法治蓝皮书》收录。

诉讼生态治理成效显著。对内坚持过问案件登记常态化，对外坚持打击虚假诉讼常态化，依法对20名虚假诉讼当事人作出罚款处罚，对2人追究刑事责任，在全省率先建立虚假诉讼名单公开制度，相关做法被人民日报、法制日报等多个国家级媒体报道。

拓展司法效能助力市域治理现代化。坚持“法治宣教是暖人心的司法”，打造融媒体传播矩阵，市中院官方抖音获“全国法院十佳客户端”称号，官方微信、微博获“全国法院百优新媒体账号”称号，《法院在线》栏目制作的《执行干警的一天》获山西广播影视奖三等奖。

2019年11月，“五四工作法”被《人民法院报》刊载

2019年10月，沁水法院法官背着法徽去审判

2019 年 9 月，省委常委、政法委书记商黎光（中）在晋城中院调研

2019 年 6 月，晋城市城区人民法院对原某某等 24 人涉黑案一审公开宣判

2019 年 11 月 27 日，“晋法出击”大型执行行动全网直播

2019 年 12 月，《危险驾驶案件审判白皮书》发布

晋城市教育局

2019 年 11 月 1 日，市委书记张志川（左二）在市综合实践基地调研指导工作开展

2019 年 9 月 9 日，市长刘峰（中）在晋城三中看望慰问一线教职工

2019 年 9 月 10 日，全市教育大会召开

2019 年 12 月 21 日，晋城市示范性综合实践基地正式投入使用

2019 年 6 月 15 日，中国小篮球联赛山西赛区总决赛开赛

2019 年 7 月 29 日，晋城一中教育集团成立仪式

2019 年 9 月 27 日，局长李志忠（右二）与凤鸣幼儿园师生共庆建园 20 周年

2019 年 7 月 2 日，晋城市中小学生经典诵读比赛团体赛决赛举行

晋城市税务局

2019 年 3 月 12 日，市税务局党委书记、局长张锁林（左一），市公安局党委委员、副局长杜志强共同为“晋城市公安局派驻国家税务总局晋城市税务局联络机制办公室”揭牌

2019 年 3 月 15 日，局长张锁林（右一）同工商银行晋城分行党委书记出席签约仪式

2019 年 5 月 21 日，局长张锁林（中）在市政务大厅调研纳税服务工作

2019 年 5 月 29 日，银税保联动签约会

税务干部为纳税人讲解减税降费相关政策

2019 年 1 月 31 日，局长张锁林（左二）在政务大厅调研

晋城市城区税务局税务干部为纳税人讲解减税降费政策

阳城县税务局税务干部在皇城相府景区为游客讲解减税降费政策

晋城市档案馆

市委常委、市委秘书长孙世新（右二）到市档案馆调研指导馆内基础业务建设

市委常委、市委组织部长卫明喜（左三）到市档案馆调研指导“三基建设”

中共晋城市委办公室领导主持晋城市档案局、晋城市档案馆挂牌仪式

市档案馆开展“改革创新、奋发有为”大讨论对标一流述职评议

陵川县马圪当乡前郊村党支部向市档案馆赠送“全力帮扶脱贫攻坚”锦旗

市档案馆与城区西大街社区干部群众开展联点共建文明城市活动

市档案馆组织党员干部赴河南省兰考县焦裕禄纪念馆参观学习

市档案馆组织党员干部开展“不忘初心、牢记使命”主题教育活动

市档案馆组织开展庆祝新中国成立七十周年歌咏比赛

晋城市农业农村局

2019 年 2 月，市农业农村局挂牌

2019 年 9 月，农民教育培训

2019 年 5 月，农作物病虫绿色防控暨统防统治

2019 年 9 月，第六届中国（山西）特色农产品交易博览会

2019 年 7 月，产权改革沁水推进会

2019 年 9 月，人居环境整治观摩点

2019 年 9 月，中国晋城农民丰收节开幕式

2019 年 12 月，“中国药茶”开发研讨会

晋城市农机局

市委书记张志川（左二）到夏收现场开展调研

大力推广柠条收获机械化

晋城市第五届职工技能赛暨农机行业职业技能赛

首开金融支持农机化发展历史先河

大力推广秸秆综合利用机具

国家实行农机购置补贴政策

阳城县启动小麦机收会战

晋城市市场监督管理局

市长刘锋（中）检查节日食品市场安全

2019 年，市市场监管局党组团结带领全局全系统干部职工，强化理论武装，提高政治站位，以担当诠释初心，以实干践行使命，奋力争当“放管服”的先行者、市场秩序的维护者、安全底线的守护者、百姓权益的保护者、高效监管的实践者、高质量发展的推动者，突出重点，聚焦目标，对表一流，攻坚克难，实现了改革元年“开门红”，交出了监管改革“新答卷”，呈现出了队伍建设、改革创新、监管执法、消费维权、标准化改革、品牌战略、食品安全、餐饮安全、药品安全、特种设备安全 10 个方面亮点。

亮点一：队伍建设。大胆探索科长以上干部“大轮岗、大交流”、副科以下干部“大稳定、小调整”的机构改革举措，加速了干部队伍从“物理融合”进入“化学融合”，实现了好的开端。

亮点二：改革创新。企业年报公示率 97.13%，高于省定 95% 目标，居全省前茅。发起完成“双随机”抽查 76 批次，检查企业 2459 户，抽查比例达 5.77%，超过了总局和省局 5% 的目标。对标深圳市场监管局优化营商环境 41 条，制定、推动和落实《助推转型升级 18 条措施》，取得明显成效。

亮点三：市场监管。推进市场监管综合行政执法改革，推行监管与执法分离，实现一支队伍管执法。突出重点领域市场监管，组织开展一系列专项行动，累计查处各类违法案件 702 件，罚没 592 万元，移送涉嫌刑事犯罪案件 9 件。推动实现全市公平竞争审查制度全覆盖。

常务副市长张利锋（左二）调研指导流通领域食品安全监管工作

市局党组书记局长白亚平（中）到阳城县六甲村调研指导脱贫攻坚工作

亮点四：消费维权。整合5条投诉热线，实现12315一号对外。150家企业参与“美丽晋城·诚信商家”放心消费创建活动，29家达标挂牌共建示范。创文综合测评获得十颗红星最高评分。

亮点五：标准化改革。全年推进13个改革试点，参与86项标准制修订，10个单位获标准化创新奖。启动并实施标准化“4+4”八大工程建设。

亮点六：品牌战略。申请地理标志商标11件，已核准注册3件，实现“零突破”。4家企业获中国国际商标品牌节金奖。全市新注册商标有望突破2000余件。

亮点七：食品安全。食品安全监管考核任务实现6个100%，食品安全抽检7000多批次，较2018年翻了两番，比省局定计划翻了一番。

亮点八：餐饮安全。全市477家学校（高校）食堂“明厨亮灶”覆盖率达100%。率先在全省探索推行“互联网＋明厨亮灶”监管新模式。

亮点九：药品安全。推动药品、医疗器械、化妆品安全监管14项专项整治，整改、处理、通报700余家，日常监管1480余次，责令整改问题800余个。收集上报药、械、化不良反应、药物滥用报告7700余例，全省领先。

亮点十：特种设备安全。在全省首推充装企业燃气责任保险，参保率100%，覆盖16万余只气瓶。在全市推动电梯责任保险，2807台电梯投保，覆盖率42%，超过国家确定的30%目标。全市特种设备安全“零事故、无死亡”，安全形势持续稳中向好。

晋城市市场监管局领导班子向人民汇报请人民阅卷

对标深圳考察学习，制定实施《助推转型升级18条措施》

晋城市住房公积金管理中心

2019 年 4 月 10 日，住房公积金管理委员会四届四次会议召开

2019 年 3 月 20 日，中共晋城市住房公积金管理中心机关委员会换届并成立机关纪律检查委员会

赴焦作市公积金中心参观学习

2019 年 9 月 12 日，召开“不忘初心、牢记使命”主题教育动员会

举办提升住房公积金服务效能培训班

到延安接受红色教育

开展“庆七一 报党恩 善心 · 爱心 · 孝心”故事汇活动

走进特校　与爱同行

中共晋城市委机构编制委员会办公室

2019 年 10 月 24 日，省委编办主任李建刚（中）与全体工作人员合影

2019 年，在市委和市委编委坚强领导下，在省委编办指导支持下，市委编办主动适应体制调整优化、归口组织部管理新形势，全面贯彻落实省市决策部署，以新一轮党政机构改革为主线，以提请和落实市委编委会议审议事项为重点，以统筹优化配置机构编制资源为抓手，认真落实市委“解放思想、凝聚共识、先行先试”要求，担当作为、狠抓落实，党政机构改革、改革评估跟踪问效、全省市县相对集中行政许可权改革试点、市区“5+1”领域综合行政执法体制改革、基层统计制度改革、编外聘用人员管理和信息宣传等多项工作走在全省前列，年中考核市直单位排名第一，连续 5 年考核等次优秀，连续 6 年获“市级文明单位标兵”称号。

2019 年 1 月 15 日，晋城市机构改革动员大会召开

2019 年 6 月 4 日，市委组织部部长卫明喜（中）参加全市编办主任会议

2019 年 4 月 28 日，晋城市举行相对集中行政许可权改革（试点）审管衔接备忘录签署暨集中审批印章启用仪式

2019 年 5 月 31 日，主任张高峰（右一）为帮扶对象讲解国家优惠政策

2019 年 7 月 1 日，庆七一篮球比赛

2019 年 2 月 1 日，市长刘锋（右六）、副市长武健鹏（左六）、市政府秘书长焦新文（右五）与市委编办班子及工作人员在市行政审批服务局挂牌仪式上合影

晋城市公安局交通警察支队

副市长王斌权（右二）督导检查春运交通安全管理工作

2019年，全市公安交警在市委、市政府、省厅交管局、市公安局的正确领导下，紧紧围绕“112345”总体工作思路，以新中国成立70周年大庆交通安保为工作主线，以预防和减少重特大道路交通事故为首要任务，以创建全国文明城市为头等大事，坚持创文攻坚与预防事故并重、科技创新与品牌战略并举、业务发展与队伍建设并进，从严从实从细推进防事故、保安全、保畅通中心工作，确保全市道路交通安全形势持续平稳。

一年来，全市公安交警开展源头隐患清零、路面秩序净化、农村安全守护、宣传警示曝光、社会协同共治五大行动，精心组织畅安1号至6号等各类专项整治20余次，查处一大批交通违法行为，消除一大批交通安全隐患，全市道路交通事故四项指数全部下降，交通安全防线得到有效巩固。坚持创新发展，在全省率先成立交警铁骑队伍，成立全省首支办理涉车类违法犯罪案件办案队，推进市区车辆停放进位进库，升级重要路口视频抓拍系统，调整大队辖区，全面落实“一网通办”和“一门通办”新举措，推行公安交管36项改革新措施，实现交管业务全上网、车驾管业务全下放、异地驾考全放开、号牌发放全透明、网上学法可免分，“放管服”改革成效明显，人民群众交通安全感和满意度不断提升，为促进全市经济和社会发展营造良好道路交通环境，为奋力夺取新时代美丽晋城高质量转型发展新胜利作出积极贡献。

晋城公安交警支队组织民警赴延安梁家河参观学习

晋城公安交警支队举行铁骑勤务启动仪式

晋城公安交警支队召开创建全国文明城市誓师动员大会

晋城公安交警支队举办 2019 年度工作汇报暨文艺汇演活动

晋城市人民医院

副市长梁丽萍（左二）慰问市医院一线医护人员并督导安全生产工作

项目集中开工月活动启动仪式

三晋英才拔尖骨干人才

康复医学专科联盟成立大会

获“中国房颤中心”认证授牌

第二届中国医师节前夕，副市长梁丽萍到市医院看望医务工作者

晋城大医院

2019 年 10 月 29 日，山西省卫健委冯立忠副主任一行到晋城大医院就医院建设发展情况调研指导

晋城大医院是晋城市规模最大的三级甲等综合性医院，全院占地面积 14 万平方米，建筑面积 14 万多平方米，编制床位 1500 张。学科建设齐全，人才队伍梯队合理，医疗设备居省内领先水平。是国家级住院医师规范化培训基地、全科医师培训基地，山西省药师协会执业药师继续教育实训基地，中华医学会临床药师学员培训中心（国家级），国家药品不良反应监测哨点定点医疗机构，晋城市唯一一家国家级药物临床试验机构和医疗器械备案机构。2018 年，晋城大医院成为山西医科大学直属附属医院和郑州大学第一附属医院协作医院。

2019 年，晋城大医院秉持怀忧患、转观念、敢创新、能共赢的核心理念，围绕党建主线，完成体制改革，锤炼自身内涵素质，强化在本地区的行业领先地位。12 月 28 日，晋煤集团与国科新里程进行晋煤集团总医院（医疗集团）改革重组签约，将助推晋城大医院发展成为“研究型、平台型、国际化”一流医学中心。晋城大医院以服务晋城，放眼世界为发展定位，不断改革创新，努力提高医疗质量和护理质量，主动承担市委市政府要求的全市医疗技术服务中心、突发公卫事件应急医疗中心、重大事故医疗救援中心、医疗人才队伍培训中心和职业病防治中心任务。为全市经济发展和幸福晋城、健康晋城做出更大贡献。

2019 年 9 月 11 日，山西省继续医学教育协会省级继续医学教育培训基地在晋城大医院成立

2019 年 3 月 23 日，晋城市医学会放射学专业委员会学术研讨会在晋城大医院举行

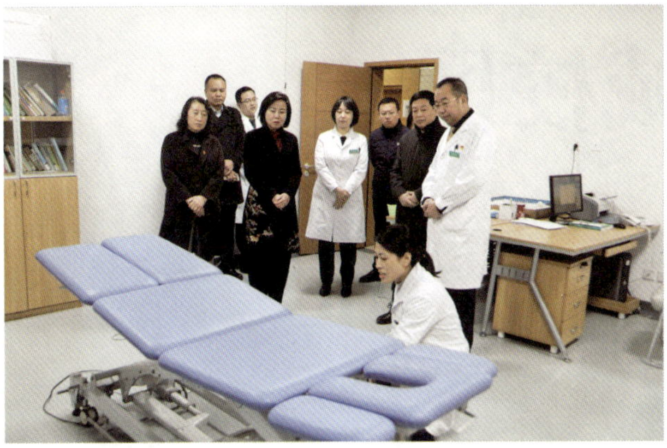

2019 年 11 月 27 日，副市长梁丽萍、卫健委主任樊林奎到晋城大医院调研指导工作

2019 年 8 月 1 日，晋城大医院成为“中国地市级医院急诊专科医联体常务理事单位”

2019 年 12 月 28 日，晋煤集团与国科新里程签署晋煤集团总医院（医疗集团）改革重组协议

2019 年 5 月 2 日，晋城大医院“不忘乡情 回报乡亲”大型义诊活动走进泽州县大阳古镇

晋城大医院门诊楼

太原科技大学晋城校区

2019 年 11 月 29 日，市委书记张志川在晋城校区宣讲十九届四中全会精神

2019 年，太原科技大学晋城校区党工委、管委会以习近平新时代中国特色社会主义思想为指导，深入学习贯彻党的十九大、十九届四中全会精神、习近平总书记视察山西重要讲话精神、全国教育大会精神，在学校党政的正确领导和晋城市政府的大力支持下，切实按照学校第八次党代会和学校“十三五”规划确定的指标任务，将校区基层党建工作与校区综合改革工作紧密结合，稳步推进校区各项工作，为“十三五”规划的圆满收官和“十四五”规划的制定奠定坚实基础。

2019 年，校区积极推进综合改革，进一步明确办学定位、人才培养目标，通过教育教学改革，优化校区学科布局，人才培养模式改革，大力引进高层次人才，积极尝试开放办学、协同发展，完成数学类、外语类和体育类课程教学大纲修订工作；申报获批二十多项科研项目；学生参加各级各类学科竞赛获国家、省部级奖项近百人次，学生就业率达 91%。

作为应用型高级专业人才的改革试点对象，校区积极探索产教融合、校企合作、协同培养模式改革，先后承接晋城市科技局科研项目 30 多项；2019 年和富士康开展产教融合合作试点，与晋城市政府、富士康集团等签订投资合作框架协议，致力打造“两中心一基地”项目，为晋城市产业升级转型发展献力助力。

2019 年 4 月 30 日，富士康光机电项目挂牌

2019 年 3 月 21 日，富士康光机电合作项目座谈

2019 年 4 月 15 日，国家安全日宣传

2019 年 6 月 25 日，泽州县毒品预防教育基地挂牌

2019 年 11 月 27 日，洞头红色教育基地主题党日活动

2019 年 9 月 28 日，校区举办庆祝中华人民共和国成立 70 周年文艺晚会

2019 年 6 月 28 日，晋城校区第三届毕业典礼

晋城职业技术学院

2019年5月22日，市委书记张志川参加中德合作企业家培训座谈会

2019年11月29日，市长刘锋到学院宣讲党的十九届四中全会精神

2019年9月26日，学院召开晋城市首届光机电职业教育论坛

2019 年 3 月 26 日，中层以上干部参加警示教育

中德合作双元培训促进项目研讨会

学院庆“三八”妇女节健步走活动

2019 年 6 月 5 日，全市学校思想政治理论课建设交流研讨会在学院召开

晋城市第二中学校

团结务实的领导班子

晋城二中是一所十八轨制的省级示范高中学校。现有 54 个教学班，在校学生 2500 余人，教职员工 246 人。学校师资力量雄厚、结构合理，有特级教师 2 人，高级教师 69 人，一级教师 83 人，省市教学能手、骨干教师、学科带头人 40 余人。学校位于晋城市城区西大街景德桥畔，占地面积 90 余亩，办学条件优越，教学设施完善。

学校以习近平新时代中国特色社会主义思想为指导，全面贯彻党的教育方针，全面落实立德树人根本任务，牢固树立质量意识、安全意识、责任意识，围绕“两创建三增长一突破”工作目标，坚持抓党建、促文明、提质量，各方面工作取得长足发展，得到上级部门首肯和社会各界的广泛赞誉。学校被市直工委、市委教育工委授予“先进基层党组织”，被省委教育工委遴选确定为首批“山西省中小学校党建工作示范校”培育创建单位；被省委宣传部命名为首批“社会主义核心价值观示范点”、被省文明委评为“山西省文明校园”、被中央文明委评为“创建全国文明校园先进学校”；2019 年高考成绩再创佳绩，报考人数 906 人，一本达线 375 人，达线率 41.39%，二本以上达线 820 人，达线率 90.51%。

“雄关漫道真如铁，而今迈步从头越。”新时代赋予新使命，晋城二中将在市委市政府的坚强领导下，认真学习贯彻落实十九大和十九届二中、三中、四中全会精神，进一步推进习近平新时代中国特色社会主义思想进校园、进课堂、进头脑，为晋城教育在全省率先实现现代化，展现晋城二中新作为，续写晋城二中发展新篇章。

状元亭

校园文化广场

开展“评教创优”竞赛课活动

师生篮球对抗赛

开展“防震演练“活动

芸萱合唱团演唱作品《崴萨啰》获晋城市第二十届中小学生艺术节合唱高中组一等奖

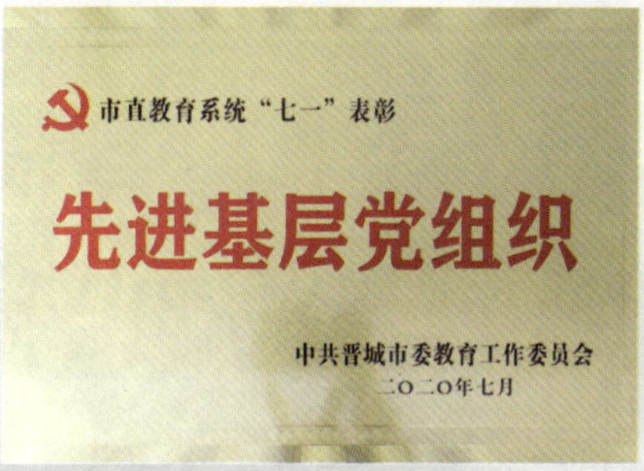

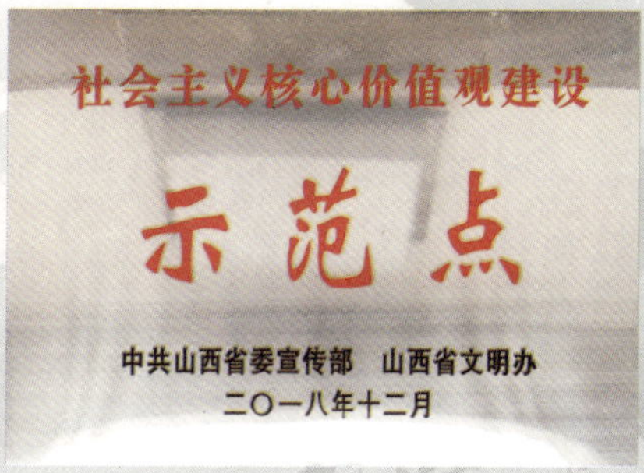

晋城市中等专业学校

市教育局党组书记、局长李志忠观摩全市中职学校技能大赛

晋城市中等专业学校是一所国家级重点职业学校，是国家中等职业教育改革发展示范校、前身为始建于1990年的晋城市第一职业中学校，2004年8月经省政府批准升格为晋城市中等专业学校。近30年来，学校各项事业蓬勃发展，教学管理水平逐年提升，先后获"全省五星级管理学校""省依法治校标兵单位""省级文明单位""省文明校园先进学校""全国国防教育特色学校"称号。2019年11月实现整体搬迁，学校进入全新发展阶段。

新校区位于丹河新城教育园区核心区内，区位优势明显，教育氛围浓厚。设有5个系部14个专业，其中建有4个国家级示范专业，分别是汽车运用与维修、高星级饭店运营与管理、会计和工艺美术专业。近年来，学校先后引进一批硕士学历教师，培养了一大批"双师型教师"，有省级以上学科带头人、教学名师和骨干教师23名，高级教师66名，中级教师90名。

学校坚持以人才培养质量为核心，持续推进校企合作和产教融合工作。先后与深圳中兴通讯、东南汽车、皇城相府集团、晋城中驰汇联汽修联盟、山西晋宝绿珍等知名企业深度合作，为学生实训实习和就业搭建良好平台。学校连续九年在全市中职学校技能大赛中获团体第一名，在全省中职技能大赛中名列前茅，先后有四个专业代表山西省参加国赛并获奖。学校为学生提供多元化升学渠道，2010年以来，对口升学达本科线人数连续多年位列全市中职学校榜首。

学校以学生的全面发展为中心，推进学生素养教育和内涵建设。同时，在全校范围内推行了学生自主管理，组建了学团会和学生教官两支中坚队伍，对学生进行了行为礼仪规范常态化教育，提高了学生自我管理、自我教育、自我监督、自我修正的能力。2019年，我校有6名学生获中职教育国家奖学金。我校的张欣媛、李岳虹先后被共青团中央授予全国"最美中职生"荣誉称号。

不忘初心，砥砺前行。晋城中专将借助丹河新城发展之东风，继续乘风破浪、明德守正、奋发有为，为把学校建成社会满意、家长满意、学生满意的三晋美丽中专而不懈努力。

学生自主管理

团结奋进、积极作为的校领导班子

党员干部主题党日合影

与中兴集团深度合作

工业机器人实训基地及实训情形

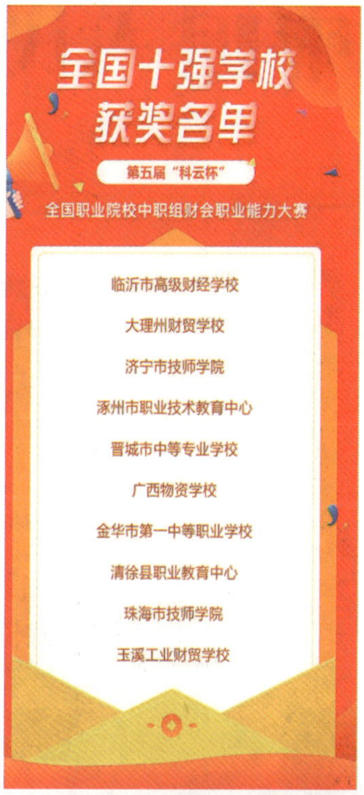

全国职业院校财会职业能力大赛晋城中专跨入全国十强校行列

晋城市中等专业学校校区

中国人民银行晋城市中心支行

党委书记、行长王东红为全系统干部职工讲授主题教育专题党课

中国人民银行晋城市中心支行是中国人民银行在晋城市的派出机构，下设高平、阳城、陵川、沁水四个县（市）支行。依据《中华人民共和国中国人民银行法》规定，履行实施货币政策、提供金融服务、维护金融稳定等相关职能。

2019年，全市人民银行深入贯彻落实中央和上级行决策部署，围绕市委市政府提出的“两只翅膀腾飞、三足鼎立支撑、城市两翼发展”高质量转型格局，认真贯彻执行稳健的货币政策，加大对民营企业小微企业支持力度，积极助推全市经济高质量转型发展。2019年末，全市各项贷款余额达1547.12亿元，同比增长12.17%，高于全省1.32个百分点。全市民营企业和小微企业全年新增贷款分别达39.24亿元和15.11亿元。努力推动晋城创建国家级资源型经济转型发展金融改革创新试验区，制定的总体方案经人民银行总行和省政府审定，聘请第三方完成可行性报告。以地方法人金融机构为重点，开展“一行一策”防范化解金融风险工作。密切关注和妥善处理金融突发事件，严厉打击违法违规金融活动，着力构建反洗钱大监管格局，配合有关部门打好扫黑除恶专项斗争，全市信贷风险总体可控，金融运行保持平稳。践行“金融为民”理念，率先在全省实现全域公交移动支付全面上线；搭建“现金服务信息平台”，为社会公众兑换、调剂小面额货币3555万元；在原有7个查询网点基础上指导建行晋城分行设立个人信用报告自助查询服务代理网点2个，全年为广大市民查询个人信用报告9万余人（次）；取消企业银行账户许可，将企业银行开户时间压缩至0.5个工作日，优化营商环境；实施进口付汇简化审核流程，提升贸易便利化水平，为全市经济高质量转型发展营造了良好金融环境。中心支行连续20年保持省级文明单位称号，被市政府授予“支持地方金融工作特别贡献奖”。

组织召开全市人民银行全面从严治党工作会议

全域公交移动支付全面上线

组织党员干部赴洞头村开展革命传统和形势政策教育

组织召开全市“征信助力小微与民营企业融资发展”专题宣传动员会暨“个人信用报告代理自助查询点”揭牌仪式

到“联点共建”前进路社区开展主题党日活动

举办全市人民银行系统“讴歌新时代 奋斗新征程”歌咏比赛

组织召开全市民营小微企业金融服务座谈会

中国工商银行晋城分行

与电视台联合开展“文明晋城我代言”活动

开展”不忘初心 牢记使命“主题教育活动

常态化开展金融知识宣传

庆祝中华人民共和国成立 70 周年活动

助力新兴产业　共建智慧景区

履行社会责任，开展文明城市创建

开展九九重阳节慰问

连办五届元宵游园活动　丰富市民文化生活

中国农业银行晋城市分行

2019 年，晋城市农业银行认真贯彻落实市委市政府“巩固、增强、提升、畅通”八字方针，紧紧围绕“五个三”战略部署和“十项重点工作”，全面加大对转型发展、小微民营、脱贫攻坚、乡村振兴的支持力度，着力提高金融供给的适应性、竞争力、普惠性。截至 2019 年末，各项贷款余额达到 106.5 亿元，比年初增加 3 亿元，四大国有商业银行占比 31.9%，排名第 2；全年贷款增速 2.8%，四大行排名第 1。

市分行党委书记、行长王全忠（中）带队慰问军分区官兵

省农行党委书记、行长禹修德（右二）在王莽岭调研

晋城市农行“不忘初心 牢记使命”主题教育调研成果交流

晋城市农行动员部署“改革创新 奋发有为”大讨论

晋城市农行开展帮扶韩家庄贫困户春节送温暖活动

农行之夜“我和我的祖国”——庆祝中华人民共和国成立70周年晚会

中国银行晋城市分行

中国银行晋城市分行领导班子集体（从左至右：纪委书记平文斌、副行长吴云峰、行长李民红、副行长张怡生、副行长丁雷刚）

2019 年，中国银行晋城市分行深入贯彻总行“激发活力、敏捷反应、重点突破”战略部署，不忘初心、牢记使命，以“践行发展战略、突出价值创造、提高发展质效”为主线，围绕增强“六个意识”、做到“六个必须”，全力争先进位、争创获荣誉，实现经营发展持续进步。

中国银行晋城市分行坚持以党的建设为统领，全面强化“两个责任”，紧抓“四个融入”“九个带动”“党建共建”“廉洁伙伴”见成效、提质效，持续深化“两个创建”，紧盯官僚主义、形式主义整治，深入开展“不忘初心、牢记使命”系列党建文化活动，以驻村扶贫、金融扶贫、消费扶贫助力脱贫攻坚，党风行风进一步提升。

中国银行晋城市分行坚持以服务地方经济发展为己任，紧紧围绕支持民营经济、普惠金融、扶贫贷款等战略重点业务，不断加大业务工作力度，紧紧围绕手机银行、网点建设等渠道建设，不断开拓惠民交易场景，紧紧围绕金融服务质效，在各项客户服务中彰显“中行速度”和“服务价值”，先后被晋城市委市政府授予“支持民营经济发展优秀奖”“2019 年晋城市模范单位”等荣誉称号。

2019 年 5 月 11 日，中国银行晋城市分行举办“卓有成效的管理者”培训班

2019 年 4 月至 5 月期间，中国银行晋城市分行举办“改革创新、奋发有为”青年主题辩论赛

行领导到东南片区新设立网点白水东街支行调研指导

组织党员干部开展廉政警示教育活动

2019 年“七一”之际，中国银行晋城市分行举办庆祝建党 98 周年朗诵会

2019 年 11 月，中国银行晋城市分行组织党员干部赴陵川第一山林场开展“不忘初心、牢记使命”主题党日活动

2019 年 11 月，中国银行晋城市分行举办团队文化活动

中国建设银行股份有限公司晋城分行

2019 年 10 月 9 日，建行晋城分行主要负责人王志忠（中）获晋城市劳动模范

2019 年 6 月 14 日，晋城首家个人征信自助查询代理服务点揭牌仪式

2019 年 9 月 29 日，建行晋城分行承办晋城市金融系统职工职业技能大赛党务实操赛项比赛现场

2019 年 8 月 21 日，文明晋城我代言 —— 走进建行录制节目

2019 年 6 月 26 日，建设银行晋城分行与中石化签署党建共建合作协议

2019 年 4 月 26 日，建行晋城分行举办旺季营销暨最美建行人颁奖典礼

2019 年 4 月 20 日，建行晋城分行代表队参加山西省分行第三届职工运动会

2019 年 6 月 22 日，“迎七一”主题培训活动

交通银行晋城分行

2019 年 7 月 31 日，党委书记周毅讲授机关作风建设专题党课

交通银行晋城分行成立于 1993 年，是交通银行在山西省地级城市中设立的首家省辖分行，是交通银行存量省辖分行矩阵式改革试点行之一，现辖 10 个支行，在编人数 201 人。

近年来，交通银行晋城分行不断加强党建工作政治引领作用，以打造“总行转型发展的大辖行、当地市场的大银行、山西省分行的强分行”为战略梦想；树立起了强者自强、自强者恒强的发展自信；凝聚了“全员、全面、全过程”“三全办行”的发展动力；形成了“逢一必争、逢冠必夺”的发展追求；打造了以客户体验为中心的“悦心服务”；营造了“公平公正、风清气正”的发展氛围，培养员工“自尊、自信、更自强，共享、共荣、共成就”的精神追求，和笃定、弘毅的信念品质；在干部中秉持“勤、细、严、恒”四字箴言。着力提升服务实体经济和服务民生的水平，考核排名始终位列山西省辖分行首位，服务质量和口碑在当地始终位列第一，员工幸福指数不断提升。2019 年，晋城交行消保服务获评监管单位“一级行”和“A 级行”，在交总行系统内成功晋级二类 A 等行，在晋城分行的高质量发展中再添里程碑式的荣耀。

晋城交行不忘支持实体的发展本源，履行国有大行的政治责任，深度支持晋城市“两只翅膀腾飞、三足鼎立支撑”的产业转型格局，大力扶助经济薄弱领域，持续强化金融精准扶贫，与晋城“新一轮”转型发展的共赢局面不断刷新。2019 年累计为企业表内融资 94.97 亿元，表外累计投放资金 78.88 亿元，获晋城市政府颁发的“支持地方经济发展优秀奖”。

2019 年 7 月 5 日，交通银行晋城分行组织到红旗渠开展红色教育活动

2019 年 12 月 31 日，交通银行晋城分行行领导与基层员工奋战年终决算

2019 年 11 月 21 日，交通银行晋城分行“不忘初心，牢记使命”主题教育演讲比赛颁奖现场

交通银行晋城分行 2020 年度工作会议

召开资产负债分析例会

2019 年 10 月 21 日，交通银行晋城分行组织观看爱国教育影片

2019 年 4 月 14 日，交通银行晋城分行组织参加省分行重组三十周年晚会

中国农业发展银行晋城市分行

中国农业发展银行晋城市分行系农业政策性金融机构，成立于 1996 年，下辖高平、泽州、沁水、阳城 4 个县级支行和陵川客户服务组、市区扶贫工作组，全辖机构共有正式职工 105 人，其中党员 75 人，占比 71%。主要职责是按照国家的法律、法规和方针、政策，以国家信用为基础筹集资金，承担国家规定的农业政策性金融业务，为农业和农村经济发展服务。目前信贷支持范围为：粮棉油购销储、产业化龙头企业、农业科技创新、仓储设施、易地扶贫搬迁、光伏扶贫、旅游扶贫、扶贫过桥、扶贫批发、网络扶贫、教育扶贫、救灾应急、水利、重大水利过桥、农村交通、农村土地整治和农民集中住房、城乡一体化、农业综合开发、整体城镇化、改善农村人居环境、棚户区改造、生态环境保护、乡村振兴、林业资源开发与保护、海洋资源开发与保护、农村流通体系建设、农村土地流转和规模经营等。2019 年主要经营指标：截至 2019 年末，各项贷款余额 43.21 亿元，较年初增加 1.16 亿元，增幅 2.76%；累计贷款审批 10.18 亿元，贷款投放 4.18 亿元。支农筹集资金余额 16.22 亿元，同比减少 6.83 亿元，降幅 29.63%；各项支农筹集资金日均余额 21.06 亿元，同比减少 1.16 亿元，降幅 5.22%。不良贷款较年初下降 520.3 万元，不良贷款余额下降率 26.02%。实现账面利润 6642 万元，同比增盈 1.54%。

晋城市分行行长张锦明陪同省分行副行长苗全强（左三）到山西晋煤天源化工有限公司考察项目

2019 年 3 月 22 日，农发行晋城市分行首笔网银业务成功办理，标志着该行网银系统正式上线运行

2019 年 10 月 24 日，农发行晋城市分行党员干部奔赴巴公镇山耳东村泽州党史党魂教育基地开展“不忘初心 牢记使命”主题教育

二青会期间，农发行晋城市分行志愿者赵光（左一）为运动员服务

农发行晋城市分行支持污水处理技术改造工程 PPP 项目 4000 万元

晋城银行

2019 年 9 月 27 日，晋城银行获全市金融系统“迎国庆 · 爱城创文”职工职业技能竞赛团体总成绩一等奖

晋城银行前身为晋城市商业银行，经中国银监会山西监管局批准，于 2005 年 12 月 27 日挂牌成立的具有独立法人资格的地方性股份制商业银行，2011 年 4 月 8 日正式更名为晋城银行。自成立以来，在省市各级政府和监管部门大力支持指导下，晋城银行分支机构和各项业务实现快速发展，截至 2019 年末，共下辖 9 家二级分行，71 家传统支行，60 家社区、小微支行，从业人员 2200 余人，7 家太行村镇银行。经过 9 年多的发展，在山西省内基本实现纵跨南北，横连东西的金融服务网。

2019 年，晋城银行坚定执行“做社区型草根银行、做数据化零售银行”战略目标，围绕董事会提出的战略工作、重点工作要求，探索以“商业银行 + 投资银行 + 互联网银行”全新发展模式，用“数据决策”思维，推动全行战略发展。截至 2019 年末，全行资产总额 862.13 亿元；负债总额 778.55 亿元，其中各项存款余额 553.24 亿元，各项贷款余 411.37 亿元；所有者权益 60.59 亿元；全年实现营业收入 30.94 亿元，实现拨备前利润 19.59 亿元，净利润 5.88 亿元。监管评级和发展质量在山西和中西部城市商业银行中均居前列，是一家队伍年轻有活力，发展态势良好，经营稳健的地方法人银行。

2019 年 11 月 2 日，晋城银行 2019 年“左右为你”广场舞大赛举行

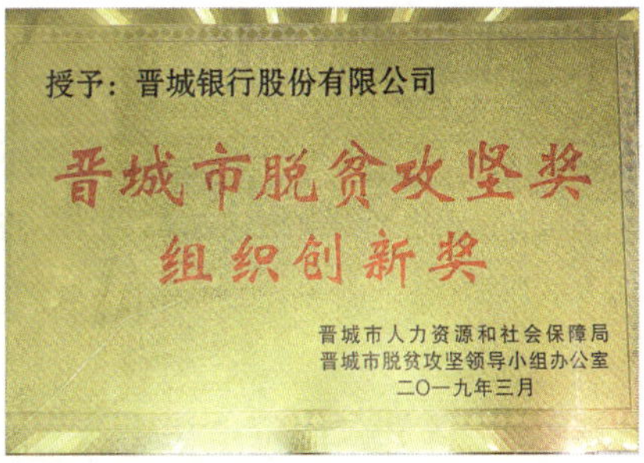

2020 年 8 月 31 日，晋城市丹河新城暨重点产业项目（郑州）招商推荐大会“卖好车”项目落地仪式举行

晋城银行“圆梦助学”活动

泽州浦发村镇银行股份有限公司

2019 年 3 月 1 日，泽州浦发村镇银行袁洁波行长（中）深入企业开展调研工作

泽州浦发村镇银行股份有限公司成立于 2010 年 6 月 25 日，是上海浦东发展银行股份有限公司在晋城市设立的新型农村金融机构，该行股东会、董事会、监事会和经营层齐备，是一家符合现代化公司治理要求的国有控股商业银行。

2019 年，泽州浦发村镇银行坚守服务三农和支持小微的市场定位，坚持“调结构、稳增长；严合规，提质量；优管理，强能力”经营主线，积极开拓区域农村金融市场，为区域经济建设和三农发展提供优质的金融服务。自成立以来，累计为 6500 余家农户及小微企业发放贷款、签发票据、融资租赁等 140 余亿元，缴纳当地税金 1.32 亿元，为支持农民增收致富和地方经济社会发展作出积极贡献。

泽州浦发村镇银行积极响应国家建设美丽乡村号召，精准实施文化扶贫、产业扶贫和消费扶贫；热心参与关爱青少年成长公益活动，全力为晋城市青少年成长发展添砖加瓦；踊跃参与交通文明志愿服务，助力城市文明交通水平的提升；多次组织金融知识宣传活动，将金融知识传递千家万户，惠及城乡百姓。在经营成果稳步提升的同时，积极践行国企社会责任。

泽州浦发村镇银行立足支持“三农”经济和小微企业不动摇，为推动地方经济发展做出了突出贡献，受到市、县两级政府及社会各界人士广泛好评，多次获“全国优秀村镇银行”“全国百强村镇银行”“支持地方经济建设特别贡献奖”“支持‘三农’发展优秀奖”“市级文明单位”等称号，先后 5 名员工获得“五一劳动奖章”，2 名获“劳动模范”等荣誉。

2019 年 6 月 15 日，泽州浦发村镇银行开展“不忘初心 牢记使命”主题党日活动

2019 年 5 月 25 日，泽州浦发村镇银行开展慰问福利院活动

2019 年 10 月 26 日，泽州浦发村镇银行参加浦发村镇银行第三届业务技术比赛获一等奖

2018 年 11 月 28 日，泽州浦发村镇银行开展文化扶贫主题党日活动

2019 年 9 月 23 日，泽州浦发村镇银行参加“迎国庆 · 爱城创文”职工职业技能竞赛金融传统业务赛项获二等奖

2019 年 8 月 29 日，泽州浦发村镇银行组织演讲比赛

2019 年 11 月 21 日，泽州浦发村镇银行学雷锋志愿服务活动

中国人民保险
保障高品质生活

中国人民财产保险股份有限公司晋城市分公司

党委书记、总经理王浩

中国人民保险是与共和国同生共长具有红色基因的国有保险公司，至今已同共和国走过了70余年的辉煌历程。中国人民财产保险股份有限公司晋城市分公司，是中国人民保险集团旗下中国人民财产保险股份有限公司在晋城市设立的唯一地市级分支机构。2019年，公司实现保费收入6.3亿元，市场份额高达42.9%，是全市业务规模最大、营业网点最多、偿付能力最强的财产保险公司。2019年，公司有15个经营单位，49个营业网点，共有1500余名遍布城乡的从业人员努力为客户提供最方便、最快捷的保险服务。

多年来，人保财险晋城市分公司在集团、总、省三级公司的正确领导下，始终秉承“人民保险、服务人民”的企业使命，践行“理念立司、专业兴司、创新强司、正气治司”的核心价值观，致力“做人民信赖的卓越品牌"，深度融入晋城市委、市政府重点工作，坚持以市场为导向、以客户为中心，积极履行政治、社会和经济责任，将服务事关全市发展全局的经济转型升级、社会治理、社会保障、支农支小、灾害救助等领域作为切入点和主攻方向，不断拓展服务全局的深度广度，较好地满足了社会不同群体、不同层次的保险需求，为晋城市经济发展、城乡社会稳定、人民福祉提升，提供了全方位、高品质的保险保障服务，充分发挥了保险的"助推器"和"稳定器"作用。

历史蕴含价值，光荣成就未来。站在新的历史起点，中国人保财险晋城市分公司将以习近平新时代中国特色社会主义思想为指引，牢记“人民保险 服务人民”的光荣使命，积极履行保障民生、改善民生的使命，为晋城经济建设、人民安居乐业提供更加优质的保险保障服务。

玉米旱灾查勘现场

保险扶贫宣传现场

政府惠农政策宣传

晋城市"1+5"脱贫（返贫）综合保险农业保险赔款四万元整

中国人寿保险股份有限公司晋城市分公司

中国人寿保险股份有限公司是国内寿险行业的龙头企业，总部位于北京，注册资本 282.65 亿元人民币。作为《财富》世界 500 强和世界品牌 500 强企业——中国人寿保险（集团）公司的核心成员，公司以悠久的历史、雄厚的实力、专业领先的竞争优势及世界知名的品牌赢得了社会广泛客户的信赖，始终占据国内保险市场领导者的地位，被誉为中国保险业的“中流砥柱”。

总经理 姚喜平

中国人寿保险股份有限公司晋城分公司是中国人寿在晋城市下设的地市级机构，截至 2019 年底，晋城分公司所属 10 个县级公司、12 个机关部室，在编员工 275 人，销售队伍 3434 人。2019 年保费收入 13.88 亿元，同比增长 2.72%，市场份额达到 35.52%。

公司积极响应国家号召，带头履行央企责任，充分发挥保险在风险保障独特优势，2019 年累计赔付金额 3.9 亿元。同时，与政府相关部门合作承办晋城市城乡居民大病保险项目和门诊统筹经办业务项目，城乡居民大病保险累计赔付 5741.81 万元，门诊统筹经办业务累计赔付 3468.45 万元，切实减轻人民群众大病医疗费用负担，促进政府主导与市场机制作用相结合，提高晋城市基本医疗保障水平和质量。

公司以稳健严谨、诚信厚重的作风赢得了社会各界的广泛赞誉，先后被人力资源和社会保障部、中国保险监督管理委员会授予“全国保险系统先进集体”；被山西省金融系统授予“山西省金融系统五一劳动奖状”；被山西省总工会金融工作委员会授予“山西省人身保险公司 5A 级服务柜面”和集体三等功；被授予晋城市“支持地方经济发展优秀保险公司”等荣誉。

2019 年 11 月 28 日，开展廉政警示教育活动

2019 年 1 月 4 日，开展“喜迎新年　开门三红”健步行活动

2020 年 2 月 21 日，为抗疫一线医务人员捐赠保险

2019 年 7 月 6 日，开展“国寿 700 健行”活动

2019 年 6 月，开展客户节活动

中国移动通信集团山西有限公司 晋城分公司

中国移动 China Mobile

中国移动山西公司 晋城市人民政府 5G 战略合作协议 签约仪式

晋城移动公司"不忘初心、牢记使命"主题教育专题党课报告会

晋城移动公司工作会议暨四届四次职工代表大会

晋城移动公司党风廉政建设和反腐败工作会议

晋城移动公司组织参观沁水柳氏民居教育基地

党委书记讲党课

晋城移动公司“主题党日进社区 联点共建创文明”活动

晋城移动公司建党98周年暨“七一”表彰大会

山西省晋城交通运输执法局

2019 年 4 月 17 日，省局安全生产督导组在晋城督导检查工作

2019 年 12 月 5 日，市委宣讲团在执法局宣讲十九届四中全会精神

2019 年 7 月 1 日，金融办来交流党建

2019 年 12 月，参加晋城第四届职工运动会篮球比赛

2019 年，晋城交通运输执法工作以习近平新时代中国特色社会主义思想为指导，在省厅、省局的正确领导下，在省局各处室支持帮助下，围绕年初“一轴、两翼、三基石”工作部署，一轴即抓好和谐稳定这项中心工作，两翼即大力实施学习培训提升全员素质、抓好多项创建活动丰富职工生活，三基石即夯实党建、党风廉政建设和精神文明建设基础，通过全体干部职工辛勤工作，圆满完成全年目标任务。

2019 年 9 月 26 日，参加晋城市庆祝中华人民共和国成立 70 周年歌咏大赛

人大工作

【概况】 2019年，晋城市人大常委会贯彻落实中共晋城市委七届六次、七次、八次全会部署，发挥地方国家权力机关作用，全年召开常委会会议13次、主任会议28次，制定地方性法规2部，审议专项报告15项，开展专题询问1次，决定任免、任免和批准任免国家机关工作人员108人次，补选市人大代表22人。

【立法工作】 2019年，晋城市人大常委会制定出台《晋城市村庄规划建设条例》《晋城市城市绿化条例》2部地方性法规。《晋城市村庄规划建设条例》对村庄规划的基本原则、管理体制、村庄建设、保障机制、产业促进与法律责任等作出明确规定。《晋城市城市绿化条例》对城市绿化的原则、职能划分、规划和建设、保护和管理等作出具体规定。两部地方性法规的颁布实施，入选2019年晋城市最有影响的十件大事。

【代表工作】 2019年，晋城市人大常委会在全市建立代表联络站84个、代表联络点253个。市主要领导代表和省下派代表进站接待人民群众，全市代表进站活动1200余次，接待基层代表和人民群众8900余人次，涉及饮水安全、河道整治、公路改造、中药材产业发展等民生问题得到有效解决。在全省人大代表工作晋城现场会上，晋城市“五级联动、就近进站、全面覆盖、专题活动”的工作经验，受到与会人员的高度评价，10市60余县人大工作者到晋城市学习考察。开展“向申纪兰学习，做人民好代表”活动，邀请报告团举办专场报告会，组织代表到西沟村参观学习。以代表建议办理为重点，出台实施意见、建立办理台账、完善答复机制等，制作播出《代表之声》60期，跟踪报道70余条建议的办理落实情况。与市年度目标责任考核领导小组办公室联合下发代表建议办理考核办法，加大考核力度，督促建议办理。市七届人大五次会议期间，交付审议的1件议案，451件建议、批评和意见，10件重点建议，全部办理并答复代表。开展代表小组活动，市七届人大泽州第三代表小组活动经验被全国人大常委会办公厅《联络动态》刊发报道。承办“三晋人大代表采风行”走进晋城活动，中央及多家省级媒体对晋城市代表工作进行集中采访，刊发报道68篇。出台《关于进一步加强市人大常委会组成人员分工联系代表的实施意见》，规范代表活动经费管理使用，为无固定工资收入的省、市代表发放误工补贴，保障代表依法履职。及时发布动态、印发会议公报、征订报刊资料、赠阅业务书籍，帮助代表了解人大工作，提升履职能力。组织晋城市省人大代表参加专业知识培训、重点工程和医疗保障等集中考察；组织市人大代表开展履职能力提升培训；邀请市人大代表列席市人大常委会会议，保障代表依法参与管理国家事务和社会事务的民主权利，增强代表履职的积极性和实效性。

【监督工作】 2019年，晋城市人大常委会坚守人大监督的政治原则和法律定位，深化选题、组织、报告、审议、整改、反馈6个环节的“全链条”监督工作流程，立足全局、突出重点，综合施策、取得实效。

经济监督。按照新时代美丽晋城高质量转型发展新要求，就经济运行、计划预算执行、部分行政区划调整、重点工程建设等，听取审议市政府落实市委《关于人大预算审查监督重点向支出预算和政策拓展的实施方案》，推动预算审查监督重点向支出预算和政策拓展；督促政府贯彻落实中央全面实施预算绩效管理的意见，推动构建全方位、全过程、全覆盖的预算绩效管理体系。常态化推进各县（市、区）预算平台建设，听取审议市政府“放管服效”改革情况报告，开展专题询问，推进行政审批制度改革，企业创办、项目审批、不动产登记等时限大幅压缩，营商环境评价名列全省第三。

专项监督。污染防治方面，听取审议市政府环境状况和环境保护目标完成情况报告，跟踪监督河长制工作审议意见落实，以“强化精准管控，打赢扬尘污染防治攻坚战”为主题，开展“2019年晋城环保行”，全市上下生态优先、绿色发展理念更加牢固。防范化解重大风险方面，听取审议行政事业性国有资产管理情况专项报告，审议国有资产管理情况综合报告；听取审议政府债务情况报告，督促政府化解债务风险，建立健全预警机制；制定出台审计查出问题整改情况监督办法，推进审计查出问题整改工作制度化、长效化。脱贫攻坚方面，听取审议农作物秸秆综合利用情况报告，推动政府健全协调机制、加大投入力度、加快培育市场主体、强化技术支撑，促进农业绿色可持续发展；持续强化常委会机关结对帮扶工作，在支部建设、扶贫队伍、红色旅游等方面出实招、助脱贫。

民生监督。坚持以人民为中心的发展思想，抓住人民群众普遍关心的热点、难点问题，听取审议全市养老服务业发展情况报告，着力构建多元化养老服务体系。听取审议疾病预防控制工作情况报告，督促政府夯实基层网络、提升装备水平、加强人才队伍建设。对主城区教育资源配置情况报告审议意见落实情况进行跟踪监督，推动全市教育优质均衡发展。

【执法检查】 2019年，晋城市人大常委会依法《中华人民共和国水污染防治法》《中华人民共和国老年人权益保障法》等6部法律法规开展执法检查，就发现的养老服务结构不优、残疾人基本生活保障水平不高等问题，形成意见，督促整改。对市政府及各县（市、区）人大常委会报送的15件规范性文件进行备案审查。牵头召开全面依法治市委员会立法协调会议，听取审议法治政府建设报告，督促政府严格按照实施纲要，依法行政、高效治理。强化对司法工作、落实公益诉讼决定、扫黑除恶专项斗争等的工作监督，通过视察检查、专题调研、听取报告，督促司法机关履行法律职责，维护公平正义。跟踪监督“七五”普法决议落实情况，严格落实国家机关工作人员向宪法宣誓制度，利用“每日一题”公众平台广泛宣传法律法规，营造尊崇宪法、崇尚法治、依法办事、全民普法的良好氛围。

【重大事项决定】 2019年，晋城市人大常委会依法作出批准预算调整的决议、批准上年度财政决算的决议、法规修正案的决定、代表资格审查的决定、召开人代会的决定等决议决定6项。

【制度建设】 2019年，晋城市人大常委会制定出台《常委会党组向市委请示报告制度》，规范向市委请示报告工作，及时落实市委批示指示，确保人大工作的正确政治方向。树立人大系统“一盘棋”思想，组织召开全市人大学用习近平总书记关于人民代表大会制度重要思想交流座谈会，开展基层人大组织制度和工作制度专题调研，组织全市人大干部专题培训，加强对县、乡人大工作的指导和联系。

【保障服务】 2019年，晋城市人大常委会完成省人代会晋城代表团的服务保障工作，召开市人代会1次、常委会会议9次、常委会党组会议28次、主任会议23次、专题会议7次，为常委会依法履职提供有力的集体参谋助手和服务保障。

【宣传工作】 2019年，晋城市人大常委会发挥《代表之声》《晋城人大》等六大宣传平台作用，晋城人大网发布信息4400余条、图片信息500余条，在中央及省级媒体刊发报道60余篇，纪念地方人大设立常委会40周年征文活动获省人大常会委优秀组织奖，“法治宣传每日一题”微信公众号推动全民普法的经验被“中国普法网”刊发宣传。

重要会议

【晋城市第七届人民代表大会第五次会议】 2019年2月25日至27日在泽州会堂举行。会议议程共9项：听取和审议晋城市人民政府工作报告；审查和批准市人民政府关于晋城市2018年国民经济和社会发展计划执行情况与2019年国民经济和社会发展计划草案的报告，批准晋城市2019年国民经济和社会发展计划；审查和批准市人民政府关于晋城市2018年全市和市本级预算执行情况与2019年全市和市本级预算草案的报告，批准晋城市2019年市本级预算；听取和审议晋城市人民代表大会常务委员会工作报告；听取和审议晋城市中级人民法院工作报告；听取和审议晋城市人民检察院工作报告；通过晋城市第七届人民代表大会第五次会议关于设立社会建设委员会的决定；人事选举和表决；其他事项。

【晋城市七届人大常委会会议】 2019年，晋城市七届人大常委会共举行9次常委会会议。

第二十一次会议。1月31日举行。会议听取副市长武健鹏受市长刘锋委托所作的市政府任职提请报告；被提请任命人员与市人大常委会组成人员见面并作供职发言；审议并表决通过人事任免议案。

第二十二次会议。2月20日举行。会议听取市人大常委会关于市七届人大五次会议筹备情况的报告；听取、审议并表决通过市政府关于市七届人大四次会议代表建议办理情况的报告、市中级人民法院关于市七届人大四次会议代表建议办理情况的报告、市人民检察院关于市七届人大四次会议代表建议办理情况的报告；听取、审议并表决通过市人大常委会关于代表资格审查的决议；审议并表决通过市七届人大五次会议议程（草案）、市七届人大五次会议主席团和秘书长名单（草案）、市七届人大五次会议议案审查委员会组成人员名单（草案）、市七届人大五次会议列席人员名单（草案）、拟提请市七届人大五次会议审议的市人大常委会工作报告。

第二十三次会议。4月23日举行。会议听取关于《晋城市人大常委会组成人员守则（修订）》的说明，审议并表决通过《晋城市人大常委会组成人员守则（修订）》；审议市政府关于2018年度法治政府建设情况的报告；审议市人民检察院关于落实《市人大常委会关于加强检察机关公益诉讼工作的决定》情况的报告；会议还审议并表决通过人事任免事项。

第二十四次会议。6月28日举行。会议听取、审议关于《晋城市城市绿化条例（草案）》的说明，关于《晋城市城市绿化条例（草案）》研究处理意见的报告，关于《晋城市村庄规划建设管理条例（草案）》的说明，关于《晋城市村庄规划建设管理条例（草案）》研究处理意见的报告；审议并表决通过市政府关于2018年度全市环境状况和环境保护目标完成情况的报告（书面），市政府关于落实《晋城市人大常委会关于全市推行河长制工作情况报告的审议意见》情况的报告（书面）；审议《晋城市城市绿化条例（草案）》，《晋城市村庄规划建设管理条例（草案）》；表决通过相关人事任免事项。

第二十五次会议。7月16日举行。会议听取陵川县公安局关于许可对市人大代表任素亮行政拘留的提请报告及有关情况说明，表决通过关于许可陵川县公安局对晋城市第七届人大代表任素亮行政拘留的决定。

第二十六次会议。8月29日至30日举行。会议表决通过《晋城市城市绿化条例》《晋城市村庄规划建设条例》、市政府关于2018年度行政事业性国有资产管理情况专项报告、市政府关于全市养老服务业发展情况的报告、《晋城市人大常委会关于主城区教育资源配置情况报告的审议意见》情况的报告(书面)、市人大常委会关于批准2018年市本级财政决算的决议、市人大常委会关于代表资格审查的决议、市人大常委会关于调整市七届人大常委会代表资格审查委员会组成人员的决定,表决通过相关人事任免事项。

第二十七次会议。10月30日举行。会议听取、审议并表决通过市人大常委会执法检查组关于检查《山西省各级人民代表大会常务委员会规范性文件备案审查条例》实施情况的报告,听取、审议并表决通过市政府关于全市农作物秸秆综合利用工作情况的报告、关于晋城市及市本级政府债务情况的报告、关于全市疾病预防控制工作情况的报告、关于城市管理工作情况的报告,审议并表决通过市政府关于落实《市人大常委会关于市政府落实<晋城市人大常委会关于开展第七个五年法治宣传教育的决议>情况报告的审议意见》情况、关于落实《市人大常委会关于残疾人“一法一条例”执法检查报告的审议意见》情况、关于落实《市人大常委会关于全市2018年重点工程进展情况报告的审议意见》情况的三个书面报告,听取、审议市人大常委会代表资格审查委员会关于个别代表资格审查情况的报告、市政府关于2019年晋城市市本级财政预算调整方案的报告,审议并表决通过市人大常委会关于批准2019年晋城市市本级财政预算调整方案的决议、关于代表资格审查的决议;表决通过相关人事任免事项。

第二十八次会议。11月19日举行。会议学习中共十九届四中全会精神;听取和审议市政府关于《晋城市部分行政区划调整方案》的报告。

第二十九次会议。12月31日举行。会议学习中共中央总书记习近平视察山西的重要讲话、在推动中部地区崛起工作座谈会上的重要讲话、在黄河流域生态保护和高质量发展座谈会上的重要讲话以及省委经济工作会议精神;听取、审议并通过市政府关于深化“放、管、服、效”改革情况的报告、市审计局关于2018年度市本级预算执行及其他财政收支审计查出问题整改情况的报告,市人大常委会执行检查组关于检查《中华人民共和国老年人权益保障法》和《山西省实施〈中华人民共和国老年人权益保障法〉办法》实施情况的报告;审议通过市政府关于落实《晋城市人大常委会关于全市2019年上半年国民经济和社会发展计划执行情况报告的审议意见》情况的报告(书面);通过关于召开晋城市第七届人民代表大会第六次会议的决定、关于修改《晋城市大气污染防治条例》的决定;表决通过干部免职事项。

(张　军)

市政府办公室

【概况】 2019年，晋城市人民政府办公室以习近平新时代中国特色社会主义思想为指引，发挥办公室参谋、协调、服务、落实职能，围绕中心、服务大局，尽职尽责，扎实工作，较好地完成全年各项目标任务。

【综合协调】 2019年，晋城市人民政府办公室做好重点项目、重大活动、重要工作的综合协调，确保市政府各项决策落到实处、各项工作顺利推进。协调推进晋城民用机场、太焦高铁、光机电“两中心一基地”和太行一号国家风景道等一批重大项目。协调举办全国煤矿瓦斯抽采利用现场会和能源革命·煤层气论坛、山西省相对行政审批晋城现场会、全市首届旅游发展大会、第五届太行山文化旅游节和第四届海峡两岸神农炎帝经贸文化旅游招商等一批重大活动。协调开展农林文旅康产业融合发展试点、市县相对集中行政许可权改革试点、老城更新与改造、丹河新区建设、王莽岭景区改造升级等一批重点工作。把安全生产工作作为重要政治任务，督促各级各部门认真履行安全生产领导职责，及时协调解决安全生产工作中存在的问题，召开市政府安委会例会12次。

【以文辅政】 2019年，晋城市人民政府办公室深化专题调研，服务保障市政府领导开展各类调研活动400余次，形成《晋城市“三位一体”抓项目情况的调研报告》《关于全市就业创业情况的调研与思考》等一系列调研成果。深化文稿起草，严把政策关、文字关，高标准、高质量地起草政府工作报告、领导讲话稿、汇报材料等各类文稿500余篇。深化信息服务，下发政务信息报送计分考核通报办法，编发《每日政务要情》249期、《市政府领导政务动态周报》49期；编发《领导双日要情》30期，被省委采用24条；编发《晋城政务信息》普刊30期、调研刊34期、参阅刊4期；编报《上报省办信息》150期、160余篇；完成省政府约稿146篇。

【办文办会精减】 2019年，晋城市人民政府办公室落实中央“基层减负年”要求，加强对办文办会办事全流程管理。梳理办文中的“短板”，明确由文电科统收、统发、统管，实行“一口进、一口出”，做好文件出台前的审查，办理上级来文867件、本级发文213件、便函440件、内部文件235件，发文数量同比减少42.5%。创新建立市长批示落办和周报制度，督促相关部门限期回复，做到件件有回音、事事有落实。坚持精益求精的工作标准，完善会前准备、会中服务、会后落实三大环节，承办市政府党组会议29次、常务会17次、市长办公会（专题会）70次，完成“全市重点工程、开发区改革创新、招商引资工作推进会”“全省三大板块旅游公路建设现场推进会”等40余次省、市级别会议的会务保障，承办国家及省、市召开的各类电视电话会议60余次。

【应急值守】 2019年，晋城市人民政府办公室严格实行双人24小时全天候值班和领导带班制度，妥善协调处理各类突发事件，编写《值班要情》44期，向省政府值班室报送《值班信息》40期。

【督查督办】 2019年，晋城市人民政府办公室抓好省、市《政府工作报告》目标责任分解，建立工作台账，明确落实责任单位和责任人，要求各相关责任单位按月上报工作进展，推动工作落实。严格控制督查检查频次，将年度督查检查考核事项压减为50项，配合山西省政府完成国务院第六次大督查自查，与市委办联合对全市贯彻落实习近平总书记视察山西重要讲话精神情况和中央八项规定精神专项整治情况进行专项督查。联合组建市委、市政府督查办公室，到多个事项及项目现场核实、督促、协调工作进度，完成市医院易址扩建拆迁、“太行一号”风景道、民生实事完成情况、文明城市创建等事项的督办落实。组织、参与各类督查活动30余次，上报督查专报37期、快报7期，下发督查通报2期。承接山西省政府“13710”交办任务31项，办结26项；市级督办系统交办事项562项，完结440项。组织做好人大建议、政协提案的办理工作，办理山西省“两会”建议提案9件、市“两会”建议提案932件。

【信息公开】 2019年，晋城市人民政府办公室加大政府信息公开力度，通过“晋城在线”公开各类信息2424条、利用各部门“两微一端”发布各类信息3000余条，编印《晋城市人民政府公报》双月刊5期。做好依申请公开工作，加强政务网站及新媒体管理规范化建设，组织开展全市政务信息和政府信息公开培训。创办开通“晋城市人民政府办公室”微信公众号，发布180期、近400条内容，最高阅读量6954人次。

（牛　军）

应急管理

【概况】 2019年，晋城市安全生产和应急管理局以查大风险、除大隐患、防大事故和建立灾害事故防范救援快速反应工作机制为目标，推进隐患治理常态化，开拓安全工作新思路，打造应急管理新模式，织密防灾减灾管理网，打通安全生产“最后一公里”，打好防范化解重大风险攻坚战，实现事故起数和死亡人数“双下降”，全市安全生产形势保持总体平稳的态势。

【机构改革】 2019年，晋城市安全生产和应急管理局划入8个单位（煤矿安全纠察支队、矿山救护大队、煤矿调度监控中心、煤矿安全监管中心、防震减灾中心、地震综合观察站、防汛抗旱指挥部、森林防火指挥部）、102人，划出“一科一所一中心”（职安科、职业健康监督所、职卫监测检验中心）、40人，设置行政编制36名，设立17个科室、14个下属单位。在原市安监局的基础上，整合原市煤炭局煤矿安全监管职责、林业局森林防火职责、水利局防汛抗旱职责、国土资源局地质灾害防治职责、民政局救灾物资调拨职责、政府办应急管理职责等。17个科室分别是综合办公室、综合协调科、教育训练科、冶金工贸科、火灾防治科、规划财务科、救灾减灾科、防汛抗旱科、政策法规科、危险化学品监督管理科、行政审批科、事故调查科、救援协调科、新闻宣传科、煤矿安全综合监管科、煤矿通风安全监管科、煤矿地质机电监管科。14个下属单位分别是市安全生产执法监察大队、市防震减灾中心、市地震综合观测站、市矿山救护大队、市煤炭纠察支队、市安全生产信息调度和应急指挥中心、市森林防火指挥中心、市防汛抗旱指挥中心、市煤炭安全监控中心、市煤矿安全生产技术保障工作、市危化品技术保障中心、市安全生产宣教中心、市安泰大厦后勤服务中心、市安全应急技术培训中心。

【安全事故】 2019年，全市共发生各类生产安全亡人事故72起，同比减少22起，同比下降23.4%；事故死亡82人，同比减少20人，同比下降19.6%，其中，工矿商贸事故起数和死亡人数大幅下降，煤矿事故死亡人数下降，文化旅游、市场监管、农业农机等行业领域事故为0，连续5年未发生重大事故。全年消防接警1416起，抢救被困人员205人,疏散被困人员1025人,接警量同比增加17.6%;森林火灾接警133起,火情78起,火灾3起,同比分别增加110%、133%和200%。汛期期间,全市经历6次较强降雨过程,紧急转移安置人口1152人;农作物受灾面积1716公顷,成灾面积648公顷,绝收面积81公顷,造成直接经济损失18940万元,同比分别增长526%、147%、81.8%和1717%。5—8月,全市持续高温少雨,造成高平市、阳城县、陵川县、沁水县发生旱情,因旱饮水困难救助人口79857人,农作物受灾面积98415公顷,造成直接经济损失80255万元。

【安全管理制度建设】 2019年,晋城市人民政府印发《全市安全生产和应急管理工作思路》,表彰安全生产工作先进单位和个人,奖励资金700万元。印发《关于进一步推动安全生产和应急管理责任制落实的实施意见》等规范性文件,明确各级党委、政府及其工作部门的"党政同责"职能职责,量化各级相关部门"管行业必须管安全、管业务必须管安全、管生产经营必须管安全"的"一岗双责",细化各级行业主管部门直接监管、应急管理部门综合监管、地方政府属地监管"三个监管"责任,安全生产责任体系更加完善。市安委会印发《关于建立安全生产网格化管理体系的通知》《晋城市安全生产和应急管理网格化管理实施办法》,部分乡镇按照要求将安全生产和应急管理网格员纳入"全科网格员"管理体系中,大部分县(市、区)按进度要求积极推进。市安全生产和应急管理局坚持当前和长远相结合,列出年度制度建设清单、重点建设煤矿安全监管和应急管理工作实施意见、突发事件应急救援机制、安全生产网格化管理办法、安全监管和应急管理能力提升办法、应急管理指挥体系建设指导意见等9项制度。

【应急救援指挥体系建设】 2019年,晋城市整合安全生产和应急管理资源,初步构建"多灾种、大应急"体系。市政府印发《关于建立晋城市应急救援指挥体系的通知》,成立由市长刘锋任总指挥,常务副市长张利锋任常务副总指挥的晋城市应急救援总指挥部,统一领导、组织指挥全市自然灾害、事故灾难等突发事件应对工作。总指挥部下设抗震救灾、森林草原防灭火等17个专项应急指挥部,分别由分管副市长担任指挥长,负责相应类别突发事件的防范治理和应对处置工作。组建全市首个应急管理专家组,应急专家350名,涵盖煤矿、非煤矿山、危化、冶金工贸、建筑施工、道路交通、消防火灾、地质灾害、森林草原防火等12个专业。市安全生产和应急管理局组织起草《晋城市突发事件应急预案管理办法》《关于构建突发事件应急救援机制和强化应急救援工作的实施方案》《晋城市应急物资储备管理办法》《晋城市突发事件应急预案体系建设指导意见》等,下发《关于进一步加强应急预案管理工作的通知》,组建东、中、西部3个综合应急救援基地,6支专职救援队伍及10支企业专职消防队。各县(市、区)政府根据各自区域和产业化特点组建若干支适合本地区的"一专多能"应急救援队伍。

【重点领域整治】 2019年,晋城市安全生产和应急管理局在全市开展较大以上危险源排查工作,重点对工矿商贸生产经营单位、道路交通、建筑施工、消防及人员密集场所(大型群众性活动)、城市公共设施、特种设备、旅游、学校、民爆、地质灾害、洪涝灾害、森林火灾等行业领域存在的可能造成3人以上死亡、10人以上重伤(含失踪)或者1000万元以上直接经济损失的事故或灾难的场所、设施和区域进行排查,共排查较大以上危险源1155个。在煤矿、危险化学品、烟花爆竹、非煤矿山、冶金工贸、公共聚集场所消防、重点路段、建筑施工等8个重点行业领域,开展安全"体检",检查非六类高风险煤矿74座,专家指导服务企业22家,检查冶金工贸、非煤矿山企业30家,检查交通运输企业299家、危险路段"体检"16处、建筑施工企业"体检"117家。开展"三个专项行动"检查,共派出专项督查检查组753个,出动执法人员23304人次,检查企业7941家次;排查隐患19582条,责令停产停业整顿企业8家,关闭取缔企业1家(城区);排查高陡边坡286处,确定隐患点85处,全部纳入群测群防体系,由专人进行监测。开展事故多发领域专项整治，对各类督查行动排查出的重大安全隐患实行挂牌督办，挂牌隐患100余条。全年，累计检查生产经营单位13144家次，排查各类安全隐患和问题39023条，其中重大隐患79条，责令停产停业整顿企业76家，行政处罚立案401起，处罚1590万元、同比增长36%。

【国庆专项行动】 2019年9月15日至10月20日，晋城市安全生产和应急管理局在全市组织开展“防风险、保安全、迎大庆”专项行动。累计出动安全督查检查组690个，出动检查人员4142人次，检查各类生产经营单位4214家，排查各类安全隐患925条，下达各类行政执法文书131份，责令限期整改企业124家，责令停产整顿企业4家，行政罚款19万元。市安委办先后派出7个综合督查组和3个煤矿督查组对各级各部门专项行动开展情况进行专项督查，累计出动督查人员127人次，检查各类单位55家，查出各类问题隐患190余条。国庆节期间，全市未发生生产安全亡人事故，同比事故起数减少3起、下降100%，死亡减少3人、下降100%，创历年国庆节期间安全生产最好纪录。

【安全宣传】 2019年，晋城市安全生产和应急管理局组织开展“5·12防灾减灾日”宣传活动和“安全生产月”活动，牵头开展“晋城的安全大家想、大家讲、大家干”“安全生产事关你、我、他”两个大讲堂活动和“安全宣传咨询周”等活动，向群众和重点人群发送手机安全提示短信200余万条，印发《生产安全事故应急条例》1000份；在市区泽州公园等10个公园广场设置宣传版面20块，每季度更新版面内容；播出“安全晋城”电视节目19期，在《太行日报》《中国应急管理报》等刊载安全宣传文章33篇；“安全晋城”微信公众号阅读量180万人次，粉丝数稳定在30余万人，在全国应急管理系统排名第4，山西应急管理系统排名第1。

【安全教育】 2019年，晋城市安全生产和应急管理局在城区、陵川县选址布局安全教育培训基地，开发安全培训云教育平台，VR和AR安全体验基地建设进入招标程序。7月29日至8月1日、11月4—23日，分批次举办机构改革后首期应急管理干部能力提升专题培训班。全市共培训各类安全管理人员8837人次，同比增长89%；全市生产领域从业人员安全培训20万人，全市特殊工种作业人员培训达到1.5万人。在新闻媒体公示典型案件查处情况，首次启动安全知识现场闭卷测试，组织7家安全管理薄弱的生产经营单位的2200余名从业人员进行全员培训和闭卷考试，并对培训考试情况进行全市通报；对发生事故的5家企业、2家涉险企业进行专门约谈。

【应急救灾】 2019年，晋城市安全生产和应急管理局重新修订《晋城市自然灾害救助应急预案》《晋城市地震应急预案》和《晋城市地质灾害应急预案》，与市发改委联合出台《晋城市救灾物资调拨规程》，通过报灾系统报送晋城市冬春需救助统计表和2019年年报。

森林草原防灭火方面。下发《森林草原防灭火工作通知》，及时应对阳城县小西沟村“5·22”森林火灾，建立森林防火预警信息群，修订应急预案和操作手册，初步构建起森林防火应急制度体系。

防汛抗旱方面。向市防指各成员单位发出《关于报送2019年市防指防汛责任人的通知》，落实各成员单位的防汛负责人和防汛联络人；向各县(市、区)防指发出《关于报送2019年防汛抗旱责任人名单的通知》，落实以行政首长负责制为核心的各项防汛责任制，落实水库、淤地坝、防洪重点集镇、边山峪口村庄和地质灾害点村庄、重点河道(段)、在建工程等的防汛行政责任人、技术责任人，并在《太行日报》上公示；科学处置泽州县“8·5”山洪灾害事故，修订完善《晋城市防汛应急预案》及《应急操作手册》。与焦作市防办就防汛抗旱信息共享机制进行洽谈，建立防汛抗旱信息共享机制。市防指于7月27日12时启动Ⅳ级抗旱应急响应，安排部署抗旱工作，通过开辟水源、应急调水、车辆运水等方式，解决百姓的用水困难，出动运水车900余车次送水，共解决饮水困难人口4.8万人。

防震减灾方面。明确应急管

理职能，市抗震救灾指挥部办公室日常工作划归市应急管理局，市防震减灾中心于10月12日挂牌；实施“山西省地震烈度速报与预警工程”（晋城区）项目，完成晋城市范围内10个基本站、61个一般站、1个基准台和12个示范学校选址；完善市级地震应急指挥系统，保障应急通信和视频会议互联互通；推进应急避难场所建设，投入资金4万余元，对12处城市地震应急避难场所进行全面排查和维护维修；参加全省地震应急演练，市县两级地震部门与山西省地震局实现视频指挥联调。

（尚鹏飞）

【市防震减灾中心成立】 2019年，按照全省、全市机构改革统一部署和全市机构改革动员大会及《晋城市机构改革方案》要求，原市地震局承担的地震应急及抗震设防管理职能划转相关部门，市地震局更名为市防震减灾中心，正处级事业单位，主要职能为地震监测预报及防震减灾法律法规宣传等，隶属市应急管理局。10月12日，晋城市防震减灾中心挂牌成立。

【地震监测预报】 2019年，晋城市政府投资80万元，在陵川县、阳城县新建形变台，11月28日通过山西省地震局技术验收，进入试运行，运行率保持100%，仪器、数据各项正常；在两个台站开展国家标准化建设试点工作。全市测震台网运行率99.58%，电磁波运行率99.08%，信息节点运行率99.73%。配合山西省地震局实施“山西省地震烈度速报与预警工程”（晋城区）项目，完成10个基本站、61个一般站、1个基准站和12个示范学校的选址，完成9个基本站的钻孔工作。5月24日，举办第58次晋冀鲁豫交界区地震联防会，建立专家会商平台，探索改革后地震联防新机制。

【重点工程服务】 2019年，晋城市防震减灾中心服务丹河新区与中心城区的交通联结，完成《晋城市丹河快线“1+3”道路工程跨丹河景观桥项目工程场地地震安全性评价报告》；完成市医院新址地震安全性评价；参加晋城民用机场可研报告评审会及空港新区规划会，对机场场址的地震安全情况进行书面说明；落实山西省政府办公厅《关于推进区域性地震安全性评价工作的实施意见》，与晋城经济技术开发区管委会就开展区域性地震安全性评价达成初步意见。

【防震减灾宣传】 2019年，晋城市防震减灾中心开展“礼赞共和国、智慧新生活”防震减灾科普体验馆全国科普日活动。“5·12”国家防灾减灾日，在《太行日报》进行专版宣传。通过“安全晋城”电视栏目宣传应急体系建设工作。“5·12”“7·28”重要时段，集中开展防震减灾宣传进学校、进社区、进农村、进企业、进家庭、进机关“六进”活动。开展各级各类示范创建工作，创建国家级防震减灾科普示范学校1所、国家级综合减灾示范社区1个，创建省级示范学校3所、省级防震减灾科普教育基地2处、省级防震减灾示范社区6个。参加第三届全国防震减灾科普讲解大赛山西选拔赛，获得三等奖2个、优秀奖1个和优秀组织奖。参加第二届全省防震减灾知识竞赛，获三等奖；并获科普宣传图类一等奖1个、其他创意类一等奖1个及优秀奖3个。晋城市防震减灾科普体验馆被山西省科协认定为山西省科普教育基地。

（李　玮）

规划和自然资源管理

【概况】 2019年，晋城市规划和自然资源管理局保障重点工程项目用地需求，实施高起点、高质量、高标准规划，推进国土绿化和产业发展，规划、国土资源、林业等各项工作取得新成绩。

【项目用地保障】 2019年，晋城市规划和自然资源管理局保障国道G342、晋阳高速拓宽改造、污水处理厂、晋城高速东出口等一大批重点工程项目用地需求。在125个涉及用地的转型项目中，具备申请用地条件的90个项目用地问题全部解决，保障全市转型发展重点工程项目的落地开工。各县（市、区）建设用地报批总量达1.9万亩，超2014年至2017年报批用地面积总和，创历史之最。

【服务城市建设】 2019年，晋城

市规划和自然资源管理局提升开发区用地总规模,完成开发区设立、扩区涉及市域城镇体系规划调整,编制开发区总体规划及起步区控制性详细规划,"一区四园"获批建设用地5653亩。服务金村新区建设,将新区规划纳入新版城市总规修编内容,新区城市设计通过专家论证。服务老城改造,开展老城复兴策划、城市设计、市政基础设施提升等专项规划和控制性详细规划,完成老城改造回迁安置项目前期规划。服务城市"三通"(通道、通顺、通畅)工程,加大道路交通体系、重大交通设施及对外高速通道规划研究,完成晋城东站、站前广场公园以及高铁站与市区快速连接通道的前期方案设计。服务城市"双修",完成《中心城市生态修复城市修补专项规划》《吴王山生态区城市双修规划》等专项规划编制。

【生态林业发展】 2019年,晋城市推进国土绿化和产业发展,完成造林任务2.32万亩,通过国家森林城市复审。完成村庄绿化22个,泽州县晋庙铺范谷坨村、阳城县东冶镇蔡节村被评为全国生态文化村,全市生态文化村共8个。实施干果经济林提质增效项目,举办"十棵树"修剪技术交流等培训,完成提质增效任务4.3万亩。新建花卉市场投入运营,苗木生产总量15.34万株,销售收入2400余万元。推进森林康养产业发展,完成棋子山森林康养基地基础数据调查,维修新建森林康养步道4.5千米。力抓林业科技创新,推广应用抗旱保活、容器苗造林等林业技术,加强育苗、造林和森林培育技术培训,确保造林成活率。

【助力脱贫攻坚】 2019年,晋城市大力实施贫困县增减挂钩指标易地交易,推动泽州县、沁水县节余指标成功交易,交易面积1044亩,交易金额1.57亿元。以陵川县小番底村和抱犊沟村为试点,开展乡村振兴规划编制,推动贫困村产业、人才、文化、生态和组织振兴。实施林业生态扶贫五大项目,制定《林业生态建设扶贫行动计划》,落实林业生态扶贫政策,带动29070名贫困人口实现增收,2742名贫困人口实现脱贫。

【资源保护】 2019年,晋城市委、市政府出台《加强耕地保护和改进占补平衡工作实施方案》,完善耕地保护考核机制,加强耕地保护和占补平衡。新增建设用地补充耕地5533亩,完成5万亩高标准农田整治验收,确保全市247万亩基本农田和299万亩耕地面积不减少。落实国家环保政策,完成生态保护区内10宗矿业权的核查清理退出。开展实施矿山环境恢复治理,投入配套资金1123.55万元,完成5座国有煤矿的采煤沉陷综合治理工程。加强矿产资源保护,完善"三率"考核、图纸交换等常态化监管机制,完成矿山储量动态监测和矿业权勘查开采信息公示工作。完成12宗煤层气矿业权检查。加强森林资源保护力度,市政府投入专项资金2000余万元,完成森林远程智能预警系统项目改造。落实森林三级巡查巡护责任,建立网格2596个,落实责任人13780人。加强森林病虫害检测,病虫害防治面积11.46万亩,防治率75.74%,成灾率2.24‰,低于省控指标3.8‰。加强野生动物保护,制定野猪非洲猪瘟监测预防方案,抓好监管防控措施。

【灾害防治】 2019年,晋城市规划和自然资源管理局对全市317处地质灾害隐患点强化汛期排查,落实全天候监控,严防死守,确保人民群众生命财产安全。推进地质灾害防治和搬迁工程,落实市级配套资金99万元,完成41户农户避险搬迁。开展森林防火宣传,提升全民参与防火意识,全市发生森林火警32起,森林火灾受害率0.01‰,低于省控指标0.45‰,未发生大的森林火灾。

【违法整治】 2019年,晋城市规划和自然资源管理局严厉打击各类违法行为,开展卫片执法检查、打击非法违法采矿、煤矸石堆放整治、废弃矿井整治验收、大棚房清理整治等专项检查,对1066个私采滥挖关闭取缔点、154处露头煤点、629个历年已接收的关闭矿点、3371个各类废弃矿井、32起煤矸石违法堆放行为、9起"大棚房"进行全面排查和清理。查处各类违法案件136起,收缴罚没款727.02万元。加大对涉林违法案件的查办力度,组织开展"飓风1

号”“春雷行动”“打击破坏生态环境违法犯罪专项行动”等，共出警377人次、林业执法人员141人次，办理刑事案件7起、结案5起，治安案件3起；办理行政案件148起，查处161人次，罚款100.9万元。开展扫黑除恶专项斗争，对2014年以来的961件违法案件进行排查梳理，摸排移交涉黑涉恶线索35条，配合有关部门核查线索292条。

【国土领域改革】 2019年，晋城市深化国土资源领域改革，探索重塑政策体系，形成17条改革创新意见。不动产登记工作迈入全国“第一梯队”，领跑全省；泽州县“三块地”改革总结出10大典型经验，形成制度成果，为国家修法立规提供可借鉴的做法和经验；高平市“低效用地再开发”省级试点工作成果通过验收，全省工作现场会在高平召开；沁水县“农村房地一体化”确权登记国家级示范点完成3个镇11255宗农村房屋权籍外业调查，为农村宅基地“三权分置”改革提供基础保障；“工业用地市场化配置”改革试水工业用地弹性出让，发挥示范引领作用。

【城市规划领域改革】 2019年，晋城市深化城市规划领域改革，以城市设计试点改革为抓手，统筹推进总规修编及城市设计工作；坚持高位统筹、专家领衔、开门编规划，组织调研160余家单位，召开座谈会18场，1.2万余名公众参与总规修编及城市设计，形成阶段性成果。

【林业领域改革】 2019年，晋城市深化林业领域改革，推进国有林场改革，10月国有林场改革通过省级验收；深化集体林权制度改革，出台《关于完善集体林权制度的实施意见》，完成26万亩集体公益林协议托管；推进全市政策性森林保险投保工作，全市符合投保条件的346万亩生态公益林实现保险全覆盖。

【六项重点工作】 2019年，晋城市规划和自然资源管理局狠抓规划编制和调整，市、县级土地利用总体规划调整方案获省政府批复，乡级规划获市政府批复，6个村级规划完成编制，市级矿产资源总体规划和土地整治规划发布实施；启动《城市总体规划》修编，编制《老城更新与保护规划》和《森林康养产业规划》。狠抓土地供应管理，全市供应土地110宗，供地面积4984.23亩。狠抓各项调查统计，年度土地变更调查顺利收官；第三次国土调查稳妥推进，进度列全省前三名；低效用地摸底调查面积16392亩；启动压覆重要矿产资源统一调查，为承诺制改革试点奠定基础。狠抓测绘管理与服务，完成测绘项目登记418个，提供GPS控制点坐标成果319个，地形图965幅；完成《晋城城市地图集》编制出版工作。狠抓国土资金征收，追缴矿业权出让收益14.5亿元；加大土地出让力度，国土收益完成9.36亿元。狠抓城中村改造规划研究，对全市46个城中村的基础资料进行收集、整理，对城区政府按照新模式实施改造的10个城中村提出回迁安置用地选址意见。

（成晓冰）

行政审批

【概况】 2019年，晋城市行政审批服务管理局以“一枚印章管审批”为引领，推动全市营商环境不断优化提升；坚持服务全市发展勇担当，促进各项工作齐头并进，完成全年目标任务。

【机构组建】 2019年2月1日，晋城市按照“编随事走、人随编走”的原则，从各业务部门随职责转隶45名行政人员、17名事业人员，新组建晋城市行政审批服务管理局。在全省“一局两中心”的模式上，增加综合受理中心、网络技术中心、图审勘验中心三个科级事业单位，形成“一局五中心”架构。

【“一枚印章管审批”新模式】 2019年，晋城市在高平试点的基础上，出台《晋城市相对集中行政许可权改革方案》，将改革试点工作细分为15个阶段步骤，承接29个部门313项行政审批及关联事项，封存相关单位45枚审批印章，启用晋城市行政审批专用章，开启晋城市“一枚印章管审批”新模式。审批窗口由48个整合为12个，审批人员由500多人精减至110多人，审批事项减少34项，申请材料减少142项,勘验环节减少38个,年勘验量由3000次减少至600次。10月29日,全省相对集中行政许可权改革现场推进会在晋城市召开,总结晋城经验并在全省推广。

【"放管服效"改革】 2019年,晋城市发挥集中审批的体制优势,推进"放管服效"改革,将原工商登记等15个部门18个窗口办理的190个事项打通连片,综合设置5个窗口,设置企业开办专区,实现"准入""准营"同区域办理,把企业创办的登记注册、印章刻制、银行开户、申领发票4个环节整合,相比国务院要求的5个工作日、省政府要求的3个工作日,提前实现全链条闭环2个工作日办结。对社会办医涉及的16个审批事项,按照申请人"点餐"需求,设计"套餐式"服务,推行"多证合办",只收取一套申请材料,后台合办,统一发证,对零售药店开办实行"联勘联办",实现多个证件多项勘验一次受理、一同勘验、一起发证。在全省营商环境第三方评价中,晋城市排名第3,位居全国政商关系进步最快城市第6名。

【投资项目审批】 2019年,晋城市行政审批服务管理局把投资项目原19个部门28个窗口办理的123个事项融合重组,综合设置7个窗口,按照立项用地规划许可、工程建设许可、施工许可、竣工验收4个阶段,把同类事项、重复材料、相近环节整合归并,将水暖电气报装纳入工程建设审批全环节,从立项到竣工验收,由1个部门办理、4个科室联审联批,盖一枚审批章,使工程建设项目审批时限在国家120个工作日、全省97个工作日压缩至70个工作日,其中包括非法定环节财政评审的20个工作日。推出政府投资项目"模拟审批",政府投资项目在取得选址意见书后,尚未取得土地手续前即可启动模拟审批程序,出具模拟审批文件,待土地手续完善后,将模拟审批文件转换为正式审批文件;拓展延伸企业投资项目承诺制的试行范围,在备案类事项实行承诺制的基础上,对核准类项目,只要不涉及重大公共利益、生态利益和国家安全,均试行承诺制审批;对政府投资项目在办理选址意见书后,社会投资和一般性工业项目在土地报批过程中实行容缺受理,同步进行各类方案的编制和审定,可为建设单位节省三至四个月时间。

【公共资源交易改革】 2019年,晋城市行政审批服务管理局推进公共资源交易全流程电子化改革,按照"同城合一"便民、高效、节约的原则,与城区、泽州县、晋城经济技术开发区签订进场服务协议,工程建设、政府采购等相关交易活动在市级公共资源交易平台实现进场交易。电子交易平台完成2.0版的升级改造,取得"信息系统安全等级保护三级认证"和"国家电子招标投标系统三星级检测认证"。

【依法审批】 2019年,晋城市行政审批服务管理局推动依法依规审批,出台《2019年度法治建设工作要点》,严格审批程序,做到依法审批、依规办事。开展"谁执法谁普法"活动,编印行政许可事项涉及的法律法规宣传资料,推动行政许可改革进程。

(史志强)

大数据应用

【概况】 2019年,晋城市大数据应用局按照国家及省、市决策部署,以智慧城市建设为龙头,以数字政府和数字经济建设为抓手,以实施"1183"工程为载体,奋力打造中等智能城市全国样板。"晋城市大数据应用平台"获"2019年政务信息化应用创新杰出案例奖""2019中国信息化(数字政府)示范实践奖""2019年度中国政府信息化管理创新奖";"市长热线"被授予"省级青年文明号"称号,获得全国"12345"政府服务热线"先锋奖""2019年度卓越百姓服务奖";"晋来办"App获山西省人民政府办公厅通报表扬。"晋城市人民政府网"获国务院办公厅秘书局通报表扬。

【机构设置】 2019年1月30日,晋城市大数据应用局挂牌运行。主要职责是贯彻落实党中央及省委、市委关于信息化、数据、电子政务工作方针政策和决策部署,在履行职责过程中坚持和加强党对信息化、数据、电子政务工作的集中统一领导;建设智慧晋城,发展数字经济，着力打造中等智能城市全国样板，为提升治理能力现代化水平、实现高质量转型发展增添智慧力量。内设办公室、产业发展应用科、数据资源科3个科室。行政编制10名，设局长1名，副局长2名，科级领导职数3名。下辖事业单位市信息中心。

【“一云一网一中心”建设】 2019年，晋城市大数据应用局推进“一云一网一中心”建设，建成服务全市的城市云平台、贯通省市县乡四级的电子政务外网和满足全市应用的大数据中心，具备数据集成存储、计算分析、系统迁云、共享交换的能力，率先与国家和省平台级联对接，被确定为省市数据共享平台级联试点地市。完成市直19个部门80个业务系统迁云，整合数据3100多万条，建设人口、法人、宏观经济、信用“四大数据库”，率先实现国家及省、市三级跨地域、跨层级、跨部门的数据资源共享交换。开启“晋来办”一个门户服务新模式，上架82个应用186项便民服务事项，自主开发便民服务事项38项，访问使用量达30万人次，实现“一个门户，进来就办”。整合市直部门13条热线，实现“一口对外、一号接通、一体服务”，受理群众诉求8万余件，办结率98.1%，其中市长信箱办理1812件，满意度达96.85%。“晋e通”以GIS空间数据为底图，部署9个重点专题应用和1个政务综合信息板块，其中8个模块投入使用，为领导提供决策调度的“驾驶舱”，被山西省政府办公厅和云时代采集并提升推广。“指尖办”实现全市智能政务协同办公，部署推广14项基础应用，有45个单位3500多名工作人员在线使用，被山西省政府办公厅和云时代采集并提升推广。

【深化合作】 2019年，晋城市大数据应用局实施农村淘宝直播“村播计划”，建成农村淘宝服务站47个、天猫优品店（站）21个，村淘成交总额4450万元。蚂蚁金服为3.1万个小微企业及个体经营者提供贷款14.8亿元，为2.6万户“三农”用户提供9.8亿元纯信用无抵押贷款。与山西大学共建“大数据研究生教学实训晋城基地”和“安可”适配创新研发基地；与山西大数据中心和云时代公司共建“山西大数据晋城协同实验室”。深化与阿里巴巴战略合作，将阿里原定在陕西省西安市举办的数字峰会引进到晋城市，被阿里巴巴确定为第一个开展全面战略合作的地级市。

【服务经济】 2019年，晋城市大数据应用局为发展数字经济提供专业服务，运用大数据改造提升传统产业，为优煤易购科技公司、绿洲纺织、南村绿色智能铸造创新产业园、晋钢智能产业园、蓝远快递物流园区等提供服务；引进华为大数据中心和中电智云大数据项目，培育柴火部落、鼎峰科技、贝诚兰亭、晶奇科技等一批本土大数据应用企业，建成电商小镇，建设50个中国移动5G基站，晋城市被中国移动确定为全国首批5G试商用城市。

【集约化建设】 2019年，晋城市大数据应用局加快政府门户网站集约化建设，将24家行政机关子网站纳入晋城在线统一技术平台。精准链接、有机展示、动态更新，将各类政务服务应用向移动端聚合，满足群众日益增长的掌上办事需求。做到“两微一端”宣传新、活、热，围绕全市工作大局，讲好晋城故事，展示美丽形象，自采信息发布和重要信息转发2.8万条，制作专题专栏62个，发布高清政务大图140余条。制作重点访谈12期，录制视频20期、创意视频4期。

（申　云）

外事和港澳台工作

【概况】 2019年，晋城市人民政府外事办公室贯彻全省外事工作会议、全省对台工作会议精神，推进对外合作及与港澳台地区的交流联络，积极构建对外及对港澳台开放新格局，提升外事及对港澳台事务工作质量和水平，外事工作和港澳台工作取得新成绩。

【机构改革】 2019年，晋城市将原市旅发委的外事职能、港澳事务方面的职责和市委、市政府台湾事务办公室的职责整合，新组建晋城市人民政府外事办公室，内设4个科室，下设3个事业单位。市委外事工作领导小组改为市委外事工作委员会，并召开第一次会议，通过《中共晋城市委外事工作委员会工作规则》和《中共晋城市委外事工作委员会办公室工作细则》，加强党对外事工作集中统一领导。

【对外交流】 2019年，晋城市人民政府外事办公室共审批因公出国23批次、98人次，成行20批次、83人次，出访目的地涵盖欧、亚、美、非4大洲15个国家，出访任务以友城、能源、古堡文化、教育、城建等方面交流为主，护照收缴率100%。

【对港澳台交流】 2019年，晋城市人民政府外事办公室办理6县(市、区)和市直单位部分领导干部赴港澳学习交流团前期手续6批136人。协助举办第四届海峡两岸神农炎帝文化旅游招商系列活动。办理市长刘锋为团长的代表团27人的赴台手续和赴台后的组织安排工作。代表团在台期间，与台塑集团福懋兴业股份有限公司进行项目对接，举办与台湾光机电企业家餐叙会和山西·晋城经贸文化交流活动餐叙会。办理以副市长武健鹏为团长的代表团68人的赴台手续，安排赴台巡境赐福活动。

【大型活动】 2019年，晋城市人民政府外事办公室承办首次炎帝神尊赴台巡境赐福活动，历时9天，行程1200千米，巡境台湾12个市县、48座炎帝宫庙，参加信众近百万人次。协助高平市举办万人拜祖大典，台湾学术界、经贸界和基层信众等1200多名台胞与各级领导、专家学者、各界人士和当地群众共1万余人，同拜人文始祖神农炎帝，共祈中华民族伟大复兴。举办民间文化庙会，打造高平台湾风情园、台湾美食一条街、开化寺艺术节、展示展演非物质文化遗产等活动，吸引全国各地游客和当地群众在内的近百万人次参与。

【接待工作】 2019年6月25—26日，全国台企联常务副会长、台企联农业工作委员会主任委员，天津康农食品集团董事长林易陞到晋城市，就旅游文化产业、现代农业及投资环境进行考察。晋城市人民政府外事办公室陪派专人同林易陞到陵川县王莽岭、泽州县大阳古镇、高平市台湾产业园、炎帝陵、山西吉利尔潞绸文化产业园、山西夏普塞尔等地，了解各景区和公司运营情况。9月4—5日，“台湾记者三晋行——两岸媒体看山西”大型专题采访活动在晋城举行，协调采访单位做好接待和服务工作，两岸10多家主流媒体的媒体负责人和资深记者在高平炎帝陵、皇城相府、晋城市城市规划展览馆进行参观采访。

【国际友城建设】 2019年，晋城市深化与南非莎拉巴特曼市的合作，组建青少年艺术文化交流团赴南非参演国家艺术节。5月，晋城市政府代表团访问俄罗斯乌里扬诺夫斯克市，双方签署《建立友好城市关系协议书》，正式缔结友好城市关系。上半年，阳城县和韩国李氏宗亲会先后派团进行互访，就文化旅游、农业技术、商品贸易、专利等方面的合作进行广泛交流。开展与英国恩菲尔德市的交流和合作，市政府派团赴六福客栈主人公格拉蒂丝·艾伟德的故乡——恩菲尔德市进行友好访问，推进两市在经贸、文化、教育、友城等领域的合作。加强与希腊塞萨洛尼基市的友好交往，派团访问希腊塞萨洛尼基市，进行古堡文化旅游方面的学习交流。

【交流拓展】 2019年，晋城市人民政府外事办公室通过发送春节贺卡、贺电等形式向外国驻华大使馆、中国驻外大使馆、友好城市和国际友人传递祝福，深化友谊；建立涉外工作数据库，将晋城市外出归国后有需求更换驾驶证的人员记录在册。通过“2019东西方古堡对话”，与立陶宛、匈牙利、乌克兰、美国等使馆建立联系。

(王京欣)

统　计

【概况】 2019年，晋城市统计局以提高统计数据质量为中心，以贴近决策需求、服务发展大局为目的，狠抓“统计改革创新再提质、统计服务水平再提升、统计基层基础再增强”三项重点工作，各项工作再创佳绩，获山西省文明单位称号。

【执法检查】 2019年，晋城市统计局完善统计执法检查制度，制定《行政执法公示制度》《执法全过程记录制度》《重大执法决定法制审核制度》《推行建立信用承诺制度实施方案》，组织市县统计干部签订《防范和惩治统计造假承诺书》。运营联合惩戒平台，建立跨地区、跨部门、跨领域的联合激励与惩戒机制。开展统计法治宣传，推进电视普法活动，推进统计法进党校、进县区、进企业、进学校。对重点行业、重点部门的相关人员进行以告诫、提醒、提示、警醒为主的执法约谈活动，对107家单位开展统计执法检查，查处统计违法案件1起，警告1起。

【统计管理】 2019年，晋城市统计局将统计管理体制改革、统计制度方法改革创新、统计基层基础建设等贯穿统计工作全过程。督促各县(市、区)相继起草各地区实施方案。履行对县级统计部门领导班子的协管职责，对主要负责人和副职领导调整进行前置考察。乡镇统计员县统计局派出制改革取得突破，市委、市政府按平均每个乡镇2名统计员的标准，为市县两级统计局增加全额事业编制172名。乡镇统计员派出制改革实现“三个率先”：率先在全市84个乡镇实行县派出乡镇统计员制，突破山西省改革实施意见中“在各市选择1~2个县先行开展县对乡镇统计人员派出制试点”的要求；率先以乡镇统计工作片区化管理为依托，实行首席统计员制度；率先在党政机构改革中走出跨层级统筹使用编制资源的实质性步伐。完善统计数据质量责任制，印发《晋城市统计系统统计数据质量分级负责制度》，明确统计数据质量管理的范围、内容和责任。制定《晋城市统计局执法抽查制度》，建立健全防范和惩治统计造假弄虚作假的长效机制。

【基层基础工作】 2019年，晋城市统计局全面推进县乡统计机构、联网直报单位的规范化建设工作，对6个县(市、区)、54个乡镇街道统计机构进行验收，县级和乡级验收覆盖率分别为100%和64.3%。推进统计信息化建设，建立覆盖市、县、乡三级，集统计数据流全过程管理为一体的统计数据管理平台，提升统计工作全流程现代化水平。全面推行OA系统，建立完善工作任务督办系统，实现与省级平台无缝对接，建立全市一体并与山西省统计局互联互通的办公自动化系统。市县乡统计数据专线全面建成，各县(市、区)调度平台配套建设有序推进。订购国家统计局、山西省统计局印制的有关资料，组织开展形式多样的全系统业务培训及考试活动。

【统计监测】 2019年，晋城市统计局依托晋城统计信息网、《统计年鉴》《统计资料提要》《比较》、月度《晋城经济运行监测》和短信《统计数据专报》等载体，搭建全方位、多视角、高效便捷的统计监测平台。由“数库”向“智库”转变，发掘统计数据、研究发展变化、研判经济走势，编发《统计专报》22期、《统计监测要情》15期、《统计分析报告》46期。强化重点领域监测预警，围绕全市工业转型升级，跟踪监测非煤产业、战略新兴产业和高技术产业的发展情况；围绕全市转型项目行业包括新兴产业和传统产业升级改造，按月编发《晋城深化转型项目建设年投资监测》；围绕全市生态文明建设和绿色发展总体情况，制定《晋城市绿色发展统计报表制度》，编发《全市生态文明建设年度评价结果公报》。围绕新修订的区域经济转型升级考核评价办法和优化调整后的考核评价指标体系，加强对全市及各县(市、区)区域经济转型升级考核评价指标序时进度监测。8月，启动乡镇“三农”工作专项考核统计调查监测工作，按月调查整理报送全市乡镇“三农”工作专项考核统计指标监测情况。

【第四次全国经济普查】 2019年1月1日，晋城市启动第四次全国经济普查登记工作，全市近6000名普查员历时4个月时间开展地毯式入户登记，共普查登记各类单位和个体经营户44270个。其中，企业一套表单位936个，非一套表单位35529个，个体经营户7805个。开展数据审核验收评估，坚持普查数据即报即查即审即验，核实修正错误5万余条，验收率100%。及时对普查初步数据进行分专业、分县区快速汇总，与“三经普”数据进行比对分析，工商、税务、民政、编办等相关部门对普查结果进行确认。

【统计改革】 2019年，晋城市统计局跟进国民经济核算改革，制定晋城市生产总值统一核算方法，规范统一核算工作流程。推进投资统计改革，编制《晋城市固定资产投资项目申报指南》，实行“开工项目承诺制”，做到项目应统尽统。

（李　璐）

机关事务

【概况】 2019年，晋城市直属机关事务服务中心把政治建设摆在首位，推动办公用房、公务用车和后勤服务集中统一管理，提升政务接待规范化水平，提高后勤保障能力，优化服务环境，助力晋城市创建全国文明城市，推进机关事务改革发展，服务市委、市政府工作大局，各项工作取得新成果。

【办公用房管理】 2019年，晋城市直属机关事务服务中心对全市党政机关办公用房使用情况进行全面统计，涉及中心直接监管的市直党政机关及事业单位(部分)366个、院落66处、楼宇109幢，宗地面积71.5万平方米，办公用房建筑面积60.5万平方米，将323家单位53.6万平方米办公用房信息数据录入省级不动产管理平台。建立专业档案室，收集整理47处市直党政机关和事业单位办公用房产权资料和基建档案资料共计2360卷。完成16处房产权属变更，对31家因政策或历史原因无法变更的，作权属备案处置。在机构改革中，制定《关于市级党政机关机构改革办公用房调整方案》，为47家单位调整调剂办公用房3.6万平方米。开展晋城在长治房产资产评估工作，在长治的土地共45宗、占地面积约27.3万平方米，房产建筑面积32.1万平方米(另有3宗土地1.1万平方米已交易开发)，租赁或开发合同约定期房建筑面积0.9万平方米。

【公务用车管理】 2019年，晋城市直属机关事务服务中心完成市直和6个县(市、区)公务用车信息平台“一张网”建设，平台共监管全市1198台公务用车，其中市直单位290台，各县(市、区)908台。对市直92家单位公务用车编制进行重新核定，核定一般公务用车编制226辆。制定《晋城市市直机关公务用车服务平台车辆管理使用暂行办法》《公务用车服务平台车辆管理办法》《公务用车平台服务行为规范》《中心公务用车服务平台突发事件应急预案》等制度，规范公务用车使用管理。车改处置车辆307台，其中核准报废142台，拍卖处置127台，为35家单位调剂38台。

【后勤服务管理】 2019年，晋城市直属机关事务服务中心制定晋城市《市直党政机关办公区物业服务管理办法》《市直党政机关办公用房维修管理办法》，完善后勤服务项目标准。市直党政机关名下27处34.2万平方米房产全部实现统一调配和大中维修集中统一管理，其中9处22万平方米房产的后勤服务保障由中心直接组织实施。在机构改革中，按照统一标准、经费归口、资源共享的原则，通过公开招标，实行社会化购买服务的方式为部分新组建和调整的部门统一提供后勤服务，对新出现的3处集中办公区后勤服务进行集中统一管理，有效降低行政运行成本。

【接待管理】 2019年，晋城市直属机关事务服务中心严格落实中央八项规定要求，修订完善《关于进一步规范全市接待活动的办法》，制定“一函、一客、一下单、一存档、一结账”的“五个一”工作流程；根据接待任务的活动时间、规模数量、日程安排等要求和特点，合理选择接待场所，科学配备车辆及保障物品；将“炎黄儿女、一脉相承”主题剪纸、神农尝百草、祥凤凌空等具有晋城特色的文化元素融入接待工作，提升政务接待文化内涵，展示晋城名片。全年，接待宾客290批6353人次，其中副国级1人，省部级53人次，厅局级460人次。完成海峡两岸神农炎帝经贸文化旅游招商系列活动、第五届山西(晋城)太行山旅游文化节、丹河新城金村起步区招商推介大会等22项大型活动的接待任务。

【保障服务】 2019年，晋城市直属机关事务服务中心全面保障市委、市政府机关，市政府东、西、南等9个集中办公区电力通信、热力管网、中央空调、电梯运行等正常运转;建立健全集中办公区安保、消防、重大活动等应急预案,加强同公安、武警、信访等部门的联动,定期排查和整治风险隐患,确保集中办公区安全有序。全年,累计出车2880余台次,安全行驶76万余千米;接待服务各种会议1500余场次。

【脱贫攻坚】 2019年,晋城市直属机关事务服务中心协调财政资金216万元,帮助定点帮扶村完成2.7千米"农村四好公路"提质改造工程。投入帮扶资金21.2万元,为定点帮扶村改建文化服务中心、老年日间照料中心、扶贫爱心超市等。召开"推动帮扶高质量、打赢脱贫攻坚战"誓师大会,助销农特产品1600余千克,金额1.59万元。开展消费扶贫进机关活动,与扶贫企业签订农特产品承销合同,累计助销金额13.8万元。

(贺 婧)

超限治理

【概况】 2019年,晋城市治理非法超限超载事务中心遵循政府主导、部门联动、综合治理工作机制,治超工作保持强有力的工作态势。全市共出动各类执法人员18.46万余人次,检测货运车辆1325万辆次,车辆超限超载率控制在0.02%以下,国、省道干线公路和县、乡公路好路率始终保持在95%以上。

【治超改革】 2019年6月,经晋城市委机构编制委员会批准,晋城市治超办更名为晋城市治理非法超限超载事务中心。8月1日,根据《晋城市"12345"市长热线整合实施方案》要求,市、县级治超举报电话并入全市统一的"12345"市长热线"一号通"平台,集中受理,集中回复,并通过钉钉软件上报市治超办备案。

【治超宣传】 2019年,晋城市治理非法超限超载事务中心每天6次在晋城新闻频率FM107.2和晋城交通广播FM93.5播放安全运输、平安治超相关的公益广告,共播放2000多条;在晋城电视台新闻联播栏目播放治超专题新闻6次;在《太行日报》整版刊登"晋城治超工作专项整治月行动"报道;加大微信公众号、微信群建设和维护力度,构建治超宣传新平台,通过"晋城治超"微信公众号编发治超新闻91期、治超信息474条,向"山西治超"微信公众号报送新闻宣传报道161条。全市共采编各县(市、区)治超办、各成员单位、治超检测站各类治超信息131条,在晋城在线、《太行日报》等媒体编发治超宣传信息31条;发布"改革创新、奋发有为"专题简报14期、"不忘初心、牢记使命"专题简报13期。

【治超执法】 2019年,晋城市共出动源头治超执法人员5826人次,巡查政府公示货运源头企业2186趟次,检查出厂车辆56792辆次,纠正违规行为90起,行政处罚48.4万元,责令县级运管机构进行整改37起。全市有84名非法超限超载车辆的驾驶从业人员、51辆非法超限超载车辆纳入非法超限超载"黑名单"管理;接受和处理抄告、抄送各类超限超载案件8起,全部处理完毕。完善路警联合治超新机制,重点针对超限超载车辆恶意囤积、堵站、集结闯岗、绕行等违法行为依法进行打击,全市共查获超限超载车辆7688辆次,卸载货物3635.88吨,收取罚款93.22万元。

【专项行动】 2019年,晋城市治理非法超限超载事务中心共开展专项行动5次:4月19日,配合山西省治超办对部分市、县及公路超限检测站进行源头核查工作,对部分地市源头核查、车辆处理、文书制作等方面存在的问题进行通报;4月23日,下发《关于进一步规范源头核查加强治超工作的通知》,针对源头核查、车辆处理、文书制作等方面存在的问题,对辖区的所有超限检测站逐一排查,及时整治,依法查处和追究相关人员责任;5月20日,组织开展为期40天"全市源头核查督查专项行动",重点对各县(市、区)治超机构、公路超限检测站的源头核查、车辆处理、文书制作以及省治超办"关于对部分市县源头核查存在问题的情况通报"的整改落实等情况进行专项督查;9月23—30日,在全市开展治超工作交叉检查,共抽查治超成员单位

17家，乡镇政府17家，治超检测站、高速公路治超点45家，源头企业52家，巡查路面2160余千米；10月31日至11月30日，在全市组织开展“晋城市治超工作专项整治月行动”，对非法货运源头、绕道、闯卡、聚焦堵路等行为进行严厉打击。

【科技治超】 2019年，晋城市治理非法超限超载事务中心推进全市治超信息管理指挥系统升级第二阶段工作，配合财政部门和采购部门完成科技治超信息管理指挥系统平台软件升级前期采购准备，与晋城市煤炭企业源头治超监控平台的联网对接，市平台联网煤炭源头企业94家；协调推进与市交警支队不进站电子抓拍系统联网，完善并实现各级治超信息管理指挥平台对闯卡避检车辆的实时监控、及时处罚；协调与市环保监测平台联网，推进非煤企业的入网监测。组织业务骨干到安徽省淮北市，学习全国治超非现场执法先进市的成熟经验，推动无人值守治超检测系统实施。

【业务培训】 2019年11月26—27日，晋城市治理非法超限超载事务中心举办治超工作培训。各县(市、区)治超领导组组长、县治超办主任及业务骨干、乡(镇、街道办事处)政府分管领导、市直各治超成员单位分管领导及治超办负责人、各公路超限检测站站长及业务骨干等200人参加培训。

【督导检查】 2019年，晋城市治超督查组开展督查82次。其中督查各级治超组织机构79个次、货物运输源头单位143个次、公路超限检测站和高速公路入口检测点73个次，道路督查292趟次1.1万余千米，发放宣传资料3500余份。全市查处各类治超案件285起，同比减少227起，其中，受理群众举报案件36起，受理站点上报案件207起，县区自查案件31起，省督办案件5起，市督办案件6起。

（窦历宏）

住房公积金管理

【概况】 2019年，晋城市住房公积金管理中心以深化“放管服效”改革为统领，规范业务管理，提升服务效能，住房公积金使用更加安全有效，获全省住房城乡建设工作先进单位和市级文明单位标兵称号。2019年，晋城市住房公积金新开户单位266家，新开户职工1.89万人，缴存金额27.76亿元。至年底，全市实缴单位2712家，实缴职工25.21万人，缴存总额228.7亿元，缴存余额96.77亿元。全年提取12.89亿元，至年底，累计提取总额131.93亿元。全年发放贷款3412笔、11.88亿元，支持购房面积41.06万平方米；回收7.21亿元，为职工节约购房利息支出2.94亿元。至年底，累计发放个人住房贷款3.99万笔、86.96亿元，贷款余额51.88亿元，个贷率53.61%。全年逾期额335.87万元，逾期率0.65‰。全年增值收益1.85亿元。

【提质增效】 2019年，晋城市住房公积金管理中心印发《关于调整部分住房公积金政策的通知》，将购房提取年限延长至5年，无房提取最高额度从2万元提高到3万元，住房公积金贷款额度由60万元提高到80万元。出台《关于晋城市市区既有多层住宅加装电梯支取住房公积金的办法》，明确支持缴存职工提取住房公积金用于支付既有多层住宅加装电梯的建设费用。印发《关于进一步优化业务流程提升服务效能的实施办法》，精简审批流程，提取实行一级审批，贷款实行二级审批。大力推行按揭担保，开展开发商不拒绝使用公积金贷款活动，开发商按揭担保贷款占非抵押担保的86%。下发《关于撤销各分中心银行账户的通知》，撤销17个银行账户。提高银行存款议价能力，全市3年期存款利率上浮普遍达到50%，最高达到55%。

【信息化建设】 2019年，晋城市住房公积金管理中心完成与全国住房公积金数据平台接入工作，每日定期向平台报送增量贷款数据；完成与全省住房公积金数据互联共享平台接入工作，实现省内偿还住房公积金贷款提取、转移接续、贷款等业务异地办理；接入晋城市智能便民服务“晋来办”和支付宝，拓宽住房公积金信息查询渠道；推进“多证合一”改革，与市事业单位登记管理局、市场监管部门信息共享，事业单位、企业办理缴存登记实现“零资料”；与公安接口连通，可在线查询验证办事群众身份信息；与人行接口请示得到中国人民银行征信管理中心批复。在手机App上开通网上按月委托还贷、提前还本、提前结清、还款卡号变更、贷款进度查询等业务。缴存基数调整、个人账户建立、同城转移、开发商信息管理等业务可通过网厅实现全网通办，全程网办业务占比61.4%。

【风险防控】 2019年，晋城市住房公积金管理中心制定出台《预算管理制度》《“三重一大”事项集体决策制度》《合同管理制度》《固定资产管理制度》《定期存款管理办法》《政府采购管理制度》《档案管理制度》等制度。开展按揭楼盘调查工作，对345名借款人资料进行实地核查。采取电话催收、扣划、司法催收等9种形式开展贷款催收工作，扣划181名借款人及担保人住房公积金255.98万元。开通房产预抵押工作。对26名骗提人员作出处理，涉及金额171.73万元。成立电子稽查领导小组，每月定期分析研究上月电子稽查结果。

（赵　健）

发展研究工作

【概况】 2019年，晋城市政府发展研究中心围绕市委、市政府中心工作，转变工作职能，贯彻新发展理念，提高课题研究数量与质量，增强服务决策能力，为市委、市政府提供高质量决策咨询服务，完成年度目标任务。

【政策宣传】 2019年，晋城市政府发展研究中心依托《晋城经济》和《晋城发展研究》，广泛宣传解读中央及省委、市委的重要会议精神和重大决策部署，并结合晋城转型发展形势和要求，到基层开展深层次解读宣讲10余场，受众人数3000余人。

【课题研究】 2019年，晋城市政府发展研究中心围绕政府治理现代化开展研究，形成《关于晋城市“统筹整合资源 系统集成改革，全面提升政府治理现代化水平”的研究报告》。围绕市委、市政府中心工作，对晋城市支持民营经济发展政策、农林文旅康产业融合发展、加快数字政府建设等情况开展研究。围绕人民群众身边的操心事、烦心事、揪心事，对学前教育、市区停车难、跨区域交通、农村“厕所革命”等问题开展专项调研，其中《关于破除交通瓶颈助力转型发展的调查和建议》得到市委主要领导批示。派出6批次调研组赴江苏、浙江、广东、福建、河南及省内先进地市进行学习考察，形成考察报告6篇，其中《对江苏无锡、镇江两市政府治理现代化情况的考察报告》获市委、市政府领导批示，在全市推行。系统梳理总结中华人民共和国成立70年特别是改革开放40年来晋城经济社会发展主要成就与主要经验做法，形成2万余字的《砥砺奋进结硕果，璀璨明珠耀太行》专题报告，在《山西区域经济发展研究》发表。全年共撰写调研报告12篇。

【《晋城经济》】 2019年，《晋城经济》以双月刊的形式定期刊登探讨晋城经济社会发展的理论文章和调研报告，向全市乡镇及以上机关和重点企业发送，并与全国100多个兄弟城市刊物进行交流赠阅，为经济工作者提供交流探讨的平台。为全市各级领导干部学习、研究、决策提供重要参考，共刊发6期。

（赵亚峰）

中国人民政治协商会议晋城市委员会

政协工作

【概况】 2019年，中国人民政治协商会议晋城市委员会以习近平新时代中国特色社会主义思想为指导，贯彻落实中央及省委、市委各项决策部署，发扬民主和增进团结相互贯通、建言资政和凝聚共识双向发力，围绕“五个三”重大部署和“十项重点工作”任务，提高政治协商、民主监督、参政议政水平，为推动新时代美丽晋城高质量转型发展取得新成果贡献积极力量。

【理论学习】 2019年，政协晋城市委员会以习近平新时代中国特色社会主义思想为指导，组织政协委员和机关干部学习贯彻习近平总书记“三篇光辉文献”和习近平总书记在中央政协工作会议暨庆祝人民政协成立70周年大会上的重要讲话，贯彻中共十九大和十九届二中、三中、四中全会精神，贯彻落实省市全会和经济工作会议精神。全年共组织学习活动60余次。

【培训辅导】 2019年12月9—13日，政协晋城市委员会组织部分市政协委员、县（市、区）政协主席或副主席、市政协机关干部赴中山大学进行培训，邀请知名学者和专家，围绕习近平新时代中国特色社会主义思想和中共十九届四中全会精神、新时代人民政协的新方位新使命、协商民主与基层治理现代化等内容进行专题辅导。

【主题活动】 2019年，政协晋城市委员会举办市政协“委员阅读日”“委员建言日”活动，邀请专家学者、部门领导作专题报告，开展实地调研走访，围绕医疗卫生服务、“改革创新、奋发有为”大讨论、优化营商环境、创建全国文明城市、“巩固脱贫攻坚、助力乡村振兴”、“不忘初心、牢记使命”主题教育等课题，就如何建言献策进行交流探讨，激发委员的学习热情，增进委员之间的联系，提高委员履职的积极性和主动性。

【议政协商】 2019年，政协晋城市委员会召开七届四次会议，组织市政协各参会单位和全体委员，按照市委确定的总体思路和决策部署，讨论政府工作报告和其他报告，为推进新时代美丽晋城高质量转型发展取得新成果建诤言献良策。开启代表委员通道，来自不同界别的12位政协委员接受媒体采访。会议共提交大会发言60余份，11位委员在大会上发言。全委会议闭幕后，及时将委员所提意见归纳整理，报送市委、市政府。

【专题协商】 2019年，政协晋城市委员会七届十六次常委会议围绕“改革创新、奋发有为”大讨论主题开展专题议政，各党派团体和政协委员联系工作和思想实际，聚焦事关晋城改革发展的重大问题进行交流发言，广泛凝聚共识。七届十七次常委会议围绕晋城市民营经济发展情况进行专题协商，形成《关于加快我市民营经济发展的若干建议》。七届十八次常委会议围绕晋城市创建全国文明城市工作情况进行专题协商，形成《关于推进我市创建全国文明城市工作的若干建议》。七届十九次常委会议围绕晋城市农村人居环境整治情况进行专题协商，形成《关于推进我市农村人居环境整治工作的若干建议》。

【对口协商】 2019年，政协晋城市委员会针对热点、焦点、难点问题，召开专题议政会议，开展对口协商。围绕五大产业发展体系，就全市传统产业改造升级、新兴产业培育壮大、提升产业层次专题议政。围绕发展有机旱作农业，就全市打好特色农业品牌，建设标准化生产示范基地专题议政。围绕完善公共法律服务体系建设，就推动全市形成线上线下一体化公共法律服务平台专题议政。围绕优化学前教育，就推进学前教育普及普惠安全优质发展，提升全市学前教育水平专题议政。围绕打造新一线旅游城市，就全市大景区资源整合和扩容提质专题议政。

【调查研究】 2019年，政协晋城市委员会依托专委会和界别，统筹市县政协力量，组织委员针对创新驱动、转型发展、老城改造、新区建设、乡村振兴战略、脱贫攻坚工程、安全稳定和风险防范、生态环境保护、民生事业改善、开发区建设等课题开展调查。围绕“打造能源革命排头兵”“深度融入一带一路，以大通道建设构建内陆地区对外开放新高地”“以品牌建设为抓手，推动农业特色产业做大做强”“进一步优化营商环境，树立晋城对外开放新形象”“互联网+医疗健康”“文化旅游融合发展”“宗教活动场所安全管理”等课题进行调查研究。

【监督指导】 2019年，政协晋城市委员会班子成员到所包重点工程和民营企业，了解工程进展情况，摸清民营企业诉求，协调解决实际问题。组织政协委员到创文实地考察基地，深入市民群众开展督导调研，推动全国文明城市创建工作。组织政协委员对深化转型项目建设年活动、打赢蓝天保卫战、“放管服效”改革、推进农业适度规模经营等情况开展专项考察监督。参与全市开展脱贫攻坚“回头看”大排查大清底工作，到部分县(市)采取实地查看、多方询问、核查资料等方式，进行驻村督导、跟踪督导，确保脱贫攻坚决策部署落实落地。

【提案工作】 2019年，政协晋城市委员会首次在晋城市人民政府网面向社会公开征集市政协七届四次会议提案参考选题，汇总整理后形成提案选题参考目录。引导委员把握提案方向，为委员提交提案搞好服务，完成市政协七届四次会议期间的提案征集、分类、登记等工作。做好提案的审查立案和交办工作，共收到提案589件，数量创历年新高；经审查立案551件，转为意见34件。慎重确定重点提案，结合2019年《政府工作报告》，将45件重要提案摘录成册以供遴选，最终确定十件重点提案，提交主席会议审议通过。对立案的551件提案进行交办，对未立案的34件提案作为意见进行处理。市政协4位副主席分别带领各界别委员，对重点提案进行督办。甄选44件精品提案在晋城政协网《提案精选》栏目公开发布，精选80件办理成效明显提案汇集成《提案及办理情况选编》。

【社情民意】 2019年，政协晋城市委员会加强社情民意信息工作，编发《晋城社情民意》112期，采用信息185篇，市领导批示8篇。向省政协报送社情民意400余篇，被采用40余篇，省领导批示4篇，全国政协采用10余篇。加强特约信息员队伍建设，拓宽民意渠道，及时反映群众诉求。加强信息选题的征集发布工作，围绕市委、市政府工作大局和市政协常委会工作要点，发布重点信息选题12个、相关学习参考资料10余篇。

【宣传推介】 2019年，政协晋城市委员会与市新闻传媒集团联合开办《政协之声》《委员建言》《政协话民生》三档议政栏目，围绕社会热点精心选题，全年播出《委员建言》28期、《政协话民生》29期、《政协之声》48期。做好晋城政协网的日常更新和维护工作，编辑《晋城政协》杂志6期，宣传贯彻习近平总书记关于人民政协工作的新思想新要求新部署，报道市政协工作成果。组织开展庆祝中华人民共和国和人民政协成立70周年主题征文活动,征集稿件60余篇,共计15万余字。配合省政协开展“庆祝新中国成立70周年、人民政协成立70周年”书画摄影征集工作,面向市政协系统和文化界征集作品35件,23件作品获奖。配合省政协研究所完成《山西政协年鉴·晋城卷(2018)》编纂工作,共计1万余字。

【联谊交流】 2019年,政协晋城市委员会加强与各地市政协工作交流,拓展对外交流交往渠道,扩大与各界人士的友好往来。组织委员赴福建、江苏、安徽、河南等地,就民营经济发展、创建全国文明城市、产业转型发展等课题学习考察。做好外地政协到晋城市调研考察接待工作,接待南京市、运城市、贵州省黔西南州等政协考察组,就《中华人民共和国文物保护法》和文博事业发展、生态环境保护、旅游文化产业发展、煤炭产业发展及煤矿安全生产管理等工作进行交流。

【团结合作】 2019年,政协晋城市委员会加强与各民主党派、工商联、人民团体和无党派人士的团结合作,为他们知情议政、履行职能搭建平台。安排他们在政协各类会议上发表意见;适时邀请召开座谈会,就市政协机关建设、确定年度工作要点、社情民意采编工作和开展相关活动,提前听取意见和建议;在开展调研视察时,邀请相关委员参加;在编印社情民意信息和办理提案的过程中,对其团体或个人的提案和信息给予较多关注。

重要会议

【政协第七届晋城市委员会第四次会议】 2019年2月24日至27日在晋城举行。会议议程共7项:会议议程共有7项:听取和审议政协第七届晋城市委员会常务委员会工作报告;听取和审议政协第七届晋城市委员会常务委员会关于七届三次会议以来提案工作情况的报告;列席市七届人大五次会议,听取和讨论政府工作报告及其他有关报告;审议通过政协第七届晋城市委员会第四次会议政治决议;审议通过政协第七届晋城市委员会第四次会议关于常务委员会工作报告的决议;审议通过政协第七届晋城市委员会第四次会议提案审查情况的报告;审议通过人事事项。

【市政协七届十四次常委会会议】 2019年2月21日召开。会议协商讨论市政府工作报告(征求意见稿);协商讨论市人民法院、市人民检察院工作报告(征求意见稿);审议通过政协第七届晋城市委员会常务委员会工作报告;审议通过政协第七届晋城市委员会常务委员会关于七届三次会议以来提案工作情况的报告;审议通过市政协常委会2019年工作要点;审议通过召开市政协七届四次会议的决定;审议通过市政协七届四次会议议程(草案)和日程;审议通过市政协七届四次会议秘书长副秘书长名单、组织机构及负责人名单、委员分组办法及小组召集人名单、逐日执行常委名单等;审议通过人事事项。

【市政协七届十六次常委会会议】 2019年4月12日召开。会上,范咏香、柴慧青、赵晋阳、程春明、张瑞忠、王胜利、贾晓娥、郭建英等8位政协委员对照“6个破除”“6个着力”“6个坚持”进行“改革创新、奋发有为”主题交流发言,会议还审议通过了人事事项。

(张刘敏)

中国共产党晋城市纪律检查委员会 晋城市监察委员会

纪检监察工作

【概况】 2019年，晋城市纪律检查委员会、晋城市监察委员会贯彻落实中央纪委国家监委、山西省纪委监委和晋城市委的部署要求，坚持稳中求进工作总基调，履行党章和宪法赋予的职责，推动新时代纪检监察工作高质量发展，为新时代美丽晋城高质量转型发展取得新成果提供坚强政治和纪律保障。

【重大决策部署监督】 2019年，晋城市纪律检查委员会围绕党中央重大决策部署、习近平总书记重要指示批示精神贯彻落实，梳理出114项中央重大决策部署，54项习总书记重要指示批示精神，115项山西省委重大决策部署，91项晋城市委重大决策部署。督促各县（市、区）和各单位列出贯彻清单、建立监督台账，综合运用座谈谈话、调研走访、专项检查等方式实施监督。对山西省委省政府环保督查"回头看"晋城组移交晋城市的5个生态环境损害责任追究问题进行调查，共问责30人，其中市管干部10人。查处弄虚作假、履职不力、不作为等一批典型问题。

【政治纪律执行情况监督】 2019年，晋城市纪律检查委员会紧盯关键少数，加强对违反政治纪律和政治规矩的监督检查，每半年逐层逐级开展一次提醒谈话，动态更新、及时研判市管干部廉政档案，定期向市委报告市管干部尤其是"一把手"的问题线索。纪律审查优先查处违反政治纪律和政治规矩的问题，全市21名党员干部因违反政治纪律受到严肃处理；77个党组织、220名党员领导干部因履行管党治党责任不力被严肃追责问责，其中"一把手"127名。提高党风廉政意见回复质量，廉政审核提出否定性意见204人次。

【严肃党内政治生活监督】 2019年，晋城市纪律检查委员会落实《中国共产党党内监督条例》和《关于新形势下党内政治生活的若干准则》，加强对民主生活会和组织生活会的监督检查，会前审核把关、会中选派纪检监察干部到会监督指导，会后督促整改，对不规范、不严肃、质量不高的现场指出问题、现场进行整改，问题严重的坚决叫停或责令重开，责令接受谈话函询的85名市管干部在民主生活会上作出说明或检查。晋城市各级党组织召开专题民主生活会期间，市县两级纪委监委在监督指导时，现场指出问题并整改单位共有28个，其中市直部门16个、县直或乡镇12个；叫停单位1个。

【日常监督"三项举措"】 2019年，晋城市纪律检查委员会创新"三项举措"，抓细日常监督。

建章立制。出台《监督审查调查工作考核办法》，明确三大类35项具体内容，规范日常监督方式，建立信访举报集体研判制度和闭环管理办法、问题线索管理办法、常用文书使用管理办法等。

丰富手段。改变以往静态分

析习惯，以提高问题线索处置的高效性和准确性为目标导向，坚持从“来源渠道、举报动机、举报背景、关联线索、干部日常表现”等方面，多角度排查有价值的问题线索，重点研判举报线索的可信度、可查性和紧急程度，精准评估线索的质量、时效和使用价值。

定期研判。每月召开监督检查会议，分析研判问题线索，统筹把握监督信息，结合上级部署、典型案件所联系地区和单位区域行业特点，重点关注廉政风险多的重点单位、重要岗位和关键环节，深入分析研判。全年，全市纪检监察机关处置问题线索5777件，同比增长32%；采取谈话函询方式处置问题线索2933件次，同比增长65.2%；运用“四种形态”处理5689人次，其中第一、第二种形态占比93.7%。

【派驻监督“三个探索”】 2019年，晋城市纪律检查委员会深化“三个探索”，做实派驻监督。

完善信息架“探头”。完善更新领导干部廉政档案，综合被监督地区和单位基本情况、权力清单、廉政风险点等情况建立台账，制定“一个清单”监督台账，明确政治监督重点。

强化考核出“答卷”。制定出台《派驻（派出）机构监督审查调查工作考核办法（试行）》，科学设置12项考核指标，定期对派驻（派出）机构进行分类量化考核评价。全年，市纪委监委派驻（派出）机构处置问题线索666件，其中谈话函询294件，初核375件，了结409件，立案149件，给予党纪政务处分115人。

做实首责树权威。派驻（派出）机构与驻在部门党组（党委）建立定期会商、重要情况通报、线索联合排查、联合监督执纪、督促巡察整改等机制。加强对被监督单位党组（党委）履行主体责任的监督，运用约谈提醒、述责述廉、追责问责等方式，督促党组（党委）切实担负起管党治党责任。

【巡察监督】 2019年，晋城市纪律检查委员会把市县巡察作为推动全面从严治党向基层延伸的重要举措，聚焦贯彻落实党的路线方针政策和中央及省委、市委重大决策部署、党内政治生活、选人用人、民主集中制执行情况等，开展政治巡察。协助山西省委巡视十组对晋城职业技术学院开展“协作式上下联动”巡视，配合山西省委巡视二组对晋城市及陵川县、沁水县进行脱贫攻坚专项巡视。完成七届市委第七、八轮巡察，共发现各类问题585个，发现违规违纪问题线索120件，第八轮完成后巡察覆盖率76.2%。出台《关于加强巡察整改的实施办法》，对38个市直单位整改情况进行督查，发现整改质量不高、不到位问题94个，下发整改建议书40份，对巡察整改不力的3个县（市、区）委和2个市直单位党组负责人进行约谈。

【“四风”纠治】 2019年，晋城市纪检监察机关共查处形式主义、官僚主义问题919件，处理人数1245人，给予党纪政务处分323人，查处并通报形式主义、官僚主义典型案例17起。查处违反中央八项规定精神问题266起，同比增长48.60%；处理人数317人，同比增长33.19%；给予党纪政务处分199人，同比增长49.62%；对19起违反中央八项规定精神的典型问题点名道姓公开通报曝光。中秋节、国庆节期间，开展为期2个月的集中纠治“四风”专项行动，发现问题线索153个。

【案件查处】 2019年，晋城市纪检监察机关立案1483件，同比增长12.4%；结案1389件，同比增长15.7%；给予党纪政务处分1310人，同比增长14%。市县两级纪检监察机关建立问题清单2个，推动撰写忏悔录和反思录42份，拍摄警示教育片4部，下发纪检监察建议7份，宣布处分决定29次。制定出台《关于正确把握改革创新中的纪法界限、激励干部奋发有为的意见》，配套制定《失实信访举报澄清工作办法（试行）》，研判无实质内容、挂名贴牌、诬告错告类信访举报55件次，涉及13名市管干部和1个市管单位，给予直接了结或转相关单位处理。

【专项整治】 2019年，晋城市纪律检查委员会开展5次专项整治：扶贫领域整治，查处扶贫领域问题431件，同比增长146.29%；给予党纪政务处分105人，同比增长17.98%；民生领域整治，查处民生领域案件1461件，同比增长

60.54%；给予党纪政务处分518人，同比增长31.81%；人防系统整治，新发现人防系统问题线索54件，处置问题线索52件，处理44人，提出整改建议29条；环保领域整治，对2018年省委省政府环境保护督查“回头看”移交的5个生态环境损害责任追究问题进行调查，对30名相关责任人进行严肃追责问责，其中通报3人、谈话提醒3人、诫勉9人、作出检查15人；涉黑涉恶整治，中央督导组交办的262件问题线索办结257件，省纪委监委转省委政法委移交的8件线索办结7件，自收187件线索办结125件；立案查处涉黑涉恶腐败和“保护伞”问题63件，处理161人，给予党纪政务处分87人，组织处理72人，移送司法机关4人。

【自身监督】 2019年，晋城市纪律检查委员会出台《关于从严从实加强新时代纪检监察干部队伍建设的意见》，聘请15名特约监察员，加强纪检监察干部队伍监督。组织全市700余名纪检监察干部开展为期1个月的“深刻汲取张某明严重违纪违法案件教训”专题警示教育活动，列出44条问题清单。全市纪检监察监察机关共处置纪检监察干部问题线索81件，其中，谈话函询60件、初步核实8件；给予组织处理28人次，其中提醒谈话5人、批评教育17人、责令书面检查2人、诫勉谈话4人；处分2人，其中党内警告1人、党内严重警告1人。

体制改革

【纪律检查体制改革】 2019年，晋城市纪委、监委巩固拓展党对反腐败工作集中统一领导，设立综合室，负责市委反腐败领导小组办公室日常工作，探索党委反腐败领导小组工作机制，首创制定《中共晋城市委反腐败领导小组工作试行办法》，从机构设置、工作职责、议事规则、工作制度等方面进一步健全领导小组运行机制，全面协助市委推进全面从严治党、加强党风廉政建设和组织协调反腐败工作；建立成员单位日常工作联系机制，每季度书面报告工作、每月报送工作信息、定期检查督导，着力保障机制运行顺畅。全年，市委反腐败领导小组召开会议7次，协调成员单位和各县（市、区）解决问题29个。对6个县（市、区）反腐败领导小组运行情况进行“全覆盖”专题调研、专项督导，督促指导6县（市、区）召开反腐败领导小组会议40次。

【国家监察体制改革】 2019年，晋城市纪委、监委完善有形覆盖和有效覆盖相统一的监督体系，推动监察职能向市管企业、高校延伸，研究制定3个实施意见，实现向市管国有企业、金融企业、高校派驻或授权监察全覆盖；对8个派驻纪检监察组更名、1个调整驻在单位、增设驻市行政审批服务管理局纪检监察组。

【纪检监察机构改革】 2019年，晋城市84个乡镇（街道）纪委加挂县（市、区）监委派出监察室牌子，配备178名乡镇监察员，依据授权开展工作。全面推开村级纪检监察联络员制度，制定出台《关于建立健全村级纪检监察联络员制度的指导意见》，从任职条件、履职方式、考核奖惩等方面规范推动。全市2204个村（社区）配备2179名村级监察联络员，覆盖率98.87%。

（任　利）

军 事

晋城军分区

【概况】 2019年，晋城军分区紧跟新时代强军兴军奋进步伐，思想引领固根本，聚焦备战强能力，问题牵引补短板，安全托底促发展，各项建设呈现出稳中有进态势。在山西省军区重点工作考核排名中，晋城军分区战备值班抽查排名第一、安全稳定工作排名第二、信息服务工作排名第三，转业干部离队报到率、退休干部移交安置率均为100%。

【思想政治建设】 2019年，晋城军分区结合“不忘初心、牢记使命”和“传承红色基因、担当强军重任”主题教育，贯彻军委主席负责制，完成中华人民共和国成立70周年庆典安保工作等政治任务。以浪井民兵营为试点，探索民兵网络思想政治教育新方法，经验做法在山西省军区交流。

【练兵备战】 2019年，晋城军分区纠治和平积习，开展和平积弊大讨论，强化危机意识、忧患意识、打仗意识；严格战备制度，加强指挥通联投入演练，定期组织值班培训、检查抽查、战备拉动，规范日常战备秩序；坚持每季度议战议训，修订总体方案；以比武集训考核为牵引，分批分类开展集中训练。组织参加“首都联合防空作战背景下国防动员组织与实施”课题训练和山西省军区专武干部集训比武。

【国防动员】 2019年，晋城军分区完成基础潜力数据采集录入和普通民兵、基干民兵编建任务，全市民兵新质力量比例达标，党员比例、退役军人比例达标；完成新兵征集和士官直招任务，征集大学生人数创历史新高。

【后勤保障】 2019年，晋城军分区在完成车辆、营房、财务等日常工作生活保障基础上，推进家底经费清理，加强民兵武器装备仓库建设管理，完成技术区改造，完成各类比武集训、民兵军事训练、“八一”军事日活动武器弹药保障工作。

（裴余庆　酒　磊）

人民防空

【概况】 2019年，晋城市人民防空办公室聚焦核心能力，团结一致，主动作为，敢于担当，较好完成全年工作任务，推进人民防空建设再上新台阶。市人民防空办公室被山西省人力资源和社会保障厅、山西省人民防空办公室授予“山西省人防工作先进集体”称号。

【人防训练】 2019年4月11—12日，晋城市人民防空办公室组织全体指挥通信人员开展全自主、全要素、无依托野外拉动训练。4月22—26日，长治、晋城、运城、临汾四市指通人员近50人在临汾联合开展指挥通信系统跨区应急支援演练联合训练。9月18日，“9·18”防空警报试鸣暨防空防灾疏散演练活动共1700名师生参加。10月8—12日，组织开展“军事训练周”活动，人防系统人员参加集训。11月5—8日，晋城市、焦作市、济源市组织开展晋豫两省三市人民防空指挥通信系统跨区支援联合训练。

【执法检查】 2019年4月24日，晋城市人民防空办公室开展人防工程安全生产督导检查，重点检查人防工程安全管理、防护设备安全、设施设备使用安全等方面的现状和运行情况。12月31日，按照“双随机一公开”检查制度，对山西燕山鑫源人防防护设备有限公司进行人防工程防护设备生产企业管理生产和安装监督检查。

【人防宣传】 2019年5月10日，晋城市人民防空办公室在市区物茂广场举行主题为“提高防空防灾意识，构筑生命安全防线”宣传活动，向过往市民宣讲防空防灾知识，发放宣传资料、科普读物。6月16日，在办公楼前开展“防风险、除隐患、遏事故”主题“安全宣传咨询日”集中宣传教育活动。

（刘少峰）

双拥工作

【概况】 2019年，晋城市双拥工作领导小组办公室整体划转晋城市退役军人事务局，行政职能挂入相关行政科室，同时成立晋城市拥军优属拥政爱民服务工作服务中心，承担拥军优属拥政爱民服务保障工作。以争创全国双拥模范城“四连冠”为目标，以新一届全国双拥模范城（县）考评检查为契机，开展创建双拥模范城（县）活动，晋城市实现省级双拥模范城“六连冠”，所辖高平市、泽州县、沁水县、陵川县获省级双拥模范城（县）称号。

【机构改革】 2019年6月，晋城市调整充实由市委副书记任组长，晋城军分区政委、市政府副市长和相关单位领导任副组长，各有关部门单位“一把手”为成员的双拥工作领导小组，加强组织领导。市县两级党委退役军人事务工作领导小组、市县乡村退役军人服务中心（站）“两中心两站”［即市县成立服务中心、乡镇（街道）村（社区）成立服务站］全部挂牌成立，市级办公场所、经费、编制全部到位，县级退役军人事务局以及县乡村服务中心、服务站基本配套到位。

【双拥宣传】 2019年7月，晋城市双拥工作领导小组办公室组织开展“双拥宣传月”活动，拍摄12集双拥专题宣传片，在晋城电视台播出，掀起双拥宣传新热潮。创作推出红色上党梆子现代戏《长江支队》，成为晋城市继《太行娘亲》之后，又一部“传承红色基因，弘扬太行精神”作品。8月，开辟“红色记忆”专版，开展“纪念抗日战争胜利74周年知识竞赛”、“百名少年书写国防”、国防教育“百人宣讲团”、“心系国防”快闪文艺演出等活动，实现双拥宣传、国防教育与红色资源开发互促发展。10月，在市区吴王山公园投资20多万元扩建双拥主题公园，加强双拥宣传阵地建设。

【双拥活动】 2019年4月21日，晋城市举行为烈属、军属和退役军人家庭悬挂光荣牌仪式，实现应挂尽挂全覆盖。7月31日，晋城市四大班子领导及市双拥工作领导小组成员在军分区民兵训练基地体验“军事日”活动，体验部队生活，了解战士疾苦。8月1日，市双拥办公室、市退役军人事务局组织全市退役军人代表在武警晋城支队参加“军事日”活动。此外，组织开展市四大班子庆祝中国人民解放军建军92周年走访慰问活动、“送政策进军营、送服务到基层”活动、“少年进军营”活动、“献青春忠诚无悔、别军营扬帆起航”活动、“晋城市各界2019年烈士纪念日敬献花篮仪式”烈士纪念日公祭等活动。晋城市退役军人事务局与7家银行签订拥军优抚合作协议。

【评选竞赛】 2019年5月，晋城市双拥工作领导小组、市委宣传部、市总工会等7部门在全市开展晋城市“最美退役军人”“最美军嫂”评选活动，评选出“最美退役军人”“最美军嫂”各10人，召开“双十佳”表彰会，表彰获奖人员。5月，组织开展“我和我的祖国——晋城市红色故事讲解大赛”，30个爱国主义教育基地32名讲解员参加竞赛。11月，市委宣传部推选6名讲解员参加全省红色故事讲解大事复赛，两人获得“金牌讲解员”称号，4人获得“优秀讲解员”称号；两部电视片分获一等奖、三等奖，晋城市委宣传部被省委宣传部授予“优秀组织奖”。

【双拥会议】 2019年6月25日，晋城市召开全市双拥工作暨创建全国双拥模范城推进会。市双拥工作领导小组组长、副组长，市双拥办公室主任、副主任，市双拥工作领导小组全体成员，各县（市、区）双拥工作领导小组组长、双拥办主任，驻市各部队政委参加会议。安排部署2019年全市双拥工作，下发《晋城市创建全国双拥模范城实施方案》。会议要求，全市各级各部门、各单位要以创建全国双拥模范城"四连冠"为目标，统一思想，精心组织，协调奋进，以优异成绩迎接全国双拥模范城（县）考评调研。7月，市委市政府督查室牵头，对25家双拥工作领导小组成员单位进行创建全国双拥模范城督查，推进创建双拥模范城工作。

【优抚安置】 2019年，晋城市完成接收军转干部，接收符合政府安排工作条件的退役士兵（士官）工作，全部安置到位。9月，组织开展"退伍不褪色、就业再起航"活动，多渠道、多形式帮助退役军人就业创业，采取退役军人招聘"互联网＋"模式，为退役军人提供就业服务。市县两级举办退役军人专场招聘会12场，提供就业岗位1万多个。10月，印发《关于切实做好部分退役士兵保险接续工作的通知》，开展退役士兵社会保险工作。全年为退役军人发放慰问金100万余元，送达慰问信4.8万余封、慰问品8600余份，实现走访慰问全覆盖，零遗漏。全市为重点优抚对象下拨优抚对象抚恤补助资金9082万元，下拨医疗补助资金791万元，做到优抚对象抚恤补助按时达标兑现。

【军民共建】 2019年，晋城市市县两级发放随军未安置家庭生活补贴近20万元，为驻市部队干部子女解决择校上学12人。晋城军分区、驻市部队参与晋城市精准扶贫、环保攻坚和创建文明城市"三大战役"，常态开展环保宣传、村容整治、卫生清洁、植被修复、生态帮扶五项活动，定期组织防汛防火、反恐维稳、应急处突等重大课题演练，全年累计出动车辆300余辆、民兵2300多人次，植树造林400余亩，调解基层矛盾纠纷200多起；完成泽州县"8·5"山洪救援，阳城县、沁水县森林灭火等6起急难险重任务。

（牛振中）

武警晋城市支队

【概况】 2019年，武警晋城市支队以习近平强军思想为指导，围绕保卫中华人民共和国成立70周年主线，按照"两注重一转变一争创"工作思路，为部队全面建设蓄养内涵、凝聚力量，部队建设呈现出持续向上向强的良好态势。

【思想政治建设】 2019年，武警晋城市支队以习近平新时代中国特色社会主义思想和习近平强军思想为指导，加强官兵政治思想建设，编印《理论学习资料汇编》，下发《理论学习计划》，定期组织笔记展评、体会交流和理论测试，引导官兵学思用贯通、知信行统一。先后组织"唱支歌儿给党听"歌咏比赛、"不忘初心使命、吹响卫士号角"文艺会演、"我和我的祖国"系列文化活动，组织官兵赴晋城市烈士陵园、阳城县町店战斗纪念馆、中国抗日军政大学太岳分校等革命遗址缅怀先烈、重温历史，熏陶滋养官兵忠诚之基、信仰之源。

【安保备战】 2019年，武警晋城市支队推进"智慧磐石"工程建设，采取中队包干、力量单列、任务专训、固化增援等模式，完成"青运会"现场安保、中华人民共和国成立70周年安保等任务。坚持"日查、周训、月考"制度，实战化训练水平明显提升。组织开展野外驻训，解决营区训练场地单一、环境单一、保障单一的问题，提升野外近实战条件下部队"教、管、训、保"能力。

【后勤保障】 2019年，武警晋城市支队深化落实"山东集训"精神，统筹谋划解决应急保障、快速投送等问题，修订完善各类应急保障预案，完善补充战备物资储备单元，完成卫士演习、灭火抗洪、魔鬼周训练、国庆安保等保障任务。开展各类专业兵培训，在武警山西省总队组织的"一组五队"和专业兵考核中获得第三名。落实经费管理制度，修订完善经费资产、物资采购、工程建设管理实施细则，工程招标、大综采购等均实现阳光操作、依法合规。深化"伙食精细管理年"成果，督导基层抓好"1126""6211"饮食保障模式运行，伙食满意率100%。

（卫鑫伟）

法 治

政法委及综治

【概况】 2019年，晋城市政法系统按照“一条主线、四大建设、七项重点”的工作思路，推进全市政法工作创新发展，保持全市政治安全社会稳定的良好局面，为新时代美丽晋城高质量转型发展取得新成果提供坚强的政法保障。晋城市被评为全省平安建设（综治工作）优秀市，受到省委、省政府通报表扬，群众安全感和满意度再获全省第一，实现“七连冠”。

【安保维稳】 2019年，晋城市委政法委员会贯彻总体国家安全观要求，打好防范化解重大风险攻坚战，组织开展庆祝中华人民共和国成立70周年防风险保安全护稳定专项行动，完成中华人民共和国成立70周年大庆、两会两节、“问祖炎帝·寻根高平”海峡两岸神农炎帝文化旅游招商系列活动、太行山文化旅游节、二青会火炬传递等活动安保任务。

【扫黑除恶】 2019年，晋城市委政法委员会聚焦“深挖根治”“三打三治”，推进扫黑除恶专项斗争向纵深发展。打掉黑恶势力犯罪团伙35个，其中黑社会性质组织7个，恶势力犯罪集团16个，恶势力犯罪团伙12个。专项斗争期间，全市累计打掉黑恶势力犯罪团伙96个，其中黑社会性质组织10个，恶势力犯罪集团52个，恶势力犯罪团伙34个，破获刑事案件1313件，查封冻结扣押涉案财物1.17亿元。

高位推动。晋城市召开市委常委会16次、市政府常务会5次，及时传达学习中央和省委文件会议精神，研究贯彻落实意见；市扫黑除恶领导小组召开会议13次、专题会议28次，组织开展3轮专项督导，推进全市专项斗争深入开展；市县两级财政安排资金2656万余元，保障专项斗争顺利开展；建立并落实专项斗争提醒谈话制度，对工作推动不力的县区、市直单位进行提醒谈话。

依法严惩。依法推进侦查、起诉、审判等工作，确保专项斗争在法治轨道上向前推进，打掉10个涉黑性质犯罪组织。聚焦人民群众关切的突出问题，对“黄赌毒”、文物、重大项目工程建设等突出违法犯罪，保持高压震慑态势，打掉涉“黄赌毒”的黑恶势力团伙8个，打掉文物犯罪团伙4个，破获文物案件38起，收缴各类文物101件。

打伞挖根。将党员干部涉黑涉恶问题纳入执纪监督和市县巡察内容，统筹协调、一体推进，对涉黑涉恶腐败和“保护伞”问题线索进行督办、对账和“回头看”，全市掌握涉黑涉恶腐败和“保护伞”问题线索办结率为89.5%。

强基固本。将专项斗争与基层组织建设有机融合，整顿软弱涣散农村基层党组织180个，开展农村“两委”干部联审，共审查出不符合条件的村“两委”干部158人，全部清理补齐；将专项斗争与市域社会治理现代化有机融合，开展“十百千”平安建设示范工程建设；将专项斗争与行业治乱有机融合，组织行业监管部门开展线索起底和乱点整治工作，堵塞行业监管漏洞，净化行业秩序。

【平安建设】 2019年，晋城市委政法委员会开展多层次多领域平安创建，依法严厉打击各类违法犯罪，构建立体化社会治安防控体系，推进“雪亮工程”建设步伐。

先行先试。把市域社会治理现代化作为平安建设的切入点、突破口，出台《关于推进市域社会治理现代化的实施意见》，推动实施党建引领全面覆盖、“三治融合”城乡善治、多元治理活力激发等11项重点示范工程，加快全市社会治理现代化整体进程。晋城市以地方立法助力市域社会治理现代化经验在中央电视台《平安中国》栏目播出。

凝聚合力。遵循晋城的事“大家想、大家说、大家干”的理念，组织召开不同层面的主题研讨会，创新举办“法学沙龙”。

基层基础。打造“一网一中心两平台”，推进“雪亮工程”建设，构建立体化、信息化社会治安防控体系。组织开展新一轮综治中心标准化建设。全年，全市三级综治中心受理平安事项97758件，处置96594件，处置率98.8%。组织开展“最美网格员”评选推荐宣传活动，7人入选全省名单，2人分别排名第一、第三。

观摩推进。创新举办首届全市政法工作观摩交流推进会，采取“观摩+交流+汇报+点评”方式，对6县（市、区）各项政法工作进行巡回观摩，集中展示市域社会治理最新工作成果，挖掘培树一批工作新典型新亮点。

调查研究。市委政法委出台《2019年重点课题调查研究工作方案》，组织开展“8+N”专项调研。结合“改革创新、奋发有为”大讨论，组织对标一流外出学习考察调研，完成调研报告10篇，形成小型调研成果50篇。联系晋城实际，开展重点工作基础调研，完成第一批次19个重点工作基础研究任务。借助专业力量，联合市法学会，组织开展10个法学小微课题研究。

【法治建设】 2019年，晋城市委组建全面依法治市委员会，统筹推进法治晋城建设。规划建设法治主题公园，营造尊法学法守法用法浓厚氛围，晋城市获全国“七五”普法中期先进城市称号。市委常委、市委政法委书记石云峰参加中国法学会第八次全国会员代表大会。

依法打击。加大对八类严重暴力犯罪和电信网络诈骗、“盗抢骗”、“黄赌毒”、“食药环”等民生领域突出违法犯罪的打击力度，破获各类刑事案件2557起，查处治安案件4632起，11起现行命案全破，破命案积案5起，抓获犯罪嫌疑人2027名，追捕在逃人员464人。

依法治访。开展重点领域、重点群体、重点问题、重点人员“四个重点”信访案件攻坚，开展信访工作“三无”县乡村创建，防范集访问题升级激化。

依法治市。树立依法行政的理念和思维，市政府主要领导带头旁听行政诉讼案件庭审活动，受到司法部主要领导点名表扬。整合全市法律服务资源，在全省率先实现乡镇（街道）村（社区）法律顾问全覆盖。在全市实施免费法律咨询便民工程，为全市群众提供免费法律咨询30105件，群众满意度99.99%，排名全省第二。

服务保障。出台《晋城市政法机关支持服务保障民营企业发展的指导意见》《服务保障转型发展护航行动十项举措》，把服务保障重点工程项目建设作为政法工作与经济工作的结合点、着力点，为全市转型发展创造良好的法治化营商环境。

【司法体制改革】 2019年，晋城市委政法委员会统筹推进政法领域全面深化改革，推进司法责任制综合配套改革，推广应用“一网通一次办”网上服务平台，构建起高效快捷的政法服务体系。审判机关推出“6+N”诉调对接工作法、家事审判离婚冷静期等制度改革措施，提升审判工作质效。检察机关建立入额院领导、部门负责人办案情况定期通报制度，全市两级检察院入额院领导办理案件2291件，院领导承办重大复杂疑难案件实现常态化。强化“法法衔接”机制建设，推动制度优势向治理效能转化。公安机关加大“一网通一次办”平台应用推广力度，376项公安业务实现网上办理，群众注册人数130万余人，为群众办理业务424万余件，为企业办理业务188万余件，所有指标均排名全省第一。全面实行“零门槛”落户，确保“愿落尽落、有处可落”，共办理15446人落户城镇，建立社区（乡镇）集体户194个、人才集体户16个。

【智能化建设】 2019年，晋城市委政法委员会推进刑事案件智能辅助办案系统（简称“206”系统）试点应用，司法办案效率逐步提升。检察系统完成第三期检察信息化建设任务，形成“全业务智慧办案、全要素智慧管理、全方位智慧服务、全领域智慧支撑”的“智慧检务”体系。审判机关全面推广科技法庭建设，两级法院95%以上的法庭配备科技法庭设备，实现全业务网上办理。

【队伍建设】 2019年，晋城市84个乡镇（街道）在全省率先全部配齐政法委员或政法书记，召开晋城市第十二次见义勇为表彰大会，举办晋城市政法系统“十佳政法干警”“十佳政法单位”颁奖晚会，树立政法机关良好形象。开展“大练兵、大比武、大培训”活动，举办学习贯彻习近平总书记新时代政法工作重要思想专题培训班和全市政法综治干部培训班，分批对政法系统干部开展政治轮训。开展政法队伍集中整肃专项活动“回头看”，将日常警务督察和专项督察检查相结合，督察检查21次。

（崔志鹏）

公 安

【概况】 2019年，晋城市各级公安机关贯彻落实省委十一届九次全会、市委七届八次全会和全国、全省公安工作会议精神，践行“对党忠诚、服务人民、执法公正、纪律严明”总要求，围绕全省公安机关“一年打基础、两年上台阶、三年全国争先进”奋斗目标，坚持高境界、高标准、高效率和重机制、重能力、重实效，深化全市公安机关“15571”总体工作思路，完成以中华人民共和国成立70周年大庆安保为主线的各项任务，维护全市社会治安大局持续稳定。

【维护社会稳定】 2019年，晋城市各级公安机关以“扫黑除恶”专项斗争为牵引，加大对八类严重暴力犯罪和电信网络诈骗、“盗抢骗”、“黄赌毒”、“食药环”等民生领域突出违法犯罪的打击力度，破获各类刑事案件2557起，查处治安案件5063起，11起现行命案全破，破命案积案6起，抓获犯罪嫌疑人2027名，追捕在逃人员464人，八类严重暴力犯罪案件同比下降13.48%，治安案件同比下降15.97%。

【扫黑除恶专项斗争】 2019年，晋城市各级公安机关围绕省公安厅确定的10个方面35项重点工作，特别是线索、案件、在逃人员、涉案资产、保护伞和关系网“五个清零”要求，共打掉黑恶势力团伙35个，其中黑社会性质组织7个、恶势力犯罪集团16个、恶势力犯罪团伙12个，抓获犯罪嫌疑人270名，破获刑事案件396起，查封、冻结、扣押涉案财物折合人民币5510.37万元。打掉恶势力集团数排名全省前列，全省首家实现涉黑涉恶在逃人员清零目标。山西省公安厅两次下发通报提出表扬。

严厉打击文物犯罪。引深文物积案攻坚行动，坚持清文物、清资产、抓在逃人员“三同步”原则，实施全链条打击，确保全市66处国保、666处省保单位盗掘古墓葬文物犯罪案件“零发案”。

严厉打击经济犯罪。依托云端打击主战模式，开展“云端行动”“猎狐2019”行动，打击非法集资、传销、虚开骗税、串通投标等涉众型经济犯罪，共受理各类经济犯罪案件99起，立案100起，破案94起，抓获犯罪嫌疑人88人，涉案金额2.9亿元，挽回损失1130.45余万元。

严厉打击网络电信诈骗犯罪。利用立体化打防电信网络诈骗工作平台和反诈专班优势，举行“全民反诈、你我同行”防范电信网络诈骗宣传年活动启动仪式，推出全省首批10辆宣传反诈防骗主题公交车，营造全民反诈防骗宣传声势，坚决遏制电信网络诈骗犯罪高发势头。破获当地网络电信诈骗案件245起，带破外地网络电信诈骗案件3125起，抓获犯罪嫌疑人155名，直接挽损4100余万元，累计返还群众被骗资金80余万元。在山西省公安厅发布的“净网2019”专项行动16起典型案例中，晋城市有5起。

严厉打击毒品违法犯罪。以创建“全国禁毒示范城市活动”为契机，开展毒品预防教育宣传、吸毒人员管理、病残吸毒人员收戒收治、禁种铲毒、易制毒化学品管理，严格落实吸毒人员重点管控，全年未发生吸毒人员肇事肇祸案件。开展“禁毒2019两打两控”“飓风扫毒”打击毒品犯罪团伙会战、排查吸毒人员“清隐”专项行动、“打击制贩运吸咖啡因专项整治行动”，共破获毒品刑事案件81起，打掉毒品犯罪团伙12个，抓获犯罪嫌疑人127名，查获吸毒人员606名，缴获各类毒品73.54千克。

严厉打击黄赌违法犯罪。深挖涉黄涉赌违法犯罪线索，严厉打击黄赌违法犯罪活动，共侦办涉赌刑事案件43起，行政案件67起，行政拘留56人；侦办涉黄刑事案件9起，行政案件19起，行政拘留36人。

严厉打击食药环犯罪。以案件线索摸排“六个对接”机制为牵引，以集中打击食药环犯罪“昆仑”行动为抓手，共破获食药类刑事案件42起，抓获犯罪嫌疑人49人，涉案金额5000余万元，捣毁窝点20个。发起全国协查案件2起，泽州县公安局侦破的金某某销售假药案入选2018年度山西省食品药品十大典型案例。

【深化改革】 2019年，晋城市各级公安机关以“一网通办”平台为依托，利用公安大数据，创新便民利企工作，深化“放管服”改革，解决群众办事难、办事慢、来回跑、不方便等突出问题。

深化“一网通办”平台运用。加大“一网通办”平台应用推广力度，376项公安业务实现网上办理，群众注册人数130万余人，为群众办理业务424万余件，为企业办理业务188万余件，所有指标排名全省第一。

深化户籍制度改革。全面实行“零门槛”落户，畅通家庭户、单位集体户、社区集体户和人才集体户落户通道，全面开展省内户口迁移“一站式”办理，确保“愿落尽落、有处可落”，共办理15446人落户城镇，建立社区（乡镇）集体户194个、人才集体户16个。

深化公安行政审批改革。按照“应进必进”“应进尽进”原则，推进行政审批“两集中、两到位”工作，下放审批事项、减少审批环节、优化审批流程，进一步提升行政效能。推行“双随机一公开”，加强事中事后监管工作。

深化公安便民服务。在治安、人口、出入境、交警等领域推出一大批便民利民措施，实行全市旅馆业特种行业许可证核发告知承诺制；加快推进“智慧出入境大厅”建设，全面推行办理出入境证件“全国通办”、一日办、就近领等便民举措。

【专项行动】 2019年，晋城市各级公安机关开展企业周边治安秩序集中整治专项行动，严厉打击盗窃企业和重点项目物资，干扰企业和重点项目生产经营等违法犯罪，共办理刑事案件3起，刑事拘留2人，查处治安案件30起，治安拘留14人。

【社会治理】 2019年，晋城市各级公安机关坚持专项治理、系统治理、依法治理、综合治理、源头治理相结合，加强公共安全隐患排查整治，提升社会治安立体化、法治化、专业化、智能化水平。

完善立体化信息化防控体系建设。落实全国市域治理现代化工作会议精神，坚持共建共治共享，对接山西省公安厅立体化信息化治安防控平台，完善智能卡口建设任务，推动高速公路省界检查站标准化改造任务建设，全面提升社会治理现代化水平。晋城市参加全国首批社会治安防控体系标准化城市创建的经验做法受到公安部测评组的肯定。

强化大型活动安保。按照“一事一方案、一事一专班”的要求，落实公安武警联勤武装巡逻“四项机制”，加大对重点路段、重点时段、重点区域、重点部位的巡防力度，确保第四届海峡两岸神农炎帝经贸文化旅游招商系列活动、太行山文化旅游节、二青会火炬传递、二青会现代五项测试赛、国庆系列晚会等大型活动“零失误”“零差错”“零炒作”。

强化平安社区创建。开展“平安社区（村）”创建工作，提升人防、物防、技防水平。全市共有17个社区（村）受到省级表彰。全市居民区三类可防性案件总数较前两年同期平均数下降43%。

强化“枫桥式公安派出所”创建。围绕山西省公安厅“百所示范、千所提升”创建思路，按照“重点培育、典型推进”原则，全面打造“网上枫桥公安派出所+网下枫桥经验”的新型智慧警务，有20多家基层单位的创建经验被长安网、法制网、《山西法制报》《太行日报》等媒体刊发。

强化危爆物品和寄递物流监管。组织开展打击整治枪爆物品违法犯罪专项行动，共收缴各类枪支196支、子弹82821发、炸药79864.5千克、雷管147816发。

强化道路交通安全管理。以创建全国文明城市为契机，成立交警机动大队铁骑队，突出交通违法行为集中整治、事故多发路段隐患排查治理、道路风险防范预警，加强重点路段交通整治和农村道路交通管理，道路交通四项指数与2018年同期相比分别下降11.05%、11.43%、11.14%、9.2%。

强化校园安全管理。1085所学校全面落实山西省公安厅“五个方面十项措施”，升级改造校园警务室78个，建立治安岗亭41个、护学岗760个。

强化监所安全管理。开展“安全大检查、隐患大排查”活动和“查隐患、防事故、减死亡、保安全”专项检查，打造监所安全“铁桶工程”，完成5个监所的智慧监管建设任务。

【信息化建设】 2019年，晋城市公安局推进大数据在全市公安机关的建设完善、实战培训和深度应用，推动数据流、管理流、业务流深度融合，助推公安工作质量变革、效率变革、动力变革。开展大数据实战应用培训，提高大数据服务实战的能力。强化基础信息采集，推进政务数据、社会资源数据、互联网数据向公安大数据接入汇聚，共接入数据4057.4亿条，完成山西省公安厅异地容灾中心建设。以刑事技术网上作战平台、现场勘验信息系统、指纹比对系统、DNA系统、图侦云平台、串并案侦查平台等信息系统为依托，利用DNA比中盗抢现案92起，破获案件68起，抓获犯罪嫌疑人48人，全省排名第一；利用指纹比中盗抢骗现案69起，破获案件65起，抓获犯罪嫌疑人45人，全省排名第一；利用人脸图像比中破获盗抢现案40起，抓获犯罪嫌疑人42人，全省排名第四。12月29日，利用全省男性家族Y系统侦破一起16年命案积案。晋城市公安司法鉴定中心建设项目开工，成为全省第一家拥有独立公安司法鉴定中心业务用房的地市级公安机关。

【素质强警】 2019年，晋城市公安局分三期对市局机关民警进行警务实战集中轮训，全警素质进一步提升，在全省公安特巡警实战练兵比武中排名全省第一，在全省公安机关110接派警业务技能比武中获得一等奖，在全省公安机关网络安全等级保护业务比武中排名全省第二，在全省网安情报岗位业务比武中排名全省第二，代表山西省参加公安部“与共和国同成长、与机要密码事业共奋进”主题演讲活动获三等奖。沁水县交警大队被共青团中央、公安部表彰为“2019年度全国公安系统青年文明号”。晋城市公安局信通支队被公安部科信局授予“全国公安信息网IP地址资源扩容先进单位”称号，是全省唯一一家获此殊荣的单位。

（李会芳）

·交　警·

【概况】 2019年，晋城市公安交警围绕“112345”总体工作思路，以中华人民共和国成立70周年大庆交通安保为工作主线，以预防和减少重特大道路交通事故为首要任务，坚持创文攻坚与预防事故并重、科技创新与品牌战略并举、业务发展与队伍建设并进，全力以赴防事故、保安全、保畅通，确保全市道路交通安全形势持续平稳。

【交通事故】 2019年，晋城市共受理一般程序处理的道路交通事故1812起，造成186人死亡、1867人受伤，直接财产损失259万余元。与2018年同期相比，事故起数减少225起，下降11.05%；死亡人数减少24人，下降11.43%；受伤人数减少234人，下降11.14%；直接财产损失减少26万元，下降9.1%。全市共发生经营性事故140起，同比下降9.68%；死亡69人，同比下降15.85%；受伤93人，同比下降6.06%。

【交通执法】 2019年，晋城市共查处各类交通违法行为587293起，其中机动车违停146107起、不按规定车道行驶59675起、超速42141起、闯禁行40971起、不礼让斑马线24413起、违反标志标线13452起、变更车道5070起、无证4253起、涉牌涉证3002起、饮酒

2940起、醉酒806起、超员1395起、货车违法载人1271起、超载368起、非机动车违法8819起、行人违法26267起、路口其他交通违法206343起。

【车驾管业务】 2019年,晋城市机动车保有量510360辆,驾驶人保有量774863人。B2以上重点驾驶人共106092人,审验率99.37%,换证率99.95%;"营转非"大客车、两客一危、校车检验率、报废率及违法处理率均达100%,重型货车及挂车检验率96.4%,报废率99.73%,重型货车违法处理率99.26%,农村面包车检验率和报废率分别为97.9%和99.44%。

【交通安全宣传】 2019年,晋城市公安局交警支队开展大型主题宣传活动10余次,设立咨询点182个,展出宣传展板2370余块,悬挂标语2580余条。挂图2100余幅,发放宣传品60余万份,发放停车提示牌11万余个;在各级各类媒体发稿1530余篇,宣讲交通安全课1410余次,进农村590余次,进学校560余次,进社区110余次,进企业610余次;利用"12123"平台和手机短信平台发送警示提示信息237万余条,发微博2490余条、微信2600余条;播放警示教育光盘4500余次,受教育群众183万余人次。共审验教育驾驶人9128人,满分培训驾驶人3012人。

【源头隐患清零行动】 2019年,晋城市公安交警全面开展源头隐患清零行动,围绕人、车、路、企业源头,坚持逐车追查、逐人清查、逐企督办。全面排查整治事故多发点段,共排查道路交通事故多发点段16处,全部整改完毕。开展国省道交通安全隐患排查11次,排查整改隐患197条,完成隧道进出口整治6座,补划各类交通标线17.8万平方米,维修更换沿线百米桩54个、里程碑45个,增设和修复轮廓标1070根、示警墩柱568个、道口桩480根,波形护栏2164米。山西省安委办督办的省道S332线K51-K60和省道S227线K40-k50两处事故多发路段完成整改。强化重点运输企业动态监管,针对企业存在的安全隐患和市区渣土车引发的事故风险,对全市300家客货运企业进行约谈,下达督办通知,提出针对性事故预防措施。

【农村交通安全防控行动】 2019年,晋城市公安局交警支队召开深化警保合作推进农村"两站两员"建设高平现场会,对全市3500名农村"两员"进行集中培训,使用农村道路交通安全信息系统录入各类工作日志50余万条,完成三轮车"严禁载人"标志喷涂7863辆。农村"两站两员"("两站"即交通管理站、交通安全劝导站,"两员"即交通安全员、交通安全协管员)建设累计投资36.7万元,新建改建警保合作劝导站39个。农村平交路口"一灯一带"累计投资477.2万元,增设交通信号灯129个,安装减速带391条2765米。

【社会协同共治行动】 2019年,晋城市公安局交警支队开展社会协同共治行动,推动警路联合、警保合作、警企合作,形成共治联盟。联合运管部门排查公路、旅游客运车辆807辆,采取道路运输强制措施117辆;督促27家企业接入重点营运车辆联网联控系统监控平台,监控车辆866辆,联合举办危化品车辆应急演练2次,提高常态化交通事故导致拥堵的救援和疏散效率。

【污染防治专项行动】 2019年,晋城市公安局交警支队按照市委市政府有关改善环境质量的工作要求,部署开展散装货物运输车辆污染防治专项行动,累计检查货运车辆3万余辆,查处运输散装货物不按规定苫盖、抛洒处罚490起。把尾气检测作为机动车安全检测前置条件,配合环保部门加大对机动车尾气超标的处罚力度,出动警力840余人次,排查车辆2000余辆,对二次尾气不合格违法行为处罚434起。按照机动车强制报废标准,每月对达到报废年限的机动车进行排查,通过媒体公告牌证作废,注销机动车8086辆。开展主城区货车限行工作,曝光限行车辆3918台次。

【交管服务】 2019年,晋城市公安局交警支队深化公安交管"放管服"20项改革措施,实现交管业务全上网、车驾管业务全下放、异地驾考全放开、事故快处全覆盖、号牌发放全透明。落实公安机关服务经济社会发展服务企业群众60项措施,落实"一门通办",实现

17项交管业务可以在派出所办理。推进"一网通一次办"和精准服务企业平台建设应用，成立"一网通一次办"专班和网办中心，通过"一网通一次办"平台办理各类车驾管理业务12万笔。提升交管业务窗口服务能力，共办理各类机动车业务622299笔，其中注册登记67228笔，转移登记29116笔，变更登记7985笔，抵押登记38212笔，注销登记21930笔，转入业务6340笔，档案更正170笔，车辆年检371543笔，其他79775笔；办理各类交管秩序业务30万余起，其中交通违法处理业务查询、处理各类交通违法22万余条，办理市区通行证7780辆次。

【事故处理改革】 2019年，晋城市公安局交警支队推动事故处理改革创新，建立健全交通事故救助机制，与市中级人民法院、财政、农机、卫生、保险等相关部门联合成立"晋城市道路交通事故社会救助基金联席会议办公室"，各市（县）救助基金管理正式启动，依法及时对道路交通事故受害人进行垫付抢救费用和一次性救助，保障其合法权益，化解因交通事故引发的矛盾纠纷，全年累计救助246056.16元，26名事故受害人受益。推动事故快处快赔工作，依托互联网快处、快处快赔服务中心、"警保联动"机制"三种模式"和"交管12123"手机App"一个平台"，快速处理简易程序道路交通事故9568起，占全部简易事故的89.78%。完善交通事故人民调解机制和制度，开展道路交通事故矛盾纠纷调处工作，受理调解各类道路交通事故1753起，成功调解1663起。把侦破逃逸事故作为维护法律尊严、促进社会和谐、保障民生的重要工作，全市发生逃逸事故118起，侦破115起，侦破率97.46%。

（安如河）

·公安消防·

【概况】 2019年，晋城市公安消防支队以消防部队改革为动力，坚持"两严两准"建队要求，从严治队、正风肃纪，把"抓基础、保稳定、重落实、谋发展"作为整体工作思路，推动消防事业发展由数量规模型向质量效能型转变。

【火灾事故】 2019年，晋城市共发生火灾163起，伤1人，亡1人，直接财产损失215.3万元，未发生较大以上火灾，连续36年未发生群死群伤恶性火灾事故。与2018年相比，火灾起数上升0.62%，死亡人数持平，伤人数上升100%，财产损失下降46.08%。

【应急就援】 2019年，晋城市消防部队共接警出动1334余次、消防人员10397人次，抢救被困人员180余人，疏散人员1000余人，抢救财产价值1216万元。成功处置"5·22"阳城芹池大规模山火、"8·5"洪涝灾害救援，增援"3·29"沁源森林火灾。

【消防安全管理】 2019年，晋城市将消防工作纳入市委、市政府督查考核内容，融入平安社区创建等党委、政府重大部署，建立消防安全责任签约、评估、考核和约谈等机制。试点开展教育、民政、卫健、文物等部门消防安全"标准化"管理，出台《晋城市消防安全标准化管理单位评测标准》，指导各县（市、区）在7个重点行业领域，培树101家权责明晰、管理规范的消防安全管理典型示范单位，集中约谈全市重点单位责任人、管理人2000余人，分类培训党政领导干部和公安派出所负责人200余人、专业岗位人员300余人、社区消防网格管理员1200余人，实化运作907个微型消防站、100个区域联防组织。

【消防检查】 2019年，晋城市公安消防支队开展高层建筑、大型商业综合体、电动车、文博单位等消防安全专项整治，推进火灾隐患和消防违法行为大排查大整治。开展11类重点场所和11类风险隐患集中整治、电气火灾和高层建筑消防综合治理等专项行动，推进火锅店违规直接使用燃气、电动车楼道违规充电等"隐患清零"，督促整改21011处，临时查封219处，责令"三停"155家，罚款296.94万元，挂牌督办重大火灾隐患17家，整改销案8家，累计检查社会单位12343家次，督改隐患26463处，挂牌重大火灾隐患单位17家，关停单位155家。

【消防宣传】 2019年，晋城市公安消防支队组织3次关于《中华人民共和国消防法》、深化消防执法改革等内容的宣传活动。依托消防宣传"八进"、"119"消防宣传月等活动,升级达标消防科普教育馆,新建消防主题公园(凤凰山矿)1个。

【消防演练】 2019年,晋城市公安消防支队结合"二青会"消防安保,探索建立重大勤务流动消防站。完成高层建筑、跨区域地震拉动等各类型综合演练11次,熟悉演练705次。

【消防队伍建设】 2019年,晋城市组建"高、低、大、化"4支灭火救援专业队,成立防汛机动抢险队伍。开展支、大、中队三级指挥员轮训和攻坚组集训,组织煤化工处置、水域救援、山岳救援等各项专业技术培训,参训人数177人次。分17类组建消防救援专家库,固化部门应急联动和交流协作机制,提升队伍处置灾害事故专业化、职业化水平。消防投入(不含基建投入)4557.87万元,同比增长26.46%。14个重点镇修编消防专项规划,18个符合条件的乡镇建成专职队。新开工建设普通消防站1个、小型消防站1个,丹河新城消防站列入规划。

【后勤保障】 2019年,晋城市公安消防支队树立"后勤即前勤、后勤即战勤、后勤即全勤"理念,人、财、物向实战贴近、向一线靠拢。充实基层中队装备物资,优化灭火供水方案和编程,与12家企业签订《消防救援社会联勤保障协作协议》;对库存器材装备进行全面清点,根据基层中队情况进行调配;强化单兵遂行保障、战区协同保障,提升部队联合作战、集中发力和持续保障能力;成立装备巡检组巡诊把脉灭火救援装备,开展流动车辆装备检修27次,维修保养车辆85辆次。

(梁燕妮)

检　察

【概况】 2019年,晋城市检察机关把握"落实、稳进、提升"检察工作总基调,落实山西省检察院"六个聚力"部署要求和市委七届七次、八次全会精神,全面履行法律监督职能,争创一流检察工作业绩,为新时代美丽晋城高质量转型发展取得新成果提供法律服务和司法保障。市检察院被市委宣传部、市文明办表彰为"第一批社会主义核心价值观建设示范机关"。市检察院第七检查部被中华全国妇女联合会授予"全国维护妇女儿童权益先进集体"称号。

【打击刑事犯罪案件】 2019年,晋城市检察机关依法批准逮捕各类刑事犯罪案件742件1122人,同比分别下降5.72%和16.52%,提起公诉1986件2841人,同比分别上升9.42%和9.27%。推进反分裂反渗透反恐怖反邪教反间谍斗争,依法起诉邪教犯罪案件13件41人。开展打击整治枪爆违法犯罪专项行动,依法起诉非法制造爆炸物、非法持有枪支等违法犯罪案件3件10人。参与禁毒人民战争三年攻坚战,依法起诉涉毒犯罪案件76件123人。打击黄赌毒犯罪,依法提起公诉131件221人。依法惩处故意杀人、绑架、强奸等严重暴力犯罪,依法提起公诉53件60人。打击抢劫、抢夺、盗窃、诈骗等多发性侵财犯罪,依法提起公诉355件472人。

【扫黑除恶专项斗争】 2019年,晋城市检察机关依法批准逮捕黑恶势力犯罪案件55件171人,提起公诉65件396人,纠正漏捕5人,追诉漏犯18人,追诉漏罪73人,书面提出纠正违法建议15件。市检察院依法办理程某某等30余人组织、领导、参加黑社会性质组织一案,该案件出庭公诉报告被山西省检察院转发,山西省检察院检察长杨景海作出批示予以肯定。实现提前介入侦查"全覆盖",规范引导公安机关收集、固定和完善证据,退回补充侦查比率较2018年下降15.1%。推进"积案清零"百日攻坚战,率先在全省检察机关完成"积案清零""问题线索清零"目标任务,1—9月,公安机关移送审查起诉案件全部依法提起公诉。摸排涉黑涉恶犯罪和"保护伞"线索82条,分别移交"扫黑办"及相关公安机关。推动综合治理,制定《关于在扫黑除恶专项斗争中进一步加强检察建议工作的通知》,针对行业监管漏洞、行政机关失职失责等问题,制发检察建议31份,全部收到整改回复。

【社会治安综合治理】 2019年,

晋城市检察机关落实宽严相济刑事政策，着眼于教育、感化、挽救，对犯罪情节轻微、社会危害性较小的犯罪嫌疑人，依法不批准逮捕141人，不起诉95人。贯彻新时代“枫桥经验”，落实“群众来信件件有回复”制度，办理群众来信243件，7日内程序性回复率100%，3个月内办理过程或结果答复率100%。加强未成年人司法保护工作，依法批准逮捕故意伤害、猥亵儿童等犯罪19件21人，提起公诉20件23人，为30名涉案未成年人进行心理疏导或者提供法律援助。落实最高检察院“一号检察建议”，向市教育局送达检查建议书，建议其建立预防性侵害未成年学生违法犯罪等制度。落实“法治副校长”制度，全市两级检察机关99名检察人员担任中小学校的法治副校长和法治辅导员。落实“谁执法、谁普法”普法责任制，在全市中小学校开展“法治进校园”活动107场，覆盖全市53所中学、28所小学、7所幼儿园，45000余名师生和家长听取授课。

【“三大攻坚战”】 2019年，晋城市检察机关参与防范化解重大风险，打击集资诈骗、非法吸收公众存款、网络传销等经济犯罪，批准逮捕22件22人，提起公诉21件30人。城区检察院依法办理申某非法吸收公众存款案，追回损失426万余元，追赃率99%。依法起诉贪污、挪用扶贫资金等扶贫领域职务犯罪3件3人。陵川县检察院依法办理毕某某诈骗产业项目扶贫资金一案，追回扶贫资金8万元。落实《关于检察机关国家司法救助工作支持脱贫攻坚的实施意见》，为64名生活确有困难的刑事被害人或者其近亲属发放国家司法救助金70万元。参与污染防治，推进打击破坏生态环境违法犯罪专项活动，起诉破坏环境资源犯罪9件12人；开展公益诉讼检查工作，办理生态环境和资源保护领域公益诉讼案件248件，督促整治造成环境污染的企业16家，清理被污染和非法占用的河道96.25千米，清理被污染水域面积29.13公顷，督促清除违法堆放的生活垃圾5255吨。

【优化营商环境】 2019年，晋城市检察机关参与整顿和规范市场经济秩序，共批准逮捕职务侵占、敲诈勒索等侵犯民营企业合法权益犯罪案件16件38人，提起公诉24件67人。开展“涉民营企业刑事犯罪专项立案监督”等5个涉企专项检查监督活动。高平市检察院对刘某销售假冒注册商标商品一案开展立案监督，依法保护中国酒类驰名商标“杏花村”商标注册人的合法权益。阳城县检察院通过公开听证，依法对山西华桑食品有限公司法定代表人张某某作出绝对不起诉决定，通过释法说理帮助张某某规范经营，推动企业恢复运营。城区检察院在办理张某涉嫌诈骗山西大昌汽车租赁公司一案中帮助被侵害民营企业追回被骗车辆，挽回经济损失60万元。

【民生检察】 2019年，晋城市检察机关加大对农民工等弱势群体合法权益司法保护力度，支持起诉10件，法院采纳检察机关支持起诉意见73件(含2018年积压)；依法起诉拒不支付劳动报酬犯罪案件10件11人，为158名农民工追回劳动报酬136.6万元。沁水县检察院通过支持起诉，为56名农民工追回劳动报酬5万元。开展落实食品药品安全“四个最严”要求专项活动，批准逮捕危害食品药品安全犯罪4件5人，提起公诉29件47人。推进“保障千家万户舌尖上的安全”公益诉讼专项检查活动，办理食品药品安全领域公益诉讼案件86件，监督解决食品经营不规范、药品销售不合规、二次供水安全隐患等问题52个。高平市检察院依法办理文某某等12人生产、销售假药刑事附带民事公益诉讼案件，涉案金额200余万元。与市文明办等组织开展“整治校园周边环境及食品安全”专项监督活动，到矿区中学等学校联合开展实地检查，该项工作被市文明办纳入创建全国文明城市考核体系。

【刑事检察】 2019年，晋城市检察机关监督公安机关立案24件35人、撤案14件，纠正侦查活动违法895件次，纠正漏捕16人，纠正漏犯41人，纠正遗漏起诉罪行232人。开展“刑事抗诉质效年”活动，提出抗诉32件，改判11件，发回重审4件，纠正审判活动违法33件；交叉评查6类重点案件共149件。加强刑事执行检查监督，纠正各类刑罚执行违法846

件，开展羁押必要性审查并被采纳85人。泽州县检察院办理的李某某羁押必要性审查案件入选最高检察院评选的全国检察机关羁押必要性审查精品案件。开展监督维护在押人员合法权益专项活动，发出纠正违法通知书70件，提出检察建议9件，均被采纳并得到回复。推进判处实刑罪犯未执行刑罚检察监督活动，纠正未交付执行刑罚罪犯23人。市检察院办理的对市看守所提请变更强制措施建议不当监督案件，入选最高检察院评选的2013—2018年全国检察机关刑事执行检察纠正违法二十大精品案例。

【民事和行政检察】 2019年，晋城市检察院对认为确有错误的民事和行政生效判决、裁定提请抗诉19件，山西省检察院采纳抗诉意见9件；提出抗诉2件，法院改判3件(含2018年积压)；发出再审检察建议被法院裁定再审1件，法院改判3件(含上2018年积压)；对执行活动违法发出检察建议并被采纳13件。开展民事申诉案件“集中攻坚月”活动，2018年底前的积存案件全部办结。出台《民事检察监督案件和解息诉一案一评估工作制度》，通过释法说理，促成28件民事申诉案件息诉。市检察院成功息诉苗某某与苗匠村委会房屋买卖合同纠纷，《山西法制报》《检察周刊》进行报道。加大对下业务工作指导力度，每季度对全市检察机关民事和行政检察6大重点工作开展常态化巡回督导，构建多元化民事和行政检察监督格局。

【公益诉讼检察】 2019年，晋城市检察机关开展“大气污染综合治理公益诉讼专项检察监督活动”“携手清四乱、保护河湖生态”、食品药品安全“四个最严”、国有文物保护等公益诉讼检察专项活动，立案公益诉讼案件416件，较2018年全年办案数增长104.9%。向人民法院提起刑事附带民事公益诉讼案件21件，法院审结21件，判决支持率100%；发出行政公益诉讼诉前检察建议365件，行政机关回复并整改286件(其余79件检察建议未到回复期限)，诉前整改率100%。依法办理城区小西关社区违法用地行政公益诉讼案件，督促相关部门收回建筑面积2700余平方米楼房并恢复其公益服务功能。

【体制改革】 2019年，晋城市检察机关积极推进监察体制改革、司法体制改革和检察办案机制改革工作。监察体制改革贯彻《中华人民共和国刑事诉讼法》《中华人民共和国监察法》，与监察机关完善衔接配合机制，与市监委、市中级人民法院会签《关于协商办理职务犯罪案件指定管辖若干问题的意见》，巩固和扩大反腐败斗争成果。受理监察机关移送审查起诉案件41件49人，批准逮捕23件27人，提起公诉43件52人。市检察院和有关县级检察院依法办理山西省高级法院原副院长刘某某受贿案，晋煤集团原副总经理王某等人贪污、挪用公款、受贿、国有公司人员滥用职权案等4件重大职务犯罪案件。探索建立提前介入工作机制，制定《晋城市人民检察院职务犯罪案件提前介入工作制度》，提前介入调查23件案件。

司法体制改革。组建专业化办案机构，按照案件类型重新设置8个检察业务部门、3个综合业务部门和4个行政部门，实现一类事项原则上由一个部门统筹、一件事情原则上由一个部门负责，司法办案效率和专业化办案水平显著提升。深化司法体制综合配套改革，落实员额检察官单独职务序列待遇规定。落实司法责任制，全市两级检察院入额院领导直接办理案件2326件，占全市办案总量的40.2%；办理重大疑难复杂案件125件，院领导承办重大疑难复杂案件实现常态化。市检察院检察长张世荣带头办理张某某抢劫致人死伤案等案件13件，阅卷、提审、查看案发现场，审查修改讯问提纲，列席审委会并发表意见，以国家公诉人身份出庭支持公诉，落实司法亲历性要求。

检察办案机制改革。实行“捕诉一体”办案新机制，一审公诉案件办理平均用时缩短31%，反映刑事案件办理质量和效率的“案—件比”排全省第一。落实认罪认罚从宽制度，适用该制度案件比例50.1%、人数比例41.45%，排全省第三，量刑建议采纳率97.7%，适用案件范围涵盖黑恶势力犯罪、邪教犯罪、毒品犯罪、危险驾驶等类型。阳城县检察院建立适用认罪认罚从宽制度案件“简案快办”新模式，26件危险驾驶案件1个小时内当庭宣判，从集中受理、审查到提起公诉用时仅5天。加强检察建议工作，结合司法办案制发检察建议427份，同比上升38.4%；已到检察建议回复期限324件，收到检察建议回复304份，回复率93.83%。

【检察信息化建设】 2019年，晋城市检察机关加强检察信息化建设，形成以“智慧办案”为主体，以“智慧办公”和“智慧服务”为两翼的智慧检察新模式。全市两级检察机关共部署和应用各类信息系统61个，其中自主研发应用系统25个，办案活动和办公事务线上运行率分别为100%和70%，初步形成实体检察院、网上检察院和掌上检察院“三位一体”新格局。开展“206”智能辅助办案系统推广应用工作，组织系统操作培训2次，将应用情况纳入案件流程监控范围并通报。

【“树立品牌、打造亮点”活动】 2019年，晋城市检察机关推进“树立品牌、打造亮点”活动，确定9个品牌项目和16个亮点工作，通过“项目化管理、品牌化经营”方式，形成市检察院党支部规范化建设、案件流程监控和信息公开、高平市检察院高标准推进扫黑除恶专项斗争、阳城县检察院认罪认罚从宽制度落实等23个检察工作品牌和亮点，工作经验材料被山西省检察院转发。

（王 昊）

法 院

【概况】 2019年，晋城市中级人民法院坚持服务大局、司法为民、公正司法，为全市经济社会发展提供司法服务和保障。全市法院受理案件33374件，办结32593件，结案率97.66%；市中级人民院受理案件4846件，办结4789件，结案率98.82%，审判执行质效在全省各市排名第一。

【商事案件审理】 2019年，晋城市各级人民法院审结各类商事案件11476件。依法加大对民营企业司法保护力度，出台《服务保障转型发展护航行动十项举措》，发布《助力民营企业健康发展防范风险法律提示100条》。依法审结企业间投资、买卖等合同纠纷案件10858件，审结知识产权案件144件。服务保障供给侧结构性改革，审结企业破产、清算重组、股权转让案件15件。成立全省首家破产管理人协会，引进温州等南方发达地区破产审判经验，妥善做好晋城晋邦大酒店、高平唐一、陵川鑫源鑫达等重大案件的审理协调工作。严厉打击经济犯罪，审结非法集资、金融诈骗、电信网络诈骗等犯罪案件28件。维护金融安全，审结金融借款、民间借贷、证券、期货等案件4726件。打击不诚信诉讼，依法对18名当事人作出罚款处罚，对涉嫌虚假诉讼罪的2人追究刑事责任，在全省率先建立不诚信诉讼名单定期曝光制度，发布不诚信诉讼名单。

【刑事案件审理】 2019年，晋城市各级人民法院审结刑事案件2462件，判处罪犯2868人。严厉打击严重暴力犯罪和多发性侵财犯罪498件，判处五年以上有期徒刑626人。开展扫黑除恶专项斗争，受理涉黑涉恶犯罪案件107件732人，一审宣判95件636人；开展“打财断血破网”行动，414人被判处财产刑共3162.1万元，判处五年以上有期徒刑192人。召开人大、纪委监委和公、检、法、司等部门参加的刑事审判联席会，就8大类26项问题达成共识。对涉黑涉恶案件审理中发现的社会治理和行业监管中出现的短板漏洞，向自然资源、金融监管、市场监管、交通运输等相关单位共发出司法建议49份。严惩侵害妇女儿童权益犯罪，审结拐卖、性侵妇女儿童和校园欺凌等犯罪案件46件。惩处职务犯罪，审结贪污贿赂、渎职等犯罪案件53件。参与社会治安综合治理，办理减刑、假释案件959件，协助对缓刑、暂予监外执行等罪犯进行社区矫正。制定《服刑人员履行民事赔偿财产性判项的程序规定》和《罪犯减刑案件中财产性判项履行能力及履行情况认定实施办法》，畅通附带民事赔偿履行渠道，其经验做法被中国社科院《实证法学研究》刊载。

【行政案件审理】 2019年，晋城市各级人民法院审结行政案件615件，办理行政非诉审查执行案件225件。坚持依法裁判和协调化解相结合，一审行政案件调撤率15.58%。落实行政机关负责人出庭制度，行政机关负责人出庭应诉率90%以上。围绕依法治省履职任务清单，推动晋城、长治两市法院及两市政府相关部门召开行政审判工作座谈会，建立重大决策风险评估、诉前沟通协调、联席会议等5项工作机制。发布行政审判白皮书。

【民事案件审理】 2019年，晋城市中级人民法院推进家事审判改革，探索引入家事调查员、心理专家等多种方式，提高家事司法服务水平。审结民生案件6307件，审结婚姻家庭、继承纠纷、宅基地纠纷、劳动争议、医疗纠纷等案件4460件，审结交通事故、人身损害赔偿、消费者权益保护等案件1541件。开展公益诉讼，与市人民检察院建立公益诉讼沟通协调工作机制，审结销售假药、环境污染等公益诉讼案件39件。推动诉源治理，落实诉调对接“6+N”工作法，受理诉前调解案件3636件，调解成功1796件，调解率49.4%。与市仲裁委建立信息反馈、依法监督等4项工作机制，化解房地产领域一大批群体性纠纷。推进“类案专审”，在市中级人民法院6个民庭全面推行类案专审，促进裁判尺度统一。推进“简案快审”，适用简易程序审理案件13166件，简易程序适用率75.32%，排名全省第一。案件审理平均用时由2016年的97.5天降至43天。

【诉讼服务体系建设】 2019年，晋城市中级人民法院加强诉讼服务中心现代化建设，构建网上诉讼服务平台、线下服务中心、“12368诉讼服务热线”三位一体诉讼服务体系。网上预约立案1300件，一次性交退诉讼费620余万元。健全司法救助机制，发放涉民生案件司法救助款49万余元。落实律师参与化解信访案件，在信访部门设立律师工作室，值班律师共接待涉诉信访人员460余人次，11家律所指派律师参与化解上访老案。

【案件执行创新】 2019年，晋城市各级人民法院执结案件10313件，标的额18.08亿元。晋城市中级人民法院代表山西省接受“基本解决执行难”第三方评估，通过评估验收。创新执行工作机制，完善外部综合治理执行难大格局和内部执行工作管理模式，“三统一一体化”工作机制、“科学组建执行团队活用执行措施”分别入选全省“十大执行工作创新机制”。开展集中搜查、悬赏、罚款、拘留执行专项行动，开展集中执行11次，全媒体网络直播3场次，图文直播8次，实施司法拘留204人次，判决拒执罪案件4件4人。

【助力社会诚信建设】 2019年，晋城市各级人民法院助推社会诚信体系建设，向市委、市政府、市委政法委、市人大、市委组织部、市发改委等31个单位发函，探索建立定期推送失信被执行人名单制度，协助组织人事部门对“晋城好人”“空军招飞”等提名人员进行信用查证。全市法院纳入失信被执行人名单3087人次，限制高消费10092人次，限制乘坐交通工具17661次。

【法治宣教】 2019年，晋城市中级人民法院坚持“法治宣教也是办案”理念，发挥典型案件的法治宣教功能，市中级人民法院官方抖音获评“全国法院十佳客户端”，官方微信、微博获评“全国法院百优新媒体账号”。法院在线栏目组创作的《执行的法官一天》，代表晋城市新闻传媒集团获得山西广播影视奖电视专题三等奖。创新网络司法拍卖模式，联合淘宝网拍卖平台开展“主播带货+法官推介”新型网络司法拍卖活动，活动期间成交率96%，成交金额666万余元。

【审判管理】 2019年，晋城市中级人民法院推行审判管理“五四工作法”，实行判前五类案件留痕监督，判后四类案件质量评估，明确在判后对发回、改判、再审、长期申诉信访等四类案件进行质量评估，系统集成覆盖全员全流程配套机制的动态、多向、互动式审判管理模式，该经验做法被《人民法院报》推广。开展案件集中评查和长期未结案件清理“百日攻坚”专项行动，评查案件3931件，清理长期未结案件1097件。全市法院一审判决被发回重审率从2016年的4.52%降至1.12%；再审审查案件占结案总数的比例由2017年的0.62%降至0.50%。

【司法改革】 2019年，晋城市中级人民法院持续推进司法改革，全市法院25名法官参加第三批入额遴选，员额法官共188人。基层法院内设机构及配套机制改革全部完成，实现团队扁平化管理、常态化运行、科学化考核。率先试点在全省范围内为阳城县人民法院选调8名公务员。深化审委会改革，在全国首家出台《关于建立审判委员会听证制度的规定》，全面听证案件14件。12月30日，最高人民法院审判委员会会议首次邀请案件代理律师分阶段参加，陈述意见并接受审判委员会委员询问。深化繁简分流、小额速裁、商事审判“庭审瘦身”等民事审判机制应用，推进以审判为中心的刑事诉讼制度改革，依法拓展轻刑快判、量刑规范化、刑事和解等刑事审判机制改革，为政法领域改革提供“晋城经验”。

【智慧法院建设】 2019年，晋城市中级人民法院以司法需求为导向、信息化应用为核心，以“全业务覆盖、全流程公开、全方位融合”为要求，推进智慧法院建设。

打造全方位智能法院。参与研发和部署电子卷宗随案同步生成、审判智能化、执行智能化、庭审智能巡查、绩效考核等多个系统，司法办案网络化、阳光化、智能化的智慧法院初步形成。打造全流程阳光法院。发挥审判流程、裁判文书、执行信息、庭审公开“四大平台”功能，整合包括网站、微博、微信、传统媒体等在内的全方位、多维度的司法公开平台，网上公开审判执行流程信息24068条、裁判文书30937份、直播庭审7566场次。

打造全数据应用法院。运用司法大数据平台，提升审判质量和效率。推动白皮书工作机制，先后召开新闻发布会，发布行政审判白皮书、非法集资案件审判白皮书、危险驾驶白皮书、民间借贷白皮书和家事审判白皮书，实现从“末端治理”到“前端防治”的转变。

【司法研究】 2019年，晋城市中级人民法院申报最高人民法院第31届学术论文讨论会国家级论文14项，向中国社会科学院《司法制度蓝皮书》供稿6篇，中标山西省高级人民法院课题8个。《财产性判项履行与减刑、假释关联机制研究》和《诉前鉴定的实践与展望》分别入选《中国社科院蓝皮书》和《中国社科院地方法治蓝皮书》。连续第3年在全市法院组织开展办案能手、庭审规范、优秀裁判文书等“九个一”大比武活动，提升实际工作能力。

（郝文林）

司法行政

【概况】 2019年，晋城市司法行政系统学习贯彻习近平总书记在中央政法工作会议上的重要讲话精神，坚持党对司法行政工作的绝对领导，坚持以人民为中心的发展思想，坚持稳中求进工作总基调，围绕中心、服务大局，开创新时代司法行政工作新局面，为美丽晋城高质量转型发展营造良好法治环境。

【法治晋城建设】 2019年，晋城市市县两级全部组建成立党委全面依法治市（县）委员会，办公室设在司法局。市司法局设置依法治市委员会办公室秘书科，4月完成市委原法治办机构、编制、人员转隶工作。各县（市、区）分别设立法治建设股。市依法治市办对照省市改革要求，完成市委全面依法治市委员会“两规则一细则一要点”的起草和征求意见工作。市、县两级全部召开委员会第一次会议，对全面依法治市（县）工作进行安排部署。8月27日，市委全面依法治市委员会办公室第一次会议召开，审议通过《关于健全完善党委领导法制建设体制机制的方案》等6个文件。组织市公、检、法及市场监管、教育、农业农村6部门，开展食品药品监管和执法司法情况督察。9月2—4日，山西省委全面依法治省第三督察组到晋城市，就党政主要负责人履行推进法治建设第一责任人职责和推进乡村法治建设情况开展督察。围绕优化营商环境、保障民营企业发展、城市建设、环境保护等与人民群众生产生活密切的立法、执法、司法、普法等方面的热点难点问题，面向市级各单位广泛征集法治惠民实事项目，市县共征集项目65个，其中市级项目23个。

【行政执法改革】 2019年，晋城市政府印发《全面推行行政执法公示制度执法全过程记录制度重大执法决定法制审核制度实施方案》,在全市推进行政执法“三项制度”,开展清理行政执法主体和行政执法(监督)人员工作,推进减证便民工作,确定高平市为实行告知承诺制试点县。推进综合行政执法体制改革,开展市场监管、生态环境保护、文化市场、交通运输、农业等五大领域综合行政执法队伍体制改革,市场监管、生态环境保护两支综合执法队伍挂牌成立。

【地方立法和规范性文件备案审查】 晋城市司法局开展地方立法和规范性文件备案审查工作,配合市人大常委会开展地方立法工作,参与《晋城市城市绿化条例》《晋城市村庄规划建设管理条例》起草修改、合法性审查等工作。6月3—6日,牵头组织市公安局、市城市管理局、市畜牧兽医局等单位赴安徽淮北、宿州等地调研考察,制定晋城市第一部政府规章——《晋城市养犬管理办法》。全年,审查规范性文件13件,向山西省司法厅和市人大常委会报送备案3件,规范性文件审查合格率和备案率均为100%。

【行政复议创新】 2019年,晋城市司法局创新推进行政复议工作,在支付宝应用城市服务中新开通行政复议申请通道。办理行政复议立案59件,同比增长37%。根据案件申请人、案件事实及审查结果的不同情况,采用分类施策的办法化解行政争议,审结行政复议46件,经调解和解由申请人撤回申请26件,占审结案件的57%。

【法治宣传】 2019年,晋城市司法局加快智慧普法建设,以“太行山里红”为核心的微信4+1法律服务网络体系实现手机端在线普法、实时咨询、优选律师一站式服务,“晋城普法”微信公众号定期发布“以案释法”典型案例,“每日一题”微信公众号日均答题6000余人,关注人数14万余人。制作法治微纪录片《太行山里红》《援》,在山西省司法厅第一届微视频大赛中分别获一、二等奖。全面落实“谁执法谁普法”责任制,创办全省首家“谁执法谁普法”电视栏目《一起普法》,制作播出13期。

【扫黑除恶专项斗争】 2019年,晋城市司法行政机关与公安机关对全市980名刑满释放人员实行联合管控,对全市36个律所175名参与扫黑除恶律师进行指导监督,举办扫黑除恶宣传90余场,推送新媒体信息300余条。晋城市司法局被山西省扫黑领导组表彰为“全省扫黑除恶专项斗争先进单位”。

【社区矫正工作】 2019年4月16日,晋城市司法局在晋城监狱挂牌成立社区矫正警示教育基地。建立社区矫正分析研判制度,创新开展社区服刑人员就业创业培训、矫正日志管理。成立律师教育帮扶领导组,建立律师舆情专班,实行专人专档、定期约谈。在册的946名社区服刑人员和4978名刑满释放人员,再犯罪率和安置率均达到省定目标(再犯罪率控制在2‰以下,安置率90%以上)。

【人民调解工作】 2019年,晋城市司法局推广新时代“枫桥经验”,在城区、泽州县、阳城县建立个人品牌调解室,在市信访局建立访调对接工作室,联合市中级人民法院打造“6+N”诉调对接格局。全年,全市受理诉前调解3835件,排查矛盾纠纷6728次,调处1641件,成功率97%。

【服务经济社会建设】 2019年,晋城市实施免费法律咨询便民工程,筛选251名法律工作者,建立值班律师人才库,定期开展督促检查、电话抽查和群众满意度调查。4月中旬至12月,累计提供法律咨询831件,群众满意度93%。开展律师服务重点项目工作,为全市转型项目重点工程配备资深律师,采取“一项工程、一名律师、一包到底”方式,51名结对律师提供法律咨询230次,提出法律意见280条,参与风险评估65次,进行合同审查46起。统筹资源推动法律服务乡村振兴和民营经济发展,举办晋、冀、豫、陕、内蒙古五省(自治)区乡村振兴法律服务经验交流研讨会,组建服务民营企业人才库,举办支持民营企业家发展座谈会,120余名律师到165家民营企业开展“法律体检”,291名村居法律顾问入村服务1万余次,开展咨询1.4万余次,提出意见建议2000余条。

【基层司法所建设】 2019年，晋城市彻底解决司法所立户列编问题，全市84个司法所、113个政法专项编制列入各县(市、区)司法局"三定"方案。通过公考、选派、购买服务等方式，新录用92名优秀青年进入基层司法所队伍，全面消除0人所，2人所、3人所比例分别达到31%、55%。各县(市、区)司法局单列司法所开支科目，84个司法所共有国债投资528万元，市县两级配套资金728万元。

(赵艳萍)

仲 裁

【概况】 2019年，晋城市仲裁委员会以完善仲裁制度、提高仲裁公信力为重点，健全完善仲裁工作体制机制，丰富仲裁服务方式，加强仲裁机构和人才队伍建设，提升仲裁质量，为预防化解社会矛盾、提升社会治理水平、促进经济社会发展提供服务和保障。

【案件受理】 2019年，晋城市仲裁委员会共受理仲裁案件463件，涉案标的10.5亿元，其中买卖48件、租赁20件、借款124件、建设工程48件、房地产166件、普通合同纠纷36件、其他21件，调解结案率52%。坚持"调解优先"原则，对当事人之间争议不大、权利义务关系清楚的案件，组成仲裁庭，及时制作调解书发送给当事人。

【仲裁监督】 2019年，晋城市仲裁委员会成立由3名仲裁秘书组成的案件审核小组，审核裁决书、调解书、决定书，提升仲裁文书质量，保证仲裁程序的合法性；对重大、疑难案件或群体性、敏感性案件，成立专家小组，在保障仲裁庭依法独立裁决的基础上，将内部监督与专家评议有机结合，确保案件裁决的统一性和严肃性。

(韩 红)

公 证

【概况】 2019年，晋城市公证处履行公证职能作用，进行公证体制改革，优化服务质量，开创公证新气象，为新时代美丽晋城高质量转型发展做出新贡献。

【体制改革】 2019年，晋城市公证处推进公证体制改革，率先在全省实现零编制、企业化财务管理运行制度，公证改革经验得到山西省司法厅的肯定，并在全省公证处推广。

【公证业务】 2019年，晋城市公证处成立遗嘱公证室，规范遗嘱公证业务。新开通微信、支付宝等九大电子证据保全公证，为10多家企业及个人办理电子证据保全公证，解决网络纠纷举证难和维权难问题。新开通提存公证业务，为1家企业保管提存物，预防债务纠纷。办理公证2643件，其中，经济类公证116件、民事类公证1134件、涉港澳台公证35件、涉外类公证1358件，办理件数较2018年增长32%，收费金额比2018年增长一倍。

【司法辅助】 2019年，晋城市公证处开展公证参与法院司法辅助事务，与晋城市中级人民法院执行局沟通衔接，就司法辅助的具体事项和经费保障等问题进行协商，到四川省成都市律政公证处考察学习司法辅助先进经验。

【公证服务】 2019年，晋城市公证处开通民营企业"绿色通道"，缩短办证时限，开展延时服务。推进公证便民服务，简化公证程序，承诺48项"最多跑一次"公证事项5个工作日内出证。开通微信公众号，在微信公众号、公证处网站公开各项公证事项所需材料。为当事人提供涉外公证书直接"认证"服务和邮寄送达公证书服务。

(程梦馨)

民主党派

民革晋城市委员会

【概况】 2019年，民革晋城市委员会以习近平新时代中国特色社会主义思想为指引，贯彻执行中共中央关于统一战线的路线、方针、政策和民革十三届三中全会精神及民革“思想政治建设年”活动和民革中央主席万鄂湘“举全党之力抓参政议政”的工作要求，围绕中共晋城市委、市政府中心工作，找准切入点、结合点、着力点，履行地方参政党组织职能，全面加强自身建设，各项工作取得新成绩。

【思想政治建设】 2019年，民革晋城市委员会响应中共山西省委号召，开展“改革创新、奋发有为”大讨论。按照民革山西省委安排，在民革党员中开展“四比四促”活动，对2018年新入党党员进行党史教育培训。组织学习中央及省、市“两会”精神和相关重要会议精神，传达民革中央、省委工作活动会议精神。按照民革中央和山西省委员会安排，开展“不忘合作初心，继续携手前进”主题教育活动，举办“我和我的祖国”主题摄影展。组织全市民革骨干党员在晋城社会主义学院集中学习中共十九届四中全会精神。

【组织建设】 2019年，民革晋城市委员会完善市委会各项制度，落实好层级谈话制度，增强市委会与各基层支部的协调沟通和在党员中的号召力。严把新党员入口关，注重党员发展质量，发展新党员20名，全市民革党员人数共334名。

加强党员之家建设，组织各支部负责人赴大同、朔州、太原学习交流，组织已创建党员之家支部负责人赴杭州、嘉兴、绍兴等地参观学习；开展达标支部建设，14个支部基本完成支部制度建设，市直二、四支部和高平、沁水民革党员之家挂牌。

【参政议政】 2019年，民革晋城市委员会围绕地方党委、政府中心工作，确立课题，开展调查研究，形成有价值的提案和社情民意，为地方党委、政府决策提供参考。省市“两会”期间，民革晋城市委主委原云向省政协全委会提交个人提案5件，全部立案；民革晋城市委员会向市政协全委会提交集体提案19件，大会发言材料采用1篇。省、市、县三级委员报送社情民意200余篇，集体报送17篇，省、市两级采用11篇；有2个支部、5名党员受到民革山西省委员会表彰。民革晋城市委员会对陵川县潞城镇的扶贫攻坚开展民主监督。

【社会服务】 2019年，民革晋城市委员会开展“百千百”帮扶工作，党员参与消费扶贫3万余元，城区支部4名党员为陵川县5名家庭困难学生送去助学金和学习用具。以民革医疗服务站为主，开展“医疗义诊服务活动”，组织医卫界党员到陵川县潞城镇西八渠村义诊；一支部主委司菊霞组织个人体检中心的医务人员上门为群众义务体检；沁水支部组织党员为土沃敬老院老人义诊和打扫住所卫生;泽州支部组织开展下乡义诊活动。民革晋城市委员会对阳城蚕桑产业服务基地进行帮扶,助力蚕桑传统产业改造提升;主委原云赴江浙与茶销渠道商对接,助力桑茶产品开拓市场;七支部主委王昊为陵川县8名贫困大学生捐助4万元;阳城县支部发动党员参与社会公益活动。

【祖国统一工作】 2019年,民革晋城市委员会组织党员学习对台工作政策、文件,做好在台亲戚、朋友祖国统一工作,市委会和泽州支部联合召开学习习近平总书记在《告台湾同胞书》发表40周年纪念座谈会重要讲话精神;民革泽州支部通过联络联谊,帮助原国民党老兵返乡寻亲、赴台探望、服务台资企业、开展文化交流增进共识等方面工作;民革高平支部6名党员参与炎帝拜祖活动志愿者工作。民革山西省委会授予民革高平支部"2019年度祖国统一工作先进集体"称号,袁麦林、牛方凯被评为全省祖国统一工作先进个人。

(成丽梅)

民盟晋城市委员会

【概况】 2019年,民盟晋城市委员会围绕市委、市政府中心工作,履行参政党职能,在思想政治建设、参政议政、社会服务、自身建设等方面取得较大成绩。

【思想政治建设】 2019年,民盟晋城市委员会举办"与时代同行"读书会活动,邀请市作协主席与部分盟员座谈;与民盟焦作市委员会共同举行庆祝中华人民共和国成立和多党合作制度确立70周年座谈会;开展送医疗送文艺进乡村等系列活动。举行"不忘合作初心、继续携手前进"主题教育活动,组织骨干盟员赴湖南韶山开展主题教育活动,选派专职干部参加民盟山西省委员会在井冈山举办的培训班。

【参政议政】 2019年,民盟晋城市委员会报送山西省政协集体提案8篇,全部立案。在晋城市政协七届四次全会上,民盟晋城市委会立案的集体提案共21篇,其中《关于强力推进"农林文旅康"融合发展的建议》被确定为1号提案,《关于加大公办幼儿园建设的建议》被确定为重点提案,《实施乡村振兴战略,促进农业产业发展的建议》《鼓励并支持社会力量参与养老事业的建议》被评为优秀提案。

【社会服务】 2019年,民盟晋城市委员会开展"教育服务、文化服务、健康服务"主题活动40余次。10月17日,民盟晋城市委员会、高平市建宁乡冯庄村联合举办的"农民讲习所"挂牌,至年底,共举办健康知识、文艺进乡村、传统文化戏曲专题讲座、扶贫政策解读活动4期,成为晋城市民主党派社会服务的一大亮点。

【调查研究】 2019年,民盟晋城市委员会成立6个专题调研组,在城区凤鸣社区、泽州县晋庙铺镇、泽州县大阳古镇景区、高平四中、安东检测公司、陵川县马圪当乡西石门村"6个1"调研基地,开展调查研究20余次,均形成调研报告上报民盟山西省委员会。主委梁丽萍的论文《加强乡村教师队伍建设的思考和建议——以晋城市为例》获第七届民盟中央教育论坛优秀论文奖。组织盟员参加山西省委统战部举办的《社会主义学院工作条例》主题征文活动,获一等奖1个、三等奖1个。

【信息报送】 2019年,民盟晋城市委员会共报送信息150余条,其中《现行工伤保险医疗费赔付制度缺陷亟须解决》被民盟中央和山西省政协采用,《建立重点提案分级督办机制》被民盟中央采用。主委梁丽萍的《应建立外国人收养中国子女跟踪机制的建议》被中央统战部《零讯》采用。

(李玲玲)

民建晋城市委员会

【概况】 2019年,民建晋城市委员会围绕省委、省政府开展"改革创新、奋发有为"大讨论活动和在民主党派中开展"四比四促"活动,继续开展"不忘合作初心,继续携手前进"主题教育活动,在丰富工作方式方法和内容形式上做出有益探索。

【思想政治建设】 2019年,民建

晋城市委员会继续开展“不忘合作初心,继续携手前进”学习教育活动,引导全市基层组织和广大会员注重政治理论学习。举办习近平新时代中国特色社会主义思想座谈会。选派15人参加民建山西省委在山西社会主义学院举办的基层组织负责人和新会员培训班,选派8人参加民建省委举办的加强自身建设培训班,提高会员的综合素质。

【组织建设】 2019年12月,民建晋城市委员会举办新会员入会仪式,为新会员颁发会员证。至2019年底,下辖7个支部、2个小组,设有组织部、宣传部、社会服务部和3个专门委员会,共有会员217名。其中男会员129名、女会员88名,市委会员14名、省政协委员1名、市人大代表1名、市政协常委4名、市政协委员22名。

【参政议政】 2019年,民建晋城市委员会在市政协全会上提交《关于推进我市科技创新的建议》《关于尽快组建我市政府性融资担保集团的建议》等提案20篇,委员个人提案32篇;民建晋城市委员会提交的《小微经营体参与乡村振兴的几点建议》作为书面发言,委员李仙爱代表民建晋城市委员会作《加快推进“互联网+政务服务”平台建设打造“老百姓不跑路”行政审批模式》大会发言;委员沈田香的《关于我市高校毕业生择业、就业难的问题与建议》被定为2019年市政协十大督办提案;委员吉云光的《关于加强中小学图书馆标准化建设的建议》《关于打造中国铁艺产业文化园的建议》被评为2019年精品提案。

【社会服务】 2019年,民建晋城市委员会助力攻坚深度贫困“百千百”工程,共捐助学生28名,捐款2.24万元。城区支部到城区钟家庄街道河东小学和红星小学、黄花街社区文化站开展送图书活动,赠送图书柜2个、图书1000册。泽州支部为泽州二中筹集各类图书1500余册,价值5万余元。副主委柴慧青为晋城一中教育基金会捐款30万元,为家乡建设捐款10万元,为陵川县西瑶泉村扶贫捐款2万元;会员郝高利为家乡文化建设捐款5万元;会员李仙爱为300名残疾人捐赠300条夏凉被;会员窦建华向妇女儿童慈山事业捐款1000元。

【交流学习】 2019年,民建晋城市委员会开展一系列交流活动,主委阴建政带领民建市委30名会员到河南林州市、鹤壁市开展“对标一流、走进中原”系列学习调研活动,并与鹤壁市缔结友好关系。主委阴建政带队赴民建运城市委员会,就工作制度、基层组织、对外招商进行交流学习;副主委韩连弟带队赴民建重庆渝北区委员会进行工作交流学习,双方就工作中存在的问题进行交流和探讨。组织市委委员参加在太原举办的山西省文博会,增加参政议政素材。

【宣传调研】 2019年,民建晋城市委员会建立“晋城民建”微信公众号,加强对时事政治、民建中央、民建省委、会务动态、支部活动、会员建言献策、会员风采等内容的宣传,扩大民建社会影响力。对晋城市乡村振兴发展进行专题调研,撰写《晋城市农村一二三产业融合发展调查研究报告》。

(韩连弟)

民进晋城市委员会

【概况】 2019年,民进晋城市委员会以中共十九大精神为指导,团结带领基层支部及全体会员,围绕中心工作,加强思想政治建设、自身建设,履行参政议政职能,创新社会服务方式方法,为建设新时代美丽晋城高质量转型发展贡献民进力量。民进晋城市委员会获民进山西省委会“组织建设先进市级组织”称号,城区支部获民进中央“全国先进基层组织”称号,副主委王军民获民进中央“全国组织建设先进个人”称号。

【主题教育】 2019年2月底至5月,民进晋城市委员会开展为期3个月的“改革创新、奋发有为”大讨论暨“四比四促”活动,联系思想和工作实际,通过动员部署、学习交流、对标一流述职评议、召开先进典型报告会等形式,引导广大会员自觉接受中国共产党的领导。开展“不忘合作初心、继续携手前进”主题教育,组织学习习近平新时代中国特色社会主义思想、中共十九大精神、习近平总书记视察山西重要讲话；组织骨干会员赴井冈山、重庆、上海、武乡、黎城等地参观学习，传承革命精神。

【庆祝活动】 2019年，民进晋城市委员会举办庆祝中华人民共和国和人民政协成立70周年系列活动。组织参加民进中央举办的“纪念新中国成立70周年、人民政协成立70周年”征文活动，共征集到各支部上报作品30余篇，获民进省委一等奖1篇，二等奖3篇，优秀奖7篇。其中，主委郭向阳撰写的《感谢民进给我提供了为民服务的平台》，专职副主委王国亮撰写的《风雨同舟二十年》，参政议政部部长杨党辉撰写的《为了心中的理想》在民进中央网站刊登；承办民进山西开明画院“奋进新时代、共圆中国梦”书画作品巡展，讴歌中华人民共和国成立70年来所取得的伟大成绩；举办“晋善晋美·美丽晋城”手机摄影图片展览，征集会员作品175幅，展出150幅；开展展现晋城民进人守初心担使命、建功立业新时代的励志故事传承活动。

【组织建设】 2019年，民进晋城市委员会开展“基层组织建设年”活动。围绕民进省委确定的“达标指标”和“提升指标”找差距、补短板，制定实施细则和自测评分册、实施物质奖励、召开“走基层暨组织建设工作”座谈会，交流推广创建经验等，推进“星级基层组织创建”工作。推进“智慧组工”应用，就数据库建设和会务工作规范进行技术指导。规范组织发展工作，梳理建立副科级以上会员信息库。

【参政议政】 2019年，民进晋城市委员会专题研究党派团体提案、重点提案，保证提案质量。郭向阳、王国亮分别参加民进中央理论课题“全媒体时代民进宣传思想工作”“民进基层组织与中共基层组织的比较”研究，研究报告获优秀奖。市“两会”期间，提交提案、建议56篇，其中2篇提案被市政协列入十件重点提案。共向民进中央、省委和省、市政协提交社情民意267篇，其中：由会员杨党辉、贾粉平、吴鹏撰写的《关于消除危化品企业安全隐患的建议》被全国政协采用；会员杨党辉撰写的《车辆保险应与4S店强制剥离》被民进中央采用；由卫波、杨党辉撰写的《关于遏制超低价中标乱象的建议》和常锐莲撰写的《关于建立个人破产制度的建议》等12篇社情民意被省政协采用；会员李波撰写的《金村新区建设应重视城市色彩规划》等36篇被市政协采用。

【社会服务】 2019年，民进晋城市委员会组织会员开展送文化、送医疗下农村、进社区活动和帮扶贫困群众认购小米活动，认购小米500多千克。配合市委统战部开展帮扶沁水县固镇村“五进九销”活动，认购农产品6000余元。春节前，与各支部举办“春联万家”活动5场，送对联3000条幅。各支部均结合自身特色开展各种社会服务活动，阳城支部到县交警大队开展慰问活动；泽州支部到晋城市福利院举办“情暖中秋”献爱心活动；高平支部开展重阳节慰问老会员活动，自编自演情景剧《在正道上行》。

（李卫国）

农工党晋城市委员会

【概况】 2019年，农工党晋城市委员会贯彻执行中共中央关于统一战线的路线、方针、政策和农工党中央、农工党山西省委的决议、决定，加强自身建设，履行参政党地方组织职能，各项工作均取得较好成绩。

【思想政治建设】 2019年，农工党晋城市委员会学习贯彻中共十九大和十九届二中、三中、四中全会精神以及习近平新时代中国特色社会主义思想、习近平总书记系列重要讲话精神、农工党十六大会议精神，组织全体党员开展“不忘合作初心，继续携手前进”“改革创新、奋发有为”和“四比四促”等主题活动，开展纪念中华人民共和国成立70周年、人民政协成立70周年和多党合作政治协商制度确立70周年系列活动，组织党员参加农工党中央开展的“不忘合作初心，继续携手前进”微视频和“同心共祝祖国好”随手拍摄影展征集活动，教育引导广大党员夯实多党合作的共同思想政治基础。

【组织建设】 2019年，农工党晋

城市委员会发展农工党党员10人，其中研究生1名、中级职称6人。完善细化基层支部年度工作考核制度，从支部工作量化指标、党费收缴管理、考核实施等方面作出明确要求，推进支部工作。在农工党山西省委2019年度星级基层组织创建活动总结表彰大会上，高平支部、城区支部获得“五星级基层组织”称号，市直一支部、五支部获得“四星级基层组织”称号，泽州支部、市直二支部、三支部、四支部获得“三星级基层组织”称号。

【参政议政】 2019年，农工党晋城市委员会参加各级、各类协商会、座谈会、情况通报会20余次。在省政协十二届三次常务会上，主委王胜利作《加强农村人居环境整治，建设美丽宜居乡村》大会发言；在市政协常委会上，主委王胜利、副主委赵红亮、孙夏芳就农林文旅康产业融合发展、文明城市创建等交流发言，提出意见建议并得到采纳。市“两会”期间，农工党代表委员共提交提案议案30余件（集体4件，个人26件）、议政发言材料2篇，涉及医疗卫生、乡村振兴、居家养老、民营经济发展等方面。全年，向农工党山西省委提交社情民意20余篇，6篇被采用。主委王胜利撰写的社情民意《建议将炎帝农耕文化纳入全省重点旅游项目》被省政协采用，党员冯丽萍撰写的《关于我市国有控股企业在外兼并整合煤矿遇到的问题和建议》提案被列为市重点提案。

【社会服务】 2019年，农工党晋城市委员会积极组织开展健康义诊，结对帮扶，助力脱贫攻坚，服务社会。

健康义诊。3月，农工党高平支部组织党员在寺庄镇开展关爱老人义诊活动。4月，市直五支部在中原街中学举办“春季流行疾病预防”知识讲座，城区支部在城区云辉堂中医诊所开展义诊活动。5月，市直三支部联合晋城市康复医院、晋城博大医院30余名医疗专家在泽州县城南坡村开展献爱心活动；高平支部在伞盖村开展义诊活动，为贫困户购买人身意外伤害保险。9月，市直一支部、市直五支部联合晋城市人民医院、晋城市大医院在沁水县端氏镇秦庄村，开展健康扶贫义诊活动。10月，市直二、四、五支部赴陵川县古郊镇马圈村开展重阳敬老活动；高平支部在平阳社区开展义诊活动。11月，泽州支部在南村镇东阳社区开展送医送药送健康义诊活动。12月，市直五支部联合市妇幼院疼痛科专家在城区西街街道泰康社区，开展疼痛知识讲座和健康义诊活动。

结对帮扶。农工党晋城市委员会开展“一支部一村结对帮扶”活动。1月，农工党晋城市委员会到沁水中学为4名贫困大学生送去助学金；高平支部到寺庄镇为2名贫困大学生送去助学金和慰问品。2月，市直二、四支部为陵川县古郊乡马圈村的2名贫困大学生送去助学金；城区支部与2名贫困大学生开展结对帮扶。3月，市直二支部赴沁水县郑村中心幼儿园举办“如何与孩子有效沟通”主题课程2场。6月，高平支部和九三学社高平支社在米山镇云泉幼儿园联合开展第二届“关爱留守儿童，促进健康成长”主题活动，向幼儿园捐赠价值5000余元的玩具、学习用品和图书。9月，市直五支部在市实验中学开展戏曲进校园活动。

【课题调研】 2019年8月13—16日，农工党晋城市委员会调研组赴贵州省大方县、荔波县，开展“提升脱贫攻坚成效，助推乡村振兴”调研，向农工党山西省委提交《提升脱贫攻坚成效，助推乡村振兴》调研报告，获得农工党山西省委优秀调研报告二等奖。6月13—19日，各支部在6县（市、区）开展送健康和健康扶贫跟踪调研，对2016年建档立卡的90户贫困户进行跟踪调研。10月16日，高平支部开展高平民营医疗机构现状调研。

（孙夏芳）

九三学社晋城市委员会

【概况】 2019年，九三学社晋城市委员会围绕中共晋城市委和市政府的重大决策部署，按照“11345”工作思路，突出以加强思想政治引领、广泛凝聚政治共识为中心环节和重要职能，凝心聚力、合作奋进，推进组织建设、参政议政、民主监督和社会服务等工作，提升组织化水平和参与国家治理的能力，获得九三学社山西省委员会2018年度议政成果贡献一等奖、九三学社山西省委员会“社员之家杯”社章社史知识竞赛活动二等奖等荣誉。

【组织建设】 2019年，九三学社晋城市委员会完成市直一支社、市直二支社、文博支社、医卫支社4个基层组织的换届选举工作。在保持界别特色和优势的基础上，严把社员发展入口关，重点发展在晋城市有影响的代表性人士以及有潜力的优秀人才入社，优化知识、界别和年龄结构，提高社员发展质量。经各支社长期培养考察，发展吸收18位思想素质好、政治觉悟高、业务水平强的优秀人才加入九三学社。截至2019年底，全市社员人数291人。

【参政议政】 2019年，九三学社晋城市委员会收集社情民意信息194篇、专题调研报告8篇。提交市政协七届四次会议集体提案18件，社内政协委员个人提案和意见57件，大会发言6件，报送2020年全国、山西省“两会”提案议案55篇。社市委集体提案《关于实施人才强市战略的建议》被列为中共晋城市委办公厅典型提案，在12月20日召开的市政协常委会提案通报会上给予肯定。文博支社负责的省委统战部课题“民间信仰组织与乡村治理——以明代以来泽州‘社’‘会’为例”结题。市直二支社主委刘强撰写的《关于丹河新城“黄金眼”建设的建议》被市委统战部《建言专报》采用。职院支社原魁社的提案《关于在城市建设规划中体现教育优先的建议》被市政协列入十大重点提案。《提高中水回用率、实现污水资源化》《特色小镇不能重创轻建》《将HPV疫苗纳入免费接种疫苗范围》等6篇提案和调研报告受到社省委表彰，社市委获2018年度议政成果贡献奖集体一等奖，程春明、王小芳等6人获2018年度议政成果个人贡献奖。社市委集体提案《关于开展“书香机关、书香社区、书香家庭”评比的建议》获2016—2018年度市政协优秀提案，解小竹、王天佑、元建芳、崔鹃等社内政协委员提交的提案获得个人优秀提案。程春明撰写的《关于谨防扶贫干部疲劳厌战情绪的建议》被社中央采用，程春明获社省委2018年度信息工作先进个人称号、市政协2016—2018年度社情民意信息工作先进工作者称号。王小芳、王天佑被表彰为市政协2016—2018年度优秀信息员，王小芳撰写的《关于加强我市城市管理立法的建议》获市政协2016—2018年度优秀社情民意信息。全年，市政协共采用上报信息38篇，其中市政协《社情民意信息》采用18篇、转报省政协18篇（含2篇综合稿件）、转报全国政协2篇（含1篇综合稿件）；社省委采用信息82篇；社中央采用2篇；省政协采用3篇。

【专项民主监督】 2019年，九三学社晋城市委员会探索健全专项民主监督机制，制定印发《九三学社晋城市委员会关于进一步做好脱贫攻坚民主监督工作的通知》，加强对口泽州县（重点柳树口镇）的脱贫攻坚民主监督工作，探索建立支社与贫困村“一对一”对口联系机制，指导市区各支社对口联系柳树口镇10个贫困村，开展脱贫攻坚民主监督工作。

【社会服务】 2019年，九三学社晋城市委员会开展“进企入村”帮扶活动、助力脱贫攻坚贫困“百千百”工程、帮扶17对贫困户子女上学就业；组织社员开展消费扶贫、助销农产品活动，累计消费扶贫2万余元。在市博物馆开展“九三社员文明行、携手共建文明城”助力全国文明城市创建自愿服务活动。诗社牵头发起“助力乡村振兴、挖掘传统古村落文化”泽州县善获村采风活动。市直二支社承办九三晋城义务植树活动。教育支社助力高平炎帝文化活动，协办晋城市第二届暨高平市首届“神农”杯海峡两岸棒球邀请赛。城区支社开展爱老助老活动，泽州支社开展关爱女性健康公益活动，高平支社开展“同心筑梦”义务植树活动、关爱困境青少年“七彩圆梦”活动、“关爱留守儿童·促进健康成长”同心扶贫主题活动。

【科普活动】 2019年，九三学社晋城市委员会教育支社社员、市营养师协会理事长马三强受邀举办营养健康知识公益讲座多场，在泽州晋庙铺镇拦车中学开展“营养健康进校园”科普活动，在市社会福利院举办“科学营养助你健康成长”营养健康知识讲座。城区支社在居然之家举办"科学管理饮食、全民健康知识"讲座。职院支社社员张彩萍在多所中小学、幼儿园举办爱心家庭教育主题讲座。矿区支社举办糖尿病日常饮食和预防知识讲座。阳城支社组织社员走上街头,发放青少年营养均衡、预防青光眼、近视眼等宣传资料400余份,主委刘新善在阳城电视台作《文明城市呼唤公共场所禁烟》讲谈节目。

【医疗义诊活动】 2019年,九三学社晋城市委员会利用"九三专家服务库"资源,开展专业化社会服务活动,重点选择全市的重点贫困乡镇和山区贫困村开展"社会服务山区行",医疗、科技、文化"三下乡","亮睛工程",义诊等社会服务活动。医卫支社、泽州支社联合在泽州县山河镇常沟村免费义诊,服务百姓247人次,发放养生健康宣传册子142册。医卫支社、高平支社到高平市石末乡石末村开展健康扶贫医疗义诊活动,服务百姓200余人次。阳城支社在蟒河镇麻娄坪村开展义诊活动,服务百姓60余人,发放健康科技资料80余份。城区支社在汇晋社区开展服务百姓健康义诊宣教活动,现场义诊167人次,发放宣传资料213份。

【理论研究】 2019年,九三学社晋城市委员会举办五四运动与新时代九三学社发展理论研讨会,组织社员参与社省委纪念五四运动100周年、庆祝中华人民共和国成立70周年等征文活动,26篇论文被社省委收入论文集。发动社员参加省委统战部、市政协组织的各类征文活动,高平支社主委王天佑的论文《学好用好〈条例〉、建设高素质参政党》获省委统战部征文二等奖。开展社史学习和研究工作,组织社员参加社中央组织的"社员之家杯"社章社史知识竞赛,20名社员获奖,其中10名社员获个人一等奖。3月,社省委授予社市委优秀组织奖二等奖,对25名表现突出的社员授予优秀个人称号。加强社史整理研究,编辑《晋城九三20年》书籍。

【爱国宣传】 2019年,九三学社晋城市委员会围绕中华人民共和国成立70周年,举办庆祝中华人民共和国成立70周年"我和祖国同成长"老社员座谈会,举办新社员培训班,赴解放军驻晋城某部队举办"爱国拥军、筑梦同行"庆中秋迎国庆文化进军营活动,与九三学社运城市委员会在晋城、运城两地联合举办庆祝中华人民共和国成立70周年书画联展,组织开展庆祝中华人民共和国成立70周年征文活动。利用微信公众号、微信群等新媒体平台进行宣传,及时通报社内的各方面动态,营造浓厚的舆论氛围。"晋城九三"微信公众号,全年发布信息120余篇,累计阅读量1.8万余次,总阅读量2.8万余次,40余篇信息被社中央、社省委、市政协、市委统战部等网站转载报道。晋城市被社中央确定为"社员之家"平台推广工作试点市,召开"社员之家"平台推广使用启动会。

【荣誉嘉奖】 2019年,九三学社晋城市委员会市直一支社卢瑞莲被评为晋城市"最美生态环境人物",并记个人一等功。市直二支社主委刘强入选山西省"三晋英才"支持计划"拔尖骨干人才"。泽州支社陈向明、王瑨璐、赵俊峰入选山西省"三晋英才"支持计划"青年优秀人才"。医卫支社马凯获晋城市最美科技人和第十届山西省优秀科技工作者称号。矿区支社姚媛媛获评第五届"中国语文朗读大会"全国优秀辅导教师。职院支社原魁社入选山西省习近平新时代中国特色社会主义思想"三团巡讲"高校宣讲团,出版专著《价值哲学视阈中的自爱》。张宏美术作品《飞阁丹崖》入选山西省第十七届美术展,被选送参加第二届全国青年运动会大美山西展。

(王晓芳)

晋城市总工会

【概况】 2019年，晋城市总工会贯彻落实市委和上级工会部署，改革创新、奋发有为，各项工作取得优异成绩。市总工会被中华全国总工会授予“2018年度市级工会财务工作先进单位”称号，被山西省总工会授予全省“五小”竞赛优秀组织奖、山西省“网聚职工正能量、争做中国好网民”优秀组织奖；5项工作在全省交流经验，其中《学懂弄通重要论述、做细做实工会工作》经验在全省工会系统学用习近平总书记关于工人阶级和工会工作重要论述经验交流会上交流。

【劳动竞赛】 2019年，晋城市总工会深化提质“五小”竞赛活动，涌现出创新成果1440余项，创经济效益2.85亿元；59项成果受到省总工会表彰，国网晋城供电公司宰红斌成果获“第五届全国职工优秀技术创新成果二等奖”。开展重点工程“四比四创”劳动竞赛等。

【技能比赛】 2019年，晋城市总工会与有关单位联合开展晋城市首届应急救援队伍技能比武、全市职工烹饪大赛、职业教师技能大赛、金融系统职工职业技能大赛等。获得山西省首届职业技能大赛团体总分第四名。在全国第八届（山西省第七届）烹饪大赛中金牌总数居全省地市第二。

【创新工作室创建】 2019年，晋城市总工会推进创新工作室创建工作，命名6个省级、16个市级“劳模（职工）创新工作室”。命名首批4个“晋城市职工职业技能实训基地”。

【文体活动】 2019年，晋城市总工会以纪念中华人民共和国成立70周年为契机，举办“时代新人说——我和祖国共成长”系列演讲大赛、“中国梦·劳动美——与共和国同成长、与新时代齐奋进”歌咏比赛、“定家规立家训”活动等。以弘扬劳模先进人物精神为导向，举办“晋城工匠”颁奖典礼，开办宣传专栏，开展“劳模工匠精神”进企业、进机关、进校园活动，联合有关部门对第五届优秀工程技术人员和“十佳工程师”、市委年度目标责任考核优秀等次单位和个人、担当作为表现突出的干部、“最美退役军人”、“最美生态环境人物”等进行表彰奖励。以满足职工精神文体需求为己任，举办晋城市第四届职工运动会，“中国梦·劳动美——心系重点工程、情系一线职工”送文化进基层暨消夏文化系列活动，七夕节“终于找到你！晋城市大型交友联谊活动”等。

【职工阵地建设】 2019年，晋城市总工会加快在各银行网点、酒店、社区联合建立“户外职工爱心驿站”，数量从2018年底的13家扩展到205家。建成“职工法律维权工作站”14家，入选“2019年度法治惠民实事项目”和“市域社会治理现代化”工作目录。开展市级“妈咪小屋”评定工作，首批建设市级五星小屋17家、四星小屋12家。建成“职工心理健康咨询基地”10家。建设各类职工爱心托管班6家。市文体宫整体变更为“工人文化宫”。

【帮扶活动】 2019年,晋城市总工会实施困难职工精准帮扶,在档困难职工从年初的2124户下降到190户。“两节”送温暖慰问困难职工家庭1593户,并慰问一线工作人员、驻村第一书记、援疆干部人才。“夏送清凉”暨“双系六进”活动慰问高温、露天一线职工8000余名。“金秋助学”活动救助困难职工子女36人。职工大病互助支出补偿互助金1765万元,补偿患病职工7499人。

【组织建设】 2019年,晋城市总工会开展工会组建工作“百日大会战”,新建基层工会122个,涵盖法人单位160个,新入会会员7421名。推动和指导高平市总工会、82个乡镇(街道)工会和5个产业(行业)工会完成换届选举工作。

【培训表彰】 2019年,晋城市总工会投入资金200余万元,举办学习贯彻中共十九届四中全会和中国工会十七大精神、干部素质能力提升、工会女工干部等主题培训班。与山西省总工会干部学校开展校市合作、校企合作。出台《晋城市总工会干部专业能力测评工作方案》,对2593名工会干部能力进行专业测评考试。对108名“新时代、新担当、新作为”优秀工会干部进行表彰。

【工会改革】 2019年,晋城市总工会出台职工爱心驿站、职工书屋、职工法律维权工作站等服务职工阵地的建设管理办法或考核标准,制定“三重一大”决策、固定资产管理、经费审查等方面的规范性文件。加大对基层工会的经费支持力度,1:1配套下拨省市专项经费423.6万元。

(郭浑庆)

共青团晋城市委员会

【概况】 2019年,共青团晋城市委员会学习贯彻习近平总书记系列重要讲话精神,按照市委七届七次、八次全会和共青团山西省委员会十五届三次全会的总体部署,结合晋城青年工作实际,坚持凝聚青年、服务大局、当好桥梁、从严治团,扎实推进团的各项工作。2月,由共青团晋城市委员会委牵头开展的“同心同梦”关心关爱偏远山区未成年人公益项目被评为2018年全国学雷锋志愿服务“四个100”最佳志愿服务项目先进典型。

【组织建设】 截至2019年底,共青团晋城市委员会共管理基层团支部5801个,团员65564人。其中,县级团的领导机关6个,直属团委、团工委6个,市直学校团委21个。团市委(市少工委)直属少先大队11个,有少先队员12万余名。全市公立小学均建有少先大队,公立初中建队率79%,共配备专兼职辅导员397名。有注册青年志愿者8.8万余名,由团市委主管志愿者组织26家,年均提供志愿服务100余次。

【主题活动】 2019年,共青团晋城市委员会围绕学习宣传贯彻中共十九大精神和习近平新时代中国特色社会主义思想,开展纪念五四运动100周年各类主题活动、“青春心向党·建功新时代”主题活动季、“时代新人说——我和祖国共成长”“我和祖国共成长”“我和国旗合个影”“争做新时代好队员”“红领巾相约中国梦”等演讲赛、宣讲、主题团队日活动100余场,覆盖青少年1.4万余人次。组建“青年讲师团”,在全市青年中广泛开展“改革创新、奋发有为——奋斗的青春最美丽”青年先进典型报告会。

【乡村振兴】 2019年,共青团晋城市委员会实施晋城青年服务乡村振兴战略“双争双兴”工程,制定服务乡村振兴战略“双争双兴”工程实施方案,累计开展活动18期,覆盖青少年4000余人次。开展百万农民“提素质、强本领、促振兴”冬季培训活动,累计开展培训20次,2258人次参加培训。开展乡村墙体彩绘活动及“青春兴晋”岗位实践活动,组织浙江传媒学院、山西传媒学院、山西大学、太原理工大学等17所省内外高校的80多支队伍、700余名大学生参与墙体彩绘、生物制剂、旅游项目策划、乡村文化微电影创作与拍摄、留守儿童关爱等16个项目,覆盖晋城市21个乡镇164个行政村,其中,乡村墙体彩绘面积6000

多平方米。

【就业创业】 2019年,共青团晋城市委员会以创业技能培训为支撑,建设技能提升平台,对99人进行青年电商培训、青年就业技能和SIYB培训;举办青创之说创业讲座3期,累计覆盖青年800余名;实施“千校万岗”大中专毕业生就业帮扶行动,154人次完成见习。开展“青春兴晋”大学生返乡暑期社会实践活动,实行就业岗位双向对接,开展学子暑期返乡岗位见习工作。

【社会服务】 2019年,共青团晋城市委员会推进青少年事务社会工作,以购买服务的方式开展心理辅导、自护教育、婚恋交友等活动100余场,覆盖4万余名青少年。推进青年志愿者工作制度化,常态化开展春运志愿服务、“3·5雷锋日”志愿服务活动、关爱农民工子女志愿服务行动、助残“阳光行动”。扩大共青团对新社会组织及新兴青年群体的有效覆盖,发动市青联、社会爱心机构募集资金20余万元,开展青少年关爱工作,引导各类青年社会组织、青联委员参与“紫薇艺术课堂”“微心愿”“阳光成长”等关爱偏远山区青少年、困境青少年和贫困青少年项目。开展青少年民族团结进步创建和对口支援,组织两地小学生“远程结对”,为援建地青少年捐赠爱心衣物及学习用品。

【权益维护】 2019年,共青团晋城市委员会开展青少年法治宣传、自护教育、“轻松备考 12355 与你同行”阳光行动,在全市初(高)中学校和中专、职高、技校推行山西省“守护青春”青少年法治广播,举办青少年自护教育、“五防”安全自护教育活动100余场、公益讲座30余场、主题班会3000余次,覆盖学生1.3万余名。推进未成年人司法保护综合服务项目,签订《关于构建未成年人检察工作社会支持体系的合作框架协议》,组建“青少年维权专员”团队,设立未成年人司法保护综合服务热线,集中受理晋城市各级司法机关机构的案件委托。推进青少年零犯罪社区创建工作,在市区秀水苑、凤鸣、建设路3个社区开展试点。

【实践活动】 2019年,共青团晋城市委员会全面推开青少年综合实践教育课程,启动全省首家青少年综合实践教育基地“晋青世界”,全市17所中小学校参加综合实践活动,开展综合实践营64期,累计参加人数17541名。依托“流动少年宫”,开展“非遗文化”“安全自护”“爱心陪伴”等社会实践活动,拓宽青少年的视野。举办第二届青少年创客大赛,60余所学校、2000余名青少年参与。

【关爱快递从业青年服务月活动】 2019年春节期间,共青团晋城市委员会联合市邮政管理局,在全市开展“情系快递员 温暖在晋城”晋城市关爱快递从业青年服务月活动。动员社会爱心企业为晋城市中通、申通、韵达、顺丰等6家快递企业50名快递从业青年代表购买人身意外保障保险;为400名快递从业青年发放代金券、ETC卡和对联等爱心物资。

【团员管理】 2019年,共青团晋城市委员会开展“智慧团建”工作,完成智慧团建系统,录入团组织5815个、团干部8427人、团员65011人。加强“学社衔接”,全市各级团组织均开展毕业大学生团员团组织关系接收工作,全市接收毕业大学生团员近2万人。依托“智慧团建”线上系统,开展基层团支部整理整顿,全市4031个团支部中,整顿团支部3747个,直属上级团组织审核的团支部3485个。开展团员档案规范化排查工作,排查并整改问题团员档案2000余份。开展全市基层建设专题调研摸底工作,形成专项调研报告,推动基层团组织规范化建设。

(张　宁)

晋城市妇女联合会

【概况】 2019年,晋城市妇女联合会学习宣传贯彻中国妇女十二大精神,贯彻落实山西省委、晋城市委全会提出的各项工作任务,抓牢联系和服务妇女工作生命线,团结带领全市广大妇女与新时代同行、为新目标奋斗、在新征程建功、做新时代女性,为新时代美丽晋城高质量转型发展贡献巾帼力量。

【“巾帼心向党”行动】 2019年,

晋城市妇女联合会开展“巾帼心向党”系列行动,团结凝聚广大妇女坚定不移听党话、跟党走。

主题宣传活动。举办庆祝“三八”国际妇女节109周年纪念大会,市妇联表彰123名“最美女性”先进代表。开展“十百千万巾帼大宣讲”,依托遍布城乡的“妇女之家”,将党的方针政策、妇女权益保护、女性健康知识送到机关厂矿、社区学校、田间地头的妇女群众身边。开展“我和我的祖国”宣传教育活动,以“唱响祖国颂歌、讲好中国故事、写出家国情怀、献礼祖国华诞”四项活动为主要内容,组成太行女儿合唱团参加“我和我的祖国”新时代大家唱群众性歌咏活动,举办“礼赞新中国·奋进新时代”晋城妇女群众文艺展演、“大家小官”“薪火相传”主题演讲大赛。

典型宣传活动。注重从基层一线、平凡岗位、群众身边发现典型,展示巾帼风貌、传播巾帼精神。通过市妇联微信公众号展示“最美家庭”风采12期,展示“我家最美一瞬间”短视频18期,开展“改革创新、奋发有为”最美巾帼故事展播14期,开展巾帼建新功“创业故事风采展”9期。

新媒体宣传。全市各级妇联微信公众号通过市妇联微信公众号和全市妇联系统1624个微信群联系妇女群众,在微信公众平台开办“党建微课堂”宣传党的理论政策,宣传国情市情;开办“法律微课堂”,为妇女群众提供便捷的法律服务。举办“最美女性”点赞活动,微信浏览量33661人次,投票页面浏览量1261万次,投票874万票,当期排名为全国第6名。

【“巾帼建新功”行动】 2019年,晋城市妇女联合会推进“巾帼建新功”系列行动,引导妇女群众在围绕中心、服务大局中展现巾帼风采。

“巾帼建新功+脱贫攻坚”行动。实施“农村妇女素质提升”工程,开展农技、家政、手工、电商、卫生健康等各领域培训89期,培训1.2万人次。开展“巾帼脱贫大篷车”和“姐妹手拉手·巾帼脱贫快步走”活动,建立手拉手结对台账,开展消费扶贫,认购核桃、木耳、蜂蜜、小米等农副产品2500多千克,消费3万余元。

“巾帼建新功+乡村振兴”行动。举办2019年乡村振兴巾帼领头雁示范培训班,培养一批爱农业、懂技术、善经营的高层次高素质高水平的新型职业女农民队伍。认定陵川县抱犊沟农业综合开发有限公司等5个基地为“晋城市巾帼脱贫示范基地”,泽州县“人和小院”等4个“特色农家乐示范基地”,山西小熊一家电子商务有限公司等3个“巾帼农村电商示范基地”,高平市香平蔬菜种植专业合作社等5家“晋城市巾帼特色农业示范基地”,沁水县金田园农业发展有限公司等4家为“晋城市巾帼新型农业经营主体示范基地”。依托巾帼示范基地带动妇女创业就业,组织开展2019年“巾帼庆丰收·共祝祖国好”为主题的丰收节活动。《中国妇女报》分别于6月21日、7月5日和10月17日报道晋城市妇联组织动员引导农村妇女在助力乡村振兴、全域旅游等方面的成功经验。

“巾帼建新功+创业创新”行动。联合市人力资源和社会保障局、总工会、扶贫办等部门举办“春风行动”招聘会,提供妇女就业岗位5000余个,3000余名妇女找到适合自己的岗位。推进小额担保贴息贷款促创业,发放小额担保贴息贷款49万元。推荐3个手工项目参加中国妇女手工创业创新大赛中部赛区选拔赛。深化“巾帼文明岗”创建,在全市广泛开展管理创新、服务创新、技术创新为主题的岗位创新活动。依托家政服务公司针对建档立卡贫困妇女开展“家政服务技能培训”38期,培训2000余人次。组织报送陵川县7名家政人员参加全省贫困地区妇女就业技能(育婴员)培训。组织4名晋嫂参加第五届“晋嫂”家政服务技能大赛,3人获得母婴护理组优秀奖,1人获得家务料理组优秀奖,晋城市获评家政服务技能大赛先进单位。举办2019中国女企业家走进山西“晋善晋美·魅力晋城”主题交流合作活动,8省市妇联主席、发展部部长和全国各地的300多名女企业家观摩晋城市在妇女创业就业等方面的工作。

“巾帼建新功+绿水青山”行动。与市农业农村局联合开展“美丽庭院”创建活动,对2000户“美丽庭院”标兵户给予表彰奖励。6月5日,在市区物茂广场开展“美丽中国·我是行动者”主题环保宣传活动,绿丝带、蓝丝带等各类巾帼志愿服务队伍1000余人参加，与市生态环境局共同向全市广大家庭发出《绿色生活·从我家做起》倡议书。

【“巾帼暖人心”行动】 2019年，晋城市妇女联合会开展“巾帼暖人心”行动，将妇女维权与社会治理相结合，创新妇女维权服务工作，晋城市2个集体和4名个人获全国妇联表彰，其中市妇联妇女维权工作站获“全国维护妇女儿童权益先进集体”称号。

巾帼维权关爱行动。2月27日，晋城市“巾帼维权关爱行动”启动，举办“两癌”筛查专题知识等维权关爱讲座22场次，近7000名妇女参与。推进维权工作社会化进程，推动解决妇女儿童关心关切的利益问题。完善《晋城市妇联信访接待制度》，全市妇联组织共接访171件，其中特困妇女救助11件、上访维权9件、婚姻家庭纠纷151件，调解率99%。

巾帼维权主题宣传活动。以“建设法治晋城·巾帼在行动”为主题开展妇女维权主题宣传活动，组织法律宣传队到社区、企业、机关、农村、家庭、校园宣讲《中华人民共和国宪法》《中华人民共和国妇女权益保障法》《中华人民共和国反家庭暴力法》《中华人民共和国未成年人保护法》《中华人民共和国婚姻法》《中华人民共和国禁毒法》《预防艾滋病宣传手册》等349场次，发放资料4.25万份；与晋城新闻频道录播《一起普法》访谈节目。

特困妇女儿童救助工作。完成全市农村妇女“两癌”免费检查项目，完成宫颈癌筛查40295人、乳腺癌筛查26719人，为26名乳腺癌、宫颈癌患者申请获得每人1万元救助金。9月，与中国人寿联合推出“女性健康保”贫困妇女健康保险产品捐赠活动，为全市297名贫困妇女及任职5年以上的村（社区）基层妇干赠送国寿女性安康疾病保险。开展“幸福启航——为妇女儿童送健康”公益活动，为晋城市8名大病贫困妇女每人送去2000元的帮扶救助金。

关爱未成年人工作。启动乡村留守儿童心理援助“红伞计划”项目，57名妇女儿童工作者和心理咨询师分赴6县（市、区）留守儿童集中的中小学校开展专题辅导。推动家校协同，完善和建立家庭教育指导服务中心，成立壮大家庭教育讲师团队伍。开展“我为留守儿童捐一本书”活动，募集书籍2000余册。组织“爱心妈妈”走进社会福利院慰问少年儿童。携手青年学社、凤展集团启动“塑造金色年华，呵护青少年成长”百万教育助学基金发布会。开展“共享阳光·助梦飞翔”“为爱牵手·童心童愿”爱国主义主题教育实践活动。

【文明家庭创建】 2019年，晋城市妇女联合会启动“家家幸福安康工程”，开展家教家风主题宣传月活动，举办“创廉洁家庭·扬清廉新风”专题讲座。创建“绿色家庭”，深化“平安家庭”，打造“书香家庭”，全市文明家庭覆盖面40%以上。

【礼赞新时代活动】 2019年“六一”期间，晋城市妇女联合会策划“弘扬好家风·花开新时代”主题庆祝晚会，联合市文明办、市教育局等部门开展“新时代好少年”评选、学习宣传活动，优秀童谣征集推广传唱活动。以“传承好家风·礼赞新时代”“弘扬家国情·礼赞新时代”为主题，面向全市民众广泛征集“我家最美一瞬间”短视频，“给妈妈写一封信”征文，通过微信公众平台、1072新闻综合广播广泛宣传。共建立家庭亲子阅读体验基地10个、家庭教育指导服务站12个、家教家风创新实践基地8个，用实际行动礼赞新时代。

【组织建设】 2019年1月5日，晋城市妇女第六次代表大会召开，选举产生新一届市妇联领导班子。至年底，6县（市、区）妇联换届全部完成。市县两级妇联班子共选配兼挂职副主席42名、执委265名，乡镇（街道）扩充执委1340名，村（社区）新增执委20475名。推进横向妇联组织建设，新成立市直属机关妇联、山西交控集团晋城高速公路分公司妇联，成立市直妇委会18家、“四新”领域妇联组织28家。延伸妇联外围组织，批复成立女教授协会、母婴协会、家庭教育协会，并依托女性社团开展服务。

（张　欧）

晋城市科学技术协会

【概况】 2019年，晋城市科学技术协会改革创新、争创一流，奋力推进各项工作任务，“四服务”职能作用充分发挥，服务经济社会发展能力显著增强，全市科协事业呈现出高质量发展的良好态势，实现院士工作站和园区科协建设“两个零的突破”，圆满完成全年的各项目标任务。在2019年“全国科普日活动”中，晋城市科学技术协会受到中国科学技术协会表扬。晋城市科学技术协会继续保持市级“文明单位标兵”称号。

【“全国科技者工作日”系列活动】 2019年，晋城市科学技术协会组织开展“全国科技者工作日”系列活动。5月30日，在高平市科兴集团举行以“礼赞共和国、追梦新时代”全国科技工作者日晋城科技志愿服务启动授旗仪式，召开第五届“十佳工程师”和优秀工程技术人员以及基层科技工作者表彰会，“十佳工程师”被市劳动竞赛委员会授予晋城市“五一劳动奖章”，优秀工程技术人员记一等功。与市新闻传媒集团合作，举办为期5天的科普知识微信有奖答题活动，活动总访问量553866人次，参与抽奖人数116556人次，参与活动人数达9万人。

【“奋进新时代，最美科技人”评选活动】 2019年，晋城市科学技术协会与市委宣传部、市委人才办共同组织开展“奋进新时代，最美科技人”评选活动，在全市选树一批长期工作在科技一线奋发有为的优秀科技工作者先进典型，弘扬中国科学家精神，增强科技工作者获得感、归属感、荣誉感。拓宽评选面，增加晋城籍在外地工作的科技精英，将中科院沈阳自动化研究所的“蛟龙号”深潜英雄刘开周、山西大学大数据专家钱宇华、索通公司总裁郎光辉等纳入候选评选对象，提高活动知名度和影响力。经过专家评审和网络投票，从81名候选人当中选出10名最美科技人，并举行颁奖晚会。

【院士专家工作站建设】 2019年5月10日，山西江淮重工有限责任公司举行中国工程院丁文江院士专家工作站揭牌仪式。丁文江院士专家工作站建设实现晋城市院士工作站从无到有“零的突破”。

【入企服务】 2019年3—4月，晋城市科学技术协会入企服务小组到山西长征动力科技有限公司和山西煤炭运销集团掌石沟煤业有限公司进行入企服务，宣传支持民营经济发展政策和支持高新技术企业发展等政策，了解企业的情况，分类梳理企业问题和诉求，建立问题清单，督促相关部门解决问题3个。组织实施“金桥工程”项目4项，为企业节约资金1134万元，增加利税1481万元。

【企业科协建设】 2019年，晋城市科学技术协会加大园区科协建设力度，在南村绿色智能铸造创新产业园新成立园区科协组织，并举行揭牌仪式和成立大会，实现晋城市园区科协建设零的突破。在民营企业山西景柏服饰有限公司建立科协组织。全市共发展市级企业科协组织14个。

【科技培训】 2019年，晋城市科学技术协会举办“百万农民冬季培训班”，采用线上培训和线下培训相结合的方式，共培训涉农技术人员、科普示范基地人员、农技协专业技术人员、农民合作社理事长、家庭农场主（种养大户）、农业社会化服务组织人员、农村专业技术协会负责人、乡村e站负责人、科普惠农中心服务站以及科普示范基地负责人等300余人。全市78个“科普中国乡村e站”，采用互联网+科普惠农模式，为农民搭建实用技术学习平台，开展科普惠农服务。

【科普活动】 2019年，晋城市科学技术协会在泽州三中举办“助力乡村振兴、服务创新驱动”主题“科技之春”宣传月活动暨中国流动科技馆泽州巡展。组织“种植、土壤、种子”农科专家到泽州县山河镇开展“春播春耕专家行”技术培训、咨询、宣传活动，为村民发放“节能环保、种植养殖、健康养生”科普书籍2000余册。举办全国防灾减灾日、食品安全宣传周等宣传活动，向市民发放防灾减灾科普书籍近1000册。联合市教育局组织中科院老科学家科普演讲团5名成员到30所中小学校，举办科普报告会50场。举办全市“全国科普日”启动仪式。编印发放提升“四大人群”的科普读本《身边的科学知识》1万册，开展

"科普进社区、文明进万家活动",共开展科普宣传4次,发放《垃圾分类》等科普宣传资料5000余份;举办健康科普讲座3场;在紫东国际新建科普宣传展板20块,科普"进楼宇"5栋12个单元。

联合市委宣传部、晋城新闻传媒集团在晋城电视台新闻综合频道每月2次播出10分钟《科普中国》节目。"晋城科普"微信公众平台号发送科普短信息41520条,发送微信235期720条,关注人数4000余人。对市区科普栏和科普画廊内容每2月更换1期,联合市教育局、市科技局等单位下发《关于举办第十八届晋城市青少年科技创新大赛的通知》,新修定《晋城市青少年科技创新大赛规则》,举办"创新、体验、成长"主题科技创新大赛作品评选和第18届青少年科技创新大赛暨首届青少年机器人竞赛活动。

【省科协年会主场活动】 2019年9月24日,山西省科学技术协会和晋城市委、市政府联合主办的"改革创新、科技引领——助力能源革命与产业转型"山西省科协年会主场活动在晋城启动。全国政协常委、山西省科学技术协会主席周然讲话,市委书记张志川致欢迎辞,市长刘锋等市四大班子领导出席开幕式。中国工程院院士、中国矿业大学教授彭苏萍、武强等专家学者,省科协、省气象局、山西大学领导,全省各地市科协领导、省级学会负责人,晋城市及各县(市、区)党政领导、企事业单位负责人、专家学者、科技工作者代表等400余人参加开幕式。开幕式上,晋城市政府特聘彭苏萍院士、武强院士为晋城市人民政府顾问。确定中国煤炭学会等3个国家级学会为晋城能源革命工程技术研究院,山西省纺织工程学会等3个学会为国家级学会服务站、专家工作站,山西景柏服饰有限公司、高平市营养协会、山西彤康食品有限公司、山西清慧机械制造有限公司等为省级学会服务站。上海市研发公共服务平台管理中心、中国知网、中国纺织工程学会与山西省院士专家服务中心、山西科技新闻出版传媒集团、山西景柏服饰有限公司分别达成合作意向,并举行签约仪式。举行院士专家特邀报告会,彭苏萍、武强、周然、胡博以及中国联通集团工业互联网拓展部总经理、高级工程师成洁围绕能源科技发展方向及其对中国能源格局的影响、老龄化社会与健康、5G赋能工业互联、联通助力能源行业转型等主题作学术报告,晋城市党政领导与院士专家举办座谈会。年会期间,还在晋城举办3场"修复生态、助力综改——山西水生态文明建设与高质量发展"主题分会场学术活动。举办院士专家晋城行、会企协作行动、健康科普报告、科普活动进校园、科学家与大学生见面会等活动。经晋城市科学技术协会倡议,与山西省长治市、运城市,河南省郑州市、洛阳市、开封市科协等晋豫2省6市科协联合发起成立中原经济区科技创新联盟,建立工作创新战略联盟平台。

【课题研究】 2019年,晋城市科学技术协会招标课题经过立项评审和开题评审,确定市青年人才协会等单位的"晋城市科技工作者状况调查""晋城市装备制造业创新发展对策研究""晋城市煤层气产业链本地化策略研究"3个课题。面向社会征集5个方面的课题,经评审,"晋城市科技工作者状况调查"和"晋城市装备制造业创新发展对策研究"课题中标。收集整理《2019年山西省科协年会的党政领导与院士专家座谈会的专家意见》《2019年山西省科协党政领导与院士专家座谈会专报》,上报有关领导和相关部门。

【基层组织建设】 2019年,晋城市科学技术协会下发《关于加强基层科协组织建设,在全市推进'3+1'建设全覆盖的通知》,组织各县(市、区)科协主席赴山西省忻州市、河北省任丘市科协学习考察提升基层组织建设情况,推进科协基层组织力建设"3+1"工作。高平市、陵川县科协"3+1"建设实现全覆盖,兼职挂职总数85人,新增加48人,"三长"(医院院长、学校校长、农技站站长)人数增加36人。

【科技智库建设】 2019年,晋城市科学技术协会推进科技智库建设,收集整理晋城籍在外科技人员666名。按从事行业分:农业技术人员4人,工程技术人员125人,教育138人,医疗卫生24人,现代服务业316人,科学技术研究59人;按工作地点分:北京468

人,上海20人,广东21人,国内其他城市146人,国外11人。

(宋安太)

晋城市归国华侨联合会

【概况】 2019年,晋城市归国华侨联合会以侨为桥,联侨聚侨,发挥侨界职能作用,以建好侨胞之家、凝聚侨界力量、发挥独特优势、服务经济建设为主题,精心组织,狠抓落实,确保各项工作任务顺利实施。

【经贸文化交流活动】 2019年5月,"问祖炎帝·寻根高平"第四届(己亥年)海峡两岸神农炎帝经贸文化旅游招商系列活动在晋城举办。晋城市归国华侨联合会承担筹备工作任务,组织26个国家近百名海外侨领侨商参加祭祖、洽谈、参观等经贸文化活动。经贸文化交流活动中,举办新时代海外侨胞、台湾同胞山西·晋城经贸交流推介会,承办"传承文化血脉,弘扬民族精神"座谈会,邀请晋城市高水平的专家教授参加座谈。

【夏令营活动】 2019年7—8月,晋城市归国华侨联合会举办2019"中国寻根之旅"夏令营山西沁水营暨"中国沁水·欧洲之谊"夏令营活动。来自德国、俄罗斯、加拿大、奥地利、法国、美国等国家的45名华裔青少年,分别开展人文起源与根祖文化、中华德孝文化与文化沁水的汉语教学,到明代遗址三都堂、赵树理故居等地进行文化体验,参观皇城相府、炎帝陵、柳氏民居、舜王坪、下川遗址,开展智力拓展、戏曲欣赏等文化交流,加深海外华裔青少年对中华文化的了解和认知。沁水县侨联首创的沁水"双营模式"为海内外青少年朋友的交流与情感认同搭建直通平台,中国侨联副主席齐全胜对沁水的办营模式给予充分肯定。

【社会服务】 2019年,陵川县侨联积极宣传旅游文化资源,促进与海外的文化、经贸交流合作,帮助申报王莽岭景区为国际文化交流基地。沁水县侨联申报的"沁河流域古堡群"成为中国侨联第七批"中国华侨国际文化交流基地";编辑沁水县侨联侨眷文集《忆难忘》;《中国侨联工作》杂志第六期《工作交流》栏目以《依靠创造性和创新性——沁水县侨联工作转化见成效》为题,介绍沁水县侨联经验和做法。

【"献爱心·送温暖"活动】 2019年,晋城市归国华侨联合会在全市侨联系统开展"献爱心·送温暖"慰问活动。重点走访老归侨、鳏寡孤独病侨户和新侨代表人士及其亲属,了解侨情民意,关心他们的生活。协调政府有关部门,帮助他们解决实际困难。

【"侨胞之家"创建活动】 2019年,晋城市归国华侨联合会组织开展"侨胞之家"创建活动,新建市级"侨胞之家"3个,全市累计创建"侨胞之家"22家。同时,注重引深"侨胞之家"的内涵和高质量运行,举办有利于归侨侨眷提升素质能力的讲座、参观、调研、建言献策等系列活动,扩大侨联组织的影响力和覆盖面。

【侨联会议】 2019年,晋城市归国华侨联合会成功召开六届四次全委会和六届五次常委会,学习省委书记骆惠宁、市委书记张志川在"改革创新、奋发有为"大讨论动员部署会上的讲话精神;传达中国侨联《关于新时代加强基层侨联建设的指导意见》;传达省侨联主席王维卿的工作报告;安排部署市侨联重点工作和党风廉政建设工作;专题研究部署全市侨联系统参加第四届海峡两岸神农炎帝经贸文化旅游招商系列活动的相关事宜。

(张　然)

晋城市工商业联合会(总商会)

【概况】 2019年,晋城市工商业联合会(总商会)围绕中心工作,学习贯彻习近平新时代中国特色社会主义思想,强化组织领导,完善制度措施,凝聚各方力量,以促进"两个健康"为目标,充分发挥桥梁纽带作用,团结带领广大非公经济人士戮力同心,完成全年工作任务。

【思想建设】 2019年,晋城市工商业联合会以学习宣传贯彻习近平新时代中国特色社会主义思想和中共十九大，十九届二中、三中、四中全会精神为中心，贯彻落实习近平总书记视察山西重要讲话精神，贯彻落实省委十一届八次、九次全会精神和市委七届六次、七次全会精神，加强非公经济人士思想政治引领，探索做好新时期非公经济人士思想政治工作的新方法、新渠道、新理念。市委统战部副部长、工商联党组书记李凌志参加市委宣讲团，到各县（市、区）、商会宣讲十九届四中全会精神，把习近平新时代中国特色社会主义思想和省委市委全会精神传达到非公经济人士和基层工商联组织。召开党建工作研讨会，选聘15名思想作风过硬，党性强的退休老党员到市、县工商联会员企业、商会担任非公党建指导员，指导帮助非公经济开展党建工作。举办晋城市年轻一代企业家理想信念教育湖南大学培训班，教育引导年轻一代民营企业家进一步提高政治站位。组织召开“壮丽七十年，奋斗新时代”全市非公经济人士先进事迹报告会，展示晋城市非公经济人士讲发展、讲担当、讲学习、讲规矩、讲奉献的良好精神风貌。

【民营经济服务】 2019年4月30日，晋城市委办公室、市政府办公室印发《关于构建新型政商关系的实施办法》，优先支持本土企业发展。晋城市工商业联合会制定《关于创建全省民营经济发展改革示范市的实施方案》，汇编民营经济发展相关政策，与市中小企业局联合举办北大研修班7期。开展异地商会家乡行合作交流活动，组织部分民营企业开展创新创业“东营行”活动；组织36家会员企业开展“洛阳行”观摩活动；组织部分商会会长、会员企业开展“温州行”观摩活动。以“问祖炎帝·寻根高平”海峡两岸同胞炎帝故里民间祭祖活动为契机，邀请41名晋城籍埠外企业家参加第四届“问祖炎帝·寻根高平”海峡两岸神农炎帝经贸文化旅游招商系列活动，引导晋城市在外优秀企业家助力家乡建设。

【工作创新】 2019年6月4日，晋城市委统一战线工作领导小组印发《晋城市政企沟通联席会议制度》，完成会议议题征集。5月21日，晋城市工商业联合会制定《民企直通车制度》，编发《民企直通车》6期。根据《山西省委省政府关于支持民营经济发展的若干意见》要求，筹备成立晋城经济技术开发区工商联，在全省11个地市率先完成开发区工商联组织组建工作。

【法律服务】 2019年，晋城市工商业联合会开展“法律三进”活动，联合市司法局等单位出台《晋城市“法律进商会（民企）”活动的实施方案》《关于推进商会人民调解工作的实施方案》，举办“法律进商会”“法治商会·晋城之治”等活动，在河南商会建立晋城市首家商会调解委员会，开展法治宣传活动，走访民营企业310家，开展法律“体检”280余家，提供法律意见588条，出具法律体检报告140余份。开展法治实践活动，与市、县两级人民法院、人民检察院联合开展“民营企业家开放日”活动，邀请民营企业和商会代表走进法院、检察院，开展座谈、参观案件沙盘模拟、参加庭审旁听等。市县两级共组织“开放日”活动26次，法治宣讲活动88场次，参加人数4595人次；开展现场普法宣传活动238场次，解答法律咨询5967人次，发放各类法治宣传资料5.21万份。

【“百千百”工程】 2019年，晋城市工商业联合会持续推进“百千百”工程，组织召开助力脱贫攻坚推进会，制定出台《晋城市“百企帮百村”精准扶贫行动2019—2020年度工作计划》《全市民营企业“百企帮百村”消费扶贫工作方案》，向全市广大民营企业家、商（协）会组织发出《晋城市“百企帮百村”扶贫行动消费扶贫倡议书》《为“爱心超市”募捐的倡议书》。截至2019年底，全市175家民营企业和商（协）会组织结对帮扶579个村、15819户贫困人口。其中，建档立卡贫困村142个、贫困人口10664人。累计实施帮扶项目708个，总投资8347.46万元。

【“四好”商会建设】 2019年，晋城市工商业联合会出台《晋城市工商联“四好”商会建设工作实施方案》，指导商会明确工作规范，健全商会运行机制。该《方案》要求，加入工商联一年以上的商（协）会，根据自愿的原则，可以参加工商联市级“四好”商会确认，市级“四好”商会满两年可参加市级“四好”示范商会确认,按考核确认情况,推荐参加全国工商联“四好”商会确认。

(李群山)

晋城市文学艺术界联合会

【概况】 2019年,晋城市文学艺术界联合会突出“团结引导、联络协调、服务管理、自律维权”基本职能,紧密结合自身实际,围绕年初制定的工作计划,统筹协调,稳步推进,各项工作取得令人满意的成绩,为推动全市文艺繁荣兴盛作出积极贡献。

【三届九次全委(扩大)会议】 2019年6月17日,晋城市文学艺术界联合会三届九次全委(扩大)会议在赵树理文学馆多功能厅召开,市文联第三届全委会委员及文艺界代表40余人参加会议。会议听取市文联党组书记、主席贾大一代表主席团所作的题为《守正创新、担当作为,不断开创晋城文艺事业繁荣发展新局面》工作报告,全面总结和回顾文艺战线和市文联机关在三届八次全委会召开以来所做的工作以及取得的成绩,并对2019年工作做出具体安排。

【全市文艺工作者座谈会】 2019年12月11日,全市文艺工作者座谈会在赵树理文学馆召开,晋城市委书记张志川主持座谈会并发表讲话。会议重温习近平总书记在文艺工作座谈会上的重要讲话精神,共同探讨如何推动文化繁荣助力高质量转型发展。来自全市文艺战线的20余位文艺界代表及文联全体干部职工参加座谈会。

【“三下乡”活动】 2019年1月24—25日,晋城市文学艺术界联合会参加全市文化科技卫生“三下乡”活动,先后到陵川县潞城镇圪塔村、高平市米山镇窑栈村,为当地居民义务书写春联200余副,为百姓拍摄全家福100余张,赠送《太行文学》刊物600余册。

【“新时代太行文艺轻骑兵”文艺志愿服务】 2019年,晋城市文学艺术界联合会开展“深入生活、扎根人民”主题活动,组织文艺志愿者成立“新时代太行文艺轻骑兵”队伍,开展丰富多彩的文艺志愿服务活动。2月15日,举行“我们的中国梦”新时代太行文艺轻骑兵走进市中级人民法院专场文艺演出。5月27日,在阳城县寺头乡开展“扎根生活沃土,服务基层群众”文艺志愿服务活动,举行专场戏剧演出。5月31日,在泽州县犁川镇开展“不忘初心、永跟党走”文艺志愿服务活动,为当地老百姓送去精彩的文艺演出。

【创作采风活动】 2019年7月30日,中共晋城市委宣传部、晋城市文联联合主办的晋城市文艺界庆祝中华人民共和国成立70周年“记录新时代、书写新时代、讴歌新时代”采风创作活动在赵树理文学馆启动。110名文艺工作者分3个采风团,到6县(市、区)乡村、厂矿、企业开展为期2天的创作采风。12月20日,晋城市文联组织10余位书法家赴阳蟒高速公路,开展“百里秀美阳蟒路”创作采风活动。

【“际会太行”画展】 2019年11月2日,由山西省文联、晋城市委、市政府、山西省中国画学会主办,山西省美协、太原美术馆、晋城市文联、太原市美协、晋城市美协、晋能集团晋城公司承办,全国各省市中国画学会协办的“际会太行——庆祝新中国成立70周年全国中国画学会会长作品展晋城巡展”在晋城市美术馆开幕。展出全国各省市中国画学会会长、副会长国画作品近100幅。

【新文艺群体专题座谈会】 2019年11月13日,晋城市文学艺术界联合会组织召开新文艺群体专题座谈会,活跃在晋城市文学、摄影、曲艺、美术、民间文艺等领域的36名新文艺组织和群体代表参加座谈。会上,新文艺群体代表围绕自身的职业成长、艺术创作等方面作交流发言,并对文联工作提出意见和建议。

【“见新见绿绘阳城”美术作品展】 2019年12月25日,由中共阳城县委、阳城县人民政府、晋城市文联主办,晋城市书画院、阳城县文联、晋城市美术家协会承办的“见新见绿绘阳城”美术作品展在晋城市美术馆3号展厅开展。展览以展现阳城改革开放的沧桑巨变，特别是阳城落实习近平总书记指示“见新见绿见行动、率先发展走在前”所取得的巨大成就为主题，邀请全国及省、市画家到阳城进行写生采风活动，创作出一批表现阳城实施“田园城市、美丽乡村、产城融合、城乡一体”战略的美术作品。此次展览共展出作品70余件，以国画、油画、水彩为表现形式，集中展示阳城多彩的山川风貌、缤纷的城市风情及厚重的人文意蕴。

【文学笔会】 2019年8月26—29日，晋城市文联、晋城市作家协会“深入腹地、走进老区”太行文学中寺村笔会在阳城县中寺村宁园写生培训基地举行，市、县（市、区）40余位文学爱好者参加活动。山西省文联副主席、省文学院院长张卫平，作家、山西省作协副主席杨遥应邀作专题文学讲座。笔会期间，参会人员到横河镇五彩河、晋豫边抗日纪念馆、小尖山、阳城县第一个农村党支部成立地进行创作采风，了解阳城县的抗战历史，聆听中寺村的发展历程。

【学术研讨】 2019年5月13日，第十八期赵树理文化沙龙在赵树理文学馆举办，共接待各类团体和个人参观5000余人次，《北京文学》月刊社社长兼执行主编杨晓升应邀作题为《中国文学的现状及作家使命》的专题讲座。6月18日，举办第十九期赵树理文化沙龙，山西大学副教授、省书法家协会副主席高智，太原师范学院书法系讲师窦元章，分别以《我对中国文字、文化及书法的认识》《以傅山为中心谈书法的临摹与学习》为题作专题讲座。7月12—15日，举办第五届国际赵树理学术研讨，来自北京大学、中国社科院、北京师范大学、中山大学、北京语言大学、美国哥伦比亚大学、印尼建国大学等国内外40余所高校和科研院所的近百名专家学者齐聚一堂，共同探讨赵树理文学创作的当下意义。

【文艺创作】 2019年，晋城市作家参加2016—2018年度赵树理评奖，任慧文获优秀编辑奖，张暄获赵树理文学奖短篇小说奖，诗人榆木诗集入选“二十一世纪文学之星”丛书。32名美协会员作品参加“第十七届山西省美术作品展览”，田卫东、李俊峰水彩作品入选第十三届全国美术作品展。组织创作的大型上党梆子现代戏《太行娘亲》参加第12届中国艺术节，获文化大奖提名剧目和文化表演奖；戏剧家协会副主席陈素琴获第29届上海“白玉兰”戏剧奖，青年演员张晶获第29届“白玉兰”戏剧配角新人奖。市书协7人作品参加“辉煌七十年——庆祝新中国成立70周年”山西省书法美术摄影作品展，3人作品入展山西省第二届艺术节。曲艺家协会团体会员陵川盲人曲艺宣传队节目《心的呼唤》获第十六届山西省文化艺术政府奖“杏花奖”。魏一飞作曲，小霍霍、霍霍作词的歌曲《啊，我的共和国》参加“礼赞新时代、共圆中国梦”庆祝中华人民共和国成立70周年山西省原创歌曲征集活动，获优秀获奖作品。

【协会工作】 晋城市文学艺术界联合会向各文艺家协会派驻党建指导员，指导协会党建工作，完成晋城市作家协会换届及晋城市影视家协会的登记成立工作，筹建“高平野川镇昌黎书院”“阳城横河创作基地”。

【太行文学社】 2019年，太行文学社把握正确的政治方向，坚持文学属性，完善审读制度，编辑《太行文学》6期，刊发一大批集思想性、艺术性和可读性于一体的文学作品，扩大《太行文学》的知名度和影响力。以发现和培养文学人才为目的，举办文学笔会和文学采风活动，吸引众多的文学爱好者参与，提高作者队伍素质。

（王　敬）

晋城市残疾人联合会

【概况】 2019年，晋城市残疾人联合会内强素质，外树形象，精准发力，优化服务，加快推进全市残疾人小康进程，各项工作呈现出良好的发展势头。市残联获“市级文明单位”称号，市残联党支部被市直机关工委授予“先进党组织”称号。市康复医院被授予全国“残疾人之家”称号，市残疾人职业教育中心被授予全省“残疾人之家”称号。

【康复服务】 2019年，山西省政府、晋城市政府将实施“残疾预防重点干预和残疾儿童抢救性康复项目”纳入市政府民生实事项目,项目总任务3098名,实际完成3260名。全市有康复服务需求9084人,其中需要辅助器具4437人;8137人获得康复服务,4358人获得辅助器具,康复服务率89.58%,全省排名第二;辅具适配率98.22%,全省排名第一。新培育定点康复机构5家。对2406名精神病患者进行服药救助,对348名精神病患者进行住院救助,对455名白内障患者进行手术救助。开展“残疾预防日”系列宣传活动,发放宣传资料1万余份、宣传海报1000份,咨询、义诊人数500余人次。

【培训就业】 2019年,晋城市残疾人联合会以市残疾人职业教育中心为依托,举办保健按摩、足疗、民间手工艺制作等残疾人职业技能培训班16期,培训残疾人420名,其中建档立卡残疾人49人。通过培训就业率达到30%以上,盲人保健按摩班达到60%以上。开展果树种植、蔬菜科植、谷子种植等农村贫困残疾人实用技术培训班16期,培训残疾人721人,其中建档立卡贫困残疾人399人。落实《晋城市残疾人就业创业补贴奖励资金使用管理暂行办法》,申请专项资金150万元,对534家残疾人自主创业户和7家集中安置残疾人用人单位进行补贴奖励,提高企业安置残疾人和残疾人自主创业就业的积极性。落实按比例安排残疾人就业制度,安置残疾人就业65人,征收残疾人就业保障金1454余万元。采取开展“残疾人就业援助月”活动、农村贫困残疾人就业帮扶活动,举办残疾人就业专场招聘会,组织全国盲人医疗按摩人员考试等渠道,帮助残疾人创业就业,增加收入。

【惠残助残项目】 2019年,晋城市实施惠残助残项目,13830人享受困难残疾人生活补贴,补贴资金452.41万元;22298人享受重度残疾人护理补贴,补贴资金1022.68万元。实施“农村基层党组织助残扶贫工程”,对265户国家级建档立卡贫困户进行帮扶,每户扶持资金3000元,共计79.5万元。实施“阳光家园计划”,托养残疾人295人,拨付资金86.25万元。实施中央彩票公益金托养项目,为50名残疾人提供托养服务,每人补助资金3000元,共15万元。实施“特困”重度残疾人供养补贴项目,机构供养562人,补贴资金96.86万元;居家供养1094人,补贴资金37.45万元。实施彩票公益金助学项目,帮助58名残疾人家庭子女及残疾人学生实现上学梦,共帮扶资金20.6万元。实施残疾评定补贴项目,为210名贫困智力、精神和重度残疾人发放评定补贴,每人发放150元,共补贴资金3.15万元。实施残疾人机动轮椅车燃油补贴项目,为549辆机动轮椅车发放燃油补贴,每车发放260元,共发放14.27万元。对35户贫困残疾人家庭进行无障碍改造。

【关爱残疾人】 2019年,晋城市残疾人联合会利用“全国助残日”、“12·4”国家宪法日和残疾人重大节日等时间节点,放置宣传版面,发放宣传资料,利用电子屏滚动播放“一法一条例”以及残疾人相关优惠政策等主要内容,开展残疾人专场招聘会、咨询、义诊、按摩、文艺演出等扶残助残宣传活动,营造全社会关心关爱残疾人的浓厚氛围。全国自强模范以及山西省自强模范表彰中,晋城市康复医院获得全国“残疾人之家”称号,王平、王国花、申莉萍获得山西省“自强模范”称号,马晋章、王霞获得山西省“助残先进个人”称号,晋煤集团、土沃敬老院获得山西省“助残先进集体”称号,和建平、史光政获得山西省“残联系统先进工作者”称号,晋城市残疾人职业教育中心获得山西省“残疾人之家”称号。

【残疾人技能比赛】 2019年,晋城市残疾人联合会组织参加“庆祝中华人民共和国成立70周年山西省残疾人书法绘画手工艺作品展”、山西省“我与阅读”残疾人主题征文比赛,晋城市获得一等奖3个、二等奖1个、三等奖1个、优秀奖1个,在全省各地市中获奖最多。组织参加全省残疾人体育比赛,获得旱地冰壶智力残疾组第一名、象棋听力组第二名、特奥足球比赛第三名,晋城市残疾人联合会获得体育道德风尚奖。高平特校代表山西省参加全国第七届特殊奥林匹克运动会篮球比赛,获得团体亚军和个人技术比赛金牌1枚、铜牌1枚。

【权益维护】 2019年，晋城市残疾人联合会与市司法局在全省率先开展“法援惠民生·关爱残疾人”法律援助品牌建设，申报法律援助案件9例，每例援助3000元。做好人大代表建议办理工作，办理《关于尽快改善我市残疾人康复设施和条件的建议》《关于切实保障残疾人就业保障金征收及按规使用的建议》等人大代表建议4件。开展矛盾纠纷排查，对残疾人反映强烈的重点领域和问题，采取措施，想方设法为残疾人排忧解难。

（赵军锋）

晋城市关心下一代工作委员会

【概况】 2019年，晋城市关心下一代工作委员会贯彻落实全国、全省关心下一代工作会议精神，围绕中心，服务大局，主动作为，争创一流，全市关心下一代工作取得新成绩。11月24日，中国关工委主任顾秀莲对晋城市关工委的汇报材料作出批示，肯定其工作。

【“中华魂”主题教育读书活动】 2019年，晋城市关心下一代工作委员会牵头围绕中华人民共和国成立70周年，在全市开展“腾飞中国、辉煌70年”青少年爱国主义教育活动。市县关工委分别举办“中华魂”读书演讲比赛，对获奖选手和先进组织单位给予表彰奖励。由晋城市关工委推荐选送代表山西参加全国“中华魂”（腾飞的祖国——改革开放四十年）主题演讲比赛的青年组选手赵建浩获得全国演讲比赛一等奖，是山西省唯一获得一等奖的选手。在山西省关工委举办的“中华魂”读书活动演讲比赛中，晋城市选手获得一等奖2个、二等奖2个，三等奖2个。市关工委党支部书记刘高潮结合工作实际撰写的学习习近平新时代中国特色社会主义思想理论文章收入山西省关工委《学习习近平新时代中国特色社会主义思想理论文章》书籍。

【品牌工作】 2019年，晋城市关心下一代工作委员会树立“引领青年双创双扶双带模式”工作品牌，以贫困地区为重点，组织农村工作经验丰富、在村民中享有较高威望的“五老”（老干部、老战士、老专家、老教师、老劳模），引领农村青年做好贫困地区青少年“扶志”与“扶智”工作，《光明日报》《中国火炬》《山西日报》《山西农民报》分别报道晋城市各级关工委培树的青年带头人帮扶山里人精准扶贫、精准脱贫的感人故事。

【典型培树】 2019年，晋城市关心下一代工作委员会推选出一个典型（即全国优秀儿童之家——高平市东吴庄青少年假日活动中心），培树阳城县、沁水县2个先进县级关工委，优选出6名“双带”农村青年（其中陈向明、陈雨露被评为“全国双带农村青年”候选人）。

【家风家教活动】 2019年，晋城市关心下一代工作委员会持续开展万名“五老”联万户家风家教活动，在总结以往经验的基础上，乡乡开展“百名五老联百户”活动，县县开展“千名五老联千户”活动，全市3万多名“五老”普遍都有联系对象。在山西省关工委和山西省教育厅关工委举办的山西第三届“最美家长”公益主题活动暨表彰大会上，晋城市关工委获“家庭教育示范单位”称号，市关工委办公室副调研员王晋临代表家庭教育示范单位在会上发言交流，介绍晋城市家庭家风教育经验。

【调研活动】 2019年，晋城市关心下一代工作委员会针对青少年最迫切、最现实、最直接、最关心的问题，从解决青少年“五助”问题入手，到各县（市、区）进行调研，总结出“十个起来”传承红色基因和“十百千万”等典型经验，撰写调查报告5篇。

【基层组织建设】 2019年，晋城市关心下一代工作委员会按照“五位一体”基层关工委网络建设思路，持续推进基层关工委建设。截至2019年底，全市建立各级关工委组织3209个，6县（市、区）、晋城经济技开发区、83个乡（镇、街道）、2017个村（居）委和市直14个机关单位、306所中小学校、198个规模以上民营企业和国有大中型企业成立关工委组织，构成纵向到底、横向到边的基层关心下一代工作网络。

（王晋临）

晋城市法学会

【概况】 2019年，晋城市法学会围绕市委、市政府中心工作，聚焦重点，以“不忘初心、牢记使命”主题教育为指引，在繁荣法学研究，推进法律服务和加强自身建设等方面创新工作方法，各项工作不断推进。晋城市委常委、政法委书记、市法学会会长石云峰参加中国法学会第八次全国会员代表大会，市法学会副会长苏洁获全国法学会系统先进个人称号。在山西省2019年常务理事扩大会议上，晋城市法学会获得先进单位称号和小微课题优秀组织单位奖。

【专题会议】 2019年4月2日，市委书记张志川主持召开市委常委(扩大)会议，专题研究法学会工作，传达中国法学会第八次全国会员代表大会精神。会议要求，要始终坚持以习近平新时代中国特色社会主义思想为指导，切实保持和增强法学会的政治性、先进性和群众性，服务全市改革发展大局。要充分发挥桥梁纽带作用，推动法治晋城建设；要加强对全市法律工作者的自律管理，坚持党的领导，坚持正确政治方向；要坚决打击违反职业道德、违反法律法规、从事违法活动的“害群之马”。

【法律服务平台建设】 2019年，晋城市法学会与三级综治中心共同建设法律服务平台，全市21名离退休政法干警参与“三级平台”法律服务。城区借力“三级平台”，服务棚户区改造。城区法学会利用三级法律服务平台，组织会员单位投身拆迁改造，坚持全程介入、全线覆盖、全面服务的原则，及时了解拆迁过程中遇到的难点痛点，零距离提供优质法律服务，做到公共法律服务与征地拆迁工作步步相伴、环环相扣、层层跟进。

【法学研究】 2019年，晋城市法学会完成山西省法学会布置论文征集工作，报送“2019年度山西省法学会法学研究课题”申报1篇、“2019年度山西省法学会法学研究课题”选题建议18篇、“2016—2017年度山西政法综治优秀新闻作品”15篇、第十二届“中部崛起法治论坛”论文44篇、第十四届“环渤海区域法治论坛”论文51篇、“小微课题”72篇。晋煤集团程明的课题“我省国有企业合规管理体系建设”获2019年度省法学会一般课题立项资格；沁水县人民法院延淑芳等的论文《刑事诉讼过程中律师全覆盖的相关法律问题研究——基层法院立足以审判为中心的刑事诉讼制度改革的思考》获第十四届环渤海区域法治论坛优秀奖；沁水县税务局牛勇、泽州县检察院程峰的论文获2017—2018年度全省法学研究成果二等奖，另有52篇小微课题获得优秀奖。

【法学沙龙】 2019年，由市委政法委牵头，市法学会举办4期法学沙龙。法学沙龙采取“嘉宾主讲+互动交流”的方式，聚焦市域社会治理现代化，对推进市域社会治理现代化中的难点、热点问题进行探讨，旨在通过搭建理论研究与工作实践交互的平台，开启思想交流、经验探讨、能力提升的多元途径，为建设更高水平的平安晋城、法治晋城建言献策。

【课题调研】 2019年，山西省法学会专职副会长马俊带领省法学会调研组赴晋城市就开展法学研究、法治实践、法律服务等情况进行调研。5月15日，晋城市召开法学会常务理事扩大会议，对晋城市2018年度小微课题的优秀组织单位市中级人民法院、高平市法学会、沁水县法学会、泽州县法学会进行表彰，审议通过《晋城市法学会2019年度法学研究重点课题》。市委政法委、市法学会领导以及政法部门领导分别对年初确立的法学会重点课题和小微课题进行领题调研，承接省委政法委、省法学会联合调研课题“关于提升公共法律服务水平与化解社会矛盾纠纷研究”和“关于讲好山西法治故事研究”，撰写调研报告报省法学会和相关部门决策参考。参与市中级人民法院2019年度司法调研成果评审活动。

【资政建言】 2019年，晋城市法学会推荐法学法律专家学者参加法治主题公园建设座谈会，对晋城市法治公园建设提出意见和建议；对《晋城市村庄规划建设管理条例(草案)(征求意见稿)》《晋城市城市绿化条例(草案)(征求意见稿)》《山西省法学会改革方案》(征求意见稿)提出建议和意见;在市政协七届十四次常委会上,市法学会副会长、市政协委员苏洁对《晋城市中级人民法院工作报告》和《晋城市人民检察院工作报告》提出修改建议,得到采纳。

【会员管理】 2019年,晋城市市、县两级法学会本着“高效节约、沟通便捷”的原则,依托微信平台搭建“法学会之家”。对个人会员信息进行梳理,完善规范会员信息档案。截至2019年底,全市有个人会员800余名。

【法治宣传】 2019年,晋城市法学会参加市妇联等单位开展的“三八”维权宣传周活动,参加市政法委和城区政法委联合开展的“12·4”宪法宣传日活动,发放《中华人民共和国宪法》《中华人民共和国老年人权益保障法》《中华人民共和国婚姻法》等资料。4月28日,参加山西省2019年青年普法志愿者法治文化基层行活动启动仪式。市县两级法学会组织开展“百名法学家百场报告会”373场次,“青年普法志愿者法治文化基层行活动”1442次。

【干部培训】 2019年10月14—16日,晋城市委政法委、晋城市法学会在市委党校联合举办晋城市政法综治干部培训班,对全市政法综治干部、法学会干部以及法学法律工作者等110余人进行集中培训,全面提升全市政法综治队伍和法学法律工作者的整体水平,为推动平安晋城、法治晋城建设提供法治理论支撑。

(苏　洁)

晋城市红十字会

【概况】 2019年,晋城市红十字会以“三救三献”工作职能为重心,以项目化管理为抓手,完成市政府工作目标任务7项、市级红十字会重点工作项目20个。全市红十字会系统接收捐款187.19万元,救助贫困家庭2521户,发放人道救助金197.88万元;开展应急救护知识普及培训142场,普及培训31654万人,培训红十字救护员3227名,举办首届全市红十字应急救护大赛;实现造血干细胞捐献4例,创年度捐献历史新高;实现人体器官捐献6例,捐献眼角膜4例,遗体捐献2例,挽救17名脏器衰竭患者,为4名眼疾患者带去光明。晋城市被评为全省国奶扶贫先进市、全国无偿献血先进市。晋城市红十字会获评市级文明单位。

【应急救援】 2019年4月,陵川县、沁水县、高平市、阳城县建立红十字森林防火服务站。4月16日,晋城市红十字赈济救援队参加山西省红十字赈济救援队为期7天联合演练。8月3—6日,泽州县、阳城县发生暴雨洪涝自然灾害。8月10日,中国红十字会总会、山西省红十字会国家彩票公益金救灾物资发放仪式在阳城县东冶镇举行,为遭受洪涝灾害的阳城县东冶镇困难群众发放赈济家庭包500箱、毛巾被2000条、帐篷100顶、折叠床100张,价值40.54万元。10月19日,晋城市红十字会组织开展全市红十字赈济救援应急演练。

【人道救助】 2019年1月,晋城市红十字系统启动“红十字博爱送万家”项目,市级红十字会救助市直困难党员和职工150人,发放救助金8万元,向全市520户困难家庭发放温暖包,价值10.4万元。5月,实施“博爱助困”项目,救助全市贫困家庭135个,发放救助金27万元。8月1日,晋城市国奶扶贫工程项目工作推进会召开,为全市6县(市、区)6~36个月婴幼儿贫困家庭免费公益资助奶粉。9月,开展文明创建助老项目,为市区700名孤寡老人发放爱心箱,价值7万元。开展精准紧急定向救助项目,救助124户困难家庭学生,发放救助金8.78万元;开展红十字“小天使基金”“天使阳光行动”“博爱幸福工程”项目,全市筛查上报先心病20人、白血病9人,救助47.5万元。

【募捐筹资】 2019年5月15日,晋城市红十字会、市直工委、市文明办在全市开展“博爱一日捐”募捐活动,市红十字会接收募捐款68万元。晋城市红十字会开展养老工作试点,山西省红十字会批复陵川县社会福利服务中心、泽州县巴公镇东四义村壮之乐医养中心、阳城康宁护理院、沁水县张村幸福养老大院、高平市痔瘘专科医院5家为省级红十字福寿安康养老服务基地，为福寿安康养老服务基地争取物资价值20万元；中国红十字总会批复在阳城皇城相府建立晋城市首家红十字救护站，争取中国红十字基金会资金20万元。

【急救培训】 2019年5月23—31日，晋城市红十字会救护培训师资张海军、李梅梅参加山西省红十字会举办的红十字国际急救认证核心师资培训班。6月29日，晋城市红十字会在晋城合聚心脑血管病医院举办“关爱生命、救在身边”主题全市首届红十字应急救护大赛。7月4日，晋城市红十字会承担中央专项彩票公益金“红十字关爱生命健康教育”项目在陵川县举办开班仪式，该项目在全市培训红十字救护员1668名，普及培训11455人。7月29日，晋城市红十字会应急救护代表队参加全省首届红十字应急救护大赛获得优秀奖。7月，中国红十字会彩票公益金“生命健康安全教育”项目在高平市举办，750名各行业人员参加培训，并取得红十字救护员资格证书。8月7日，晋城市红十字助力全国二青会，为晋城市二青会315名志愿者开展应急救护技能培训。

【“三献”工作】 2019年，晋城市第九次获全国无偿献血先进市称号，全市临床用血百分之百来源于无偿献血。晋城市红十字会完成260例造血干细胞采集任务。2月20日，高平市南城街街道城南村村民张国文去世，无偿捐献人体器官。3月31日，高平市器官捐献者张国文女儿受邀参加在重庆举办的全国人体器官捐献缅怀纪念暨宣传普及活动，全国人大常委会副委员长、中国红十字会会长陈竺现场为其颁发纪念杯。3月24日，晋城市红十字会在晋城市弘德园开展“生命在奉献中延续”主题全市人体器官（遗体、角膜）捐献者缅怀纪念活动。晋城市红十字会实现造血干细胞捐献4例，创历史新高。1月7日，沁水县农委职工梁海胜捐献造血干细胞，成为2019年山西省首例造血干细胞捐献者；9月11日，沁水县张村乡李波捐献造血干细胞；10月25日，沁水县永安煤矿职工王志军捐献造血干细胞；12月23日，泽州县大东沟镇东沟村徐云峰捐献造血干细胞。

【志愿服务】 2019年8月30日，晋城市红十字志愿者尉锋作为晋城市唯一的代表参加在北京人民大会堂召开的中国红十字会第十一次全国会员代表大会，受到习近平总书记的接见。5月，市红十字志愿服务总队联合高平红十字志愿服务队150余名志愿者，到高平市历史文化名村——良户古村开展第三届“志愿服务进乡村”活动，活动内容有健康义诊、文化义演、义务理发、救护培训、发放黄手环等。高平红十字志愿者协会成立党支部，成为全省红十字系统志愿者组织第一个党支部。3月，高平市红十字志愿者李梅应邀参加2019年全国人体器官捐献表彰大会和山西省器官捐献表彰大会。阳城县红十字志愿者栗红莲发展100多人的爱心理发红十字志愿服务队，组织志愿者到偏远山区和各乡镇敬老院为老人义务理发87次，受益人数上万人；受市红十字会委托将社会捐助1000余件衣物全部发放到贫困群众手中。7月，晋城红十字志愿者魏鸿宇被晋城市委、市教育局、市妇联、市关工委评为2019年“新时代晋城市好少年”。

【宣传工作】 2019年，晋城市红十字会组织全市5000余名红十字青少年开展红十字防灾避险知识竞赛。晋城市红十字会、共青团晋城市委、市综治办等14家单位联合开展“同心同梦”青少年应急救护知识培训活动。5月8日“世界红十字日”，晋城市红十字会、泽州县红十字会、城区红十字会联合11个红十字会员单位和红十字志愿者在市文体宫开展“爱心相伴、救在身边在主题”红十字博爱周活动。

【干部培训】 2019年10月，晋城市红十字会举办全市红十字系统专兼职干部能力提升培训班，市红十字会机关、各县（市、区）红十字会、冠名医疗机构、团体会员单位和红十字志愿者骨干参加集中培训。

（殷建忠）

晋城市老区建设促进会

【概况】 2019年，晋城市老区建设促进会围绕全面建设小康社会方针的目标和市委、市政府的中心工作，开展重点老区村乡村振兴基本情况调研，加大老区历史贡献宣传，推进老区村建设发展。

【老区调研】 2019年，晋城市老区建设促进会开展“五类”重点老区村乡村振兴基本情况调研，重点对泽州县、陵川县老区村的现状、存在的困难和问题、如何落实中央和省委、省政府的相关部署等进行调研。调研发现，泽州县的老区村，还存在农民收入渠道窄、产业生产发展困难等问题。陵川县的41个重点老区村（138个自然村）中，还有10个村在丘陵、山区地带，未通客车；3个村的水未经化验，5个村水资源不够，无法满足全年生活用水等问题。

【老区建设宣传】 2019年，晋城市老区建设促进会发挥报道网络优势，与市级报刊《太行日报》《太行晚报》合作，发表文章、图片报道20余篇；在《山西老区开发报》发表文章图片5篇，特别对城区洞头村、泽州县土岭村、陵川县武家湾村等特色村进行报道，促进特色村的旅游开发和产品销售。

【指导交流】 2019年，晋城市老区建设促进会对各县（市、区）老区建设促进会工作进行指导，深入交流探讨如何促进“五类”重点老区村在全面建设小康社会中的做法与经验，对重点老区村全面建设小康社会进行细致分析，对之后重点老区村的建设起到积极作用。

（陈苏洲）

泽州县李寨乡土岭村革命老区　　（来源：网络）

经济管理

宏观调控

【概况】 2019年，晋城市发展和改革委员会加快构建现代产业体系，扎实推进能源革命和深化转型项目建设年工作，强化有效投资拉动作用，统筹推进县域经济发展及循环经济示范市建设，加强区域合作和对外交流，落实社会事业发展政策，完成粮食管理、物资储备等工作，完成全年工作任务。

【现代产业体系建设】 2019年，晋城市发展和改革委员会制定出台煤层气产业、装备制造业、冶铸产业、现代服务业、全域旅游高质量发展5个实施意见。组织参加山西省首批产业集聚区试点评选，晋城市泽州特色产业集聚区(绿色智能铸造)和陵川特色产业集聚区(精细化工)2个试点项目入选山西省首批特色产业集聚区试点名单；筛选上报2019年特色产业集聚区专项备选项目11个，5个项目入选，共争取国家级产业集聚区专项资金6400万元，占全省总资金的21.33%；筛选申报城区电子商务产业园、司徒小镇、康馨苑养生养老示范区、农林文旅康融合发展园区、高平炎帝文化苑5个服务业集聚区。研究探索煤层气交易的功能定位、业务规划、交易模式、市场监管等，形成晋城煤层气交易中心的筹建方案，上报省政府批准。

【能源革命】 2019年，晋城市发展和改革委员会围绕国家、省能源革命综合改革试点方案的要求，牵头起草《晋城市能源革命综合改革试点实施方案》，提出在晋城建设“一基地五区”(即打造全国煤层气产业发展基地，建设全省煤炭清洁高效开发利用示范区、电力产业发展水平提升示范区、煤化工提质转型示范区、煤基科技成果转化示范区、绿色能源消费体系建设示范区)。推进以“优煤易购”供给侧端供应链公共服务平台为主体的“煤炭绿色开发利用基地”，以市域电网基础设施为主体的“电力外送基地”，以山西(晋城)煤层气交易中心建设为主体的“煤层气基地”，晋煤集团“晋航炉”和兰花、天泽集团气化岛项目的“现代煤化工示范基地”，晋煤集团利用现有煤化工产业基础，探索“氢能”开发利用为主体的“煤基科技成果创新转化基地”等“五大基地”建设。

【项目审批】 2019年，晋城市发展和改革委员会牵头制定《关于进一步优化政府投资项目审批程序的意见》，最大程度简化项目建议书、可研报告和初步设计审批程序，审批时限缩短。牵头完成东南新区学校、七叉口连通工程、丹河快线“1+3”工程、高铁东站站前广场、阳城电厂至市区集中供热工程、市医院易址扩建等多个重大项目审批。争取中央预算内资金3.3亿元。推广PPP建设模式，加大PPP项目库储备规模，在库储备项目42项，总投资259亿元；向社会推介发布PPP项目16项。规范在线审批监管平台运行，全面落实“一项一码制”“校验制”“标注制”三项制度，实现市、县区域内所有非涉密投资项目的审批事项，一律通过平台开展网上受理、办理、监管一条龙服务。

【区域协调发展】 2019年，晋城市发展和改革委员会编制《晋城市关于促进区域协调发展的实施意见》，提出促进区域协调发展的指导思想、基本原则和发展目标。起草《晋城市建立更加有效的区域协调发展新机制分工方案》，提出9个方面20条具体任务和措施，经市政府常务会审议、市委常委会审议通过。开展全市县域经济发展调研工作，掌握各县(市、区)经济发展状况，主导产业、特色产业、产业布局等基础数据。

【循环经济示范市创建】 2019年，晋城市发展和改革委员会根据国家发改委下发的《国家循环经济示范城市(县)建设评价内容解释(试行)》，对晋城市《创建国家循环经济师范城市实施方案》所列9类67项指标及9项特色指标完成情况进行调研和计算评估，对其中的71个项目的建设和完成情况进行核实。按照国家园区循环化改造要求，晋城经济技术开发区完成《园区循环化改造实施方案》编制工作。初步建立"经济快速发展、资源高效利用、环境优美清洁、生态良性循环"的循环经济体系。按照集聚化、产业化、市场化导向，探索大宗固废区域整体协同发展，编制完成《大宗固体废弃物综合利用基地建设实施方案》，上报国家发改委。

【交流合作】 2019年，晋城市发展和改革委员会加强区域合作，扩大对外交流。融入中原方面。赴河南郑州、新乡、焦作三市，加强与中原城市群相关城市对接合作。交通方面。先行先试推进城际公交发展，开通晋城至郑州、晋城至焦作、晋城至长治、晋城至济源城际公交。商贸物流方面。加强与郑州等中心城市合作，推动晋城跨境电子商务产业发展，拓展外贸发展新空间。文化旅游方面。参与中原城市群各类联合推广活动，叫响"晋善·晋美·晋城"旅游品牌，探索成立太行山城市旅游推广联盟。产业方面。与中煤国地控股有限公司等签订合作意向；参与承接东部沿海发达城市产业转移，推动晋城经济技术开发区与晋城鸿刃科技有限公司签订"智能制造"和"纳米光机电"等项目合作框架协议。援疆工作方面。三次接待新疆生产建设兵团某师某团、芳草湖农场赴晋城市考察，召开招商引资产业合作现场推介会，签订农业生产种植加工和医疗卫生、社区服务等合作意向20多项。

【"铁公机"建设】 2019年，晋城市发展和改革委员会推进晋城民用机场建设，9月，机场场址获国家民航局批复，11月，完成预可研报告编制，年底，上报中央军委审批。推进空港新区建设，11月，完成空港新区概念(创意)规划编制工作。推进太焦高铁建设，征地拆迁工作和高铁施工进程顺利。推进晋运高铁前期工作，完成项目方案研究报告编制工作。推进"公转铁"货运铁路运输工作，制定《晋城市"公转铁"货运铁路运输实施方案》。

【民生项目】 2019年，晋城市发展和改革委员会制定《丹河新城教育园区初步规划方案》，成立教育园区前期工作推进领导组，推进教育园区建设。提出统筹规划和整合建设全市防空防灾与安全生产应急教育设施的意见，批转相关部门开展前期工作。拟定晋城市青少年活动中心、科技馆、老干部活动中心、城市规划馆等项目建设地址及内容，并经市委常务会议通过。完成晋城市普惠养老专项行动项目储备，开展养老服务体系、养老基础设施建设等养老产业发展和规划布局研究。申报生态文明建设专项2020年中央预算内投资备选项目6个，总投资17.6亿元。推进采煤沉陷区治理，分64个项目安置，新建安置工程全部开工建设，新建安置小区项目投资34.64亿元，主体竣工率85%，入住率55%；货币补偿签约2260户，签约率100%。

【物价调控】 2019年，晋城市发展和改革委员会完成辖区内所有实行政府定价管理的AAAA、AAAAA级重点国有景区门票调整工作，降低景区门票价格。建立健全农业水价形成机制，推进农业水价综合改革。调整市区出租车价格，推动出租车行业健康稳定发展。完善"煤改电"电价政策，以每户6500元的标准进行补贴，由各县(市、区)政府统筹使用。开展重要食品保供稳价工作，为7.12万人发放价格临时补贴1758.97万元。核定晋城客运东站至王莽岭等16条公交线路客运票价以及阳城砥泊城、东岳庙的旅游景点门票价格。理顺市区建筑垃圾处置收费工作。

【粮食管理】 2019年，晋城市发展和改革委员会印发《晋城市落实2019年度粮食安全责任制实施方案》，建立粮食安全考核问题整改机制，对各县（市、区）政府落实粮食安全责任制工作进行考核。完善储备粮管理制度，加强储备粮日常监管。推进地方储备粮轮换开展网上竞价交易，国家粮食电子交易平台完成地方储备粮轮换21500吨，完成省储小麦轮换5000吨，完成市储粮轮换22200吨；加强成品粮油应急储备管理；筹集粮库智能化升级改造项目资金405.9万元，完成高平国家粮食储备库和泽州、高平、阳城、陵川、沁水储备粮承储企业粮库智能化升级改造任务。严格执行国家粮食收购政策，共收购粮食13.6万吨（其中小麦6.7万吨，玉米6.9万吨），助农增收2.87亿元。狠抓“优质粮食工程”建设，申报山西九康食品科技股份有限公司和泽州县大东沟粮油有限公司产后服务中心项目；扶持山西五谷养生科技有限公司和陵川县豹犊沟农业综合开发有限公司杂粮仓储设施建设项目，争取上级补助资金408万元；培育粮油产业化龙头企业，山西九康食品科技股份有限公司、阳城县析城山土特产开发有限公司、晋城市古陵山食品有限公司获得“山西省省级粮油产业化龙头企业”称号。全年开展专项检查51次，出动检查人员176人次，检查粮食收购企业111家。

【物资储备】 2019年，晋城市发展和改革委员会对市级救灾物资储备和应急生活必需品储备情况进行调查摸底，市级救灾物资储备30多个品种，价值261万元；应急生活必需品储备3318吨。对物资储备库现状进行调查摸底，市级物资储备库面积1901平方米；泽州县物资储备库面积100平方米，高平市物资储备库面积45平方米，阳城县物资储备库面积500平方米，沁水县物资储备库面积120平方米；陵川县没有物资储备库；申报市级储备库及泽州、高平、沁水、陵川4个县级储备库建库项目。完成市级冻猪肉储备及中秋、国庆两节市级冻猪肉投放工作，收储650吨任务，投放400余吨。出台《晋城市物资储备调拨应急预案》《晋城市生活必需品市场供应突发事件应急预案》。完成应急生活必需品储备补贴拨付工作，补贴资金147.4万元。

【乡村振兴】 2019年，晋城市发展和改革委员会推进乡村振兴战略，编制晋城市乡村振兴战略总体规划及“5+1”6个专项规划。加大基础设施建设力度，储备一批农村水利、道路、生态建设、高标准农田建设等项目136个，投资规模108.23亿元。组织申报国家农村产业融合发展示范园和第二批山西省特色农产品优势区，推进沁水县国家农村产业融合发展示范园建设。

（张志斌）

能源监督管理

【概况】 2019年，晋城市能源局推进“四个革命、一个合作”（能源供给革命、能源消费革命、能源体制革命、能源技术革命和国际合作）能源安全新战略，以能源革命综合改革试点为契机，争当能源革命排头兵的领跑者，推动全市能源产业高质量转型发展。

【机构改革】 2019年1月，晋城市能源局组建成立，为市政府工作部门，主要职能是对上承接政策落地，对下抓好行业管理，对外推进能源合作，对内强化节能清洁。内设8个科室，分别是综合办公室、人事教育与法规科、监测与规划科、煤炭科、电力科、新能源和可再生能源科、油气科、节能与环保稽查科。

【煤炭产业监管】 2019年，晋城市煤矿生产煤炭1.11亿吨，同比增加853万吨，增长8.32%，煤炭产值556.6亿元。至年底，探明无烟煤储量292.61亿吨，占全国1/4以上、全省1/2以上。有煤矿129座，其中，市级管理煤矿125座，产能14745万吨/年；山西省监狱管理局管理煤矿2座，产能220万吨/年；新核准煤矿2座。市级管理125座煤矿中，生产煤矿98座，产能11340万吨/年；建设煤矿27座，建设规模3405万吨/年。生产矿井产能利用率97.38%。推动煤炭产业升级改造，完成60万吨/年以下煤矿减量重组任务，关闭退出5

矿285万吨/年，报请山西省能源局核准24座建设矿井的产能置换，涉及产能2500万吨/年。加快优质产能释放、先进产能和智能化煤矿建设，探索煤炭无人(少人)智能开采新模式。推进中煤里必、晋煤东大、兰花玉溪等重点项目建设，完成投资23.22亿元；转产验收7矿，产能600万吨/年；新增竣工验收4矿，产能315万吨/年；联合试运转2矿，产能360万吨/年。全年竣工验收和联合试运转10矿1000万吨。推动煤炭绿色开采，开展无煤柱开采、“110”工法(沿空留巷)采煤工艺、煤与瓦斯共采、充填开采等试点，晋煤集团成庄煤矿成为省级绿色开采试点。开展生产煤质专项督查，抽查煤矿9座，查出问题80余条，委托第三方对开采9号、15号煤层的生产煤矿进行煤质抽检，抽检矿井40座。开展全市洗(选)煤企业摸底调查，统计洗选煤企业307家，洗选能力20950.5万吨/年。7月、9月，在山东日照和河北石家庄召开晋城无烟煤产品推介会，与山东省、河北省签订保供战略合作框架协议。

【煤层气产业监管】 晋城市编制《晋城煤层气示范基地发展规划(征求意见稿)》，制定《晋城市煤层气产业一体化发展实施方案》《关于进一步推进煤层气产业发展的意见》《关于支持山西燃气集团在晋城发展的意见》等，加快煤层气产业发展。以郑庄、潘庄、马必等区块为重点，投资108.85亿元，提升煤层气单井产量，山西兰花煤层气公司与中能安然公司合作，在阳城町店区块北部开展煤层气单井产量提升“试验田”工作。推广采空区瓦斯地面抽采技术，晋煤蓝焰公司开展“采煤采气一体化”试验，探索煤层气井“地质勘探、采前抽、采中抽、采后抽”一井四用发展。按照“全市一张网、多路气源互补”原则，编制《晋城市管网互联互通规划》，根据用气需求改造提升管输能力，规划城市内24条城燃管线，实现乡镇全覆盖。全年新增钻井551口，累计9284口，煤层气地面抽采产能70.08亿立方米，产量35.01亿立方米，同比增长3.42%，完成利用量32.99亿立方米、同比增长4.26%，利用率94%；煤矿井下瓦斯抽采22.22亿立方米，完成利用量13.25亿立方米；销售煤层气30.81亿立方米，同比增加4.24亿立方米，增长15.95%；煤层气产值58.26亿元，同比增加4.43亿元，增长8.23%；缴纳税金6.53亿元，同比增加0.94亿元，增长16.81%；实现利润20.01亿元，同比增加1.35亿元，增长7.23%。至年底，晋城市煤层气地质储量6141亿立方米，探明储量3472亿立方米，约占全省60%，批准的煤层气矿业权17宗，总面积2617.27平方千米，其中探矿权8宗、总勘查面积1391.73平方千米，采矿权9宗、总开采面积1225.54平方千米。煤层气地面开采企业9家，总投运井数7401口；煤层气长输管道11条，过境长度635.4千米，年设计输气能力117.17亿立方米(不含西气东输一线)；煤层气液化项目8个，总设计处理能力595万立方米/日；煤层气压缩项目6个，总设计处理能力89万立方米/日。

【电力产业监管】 2019年，晋城市优化电网结构，推进晋城东500千伏变电站建设，实施配网供电可靠性提升和乡村电气化工程。推进金匠园区、晋煤集团增量配电业务改革试点项目建设。至年底，并网投运发电企业装机容量558.1万千瓦，占全省的6.3%，其中，煤电机组419.5万千瓦，风力、光伏、瓦斯发电等清洁机组装机容量138.6万千瓦。全市发电量262.62亿千瓦时，同比增长3.26%，全社会用电量186.94亿千瓦时，同比增长6.63%。

【新能源产业监管】 2019年，晋城市推进风电建设，陵川中电投二期5万千瓦、泽州华电一期10万千瓦等4个项目完成投资23亿元；争取26.5万千瓦分散式风电项目，完成投资21亿元，排名全省第三。推进光伏建设，争取投资10亿元的18.8万千瓦竞价光伏项目，其中大唐阳电阳城3万千瓦项目并网发电。推进生物质发电，推进山西农谷丹峰1.5万千瓦生物质热电联产项目，完成投资1.6亿元。全年新增并网装机容量18万千瓦，累计63万千瓦，同比增长40个百分点，占比11.7%；发电量8.82亿千瓦时，同比增长52.66%。

至2019年底，并网新能源装机容量63万千瓦，其中，光伏33万千瓦(其中，屋顶分布式光伏22万千瓦，5个大型电站总装机容量11万千瓦)、风电25万千瓦、水电5万千瓦；新能源发电量8.8亿千瓦时，同比增长53%。

【节能降耗】 2019年,晋城市推进绿色低碳清洁高效的能源消费方式,推进用能方式变革,鼓励发展新型能源消费业态,强化能源消费总量和强度“双控”工作。科学分解“煤炭消费总量负增长”和万元GDP能耗“双控”任务,按季度发布各县(市、区)和重点耗能行业企业“双控”情况,召开约谈通报推进会3次,完成年度节能考核。编制2019年节能行动计划,统筹重点领域节能降耗,研究制定新上项目煤炭消费减量等量替代和用能预算化管理实施方案,加强用能管控,减缓能耗大幅上涨的态势。统筹推进全市清洁取暖工作,完成清洁取暖改造7.51万户,超年度民生实事目标63%,其中“煤改电”配电网改造项目17个,“煤改电”配电网改造5453户,10千伏配电线路39.6千米,涉及城区、泽州、高平、阳城、陵川5县(市、区)20个乡镇和5个单位。“晋城优质蜂窝煤清洁取暖”经验在全省推广,被中国农村能源行业协会推荐为“晋城模式”在全国推广。开展“洁净煤+环保炉具”冬季清洁取暖省级试点,在阳城、泽州选村布点。全年规模工业综合能耗1783万吨标准煤,同比上升11.7%;煤炭消费量2219万吨,同比上升15.84%。

【科技创新】 2019年,晋城市以制度革命带动能源革命,以能源生产关系变革牵引生产力变革,实施57项能源改革,与安徽理工大学合作成立晋城能源革命工程技术研究院,成立国家煤层气产业联盟晋城专家工作站和中国矿业大学晋城产学研基地,初步构建起晋城能源产业科技创新平台。组建行业专家队伍,依托中国工程院院士袁亮、康红普及其团队和中国矿业大学、安徽理工大学教授专家,建立全市能源行业专家库。汇总煤炭、煤层气领域科研需求及需要解决的技术难题22项,其中煤炭行业15项、煤层气行业7项,达成意向3项,包括泽州天泰煤矸石井下充填技术、高平科兴煤矸石井下充填技术以及山西保利平山煤业股份有限公司UDFD煤层压裂增透技术。依托晋城能源革命工程技术研究院,聚焦煤炭清洁高效开发利用、新能源产业提质、清洁电力发展水平提升和节能降耗等4方面领域,开展15项产业前瞻性和基础性课题研究,其中8项列入晋城市能源革命综合改革试点2019—2020年工作任务清单。

【能源合作】 2019年,晋城市推进能源合作工作,主动将能源产业发展融入地区发展中,分3批52人赴唐山、贵州、重庆等地进行对标一流学习,形成成果12项。7月10日,承办2019年全国煤矿瓦斯抽采利用现场会;7月11日,承办2019年能源革命总论坛和煤炭、煤层气、新能源论坛4场;9月17日,举办煤炭精准开采论坛,推动行业创新驱动发展。加强与中原城市群和京津冀协同发展战略对接,建立起长期稳定的合作关系,提升供给保障能力。

(焦哲玺)

市场监督管理

【概况】 2019年,晋城市改革市场监管执法体制机制,涉及整合部门12个、职能划转40多项、人员转隶70多名,改革幅度为历次机构改革之最。新组建的晋城市市场监督管理局,深入贯彻落实市委部署、市政府要求和山西省市场监督管理局安排,推动队伍全面融合,在队伍建设、改革创新、监管执法、消费维权、标准化改革、品牌战略、食品安全、餐饮安全、药品安全、特种设备安全等10个方面取得新突破,2人3单位受到国家市场监督管理总局表彰。

【改革创新】 2019年,晋城市市场监督管理局完成审批许可事项划转,实现营业执照2天办结,取消2个办证事项。企业年报公示率97.13%,创历史新高。系统内实现“双随机”监管全覆盖,组织抽查76批次、企业2459户,抽查比例5.77%,高于山西省市场监督管理局5%的目标。推动10个部门开展联合“双随机”抽查,迈出市场监管创新重要一步。对标深圳优化营商环境41条,制定实施《助推转型升级18条措施》,取得明显成效。

【市场监管】 2019年,晋城市市场监督管理局探索监管与执法分离改革,实现一支队伍管执法。突出重点领域监管执法,组织开展一系列专项行动,累计查处各类违法案件700多件,罚没近600万元,移送涉刑案件9件。其中，侵权假冒307件，食品类231件，药品类110件。市、县两级政府及部门公平竞争审查制度实现全覆盖。

【消费维权】 2019年，晋城市市场监督管理局整合升级"12315"投诉举报平台，实现"五线合一"。受理消费者各类信息1.26万件，为消费者挽回经济损失470多万元，集中销毁假冒伪劣产品30多吨。

【标准化改革】 2019年，晋城市市场监督管理局以标准化改革试点为抓手，推进13项改革试点。其中，国家级4项，1项通过验收。参与修订国家、行业、地方、团体标准86项。启动实施标准化"4+4"八大工程建设。出台《晋城市标准创新贡献奖管理办法》，市政府授予10家企业、示范试点项目年度标准创新奖，总奖金额100万元。

【品牌战略】 2019年，晋城市市场监督管理局以商标品牌培育为抓手，申请地理标志商标11件，国家市场监督管理总局核准3件，实现地理标志商标"破零"。新注册商标突破2200件，同比增长37.7%，注册商标9486件，同比增长30.2%。4家企业获品牌博览会金奖，1件产品获地标博览会优秀奖。帮助企业落实专利奖补、推广资助76万元。获得国家专利授权557件，同比增长6.1%，每万人拥有发明专利2件，同比增长4.7%。

【质量强市战略】 2019年，晋城市市场监督管理局以质量提升行动为抓手，紧盯三年目标、层层落实责任，定期督查督办，10个领域、10大行动、10项措施顺利推进。组织开展形式多样的"质量月"和"开放日"活动；发挥标准引领作用，严守质量监管底线，强化计量、认证认可、检验检测等基础设施的支撑功能；国家煤层气质检中心通过国家认证。全市20个组织和个人获得市长质量奖。

【食品药品监管】 2019年，晋城市委、市政府印发《地方党政领导干部食品安全责任制分工意见》。晋城市市场监督管理局落实食品安全党政同责要求，开展省级食品安全示范县创建工作，高平市、沁水县创建为省级食品安全示范县。强化食品安全日常监管，监督检查9700多次，整改问题180多个。开展漠视侵害群众利益专项整治，均取得明显成效。食品安全监管6项主要考核指标均达100%。完成食品抽检7000多批次，同比翻两番，比省定计划翻一番。完成餐饮单位风险分级管理1.2万多家。率先在全省推行"互联网+明厨亮灶"监管，全市477家学校食堂实现"明厨亮灶"。强化药械化监管，开展14项专项整治，抽检药械化452批次，超省计划81%，整改通报700多家，日常监管1480多次，整改问题800多个。上报药械化不良反应和药物滥用7700多例。

【特种设备监管】 2019年，晋城市市场监督管理局落实企业主体责任，在全省首推充装企业燃气责任保险，参保率100%。推动电梯责任保险，电梯投保率44%，超全省35.2%、国家30%的目标。加强特种设备监管，日常督查企业1317家，排除各类隐患1293条，整改1179条。全市特种设备安全实现"零事故、无死亡"。

【产品质量监管】 2019年，晋城市市场监督管理局落实监管责任，加强对重点产品质量抽检，共完成汽柴油、车用尿素质量抽检1197批次，覆盖率170%。其中，市市场监督管理局占到一半。完成商品煤质量抽检627批次，对28家清洁煤供应点完成3轮全覆盖抽检。完成工业产品质量抽检61批次，配合山西省市场监督管理局抽检300多批次。

【非公党建工作】 2019年，晋城市非公企业党委召开党委会议7次，开展专题调研5次。推进"两个覆盖"，新建立非公党组织20个，新发展党员87人，培养发展对象135人、入党积极分子185人。整顿软弱涣散基层党组织6个。加强党建引领，引导非公企业承担社会责任，助推脱贫攻坚，投入资金270多万元，帮扶贫困户436次、困难群众1367人，提供就业岗位178个。

（张虎林）

审　计

【概况】 2019年，晋城市审计局落实习近平总书记关于审计工作的重要讲话和重要指示批示精神，落实市委审计委员会、市政府和山西省审计厅的各项工作部署，推进审计管理体制改革，履行审计监督职责，改革创新、奋发有为，实施70个审计项目，较好地完成各项工作目标任务。

【机构改革】 2019年，晋城市委全面加强党对审计工作的领导，按照中央和省委部署，结合晋城市党政机构改革工作安排，组建成立市委审计委员会。6月12日，市委书记、市委审计委员会主任张志川主持召开市委审计委员会第一次全体会议。审议通过《中共晋城市委审计委员会工作规则》《中共晋城市委审计委员会办公室工作细则》《2019年度全市统一组织审计项目计划》。市审计局按照市委统一部署，根据《晋城市机构改革方案》，做好“三定”方案起草、报批和执行工作，推进职责调整和各项工作衔接运转，加强与有关部门沟通协调，完成市发改、财政、国资相关职能划转和人员转隶工作。

【政策落实审计】 2019年，晋城市审计局重点审计防范化解地方债务和隐性债务风险、污染防治、减税降费、清理拖欠民营企业中小企业账款、乡村振兴政策、转型项目管理、贯彻落实过“紧日子”要求、中央和省级财政转移支付资金拨付情况、简政放权政策措施落实情况等10余个方面政策措施的落实情况。同时，针对以前跟踪审计反映问题的整改情况进行督查。

【金融审计】 2019年，晋城市审计局完成全市农村信用联社(农商行)2017、2018年度资产、负债、损益情况审计调查，对全市金融及类金融机构2016年至2018年的基本情况及2018年业务开展情况进行审计调查。

【扶贫审计】 2019年，晋城市审计局组织开展对临汾市永和县、长治市沁县和武乡县2018年度脱贫攻坚政策贯彻落实、扶贫资金分配管理使用、扶贫项目建设管理及2017年和2018年“一卡通”惠农补贴资金管理使用等情况进行审计。

【专项审计】 2019年，晋城市审计局开展实施太原市小店区和古交市2018年保障性安居工程资金投入和使用绩效审计；太原市2017年、2018年度养老保险基金审计；长治市2017年、2018年度水环境保护和污染防治情况审计；高平市原市委书记范兆森、长治市沁县县委书记经济责任和自然资源资产审计。组织实施全市政府部门和国有企业拖欠民营企业中小企业账款情况审计调查。

【工程项目审计】 2019年，晋城市审计局深化财政预决算审计，推动政府财政管理提质增效。开展市财政局、原市发改委、原市国土局等17个单位和部门2018年度预算执行和其他财政收支情况、市委市政府重大决策贯彻落实情况审计；开展对高平市、阳城县、陵川县3个县(市)人民政府2017—2018年度财政决算审计。

【企业审计】 2019年，晋城市审计局开展市三馆(市图书馆、市档案馆、市美术馆)工程竣工决算审计、市科技研发基地项目实施情况审计调查等10个政府投资项目竣工决算审计和审计调查。

【财政审计】 2019年，晋城市审计局实施山西天泽煤化工集团股份有限公司2016—2018年企业经营情况等4项(审计)审计调查，揭示企业存在的突出问题，摸清企业法人治理机制，提出审计建议，为市委深化国企国资改革提供决策参考。

【经济责任审计】 2019年，晋城市审计局根据新修订的《党政主要领导干部和国有企事业单位主要领导人员经济责任审计规定》，聚焦规范权力运行，加大对领导干部经济责任履行情况的审计力度，共开展经济责任审计项目23个。开展高平市人民政府原市长邹树琦自然资源资产离任审计。组织实施全市2018年度公务支出和公款消费审计。

【审计整改】 2019年，晋城市审计局把推动审计整改作为有效履行审计监督职责的重要检验标准，健全完善审计整改台账、整改销号制度，建立审计整改报告、审计整改跟踪检查等相关制度。向市政府专题汇报审计查出问题整改情况，召开全市审计整改工作专题会，向市人大常委会报告2018年度市本级预算执行及其他财政收支审计发现问题整改情况。

(赵　斌)

农村工作

【概况】 2019年，晋城市各级农业农村部门贯彻全市农业农村优先发展推进大会精神，抓改革、兴产业、促增收、美环境，农民收入稳步增长，农业产业提质增效，农林文旅康产业融合发展试点全面引深，农村人居环境大力改善，农村各项改革纵深拓展，全市农业农村工作取得明显成效。

【机构改革】 2019年1月，根据中共晋城市委办公厅、晋城市人民政府办公厅《关于印发〈晋城市机构改革方案〉的通知》精神，将市农业委员会的职责，以及市发展和改革委员会的农业投资项目、市国土资源局的农田整治项目、市水务局的农田水利建设项目和渔业管理职责等整合，组建晋城市农业农村局，作为市政府工作部门，加挂晋城市扶贫开发办公室牌子，正处级。市委农村工作领导小组办公室设在市农业农村局。

【农民收入增长】 2019年，晋城市农村居民人均可支配收入14809元，同比增长9.2%，绝对数排名全省第四。在粮食受灾减产情况下，完成85.2万亩旱灾鉴定和6603万元保险理赔，最大程度减少农民损失；落实各项强农惠农富农政策，促进农民转移性收入持续增长；实施"羚羊领跑"计划，完成新型职业农民培育3125人，提高农民综合素质，促进农民与现代社会接轨。

【农业产业提质增效】 2019年，晋城市农业产业投资超出目标任务9.5个百分点，居全省第六。划定粮食功能区137万亩，开工建设高标准农田8.1万亩；推进有机旱作农业示范创建工作，4个省级封闭示范片、9个市级示范片的重点项目进展顺利；推进3个省级现代农业产业园建设，认定10家市级现代农业产业园，铺开12家市级现代农业产业园创建工作；蚕桑、水果、蔬菜等特色产业提质增效3.11万亩，杂粮播种面积达到64.29万亩；休闲观光、乡村旅游等新产业新业态蓬勃发展，全年农村休闲观光旅游收入3.1亿元。新型经营主体发展壮大，开展"空壳社"清理和"百强"农民合作社、家庭农场评选活动，创建省级示范社15家；513龙头企业销售收入91.63亿元，同比增长7.6%，亿元以上企业19家；山西源源醋业有限公司等4家龙头企业牵头成功创建全省农业产业化省级示范联合体，实现晋城市农业现代产业经营组织联盟零的突破；农业社会化服务组织加快发展，实施中央农业生产托管服务项目16万亩。品牌建设势头强劲，完成认证品牌114个，面积27.19万亩；"阳城桑叶茶"和"沁河浪花蜂蜜"分别被评为市级区域公用品牌和省级功能农产品品牌；举办首届中华药食同源产业发展论坛和晋城市"药食同源、康养晋城"暨"中国药茶"开发研讨会，叫响"药食同源、康养晋城"品牌。安全水平明显提升，全市农产品质量抽检合格率99.5%。新实施（巩固）特色产业扶贫项目204个，有效带动23170人次贫困人口受益；推进消费扶贫工作，拓宽贫困地区农产品销售渠道。

【农林文旅康产业融合发展】 2019年，晋城市引深农林文旅康产业融合发展试点，出台《晋城市农林文旅康产业融合发展试点整市推进实施方案》《关于我市农林文旅康产业融合发展试点工作中有关问题的把握》和《晋城市2019年农林文旅康产业融合发展试点项目核查验收工作方案》3个指导性文件，全面启动12个综合改革试点项目、99个产业融合发展试点项目和157个产业发展试点项目，形成一批具有晋城特色，农、林、文、旅、康多业态融合，资金、科技、人才多要素集聚，政府、市场、社会多主体参与的创新模式，初步构建以改革打头阵、以项目为支撑的"一体两翼"试点工作格局。

【农村人居环境改善】 2019年，晋城市围绕"三生共建、六道同治"总思路，突出"五大专项行动"，完成6.32万座"厕所革命"农村户厕改造，完成量全省第一；组织开展村庄清洁行动，评选出100个"村庄清洁行动先进村"；制定农村人居环境整治项目清单和市级奖补项目清单，铺开21个市级奖补项目；10月，市四大班子领导带队，对全市22个农村人居环境整治项目进行集中观摩。制定出台农村人居环境整治星级村评定管理办法，农村人居环境逐步走向制度化、标准化的发展道路，成为全市"三农"工作的一个突出亮点。

【农村改革】 2019年，晋城市承包地确权登记颁证工作基本完成，99.9%的村完成合同签订，99.4%的村完成颁证任务，农民承包土地的合法权益得到有效保护。推进农村集体产权制度改革，沁水县251个村完成集体产权制度改革，完成全市清产核资和成员身份确认，99.16%的村组挂牌成立股份经济合作社。以农村集体产权制度改革为基础，以农村集体土地资源盘活、"点状供地"、林权贷款抵押为突破，全市初步探索出九种农村"三变"模式。

（牛　坤）

脱贫攻坚

【概况】 2019年，晋城市农业综合开发局更名为晋城市农业综合开发中心，与晋城市扶贫开发中心合署办公。贯彻落实中央及山西省委关于脱贫攻坚的各项决策部署，坚持目标导向，聚焦问题整改，狠抓巩固提升，全市脱贫攻坚工作取得明显成效。全市建档立卡的25672户贫困户中，未脱贫的剩25户65人，贫困发生率由建档立卡之初的5.37%，下降到万分之一以下。

【责任落实】 2019年，晋城市召开市委常委会、市政府常务会、脱贫攻坚领导小组会、脱贫攻坚巩固提升推进会等计达17次，学习贯彻落实习近平总书记等中央领导关于脱贫攻坚重要讲话精神，中央及省委关于脱贫攻坚工作的重大决策部署，以及全省脱贫攻坚工作会议、攻坚深度贫困推进乡村振兴现场推进会等会议精神；在2个贫困县和3个非贫困县每县派驻一个脱贫攻坚督导组，加强驻县督导；制定脱贫攻坚领导小组工作要点，分解细化任务，明确责任主体；市委、市政府主要领导带头，市县乡村逐级"双签"脱贫攻坚责任书，扛实扛牢脱贫攻坚主体责任；制定行业扶贫专项行动计划，压实行业部门责任；执行"双组长"制，市委书记进村庄、访农户，遍访率100%，对脱贫攻坚进行专题研究，拟定6方面22条具体意见，分析研判脱贫攻坚形势，提出具体应对举措。

【脱贫机制】 2019年，晋城市委将脱贫攻坚确立为"书记工程"，市县乡村"四级书记"扛起脱贫首责；加大脱贫攻坚在党建述职评议考核中的权重；健全完善"两包三到"精准帮扶联动机制，各级干部"领战参战、带头攻坚"。陵川县附城镇探索"村村联合、村企联合、大小联合、贫富联合"互助共促发展模式，与丈河片区贫困村、企业等联合成立脱贫攻坚联合党总支，对片区产业发展统一规划部署、技术指导、协调推进，推动贫困村连片脱贫。泽州县柳树口镇建立农超联合党总支，形成产、供、销一体化格局，通过农超联合党总支签订订单额1500万元，覆盖建档立卡贫困户430户1198人。

【"五个一批"工作】 2019年，晋城市稳步推动脱贫攻坚"五个一批"重点工作，完成减贫17户35人，超额完成省定目标任务。产业扶贫方面。小杂粮、畜牧、干鲜果等农业特色产业成为产业扶贫主流，新实施(巩固)特色产业扶贫项目204个，带动23170人次贫困人口受益。易地扶贫搬迁方面。51个集中安置点全部竣工，入住率97.2%，拆除腾退率96.3%，复垦率96%，基础设施和公共服务全部配套到位。印发《关于做好易地扶贫搬迁不动产登记工作的通知》，探索易地扶贫搬迁不动产登记工作。对32个深度贫困自然村实施整村搬迁。生态扶贫方面。通过林业生态治理扶贫工程和森林生态保护扶贫工程，带动1374名贫困人口实现增收脱贫，人均收入7500元以上；实施退耕还林补助工程，惠及贫困人口172户456人；组织经济林综合管理技术培训12次，培训林农1847人次，其中贫困林农365人次。教育扶贫方面。建立完善学前教育到高等教育阶段学生资助体系，对符合条件的贫困家庭学生从幼儿到大学全程帮扶，惠及5600多名建档立卡贫困学生。在陵川县、沁水县招收870名贫困地区专项计划生，为陵川县、沁水县招聘中央特岗教师110名。社会保障兜底方面。农村低保平均保障标准提升为4600元/年，农村特困对象平均供养水平达到5869元/年，将12938名建档立卡贫困人口纳入农村低保或特困供养对象，发放资金3733.54万元，人均2885元；为全市6252名残疾建档立卡贫困人口发放生活困难补贴或重度残疾人护理补贴共计268.8万元。

【"两不愁三保障"工作】 2019年，晋城市重点解决"两不愁三保障"突出问题，取得明显成效。义务教育保障。完成"全面改薄"工程，总投资45710.52万元，涉及项目校585所。"控辍保学"方面，全市贫困户和非贫困户均没有失学儿童。基本医疗保障。农村建档立卡贫困人口享受"先诊疗后付费""一站式结算""136"兜底保障政策等特殊救助制度。开展健康扶贫"双签约"服务，贫困人口全部参加基本医保，参保率100%，农村建档立卡贫困人口住院实际报销比例94%以上；为农村建档立卡贫困人口发放轮椅、助行器、助视器、助听器等适配辅助器具3395人次；大病救助2554人次，救助金额470.5万元。住房安全保障。完成省定174户农村危房改造任务，竣工率100%。逐村逐户开展建档立卡贫困户房屋等级鉴定工作，全部完成鉴定。饮水安全保障。在363个村庄实施227个农村饮水安全巩固提升工程项目，惠及贫困村36个、贫困人口8526人。

【驻村帮扶"六大行动"】 2019年，晋城市市县两级向全市200个贫困村、218个低收入村，派驻407支驻村工作队、1399名工作队员和农村第一书记，实现驻村帮扶"全覆盖"。制定《晋城市干部驻村帮扶管理办法》，开展驻村帮扶"六大行动"：村情民意走访行动，各级驻村干部开展村情民意走访累计走访群众62166人次，收集群众意见建议5752条，帮助群众解决实际困难问题4818个；基础工作巩固行动，各级驻村工作队和第一书记累计参加市县两级组织的各类培训42期、参训8742人次，帮扶单位主要领导赴帮扶村走访调研5558次、解决问题1757个；政策举措落实行动，对贫困户有针对性地进行宣传讲解，为全市各级驻村工作队、第一书记、结对帮扶责任人印发《驻村帮扶百问百答》，确保驻村帮扶干部熟知各项脱贫攻坚政策和帮扶政策；资金项目盘点行动，市、县两级帮扶单位共投入帮扶资金1735.46万元，引进帮扶资金5054.51万元，各级驻村工作队帮助帮扶村实施万元以上项目387个，购买帮扶村农副产品531.404万元，帮助销售农副产品3357.47万元；内生动力提升行动，各帮扶村共开设新时代文明实践站、夜技校302个，村党员干部群众接受各类技能培训5457人次。

【脱贫成果】 2019年，晋城市落实"四个不摘"重大要求，巩固拓展脱贫成果，防止致贫返贫。制定出台致贫返贫预警办法，明确预警类别、处置程序和组织保障，以5000元为收入标线，以"两不愁三保障"为生活保障标准，开展"一对一""多对一"针对性帮扶；对因临时性、突发性事故导致基本生活出现困难的家庭，给予临时救助，防止因突发性困难致贫返贫，共救助4684人次，救助资金818.13万元，其中建档立卡贫困户321人次，救助资金51.49万元；出台晋城市“1+5”脱贫综合保险政策，市级财政投入资金371万元，县级财政配套资金404万元，平均每人117元/年，为全市6.5万建档立卡贫困人口兜住收入底线。

【扶贫资金管理】 2019年，晋城市持续保持市县两级专项扶贫资金“双增长”，共投入财政扶贫专项资金21439.78万元，其中中央资金135万元，省级资金5108万元，市级资金5124.3万元、同比增长28.72%，县级资金11072.48万元、同比增长21.93%。纳入统筹整合资金32422.2万元，其中沁水县8828.26万元，陵川县23593.94万元。全市累计发放小额信贷资金11325.7万元，完成年度目标任务的113.3%。

【消费扶贫】 2019年，晋城市大力开展“五进”“十销”活动，“五进”，即通过贫困村、贫困户农副土特产品进机关、进企业、进学校、进医院、进军营行动，鼓励引导党政军机关、企事业单位、高校食堂餐厅选用贫困地区农产品、畜产品，建立长期定向采购合作机制，引领全社会开展消费扶贫行动；“十销”，即通过包村单位帮销、“五进”对接承销、龙头企业带销、宣传推介展销、商场超市直销、电子商务营销、基地认领订销、旅游带动促销、协会商会助销、劳务就业推销等形式，搭建对接平台，开展多种形式的农产品营销活动。鼓励各级帮扶干部“以购代捐”定额消费扶贫，通过购买贫困户的农特产品，帮助更多贫困户走上致富路。全市“五进”销售840吨，销售额1401万元；“十销”销售1350吨、22.86万件，销售额3112万元。

【扶贫扶志】 2019年，晋城市注重扶贫扶志相结合，实施外出务工交通费补助政策，对2472名建档立卡农村贫困劳动力开展免费职业培训；组织贫困村创业致富带头人培育工程培训250人，超额完成年度培训任务。

【“一网三超”建设】 2019年，晋城市加快推广“一网三超”扶贫模式，“中国社会扶贫网”注册总数突破9.3万人，较年初增长两倍多。全市共建成爱心超市69家，总投资126.79万元，爱心扶贫超市筹集物资折价86.86万元，受益群众7007人次。

【扶贫干部培训】 2019年，晋城市加大扶贫干部培训力度，召开全市驻村帮扶工作推进会，举办全市驻村帮扶示范培训班。按照脱贫攻坚工作机制和干部管理权限，市县分类分级培训，完成脱贫攻坚培训32653人次。市财政安排每名第一书记、驻村工作队员专项经费2.5万元，统一为市派驻村工作队员和第一书记购买每人300元的人身意外伤害保险。市县两级共提拔使用驻村干部66人；市县两级驻村干部受到省级表彰10人，受到市县两级表彰131人。各级帮扶单位投入专项资金，帮助改善驻村条件。

【晋城市脱贫攻坚十件大事】 2019年，晋城市脱贫攻坚十件大事分别是：省委巡视组对晋城市进行脱贫攻坚专项巡视。9月8日至12月6日，省委第二巡视组对晋城市开展脱贫攻坚专项巡视。在全市开展脱贫攻坚“回头看”大排查大清底工作。10月14日至11月10日，由副市级领导带队，抽调180人，分5个组，在全市开展脱贫攻坚“回头看”大排查大清底工作。中共晋城市委作出向郭建平学习的决定。8月2日，兰花集团莒山煤矿驻陵川县附城镇台北村的第一书记、驻村扶贫工作队队长郭建平，因劳累过度突发疾病，倒在脱贫攻坚第一线。9月3日，中共晋城市委作出向郭建平学习的决定。张志川就问题整改作出批示。5月12日，市委书记张志川在全市脱攻坚领导小组扩大会议上就脱贫攻坚问题整改作出6个方面22条批示。调整充实强化市级扶贫机构。市委将市农业综合开发中心和市扶贫办整合合署办公，抽调相关部门3名副处级干部、6名科级干部全职从事扶贫工作，为市扶贫办引进3名高层次年轻人才，增设2个正科级机构，增加6名编制。在全市实行《晋城市干部驻村帮扶工作“红黑榜”通报制度》。对全市驻村帮扶工作，每季度公布一次“红黑榜”，“红榜”表扬32个单位和个人，“黑榜”通报约谈38个单位和个人。调整充实市委脱贫攻坚督导组。市脱贫攻坚领导小组将市委脱贫攻坚督导组由原来的3个充实调整为5个,实施一县一组,驻县督导。同时明确各组所督导的市直部门。评选表彰全市脱贫攻坚奖获得者及脱贫攻坚先进集体和个人。全市共50人获脱贫攻坚奖,135个单位和个人获扶贫开发先进集体和个人称号。市委对脱贫攻坚进行巡察。5月5日至8月5日,市委第五巡察组对全市扶贫领域进行脱贫攻坚专项巡察。对全市乡(镇)脱贫攻坚实行考核。8月开始,将全市74个乡(镇)的脱贫攻坚工作,作为"三农"工作专项考核的重要组成部分进行考核,每月排队,年终奖优罚劣。

(苗胜鹏)

畜 牧

【概况】 2019年,晋城市畜牧兽医服务中心贯彻落实党中央国务院及山西省委、省政府和晋城市委、市政府关于"稳定生猪等畜禽生产""毫不松懈抓好非洲猪瘟等疫病防控""解决好畜禽养殖废弃物处理和资源化"三项重点工作的重大决策部署,制定出台晋城市稳定生猪生产政策和文件,全市生猪生产率先实现基本恢复,实现市委"生猪生产恢复性增长"目标;全省7个国家级畜禽粪污治理整县推进项目3个落地晋城,生态畜牧业发展排名全省第一,畜牧业高质量转型升级势头强劲,全市畜牧业工作继续保持全省"排头兵"地位。

【生猪生产】 2019年,晋城市在全省率先制定并落实能繁母猪临时饲养补贴政策,发放补助资金1731.16万元,落实省级能繁母猪临时补贴429.51万元、省级新增能繁母猪补贴54万元。出台《晋城市进一步促进生猪产业转型升级若干办法》《晋城市"猪六条"政策》,为全市稳定生猪生产、保障市场供应提供政策依据。全市生猪生产实现止跌回升,生猪存栏90万头,生猪生产基本恢复。晋城市畜牧兽医服务中心到运城市学习生猪发展经验,举办首届生猪产业发展论坛,推动生猪产业向"品种优良化、设施现代化、防疫规范化、粪污资源化、产品安全化"发展。

【非洲猪瘟防控】 2019年,晋城市畜牧兽医服务中心组织召开4次非洲猪瘟防控专题会议,及时调整非洲猪瘟防控工作领导组,下发44个文件对全市防控工作作出安排部署。开展非洲猪瘟疫情排查、监测、消毒等工作,坚持非洲猪瘟排查和泔水饲喂情况排查日报告制度;全市7个兽医实验室全部确定为省级非洲猪瘟病毒受委托检测实验室,检测各类样品15551份;组织开展非洲猪瘟消毒灭源"大清洗、大消毒"专项行动,使用各类消毒药品200吨以上;组织全市屠宰企业参加全省非洲猪瘟检测能力比对工作,比对正确率83.3%。开展畜禽产地检疫和屠宰检疫,抓好全市212辆生猪运输车辆的监管和4个省界指定运输通道管理,查扣不符合规定动物产品20余吨,确保不合格动物产品不流入晋城市场。举办首届"非洲猪瘟防控与生猪生产"论坛,邀请国内8位知名专家学者进行讲解。

【畜禽粪污治理】 2019年,晋城市建设畜禽粪污处理设施100个,畜禽粪污综合利用率85.5%;规模养殖场1029个,配套设施987个,配套率95.9%;大型规模养殖场492个,配套率100%,提前1年完成畜禽粪污资源化利用工作。首创《规模养殖场畜禽粪污资源化利用台账》管理办法,被农业农村部和山西省农业农村厅认定为可推广可复制的"晋城模式"。晋城市畜牧兽医服务中心、市财政局联合下发《关于印发促进畜禽粪污资源化利用资金补贴办法的通知》,市级财政补贴资金1100万元。

【无害化处理体系建设】 2019年,晋城市病死畜禽无害化处理体系建设在全省率先实现全覆盖,建成6个县级无害化处理中心,集中收集化制处理病死猪17万头以上,集中化制处理率98.17%,同比增长2.8%,超出任务8.17个百分点。

【畜产品质量安全监管】 2019年,晋城市新增9个无公害畜产品生产企业,全部通过山西省评审。完成畜禽产品质量安全例行监测120批次、禽蛋产品质量安全监督风险抽查88批次、兽药质量监督抽检任务42批次，“瘦肉精”抽巡检3795份，全部合格。晋城市畜牧兽医服务中心与市场监管、公安、教育等部门开展专项整治食品安全问题联合行动，抽检禽蛋30批次，全部合格。

【犬类狂犬病免疫及监管】 2019年，晋城市在全省率先组织开展市区建成区犬类狂犬病免疫及监管工作，分两批审核确认和向社会公告10个犬类狂犬病免疫定点单位，发放“犬类狂犬病免疫证”6756个。针对泽州县巴公、高都无动物诊疗机构的实际情况，协调相关单位在两地各设立一个临时免疫点，负责为当地的犬只实施狂犬病免疫。

【养蜂产业】 2019年，晋城市积极发展养蜂产业，养蜂数量全省第一。11月，在北京召开的首届全国蜜蜂授粉大会、中国养蜂学会40周年等纪念系列活动大会上，晋城市多个单位和个人获得全国蜂业大奖。

【产业扶贫】 2019年，晋城市畜牧兽医服务中心对2016—2019年晋城市畜牧产业扶贫项目进行摸底汇总，全市累计实施畜牧产业扶贫项目219个，累计投入资金5.5亿元。

（姜　凯）

农　机

【概况】 2019年，晋城市农业机械发展中心以推进“两融、两适”为路径，推动农机化向全程、全面、高质、高效转型升级发展，主要农作物综合机械化水平74.3%，为实施乡村振兴战略和加快实现农业农村现代化发挥作用，获得全省农机系统目标责任制考核优秀单位、市精神文明单位、市脱贫攻坚优秀单位等称号。

【机构改革】 2019年7月5日，中共晋城市委办公室、晋城市政府办公室印发《晋城市农业机械发展中心职能配置、内设机构和人员编制规定》，明确市农业机械发展中心为市政府直属正处级事业单位，内设综合科、宣传教育科、计划财务科、农机购置补贴科、农机技术推广科、农机社会化服务科、农机生产指导科、农机安全科、农机质量调查科、农机信息科等10个职能科室，下设市农机培训学校和市农机研究所2个科级事业独立核算单位，共有编制89人，在职干部职工55人。原晋城市农机局改称晋城市农业机械发展中心，原承担的行政职能划转至市农业农村局。

【农机购置补贴】 2019年，晋城市农业机械发展中心深化农机具购置补贴政策，实行有需即补、先买后补原则，简化补贴流程，推行手机App申请，对小额机具开展远程网络核验，对不便移动机具上门核验。首次实行补贴系统常年开放，全年补贴994户农民购置农机具1468台，拉动农民投资3000余万元。

【粮食生产机械化】 2019年，晋城市农业机械发展中心加快推进主要粮食作物生产全程机械化，补短板、促集成、提质效，举办系列机械化生产现场会，示范推广精密播种、无人植保、粮食烘干、玉米青贮等全程机械化新型适用机具。全年分别完成小麦、玉米、马铃薯全程机械化作业面积59.7万亩、62.7万亩、1.2万亩。

【“机器换人”行动】 2019年，晋城市农业机械发展中心在特色农业机械化程度较低产业中推进“机器换人”行动，首次引进大葱开沟机、栽苗机和履带式柠条收获机，建立谷子全程机械化作业示范区、设施农业智能装备应用示范区、中药材机械化作业示范区等，发展新型高效节能农副产品加工机械129台。

【农机化生产】 2019年，晋城市农业机械发展中心推进重要农时农机化生产，完成“春耕”“三夏”“三秋”各项作业任务，全年完成机耕200万亩、机播184万亩、机收138万亩。在夏收工作中，开展送政策优惠、送技术培训、送作业信息、送后勤保障、送志愿者关爱“五送”服务，7天完成全市小麦机收任务。

【农机合作社】 2019年，晋城市农业机械发展中心在全市培育示范农机合作社18个、示范机械化家庭农场11个、示范农机大户11个，清理“空壳社”37个，扶持有规模、较规范农机合作社开展基础设施和智能化建设，其中新型农机合作社193个，作业总面积170余万亩。农机服务领域由粮食作物向经济作物、特色农业拓展，由产中向产前产后延伸。

【安全生产】 2019年，晋城市农业机械发展中心严格落实农机安全生产责任，开展农机安全生产宣传教育和大排查大整治，持续开展变型拖拉机专项整治，注销或报废变型拖拉机912台。全年未发生农机重伤和死亡责任事故。

【农机化水平】 2019年，晋城市农业机械发展中心以实施农机购置补贴政策为抓手，促进大马力、多功能、低能耗先进农机具快速发展，全市农机总动力61.3万千瓦，大中型拖拉机保有量4297台，联合收获机1215台，植保、粮食烘干、设施农业、农产品初加工等机械加快应用推广。全市机耕、机播、机收水平分别达到90.84%、72.31%、54.22%，主要农作物综合机械化水平74.3%，高出全省3个百分点，其中，小麦生产机械化水平97.21%，玉米生产机械化水平73.09%。

【政策支持】 2019年6月12日，市委书记张志川等市领导到泽州县周村镇观摩"三夏"小麦机收，并就秸秆综合利用、小麦秸秆还田复播等情况与县、乡、村三级书记及新型农业合作组织进行现场座谈，启动全市秸秆还田补贴政策。6月18日，市农业农村局、市农机局、市财政局联合出台《2019年小麦秸秆还田复播作业补助实施方案》，促进全市小麦秸秆还田复播及农机装备转型升级。全年完成农作物秸秆机械化还田154万亩、深松整地33万亩，秸秆机械化还田离田率达到80%以上。中国农业银行晋城市分行为全市农机化发展提供意向性授信额度贷款3亿元，为农村农机新型合作组织在基础设施、农机购置、生产流通等方面发展提供支持。

【农田宜机化改造】 2019年，晋城市农业机械发展中心推进农田宜机化改造1000亩，推动丘陵山区"以机适地"的低水平农机化发展向"以地适机"的高水平发展转变，解决在丘陵山区大中型农业机械下地"最后一公里"难题，探索农机化发展新路径。

【智慧农机建设】 2019年，晋城市农业机械发展中心以全省"互联网+农机"示范市建设为契机，为全市大中型农业机械安装监控终端1705台。智慧农机在6县（市、区）全面展开，整体架构搭建完成，系统通道标准统一，数据互联互通，实践应用效果显著。

（李 芳）

水 务

【概况】 2019年，晋城市水务局围绕"水利工程补短板、水利行业强监管"总基调，以党建统领水利工作，实现党建与水利发展双赢；聚焦水利工程补短板，重点工程建设进展顺利；大力推进民生水利建设，助力脱贫攻坚乡村振兴；坚持山水田林湖统筹治理，推进水生态文明建设；抓好水旱灾害防御、安全生产，打造平安水利；推进依法治水、科技兴水，提升服务能力，破解水问题，对标对表完成各项任务。

【水利工程建设】 2019年，晋城市水务局聚焦水利工程补短板，推进重点工程建设。张峰水库总干末端水池至市区引水工程，铺设管道25.5千米，完成投资8500万元；郭壁供水改扩建工程，完成投资2450万元；书院河上游河道治理及清水复流工程投资4400万元，完成主体工程，实现清水复流。

【农村饮水安全】 2019年，晋城市水务局把农村饮水安全巩固提升工程作为解决"两不愁三保障"的硬任务和改善民生的头号工程，完成投资2亿元，新建和巩固提升工程403处，受益人口28.3万人（其中贫困人口1.7万人）；为民办实事项目投入资金4738万元，建设工程159处，266个自然村9.83万人受益。

【节水灌溉】 2019年，晋城市共完成实灌面积72.35万亩，占年度计划的100.1%。高平市2017年新增粮食产能项目、泽州县2018年新增粮食产能项目完工；完成中型灌区成本水价核定、农业水价综合改革工作，受益面积3

万亩。

【绿色水电建设】 2019年，晋城市5座水电增效扩容项目完成验收，2座水电站安全标准化创建工作完成，受到山西省水务厅通报表扬；泽州、阳城、陵川、沁水4县（市）农村水电直供电片区电网升级改造项目获山西省水务厅批复。

【河长制改革】 2019年，晋城市深化河长制改革，构建“两长治河”体系，稳步推进河湖管护各项工作，统筹协调各方力量，充分调动基层参与河湖管理积极性，形成全社会共护河湖的氛围。市委常委会议、市政府常务会议审议通过《晋城市进一步深化河长制改革工作方案》，出台《晋城市巡河员管理办法》，完善“河长+河长助理+巡河员”工作机制。

【河道管理】 2019年，晋城市开展清河专项行动，各县（市、区）共投入资金2137万元，排查和清理河道垃圾及违章堆积物19.35万立方米、阻水林木和高干作物201亩、违章建筑268立方米。开展“清四乱”专项行动，共排查“四乱”（乱占、乱采、乱堆、乱建）问题234个，整改233个，1个问题开始整改；开工建设高平许河、陵川武家湾河治理工程；开展68条河流划界工作，完成6条市级河流治导线规划报告。

【水资源管理】 2019年，晋城市水务局以“合理分水，管住用水”为目标，完成全市水资源总量指标分配和用水统计、张峰水库供水量指标分配工作；完成公共供水管网覆盖范围内的主城区（含北石店）所有岩溶水井调查统计，为开展地下水超采治理、关井压采打下基础。

【节水型社会建设】 2019年，晋城市积极推进节水型社会建设，2018年第一批高平、泽州节水型社会达标建设县通过山西省水务厅现场评估验收，高平市总得分位列全省第一；2019年第二批城区、阳城节水型社会达标建设县完成验收；对阳城、高平高耗水行业（化工）重点用水企业开展水平衡测试。开展中小学节水教育社会实践基地建设，树立市级节水载体示范典型。

【水土流失治理】 2019年，晋城市加快水土流失治理步伐，完成水保综合治理面积39.52万亩，占年度任务101.7%。高平沟坝地治理任务全面完成；泽州、阳城、沁水3县6座病险淤地坝除险加固工程完成3座，开工3座；完成2018年度全国水土保持规划实施情况评估自评工作，出台《晋城市水土保持目标责任考核办法（试行）》，对各县（市、区）和市直有关单位进行考核。

【灾害防御】 2019年，晋城市水务局成立水旱灾害防御中心，开展水情旱情监测预警、水工程调度、应急抢险技术支撑、山洪灾害防御等水旱灾害防御工作。落实水库、重点淤地坝“三个责任人”责任制、基层巡河员巡河管河护河责任制、山洪灾害预警系统责任制，加强汛前隐患排查、整改落实，设备检修、物料储备，实战演练、群测群防等工作。派出7个防汛督导排查组和技术指导组，多次到6县（市、区）、局属单位、在建重点水利工程督导责任落实、预案修编、薄弱环节、隐患整改、实战演练等，发现问题、建立台账、整改落实。发挥水利抗旱的主力军作用，确保城乡供水安全。

【依法治水】 2019年，晋城市水务局加大水法律法规宣传力度，开展河道违章、非法取水专项执法行动，保持良好的水利秩序。深化水管体制改革，率先在全省完成小型水利工程管理体制改革和67座水库大坝安全鉴定工作；全市95座水库（不含张锋水库）完成52座水库的管理范围划界工作。

【机构改革】 2019年，晋城市水务局完成机构改革任务，局机关改革后内设7个行政科室，较改革前精减4个；完成划转职能与人员转隶、资产交割工作；事业单位全部剥离行政职能。

【科技兴水】 2019年，晋城市水务局完成《晋城市缺水地区水库清淤扩容增效方案应用研究及三姑泉域地下水生态修复项目建议书》专家审查工作；完成“沁水煤田晋城市煤层气抽排水处理及应用推广”课题研究，通过山西省水务厅评审验收；完成“长河流域水环境保护与修复治理研究”课题立项；完成省级科研项目“晋城市煤矿酸性老窑水水质及预处理技术研究”、市级科研项目“长河流域水环境保护与修复治理研究”二期、“沁河流域水文变迁及水利历史文化研究”申报工作。

（崔小守）

【水利勘测设计】 2019年，晋城市水利勘测设计院参与水利工程项目设计7类：晋城市项目，张峰水库总干末端水池至市区引水工程、书院河清水复流工程、郭壁供水改扩建工程进入设代阶段；阳城县项目，完成“一河一策”方案编制、10座水库大坝安全鉴定编制工作、河北镇暨南部联网集中供水改线（机场项目区）工程初步设计、南部联网供水工程前贯河段改线工程实施方案编制工作、3条县河及10条乡级河道治导线规划编制工作等；河道设计，完成丹河、获泽河、白洋泉河、白水河、长河、东大河河道治导线规划及划界方案编制工作；晋中市项目，完成左权县境内清漳河干流河道治理工程技施设计、泽城水电站工程施工设计、左权县境内河流采砂管理规划初设、左权县“一河一策”评审、和顺县水厂供水工程可研、和顺县梁余河河道治理初设；陵川县项目，完成17座水库大坝安全鉴定编制工作、20座水库划界编制工作、东双脑水库至王莽岭供水工程可研设计；泽州县项目，完成9座水库大坝安全鉴定、4条河道治导线规划编制工作、泽州县2019年中央预算内农村饮水安全巩固提升工程实施方案；防洪评价类项目，完成巴公园区气化升级改造项目、晋城福盛钢铁厂闸门洪水影响分析、山西晋煤集团坪上煤业有限公司矸石场防洪评价、寺河矿防洪评价、阳电供热管线防洪评价、泽州县渡口码头改造防洪评价等。

（李　斌）

东焦河水库　　（来源：市委新闻中心）

工 业

【概况】 2019年,晋城市工业和信息化局(国资委)聚焦市委七届六次、七次、八次全会部署要求,聚力"两只翅膀腾飞,三足鼎立支撑"转型格局,切实担负起自身责任,党建工作亮点频显,工业经济稳中向好,项目建设全力提速,国企改革稳步推进,完成全年各项目标任务。

【机构改革】 2019年1月29日,晋城市工业和信息化局(国资委)挂牌成立,相应设立市工信局(国资委)党委,5月,经市委批准成立市工信局(国资委)党组。内设17个科室。

【主要经济指标】 2019年,晋城市规模以上工业增加值同比增长7.6%,位居全省第2,增速比2018年快0.6个百分点,高于年度计划目标(6%)1.6个百分点,高于全省平均水平(5.3%)2.3个百分点,排全省第2位,为2014年以来最高增速。煤炭增加值占比同比降低3.92个百分点,超目标(降低0.75个百分点)3.17个百分点。制造业增加值占比同比提高3.68个百分点,超目标(提高0.75个百分点)2.93个百分点。转型指标"两个占比"位居全省第1。

【项目建设】 2019年,晋城市41个亿元以上转型项目完成投资87.9亿元,占年度计划的148.8%。21个重点工业转型项目争取省级资金1.3亿元。总投资136亿元的南村、晋钢两个铸造园区进展较快,33家企业入驻,4家企业投入试生产。兰花集团与天泽集团合资100亿元共建"造气岛"项目。与富士康合作打造"世界光谷"取得实质性进展,250亿元合同签署,新一代智能手机机构件升级改造项目落地。工业固定投资完成201.1亿元,同比增长6.2%。新建基站82座,铺设光缆195千米,2046个行政村提前5个月实现4G网络全覆盖。入围中国移动5G首批商用城市,建成开通5G基站110个,核心城区室外基本全覆盖。成功入选国家工业资源综合利用基地。

【国企改革】 2019年,晋城市8家企业完成改革任务,13家脱钩改革企业完成产权划转,国有企业经营性国有资产基本实现集中统一监管。市属国有企业全年减少1/10,市属国有企业户数从年初70户减少到62户,新一轮国资国企改革以来累计减少30户,接近1/3。国投公司建成"运营、投资、融资、整合"4个平台,信用等级由AA增进为AA+,成为全省第二个拥有AA+的市级国投公司。天泽集团入选全市第一批市级上市挂牌后备企业名单。在全省地市率先出台《出资人监管权责清单》,明确19大类42小项权责事项;出台《关于进一步规范市级国有经营性资产管理的意见》,明确市级行政事业单位持有的经营性国有资产划归国投公司管理经营;下发《关于规范市属企业国有资产管理的通知》,首次对市属企业房屋出租出借的管理行为进行规范。晋煤集团、兰花集团等省市企业"三供一业"完成移交，惠及人口10多万人。在全省首批出台国有企业退休人员社会化管理实施方案。

【技术创新】 2019年，晋城市成为山西省首批开展智能制造诊断的地市。鸿刃科技有限公司入选省级智能制造示范企业，高宝钻探有限公司牵头组建的煤层气开采装备创新中心列入省级试点培育名单。新增省级企业技术中心1家、市级企业技术中心6家。

（谭 超）

电 力

【概况】 2019年，国网晋城供电公司完成售电量175.49亿千瓦时，同比增长5.49%；综合线损率2.08%，全省最低；电网投资2.25亿元；业绩考核全省第一，同业对标全省第二。实现安全生产5940天。获山西省模范单位、国网公司先进集体称号和晋城市"促进晋城经济社会发展贡献奖"。

【电力服务】 2019年，国网晋城供电公司召开全市优化电力营商环境专题座谈会，出台利企惠民16项举措。对接晋城市政府重点工程，完成新市街、南大街、国道G342等9项市政道路改造电力设施迁改任务，推进丹河新城金村起步区电力迁改工作。落实一般工商业电价再降10%要求，减少客户用电成本5477万元。公司投诉量、投诉属实数、百万人口投诉量保持全省电力系统最低。优化光伏发电结算模式，全省首家应用"光e宝"集中统一代理支付光伏电费。助力新能源接入，新能源并网容量、发电量同比分别增长89.28%、76.59%。完成5家工矿企业10台冲天炉改造，完成40个村5448户居民"煤改电"任务。

【电力保障】 2019年，国网晋城供电公司保障大电网安全，成功应对度夏期间负荷屡攀新高重大考验，妥善处置山火险情。加强设备运行维护，"整站式"治理老旧变电站7座，二次系统"排雷"131项，治理配网高跳闸线路35条，排查整治林区、"三跨"等隐患74项，220千伏输电线路和变电设备零停运、零故障，配电线路故障、配变年均停运次数同比分别下降23.13%、28.41%。开展晋城电网迎峰度夏联合反事故应急演练，变电站消防取证备案实现全覆盖，完成重要节日、重大活动等各类保电任务。

【电力工程】 2019年，国网晋城供电公司完成"十三五"电网规划滚动修编，"网格化"规划覆盖所有县域。推动晋城东500千伏输变电工程落地，争取到国网山西省公司投资2.3亿元。加快重点工程建设，太焦高铁配套等7项35千伏及以上工程开工，陵川附城等7项重点工程建设投运。加强配网建设改造，完成各县配电网网架提升实施方案编制，配电自动化建设通过国网山西省公司实用化验收，城乡配网用户平均停电时长同比减少4.25小时，故障报修次数同比下降32.29%。推进能源互联网建设，组建大数据研究应用柔性团队，全省首家建设应用分组传输网PTN网络，完成设备实物ID建设、调控云平台建设、现代智慧供应链场景建设等重点工作。强化营配贯通数据治理，10千伏同期线损负损线路、台区较年初分别下降92%、66%。

【电力改革】 2019年，国网晋城供电公司组织239户大用户开展直购电交易，直购电量125亿千瓦时，同比增长55.6%。完成中央企业"三供一业"供电设施接收改造、晋煤集团"先换表后改造"工作，接收居民用户3.1万户。全省首家完成职工家属区"两供一业"分离移交施工改造。承接国网山西省公司"放管服"第一批清单事项。构建"八大创新一体化"机制，51项创新成果获省公司及以上表彰奖励，国网晋城供电公司获山西省"五小六化"竞赛活动优胜单位奖。

（邢爱华）

城镇集体工业

【概况】 2019年，晋城市城镇集体工业系统完成工业总产值55.9亿元，工业增加值37.1亿元，销售收入56.3亿元，利税总额20.1亿元，工美产业产值同比增长60.8%。主要经济指标稳中有升，非煤产业占比提升5个百分点，经济总量突破全省三分之一以上,领跑山西省同行业。

【促进企业转型】 2019年,晋城市城镇集体工业联合社对县域煤炭集团所辖煤企,实行保资产增值、资产股份一分钱不流失、收益和权益必须增长的原则,13家煤炭企业运转向现代企业制度迈进,股份渐显清晰,收益得到保障。对非所辖煤企,采取提质、增量、促销、降耗措施,抵消煤价下滑影响,基本收益有增长,职工收益有保障。通过"退二进三"、混合经营、包租出让、转型求变等方式,盘活地面企业。城区针织厂"退二进三"建造浪度商厦,陵川地毯厂进行房地产开发,沁水二轻商场资产置换,泽州大阳铁厂外租加转型发展双措并举等,走出一条地面企业因地制宜、因企制宜求生求变求发展新路子。环保倒逼停产的企业,机制创新成为新增长点。阳城屯城集煤站进行全封闭、全喷淋系统改造,装卸设备更新后,成为新利润增长点。陵川县延伸碳酸钙项目产业链,投入建设两家碳酸氢钙企业,向工美、民生、物流、种植等领域拓展。泽州县周宇玛钢厂转型农村养老服务业,附件厂新建农副产品交易中心,阳城天坛铁厂改建蔬菜仓储物流园,高平高达电缆推进营销模式一转多创新,阳城红旗广场率先推进复古商业中心建设,集体资产引资盘活持续加速,企业管理效能有效提升。

【工美产业发展】 2019年,晋城市城镇集体工业联合社多措并举,助力文化产业转型升级。举办全市首届工艺美术精品展,展示新时期晋城工美发展成效,创下全省地市级同类展览展出时间最长,参展企业、参展作品、观展人数最多四项纪录;举办工艺美术精品大赛,关注度达247万人次,投票数达12.7万票,创全省同类精品比赛最高纪录,联合制作《指尖上的晋城》9集专题电视片,在晋城电视台黄金时间持续播出;召开"改革创新振兴发展"高平现场会,高平市政府每年安排100万元专项资金扶持工美产业。

推进产业集群发展,文化与工业互融焕发生机。以市场为导向、园区为载体、龙头企业为牵引,打造全省首家工美文化创意特色园区——古泫工美文创园,琉璃、刺绣、珐华、泥塑等8类21家工美企业、50多名大师及手工艺人入驻园区。

提升服务能力,致力工美产业"优大强"。建立健全晋城工美管理服务体系,出台全省第一个县级行业保护发展办法;开通晋城工美微信公众号,印制出版精品图册,构建多渠道宣传平台;阳城红都展馆投入使用,泽州大阳工美展馆正式揭牌,县域协会全部成立,剪纸、铁壶文化产业协会成立,市县乡村会员全覆盖变为现实。

夯实关键要素,叫响"中国珐华"第一品牌。全年参加省内外展会20余次,获得国家级、省级奖项30余个。第四届省文博会上,朝元窑珐华器被赞誉为"山西三宝"第一宝;高平绣活童帽系列斩获国家最高行业奖"百鹤杯"新锐奖;泥塑、盔头"非遗"大师传艺带徒,恢复性保护濒危传统技艺,入校入企进村授课传艺超过2000人次。

【国企改革】 2019年,晋城市城镇集体工业联合社经过社保测算、做思想政治工作以及公告注销、清算、解除合同等环节,通过财政列支、内部筹资、债务置换等方式完成直属国有企业注销、市场出清工作,被市国资国企改革领导小组办公室评为国企改革工作先进单位。同时,加强直属公司人财物监管,推进目标责任考核办法和公司负责人薪酬绩效管理办法,创新出台房屋租赁、资金账户监管、人事档案管理、会计出纳三企合一等企财社管10项制度,大幅提升集体资产收益,供销公司收入增长30%以上。

【脱贫攻坚】 2019年,晋城市城镇工业联合社坚持打好政策、产业、资金、帮扶、自励"组合拳",培训、奖补、医疗、教育、住房帮扶政策精准到人到户,常态开展入户对接、消费扶贫、爱心捐款、义务理发、健康义诊等活动。集中管护1100亩连翘、70亩黄芩,中药蔬菜主粮种植衔接到位,销售蔬菜2万余千克,投入帮扶资金3万元用于修复古槐、改善道路、美化广场。帮扶村贫困人口年均收入5368元,超出脱贫线50%以上。开展扶技助农、工美助农活动,组织工美大师依托文创园、专业院校、农村中学授课传艺,开展技艺培训，摸底宜教易学村和技艺品种，鼓励有经验的民间艺人组建手工作坊，谋划村民集体经济“破零工程”，马良刺绣、凤林刺绣、段小军剪纸等开展劳务外包和家庭代加工，确保收益兑现，受到农户和社会的一致好评。

（谢晓前）

民营经济

【概况】 2019年，晋城市中小企业发展促进中心围绕晋城市“先行区”“领跑者”“桥头堡”战略部署，坚持政治优先、树立服务理念、增强发展成效，完成各项年度目标任务。全市中小企业营业收入完成1164亿元，同比增长6%；工业总产值完成726亿元，同比增长5.5%；实现利润94.98亿元，同比增长11.87%；上缴税金48.85亿元，同比增长12.04%；提供劳动者报酬69.2亿元，同比增长4.81%。连续第22年被评为省级文明单位。

【机构改革】 2019年，晋城市中小企业局（晋城市民营经济发展促进局）更名为晋城市中小企业发展促进中心（晋城市民营经济发展促进中心），是中小企业和民营经济综合服务机构、市政府直属正处级事业单位，为公益一类。内设综合办公室、人事教育科、政策法规科、财务融资科、经济监测科、创业创新科、服务体系科7个科室。

【服务体系建设】 2019年，晋城市中小企业发展促进中心加强服务理念，全面完善全市中小企业服务体系建设工作，建成以市平台为枢纽，以专业应用平台为支撑，以政务服务和投诉窗口为渠道的全市中小企业公共服务体系。晋城市中小企业服务体系建设居全省首位，连续第2年承办全省中小企业服务体系业务培训会。7月15日，晋城市安瑞兴邦会计师事务所、晋城市定坤会计师事务所、开发区园区建设有限公司被认定为省级中小企业公共服务示范平台。11月26日，山西正浩金太行税务师事务所被认定为国家级中小企业公共服务示范平台。

【政策支持】 2019年，晋城市建立完善支持民营经济发展政策体系。晋城市委、市政府出台《关于贯彻落实省委省政府支持民营经济发展若干意见的决定》，晋城市政府印发《关于创建全省民营经济发展改革示范市的实施方案》。

【“小升规”考核】 2019年，晋城市省定“小升规”（小企业升格为规模工业企业）指标43家，比2018年增加28家。至2019年底，首批申请入规并通过市级审核企业45家，超额完成省定指标任务。

【“236”行动计划】 2019年，晋城市启动实施“236”行动计划，即用3~5年时间，打造2家年营业收入100亿元以上旗舰企业、30家5亿元以上标杆企业、60家2亿元以上潜力型企业。全年安排重点民营项目38个，总投资201.92亿元，累计完成投资65.45亿元。

【创业创新】 2019年，晋城市中小企业发展促进中心组织企业参加“创客中国”大赛，海诺科技公司获一等奖。新认定市级“双创”基地4家，总数达到29家。推荐认定省级“双创”基地2家，总数达到24家。全部基地入驻企业1750余家，安排就业8000余人。

【中小企业培育】 2019年，晋城市首次开展市级“专精特新”中小企业培育工作，新认定“专精特新”企业37家。推荐认定省级“专精特新”企业20家、“小巨人”企业3家，2017—2019年，累计认定“专精特新”企业61家，总数在全省排第4位。

【中小企业改制】 2019年，晋城市中小企业发展促进中心推进中小企业规范化股份制改造工作，先后5次组织350余家中小企业开展规范化股份制专题培训，完成规范化股份制改造中小企业32家，同比增长52%，改制数量连续3年居全省第2位。

【企业家队伍建设】 2019年，晋城市中小企业发展促进中心与北京大学经济学院合作，组织45名领军企业家举办“晋城市优秀民营企业家研修班”，组织200名新生代、创二代企业家，分别在上海、杭州、天津、厦门等地高校深造，形成企业家队伍梯次培育格局。

【企业服务】 2019年，晋城市中小企业发展促进中心开展订单式培训，做到“周周有培训、月月有活动”，累计培训企业61期。深化与上海研发平台合作，对接企业32家，解决技术难题30余个。晋城市新认定国家级示范平台1家。

【贸易交流】 2019年，晋城市中小企业发展促进中心组织企业参加2019中国·天津投资贸易洽谈会暨PECC博览会、第十六届中国国际中小企业博览会，达成意向合作金额3900万元，其中1家企业实现晋城市中小企业与境外客商合作零的突破。

（孔 阳）

招商引资

【概况】 2019年，晋城市投资促进中心围绕“系统定向精准”理念，抓党建，主业和党建同频共振；抓指标，各项任务完成情况良好；抓改革，各项改革成果凸显；抓对接，招商活动成果更加突出；抓调研，补齐短板方向更加清晰；抓举措，工作落实更加有力，为推动美丽晋城高质量转型发展贡献力量。

【10亿元以上转型项目】 2019年，晋城市城区签约10亿元以上转型项目2个，即皇城新区城市综合体项目（总投资12亿元）、望城商务中心项目（总投资16亿元）。泽州县签约10亿元以上转型项目3个，即晋钢智造科技产业园区项目（总投资106.60亿元）、晋城希尔顿酒店项目（总投资20亿元）、南村绿色智能铸造创新产业园建设项目（总投资15亿元），其中，晋钢智造科技产业园区项目和南村绿色智能铸造创新产业园建设项目开工建设。高平市签约10亿元以上转型项目1个，即康达利民医养结合养老园区（总投资10亿元）。阳城县签约10亿元以上转型项目2个，即山西润城特色小镇旅游综合提升项目（总投资145亿元）、晋城市太行一号国家风景道〈阳城段〉主线工程（总投资19.53亿元），其中，晋城市太行一号国家风景道〈阳城段〉主线工程项目开工建设。沁水县签约10亿元以上转型项目2个，即沁水温泉水镇项目（总投资41亿元）、郑庄区块4.5亿方产能开发调整项目（总投资14.79亿元），其中，郑庄区块4.5亿方产能开发调整项目开工建设。

【招商改革】 2019年，晋城市调整成立以市长任组长的招商引资工作领导小组，领导全市招商引资工作，确定全市招商引资重大事项和有关政策，为招商引资项目顺利落地提供保障。按照招商队伍国际化、专业化、市场化的“三化”要求，进行“三化三制”改革。推进晋城市德瑞仪表制造有限公司和晋城市国源贸易有限公司改革，对两家国有企业清产核资情况进行审计和评估，通过企业股权转让相关事宜。

【招商活动】 2019年，晋城市投资促进中心加大招商引资力度，开展系列招商活动。

持续保持与中原经济区合作交流。4月上旬，组织参加第十三届中国（河南）国际投资贸易洽谈会，并在“中原经济区商会企业座谈暨项目对接会”上进行招商引资专题推介。

主动对接京津冀地区。4月18—22日，组织有关县区和企业参加2019津洽会，会上，泽州县周村镇政府与河南省武陟县唐通工贸有限公司签约总投资8.5亿元的“唐通物流园项目”，会后，全国台企联常务副会长、天津康农食品集团董事长林易陞两次赴晋城市投资考察，拟在高平市投资现代农业标准化全链条产业，以炎帝农耕文化为依托，打造炎帝农耕文化体验馆、农耕文化体验园区。

积极对接长三角一体化。组织参加2019年厦门工业博览会暨第23届海峡两岸机械电子商品交易会；参加2019厦洽会信息发布会暨山西省（上海）招商引资活动，到上海自由贸易试验区张江科学城和金桥开发区进行考察对接、随同山西省商务考察团考察漕河泾开发区。

与珠三角地区加强合作交流，探索融入粤港澳大湾区。6月18—19日，晋城市招商系统和企业代表赴深圳开展项目推介洽谈和学习考察，举办晋城市（深圳）项目推介洽谈会。9月4—7日，组织相关市直单位赴深圳参加第21届CIOE中国光博会，赴深圳华强集团、深圳宝能集团、华为集团、大族激光科技产业集团等进行考察对接。

【推介对接活动】 2019年5月12日，晋城市举办“新时代海外侨胞、台湾同胞山西(晋城)经贸交流恳谈会”，晋城市签约24个项目，总投资79.75亿元，分别占全省的80%和67.7%。围绕此次恳谈会，相关部门分别举办海外侨胞经贸文化合作推介座谈会以及光机电产业座谈会、旅游产业推介会、农林文旅康融合发展座谈会、全国女企业家走进山西“晋善晋美魅力晋城”主题交流合作活动5项专场推介活动。与加拿大湛江同乡联谊会、全国台企联、深圳女企协、赛创未来、中国电信集团、奥特莱斯、田菱集团、华强集团、宝能集团等重要客商建立联系，跟进对接。

【调研活动】 2019年，晋城市投资促进中心开展外出调研活动15次，召开座谈会20次，收集各类建议诉求40余条，形成10大类对策建议。7月中上旬，到开发区、园区进行调研，了解各开发区、园区的产业定位、产业布局及发展方向、可利用土地面积、基础设施、规划情况、进展情况、入驻企业情况、投资政策、投资要素成本等信息；到山西清慧、富士康等企业进行调研，了解企业经营、转型、利润、资金等方面的情况和企业发展中的困难和诉求。9月25日，班子成员赴富士康进行调研，了解企业概况、产品、未来发展前景、上下游产品渠道，充分深挖富士康在通信、镜头、磨具、机器人、手机外壳等方面的优势；梳理富士康上下游产业链高度关联清单(领益智造、胜宏科技、弘信电子、云海金属等)，进行精准招商。

【重要工作举措】 2019年，晋城市投资促进中心推出五项重要工作举措。围绕产业，精准策划项目。围绕晋城市五大产业、六个比较优势，结合产业指导目录，确定产业链补链和延伸的项目方向，在全市范围内征集招商项目127个，筛选出50个重点招商项目，编印《晋城重点招商推介项目册》，并重点包装32个重大项目。压实任务，倒逼工作推动。年初，给各县(市、区)、晋城经济技术开发区下达“523”任务目标，要求一把手负总责，即晋城经济技术开发区至少引进落地5个总投资10亿元以上的转型项目，其他开发区至少引进落地2个总投资5亿元以上的转型项目，各县(市、区)至少要再引进落地3个总投资10亿元以上的转型项目。高平市举办高平(天津)招商引资恳谈会和高平·上海台商经贸交流洽谈会，阳城县举办第二届山西·阳城(国际)陶瓷博览交易会和第三届“邀老乡回故乡建家乡”创业创新活动等。搭建平台，加强信息化建设。利用“13710”信息督办系统，实现对招商引资项目进展情况的线上监测和推进过程中存在问题的协调督办；做好“96301”投资服务热线日常的接听和维护工作，实行“一号对外、集中受理、分类处置、统一协调、各方联动、限时办理”；5月，开办“晋城招商”微信公众号，通过社交平台拓宽信息发布渠道；创刊《晋城投促资讯》杂志，为各级领导决策提供参考，为社会各界了解招商引资进展提供窗口，为企业交流信息提供平台。市级统筹，强化统计机制。建立完善招商引资统计对接机制，与市统计局建立月度对接、实时沟通的联系机制，实现数据互通互享，提高招商引资统计质量。完善机制，制定各项细则制度。制定《招商引资领导小组联席会议制度》《招商引资项目预审评估制度》《招商引资工作奖惩办法》《招商引资重点项目对接跟踪转办督办工作制度》《晋城市招商引资十条优惠政策实施细则》等，加大县区和企业招商引资力度，更好解决项目在决策、评估、办理、落地中的问题。

(郝　露)

晋城经济技术开发区

【概况】 2019年，晋城经济技术开发区总面积86.8平方千米，地区生产总值157.01亿元，入区企业3853家，形成光机电、高端装备制造和生产性服务业“三大主导产业”的转型发展格局。光机电、高端装备制造和生产性服务业占据总产值的半壁江山；转型产业矩阵中汇聚世界500强“富士康、中船重工、晋煤集团”在内的各类新兴规上企业79家。晋城经济技术开发区被确定为省级循环化改造示范试点园区。在全国219家国家级开发区考核中位列119名，较2018年上升1位。

【“一区四园”建设】 2019年，晋城经济技术开发区主区和金匠工业园，面积20.7平方千米，以光机电、装备制造和生产性服务业为主；北石店工业园，面积1.98平方千米，以装备制造、生物医药、清洁能源产业为主；巴公工业园，面积49.22平方千米，以装备制造、煤化工、冶炼铸造产业为主；北留周村工业园，面积14.94平方千米，以煤化工、煤电产业为主。

【主要指标】 2019年，晋城经济技术开发区规模以上工业总产值468.21亿元，同比增长56.21%；规模以上工业增加值增速13.5%。一般公共预算收入完成3.72亿元，同比增长10%（一区一园）。进出口完成68.3亿元。战略性新兴产业产值102.09亿元，同比增长21.7%。

【体制机制改革】 2019年，晋城市委、市政府出台《关于支持晋城经济技术开发区改革创新发展的实施意见》《关于支持晋城经济技术开发区加快发展的若干措施》。晋城经济技术开发区深化“三化三制”（即为了深化开发区人事和薪酬制度改革，实行开发区领导班子任期制、全员岗位聘任制和绩效工资制；加快建设专业化、市场化、国际化的管理团队），实施“一办法一方案一清单”“三个一”绩效管理制度体系。聘请第三方机构对全区岗位设置进行优化设计。制定《开发区关于实施管理和运营分离改革的总体方案》，做强园区运营平台公司。1月30日，召开改革创新专题研讨暨全区工作会议。

【基础设施建设】 2019年，晋城经济技术开发区利用3亿元财政资金撬动总投资26.26亿元的9项基础设施建设，涵盖市政道路、标准地、污水处理、生态修复等多个领域，提高金匠工业园基础设施配套水平。

【优化服务】 2019年，晋城经济技术开发区行政审批局进驻市政务大厅，出台“管家式服务十二条”，制定《进一步落实“管家式服务”十二条行动方案》及并联审批等配套制度，将“一窗通办”“一枚印章管审批”“两不跑腿两不见面”、帮办代办落到实处。

【招商引资】 2019年，晋城经济技术开发区出台《专家咨询委员会管理办法》《招商代表管理办法》，科学筛选项目，扩大招商半径。实施以根寻链、以赛育苗、飞地育成、平台导入4条招商路径。形成“1+3”招商机制，以项目经理制为总抓手，创新实施项目摘牌制、项目跟踪制和项目打卡制。全区签约项目31个，总投资188.7亿元；当年开工项目21个，当年签约项目开工率67.7%，到位资金37.8亿元。5月13日，开展集群招商，组织54名客商参观光机电产业园的各项配套设施及部分入园企业。9月3—4日，参展深圳光博会，并举办首届晋城光机电产业高层次人才创业创新大赛。

【领导调研】 2019年4月30日，山西省委书记骆惠宁到晋城经济技术开发区调研，为企业教育和研发平台揭牌。10月15日，山西省省长楼阳生到晋城经济技术开发区调研，到中小企业创新创业产业园，与富士康、清大华澍、浙江赛创、江苏数理科技、深圳亮彩科技等企业负责人深入交流，勉励企业发挥优势，开展技术研发活动，增强发展动力。

（张晶晶）

重点企业

·晋煤集团·

【概况】 2019年，山西晋城无烟煤矿业集团有限责任公司（简称晋煤集团）坚持低成本高质量发展路径，打响革命性降本增效、革命性开拓市场、革命性加快项目建设“三个革命性”攻坚战，挖掘企业内部潜力，以技术创新打开市场新空间，以开放合作开辟转型新天地，以深化改革激活创业新动力，企业由“外延式扩张”转向“内涵式增长”高质量发展模式。经济指标降本增效16亿元，实现营业收入1754亿元，同比增长1.87%，实现利润40.41亿元，同比下降4.54%，净资产增加70亿元，资产负债率下降0.91个百分点。

【煤层气产业】 2019年，山西晋

城无烟煤矿业集团有限责任公司加大企业转型发展力度，山西燃气集团完成重组，四个新区块全面产气，新增钻井502口、压裂456口，日产气量突破280万立方米。实施“晋气内联外供”项目，打通向太原、晋中等终端市场供气通道。完成煤层气抽采量30.07亿立方米、利用量20.63亿立方米，同比增加0.45亿立方米、0.65亿立方米；销售燃气量34亿立方米，同比增长7.2%。

【煤炭产业】 2019年，山西晋城无烟煤矿业集团有限责任公司完成原煤产量7092.10万吨、商品煤销量6156.49万吨，同比分别增长5.49%、3.73%。东大、三交、车寨、郑庄、龙湾、巴愣6座新矿井开工。组建信息化委员会、矿山智能化工作办公室，“智慧矿山”建设全面提速，投运长平公司、寺河二号井两个智能化工作面。

【煤化工产业】 2019年，山西晋城无烟煤矿业集团有限责任公司推动化工产业“三化一型”发展，山东联盟煤炭清洁高效利用改造项目、安徽晋煤中能年产60万吨总氨扩建项目完工；山东明水明升达“退城进园”项目进行系统调试；湖北三宁年产60万吨乙二醇项目、安徽昊源“40·70”搬迁项目建设进展顺利。完成尿素产量1019.47万吨、甲醇产量508.81万吨、精细化工产量184.33万吨，实现营业收入609亿元、利润6.37亿元。

【电力产业】 2019年，山西晋城无烟煤矿业集团有限责任公司建成投运全国首座“一站式”高低浓度瓦斯电站，分布式瓦斯电站8座，瓦斯装机容量298.4兆瓦。完成瓦斯发电量22.46亿千瓦时，同比增长5.79%，连续第11年保持全国第1。

【新兴产业】 2019年，山西晋城无烟煤矿业集团有限责任公司古矿华谊星剧场桩基工作全部完成；王台中盛建材混改新公司揭牌成立，产品用于北京冬奥会核心枢纽高铁站建设；凤凰山矿加快打造教育培训和管材制造“双基地”；与中船重工、河柴重工公司共建的拥有自主知识产权的国产化低浓度瓦斯发电机组实现工业性试验；与北京天和众邦公司合作的山西(晋城)煤层气装备制造基地高端钻机生产项目落地开工，建成全国首座加氢加气合建站，与山西大地环境资源等公司共建国家工业资源综合利用基地，与美国塞纳达合作布局燃料乙醇项目，与吉利集团、天津大学等企业院所合作开启“甲醇动力”运输新模式。

【科技创新】 2019年，山西晋城无烟煤矿业集团有限责任公司推进产学研一体化融合，成立10个课题攻关小组，组建首批特聘外部专家“智囊团”，加速科技成果向现实生产力转化。燃气领域形成一整套高效抽采技术工艺体系；煤炭领域推进无煤柱、小煤柱开采，与北京科技大学合作开展无烟煤冶金领域应用研究取得阶段性突破；化工领域创新实施“三炉并进”战略，加快新型无烟块煤气化技术研发，与航天六院联合开发的“晋煤H炉”中试装置一次性投料点火成功，与赛鼎公司、上海倍能公司分别合作攻关“晋煤S炉”“晋煤L炉”。全年，获省部级科技创新项目奖励19项，16个项目通过煤炭工业协会科技成果鉴定，其中1项达到国际领先水平，企业技术中心评价排名全国煤炭企业第3。

【企业改革】 2019年，山西晋城无烟煤矿业集团有限责任公司构建企业治理新模式，将监事职能调整至审计中心，优化专职董事办公室职能。在省属企业首创业务审批大厅，实现“一站式”审批、“一趟式”办结。整合重组餐饮、防腐保温、洗选加工3支专业化队伍，完成木材采购加工业务重组，推进机电安装业务一体化重组，实现资源高效配置。产权合作实现新突破，新设公司全面实现股权多元化，完成5家下属公司改革。完成“三供一业”维修改造、社区职能和部分市政资产分离移交，晋煤集团总医院完成改制，幼教机构实现独立核算，退休人员社会化管理正式启动。处僵治困实现破解，处置7家“僵尸企业”、2家特困企业脱困。契约化管理试点单位扩大至9家，创新实施“契约化+区域化”改革，推动晋丰、天源、金象三家化工企业同比减亏2.01亿元。

（高　鹏）

·晋能集团晋城有限公司·

【概况】 2019年,晋能集团晋城有限公司按照晋能集团“1366”发展战略及“执行落实年”目标,坚持党建引领,狠抓安全生产,强化经营理念,夯实管理基础,创新经营模式,大刀阔斧抓管理、推改革、提效益,提出“讲诚信,守规矩,说实话,办实事,出实招,求实效”工作理念,促进企业规范、高效、健康发展。

【安全管控】 2019年,晋能集团晋城有限公司贯彻落实“136”安全管理模式和“333”安全管理举措,严格挂牌督导、值班带班、安全突查等,制定“抓矿长、矿长抓”及班组建设制度。加强隐患排查治理,结合煤矿OTC体系、日常安全检查等,列出隐患问题清单、制定专项措施。压实安全生产标准化,常态化开展内部互检、交流学习、经验推广,制定中长期目标,加强考核及奖罚力度,促进持续动态达标。严抓教育培训,将转产、复工复产、新员工列为重点,注重持证培训、特殊工种、操作技能的实操性,提升整体业务能力。注重地面安全,强化民爆、供电、特种作业等日常监管,将基建工队、零散施工、洗煤和多经企业统一管理,消除安全盲区。

【经营管理】 2019年,晋能集团晋城有限公司转变经营思维,提倡“大账算清、小账算精”和诚实守信等经营理念,注重成本、利润、效益“三要素”,严格执行集团21项经营管理制度,全面转向精耕细作。严格资金管控,制定月度资金计划,统一调配流动资金、集中力量办大事,在还本付息同时,置换利率高的贷款,降低资金使用成本。实施计划管理,围绕煤炭生产计划制定煤炭销售、资金使用、物资采购等计划,管控生产成本。加强风险防控,落实“三重一大”、招投标、合同签订等制度,开展离任、经济效益、建设项目审计,维护企业利益。强化考核管理,完善层级考核体系,依照生产能力制定考核标准,提升集体和个人的积极性。创优经营环境,对接上下游企业,加强与欠款户沟通,保障煤炭主业有序经营。

【煤炭生产】 2019年,晋能集团晋城有限公司在确保安全前提下有效释放产能,保障生产有序、质量稳定、销售顺畅。严格生产计划,加强生产组织,提升技术水平,推广优良采掘工艺,“110工法”在野川煤矿、四明山煤矿相继应用,在西河煤业开展残留3号煤复采,提高资源利用率和经济效益。注重煤质管理,对煤质指标日汇报、周抽检、月反馈,精准预报煤质指标,指导洗煤生产;优化和统一煤炭产品结构,对低效能筛分和运输设施升级改造,提高块煤产出率,保障煤质稳定。强化环保管控,开展常态化环保巡检,增加矿井硬化和绿化面积,对锅炉、矿井水排放建立自动监控体系,加强危废品暂存管理,规范矸石山治理并探索综合利用和井下充填技术,确保合法合规。

【煤矿建设】 2019年,晋能集团晋城有限公司坚持安中求速、稳中求进,实行人才、资金、技术“三密集”,推进矿井转产,四明山煤业于6月27日转产;大通煤业于8月30日通过集团转产验收。神农煤业于10月23日通过竣工预验收,华阳煤业井巷工程完成,全公司具备生产能力矿井达到19座。推进煤矿减量重组,将演礼、侯甲、中岳、峪煌和惠阳5座煤矿减量重组,西河与演礼、侯甲与阳泰伏岩煤业、惠阳与峪煌的重组方案上报行管部门;华阳与中岳减量重组方案编制完成。推进不动矿井资产盘活,通过“腾笼换鸟”方式推进羊泉、鑫基、永丰和兰煜4座煤矿的资产盘活,其中羊泉煤业股权置换进入实质性阶段,上报集团审批。推进大通煤业托管整改,按照集团煤矿托管新要求,与晋煤金明公司协商,就《托管协议》补充条款开展多轮谈判。推进煤矿关闭退出,侯甲煤业关闭通过省政府验收。

【物流贸易】 2019年,晋能集团晋城有限公司确定5家保留单位,取消非保留单位贸易资格,并根据日常经营、资产利用、“三专”人员标准等对资产和人员实施统一管理;提升外购煤采购能力和合同兑现率,与煤炭生产、货源供应等企业深度合作,构建稳固的资源供给体系,以湖南为突破口,拓展与大唐湘潭发电、大唐燃料开发等企业新业务；根据国家“公转铁”政策导向，结合自产煤销售途径转换，推进铁路发运站点环保、装车、存储设施升级改造，米山站环保改造取得政府批复，南陈铺站和申匠站的道路硬化、洗车平台建设开工。

【多元产业】　2019年，晋能集团晋城有限公司加快多元产业发展。酒店业，围绕“稳定公务接待、扩大商务市场、迎合大众消费”经营思路，开辟避暑休闲、商务会议、婚宴接待等特色发展道路，结合煤炭主业发展及内部需求增长，承接后勤保障工作，5家酒店承接13座煤矿的餐饮、住宿、环卫等后勤工作；与省文旅集团合作，以增资扩股方式推进高平大酒店后续建设。房地产、旅游、汽车销售、新能源等产业，立足各自特点，发挥自身强项，全力拓展市场，扭转经营困局。“两个平台”（晋能集团采购平台、晋能集团电子商务平台）建设，成立工作领导组和筹备组，组建人力资源公司、资产经营管理公司及财务管理中心；泽州县、阳城县政府出台相关文件，部署平台建设工作；各县（市、区）公司完成对辖区涉煤企业的第一轮信息采集，掌握过磅和监控、运营及通道情况，明确区域联络人制度，为设备进场安装奠定基础。

【企业改革】　2019年，晋能集团晋城有限公司完善制度体系，针对安全、人事、财务、销售、合同签订和物资采购等工作，出台“六条工作禁令”。推进自产煤销售体制改革，改变煤矿独立销售、产品规格不统一、定价权掌控弱等劣势，委托聚集能源公司集中统一销售，并负责对接市场、计划安排、煤质监管和驻矿开票等工作，促进销售工作专业化、高效化、品牌化发展。加快压减企业法人，开展前期信息摸底、经营排查等工作，完成13户年度压减任务。优化机构设置，市公司机关优化调整为25个职能部室，全面对接集团各专业部门、承接各项业务，明确业务流程和岗位职责，突出组织、法律和环保等工作的独立性和专业性。

（乔　鹏）

·阳城电厂·

【概况】　2019年，阳城电厂以创建本质安全型企业为目标，以“零违章”保“零伤害”，以“零缺陷”保“零非停”，以“创金牌”保指标一流，安全生产持续稳定，管理水平持续提升。6台机组在全国大机组竞赛中获奖，3台机组获评“可靠性优胜机组”。

【经营指标】　2019年，阳城电厂完成发电量182.00亿千瓦时，同比增加0.34亿千瓦时；完成上网电量166.92亿千瓦时，同比增加0.3亿千瓦时；实现工业增加值18.39亿元，上缴税金4.22亿元。

【项目建设】　2019年，阳城电厂申报的阳城柳家河3万千瓦光伏、陵川9万千瓦光伏和阳城东冶2万千瓦风电项目获得国家能源局审批，其中柳家河光伏项目建成投运。

【科技成果】　2019年，阳城电厂获得行业级“电力科技创新一等奖”1项、“中国企业改革发展优秀成果二等奖”1项、行业级优秀科技成果6项、国家发明专利2项、实用新型专利10项。参与修编国际、国家和行业技术标准10多项，主编电力行业标准1项。

（付　鑫）

·兰花集团·

【概况】　2019年，兰花集团实现销售收入111.02亿元，实现利润7.75亿元，实现利税21.59亿元。年底，公司资产总额429.18亿元，同比增加37.29亿元；净资产124.84亿元，同比增加5.05亿元。

【企业改革】　2019年，兰花集团根据省、市深化国有企业改革精神，启动集团化管控改革，推进契约化管理试点、“三项制度”改革、人才队伍建设等工作，加快分离企业办社会职能，在体制机制改革方面取得显著成效。

【项目建设】　2019年，兰花集团聚焦转型发展和产业升级，以项目为抓手，细化巴公园区“造气岛”项目建设、煤层气产能提升工程及其他在建工程项目任务，稳步推进重点项目落地见效。

【安全管理】　2019年，兰花集团

突出金融风险防控,盘活高负债存量资产,有效化解资金链断裂、债务违约风险,为企业经营发展创造条件。践行“安全不保、大局不保,安全不保、一切归零”理念,统筹处理安全、环保、生产、效益关系,为生产经营夯实基础。

【科技创新】 2019年,兰花集团申请专利18项,受理15项,授权2项。低压低渗煤层气水平井钻完井与多簇压裂高效开发关键技术与应用、煤矿虚拟现实(VR)培训系统开发及应用技术开发项目获多个奖项。在煤矿试点推广使用沿空留巷技术,减少煤柱损失,提高煤炭回收率。与西安煤科院、中煤科工集团重庆研究院等科研院所开展产学研合作,加快科技创新步伐。

(关 成 李 琦)

·兰花科创·

【概况】 2019年,山西兰花科技创业股份有限公司(简称兰花科创)坚持稳健合规运营,增强规范治理能力;注重基础管理提升,增强经营发展能力;加快推进项目建设,产业转型升级稳步推进;强化以人为本观念,企业和谐稳定发展。

【经营效益】 2019年,山西兰花科技创业股份有限公司生产煤炭861.89万吨、尿素85.77万吨、二甲醚25.63万吨、己内酰胺12.07万吨;销售煤炭840.85万吨、尿素83.37万吨、二甲醚25.22万吨、己内酰胺11.99万吨;完成工业总产值83.44亿元,同比下降7.1%;实现销售收入79.47亿元,同比下降6.83%;实现利润8.53亿元,同比下降34.66%。

【合规运营】 2019年,山西兰花科技创业股份有限公司修订完善《公司章程》和公司治理相关文件,进一步规范董事会、股东会、监事会“三会”组织程序。严格落实重大信息内部报告制度,以子公司董事监事管理为核心,强化子公司董事会、股东会管理。共召开股东大会1次、董事会6次、监事会3次,发布各类公告37次。

【降本增效】 2019年,山西兰花科技创业股份有限公司启动契约化管理改革、分子公司负责人公开选聘、资源整合煤矿一体化分级管理试点工作;强化生产经营要素科学高效配置和动态平衡预算管理,推行一体化绩效考核,推进薪酬分配向专业技能和生产一线倾斜,引导内部员工合理流动。完善企业法律顾问和公司律师制度,强化合同流程管理。依法依规推进重庆太阳能公司的破产清算,完成资产评估,进行资产公开处置。优化煤矿企业生产组织,从源头、技术、管理降本入手,全方位强化成本管控,煤炭综合成本同比下降9%。加强化肥化工企业工艺、装备、技术管理薄弱环节,推进降本增利、挖潜增效、管控降费,尿素、二甲醚和己内酰胺综合成本同比分别下降17.82%、8.99%和15.71%。加强资金集中管控,提高资金使用效率,财资管理云平台上线运行,与工农中建交兴六大行实现银企直联。12月23日,成功发行首期10亿元公司债券,票面利率5.08%,为2019年全省同行业、同主体评级公司债券发行最低利率水平。

【技术革新】 2019年,山西兰花科技创业股份有限公司与科研院所开展智能选矸、煤矿瓦斯治理、快速掘进、深孔钻车、废水零排放、神宁炉、煤基活性炭、滤料及石墨材料等煤基新材料开发等新项目、新工艺、新装备技术交流;加快煤矿3号煤复采和下组煤配采工作进度;推广使用沿空留巷技术在大阳、唐安两矿取得良好效果;关注固定床造气工艺政策变化,连续跟踪无烟块煤气化工艺技术革新发展进展。全年申请专利18项,煤矿虚拟现实培训系统研发项目,被评为2019年度中国煤炭工业协会科学技术奖三等奖。

【产业转型】 2019年,山西兰花科技创业股份有限公司根据省、市政府能源革命综合改革试点要求,按照“改革创新、市场导向、低碳引领、重点突破”原则推进公司能源革命改革试点工作。按照“减、优、绿”煤炭产业发展要求,启动玉溪煤矿建设智能化矿山、唐安煤矿充填式开采试点和公转铁技术方案论证等前期工作。与晋城鸿刃科技有限公司、晋城市创业投资基金管理有限公司、晋城市园区开发建设运营有限公司合作设立晋城鸿硕智能科技有限公司，开发智能化矿用采掘工具、钻探工具新产品。全年完成项目投资10.43亿元，已内酰胺节能增效技术改造项目工程建设基本完工，具备投运条件；望云水平延深项目投入联合试运转，新建玉溪240万吨/年矿井投入联合试运转，永胜矿实现转产，在建的同宝煤业、百盛煤业、沁裕煤业3个90万吨/年整合矿井二期工程建设正常推进。加快推进气化升级改造，按照固定床造气工艺革新政策要求，出资设立兰天新能化工公司，启动巴公园区气化升级改造项目。

（袁志刚）

·山西天泽煤化工集团股份公司·

【概况】 2019年，山西天泽煤化工集团股份公司生产合成氨140.08万吨、尿素228.06万吨、甲醇9.51万吨、甲醛2.46万吨，余热发电7142.3万千瓦时。实现工业总产值（现价）43.59亿元，实现营业收入43.13亿元，实现利税17612万元，实现利润14854万元。

【质量提升】 2019年，山西天泽煤化工集团股份公司严格执行质量管理标准，实施全过程质量把关控制。定期对各厂的主要产品质量情况进行抽样分析，特别是对高温季节尿素的结块现象持续跟踪关注，对发现的问题及时改进。对产品包装袋的质量情况进行抽样检查，对包装袋重量不达下限的责成厂家进行整改。全年尿素优等品率65.7%，合格品率34.3%。

【转型发展】 2019年，山西天泽煤化工集团股份公司完成常压固定床煤气化环保升级攻关项目、煤气化厂40万吨/年尿素装置节能改造项目、永丰公司尿素造粒机尾气粉尘治理项目和永丰公司铁路专用线站台改造，夯实转型发展基础。

（秦　飞）

山西天泽集团煤气化厂　　（来源：山西天泽煤化工集团股份公司）

住房和城乡建设　环境保护

住房和城乡建设

【概况】 2019年，晋城市住房和城乡建设局按照山西省住房和城乡建设厅下达的16类59项指标，围绕老城更新与保护，棚改攻坚取得新成效；围绕实施城市“三通”，城市路网实现提速；围绕开展城市“双修”，城市道路品质显著提升；围绕建筑业转型升级，行业改革创新取得新进展；围绕美丽乡村建设，脱贫攻坚成效进一步巩固；围绕风险防范化解，行业治乱工作扎实推进，全系统安全生产保持平稳态势。

【棚户区改造】 2019年，晋城市围绕老城更新与保护，出台中心城区城中村改造政策体系，在全省第一家实行城中村改造回迁安置房建设审批承诺制，建立完善城中村改造退出机制。发放棚改专项贷款29.36亿元，申请发行棚改专项债券5亿元。城镇棚改新开工4461套，基本建成6435套；城镇保障性安居工程完成投资15.55亿元，城镇住房保障家庭租赁补贴发放1357户。南马匠2785套公共租赁住房全部配租，开始入住。出台《晋城市既有多层住宅加装电梯管理办法（试行）》，开始试点安装。出台《晋城市人才安居工作实施办法（试行）》，为优秀人才提供安居保障。

【房地产开发】 2019年11月底，晋城市房地产开发投资完成68.86亿元，同比增长9.2%，其中住宅完成投资52.95亿元，同比增长6.9%；市本级商品房成交均价为5693.81元/平方米，同比下降6%；商品住房成交均价5276.64元/平方米，同比下降5.9%，商品房可售面积91.9万平方米，同比增长5.5%，去化周期7.3个月，其中，商品住房可销售面积82.74万平方米，同比增长5.8%，去化周期6.9个月；商品房待售面积（竣工未售）57.5万平方米，同比上涨0.3%，去化周期4.9个月，其中，商品住房待售面积40.9万平方米，同比上涨0.7%，去化周期3.6个月。晋城市住房和城乡建设局、市行政审批局、市规划自然资源局联合印发《关于进一步规范和加强房屋网签备案的通知》，实现市本级新建商品房和存量房网签备案系统与住建部的联网。

【城市“三通”】 2019年，晋城市续建新建“通畅、通顺、通道”工程竣工22项。景西南路南延、黄华街南延和畅安路北延建成通车，加强主城区与南村片区、北石店片区和巴公片区的联系，提升城市综合承载力和辐射带动力；太行路南段、凤东路、山门街一期、崇实街和司徒路建成通车，带动周边区域发展；塔东街、祥云街、文化路中段、金建街建成通车，畅通区域微循环，改善东南片区、政务中心周边和商业区出行环境。

【城市“双修”】 2019年，晋城市完成城市“双修”（生态修复和城市修补）道路里程7千米、道路面积23.4万平方米的文博路、红星街和建设南路城市“双修”改造，拓宽机动车道，渠化交通路口，升级附属设施。新市街南大街完成升级改造，中原街改造实现双向八车道临时通车，建成山西省最长的地下综合管廊。

【丹河新城建设】 2019年，晋城市围绕丹河新城建设，加快推进配套项目建设。晋城东站站前广场地下车库主体结构完成。丹河快线“1+3”项目全线开工，其中丹河快线项目路基工程完成土方施工，开始铺设地下管线；太岳街东延下穿长晋高速完成采空区治理和保通路建设，跨太焦铁路桥完成采空区治理，开始桩基施工；站前广场、景观公园、“两纵四横”6条站前道路、公交和旅游换乘中心及与市区连接道路等配套工程全部完工。

【文明城市建设】 2019年，晋城市金凤凰广场建成投入使用，10月1日，晋城市迎国庆转型项目集中竣工仪式在该广场举行。在主城区中小学校园、医院、广场和公园等人流量大的区域新建人行天桥10座。推进“厕所革命”，主城区新建公厕14座，全市75座公厕投入使用。文化艺术中心开始主体施工，市医院易址扩建项目完成桩基工程，凤台公园、七叉口地下通道具备开工条件。助力文明城市创建，完成晋城火车站设施提升、晋城客运东站周边和20条背街小巷环境整治。

【建筑业发展】 2019年，晋城市住房和城乡建设局围绕建筑业转型升级，建成晋城市首个装配式建筑产业基地，推动建设4个装配式建筑项目。扶持本地建筑企业发展，评选骨干以上企业23家。推进建筑工地绿色施工，组织各县（市、区）开展4轮建筑施工扬尘整治交叉检查。全市新招标项目133个，其中，政府投资建筑工程项目89个，采用工程总承包模式建设的项目20个。

【农村危房改造】 2019年，晋城市住房和城乡建设局共完成农村危房改造376户，其中，完成省级任务174户，县级自主完成202户。8—11月，组织各县（市）聘请有资质的第三方机构对符合农村危房改造政策要求的农村贫困户住房危险等级开展技术鉴定工作，鉴定建档立卡贫困户20048户，鉴定结果：A级2115户、B级17426户、C级348户、D级86户、无房73户。

【古村保护】 2019年，晋城市新增中国传统村落97个，总数达166个，数量位居全省第一。新增历史文化名镇名村2镇20村，总数达5镇35村，数量位居全省第1。

【行业整治】 2019年，晋城市住房和城乡建设局开展住房租赁中介机构乱象专项整治，共发现问题67个，对14家没有相关执证从业人员、不具备开展业务资格的经纪机构责令整改，并进行媒体公示；对9家缺少相关执证从业人员的经纪机构下达责令整改通知书；对3家违规销售商品房的经纪机构移交城市管理局进行处罚。开展住宅维修资金账户专项审计，中心城区累计清缴住宅专项维修资金5026户、金额5180.25万元。开展联合惩戒行动，查实河南林州二建拖欠农民工工资案件，相关责任人被公安机关逮捕；查处新市街道路改造项目、山门街道路工程项目涉嫌围标串标案件，移送公安机关；查实泽州县五谷山绿化项目排斥潜在投标人案件，责成泽州县住建局对相关企业进行处罚。受理房地产领域社情民意、信访等各类投诉举报事项93件，针对金丽嘉苑、世纪佳苑、文景苑二期、岚郡银河小区等问题，将预售资金审核拨付下放到城区。

（张颜良）

公用事业

【概况】 2019年，晋城市公用事业建设服务中心共承担公用事业建设项目19项，总投资88亿元，其中道路项目17项、总长49.96千米，其他项目2项，13条道路具备通车条件。

【招标改革】 2019年，晋城市公用事业建设服务中心启动金建街道路工程的总承包模式招标。按照市发改委进一步优化政府投资项目审批流程的通知，七叉口连通工程先行先试完成初步设计可行性研究报告报审工作，为先行先试项目总结经验和不足。对购买中介服务单位不超过100万元的项目不进行公开招标，通过竞价方式确定服务单位，在保障服务不打折的基础上节约招标时间，节约政府资金。

【建成项目】 2019年,晋城市公用事业建设服务中心完成祥云街、后书院街、塔东街、太行路南段、山门街、景西南路南延、黄华街南延、畅安路北延、凤东路、新市街道路改造、崇实街、金建街、中原街等13条道路工程项目,具备通车条件。

【在建项目】 2019年,晋城市公用事业建设服务中心在建工程5项,其中,中原街改造及地下综合管廊道路工程、晋城市人民医院易址扩建项目和丹河快线"1+3"(含晋城东站站前广场工程)项目,为PPP项目;白水街西段道路工程为总承包项目,进行图纸设计;晋城二中改造工程主体完工。

(王云霞)

园林绿化

【概况】 2019年,晋城市园林绿化服务中心坚持园林绿化"1513"总体工作思路,完成年度目标任务。晋城市园林绿化服务中心继续保持"全国文明单位"称号,12个下属单位进入晋城市"文明单位"行列,其中市级文明单位2个、市直文明单位标兵4个、市直文明单位6个。

【绿化工程】 2019年,晋城市园林绿化服务中心结合城市绿地布局,以"品质提升"为抓手,高效推进园林绿化工程建设,全市绿化覆盖率45.8%、绿地率43.2%、人均公园绿地面积15.5平方米,三大指标继续在全省保持领先。园林绿化建设完成投资3.2亿元,新增城镇绿化面积85.99万平方米,建设城市廊道15千米。4个游园于国庆节前向市民开放。时家岭公园于11月中旬开工建设。完成新市西街景观绿化工程,种植银杏201株。对太原科技大学晋城校区树木提档升级,对凤台小区树木进行修剪,绿化晋城客运东站站前1044.6平方米,安装栅栏172.2米,种植黄杨球22株,修剪红叶李12株、黄杨绿篱300多米。组织实施文化路中段东侧环境整治和绿化工程建设。

【园林县城创建】 2019年,晋城市园林绿化服务中心指导帮助沁水县开展国家园林县城创建工作,10月通过住建部验收。自此,城区、阳城县、沁水县获"国家园林城市(县城)"称号,高平市、陵川县获"省级园林县城"称号,整体创建工作全省第一。

【园林管护】 2019年,晋城市园林绿化服务中心围绕"品质提升年"总要求,深化园林养护管理"精细化、制度化、便民化"建设,开展"洗树"行动,对管辖范围内33条市政道路行道树、绿化带及各公园、广场、游园内的乔灌木进行多次冲洗,完成绿化带及树池内的垃圾清理、护栏清洗和绿化养护工作。推进"开门见绿、游园见景、空地见翠、道路见树"工程,加快街头游园建设,对市区现有公园、广场、河道、游园进行环境整治和景观提升。实施"增景、添彩、提亮"工程,在市区公园、广场、河道、游园等补植补种地被和花灌木30万余株,新增立体绿化20余处、微地形景观20余处、便民设施100余处;以泽凤花坛为中心,向泽州路、凤台街两条主干道辐射,利用立体花坛、花箱等形式,摆放花卉187万余盆。6月,组织开展园林管护工作观摩活动,对下属12个管护单位20余个管护点进行现场观摩,召开观摩点评会议。在市区各公园、广场举办"点亮城市公园,筑梦美丽晋城"主题亮化灯展,园林工人手工编制花灯80余种3200余个。9月,围绕"中华人民共和国成立70周年"系列庆祝活动,在泽州公园举办"园林景观创意作品展",在市区主干道、各公园、广场、河道及市政府、市三馆楼前、金凤凰广场等公共场所摆放花坛造型,共70余处70余万盆。

【体制改革】 2019年,晋城市园林绿化服务中心针对适龄园林绿化工招工难、"三险一金"缴纳难状况,根据园林绿化养护管理的特点和市场经济运作规律,打破原有用工体制机制,探索园林养护工作新模式,在河道管理处和广场管理处率先采用外包和劳务派遣的方式。园林信息服务中心理顺管理体制,经市编委批准,加挂丹河水城服务中心牌子,调整完善主要职责。晋城市园林建筑设计有限公司划转至晋城市合为规划设计集团。

【文明创建】 2019年,晋城市园林绿化服务中心围绕晋城市创建全国文明城市工作,严格按照测评体系要求,提升管护水平、加强日常保洁、开展便民服务,投资近

1000万元，在城市主次干道绿化带、各公园、广场、河道设计安装公益广告和指示牌2755块，建设学雷锋志愿服务站点20个，成立志愿者服务队15支；与市委宣传部、市文明办联合举办“经典影片展映月”“创建文明城市展集”等活动；在各公园、广场播放经典影片100场，文艺演出8场；累计发动300余名志愿者走进泰森社区，为社区修剪草坪、树枝，治理病虫害，清运垃圾40余车，捐赠垃圾桶40个、公益广告牌46块；在社区举办插花艺术、未成年人思想道德建设、法律知识等专题讲座，营造浓厚的创建文明城市氛围。

【绿化立法】 2019年，晋城市园林绿化服务中心借鉴参照先进地市成熟经验，结合晋城市实际，起草《晋城市城市绿化条例》。11月29日，该《条例》经山西省人大常委会第十四次会议批准，将于2020年1月1日起施行。该《条例》的出台填补晋城市城市绿化立法的空白，对于保护城市绿化成果、发展城市绿化事业、建设宜居宜业晋城具有重大意义。

（司继迎）

环境保护

【概况】 2019年，晋城市生态环境局以改善环境质量为核心，深化体制机制改革，聚焦工业源、社会源两大领域，突出抓好大气污染防治，稳步推进水污染防治，扎实开展土壤污染防治，持续加大环境执法力度，生态环境质量持续改善。

【大气污染防治】 2019年，晋城市生态环境局把大气污染防治作为重中之重，建立以数据化为基础、规范化为支撑、标准化为抓手的工业源管控机制，在全省率先对钢铁（冶铸）等八个重点行业508家企业实施ABCD绿色评估，对评为D级的45家企业实施停产。积极申报生态环境部绿色企业评估，1家铸造企业被评定为A级企业。全市工业企业基本实现“技防”设施“全覆盖”，基层环境执法队伍实行“一企一账”监管。以网格化管控社会污染源，将全市8682个污染源和5419名网格员纳入平台管理，成立网格化事务中心，健全网格员考核奖惩机制。开展重点行业企业、柴油货车、施工扬尘、餐饮油烟等专项整治，全市环境空气质量逐步好转。二氧化硫浓度16微克/立方米，完成省定年度目标，全省排名第3；$PM_{2.5}$浓度54微克/立方米，在“2+26”城市中排名第9，5月、6月和8月浓度均值达到国家二级标准；优良天数184天，比率为51.40%。

【水污染防治】 2019年，晋城市生态环境局对全市所有涉水企事业单位（包括城镇污水处理厂）实施环保“黄、红”牌管理，对被列为“黄”“红”牌的21家企事业单位采取警告、停产措施；完成7家重点涉水企业超低排放改造；新建一批乡镇、村庄污水处理工程。全市9个国、省考监测断面中有8个断面达到或优于三类水质，优良水体比例为88.89%，劣五类水体比例为0，均达到考核任务指标要求；全市集中式饮用水源地水质100%达标。

【土壤污染防治】 2019年，晋城市生态环境局完成129个企业（地块）基础信息调查采集，对39家土壤污染防治重点监管企业开展自行监测。开展大宗工业固体废物专项排查整治工作，对16家煤化工、4家火力发电、132家煤矿、311家煤炭洗选企业及非法贮存、倾倒、填埋点进行全面排查，发现问题及时督促整改落实。

【环保执法】 2019年，晋城市生态环境局聚焦重点区域、重点流域、重点行业，开展“百日清零”专项行动，工业企业大排查、大整治，全市累计出动环境执法人员2万多人次，查处环境违法案件557起，处罚金额3050余万元，查办“四类典型环境违法案件”47起。

【体制机制改革】 2019年，晋城市深化生态环境体制机制改革，制定晋城市生态环境机构垂管方案，整合相关部门污染防治工作职责，成立市生态环境综合执法队，各县（市、区）生态环境部门成为市生态环境局派出机构。在不突破原有人员机构数量的前提下，探索“局队合一”新模式，推动环境执法向基层下沉。加大放管服效改革力度，将环境影响评价审批、排污许可证核发等12项行政审批事项划转至市行政审批局统一办理；规范建设项目竣工环境保护自主验收工作程序，明确公示时间、内容等要求，完善事中事后监管制度。

（牛江瑶）

交通运输

【概况】 2019年,晋城市交通运输局围绕市委、市政府"先行区""领跑者""桥头堡"战略定位,秉承"晋城大发展,交通要先行"的理念,完成市委、市政府下达的各项工作任务,晋城市所有贫困村实现通硬化路、通客车"双通"目标。

【"洞头速度"】 2019年,晋城市交通运输局在"改革创新、奋发有为"大讨论活动中,创新思路办法,改造总长2.13千米、总投资1358万元的洞头旅游公路,实现1天进场、4天完成初设、10天公告招标、半个月全面开工、3个月建成通车,创造"洞头速度"。

【"太行一号国家风景道"项目】 2019年,"太行一号国家风景道"项目累计完成投资16.44亿元。沁水太行洪谷旅游公路示范区32.3千米、陵川县浙水至棋子山试验段17.2千米主体、景观、慢行、服务、信息五大系统完成建设任务,对外开放运营。10月15日,全省黄河一号、长城一号、太行一号旅游公路建设现场推进会在沁水县召开。

【公交体系建设】 2019年1月21日,晋城市、县间城际公交暨旅游公交线路正式开通,标志着晋城市初步形成"城际、城市、城乡、镇村、旅游"五位一体公交服务体系,实现城市公交(建成区)有效衔接、城际公交(市到县)同城相接、城乡公交(市或县到乡镇)无缝对接、镇村公交(乡镇到具备通车条件行政村)全部连通、旅游公交(市区到全市各国家AAA级以上旅游景点)一站直通的"五级公交体系"。6月18日,开通晋城至济源城际公交线路。实施"市域公交一体化"提质工程,新开通公交线路4条、优化调整公交线路8条、临时调整公交线路13次;新增160台纯电动公交车上线运营;开通手机查询App"车来了";安装智能公交站牌124块。推广"公交+快递"融合发展,利用公交车行李舱运输小件货物,降低快递企业运输成本。

【农村公路建设】 2019年1月21日,晋城市计划新改建农村公路990.8千米,计划完成投资5.8亿元,实际完成里程1131千米,完成投资9.6亿元。11月,沁水县被交通运输部、农业农村部、国务院扶贫办评为"四好农村路"全国示范县。

【高速公路建设】 2019年,晋城东南过境高速公路编制完成工程可行性研究报告,并提交省交通运输厅进行技术审查;完成特许经营项目实施方案、规划选址报告和土地预审基础资料的编制。阳蟒高速公路通过交工验收,具备通车条件。

(魏　嘉)

交通运输执法

【概况】 2019年,晋城交通运输执法局围绕年初"一轴、两翼、三基石"(一轴,即抓好和谐稳定这项中心工作，两翼，即大力实施学习培训提升全员素质、抓好多项创建活动丰富职工生活，三基石，即夯实党建、党风廉政建设和精神文明建设基础）总体工作部署，优化综治维稳工作，夯实安全生产工作基础，推进基层党组织标准化建设，完成全年目标任务。晋城交通运输执法局连续第17年保持省级文明单位标兵称号，连续第9年实现所辖基层单位市级以上文明单位创建工作"满堂红"，新增1个"市级文明单位标兵"。

【安全生产】 2019年，晋城交通运输执法局组织开展"安全生产月"活动，出台《晋城交通运输执法局2019年"安全生产月"活动实施方案》，召开安全生产专题会议4次，开展消防安全培训2次、安全生产应急演练1次，组织全体干部职工观看《2018年公路水路行业安全生产典型事故》警示教育片，参加全省"安全生产月"知识问答活动。组织开展"安全生产咨询日"活动，向广大群众发放安全知识宣传资料200多份。开展安全生产隐患排查4次，在全省交通运输执法系统"安全生产月"活动、安全生产工作第四季度督导、安全隐患排查整治活动中受到山西省交通运输局通报表扬。

【社会服务】 2019年，晋城交通运输执法局科学统筹规划工作发展，结合工作实际，发挥自身优势，融入晋城地方发展大局，受到晋城市委、市政府肯定和表扬，连续第5年被授予"促进晋城经济社会发展贡献奖"；在全市开展的"三洗六见一红旗"（三洗，即洗地、洗树、洗墙；六见，即开门见绿、游园见景、道路见树、空地见翠、逢山见林、河水见底；一红旗，即实行综合环境流动红旗制度）评比活动中，获评"环境卫生大整顿红旗单位"。

【自身建设】 2019年，晋城交通运输执法局打造学习型干部职工队伍建设，开展"上午一小时、下午一小时"业务法律知识集中学习，每月月底组织全局干部职工业务知识考试。在全省交通执法系统5次业务技能考试当中，均受到山西省交通运输局嘉奖。

（元军鹏）

公　路

【概况】 2019年，山西省公路局晋城分局以国道G207线新房洼至省界瓶颈路段改造工程为依托，开展重载交通建设"两应用一研究"，在建工程完成投资17.99亿元，超额完成年度目标任务。山西省公路局晋城分局继续保持"全国文明单位"称号，获山西省公路局"公路建设先进单位"和晋城市委、市政府"促进地方经济发展突出贡献奖"。

【公路建设】 2019年，新国道G208（原国道G207）线瓶颈路段改造工程、国道G207线新增金鼎路互通建成通车，新国道G207线长陵路改造工程奠基开工，国道G342改线工程等在建工程进展顺利。国道G208线长治司马至晋城金村段改扩建工程、国道G342线西上庄至西河段公路工程、省道S331坪曲线沁水县端氏至杨河桥改建工程、省道阳济线重载交通示范改造工程4项干线公路新改建工程，晋城市境内3条普通国省道路面改造工程。推进晋城境内省道坪曲线（S331）、省道阳济（S229）地质灾害处治工程和国省干线公路安全生命防护工程前期工作。

【特色养护】 2019年，山西省公路局晋城分局推行"路长制"和网格化养护，管养路段的路面PQI值达82.88，较2018年提高0.48。实施生命安全保障工程，开展公路安全设施整治提升专项行动，推进危桥、危隧改造和地质灾害处治。开展特色化养护，借鉴高速公路服务区的服务模式，利用建成的服务区和停车休息区，探索干线公路交通驿站建设，推动公路养护由单一路况维护向服务公众出行转变。开展"一县一路一特色一亮点"建设，结合地方人文历史、自然风貌，编制《晋城南太行208国道风景路建设实施方案》，建成养护观摩点10余处，创建示范路37千米，新建和完善干线公路服务点14个。尝试探索BIM技术成果在养护管理中的应用，建设完善智慧管理平台。

【应急建设】 2019年，山西省公路局晋城分局路网信息应急指挥中心投入使用，实现重点桥、隧、路段的不间断监控覆盖，填补特殊天气、重点时段人力巡查的空档。编制《干线公路突发事件应急操作手册》，在全省公路系统首家组建40人的应急救援队伍，投资6万余元配备专业应急救援装备，开展应急救援技能培训，联合应急管理、交警、消防、医疗急救等部门，开展应急抢险演练5次，提升突发事件应急处置能力。

（宋永胜）

·山西汽运集团晋城汽车运输有限公司·

【概况】 2019年，山西汽运集团晋城汽车运输有限公司实施客运“三转”、货运物流“两翼三园”、构建“五位一体”站商综合体三大战略，实现稳中有进、稳中有新态势。公司继续保持全国道路运输百强诚信企业称号，获全国交通文化先进单位称号，蝉联山西省文明单位称号，被晋城市委、市政府授予促进晋城经济社会发展贡献奖和晋城市模范单位、晋城市安全生产优秀单位称号。

【全域公交一体化建设】 2019年，山西汽运集团晋城汽车运输有限公司持续推进全域公交一体化建设，开通晋城至高平、阳城、沁水、陵川等8条市域城际公交，创全省先例；6月18日，开通晋城至济源城际公交；高平、阳城、沁水实现城乡、镇村公交全覆盖；陵川城乡公交取得突破；泽州实现“一元公交”。开通27条旅游公交，连通24个国家AAA级以上旅游景区、10个最美乡村。

【智慧公交建设】 2019年，山西汽运集团晋城汽车运输有限公司深化智慧公交建设，“车来了”App在市公交公司上线，实现市区34条主要公交线路动态信息实时查询；全域公交移动支付上线，完成公交线路全覆盖；“公交一卡通”设施设备安装到位；完成市区124个公交站牌智能化改造；新购投运110台高端新能源纯电动公交车。

【客户拓展】 2019年，山西汽运集团晋城汽车运输有限公司开通晋城至太原、郑州、运城拼车专线，客户资源不断拓展。开通上线晋城至运城“定制+网约”模式。定制、网约、旅游客运协同联动，完成二青会晋城地区预赛、火炬传递等用车任务。

【园区建设】 2019年，山西汽运集团晋城汽车运输有限公司加快电商园、物流园、快递园建设。电商小镇投产运营，阿里巴巴等优质电商资源落户园区。苗匠物流整合园区资源，迈出由单一仓储向“城市共同配送”发展之路。蓝远快递物流园加速建设，顺丰、申通、韵达等快递企业顺利入驻。

【站商综合体建设】 2019年，山西汽运集团晋城汽车运输有限公司推进“智慧、旅游、快递、商业、品牌”五位一体站商综合体建设。构建智慧服务体。升级完善智能调度综合服务平台、“大美太行晋城游”App、站务系统、旅客投诉处理系统，开通联网售票、微信售票、移动支付，晋城市客运东站公众号粉丝量持续增长，智慧服务成为百姓出行第一选择。夯实旅游发展基础。开通晋城至银川、连云港、三峡等汽车旅游列车线路，自主研发“大美太行晋城全域旅游—公交+旅游+体验索引平台”，编制公司《旅游产业高质量发展三年规划（2020—2022）》，旅游产业化发展上升为公司战略。拓展快递配送网络。“城际公交+快递”模式在晋（城）郑（州）城际公交试运行；各县汽车站因地制宜，开展物流配送业务，市、县、乡（镇）、村“分拣+配送”四级农村物流配送体系加快推进。提高商业经营比重。站场租赁、广告、餐饮、商超、加油加气站、充电站等业务稳步发展，商业收入占比不断增长。提升“窗口”服务形象。参与晋城市全国文明城市创建，增强站场品牌影响力；优化站场布局，完善服务设施，打造一流环境。

（孙浩男）

邮　政

【概况】 2019年，中国邮政晋城市分公司围绕高质量发展和效益优先两大主题，以党建为统领，以经营为主线，以改革为动力，以创新为手段，各项工作有序推进，取得显著成效。晋城市分公司被晋城市委、市政府授予“晋城市模范单位”称号；高平市分公司张树林获山西省信息产业工会“五一劳动奖章”；沁水县分公司新城支局局长陈超颖被晋城市委、市政府授予晋城市劳动模范称号；渠道平台部米勇军在山西省信息系统“五小六化”竞赛活动中获优秀奖；晋城市分公司泽州路投递部被山西省信息业工会联合会评为“模范快递员小家”。

【主要指标】 2019年，晋城市邮政业务实现收入1.49亿元，同比增长5.36%，增幅排名全省第7。四大板块中，寄递业务实现业务收入1606万元，同比增长8.43%；代理金融业务实现收入8519万元，同比下降0.85%；其中，储蓄业务实现收入6309万元，同比下降6.04%；保险业务实现收入2210万元，同比增长13.43%；集邮与文传业务实现收入2819万元，全省排名第5，同期增幅排名全省第4，其中，函件增幅全省排名第4，报刊增幅全省排名第3，集邮增幅全省排名第7；渠道平台业务实现收入1433万元，同比增长31.34%，其中，消费品实现收入373.8万元，进度排名全省第一。

【政务项目】 2019年，中国邮政晋城市分公司挖掘政务项目潜力，提升三大政务项目服务品质，推动六项潜力政务项目上量增收。车管类项目收入131.56万元，占标快总收入比例的22.26%；二代身份证项目收入54.55万元，同比增长43.51%；法院项目通过实行驻点模式与全年邮费预付模式，实现收入91.27万元，同比增长7.91%；出入境项目收入13.92万元；税邮合作项目收入由月均4万元提高到月均7万元。

【代理金融业务】 2019年，中国邮政晋城市分公司围绕“服务金融”，构建差异化服务体系，做好分户管户、客户维护、目标管控工作。全年实现代理保险保费3.26亿元（其中期缴1.23亿元，趸交2.03亿元）。中间业务，开展商贸客群大走访活动，推动手机银行、POS、全码付、聚合支付业务发展；开展“四卡两绑”工作，将支付绑卡作为金融补收的重要渠道，发展快捷支付绑卡8796户，全省排名第一；退役军人卡、腾讯联名卡、农民丰收卡提前完成省份跨赛目标，均排名全省第一。组织开展自主展业项目营销活动、你贷我贴息活动、第三方辅导、成立阿米巴团队，全年放贷5986万元。中邮证券业务，新增有效户82户，完成计划的102.5%。

【集邮文传业务】 2019年，中国邮政晋城市分公司提供二青会用邮服务和产品展销，销售二青会系列文创产品26.67万元。参与晋城市文化创意产品展，在全省率先开发“悠然阳城、魅力古堡”地方版形象宣传册350册。开展“把美丽晋城寄给你”城市形象明信片设计大赛和全球邮寄活动，印制邮资明信片6.7万枚，实现收入10.72万元。开展定制型年册专项营销活动，签单定制型年册3961册，销售收入87.78万元。开展生肖贺岁季主题营销活动，举办己亥年集藏品鉴会，实现收入55.36万元。举办中华人民共和国成立70周年纪念邮票首发活动，向群众提供纪念戳加盖、邮品实寄等用邮服务。开展《盛世华诞、举国同庆》票币册营销活动，通过线上“微营销”方式，实现收入37.78万元。打通线上、线下媒体融合发展营销边界，实现媒体收入43.32万元。实现报刊流转额4045万元，全市6个经营单位全面完成目标。

【渠道平台业务】 2019年，中国邮政晋城市分公司完成32个网点网络线路改造、30个普遍服务网点配套监控设备与59个网点柜面清系统安装，实现骨干网络完好率100%。全市149个邮乐购店达到月度优质店标准。组织开展“福至新春”“粽情端午”“月满中秋”营销活动，组建阿米巴团队，拓展团购福利市场空间。采取线上线下农资销售模式，春季农资销售实现收入612.6万元，同比增长20.4%；秋季农资销售260.9万元，同比增长48.7%，规模和增幅创历史新高。开展2020年“福至新春”营销活动，实现收入297万元。代征税款3132.95万元，实现代收税款收入139万元。63个网点开办税务双代业务，15个网点开办代办交管业务。

（毛　慧）

通　信

·移　动·

【概况】 2019年，中国移动晋城

市分公司落实中共中央关于建设网络强国、数字中国、智慧社会的战略部署,实施5G+计划,抢占5G发展先机;强化质量服务,激发市场发展活力;提升管理水平,筑牢坚实发展保障,各项工作稳步推进。中国移动高平市公司党支部获评中国移动集团公司首届基层示范党支部,晋城经济技术开发区营业厅获评中国移动集团公司"青年文明号",1名团员获中国移动集团公司优秀共青团员称号。

【5G网络建设】 2019年,晋城市被确定为中国移动首批50个5G试点城市之一,中国移动晋城市分公司成立5G工作组,启动5G网络建设,开展5G基站端到端资源储备,实现市区(含矿区)5G网络室外连续覆盖。10月31日,5G正式商用,晋城市率先进入5G时代。推进FDD网络建设,MR覆盖率提升至95.13%;传输分纤点密度提升至11.58个/平方千米。加快宽带建设,城市小区覆盖率提升至97%;优化集客专线开通流程,缩短专线开通时长,集客专线故障处理及时率99%以上,实现双跨、AAA等重点业务全年零重大故障。

【客户服务】 2019年,中国移动晋城市分公司坚持"客户为根、服务为本"服务理念,建立"一体化"服务质量体系,实现投诉集中化管理,客户投诉率持续下降。推行全面质量管理方法,完善基础服务,营业厅满意度全省排名第1;增设高端客户专属客户经理、定期拜访等差异化服务,引导高价值客户回归"全球通";提升端到端网络质量,宽带网络质量保持领先。全网无差别实现提速降费,农村网络故障率、故障处理时长均下降60%,24小时故障解决率100%。推进第四批电信普遍服务试点项目,建设基站82个,覆盖行政村80个,提前完成市委、市政府2019年"8件民生实事"之"实施行政村4G网络全覆盖工程"。

【科技创新】 2019年,中国移动晋城市分公司积极开展科技创新活动,获中国移动集团公司科技成果转化奖2个,中国移动山西省公司创新成果优秀奖2个、在岗技术革新三等奖1个、优秀奖5个、微创新一等奖1个。

(段精婧)

·联　通·

【概况】 2019年,中国联通晋城市分公司坚持以政治建设为统领,党建工作迈上新台阶;坚持创新转型,经营工作稳中有进;坚持深化改革,可持续发展能力持续提升;坚持客户感知为本,提升支撑保障能力;坚持精进管理,企业凝聚力持续迸发,较好完成各项工作任务。

【经营管理】 2019年,中国联通晋城市分公司坚持创新转型,主营业务收入连续第4年实现正增长,收入增幅保持行业领先地位。提升优化产品竞争力,重点业务规模发展。开展大村突破、小区攻坚专项行动,重点市场有效突破。以客户为中心,实现用户保有及价值双提升。自有厅打造新零售运营模式,社会渠道深化"十项服务承诺",拓展商圈门店。构建"云+网+X"产品体系,强化融合营销模式。举办"企业上云"等大型推介会,营销推荐能力明显增强。提供高质量项目解决方案,推动智慧城市等信息化项目成功落地。

【深化改革】 2019年,中国联通晋城市分公司坚持深化改革,激发基层单元活力,围绕"基层兴、县域兴,员工兴、企业兴"纲领,打造县公司问题直通车,做实"业务培训+督导",5个县级公司经营保持较好业绩,劳产率进一步提升。

【保障服务】 2019年,中国联通晋城市分公司开展宽带"百日提升""不忘初心、满意加倍"等专项活动,举办"乒乓在沃"地区晋级赛及3次客户开放日活动,构建线上线下一体化服务模式。开展"百日攻坚行动"及5G基站建设,网络支撑能力持续增强,千兆小区覆盖范围扩大。网络运行安全稳定,网络质量客户感知提升。完成2019中考、高考,第二届全国青年运动会,国庆70周年等重大事件的通信保障。

【线网整治】 2019年,中国联通晋城市分公司响应晋城市政府"建美丽晋城、创文明城市、提升城市品质”活动，对134座“光交箱”进行清洗美化，对社区单位进行线缆整治，整治缆线107.6杆千米。完成东西大街、中原街和红星街等8条道路迁改任务，三分局整体搬迁。对道路迁改相关社区近3000线进行宽带网络覆盖改造。

（王　佳）

·电　信·

【概况】　2019年，中国电信晋城分公司累计收入全省排名第六。基础业务涉及移动份额同比增幅同业第一，宽带份额同比增幅同业第二；融合业务涉及宽带融合率全省第一，宽带百兆占比全省第一；客户保有涉及存量保有全省第四，存增保有全省第二；物联网净增户全省排名第三，公司整体业绩稳中有进。

【智家业务】　2019年，中国电信晋城分公司聚焦智家业务，全屋Wi-Fi业务有销渠道占比82.4%，全省排名第一；新装宽带渗透率39.47%，全省排名第一；天翼看家业务新增643户，全省排名第二。

【网络质量】　2019年，中国电信晋城分公司4G网络覆盖率96.8%；4G小区速率达标率95%以上；超忙小区比例控制在2%以内。光网全域“当当慢”指标从69.8%提升至90.75%，千兆网络准备从98.05%提升至98.47%；高清组播由54%提升至78.1%。网络出口带宽由240G扩至400G，IDC出口由40G扩至80G。

【深化改革】　2019年，中国电信晋城分公司优化四级承包单元适配转型发展。政企及渠道条线四级优化，行业中心、商企中心及各县域增设政企四级单元，设定战略试点支局，合并自营厅。倒三角支撑方面设立支撑需求命令单规范，明确考核机制。优化甩单机制，全年甩单44640笔，同比提升55%。优化综合办公平台14个流程，提升处理速度，加快处理时限，超时工单由1月的40%减少至12月的3.8%，不满意工单由30笔减少至0笔。专业化运营方面优化专业赋能架构，销量突破5000户。

（张　煜）

无线电管理

【概况】　2019年，晋城市无线电管理局按照全省无线电管理工作部署，以《中华人民共和国无线电管理条例》和《山西省无线电管理条例》为准绳，科学配置无线电频谱资源，加强无线电台站管理，维护空中电波秩序，提升无线电监测能力，推进无线电管理法治建设，各项工作取得好成绩。

【资源配置】　2019年，晋城市无线电管理局开展工矿企业用频调研，走访各类企业20余家，指配中继台频率4对，数据传输频率1个、对讲机频率11个、微波通信频段135MHz，征收频率占用费3.06万元。完善铁路用频保障机制，走访全市各铁路站点，开展现场测试，保障辖区内铁路用频安全。使用基站路测系统，掌握晋城各运营商最新基站数据：移动16855台、联通9400台、电信6662台。

【台站管理】　2019年，晋城市共有设台单位52家，广播发射台42部，超短波电台1789部，无线数传22部，短波电台2部，业余电台179个，卫星地球站2个，移动通信基站32917个，其中，2019年新增设台单位8家，新设无线电台站468部。5月31日，召集各电信运营商召开5G频率协调座谈会。开展无线电发射设备销售备案工作，对红星电脑城、水陆院市场、恒益电脑城、豪德市场等市内主要电子产品市场进行检查，检查无线电发射设备销售商20余家。

【执法检查】　2019年，晋城市无线电管理局出动执法人员288人次，监测设施162台（套）。联合文化、公安等部门查处“黑广播”7起，没收无主“黑广播”设备7套。排查各类无线电干扰6起，全部找到干扰源并及时排查解决。参与市招办、市人事考试中心、市司法局等市直单位以及城区、陵川县人社局组织各类考试无线电安全保障25次，发现并查处考试作弊2起。8月11—18日，第二届全国青年运动会现代五项赛在晋城市举办期间，共出动人员102人次、车辆20台次、设备40套次，保护赛事用频6个，完成二青会(晋城)无线电安全保障工作。

【无线电监测】 2019年,晋城市无线电管理局实现监测日常化、精细化,开展监测巡查12次,共监测2612小时,其中常规监测1690小时,专项监测312小时,特殊监测610小时,完成监测统计报告10期。选派出王锐、张勇赴哈尔滨参加全国监测技术(第一赛区)演练赛。开展"无线课堂"活动,每月开展一次业务理论和设备操作技术讲座。

【课题研究】 2019年,晋城市无线电管理局配合山西省无线电管理局完成国家无线电管理"十四五"规划前期课题研究,张勇、王锐分别参与"超短波监测应用系统发展研究""智能无线电监测网规范研究"等课题研究。

【交流合作】 2019年,晋城市无线电管理局强化与相邻省市无线电管理机构交流合作,派出交流小组赴长治市、河南省济源市和郑州市开展"对标一流"交流活动;联合开展"黑广播"、民航干扰等监测行动。按照军地无线电管理机制要求,与市国防动员委员会联合举办演练活动;为军事管理区提供电磁环境测试;推动无线电科普进军营。承办全省无线电监测技能大赛和第五次监测能力提升培训。

【宣传活动】 2019年,晋城市无线电管理局借助报纸、门户网站、微信公众号等平台传播和宣传无线电法律法规,向山西省无线电管理局报送信息55篇,在《中国无线电》杂志发表论文1篇,在中国无线电网站发表文章6篇。世界无线电日、五五节、无线电管理宣传月等期间,在车站、广场、学校发放宣传册宣传无线电法律法规;开展进企业、进机关、进校园、进社区活动,在人口密集场所利用车载扩音喇叭播放无线电条例。与广电、铁路、电信运营商、学校和教育部门配合,共同组织开展宣传活动,拓展宣传渠道。与晋城市普法办对接,将《中华人民共和国无线电条例》列入市级重点单位普法责任清单,建立"以案释法"工作制度。

(张　勇)

市无线电管理局完成"二青会"期间保障任务　　(来源:晋城市无线电管理局)

商 务

【概况】 2019年，晋城市商务粮食系统围绕“开发区改革创新再提质、开放型经济水平再提升、消费引领作用再增强”工作重点，社会消费品零售总额完成490.3亿元，同比增长8.3%，高于全省平均水平0.5个百分点，高于省市目标0.8个百分点，增速排名全省第一；全市自营进出口总值完成73亿元，同比增长58%，增速排名全省第二。

【开发区改革】 2019年，晋城市商务粮食局发挥市开发区建设工作领导小组办公室统筹协调作用，建立例会和督查通报制度，协调编办、国土、统计等部门，推进开发区机构设置、“四至”范围勘界、指标统计等工作。陵川生态文化旅游示范区由山西省政府批复设立，晋城市在全省率先实现“一县一开发区”目标。

【“三化三制”改革】 2019年，晋城市商务粮食局推进开发区“三化三制”（深化开发区人事和薪酬制度改革，实行开发区领导班子任期制、全员岗位聘任制和绩效工资制；加快建设专业化、市场化、国际化的管理团队）改革，晋城经济技术开发区和高平经济技术开发区“三制”改革基本到位，阳城经济技术开发区、沁水经济技术开发区挂牌运行。晋城经济技术开发区推进“管运分离”，围绕光机电产业打造“世界光谷”；高平经济技术开发区依托“台湾产业园”，吸引一批台商企业签约落地。

【基础设施建设】 2019年，晋城市开发区储备土地2500亩，基本做到“生地”变“熟地”，实现“地等项目”。晋城经济技术开发区建成5万平方米的孵化器园区、2800套14万平方米的公租房、6700平方米的专家公寓和8.9万平方米的光机电加速器园区，基本实现“上午谈判、下午入驻，当月入驻、月内生产”。高平经济技术开发区采用市场化运营模式，完善园区供气供暖供电等配套设施建设；沁水经济技术开发区累计投资1000余万元，推进土地平整、输气管道等基础设施建设。

【项目建设】 2019年，晋城市各开发区招商引资入库项目53个，总投资285亿元，有31个项目开工，实际到位资金34亿元。市开发区建设领导小组办公室对各开发区转型项目建设情况，建立管理台账，进行专项督查，跟踪项目落实落地。

【优化营商环境】 2019年，晋城市在各开发区全面推行“管家式”服务、“承诺制改革”和“一枚印章管审批”，设立“开发区窗口”，推行不见面审批、立等即办、标准化服务，优化营商环境。组织召开外贸发展座谈会、“稳外贸、稳外资”工作会，制定支持外贸发展5条政策措施，帮助外贸企业扩大市场。争取外贸发展资金支持，为10家外贸企业申请到补助资金70余万元。加强出口信用保险工作，为外贸企业融资400余万元、赔付资金130余万元。

组织20多个本土品牌,参加“晋城品牌”长沙行、宁波行。组织20多家外贸企业,参加广交会、京交会,南非、迪拜、匈牙利“中国品牌展”等国内外会展。组织100余家企业、500余人参加第二届进博会。全面复制推广中国(广东)自由贸易试验区深圳前海蛇口自贸片区制度创新经验,有38项制度复制到位,46项有序推进。全市新增外资企业4家,总数35家,为历史最高。推进对外投资合作,新增对外投资企业1家,总数6家。与新加坡劳务公司达成合作意向,加大对外劳务输出力度。

【消费引领】 2019年,晋城市商务粮食局在全市零售、餐饮、家居、建材等八大门类中,开展“晋情来消费·生活更美好”促消费活动,570余家企业举办促消费活动130余场,实现销售额5.6亿元。开展农商互联工作,组织全市大型商场超市酒店加大产销衔接,让当地农产品更好地进入市场流通。加快培育特色商业街,月星商业广场、书院集酷小镇被评为2019年山西省级特色商业街,全市省级特色商业街共5条,全年客流量300多万人次。出台《推进月嫂行业创新提质实施方案》,加强家政服务信用体系建设,评选出10名金牌月嫂。建成4个社区便民消费服务中心、2个街区生活集聚中心、3个农村生活综合服务中心,满足城乡居民日常需要。全市新增“小上限”企业102家,限额以上企业431家。

【电子商务】 2019年,晋城市完成网络零售额16亿元,同比增长20%,在线活跃店铺8000多个,入库企业209家,带动就业近万人。壮大市场主体,对26家电商企业进行资金支持,将6家本土电商企业推荐为山西省商务厅重点企业培育对象;推进城区电子商务产业园建设,苗匠“电商小镇”于6月正式运营;建立4大综合电商产业园,吸引280余家企业入驻。拓展发展空间,完善提升县域电商公共服务中心功能,为县域电商发展提供资源对接、人才培训、品牌打造、物流配送等服务;出台电子商务与快递物流协同发展实施意见,推进电商与物流融合发展。培育电商人才,组织电商企业人员赴浙江大学、义乌青岩刘林进行培训,累计培训80余人;组织开展农村电商人才培训10期755人;建立晋城市电子商务培训基地、实训基地,推动本土电商企业与本地院校合作,与发达地区电商众创基地合作。营造电商氛围,举办晋城市第三届网络购物节,组织100多家企业开展线上服务、线下产品展示展销活动,举办“电商网红”大赛,评选“晋城好网货”,创新“网红”带“网货”电商销售新模式,扩大线上线下消费新路径;举办“电商发展高峰论坛”。

【商务执法】 2019年,晋城市商务粮食局开展大型商业综合体消防安全、餐饮行业燃气安全和成品油企业安全生产专项整治,取缔黑加油站点2个,纠正单用途商业预付卡、汽车销售等行业不规范经营行为7起,治理安全生产隐患13个。

【商务扶贫】 2019年,晋城市商务粮食局开展商务扶贫工作,县级电商公共服务中心全部建成,村级电商服务站点完成769个。推进消费扶贫,在24个超市设立扶贫专柜,销售农特产品2000余万元。

(郑承庄　钟飞翔)

供　销

【概况】 2019年,晋城市供销社系统以“改革创新强素质,对标一流树形象”为总要求,服务乡村振兴,深化综合改革,提升服务水平,加强党的领导,在全省供销社综合绩效考核中获得二等奖。2019年,全市供销社系统完成商品购进20.2亿元,同比增长22.4%;完成商品销售23.9亿元,同比增长25.2%;实现利润806.6万元,同比增长10.8%。主要经济指标快速增长,其中商品销售和利润两项指标增幅分别超出省定目标5.2个百分点和0.8个百分点。

【综合改革】 2019年,全市供销社将深化综合改革与服务乡村振兴、助力脱贫攻坚紧密结合,以构建社有企业支撑的经营服务体系为切入点和突破口,推进综合改革各项任务。市酷果冷链有限公司通过规范化股份制改革,实现由传统单一的果品仓储业务向建立现代冷链体系发展，同时发挥自身冷链仓储优势，设立消费扶贫专柜，免费为贫困地区果农开展代储和销售服务，推动自身经济实力和为农服务能力双提升；市副食调味品公司改制工作稳步推进，清产核资、财务审计和资产评估接近尾声。12月17日，省供销社领导对《晋城市供销社综合改革情况报告》做出批示，对晋城市供销社推进综合改革的主要做法和取得的成绩给予肯定。

【基层社建设】 2019年，晋城市供销社按照构建“四梁八柱十条筋”基层组织建设改革方略要求，以强化基层社合作经济组织属性为重点，制定出台《关于强化基层社合作经济组织属性工作的指导意见》和《关于进一步做好开放办社工作的指导意见》，把泽州县供销社作为强化基层社合作经济组织属性的试点，阳城县供销社作为生产、供销、信用“三位一体”综合试点，坚持开放办社和联合合作，加强基层组织体系建设。全市新发展农民合作社联合社5个，新建综合服务社25个；涌现出泽州县巴公、大阳，陵川县古郊、丈河等有特色、有活力、有实力的新型基层社典型；基层供销社突破传统经营领域，尝试新型运营模式，实现由单一服务向综合服务延伸，由直接服务向融合服务转变。

【农业服务】 2019年，晋城市供销社围绕服务乡村振兴，以供销社农资企业、惠农服务中心、庄稼医院为依托，以项目建设为抓手，持续推进农业社会化服务惠农工程，为农民提供农资供应、测土配肥、病虫害防治、农机作业等“一站式”服务，引进先进技术装备，在高平市、阳城县等地开展无人机飞防作业；在泽州县开展中药材示范种植、联合加工、就地转化等。新建惠农服务中心6个、惠农服务站15个、庄稼医院5个，初步搭建起农业社会化服务的综合平台。围绕“谁来种地，地怎么种”问题，创新服务模式，拓展服务领域，通过代耕代种、股份合作等形式，开展“保姆式”“菜单式”土地托管服务。完成土地托管面积7.22万亩，土地服务面积10.98万亩，全部超额完成年初目标任务，开创服务主体多元化、服务链条全程化、服务形式多样化的为农服务新局面。

【电子商务】 2019年，晋城市供销社以“互联网+供销社”新业态为抓手，与“供销e家”“农芯乐”“乐村淘”等电商平台对接，加快基层网点的信息化改造，规范、提升、新建扩面贫困村电商网点，拓展现有网点服务功能。新建贫困村电商网点35个，实现电商交易额4070.8万元，同比增长29.23%，在助力电商扶贫的同时促进农村流通服务信息化水平的提高。

【监督管理】 2019年，晋城市供销社，履行出资人职责，健全直属企业监督管理机制，出台《直属企业“三重一大”决策制度的实施意见》，完善重大决策机制，规范企业决策行为；制定《关于加强对社有企业领导人员廉洁从业监督管理促进企业改革发展的通知》，严格履职待遇业务支出，规范廉洁从业行为；加强社有资产出租出借管理，按照公开、公平、公正的原则，推行“阳光作业”，严防“暗箱操作”，防止社有资产流失；推行资产经营责任制，按资产经营目标任务完成情况确定企业经营者的薪酬，调动资产经营者的积极性，实行资产经营责任制的社有企业销售额同比增长26.7%。

【企业转型】 2019年，晋城市供销社加快社有企业转型发展，市烟花爆竹公司盘活有效闲置资产增加收益近20万元，市物资回收公司实施“互联网+家具二手市场”项目。市属企业经济规模和效益大幅提升，销售总额完成2.96亿元，同比增长23.27%，是综改前2015年的1.8倍。

（王　雷）

石　油

【概况】 2019年，中国石化销售股份有限公司山西晋城石油分公司坚持以安全为第一责任，以发展为第一要务，以服务地方经济为己任，推进“一流综合服务商”建设，销售成品油24.56万吨，实现非油品营业额2.15亿元，缴纳税款308.36万元，被晋城市授予“促进晋城经济社会发展贡献奖”。

【打造“汽车生活的驿站”】 2019

年，中国石化销售股份有限公司山西晋城石油分公司围绕打造“汽车生活的驿站”，创新服务营销理念，发展非油品新兴业务，拓展综合汽服店、自助洗车、保险等新业务，客户在享受加油服务的同时，可以在便利店购买饮料、日用品等商品，“一站式服务”带给广大消费者全新体验。

【质量管理】 2019年，中国石化销售股份有限公司山西晋城石油分公司注重油品质量管理，加强油品全环节质量监管，保证入库和出站油品100%合格。4月，建成晋城公司油库质检室，是山西省首家“准A级”质检室，被环保部指定为成品油环保指标检测单位。每一批次的进库油品，都经过晋城油库质检室检验，确保入库油品符合国家标准。油品运输过程中，承运商所有油罐车安装电子铅封，全程密闭运输，进行GPS定位跟踪。

【绿色发展】 2019年，中国石化销售股份有限公司山西晋城石油分公司坚持“奉献清洁能源，践行绿色发展”理念，大力推广高标号汽油，引导客户使用与车辆匹配的油品。投资2亿元进行双改及油气回收改造，建设油库和加油站双层罐改造及加装油气回收装置，实现“油气不外泄”“油品不渗漏”，油品全部达到国VI标准。

【“三农”服务】 2019年，中国石化销售股份有限公司山西晋城石油分公司为广大农民开辟绿色专用通道，设立农机保供站点，开设信息沟通平台，确保24小时供油；免费提供开水、急救药品、防暑降温物品，开展送油到田间地头等便民服务。

【油库迁建】 2019年，中国石化销售股份有限公司山西晋城石油分公司完成迁建油库综合区安全评价、铁路专用线EPC总承包招标方案的编制、报送等工作，迁建油库如期开工，取得实质性进展。

（李红霞）

烟草

【概况】 2019年，晋城市烟草专卖局（公司）履行烟草专卖职责，服务地方经济发展，各项重点工作扎实开展，企业形象不断提升。晋城市烟草专卖局（公司）继续保持省级文明单位称号，城区烟草专卖局、陵川县烟草专卖局进入市级文明单位行列。

【市场监管】 2019年，晋城市烟草专卖局（公司）构建“规范、有序、可控、干净”的卷烟市场环境，查处各类涉烟违法案件450起，查获违法卷烟374万支，案值365万元，其中，假私卷烟案件101起，数量14.55万支，标值15.52万元。移送市场监管局案件26起，收缴罚款26.55万元；移送公安刑事案件4起。协助破获1起互联网贩售假私烟国标网络案。

【市场供应】 2019年，晋城市烟草专卖局（公司）坚持“满足消费、稳定价格、配送到户”，供应卷烟76353箱，同比增长0.45%；客户订单48小时送货上门，保证卷烟市场供应不脱销不积压，客户满意度明显提升，零售客户零售毛利率由年初的8.79%提高到年末的11.92%。

【主要指标】 2019年，晋城市烟草专卖局（公司）实现税利5.12亿元，同比增长3.9%；上缴税金3.66亿元，同比增长0.54%。14项对标指标中，6项指标进入全省前三名，其中2项第一、1项第二、3项第三；7项指标改善效果排名全省前三名，其中1项第一、2项第二、4项第三。山昆公司、河南中烟、陕西中烟纸箱循环利用回收进度排名全省第一。

【基层建设】 2019年，晋城市烟草专卖局（公司）持续加强基层建设，各基层单位以“五好党支部”创建活动为载体，推动具体工作创特色、出亮点。城区烟草专卖局在打假破网上取得突破；泽州县烟草专卖局发挥“党员示范岗”作用，营造“创先争优”新氛围；高平市烟草专卖局开拓“紫气东来”品牌“炎帝陵”订制模式，订制比例和客户参与走在全市前列；阳城县烟草专卖局对标立标，在发挥主观能动性、体现小组建设价值上做出榜样；陵川县烟草专卖局注重队伍技能提升，在全市系统真假烟鉴别技能竞赛中获得团体、个人“双第一”成绩；沁水县烟草专卖局推行“互联网+行政许可”，实现足不出户完成专卖零售许可业务办理，物流中心在山西省首届“责任杯”物流岗位及消防技能竞赛中获三等奖。

（陕旭东）

盐 业

【概况】 2019年，山西省盐业公司晋城分公司贯彻落实省盐业集团工作会议精神，围绕2019年度经营目标，以稳定市场销售为主体，以坚持食盐专营为中心，以盐业法规为依据，健全食盐销售网络，优化市场服务，推广新品种盐，开拓非盐业务，完成各项目标任务。

【市场营销】 2019年，山西省盐业公司晋城分公司印制宣传彩页3万余份，分成3个营销小组，按区域开展市场宣传营销，推广“晋盐”品牌。“3·15”消费者权益保护日、“5·15”碘缺乏病宣传日期间，推进中小型超市“晋盐品牌放心店”挂牌工作。开展“三减三健”健康中国减盐行动，联合晋城市、城区卫生健康部门，进超市、进基层健康所、进美食广场、进社区、进学校等，采取“科学用盐、安全用盐知识讲座”形式，对城区卫健局健康教育所所属各社区健康教育指导员、美食广场员工和市实验中学教师学生进行安全用盐知识培训。依托晋盐超市直营店、加盟店、大型商超专柜等，集中窗口单独陈列食盐品种专柜，满足不同消费者需求。开展“五进”活动（即进社区、进校园、进农村、进家户、进商超），扩大晋盐品牌宣传。

【云仓业务】 2019年8月开始，山西省盐业公司晋城分公司推进供销e家云仓业务，在46户“晋盐超市”合作的基础上，推进加盟店合作推广项目，轻松益家电商平台代理王老吉、厦普赛尔、沁源春饮料，月销售额100万元以上，销售毛利率提高至8%。

【食盐直供】 2019年，根据《山西省供销合作社联合社、山西省教育厅关于进一步加强全省学校食堂安全用盐工作的通知》精神，市供销合作社联合社、晋城市教育局下发《关于进一步加强全市学校食堂安全用盐工作的通知》。山西省盐业公司晋城分公司与各学校对接，市区已供货和签订供货协议的学校食堂16家，基本覆盖自营区域学校食堂。

（郭素兰）

财政 税务

财 政

【概况】 2019年，晋城市财政部门坚持新发展理念和稳中求进工作总基调，强化组织收入协调，加快预算执行进度，持续推进财税体制改革，财政收支整体运行态势良好。晋城市财政局被山西省委宣传部、省文明办授予“社会主义核心价值观建设示范点”称号；财政预算执行支出进度排名全省第二；2018年度部门决算工作、财政系统人事教育统计汇总工作、2019年度国有企业经济效益月度快报工作受到山西省财政厅通报表扬；获2019年中国技能大赛山西省第七届会计信息化暨会计职业技能竞赛企业会计组优秀组织奖、2019年中国技能大赛山西省第七届会计信息化暨会计职业技能竞赛政府会计组优秀组织奖；国库支付中心获晋城市模范单位称号。

【财政收入】 2019年，晋城市一般公共预算收入完成138.2亿元，同比增长10.3%，增收12.9亿元，其中税收收入完成92.5亿元、同比增长5.6%、增收4.9亿元，非税收入完成45.7亿元、同比增长21.2%、增收8亿元。市本级一般公共预算收入完成39.6亿元，同比下降2.2%，减收0.9亿元，其中税收收入完成29.5亿元、同比增长1.7%、增收0.5亿元，非税收入完成10.1亿元、同比下降12.2%、减收1.4亿元。

分县（市、区）收入完成情况：按规模排序，泽州县完成23.6亿元，高平市完成22亿元，阳城县完成19.1亿元，沁水县完成18.8亿元，城区完成9.5亿元，晋城经济技术开发区完成3.7亿元，陵川县完成1.9亿元；按增速排序，泽州县增长22.7%，阳城县增长14.9%，高平市增长14.9%，城区增长14.4%，沁水县增长14.1%，陵川县增长13.8%，晋城经济技术开发区增长10%。

【财政支出】 2019年，晋城市一般公共预算支出执行252.51亿元，同比增长10.5%，增支24.1亿元，其中，与民生相关的支出达205.8亿元，占一般公共预算支出的81.5%，同比增长9.7%，增支18.1亿元。市本级一般公共预算支出执行58.22亿元，同比增长1.0%，增支0.6亿元。

分县（市、区）支出执行情况：按规模排序，高平市支出40.62亿元，泽州县支出38.73亿元，阳城县支出34.55亿元，沁水县支出28.07亿元，城区支出24.56亿元，陵川县支出20.76亿元，晋城经济技术开发区支出7亿元；按增速排序，高平市增长18.7%，阳城县增长16.4%，城区增长16.3%，沁水县增长16.3%，泽州县增长10.2%，陵川县增长5.3%，晋城经济技术开发区增长2.5%。

【财政运行】 2019年晋城市财政运行呈现5个特点。晋城市财政收入保持平稳较快增长，收入增幅位居全省第二。全市一般公共预算收入为年初计划的103.1%，同比增长10.3%，较上年同期增幅（23.6%）回落13.3个百分点。从全省情况看，收入总量位居全省第五，较2018年上升一位；增幅位居全省第二，较2018年上升两位，超过全省平均水平（2.4%）7.9个百分点。税收收入增速持续回落，减税降费效应进一步显现。全市税收收入同比增长5.6%，较2018年同期增幅（16.7%）回落11.1个百分点。从全省情况看，税收收入增幅位居第七，较全省平均增幅（8.4%）低2.8个百分点。在全市经济运行总体平稳情况下，税收收入增幅回落，表明晋城市落实国家减税降费的政策效应进一步显现。分税种看，主体税种增速回落明显，增值税、资源税和企业所得税分别完成39.1亿元、16.4亿元和14.7亿元，分别增长2.7%、1.7%和15%，较2018年同期分别回落7.9、33.5和35.9个百分点；小税种税收贡献仍然较低，契税、房产税、城市维护建设税等10个小税种合计增长8.4%，较晋城市平均税收增幅高2.8个百分点，但由于其规模较小，仅增收1.7亿元，占全部税收增收额的34.8%。第二、三产业保持较快增速，产业税收结构分化仍然较大。1—11月，第二产业完成税收收入65.6亿元，增长3.1%，增收2亿元；第三产业完成税收收入21.2亿元，增长13.4%，增收2.5亿元，第二、三产业保持平稳增长。二产中，采矿业占主导地位，其中，煤炭行业税收50.2亿元，下降2.4%，占第二产业税收比重由上年的80.8%降至76.5%，占全部税收比重由上年的62.5%降至57.8%。三产中，对税收增收贡献较大的是房地产业、金融业及交通运输仓储邮政业，其中，房地产业税收增长38.8%，增收1.7亿元；金融业税收增长19.8%，增收0.8亿元；交通运输仓储邮政业税收增长23.6%，增收0.2亿元。分产业结构来看，全市三次产业税收结构为0.05∶75.54∶24.41，结构分化依然较大。从三次产业税收数据来看，煤炭占比过高，制造业增长乏力，服务业主导优势尚未形成等，仍是制约晋城市财政收入持续增长的突出难题。一次性非税收入增长明显，成为拉动收入增长的主要因素。全市非税收入同比增长21.1%，拉动一般公共预算收入增长6个百分点，成为晋城市财政收入增长的主要因素。剔除一次性及非即期因素影响，非税收入同口径增长8.3%，增收1.8亿元，增速呈下降趋势。财政支出加力提效，民生等重点支出保障有力。全市各级财政部门继续落实积极的财政政策，切实加快预算执行进度，调整优化财政支出结构，重点领域和民生支出得到较好保障。全市一般公共预算支出位居全省第六，较全省平均增幅高出0.5个百分点，其中教育、社会保障和就业、住房保障等13类民生支出占全市一般公共预算支出达80%以上。

【财政举措】 2019年，晋城市财政部门采取4方面举措落实财政政策。落实落细减税降费政策。对涉及全市的文化事业建设费、教育费附加和地方教育附加等4项收费政策进行调整，同时在财政信息网公开，接受社会各界监督，并联合发改、民政部门在全市范围内开展涉企收费专项检查，1—10月份减税降费26亿元。盘活存量资金。2019年市本级共盘活存量资金128937万元，存量资金规模较年初下降96.6%，最大限度发挥财政资金使用效益。争取上级支持。争取北方地区冬季清洁取暖试点中央补助资金25900万元，用于阳城电厂至市区集中供热热网工程资本金；争取中央农村环境整治资金3900万元，用于3个县（市）13个传统村落基础设施建设、环境整治等；争取改善城市人居环境奖补资金1314万元，分别用于晋城市城市生活垃圾焚烧发电项目和高平晋宝生态科技有限公司餐厨垃圾处理项目；争取上级资金902.5万元，用于100户地质灾害搬迁及450户农村困难家庭危房改造；争取中央城市管网及污水处理补助资金581.95万元，用于市区和高平污水管网改造；争取城镇建设与发展专项资金400万元，用于5个县（市、区）8个乡镇的生活污水治理。做大做强融资担保机构。制定《市级政府性融资担保公司保费补贴管理办法》《市级政府性融资担保机构资本金持续补充暂行办法》和《市级政府性融资担保机构考核评价暂行办法》，进一步规范政府性融资担保机构执业行为。晋城市融资担保有限公司12月24日挂牌成立，整合全市各级政府性融资担保机构，更好地为中小微企业服务。

【财政保障】 2019年，晋城市财

政部门着力保障重点工作开展。打好防范化解重大风险攻坚战。进一步规范政府举债融资机制，出台《晋城市债务化解方案》《晋城市化解政府隐性债务实施方案》《新增政府债务限额分配管理暂行办法》等，形成政府债务政策“闭环”管理体系，确保政府性债务规模合理、风险可控、使用规范。截至2019年底，晋城市地方政府债务余额控制在财政部下达的债务限额之内，市本级和6个县（市、区）的各项债务指标都未超过警戒线。同时向省财政厅争取扩大地方政府债务限额及增加地方政府债券额度分配规模，2019年省财政厅下达晋城市地方政府债券38.5亿元，比2018年增加7.8亿元，增长25.4%。打好精准脱贫攻坚战。继续保持扶贫专项投入“双增长”，2019年安排专项扶贫资金5124.3万元，增加1143.3万元，比2018年增长28.72%，增加0.2个百分点，其中：易地扶贫搬迁还本付息资金3480万元，产业扶贫（包括异地搬迁后续产业）1120万元，脱贫保1+N综合保险524.3万元。打好污染防治攻坚战。着眼于生态环境质量总体改善目标，2019年共安排21763.29万元继续支持大气污染防治专项工作，安排11678万元支持水污染防治专项工作，安排2033万元支持环境监测、执法等日常工作。开展扫黑除恶专项斗争。全市各级财政部门把扫黑除恶专项斗争必需经费纳入公共预算保障范围，对各成员单位所需资金足额安排到位，2019年全市安排扫黑除恶专项资金1565.06万元，其中，市本级安排410万元，确保全市扫黑除恶专项斗争工作顺利推进。坚持扫黑除恶线索按周报备制度，每周从各县（市、区）财政部门收集黑恶线索，及时向山西省财政厅报备。

【民生保障】 2019年，晋城市财政部门加大财政民生保障力度。教育方面，全市下拨16536.8万元落实城乡义务教育公用经费及寄宿生生活补助资金；下拨6516.16万元支持学前教育、普通高中教育及全市职业教育发展；下拨4194.54万元为全市普通高中、中职学生免除学费，为中职学生免除住宿费；下拨1911.3万元帮助高中家庭经济困难学生和中（高）职学生顺利完成学业；下拨389.28万元，按生均3元/天的标准改善农村寄宿制学生营养状况。

社会保障方面，全市共筹集下拨各项社保专项资金24.17亿元，确保全市5.4万名城乡低保、6900名五保老人、500多名孤儿以及近1.8万名重点优抚对象生活补助资金的及时到位，确保全市6100多名（市级约1900名）公益性岗位的刚性支出，资助全市2400多名残疾人进行康复治疗和600多名残疾人实现创业就业。

医疗卫生方面，将城乡居民医疗保险财政补助标准由原来的人均490元提高到520元以上，并及时下拨城乡居民医疗保险各级财政补助资金12.43亿元；基本公共卫生服务补助标准由人均55元提高到60元，下拨各级财政补助资金6602万元；继续实施建立贫困人口医疗商业补充保险制度，将未纳入建档立卡贫困人口的低保和特困供养人员纳入医疗商业补充保险范围，市级按人均50元负担保险缴费，下拨资金165.1万元。

保障性安居工程建设方面，全年共下拨保障性安居工程专项资金12775.75万元，其中，中央资金12698万元、省级资金77.86万元，用于向符合条件的在市场租赁住房的城镇低收入住房保障家庭发放住房租赁补贴及对政府组织实施的城市棚户区改造项目、公租房项目的扶持。

【财政改革】 2019年，晋城市推进市以下财政事权和支出责任划分。印发《晋城市医疗卫生领域市与县（市、区）共同财政事权和支出责任划分改革实施方案的通知》，科学界定基本公共服务领域市级与县（市、区）事权范围，规范市级与县（市、区）支出责任分担方式。夯实预算绩效管理基础，完善全过程预算绩效管理，制定《关于全面实施预算绩效管理的实施方案》。申报项目绩效目标920个，审核通过843个；绩效跟踪项目777个，绩效自评项目47个，重点评价项目6个。加快推进授权支付电子化改革，对300多家预算单位进行国库集中支付电子化业务培训，所有单位均实行授权支付电子化支付，国库集中支付电子化改革工作全面完成。探索运用财政资金和行政事业单位对公存款新模式，根据《晋城市市级社会保险基金竞争性存放管理暂行办法》，通过公开方式对财政资金进行竞争性存放。泽州县、陵川县、沁水县参照市级模式，对本地区的社保资金进行竞争性存放。

（陈璟璇）

税务

【概况】 2019年，国家税务总局晋城市税务局落实党中央对税收工作的重大决策部署，聚焦民生主题减税降费，坚守主业促发展，税收收入稳中有进，税制改革平稳落地，税种管理稳步加强，纳税服务更加优化，依法治税更加有力，完成全年各项工作任务。

【减税降费】 2019年，晋城市政府成立“实施减税降费工作协调小组”，组建市县税务局两级领导组和工作专班，搭建“5级523格”减税降费网络，采取新闻发布会、纳税人学堂、专题辅导、入企服务、电视报纸、微信微博等形式，广泛开展政策宣传，发放政策适用清单18万余份。晋城市税务局围绕晋城市产业发展政策，公开“十项税务承诺”，开展专项服务6场，回应涉税诉求800余条。实施“网格+清单”服务举措，月均净增纳税人1179户；按月向党委政府汇报减税降费工作，举办“县长税课”8场。开展制造业、煤层气、民营企业等政策效应分析。2019年，晋城市累计新增减税降费27.74亿元，主要由三类构成：一是2019年出台政策新增减税降费21.35亿元；二是2018年到期后在2019年延续实施政策新增减税降费0.36亿元；三是2018年年中出台减税降费政策在2019年的翘尾新增减税降费6.03亿元。

【税费收入】 2019年，国家税务总局晋城市税务局开展房地产税收专项评估和政策服务，加大查补和清欠力度，组织各项收入275.32亿元，其中税收244.15亿元、同比增长5.21%、增收12.09亿元，非税收入8.81亿元，社保费收入22.36亿元。税收收入中，市县级公共预算收入94.14亿元，增长6.77%。

【税制改革】 2019年，国家税务总局晋城市税务局深化增值税改革，对187户重点企业逐户剖析，为1070户一般纳税人办理转登记小规模纳税人，为21户企业办理增量留抵退税近1亿元。实施个人所得税改革，培训纳税人、扣缴义务人2.8万户次，治理问题数据22万余条，采集专项附加扣除信息13.18万人。实施《中华人民共和国耕地占用税法》。接收机关事业单位、城乡居民社保费和两项非税收入征管职责，推行医保缴费“微信快捷办理”。

【税种管理】 2019年，国家税务总局晋城市税务局加强税种管理，开展企业所得税汇算清缴，2.87万户企业实现应纳税额52亿元，减免抵税3亿元。加强财产行为税管理，制定加强地方税收管理13条措施，提高地方税收比重，土地增值税、契税大幅增长，环境保护税、水资源税调控作用显现。全面推行车购税完税信息电子化推送。开展企业一户一档动态服务、“一带一路”税收政策专项辅导，出口退税用时缩短至4个工作日。

【税收征管】 2019年，国家税务总局晋城市税务局完善税收征管方式，实现金三并库。落实《征管规范（2.0版）》，制发《常用征管业务操作指引》。推行简易清税“一网”注销改革，为740户纳税人实行容缺办理。深化税邮合作，上线“自然人网上代开邮寄普通发票”平台。实现新办纳税人首次领票即时办结。上线发票管理系统2.0版，完成发票换版、票证检查等工作。严防增值税发票风险，推送风险任务9批87户次，查实虚开虚抵发票3458份、金额4.27亿元，命中率97%。第一税务分局探索“团队+链条”模式，加强税收风险管理。

【纳税服务】 2019年，国家税务总局晋城市税务局落实《纳税服务规范（3.0版）》，加强常用税费业务办理操作指引。落实优化税收营商环境三年行动方案，开展“便民办税春风行动”，推出166项便民措施。健全“全域十分钟办税圈”制度。实行“升级按次申报”制度，减少万户纳税人“零申报”负担。编写《小规模纳税人增值税纳税申报填报指引》，推行办税厅资料预审服务。升级银税互动为银税保联动,全市金融机构向诚信纳税户发放信贷40.5亿元,其中纯信用贷款5.33亿元。创新税收服务"直通车"制度,拓展第三方机构税收服务新渠道。改进电子化办税系统,实现"最多跑一次"和"全程网上办"。高平市税务局推行线上办税,实现"一部手机办税务"。第二税务分局试点推进不动产交易、税收、登记"一窗联办、一网通办",办理时间压缩50%。

【依法治税】 2019年,国家税务总局晋城市税务局推行税务执法"三项制度",落实"双随机一公开"制度,制定《规范稽查机构运转实施办法》,审结案件143户,入库税款1.24亿元。开展扫黑除恶专项斗争,摸排、接收案件线索15条,涉及税额0.62亿元。深化"双打"(打击虚开发票、打击骗取退税)专项行动,审结案件21起。建立公安派驻联络机制办公室,税警联合办理案件16起;运用税收"黑名单"制度,对9户违法企业实施联合惩戒。城区税务局微视频作品获全国"我与宪法"微视频征集活动三等奖。沁水县税务局"7+N税收普法生态圈"入选全省普法依法治理八大创新案例。

(田　宇)

晋城市税务干部为纳税人讲解减税降费政策　　(来源:国家税务总局晋城市税务局)

金融工作

【概况】 2019年，晋城市金融办公室围绕全市工作大局，紧盯“先行区、领跑者、桥头堡”目标，带领全市金融机构坚持“改革创新、奋发有为”，全力服务转型，推动金融与经济的良性循环健康发展，整体工作稳居全省第一方阵。2019年10月末，晋城市本外币各项贷款余额1513.85亿元，同比增长12.36%；较年初新增贷款122.73亿元；存贷比为59.69%，与2018年同期持平。前三季度实现金融业增加值72.7亿元，同比增长7.2%，占GDP的比重为7.4%，对经济增长的贡献率达10.4%。10月末，全市不良贷款贷款余额15.24亿元，较年初增加1.06亿元；不良贷款率1.01%，比年初下降0.02个百分点。

【创新试验区建设】 2019年，晋城市金融办公室推动晋城市创建国家级金融支持资源型经济转型发展创新试验区，与中国人民银行晋城市分行建立联系沟通机制，修改完善《创建总体方案》，6月初，经省政府审定后再次上报。9月底，人民银行总行审核通过晋城市的《创建总体方案》，并委托第三方机构开展评估论证工作，完成评估论证报告初稿。

【金融支持】 2019年，晋城市金融办公室制作《重点项目融资需求名录》向金融机构进行推荐，建立监测分析机制。10月末，各金融机构支持重点项目31个，新增投放金额68.62亿元。煤层气、装备制造、新能源等新兴行业贷款余额65.35亿元，同比增长10.2%，较年初增加10.06亿元。推进市场化法制化债转股，推动中国工商银行晋城市分行和晋煤集团蓝焰股份公司全省首单20亿元私募市场化债转股业务。出台《金融支持农林文旅康产业融合发展试点建设的行动计划》，协调推动金融助力乡村振兴和金融助推脱贫攻坚，全市投放扶贫小额信贷1.14亿元，提前超额完成年度目标任务。深化与蚂蚁金融服务集团县域金融惠农合作，沁水县作为试点累计有3605户农户获得融资1.39亿元。

【融资工作】 2019年5月5日，晋城市召开全市金融机构支持民营经济中小企业座谈会议精神，出台《晋城市金融支持民营企业发展若干政策措施》，提出8个方面18条具体措施。推动金融产品创新，小微企业信用贷款风险互助补偿机制帮助487户企业获得无须抵押担保的纯信用贷款2.83亿元；建立“银税保”合作机制，各金融机构相继推出66项融资信贷产品，银税合作服务小微企业1063户金额34.41亿元，保险普惠金融服务为3962户小微企业和个体工商户融资4.54亿元。财政部门组建市级担保集团，修订完善《晋城市融资担保风险补偿管理办法》，率先在全省将政府性融资担保机构担保费率降低至1%。8月，晋城银行为清慧集团提供应急融资贷款1亿元。

【资本市场】 2019年，晋城市金融办公室出台《关于促进政府投资基金发展的意见》，组织召开政府投资基金管理委员会,审议通过山西大行富士康光机电基金组建方案,首期12亿元出资进行募集(市级1亿元,省太行基金2亿元,社会资金9亿元)。对接郑州商品交易所,推动在晋城市设立甲醇、尿素期货交割库,兰花集团和天泽集团的尿素产品入选郑商所免检标准化产品名单;10月19日,与郑商所合作举办"走进期货市场"晋城交流培训会,引导煤炭和煤化工生产经销企业接触期货、了解期货、运用期货工具趋利避险。继续实施企业上市(挂牌)培育工程,大幅提高企业上市挂牌和利用资本市场开展直接融资的奖励标准,推动1家企业挂牌晋兴板,4家企业纳入后备资源库管理,56家企业完成入库审核工作。发挥资本市场作用,海通证券公司中标晋煤集团20亿元永续中票发行资质。

【风险防范】 2019年,晋城市金融办公室把防范化解金融风险工作放在重要位置。开展处非宣传,通过播放微视频、发放宣传品、编排小节目等形式,覆盖群众13万余人次。加大排查监测力度,围绕"五个重点"开展非法集资风险隐患专项排查,排查第三方支付、网络借贷平台等17类非法集资重点行业1792家次,检查和监测各类广告和咨询信息826条。强化案件处置化解,规范处非工作"四环节双机制",新立案非法集资案件4起,原发性非法集资案件得到有效遏制;稳步推进大和能源公司等案件处置化解工作,完成E租宝集资参与人信息登记核实工作。规范地方金融机构监管,完成小贷公司和担保公司的分类评级;理顺典当行管理机制,开展年审工作;开展地方金融监管领域扫黑除恶专项斗争,报送扫黑除恶信息2条。

(宋　莉)

银行业务

【概况】 2019年,中国人民银行晋城市中心支行围绕市委市政府提出的"两只翅膀腾飞、三足鼎立支撑、城市两翼发展"高质量转型格局,贯彻执行稳健的货币政策,践行"金融为民"理念,发力普惠金融,优化金融生态,营造高质量金融服务环境。深化外汇管理和服务,提升贸易便利化程度,助推全市经济高质量转型发展。中心支行连续第20年保持"山西省文明单位"称号,被市政府授予"支持地方金融工作特别贡献奖"。

【主要指标】 2019年末,晋城市各项贷款余额达1547.12亿元,较年初增加156亿元,同比增长11.21%;各项存款余额达2631.31亿元,同比增长13.45%,较年初增加311.96亿元,创历史新高。全市银行业金融机构不良贷款余额为15.05亿元,较年初增加0.88亿元;不良贷款率为0.97%,较年初下降0.06个百分点。

【金融支持】 2019年,中国人民银行晋城市中心支行出台《关于贯彻落实稳健货币政策,推动晋城高质量转型发展的指导意见》,引导金融机构加大对金融扶贫、小微企业、民营企业、五大优势产业等重点领域和薄弱环节的支持。全市社会融资规模为341.82亿元,比2018年增加68.46亿元。出台《进一步深化小微企业金融服务,推动小微企业政策加快落地见效的意见》,组织开展"三送一进"活动,召开民营小微金融服务银企对接会7次。2019年末,全市民营企业贷款余额362.96亿元,较年初新增39.24亿元,增长12.12%;小微企业贷款余额283.75亿元,较年初新增15.11亿元,增长5.62%。制定的《山西省晋城市国家级金融支持资源型经济转型发展改革创新试验区方案》经人民银行总行和山西省政府审定,聘请第三方机构完成可行性报告后,向国务院提交。

【金融精准扶贫】 2019年,中国人民银行晋城市中心支行印发金融扶贫指导意见,明确3项工作重点,建立按月监测、按季通报长效机制,深化金融助推脱贫攻坚。2019年末,全市精准扶贫贷款余额28.93亿元,较年初新增4.3亿元,增长17.5%。

【货币政策调控运用】 2019年,中国人民银行晋城市中心支行落实准备金和普惠金融定向降准等政策,为全市金融机构增加可用资金56.7亿元。从上级行争取专项政策资金10.5亿元,带动金融机构新增涉农贷款75亿元。

【金融风险防控】 2019年,中国人民银行晋城市中心支行以地方法人金融机构为重点，开展“一行一策”防范化解金融风险工作。密切关注和妥善处理金融突发事件，严厉打击违法违规金融活动，防止系统性金融风险事态的发生和扩大。构建反洗钱大监管格局，制定《晋城市金融监管部门反洗钱和反恐怖融资联合监管工作制度》，形成共同打击犯罪的合力。发挥行业监管优势，配合有关部门打好扫黑除恶专项斗争，上报重点可疑报告7份，移送线索3条。2019年末，全市银行业金融机构不良贷款率为全省最低，全市信贷风险总体可控，金融运行总体平稳。

【普惠金融服务】 2019年，中国人民银行晋城市中心支行开展支付便民工程，率先在全省实现全域公交移动支付上线，为1418辆公交车开通全支付方式，做到“一挥即付”“一扫即付”，更加方便广大群众和游客的出行支付。推进移动支付便民进农村，建成农村金融综合服务站2283个、助农取款服务点3909个。提升现金服务水平，拓展“互联网+商户”硬币循环新模式，搭建“现金服务信息平台”，利用手机银行App和微信银行等，为社会公众兑换、调剂小面额货币3555万元，解决公交企业、超市商户等用现单位的现金流转难题。增加征信服务供给，在原有7个查询网点基础上，指导中国建设银行晋城市分行设立个人信用报告自助查询服务代理网点2个，为广大市民查询个人信用报告9万余人次，免收查询费90余万元。优化营商环境，深化“放管服”改革，取消企业银行账户许可，将企业银行开户时间压缩至0.5个工作日。为富士康集团的下属企业开通绿色通道，实施进口付汇简化审核流程，推进贸易便利化。

（郭志卫）

金融监管

【概况】 2019年，晋城银保监分局统筹推进党建与监管深度融合，做好机构改革期间的金融风险防控、服务实体经济和深化改革发展工作，辖内银行业和保险业综合实力不断增强，金融服务能力稳步提升，防范化解风险取得积极成效。

【主要指标】 2019年末，晋城市各项贷款余额1546.9亿元，较年初增加172.4亿元，增长12.5%，存贷比61.5%，提高1.34个百分点，增量、增速、存贷比均创历史新高。

全市银行业资产规模3272亿元，较年初增加305.8亿元，增长10.3%；不良贷款余额15亿元，占比0.97%，低于全省平均水平1.35个百分点，信用风险水平为全省各市最低。全市银行业资产减值准备金51.3亿元，较年初增加7.1亿元，拨备覆盖率259.9%。法人机构资产减值准备金40.9亿元，较年初增加8.5亿元，拨备覆盖率198.65%，高出监管要求48.65个百分点。辖内保险公司实现保险保费收入32.1亿元、同比增长9.5%，保险赔付支出9.5亿元、同比增长5.2%，车险综合费用率37.2%，同比下降7.4个百分点。

【风险防范】 2019年，晋城银保监分局开展防范化解金融风险攻坚战，制定《晋城银行业保险业防范化解金融风险攻坚战三年实施方案》，定期召开非现场监管会议，监测行业及市场主体指标异动，评估防化信用风险、流动性风险、同业投资风险、声誉风险、操作风险和信息科技风险六大风险，清收处置不良贷款12.8亿元。督促银行保险机构对2018年深化整治市场乱象工作自查和监管检查发现问题整改问责情况“回头看”，开展“巩固整治乱象成果促进合规建设”、信贷管理、违规涉企服务收费、消保乱象、服务民营企业、数据治理、许可证管理等7项检查，排查存款、贷款、同业投资、理财、票据、交易对手、大额暴露、员工行为、内控合规、案防等10类风险，发现问题105个，整改率83%；对12家机构罚款338万元、个人罚款5万元，警告28人，取消任职资格5人，禁止一定期限从事银行业工作3人。强化保险业监管，调研摸底财产险、人身险、中介机构运行情况，规范机构运营、高管履职。督促严格落实“报行合一”要求，暂停1家财险公司车险业务，推动车险市场呈现费率压降、理性发展、逐步转盈的良好态势。处置重点区域、行业和机构风险，高平农商银行改制资管计划兑付纳入地方预算，首期3800万元利息兑付到位；推进陵川县联社票据业务、阳城三禾村镇银行增资扩股、晋城银行车贷消保投诉、招行“泛亚”客户维权等风险化解。开展投资业务专项调查，加强声誉风险管控，强化银行保险业安全保卫、网络安全。

【金融服务管理】 2019年,晋城银保监分局督促银行保险机构贯彻落实《关于进一步引领银行业提升服务实体经济质效的意见》《关于进一步做好民营企业和小微企业金融服务工作的通知》和《晋城市小微企业信用贷款风险互助补偿暂行办法》,建言市政府整合全市担保资源,召开普惠金融服务、消费者权益保护和创建文明城市工作推进会,开展"百行进万企"融资对接活动,增强银行业保险业服务实体经济使命感。引导银行业金融机构对接晋城市支持转型综改企业308户、项目117个,贷款余额436亿元;支持重点工程项目89个,贷款余额150.6亿元,当年发放51.5亿元。引导银行业金融机构落实差别化信贷政策,全市煤炭行业贷款占比下降5.87个百分点,晋煤集团首笔20亿元债转股,转增股份1.02亿股;推进知识产权质押融资贷款业务发展、首笔1000万元林权抵押贷款落地。加强普惠金融服务,全市累计投放扶贫小额信贷7168户3.37亿元;小微企业贷款户数增加8.7万户,增速41%,利率下降0.1个百分点;民营企业贷款余额增加50亿元,增长15.1%;涉农贷款持续增长,余额663.4亿元。助力企业降成本,开展涉企服务收费现场检查,出台降低成本制度11条,累计取消、降低收费项目205项,为6.6万户企业减免息费5298.4万元,为1392户企业转贷续贷2189笔588.3亿元。妥善应对非洲猪瘟疫情和农业干旱灾情,确保种植养殖户理赔足额到位,维护受灾群众财产利益。推广电梯责任保险和环境污染强制责任保险,建立健全定损理赔机制,提升保险服务水平。

【银保金融改革】 2019年,晋城银保监分局推动银行保险金融机构强化党的领导和党的建设,完善"三会一层"及专业委员会职能。督促把党的领导写入公司章程,融入公司治理各环节,嵌入各项制度、各项业务中,协调地方党政加强对法人机构党建工作的统领和指导。推动银行业保险业改革改制,山西省联社晋城审计中心成立,引导晋城银行战略目标由"城市草根银行"向"草根银行+数据金融"转变,引导大型银行、村镇银行、财务公司坚守战略定位,提升金融服务水平。深化公司治理机制建设,加强股权和股东行为及关联交易监管,建立股权和关联交易管理问题整改台账。完善监事会机制,制定对董、高、监履职尽责评价办法,发挥监事会监督作用。

(郭　超)

银行机构

·中国工商银行晋城市分行·

【概况】 2019年,中国工商银行晋城市分行围绕"服务实体、担当普惠、助力山西、晋善晋美"发展观,以深化党建为引领,锐意改革创新,强化市场拓展,夯实管理基础,突出抓好"奋斗+落实",经营管理各项工作取得较好成绩。

【经营业绩】 2019年,中国工商银行晋城市分行人民币全部存款余额323亿元,首次突破300亿元大关;全部存款、储蓄存款的时点日均余额增量占比均排名四大银行第1,对公存款的时点余额增量占比排名四大银行第1;各项贷款、公司贷款的余额增量均排名四大银行第1,个人贷款余额和增量排名四大银行第2和第1。

【信贷业务】 2019年,中国工商银行晋城市分行统筹落实"大小新低"信贷布局,聚焦重点项目全覆盖,累计投放公司贷款119亿元,完成晋煤集团、兰花科创公司及建投麻纺、市医院搬迁等项目26.6亿元贷款的审批。加大项目资源储备,申报阳蟒高速公路、晋城高铁站前广场及配套设施、郑庄煤矿等项目贷款。全年累计为108户小微企业发放贷款10974万元。办票据直贴61.7亿元,同比增加21.4亿元,增长53.1%,全省排名第1。

【风险防控】 2019年,中国工商银行晋城市分行组织实施"压实责任年"主题活动,推动各项内控合规文化及管理活动。健全完善案防管理体系,落实案防主体责任,定期召开案防各类会议,推进重点领域风险排查治理和员工异常行为排查,惩处各类违规违纪违法行为,保持案防高压态势。落实安全生产责任,开展"百日百场"消防安全巡回宣讲,定期组织预案演练,防范外部欺诈风险事件4起。加强运行管理基础，有效防控运营风险。坚守信贷资产质量底线，前移风险关口，加强逾期贷款和潜在风险贷款管理。全行未发生案件和重大责任事故。

（白如兵）

·中国建设银行晋城市分行·

【概况】 2019年，中国建设银行晋城市分行围绕市委、市政府美丽晋城高质量转型发展要求和山西省分行“有质量有效益”发展理念，坚持党建和三大战略引领，加强服务实体经济能力，践行“双优”策略，开展“3+2”攻坚战，管控资产质量，加强精细化管理，推进全行有质量有效益发展。

【存款业务】 2019年末，中国建设银行晋城市分行一般性存款日均余额261亿元，新增14.8亿元，占比42.61%，其中对公存款日均余额143.6亿元，占比31.11%；日均新增3.5亿元，占比115.94%；储蓄存款日均余额117.5亿元，占比28.74%；日均新增11.2亿元，占比35.52%。

【贷款业务】 2019年末，中国建设银行晋城市分行各项贷款余额148.18亿元，新增2.4亿元。优化信贷结构，围绕市委、市政府高质量转型发展要求，支持转型综改和重点项目，实现全省首笔县级3P项目落地，累计为高平市神农健康城项目发放2.11亿元固定资产贷款，为安徽晋煤中能化工公司技改项目累计发放跨一级分行内部银团贷款2亿元。支持传统优质企业，与子公司合作，开辟融资渠道，为晋煤天安煤业集团办理8亿元的集合信托计划。

【经营业绩】 2019年末，中国建设银行晋城市分行单位人民币结算账户超过1万户，新增1685户，占比32.07%。实现主营业务收入6.5亿元，拨备前利润4.2亿元，网均利润1390万元。

【普惠金融】 2019年，中国建设银行晋城市分行落实省分行普惠金融发展思路，以新零售思维做线上产品，用新对公思维做线下产品，通过供应链融资模式，支持小微企业、民营企业发展，被市政府授予“支持民营经济发展优胜奖”。网络供应链和“民工惠”业务实现破零，网络供应链业务余额5000万元，其中为晋城宏圣建筑有限公司开办的“民工惠”业务受到山西省分行表彰。

【基础业务】 2019年，中国建设银行晋城市分行代理对公保险业务保费规模和中收系统第一，对公黄金积存网点交易覆盖率100%，新开黄金积存交易户系统第三、大宗套保交易客户数系统第二，鑫存管业务实现中收四行第二，办理全国首笔同业柜台购买债券业务。在山西省分行组织的“3721全面出击之晋善晋美”金融市场业务竞赛活动中，综合排名第一，获“神速组织奖”“优秀队长奖”和“优秀案例奖”。票据贴现累计直贴量15.77亿元，同比增长158.55%。个人日均存款新增占一般性存款新增额的74%，较年初提升39个百分点。对私中收占比57.88%，同比提升近3个百分点，同比增速16.05%。信用卡净中收、客户数同业第一，活跃客户占比系统第一，专项分期完成率全省第一，其中，购车分期全省第一、装修分期全省第三。开展“夜享五折惠”活动，储备商户近200户。私人银行客户增速15.44%、系统第四，私人银行业务中收实现66.4万元、系统第四，完成率120.73%、系统第三。

【风险防范】 2019年，中国建设银行晋城市分行及时掌握风险客户最新变化情况，按周组织召开小企业不良资产处置推进会，制定“一户一策”方案，成立资产保全团队提高处置效率，截至12月末，不良资产处置2.28亿元，其中公司类不良贷款1.97亿元，零售类不良贷款0.31亿元。加强源头管控，制定《晋城分行2019年小企业业务精细化管理指引》，对产能过剩行业执行压缩。

【业务拓展】 2019年，中国建设银行晋城市分行实施ETC业务攻坚战，OBU完成率65.11%。商户业务借助总行“百城万店五折惠”契机，开展“龙支付火锅节”“慧观影”“慧洗车”等系列活动，打造“慧”系列品牌，“龙支付”粉丝数全国城市排名第二。作为全国首家试点B2B权益交易市场，开展龙珠会员节活动2期，平台商户入驻近百家，核券率近60%，其经验做法被总行在全国推广。“裕农通”行政村覆盖度100%,“一部手机三晋通”App推广4.8万户,完成率73%。

【渠道建设】 2019年,中国建设银行晋城市分行开展网点环境“亮化、美化、标准化”工作,完成业务经营部等6个网点的装修和红星街等4个分理处的升格,业务经营部被评为全国五星级网点;灵活调整营业时间和周末营业网点,提升渠道综合效能。根据业务发展需要,选拔高素质青年员工成立对公综合服务团队。

(李静莲)

·中国银行晋城市分行·

【概况】 2019年,中国银行晋城市分行以“践行发展战略、突出价值创造、提高发展质效”为主线,坚持党建引领、两个创建、员工工作为引擎,围绕“客户、业务、效益”,聚焦经营发展,强化过程管理,坚持争先进位、争获荣誉,推进拓客户、增业务、调结构、控风险、夯基础、提效益的各项工作,业务发展持续进步,总体经营管理稳中有进。中国银行晋城市分行获晋城市“模范单位”称号,分行团委被共青团晋城市工作委员授予“晋城市金融系统五四红旗团委”称号。

【机构整合】 2019年,中国银行晋城市分行推进组织体系变革和部门职能职责整合。1月,按照山西省分行《关于优化普惠金融业务架构的通知》,强化普惠金融服务工作,加大小微企业支持力度,提升普惠金融服务能力,成立“普惠金融事业部”,挂靠市分行公司金融部,与公司金融部合署办公,负责人由公司金融部主任兼任;同时撤销“普惠金融服务中心”。6月,根据《关于中国银行山西省分行交易银行架构整合的通知》,将贸易金融部整合为“交易银行部”,原公司金融部相关职能整合至交易银行部。11月,根据山西省分行《关于个人金融条线组织架构改革的通知》,将个人金融部更名为“个人数字金融部”。机构整合后,中国银行晋城市分行机关内设10个部门,分别是:综合管理部(工会办公室)、人力资源部(党务工作部)、财务运营部、公司金融部(普惠金融事业部)、交易银行部、个人数字金融部、银行卡部、风险内控部、监察保卫部、信息科技部。

【贷款业务】 2019年,中国银行晋城市分行年末人民币贷款余额75.08亿元,较2018年末减少3.12亿元。企业贷款方面,围绕民营、普惠、涉农、绿色信贷、扶贫贷款等战略业务,全年民营企业获批授信10.48亿元,新增投放民营企业贷款3.91亿元。新增投放普惠金融贷款8308万元,新增投放中小企业贷款7336万元。围绕晋城市转型发展“项目建设年”,支持转型综改项目,对5户煤炭企业转型项目、1户煤层气生产企业、1户新材料企业给予信贷支持,年末产业转型项目贷款余额49.05亿元。持续融入交通、医疗、环保等重大基础设施建设项目,获批重点基础设施项目授信16亿元。办理2笔债务优化银团贷款、1笔2亿元非标理财。受存量授信客户正常还款、票据到期等影响,年末企业贷款余额53.93万元,较2018年末减少2076万元;票据融资余额8.27亿元,较2018年末减少1.84亿元;贸易融资余额3.88亿元,较2018年末减少2.09亿元。个人贷款方面,多产品服务客户需求,“场景+优客”分期新增交易额2.15亿元,汽车分期交易额4138.38万元,个人住房贷款余额5.25亿元,较2018年末新增2222.75万元,年末个人贷款(含卡分期)余额8.98亿元,较2018年末增加1.01亿元。

【信贷资产质量】 2019年,中国银行晋城市分行信贷资产质量继续稳中向好。全年清收化解表内外不良贷款2080.66万元,其中现金清收211.35万元,已核销表外呆账现金清收62.54万元。公司贷款实现零不良。年末不良贷款余额1114.16万元,较2018年末下降289.15万元;不良率0.16%,较2018年末下降0.01个百分点。

【业务拓展】 2019年,中国银行晋城市分行多项业务首开全省先河。3月13日,办理山西省分行全省首笔个人结构性存款质押贷款、全省首季单笔最大金额个人经营性普惠金融贷款900万元。9月10日,办理2300万美元汇出汇款融资业务,实现山西省分行近10年来首笔汇出汇款融资业务新突破。10月22日,办理全额占用工商客户授信额度项下进口信用证业务932万美元,填补了山西省分行该项业务空白。此外,办理该行首笔中银票e贴、首笔“税易贷”等业务。

【经营效益】 2019年,中国银行晋城市分行实现计费收入2.6亿元,其中非息收入5121万元,同比增加8.84%;拨备前利润1.45亿元,净利润1.02亿元,同比增加0.09%。全年实现无案件、无重大责任事故、无失泄密发生经营目标。

【渠道建设】 2019年,中国银行晋城市分行推进“科技引领”战略,深化渠道建设。加快推广以手机银行为载体的服务渠道,个人金融服务、公司金融服务的众多产品向手机银行渠道迁移。营业网点智能柜台系统全面升级,业务范围持续扩大,智柜服务效率大幅提升。配置3台现金版智能柜台,分别在市分行营业部、高平支行营业部、阳城支行营业部上线运营;配置5台移动式智能柜台,为营业网点外拓时现场对私、对公开户等客户服务提供便利。推进优化劳动组合项目试点,全辖22家营业网点劳动组合优化项目落地,营业网点传统柜台柜员数量大幅下降,释放的柜台人员充实到厅堂服务和外拓营销中,围绕网点负责人、客户服务、客户营销3支队伍建设,营业网点由传统操作型向价值创造型转变。推进机构网点布局建设,撤销阳城新阳街支行;阳城凤凰街支行迁址,更名为阳城滨河东路支行;市区原广场支行迁址,更名为白水东街支行。推进线上线下全面变革式建设,形成“手机银行+智能柜台(现金版智能柜台和移动柜台)+劳动组合后的新型网点+ATM”全面客户服务渠道。

【存款业务】 2019年,中国银行晋城市分行存款业务保持稳增长。年末,人民币存款时点余额120.28亿元,较2018年末增加3.31亿元。人民币存款(含表内理财)日均余额131.47亿元,较2018年增加12.44亿元,其中,个人存款日均余额61.72亿元,较2018年增加3.04亿元;企业存款日均余额69.75亿元,较2018年增加9.4亿元。外币存款余额2620万美元,较2018年末减少8473万美元,其中企业外币存款余额189万美元,较2018年末减少8209万美元;个人外币存款余额2431万美元,较2018年末减少265万美元。

【脱贫攻坚】 2019年,中国银行晋城市分行推进市分行定点扶贫村高平市寺庄镇河泊村、辖属阳城支行定点扶贫村阳城县河北镇洞底村、沁水支行定点扶贫村沁水县郑庄镇东大村的驻村扶贫工作,扶贫工作成效显著。山西省分行批复扶贫捐赠资金5万元,全部用于3个定点扶贫村项目扶贫。为高平市寺庄镇河泊村赠送空调、成套会议桌椅、文件柜、办公椅、保险柜等价值5万元的办公设施;全行员工捐款10011元,为河泊村建起扶贫“爱心超市”;帮助河泊村养蜂农户销售500千克槐花土蜂蜜,总价值11820元;帮助河泊村贫困户和农户销售大黄梨11160千克,总价值44640元;为河泊村争取帮扶资金70余万元。开展金融扶贫工作,对建档立卡贫困户投放扶贫小额贷款580万元。响应消费扶贫号召,通过单位集采方式购买陵川县贫困户核桃33743元。

(田家龙)

·中国农业银行晋城市分行·

【概况】 2019年,中国农业银行晋城市分行加大对转型发展、小微民营、脱贫攻坚、乡村振兴的支持力度,提高金融供给的适应性、竞争力、普惠性。截至年末,各项贷款余额106.5亿元,比年初增加3亿元,四大国有商业银行占比31.9%,排名第2;全年贷款增速2.8%,四大行排名第1。

【金融支持】 2019年,中国农业银行晋城市分行支持晋城市煤炭产业“减、优、绿”发展战略,投放60亿元信贷资金,支持晋煤集团、兰花集团等大型煤企煤炭绿色开采和煤矿智能化改造。围绕晋城市2019年重点工程项目,为富士康集团办理电子设备制造业贷款2.7亿元;支持风电清洁能源项目3个,投放贷款3.9亿元,累计投放10.8亿元,风电项目贷款份额居全市金融业第1位。为太焦高铁项目整体授信5亿元,发放2.3亿元。配合交控集团债务重组,投放1.6亿元。发展住房按揭贷款、信用卡分期贷款,支持居民满足住房、购车、装修等消费需求,年末个人贷款余额10亿元,比年初增加1.5亿元,增长17.6%。

【普惠战略】 2019年，中国农业银行晋城市分行实施普惠战略，加大对小微企业的信贷支持。截至年末，小微企业贷款余额2.4亿元，较年初增加2亿元，增长500%。与税务部门合作推出“纳税e贷”，将企业纳税信用转化为融资信用，实现手机操作“三分钟放款”功能，全年“纳税e贷”累计发放4.7亿元，受益企业685户。推出“数据网贷”产品，面向纳入政府规范化股份制改造奖励范围的小微企业推出“股改贷”，面向政府采购入围商推出“政采贷”，面向持有城市房地产的企业推出线上线下融合产品“抵押e贷”。贯彻降低小微企业综合融资成本的要求，实施同业最低利率政策，小微贷款执行利率比处于银行业最低水平的国有银行平均利率低0.2个百分点。继续减免涉企收费，全年减免相关费用7万元。

【助力金融扶贫】 2019年，中国农业银行晋城市分行对接晋城市委、市政府“一村一品一主体”产业扶贫政策，扶持厦普赛尔集团、彤康食品、保福康鑫、皇城相府文化旅游、九州天润道地药材等一批农业产业化龙头企业，累计投入信贷资金2.1亿元，带动高平黄梨、泽州小米、陵川中药材、阳城生态旅游等产业良好发展，累计带动和服务贫困人口5955人；累计发放精准扶贫贷款10亿元，连续三年排名全省第1。在全市扶贫开发64个融资项目中，选择风电清洁能源项目加大支持力度，累计在陵川、沁水、泽州等县投放风电项目精准扶贫贷款8.4亿元；推广“五位一体”“户贷户用”等精准扶贫贷款产品，累计发放扶贫小额贷款5955万元。

【渠道建设】 2019年，中国农业银行晋城市分行在全市农村地区设物理网点28个、惠农通服务点925个，布放ATM机98台、POS机599台、转账电话1071部，服务网络对贫困地区实现全覆盖。可提供转账、小额取现等基础金融服务，代理收缴发放涉农财政补贴、公共事业代收费等项目，累计归集发放资金19亿元。

【“三农”服务】 2019年，中国农业银行晋城市分行围绕晋城市乡村振兴方略，全方位强化综合金融服务。支持特色农业发展。以旅游、收粮、农机、中药材、养殖等特色产业为重点，以线上信贷产品“惠农e贷”为主体，推进“一特色产业一e贷”，服务全市建设特色农业。截至年末，全部县域均开办“惠农e贷”，形成服务方案10个，累放“惠农e贷”6384万元，余额3881万元，净增3527万元，增长996%。支持县域文旅产业融合发展。在乡村旅游领域逐步发力，投入2亿元助力重点文旅项目建设，助力提升旅游服务品质。1月，为皇城相府发放贷款1亿元，为王莽岭景区发放贷款1000万元，投放“太行人家旅游贷”等乡村旅游贷款115万元。支持农业经营性组织。与市农机中心签署战略合作协议，推出“农机贷”，向全市农机社会化服务组织提供信贷，累计发放22笔、352万元。

【数字化转型】 2019年，中国农业银行晋城市分行全面推进产品和服务线上化、移动化，支持客户“随时可用、随手可得、随心可变”金融服务。个人业务基本实现线上交易，逐渐替代传统柜台。发展线上信贷，将小微、农户、个人等信贷业务申请、审批作业迁移上网，创新纯数字化信贷产品，实现信贷经营模式颠覆性改变。广泛参与数字政务建设，与市税务局合作上线“智慧社保”，为机关事业单位、城乡居民代缴养老、医保业务7.6万笔金额3亿元；独家代理“居民身份证明工本费”线上收缴；与全市7家法院合作上线费款“一案一账号”管理系统；为晋城市第二人民医院、高平市人民医院、阳城县人民医院、沁水县人民医院上线“银医通”系统，县级医疗集团开户率100%，全省首家实现全覆盖。围绕衣食住行游娱医教等高频生活场景，把金融服务嵌入到客户日常生产生活场景中，实现客户对金融服务无感获取。全年共打通水、电、暖、气等民生缴费场景55个，触达客户5万余人，月均代缴金额超过500万元；推广ETC，拓展用户2.3万户，全省农行系统排名第2。

（高文英）

·中国农业发展银行晋城市分行·

【概况】 2019年，中国农业发展银行晋城市分行开展“信贷队伍建设年”活动，充实信贷专业师资库，提升信贷队伍专业素质;严格落实放款监督职责,统筹CM2006系统运维管理;加强内控合规管理,设立风险合规专员,推动内控监督管理信息平台上线,实现综合监督资源共享;推动内外部检查问题销号整改,明确人员问责;落实案件警示教育全员参与,加强日常风险隐患监测;加强系统管理,推进网上银行、财税库银、集中授权、新核心系统等系统顺利上线运行;完善集中采购、财审委工作等财会制度建设,开展账户管理系统突发应急预案演练,解决基建历史遗留问题;强化存款立行理念和核算意识,实施存贷一体化营销,优化资金结构,存贷比超过全省平均水平。

【主要指标】 截至2019年末,中国农业发展银行晋城市分行各项贷款余额43.21亿元,较年初增加1.16亿元,增长2.76%;累计贷款审批10.18亿元,贷款投放4.18亿元。支农筹集资金余额16.22亿元,同比减少6.83亿元,下降29.63%;各项支农筹集资金日均余额21.06亿元,同比减少1.16亿元,下降5.22%。不良贷款较年初下降520.3万元,不良贷款余额下降率26.02%。实现账面利润6642万元,同比增盈1.54%。

【服务地方经济】 2019年,中国农业发展银行晋城市分行服务粮食安全,为4户企业发放储备及轮换贷款0.52亿元,收回储备及轮换贷款0.55亿元,完成地方储备粮油贷款展期2.49亿元。助力脱贫攻坚,获批并认定王莽岭旅游扶贫项目7.1亿元和中威污水处理扶贫项目0.4亿元。服务乡村振兴,实现全省农发行首笔土地流转与规模经营贷款0.3亿元的审批和投放;“五路一河”1.54亿元PPP项目为全市农发行PPP模式营销办贷先行先试;王莽岭景区提升改造项目为支持旅游扶贫和全域旅游,为项目营销开拓新领域;支持黄河流域生态保护0.4亿元。推进“服务小微企业提升工程”,年末实现支持小微企业零的突破,审批投放3户。

【风险防控】 2019年,中国农业发展银行晋城市分行大力推动清收工作,现金清收不良贷款520.03万元,取得阶段性成效。推进实施基金项目经理专管制度,加强基金风险排查,严抓风险管控,提前收回巴公河巴公镇段综合治理工程项目基金本金3500万元。严把支付关口,年末存量基金3.31亿元,累计支付2.48亿元,支付率74.90%。推进全面风险管理体系建设,完善全面风险管理报告机制,修订风控委工作规则,全方位压实风控责任。完成市县两级行印章撤减和印控仪上线,从印章保管和用印操作上切实降低用印风险。

(冯　雪)

·交通银行晋城分行·

【概况】 2019年,交通银行晋城分行坚持“三全办行”(全员办交行,全面办交行,全过程办交行)发展路径,推进“两大一强”(总行转型发展的大辖行、当地市场的大银行、山西省分行的强分行)战略梦想和“七大交行”(共荣交行、数字交行、模式交行、品牌交行、质效交行、幸福交行、廉洁交行)布局落实,各项工作取得较好成绩。交通银行晋城分行晋级二类A等行,成为全国同期开业的8家分行以及省内首个晋级二类A等的省辖分行,被晋城市政府授予支持地方经济发展优秀奖,颁发奖金30万元。

【主要指标】 2019年,交通银行晋城分行本外币资产日均总额150.47亿元,同比增长18.36亿元。各项贷款增长27.13%,累计为企业表内融资94.97亿元,表外累计投放资金78.88亿元;累计发放个人小额扶贫精准贷款300万元;普惠业务“两增”贷款余额1.91亿元,较年初新增0.64亿元;普惠降准口径贷款余额1.36亿元,较年初新增0.60亿元。人民币各项存款时点余额129.72亿元,较年初增加14.17亿元,增长12.26%。实现经营利润2.46亿元,同比增加2375.82万元,增长10.70%;实现经济利润2.31亿元,同比增加8950.12万元,增长63.25%;人均利润突破100万元,达到116万元。

【金融创新】 2019年,交通银行晋城分行支持民生消费,创新“线上+线下”金融模式,开启交通银行“智惠一卡通”项目,通过惠民年卡带动旅游3万余人,消费金额近240万元。推动网点产能提升,网均利润增幅10.7%。

【金融支持】 2019年,交通银行晋城分行针对晋城市重点工程项目,下发15类名单,涉及53家企业,对接项目630亿元,对接落地251亿元;与太行基金联系对接富士康"世界光谷"项目;完成福盛钢铁智造园区开立账户工作;依托兰花集团,完成兰花造气岛项目对接;助力晋城市全域旅游发展,为太行一号旅游公路、王莽岭、皇城相府等提供支持;支持晋城市煤层气企业发展,与煤层气龙头企业在信贷支持、资金管理、国际业务等方面开展业务合作;获批开发区双创园区项目、国投大医院项目。

【客户拓展】 2019年,交通银行晋城分行开展客户拓展年活动,全量对公客户4398户,较年初净增812户;对公达标户2007户,较年初净增1035户;对公手机银行当期净增615户。搭建二手房资金监管系统,晋城市、高平市热力公司代缴费系统,与自来水公司合作搭建网银、手机银行代缴水费系统。突出零售客户分层分类经营,私人银行客户140户,较年初净增25户;存量沃德客户3469户,较年初净增508户;有效活跃客户44604户,较年初净增12474户;代发有效户9402户,较年初净增1631户。

【风险防范】 2019年,交通银行晋城分行资产质量不断提升,不良贷款余额降至14.56万元,占比降至万分之一点五,较年初下降0.03%,不良贷款率创历史新低。内控审计得分89.08分,保持B+。开展案件防控"5+N"专项治理,发现问题6个,整改率83.33%。

(逯　璐)

·晋城银行·

【概况】 2019年,晋城银行坚持"做社区型草根银行、做数据化零售银行"战略目标,围绕董事会提出的战略工作、重点工作,探索"商业银行+投资银行+互联网银行"发展模式,推动全行健康发展。

【经营指标】 截至2019年末,晋城银行资产总额862.13亿元,负债总额796.88亿元,其中各项存款余额553.24亿元、各项贷款余额411.37亿元;所有者权益65.25亿元;实现营业收入30.94亿元,实现拨备前利润19.59亿元,净利润5.88亿元。

【业务拓展】 2019年,晋城银行借助互联网人工智能技术,推出"惠存钱、惠农存、大额存单、立得利"负债类产品及"微义贷、商义贷、税金贷、的哥贷、营运车分期贷"家庭消费、小微企业、农村等领域的信贷业务,探索"互联网+"获客模式。机构类业务围绕"抓存量,拓新增"双轨式发展策略,采取社保基金招标、国库现金招标、地方债承销等模式,启动公积金互联共享平台新型机构业务;打通柜面、手机银行、网上银行、微信银行、直销银行等多渠道金融服务,实现线上线下全覆盖布局。

【产品创新】 2019年,晋城银行加强总行零售、公司、产金3个业务板块产品属性,推动全行产品体系建立,加紧特定场景、特色化、产业链、供应链等领域产品研发,实现"做数据化零售银行"目标。升级微义贷2.0产品,推出烟草贷、的哥贷、税金贷等产品,开发针对零售客群的商超贷、二手房按揭贷款产品以及房产抵押类的商义贷产品,推动居易融装修贷、车抵贷、小草贷等新产品的立项研发;推动儿童成长记忆储蓄产品、九牛牧业商品储蓄、"物业宝"储蓄产品研发上线;推出"小灵通"的零币兑换、云闪付、巧支付等产品;发行10亿元理财直接融资工具,创山西省理财直融工具单笔发行金额的新高,成为山西省理财直融工具累计发行量最高的地方法人金融机构;国际业务方面,"国内信用证+中间商福费廷"首笔业务落地,累计办理国内证及项下福费廷业务13242万元,实现中收34.33万元。5月28日,"2019中国金融创新论坛"在北京召开,晋城银行手机3.0获"十佳手机银行创新奖"。

【社会活动参与】 2019年1月13日,晋城银行举办"相伴而生、与你同行"客户答谢会,1500余名客户参加。3月16日,举办"2019年百树耕心成长林植树活动",邀请300余个家庭参与。5月6日,举办"晋城市重点民企项目路演对接会",3家企业应邀参加路演。8月17日,开展"探亲帮扶"主题活动。8月24日,举办晋城银行第五届"圆梦助学"活动,向48名困难学生每人捐助5000元。

【风险管控】 2019年，晋城银行贯彻落实各项监管规则及内控合规管理政策，搭建全面、系统、适时的规章制度体系，基本完成全面风险管理体系架构设计，健全覆盖全行的资产监控体系。开展“整风肃纪”“内控建设年”“制度大清理”“整治市场乱象”等专项活动，加强信贷质量管控。11月6日，在中国金融品牌年会暨中国金融年度品牌案例大赛颁奖典礼上，《晋城银行“手机号码支付”营销经验交流》案例获“手机号码支付”案例特别奖。

（薛　婷）

·晋城市农村信用社·

【概况】 2019年，晋城市农村信用社肩负“服务‘三农’、强晋富民”企业使命，秉承“坚韧、进取、务实、创新”企业精神，转变经营理念，履行社会责任，为全市“三农”经济发展提供金融支持，为农业增产、农民增收、农村经济繁荣和市域经济发展做出贡献。

【主要指标】 截至2019年末，晋城市农村信社资产总额740.49亿元，同比增加63.56亿元；各项存款余额595.80亿元，同比净增52.10亿元，增长9.58%；各项贷款余额275.63亿元，同比净增45.66亿元，增长19.85%。“5321”扶贫小额贷款累计投放4012万元，完成目标1500万元的267.47%。小额信用农户评级授信户数从39200户增长到84500户。全年压降不良贷款3300万元，不良占比2.23%，较年初下降0.3个百分点；资本充足率11.83%，拨备覆盖率201.78%，拨贷比4.5%。同时，缴纳税金3.92亿元，较同期增加7800万元，增长24.84%。

【“三农”服务】 2019年，晋城市农村信用社涉农贷款累计投放251.8亿元，贷款余额234.7亿元，涉农贷款余额较年初净增23.18亿元。支持农林文旅康产业发展，为阳城县农林文旅康产业融合发展试点钓鱼台村授信首笔林权抵押贷款1000万元，在全国属于首创；支持陵川古陵山食品、山西金田农业科技等33个农业龙头企业2.56亿元；支持大阳古镇、司徒小镇、皇城相府等5个旅游项目2.39亿元；新发放“农家乐”贷款332户3354万元。与市委组织部、市金融办联合下发《“基层组织与农信社”双向挂职助力乡村振兴三年行动》，249名农信干部挂职副乡（镇）长、村主任助理。截至2019年末，全市评级授信农户84489户26.64亿元，新评级授信农户45275户10.01亿元，分别增长113.95%和60.19%。“非洲猪瘟”疫情期间，对生猪养殖企业和农户投放6709万元贷款。

【民营企业支持】 截至2019年末，晋城市农村信用社共支持民营企业贷款178.75亿元，较年初增加10.14亿元；支持小微企业余额170.6亿元，较年初增加24.9亿元。为480户小微企业授信2.98亿元，用信2.64亿元。与6家政府融资性担保公司合作，支持小微企业327户4.6亿元。对接全市“专精特新”中小企业名单和百强企业名单，累计投放贷款4.39亿元；深化银税合作，支持综合纳税信用B级以上142户20.3亿元。成立小微专营中心，丰富线上线下申贷办贷平台，支持个体工商户14744户26.4亿元，支持微型企业31户1.2亿元。加大对小微企业的减费让利力度，取消跨行转账、开户销户等收费项目，贷款利率平均下调2~3个百分点，为企业减费近5000万元。

【项目支持】 截至2019年末，晋城市农村信用社累计支持5个省级重点项目9.67亿元，支持晋城市70个重点项目和重点企业109亿元。围绕重点产业，支持煤化工产业45户7.7亿元；支持装备制造和铸造业67户5.67亿元；支持煤层气产业4户1.09亿元。通过认购债券、委托投资、资管计划等方式，支持重点企业融资余额36.23亿元。

【金融扶贫】 截至2019年末，晋城市农村信用社金融精准扶贫贷款余额9.52亿元，其中：产业扶贫贷款余额8.41亿元；累计投放扶贫小额贷款4012万元。创新农户通、光伏贷、妇女贷等产品，依托“晋享生活”网络帮助销售农产品，帮助近万名贫困人口脱贫。

【渠道建设】 2019年，晋城市农村信用社健全服务网络，共建物理网点191个、自助设备280台、助农取款点1040个。完善普惠支付渠道,发行公务卡1.46万张,开通手机银行21.92万户、微信银行36.64万户,上线晋享E付二维码用户2.65万户,推广晋享生活31.44万户。

(张凌云　王　敏)

保险业务

【概况】 2019年,晋城市保险行业协会贯彻落实各级指示精神,严格遵循社团组织宗旨,认真执行各项规章制度,积极发挥各项职能,维护行业秩序,提升行业形象,受到上级部门和会员单位的好评。

【主要指标】 2019年,全市总保费收入53.56亿元,同比增长1.58%,其中,财产险总保费收入14.68亿元,同比增长1.32%;人身险总保费收入38.88亿元,同比增长1.67%。全市赔付总额23.73亿元,同比增长4.95%,其中,财产险赔款总额7.92亿元,同比增长27.12%;人身险赔付总额15.81亿元(包括各类满期金、给付金),同比减少3.49%。

【自律检查】 2019年,晋城市保险行业协会出台《晋城市保险行业机动车辆保险经营销售行为自律监督工作方案(试行)》,组织签署《晋城市保险行业机动车辆保险经营销售承诺书》,下发《关于规范车险市场管控业务承保区域的函》《晋城市车辆保险"报行合一"执行情况检查方案》。下发《晋城市机动车辆保险违规违约销售行为自律监督惩戒公约(试行)》,成立全市车险市场销售行为监测组,对车险市场违规经营情况进行监测,每周整理监测数据向财产险专业委员会进行汇报,由财产险专业委员会对举报的线索进行核实、反馈,规范车险市场合规经营。召开全市营业性货车保险自律工作会,通报全市车险经营情况,加大营业货车的承保、理赔等相关方面自律工作。

【专项检查】 2019年5月,晋城市保险行业协会对全市19家财产险公司的车辆保险"报行合一"执行情况、交强险和商业险的系统跟单情况、保费增速异常情况、综合费用率增速异常情况、各公司流失到异地的保单情况进行检查。6月,对太平财险晋城中支、天安财险晋城中支、平安财险晋城中支、太保财险晋城中支、国寿财险晋城中支、永安财险晋城中支6家公司车辆保险保费增速异常情况、综合费用率增速异常情况进行检查。6月下旬、12月中旬,分别开展上半年和下半年两次车险服务质量检查,对财产险公司报案电话候时、查勘员电话礼仪、查勘服务、联系客户时效、查勘员到达现场时效、付款时效、回访录音方面进行综合评价。9月,开展人身险业务自律检查,对销售乱象问题、《山西省银行邮政代理保险业务自律公约》执行情况、《保险销售行为可回溯管理暂行办法》执行情况、《山西省人身意外伤害保险业务自律公约》执行情况进行检查。

【理赔完善】 2019年8月26日,针对晋城市大部地区遭受旱灾情况,晋城市保险行业协会牵头,会同晋城市农村农业局专家及人保财险、国寿财险、太保财险、中煤财险4家承保机构共同组成玉米旱情调研组,分3组到各乡镇田间地头进行摸底调研,全面开展查勘核损工作,安抚受灾农户情绪,组织承保公司做好抗旱理赔,配合当地政府做好抗灾救灾工作。

【案件调解】 2019年,晋城市保险纠纷人民调解委员会共受理各类保险纠纷案件1903件,成功化解1854件,涉案金额7435.74万元,其中,受理来电来访案件32件,成功化解32件,涉案金额46.07万元;受理会员公司内部案件1764件,成功化解1735件,涉案金额6277.41万元;受理人民调解案件23件,成功调解23件,涉案金额121.83万元;受理诉调对接案件84件,成功调解64件,涉案金额990.43万元。市保险纠纷人民调解委员会规范化调解组织建设,在市司法局的指导下设立首个个人调解室"王恒调解工作室"。

【快处快赔】 2019年清明节、五一劳动节、国庆节期间,晋城市快处快赔服务中心长晋高速公路、晋阳高速公路设立节假日高速公路快处快赔服务站,协助高速交警、高速路政处理高速交通事故,保证假期高速公路通行顺畅。晋城市快处快赔中心共受理案件859件,涉及车辆1743辆,估损金额303.84万元。

【反保险欺诈专项行动】 2019年8月8日，晋城市保险行业协会出台《晋城市保险行业“护航2019”反保险欺诈专项行动方案》。9月20日，召开“护航2019”反保险欺诈专项行动推进会。组织全市保险公司，针对故意制造保险事故或伪造保险事故、伙同汽修厂夸大事故损失、涉人伤理赔“黄牛”欺诈等涉嫌欺诈行为、意健险领域多家投保后故意制造保险事故、伪造虚假意外死亡赔案、带伤(残)投保、重复报销医疗票据等欺诈行为案件进行整理，提取、排查出修理厂制造保险事故疑似线索36条，故意制造保险事故疑似案件6件。

【星级柜面评审】 2019年6月18日，晋城市保险行业协会开展星级柜面交流观摩以及评审活动，组织全市13家人身险公司开展星级柜面交流观摩活动。10月下旬，联合晋城市总工会金融工委共同组成星级柜面评审小组，分别对晋城地区8家柜面建设工作进行现场评审。

【保险宣传】 2019年3月15日，晋城市保险行业协会联合全市各保险公司组织开展“品质保险、诚信服务”主题消费者权益保护宣传活动，在市文体宫、物茂广场等群众密集地方进行宣传。5月，开展“携手筑网·同防共治”主题宣传月活动，各保险公司统一制定《防范非法集资宣传方案》，在营业网点摆放非法集资宣传材料，网点醒目位置悬挂活动横幅设置宣传咨询台，通过微信公众号向社会发布“携手筑网·同防共治”防范非法集资宣传资料。6月25日，承办晋城市第一届保险产品博览会暨保险公众宣传日大型广场露天宣传活动，全市32家保险公司近200人参加活动，展出展板50多面、条幅60多幅，发放传单2000多张，接待咨询人数近千人。7月5日，组织全行业32家会员单位在白马寺公园步道开展“创建文明城市、助力精准扶贫”暨2019年晋城保险业“7·8保险扶贫公益跑”活动。创办《晋城保险行业保险资讯》，编辑41期。启动《晋城保险志》编纂工作。

（芦 佳）

保险机构

·中国人民财产保险晋城市分公司·

【概况】 2019年，中国人民财产保险晋城市分公司坚持“做人民满意的保险公司”经营理念，在社会管理、安全生产、风险化解、保险赔偿等领域挥发保险作用，助力地方经济发展和改善地方民生保障，实现保费收入6.3亿元，市场份额占比达42.9%，属地纳税4733万元。被晋城市人民政府授予支持地方经济发展“优秀保险公司”称号。

【“三农”服务】 2019年，中国人民财产保险晋城市分公司承保的中央政策性农险覆盖49个乡镇、1440个行政村、25.8万户农户，承保范围内村级覆盖率90%，贫困户覆盖率68%以上。围绕“一县一业，一村一品”战略发展业务，在全省率先开发生猪价格指数保险、蔬菜价格指数保险、蚕桑保险、育肥猪保险等地方政策性新险种。全年地方特色农业保险共报案558件，支付赔款2423万元，受益农户6970户。完善“三农”保险基层服务网络，创建21个三农营销服务部、53个三农保险服务站、129个“三农”保险服务点，“三农”网络覆盖全市77个乡镇，“三农”协保员1452名。重理赔防灾减损显成效；接到农险报案16942件，理赔结案17305件，结案率98.75%；赔付金额9207.81万元，全险种简单赔付率为156.51%。其中，玉米旱灾理赔4860万元。

【助力精准扶贫】 2019年，中国人民财产保险晋城市分公司为陵川县、阳城县14162户36272个建档立卡贫困人口提供风险保障，为6444个种植户12461亩中药材及露地蔬菜提供价格保障，全年该险种累计赔付603.9万元。与市农业农村局、市扶贫办、市财政局联合出台《晋城市“1+5”脱贫(返贫)综合保险实施方案》，承保建档立卡贫困户18695户、贫困人口46705人，累计赔付250万元。

【医疗保险】 2019年，中国人民财产保险晋城市分公司支付城乡居民大病保险赔款4754.51万元，受益11255人次，缓解了参保群众“因病返贫、因病致贫”的情况。为建档立卡等贫困人口设计专项健康扶贫补充医疗保险方案，承办泽州县、陵川县的农村建档立卡贫困人口补充医疗保险项目，承保困难群众37033人，支付赔款177.69万元，赔付9003人次，提高贫困人口政策报销比例10个百分点、实际报销比例6个百分点。支付泽州县、陵川县城乡居民门诊统筹报销资金4171.87万元，服务人群105.14万人次。

【理赔服务】 2019年，中国人民财产保险晋城市分公司创新理赔服务手段，采取“调查后置，支付前置”办法简化赔案手续，优化服务流程，使建档立卡贫困人群和部分急需用钱的患者能够第一时间领到补偿款。对于部分联系不到的住院患者，上门收集相关资料，确保符合报销条件的患者应赔尽赔。

（李　栋）

·中国人寿保险公司晋城市分公司·

【概况】 2019年，中国人寿保险公司晋城市分公司坚持“重价值、强队伍、稳增长、兴科技、优服务、防风险”方针，加快业务发展、深化转型升级、夯实队伍基础、强化风险管控、推进党的建设，获省公司“2019年度效益经营突出贡献奖”“2019年度市场对标突出贡献奖”和“2019年度银保渠道经营先进单位”“2019年度风控条线建设先进单位”称号。

【保险业务】 2019年，中国人寿保险公司晋城市分公司总保费收入13.88亿元，同比增长2.72%；其中，新单保费收入3.31亿元；续期保费收入10.57亿元，同比增长4.69%。长期险首年标准保费收入1.07亿元，同比增长22.39%。其中个险渠道标保收入9139.19万元，同比增长22.85%；银保渠道标保收入1606.44万元，同比增长19.92%。公司市场份额达35.52%。大短险保费收入6760.71万元，同比增长16.87%。其中团险渠道短险保费收入4830.62万元，同比增长3.76%；个险渠道短险保费收入1671.17万元，同比增长64.67%；银保渠道短险保费收入258.91万元，同比增长132.47%。10年期以上保费收入占寿险首年比重的54.62%，同比增长20.62个百分点；保障型保费收入占首年期交保费比重的33.26%，同比增长7.77个百分点。新单创费4689.86万元，同比增长108.96%。城乡居民大病保险累计赔付5741.81万元，门诊统筹经办业务累计赔付3468.45万元。

【公司改革】 2019年，中国人寿保险公司晋城市分公司推进“鼎新工程”，完成架构调整、人员调配、机制匹配等工作，促进销售模式转变和销售服务融合。按照“倾斜县支、倾斜基层”要求，提高基层综合竞争力。推进外勤周单元经营，强化基础管理工作，个险月标保平台达成774.7万元，同比增长23.57%。推进标准化职场建设，共设立74个星级职场，其中五星级职场3个、四星级职场5个、三星级职场14个。

【运营服务】 2019年，中国人寿保险公司晋城市分公司共处理无纸化审核业务41804件、保全股份业务36224件、理赔案件18657件。开展探视服务和重疾一日赔服务，住院探视服务455人，重疾一日赔服务102人。开展线下客户服务活动7场，1199人参加活动。开展线上客户服务活动380场，获客68190人。推进科技国寿项目，国寿e宝新增用户38993名，累计用户130281名。

【队伍建设】 2019年，中国人寿保险公司晋城市分公司实施队伍驱动战略，推动队伍质态提升，公司持证人力3278人；季均有效人力2025人，同比增长11.20%；月均增员率8.16%，同比增长3.81%；月均长险举绩人力1296人，月均举绩率39.2%，同比增长7.1%。全年共举办各类培训班416期，累计培训14270人次。

（陈立新）

·中国太平洋财产保险股份有限公司晋城中心支公司·

【概况】 2019年，中国太平洋财产保险股份有限公司晋城中心支公司围绕“对标一流，看齐先进”转型发展目标，关注市场形势变化，主动革新，灵活应对，市场份额稳步提升，市场地位得到巩固；坚持对标同业，“双优”目标基本实现；三大产品条线均实现增长，动能转换取得成效；坚持质量管控，高效服务，理赔工作扎实推进；加强合规管理工作，夯实基础管理，较好完成全年目标任务。

【保费收入】 2019年，中国太平洋财产保险股份有限公司晋城中心支公司完成保费收入15005.44万元、同比增长26.13%，其中车险保费收入10927.85万元、同比增长10.64%，非车非农险保费收入3601.73万元、同比增长119.75%，农险保费收入475.87万元、同比增长23.4%。市场份额占9.45%，位列晋城财产险市场第3位。

【车险业务】 2019年，中国太平洋财产保险股份有限公司晋城中心支公司巩固与华洋、晶通达等较大车商的合作关系，开展多种形式的营销活动，拓展中小车商和县区车商业务，完成车商保费3169.73万元；加强专员对寿险职场的跟进、督导与服务，开展系列主题营销活动，完成交叉保费2204.77万元；巩固优质电销客户业务，开展点对点服务，配送业务流程实现标准化、系统化，完成电销保费1451.09万元。

【农险业务】 2019年，中国太平洋财产保险股份有限公司晋城中心支公司相继取得高平市、陵川县农险承保资格，实现农险县域市场全覆盖，其中高平市新增农险保费79.26万元，拉动公司整体农险业务的增长。推广"一县一品"品牌，在晋城首家推广大豆收入保险；提升农险理赔服务质量，优化服务举措，做好养殖险、种植险的大额赔付工作。

【其他业务】 2019年，中国太平洋财产保险股份有限公司晋城中心支公司中标承保兰花集团一揽子保险项目，实现保费收入300万元；推进政保、个客业务，签署战略合作协议；4月，成立信保部，架构搭建、队伍组建、渠道拓展等方面都取得初步成效。

【理赔服务】 2019年，中国太平洋财产保险股份有限公司晋城中心支公司加强车物理赔管控，严格定损标准，强化案件时效考核，提升标准化作业水平；加强人伤理赔管控，开展跟踪回访，缩短结案周期，提升结案速度；加强理赔专项工作，围绕降赔减损主题，深化打假反欺诈，主要理赔考核指标达到分公司目标。推广应用"太贴心""太畅通"等理赔新技术、新工具，提升客户理赔体验。

（韩国良）

·中国太平洋人寿保险股份有限公司晋城中心支公司·

【概况】 2019年，中国太平洋人寿保险股份有限公司晋城中心支公司总标保68859.39万元，同比下降28000.49万元，下降28.90%；个险标保66530.11万元，个险标保达成率64.27%。其中，晋城中心支公司总保费85134.73万元，同比增加4121万元，增长5.08%。

【个险业务】 2019年，中国太平洋人寿保险股份有限公司晋城中心支公司个险业务占晋城寿险市场份额比为21.45%，个险营销新保费居晋城寿险市场第3位，市场份额下降7.72%。

【团险业务】 2019年，中国太平洋人寿保险股份有限公司晋城中心支公司团险业务实现标保2329.28万元，短险保费收入1534.33万元、同比增长17.28%，其中短期意外险保费收入1477.58万元、同比增长18.59%，短期健康险保费收入56.75万元、同比减少8.86%。

【风险防控】 2019年，中国太平洋人寿保险股份有限公司晋城中心支公司以"风控能力最强"为指引，强化"合规重中之重"经营思想，强化部门协同，压实一道防线责任，做专二道防线职能，加强考核牵引、制度优化、责任追究力度，规范公司经营管理。

（薛丽霞）

教育 科技

教 育

【概况】 2019年，晋城市教育局贯彻落实习近平总书记关于教育的重要论述和国家及省、市教育大会精神，坚持立德树人根本任务，围绕“率先在全省实现教育现代化”目标，着力推动构建城乡一体、优质均衡、设施先进、协调发展的现代教育体系，加快推进教育重点工作，完成全年各项预定任务，市教育局在全市年终考核中获优秀等次。

【机构改革】 2019年，晋城市组建市委教育工委，新成立党员服务中心。市教育局完成机构改革，增加4个行政编制，设立8个行政科室；完成下属事业单位名称、职能、编制调整工作，电教馆和教育信息中心合并成立教育现代化信息服务中心，新成立教师培训发展中心，教研室增加27名编制，综合实践基地增加2名编制，市招考中心增加3名编制。

【全市教育大会】 2019年9月10日，晋城召开全市教育大会，对加快推进全市教育现代化进行全面部署，提出“率先在全省实现教育现代化”的宏伟目标。12月13日，市委教育工作领导小组召开第一次会议，原则通过《晋城市加快推进教育现代化实施方案》《晋城市加快推进教育现代化行动计划（2020—2022）》《晋城市加快推进教育现代化监测评估指标体系》等，明确加快推进教育现代化“三步走”发展战略：第一步，从2020—2022年，晋城市教育发展各项指标跻身全省第一方阵；第二步，从2023—2025年，教育发展水平跻身全省前列；第三步，从2026—2028年，基本达到教育现代化的目标，用两年时间巩固提升冲刺，到2030年实现全市教育现代化。

【专项治理】 2019年，晋城市教育局把2019年确定为民办学校违规招生专项整治年，开展民办学校违规招生专项整治，对凤兰学校罚款26万元，停止凤兰学校和高平市特立中学2019年招生资格，削减其余违规招生民办学校招生计划。全市6所民办高中学校无一起违规招生现象。开展城镇小区配套幼儿园治理工作，29所整治任务完成14所，23所普惠性幼儿园建设任务全部完成，大片区联片教研活动深入开展，先进经验在全省交流。

【设施建设】 2019年，晋城市推进丹河新城教育园区建设，晋城一中（丹河校区）和泽州一中新校区奠基开工；晋城一中教育集团南岭爱物学校组建开学，共招收203名590分以上高质量生源；晋城三中搬入新校区，硬件设施条件省内一流；晋城五中搬迁至原晋城三中校区办学，办学条件大为改善；综合实践基地项目投入运行，建设2个主题馆10个实践教室；晋城中专整体搬迁至丹河新城校区；投资1.29亿元新建改建13所幼儿园项目，全部完成年度目标任务；城区东南学校、西城小学、泽州县枣园学校建设进展顺利，阳城一中新教学楼、沁水县定都小学完工。

【义务教育】 2019年，晋城市义务教育优质均衡发展，全市义务教育集团化办学深入推进，共组建60个办学集团。继续实施农村义务教育寄宿制营养改善计划全覆盖和后勤保障全覆盖工程，建设38所乡村小规模学校和乡镇寄宿制学校。各县（市、区）制定出台义务教育阶段学校布局规划，启动学生减负行动和小学课后服务，开展义务教育阶段适龄重度残疾儿童少年送教上门服务工作。

【职业教育】 2019年，晋城市职业教育产教融合发展，举办首届光机电职业教育论坛，开设光电制造与应用技术专业，旅游职业教育集团与多家旅游单位合作开展旅游人才培养；举办职业教育活动周系列活动和全市第十三届中职学校技能大赛，申报20余个产教融合项目、4个实训基地项目、3个重点专业项目。

【高中教育】 2019年，晋城市高考成绩再创新高，普通高考二本B类以上达线人数9578人，达线率54.5%；一本的达线人数4359人，达线率24.8%；全省文科前10名（共13人）晋城市有9人，全省理科前10名（共10人），晋城市有4人；阳城一中宋笑谊获得全省文科状元；清华大学、北京大学共录取27人。

【素质教育】 2019年，晋城市全面实施素质教育，构建德智体美劳“五育”并举融合育人新体系。召开思想政治理论课座谈会，开展经典诵读、法治进校园、“扣好人生第一粒扣子”等18项主题活动；召开全市体育美育现场会，制定体育美育“一校一品”工作实施方案，全年举办各类体育艺术比赛11项；首批10个“研学旅游基地”挂牌，组织112名学生到上海开展“红色基因”研学实践活动。

【教育改革】 2019年，晋城市持续推进学前教育城乡一体化改革发展省级试点工作，开展五项专题研究和“高平学前范本”推广活动；义务教育城乡一体化改革稳步推进，5项试点任务进展顺利，制定出台《关于深化入学制度改革助力户籍政策落地的实施细则（试行）》，助力晋城市新户籍政策实施，现代学徒制省级试点各项工作稳步推进，晋城职业技术学院烹调工艺与营养、晋城中专中餐烹饪与营养膳食、高平中专机械加工技术等3个专业获准为全省第二批现代学徒制试点项目；市委、市政府出台《关于全面深化新时代教师队伍建设改革的实施意见》，四部门联合制定《加快推进中小学教师县管校聘管理改革实施意见》，增加沁水县为试点县，中小学教师“县管校聘”管理改革试点稳步推进。

【队伍建设】 2019年，晋城市委、市政府召开第35个教师节表彰会，出台一系列尊师重教举措，举办市直教育系统教师节和中华人民共和国成立70周年专场主题音乐会；开展师德师风建设年活动，建立教师个人师德报告制度和师德档案，举办“落实立德树人，争做师德师风楷模”先进典型报告会，对全市5起违反师德师风典型案例进行通报；引进高层次人才99人，招聘347名教师和160名招聘特岗教师，签约公费师范生55人；选送200余名校长、8000余名教师外出学习培训，开展新课标培训、教学观摩、校际教研、“一师一优课、一课一名师”等活动，6大名师工作室组建、127位名师送教下乡，校长教师队伍能力素质明显提升。

（张剑峰）

·太原科技大学晋城校区·

【概况】 2019年，太原科技大学晋城校区学习贯彻全国教育大会精神，按照学校第八次党代会和“十三五”规划确定的指标任务，将校区基层党建工作与校区综合改革工作紧密结合，强化“三全育人”理念，推进“大学生筑基工程”；注重教师队伍建设，师资水平全面提升；开展产学研工作，助力晋城市产业升级转型发展，圆满完成教学任务。校区针对新疆籍学生建立“4+1”结对帮扶制度，入选山西省高校工委“党建和思想政治工作精品案例”。

【教学改革】 2019年，太原科技大学晋城校区完成数学类、外语类和体育类课程教学大纲修订工作，单独设置课程编号，独立承担教学任务;完成采矿工程专业人才培养方案修订工作,教学总学分控制在154分以下;启动课程优先申报承担教学任务工作;与晋城富士康科技集团洽谈联合建设数字媒体技术专业事宜,初步商定培养模式方案。

【科研项目】 2019年,太原科技大学晋城校区申报获批科研项目20余项,其中国家青年基金项目1项、国家开放实验室研究项目1项、山西省青年科技研究基金项目3项、省教育厅软科学项目2项,确定校区教学研究项目17个。由山西金鼎高宝钻探有限责任公司牵头,参与联合申报的“山西省煤层气开采装备创新中心”被山西省工业和信息化厅批准为山西省省级制造业创新中心试点培育单位。协助学校科学技术处完成承担晋城市科技局三个平台项目的整改工作和结题验收工作。

【学科竞赛】 2019年,太原科技大学晋城校区组织参加各级各类学科竞赛,获得国家级一等奖1项、二等奖9项、三等奖4项,省部级一等奖1项、二等奖14项、三等奖15项,省部级银奖1个、铜奖2个。

【师资建设】 2019年,太原科技大学晋城校区通过公开招聘、人才引进等方式充实教师队伍,启动校区合同聘用制人员公开招聘和管理岗人员职级制改革工作,缓解教师队伍紧缺局面,提升整体师资水平。

【产学研改革】 2019年,太原科技大学晋城校区作为应用型高级专业人才的改革试点对象,探索产教融合、校企合作、协同培养模式改革,把工匠精神融入教学教育全过程,助力晋城市产业升级转型发展。先后承接晋城市科技局科研项目30多项;与富士康集团开展产教融合合作试点,与晋城市政府、富士康集团等签订投资合作框架协议,实施“两中心一基地”项目(即智能制造产业中心、纳米光机电产业示范中心和高端人才培育基地项目),开展课程置换方案和成本核算工作。

(郝　云)

·晋城职业技术学院·

【概况】 2019年,晋城职业技术学院贯彻国家职业教育改革实施方案,推进优质校建设,深化教育教学改革;落实立德树人根本任务,狠抓行为习惯养成教育,促进学生全面成长;坚持“四有”标准,完善管理制度,健全专兼结合的“双师型”教师队伍;开展文明创建工作,推进校园文化建设,全面发挥学院的社会服务功能;加强校园综合治理,各项工作取得显著成效。2019年3月被市综治委评为“综合治理优秀单位”。

【职业教育改革】 2019年,晋城职业技术学院贯彻《国家职业教育改革实施方案》,拟定实施意见,推进职业教育改革。完成58个专业人才培养方案,5个专业入选国家“1+X”证书试点,覆盖智能制造、信息技术和现代财会3个专业群,“Web前端开发”项目完成首次培训与考试。中德合作职业教育双元培育促进项目完成前期调研和项目论证工作。

【优质校建设】 2019年,晋城职业技术学院成立优质校建设领导组,统筹优质校建设工作。年初,召开部署会,明确责任分工;年中,召开推进会,进行督促落实;年终,开展检查验收,纳入处室系考核。投资364万元采购实训设备,落实教师培训经费94万元。参加省级教学成果大赛获一等奖,参加全国技能大赛获二等奖1项、三等奖6项,参加全省第十三届职业院校技能大赛获一等奖7项、二等奖11项、三等奖16项,创历史最好成绩。

【校企合作】 2019年,晋城职业技术学院与景柏服饰和富士康筹建混合所有制二级学院的方案,与8家企业签订框架合作协议,与晋城富士康培训中心达成教师和学生实习协议。建立与长三角和京津晋企业回访制度,为提高学生实习对口率和实习管理水平提供实践支撑。搭建产教融合“旅游职教集团”“光机电职教集团”两大职教集团平台。举办光机电职教论坛,与会专家为光机电专业人才培养提出建设性意见;组织酒店管理等4个专业103名学生,分2批到旅游职教集团14个成员单位开展认知实习,推动校企合作取得实质进展。

【教学研究】 2019年，晋城职业技术学院深化科研管理体制改革，出台《晋城职业技术学院科研项目经费和科技活动经费管理办法（试行）》《晋城职业技术学院科研项目经费资助（配套）办法》；加强科研项目立项审核，引导教职工结合学院教学管理中的问题开展课题研究，鼓励教职工联合行业企业人员进行横向课题研究。全院立项省级课题7项，院级课题13项，其中横向课题2项；结项课题35项，获省级科研三等奖1项、山西省教学成果奖（职业教育）一等奖1项。完成第二届“教学科研成果奖”评审，评出各级各类优秀成果152项，共获奖励19.57万元。

【招生与就业】 2019年，晋城职业技术学院举办首届中高职协同发展论坛，与15所高中阶段学校签订校校合作协议，与10所中职学校签订三二分段培养协议。全年共招收新生2024人，其中专科1304人、中专720人，扩招2020年春季入学学生224名。举办就业指导类讲座9场，企业推介会26场，提供岗位8000余个，达成初步意向4336人次。继续开展专升本免费培训，培训学生128名，102人达线，96人被录取，达线率80%。

【创新创业】 2019年，晋城职业技术学院创园第三期入驻6个创业项目，第四期11个创业项目完成专家评审。举办1期创办企业培训班，培训60人。组织73个项目团队586人次参加第五届互联网+大学生创新创业大赛校赛，17个项目团队50余名学生晋级，参加校级评审。6个项目进入全省决赛，获金奖1项、铜奖2项、优秀奖3项，学院获得优秀组织奖。

【职业教育改革】 2019年，晋城职业技术学院紧扣《乡村振兴战略规划（2018—2022年）》主题，对乡村振兴的制度框架和政策体系进行解读，完成两期270名农村基层干部素质提升培训。利用学院人才技术优势，开展各种形式培训6700余人次，开展数控车工、中式烹饪、服装缝纫、花卉园艺等工种的职业技能鉴定，发放职业技能证书961个。学院图书馆发挥高校馆和社会馆两大功能，开展全民阅读推广活动，助力晋城市国家公共文化服务示范区创建工作，被评为国家级“全民阅读示范基地”。

【人才建设】 2019年，晋城职业技术学院落实高校教师职称自主评审要求，成立职称工作领导组，组建学院教师高级职称评审委员会，制定职称评审办法和评审条件。鼓励教师参加国培、省培，130人次参加暑期专业培训和下企业锻炼，3名教师入选“三晋英才”拔尖骨干人才，引进高层次人才10人，9名教师晋升中级职称，4名教师取得高校教师资格，49名教师获山西省专项职业能力考核考评员，31名行业企业管理技术骨干担任兼职教师，优化专兼结合的“双师型”教师队伍结构。

（司建新）

·晋城市中等专业学校·

【概况】 2019年，晋城市中等专业学校贯彻国家及省、市教育大会精神，落实立德树人根本任务，以提升人才培养质量为主线，以十项重点工作为抓手，强化师德师风建设，突出素养教育，利用专业优势，发挥职业教育服务社会功能，推进学校高质量发展。

【“育名师、树典型、强师能”竞赛活动】 2019年，晋城市中等专业学校强化师德师风建设，持续开展“育名师、树典型、强师能”竞赛活动，通过公开公平评选，表彰教学名师、教学骨干、教学能手等40名优秀教师，为全校教师树立标杆和榜样，教育教学质量稳步提高。

【校园搬迁】 2019年，晋城市中等专业学校整体搬迁被列为晋城市2019年教育重点工程之一。11月18日整体搬迁基本完成，行政后勤和5个系部融为一体，全校2600余名师生全部在新校区办公、教学。新校区位于晋城市丹河新城金村教育园区。

【技能大赛】 2019年，晋城市中等专业学校实现晋城市技能大赛十连冠；参加山西省技能大赛，获得省级技能大赛一等奖7个、二等奖14个、三等奖16个，其中会计电算化项目获全省第一名,沙盘模拟经营项目获全省第二名,教师教学能力大赛获团体一等奖;参加全国技能大赛,沙盘模拟企业经营项目获团体三等奖,"科云杯"全国职业院校财会职业能力网络大赛获团体二等奖。

【招生升学】 2019年,晋城市中等专业学校秋季新生注册907人,汽修和中餐现代学徒制招收学员71人,接收凤兰学校学生95人,全年实际招生1073人,完成招生任务。对口升学位于全市中职学校榜首,近百人被本科院校录取,录取率达35%,高于全省中职学校的平均水平。

【素养教育】 2019年,晋城市中等专业学校完善学团会制度和职能,按照总体规划,从优秀学团干部中选拔成立学生教官队伍,进行为期两个月的集中培训,整体素质明显提高。2019届新生军训完全由学生教官进行管理和训练,收到预期效果;理顺和健全学生自主管理体制机制,明确班主任、教官、学团会岗位职责,学生自我管理能力和整体素质不断提升。

【社会服务】 2019年,晋城市中等专业学校坚持"以服务促管理,以专业创特色,以质量求发展"办学理念,利用专业优势,立足当地,服务社会。中餐专业与晋城电视台合作,《晋城好味道》栏目走出校园、走进社区。汽修系与城区科协合作开展"科普进校园""科普下乡"活动。无人机社团与泽州县科协合作开展智慧农业活动,30余天为川底乡播洒农药3000余亩;到凤台小学和乡镇学校普及无人机知识。

【省级示范校建设中期验收】 2019年,晋城市中等专业学校选定会计、计算机专业为重点建设专业,选定学生综合素养教育、校园文化建设为特色项目建设计划,对照项目建设任务书所列建设项目、建设内容、建设进度(预期目标、检查要点),逐一落实,高质量完成省级示范校中期验收任务。

【省级现代学徒制试点单位建设】 2019年,晋城市中等专业学校根据《晋城市中等专业学校现代学徒制试点工作实施方案》《任务书》要求,与晋城中驰汇联汽修联盟、高平晋宝绿珍等企业,在汽车运用与维修和中餐烹饪专业开展校企双主体、协同育人的现代学徒制办学。全校招收现代学徒制学生71名,按照校企合作育人要求进行教学。

【省级文明校园创建】 2019年,晋城市中等专业学校在巩固市级文明校园的基础上,坚持价值引领、贴近师生和注重实效的原则,以文明校园"六好建设"为标杆,按照体系标准抓细抓实,争创省级文明校园。全面加强未成年人思想道德建设,持续开展"扣好人生第一粒扣子"主题教育实践活动、新时代好少年和最美中职生评选活动、经典诵读活动和学雷锋志愿服务活动,营造浓厚的育人氛围,促进广大学生健康成长。按照文明城市创建要求,完成文化板面的更新制作,定制彩铃使用等工作;组织225人次参加文明交通志愿服务活动45天,再次被晋城市文明委表彰为"晋城市文明校园"。顺利通过"省文明校园先进学校"评审验收。

【教师培训】 2019年,晋城市中等专业学校坚持"引进来、走出去"相结合,加大教师培训力度,选派教师参加国家级培训56人次,省、市级培训53人次。

(梁满亮)

·晋城电大·

【概况】 2019年,晋城电大坚持以党建引领一切,抓好学历教育招生工作,优化办学体系;围绕国家开放大学地方学院的创建和电大系统转型发展的目标,多途径尝试非学历教育发展;助力乡村振兴战略,稳步推进"农村干部学历提升工程";开展师德师风建设,夯实教师队伍,努力成为晋城全民教育、终身教育和学习型社会建设的引领者,为开创新时代美丽晋城高质量转型发展新局面做出贡献。9月,中共晋城市委、晋城市人民政府授予晋城电大办公室"晋城市模范集体"称号。

【招生工作】 2019年,晋城电大继续实行校内全员指标招生,优化办学体系建设,新审批设立一个电大系统县区民办学习中心,晋城境内有学习中心(含直属学习中心)8个、电大统一考试考点8个。

【社会服务】 2019年,晋城电大围绕国家开放大学地方学院的创建和电大系统转型发展的目标,多途径尝试非学历教育发展。“市民生活大讲堂”共举办野生鸟类知识等讲座7期。对晋城市老年教育开展情况进行实地调研,推进老年开放大学筹备工作。

【课题研究】 2019年,晋城电大针对农村干部学历提升工程项目立项校级科研课题7项,各课题组撰写开题报告,有序开展课题研究工作。选取农村干部学历提升工程实践基地典型案例,开展具有晋城电大特色的校本教材的资料收集和编纂工作。

【师德教育】 2019年,晋城电大开展“师德师风建设年”活动,组织学习《新时代高校教师职业行为十项准则》等内容,举办“不忘教书初心,牢记育人使命”师德师风专题教育活动,宣传学习师德先进典型事迹。开展党组织书记“师德师风建设形势政策教育讲座”。中华人民共和国成立70周年之际,开展观看反映昆仑丘发现过程的纪录片、参观“红色三杰”纪念馆、合唱《我和我的祖国》、观看70周年国庆阅兵及群众游行活动等系列爱国爱市活动。

【农村干部学历提升工程】 2019年,晋城电大助力乡村振兴战略,稳步推进“农村干部学历提升工程”,组建30人的服务团队,其中副教授5名,讲师15名,硕士研究生13名;选派10名骨干教师担任班主任,负责学员日常管理工作,利用微信、QQ等网络社交平台,加强班级管理;优化学习小组,营造互助式合作学习氛围。完善规章制度,出台《晋城电大“农村干部学历提升工程”专任教师选聘办法》《兼职教师选聘办法》《班主任选聘和管理办法》《“农村干部学历提升工程”学员学习考核管理办法》等教学辅导标准及考核办法。做好常规教学管理,实行三轮面授辅导。优化课程设置,在完成思想政治、公共基础、专业基础等规定课程的同时,紧贴农村生产生活实际,为学员开设农村政策法规、常用社交礼仪、涉农专业理论与技术、乡村振兴战略、地方历史文化与旅游开发等方面的讲座。深化学习效果,面向4个年级,市直和6个县(市、区)2100余名农村干部学员,分50余批次进行集中面授辅导。从全市农村和涉农企业中遴选确定16个教学实践基地,秋季学期,组织学生500余人次在9个教育教学实践基地进行10场实践教学和调研活动,完成实践教学调查问卷和实践教学报告700余份。5月29日,召开晋城市农村干部学历提升工程工作推进会和学情分析研讨会。校领导和教务教学负责人,到20余个村进行实地调研,《晋城电大“农干工程”教育教学质量情况调查问卷》发放1000份。

(李　军)

·晋城一中·

【概况】 2019年,晋城一中坚持立德树人的根本任务,丰富办学内涵,彰显办学特色,提高教学质量,各项工作亮点纷呈、卓有成效。获得山西省高中教育质量综合评价第二名、晋城市劳动竞赛集体一等功、市教育系统先进集体、市直教育系统先进基层党组织等荣誉。

【高考成绩】 2019年,晋城一中高考取得新突破,考取清华大学、北京大学20人,裸分录取人数全省第一;一本达线率86.3%;清华大学、北京大学录取人数、高分段人数、一本达线数等各项指标均处在全省前列,位列全国百强中学排行榜第68名。被清华大学、北京大学、中国科大、上海交大、浙江大学等20余所双一流大学授予优质生源基地校称号。

【德育教育】 2019年,晋城一中深入推进五大德育品牌活动,拓展德育新途径。春季,举行“五十华里千人远足”活动,1000余人参加活动;5月,举行校园开放日活动,1万余名学生、家长及社会各界人士参加活动;暑期,开展红色研学旅行活动,800余人参与,横跨13省17地市;庆祝中华人民共和国成立70周年,制作晋城一中版《我爱你中国》,浏览量突破10万+;校庆期间,全国11所大学16位院士、学者先后走进学校,开坛设讲;元旦期间,“不忘初心,牢记使命,走好新时代长征路”新年音乐会,2000多名师生、家长参加。以“家长合唱团”“家长讲堂”“校园开放日”等为载体,开展多种形式的家校合作育人活动。

【队伍建设】 2019年,晋城一中深化教师管理体制,修订完善《教师业务考核方案》。加强教师专业能力建设,精心策划青年教师课堂教学改革大赛,承办中国好教育三晋联盟第五届同课异构教学大赛。

(郭玉青)

科 技

【概况】 2019年,晋城市组织实施省级科技项目7项,其中,高新技术领域2项,农村技术承包项目5项;全市技术合同交易256项,交易额35.9亿元;新认定国家高新技术企业13个;新认定省级众创空间1个;新认定省级科技企业孵化器1个;新认定省民营科技企业10家。全市拥有高新技术企业62家,国家级星创天地2个,国家级众创空间2个,国家级重点实验室1个,省级众创空间9个,省级重点实验室和省级工程技术研究中心5个,省级科技企业孵化器9家,省级民营科技企业57家,省级科普基地11个。

【科技政策】 2019年,晋城市政府出台《晋城市促进科技成果转化实施细则(试行)》,落实创新发展理念,推动科技创新和科技成果转移转化。晋城市科学技术局出台《大型科学仪器设施共享服务管理办法(试行)》,开始筹建“共享大型科学仪器设备库”,促进科技资源共享和优化配置,提高大型科学仪器设施的使用效率,为高层次人才创新创业服务提供支撑。晋城市科学技术局出台《落实高层次人才(团队)申报国家级、省级科技重大专项和重点研发计划等项目配套资金的办法》。

【科技人才】 2019年,晋城市科学技术局加强科技人才队伍建设,推荐5人为科技领域市委联系专家,推荐16人入选山西省“三晋英才”科技领域人选,其中高端领军人才1人、拔尖骨干人才9人、青年优秀人才6人,下达补助资金38万元。开展外国专家引进工作,利用调研、网络等多种形式搜集全市企事业单位外国专家需求项目24项,申报国家、省级的外国专家项目10项,引进外国专家8名,实施完成“球墨铸铁件的缩松与缩孔的处理方法”“脑瘫儿童的言语功能障碍”等外国专家项目8个。

【科技合作】 2019年,晋城市科学技术局推动光机电产业政产学研用合作项目建设,与山西大学、太原理工大学、太原科技大学、中北大学就开展产学研合作进行对接。“山西大学晋城光电信息产业研究院”和“中北大学晋城先进材料与智能装备研究院”挂牌成立,签订框架协议。10月25日,山西大学依托山西省光电信息产业研究院教育创业中心,招收专为晋城服务的第一批22名光电信息联合培养专业硕士研究生,在晋城富士康工业园区进行校外导师互选活动。11月4日,山西大学物电学院和大数据学院46名专业硕士到晋城市进行为期一个月的实训和社会实践。

【科研开发基地建设】 2019年,晋城市科学技术局推进科技研发基地建设,科技研发基地的孵化大厦、中试车间、专家公寓、员工宿舍工程建设基本完工;加速器大楼完成设计调整,空调系统、消防系统、供热系统、电梯等设备系统进行调试、整改,室外景观绿化、铺装项目、二次装修等开始招标准备。加强双创平台建设,新增省级“众创空间”1家、省级科技企业孵化器1家、省级“星创天地”3家。

【科技交流】 2019年,晋城市技术合同交易256项,交易额完成35.95亿元,超额完成全年目标任务。加强对外科技合作和交流,组织13家企事业单位24项外国专家需求项目到深圳参加国际人才交流大会,与10余家外国专家组织进行对接;组织20家高新技术企业和8家众创空间到太原参加北京大学、清华大学科技成果推荐会暨众创空间发展论坛;参加第21届中国国际光电博览会和中国晋城首届全球光机电产业高层次人才创新创业大赛暨深圳选拔赛,明确晋城光机电产业实现跨越发展的方向和路径。

【创优环境】 2019年，晋城市科学技术局开展高新技术企业认定工作，全市高新技术企业数量达到62家，超额完成山西省委省政府下达晋城市的目标考核任务。开展科技型中小企业评价工作，全市48家企业进入科技型中小企业库。支持企业创新创业，下达6县（市、区）研发投入奖励资金200万元，全市研究与试验发展（R&D）经费投入16亿元，占GDP比重1.18%，投入强度跃居全省第二位。支持重点企业建设研发机构，重点支持清慧机械有限公司和高宝钻探公司进行申报，支持晋煤集团煤与煤层气共采国家重点实验室、瑞亚力省重点实验室申报重点领域创新团队、青年科技研究基金项目。支持企业实施重大科技项目，组织申报省级科技计划15项、外国专家项目8项，获得省级研发经费支持1176万元。组织11家企业参加第八届中国创新创业大赛，山西海诺科技股份有限公司“可机加工高性能空心玻璃微珠先进复合材料产业化项目”获得一等奖，山西焕星科技有限公司“高效相变储能球的应用项目”获得三等奖。

【光伏发电补贴】 2019年，晋城市下达农村地区光伏补贴资金2.03亿元，开展2017年8月后光伏安装户补贴申报工作，完成农户光伏项目的申报、审核、公示，并对农业经营主体光伏项目进行实地核查。

【科普宣传】 2019年，晋城市科学技术局开展科技活动周宣传、送科技进农村、送政策入企业、送科普入校园和组织公共科技资源向社会开放等形式多样、内容丰富的群众性科技活动，在全市掀起尊重科技、学习科技、应用科技的热潮。

（樊忠东）

【“产学研”结合】 2019年，晋城市科学技术研究所与国内高等院校及晋城市新兴产业进行“产学研”合作，实施一批科技创新项目。3月26日，与郑州轻工业大学食品工程学院达成战略合作关系，开展科技交流活动，推动晋城市食品产业发展。与中国农科院蚕桑研究所对接，引进“苏豪”“钟晔”新型抗病蚕品种。与山西金晶碳酸钙应用科技有限公司合作共建纳米碳酸钙实验室，开发纳米碳酸钙新材料。5月7—11日，组织部分科研人员到西南大学生物学院进行对接，协商在阳城县共同举办“蚕桑新产品开发利用”院士工作站。

【科研项目】 2019年，晋城市科学技术研究所与山西吉利尔潞绸集团有限公司合作开发“新型真丝交织面料及制品”科研项目，利用晋城市高品质真丝和新型化学纤维铜氨丝交织，开发出舒适、美观、实用的新型真丝绸织品。

【技术培训】 2019年8月30日，晋城市科学技术研究所与山西晋岳文化旅游公司合作举办“蛋白桑新技术推广应用”专题培训班，传授最新栽桑养蚕科技知识，受益蚕农200余人。

【科技调研与服务】 2019年8月30日，晋城市科学技术研究所开展科技调研工作，撰写专业调研报告4篇，为市委市政府发展相关产业提供决策参考。在阳城铭润装饰有限公司设立建筑“专家工作站”，为建筑企业保证质量保驾护航。

（杨学锋）

气　象

【概况】 2019年，晋城市气象局开展天气预报、气候预测、人工影响天气、雷电监测等服务工作，开展地面观测、农业生态等气象探测业务，加强气象防灾减灾、人工影响天气、防雷和升空气球等社会管理职能，发挥气象防灾减灾第一道防线作用，为实现全面建成小康社会提供气象保障，荣获晋城市政府“促进晋城经济社会发展重要贡献”单位称号，被山西省气象局评为“特别优秀单位”，连续第9年被评为省级文明单位。

【气象基础业务】 2019年，晋城市气象局按照“策划—实施—检查—改进”循环（PDCA），初步建立全市气象观测标准化管理模式。全市地面测报、农气观测、酸雨观测、大气成分观测、雷电观测、GNSS/MET等基础业务稳定运行,各项气象信息传输及时,全市暴雨(雪)、大风、大雾、雷电、冰雹各类气象灾害预警信号准确性和时效性均高于全省平均水平。

【智慧气象建设】 2019年,晋城市气象局加强智慧气象能力建设,基于CIMISS数据的决策气象服务综合应用平台在全市所有县(市)气象局推广使用;气象预警一键式发布系统投入运行,预警信息发布的时效性提高。

【气象保障】 2019年,晋城市气象局保障"5·22"阳城县小西沟村后山森林火情现场指挥,制作发布火情专题服务材料151期、后期保障专题服务材料8期。保障"8·5"泽州县大箕镇邓家庄村两棚河段山洪灾情救援服务,提供救援现场天气专题预报,制作发布专题预报61期。保障二青会气象服务,编印《二青会气象服务手册》,加密制作专题预报;派出现场气象保障服务小组开展保障服务,制作发布服务材料101期。9月,晋城市政府成立较大及以上气象灾害应急指挥部,指挥部办公室设在市气象局。组织开展人工增雨增雪作业,组织各类增雨作业90站次,发射火箭弹82枚,燃放增雨烟条678根。

【气象合作】 2019年,晋城市气象局及时更新预警信息服务对象信息,与国土、环保、农业、交通、旅游等部门开展部门合作。与环保部门合作,开展大气污染气象条件分析、大气污染防治工作调研,为地方政府提供大气扩散条件预报。与农业部门构建协商机制,为农业部门提供作物生长全流程的气象数据,向农业部门提供及时有效的气象建议。11月14日,在泽州县北义城镇召开气象为农服务联席会议,建立为农服务专家联盟。

【气象服务】 2019年,晋城市气象局成立为农服务创新团队,结合当地特色农业,围绕高平大黄梨、阳城蚕桑、陵川中药材、沁水设施蔬菜开展特色气象服务。依托"三农"专项和山洪项目建设,推进基层防灾减灾基础能力建设。新建农田小气候观测站1个。开展气象信息员培训,推进预警信息发布向基层延伸,气象灾害预警信息实现乡镇全覆盖。

【气象宣传】 2019年,晋城市气象局注重气象科普宣传,科普教育基地向当地居民开放,在"3·23"世界气象日、"5·12"防灾减灾日、科技活动周等期间开展气象防灾减灾科普宣传和气象科技下乡、气象科普进校园活动。向重点人群开展6个主题15场次讲解宣传活动,受众1000余人次,发放宣传材料2000份(册);科普基地接待中小学团队、散客500余人次。

(王建民　司艳敏)

晋城市热力有限公司

公司党总支书记、总经理陈明龙

庆祝建党 98 周年表彰会

晋城市热力有限公司成立于 1991 年，是负责全市集中供热的国有独资企业，主要负责市区集中供热设施的建设、生产、运营和管理。截至 2019 年底，公司共有大型热源厂 2 座，配套供热管网总长 705.1 千米，换热站 251 座，供热能力 2400 万平方米。

2019 年，在市委市政府和市城市管理局的坚强领导下，公司紧紧围绕“打赢三大攻坚、突出两项重点、强化六个管理”发展思路，全体热力员工用汗水浇灌收获，以实干笃定前行，阳电供热项目东北环 10 千米供热管网工程按期建成投运，隧道控制性工程有序推进，“三供一业”供热管网分离移交改造圆满完成。

在抓好重点工作的同时，公司持续拓宽用户缴费渠道，有序开展安全生产、检修技改、供热宣传、用户服务等年度供暖工作；积极参与文明城市创建和文明单位创建活动，大力举办体育竞赛、悦读时光、演讲比赛、歌咏比赛、道德讲堂等特色企业文化活动；扎实开展“改革创新、奋发有为”大讨论和“不忘初心、牢记使命”主题教育，全面提升党建工作水平，圆满完成年度各项工作目标任务。

公司领导班子深入隧道施工现场进行调研

公司合唱团代表队参加晋城市庆祝建国 70 周年歌咏大赛

山西天泽煤化工集团股份公司

天泽集团党委书记、董事长张国瑞

山西天泽煤化工集团股份公司，是全国最大的大颗粒尿素生产企业，尿素产能占全国尿素产能的 5%。集团公司下设煤气化厂、化工厂、天泽永丰公司等 5 个分子公司，总资产 45.51 亿元，净资产 20.87 亿元，在岗员工 3500 余人。公司现具有年产 180 万吨合成氨、300 万吨尿素、30 万吨甲醇、6 万吨甲醛、1.5 万吨三聚氰胺和 18MW 余热发电装机容量的综合生产能力。“泽州”牌商标被国家工商总局认定为“中国驰名商标”。

2019 年，集团公司在市委、市政府的正确领导下，坚持以习近平新时代中国特色社会主义思想为指导，贯彻落实新发展理念和省、市经济工作会议精神，牢牢把握高质量发展的根本要求，继续深化供给侧结构性改革，积极推进国资国企改革，持续保持了生产经营的安全稳定运行。全年累计生产合成氨 140.07 万吨，尿素 228.06 万吨，甲醇 9.51 万吨，甲醛 2.46 万吨，余热发电 7142.304 万度，实现工业总产值 43.59 亿元，实现利税 1.55 亿元。

2019 年，集团公司立足激发管理潜力和发展动力，成立人才工作领导小组，实施人才新政，真金白银“招才引智”；严格干部到龄退休管理，积极推进公司机关减员增效，全面推进管理体制、组织机构、薪酬分配、人才激励等一系列改革，更好地将企业治理效能转化为发展优势。

山西天泽集团化工厂

山西天泽集团煤气化厂

2019 年，集团公司认真践行以人民为中心思想，在不断提高员工收入和福利待遇的同时，积极开展金秋助学、帮扶慰问等活动。

2019 年，集团公司借势“不忘初心、牢记使命”主题教育和“改革创新、奋发有为”大讨论，持续锤炼党员干部忠诚干净担当的政治品格。大家主动融入企业发展大局，立足本职、爱岗敬业、勤奋工作，有效形成自信自强、团结奋进良好局面。

有付出就会有收获。集团公司连续两年获“山西省优秀企业”称号，连续八年被评为“全国（合成氨）行业能效领跑者标杆企业”，先后获得“山西省功勋企业”“晋城市工业高质量发展优秀企业”等多项荣誉称号。这些成绩凝结着天泽人的心血和汗水，彰显了蓬勃奋进的天泽风采与天泽力量。

连续八年获得“（合成氨）能效领跑者标杆企业”称号

新时代，天泽集团面临着转型发展的重大使命，困难和问题同在，机遇与挑战并存。天泽集团将以时不我待的紧迫感和锐意进取的创新精神，勠力同心，攻坚克难，笃定实干，勇毅前行，为晋城市高质量转型发展新胜利谱写新篇章。

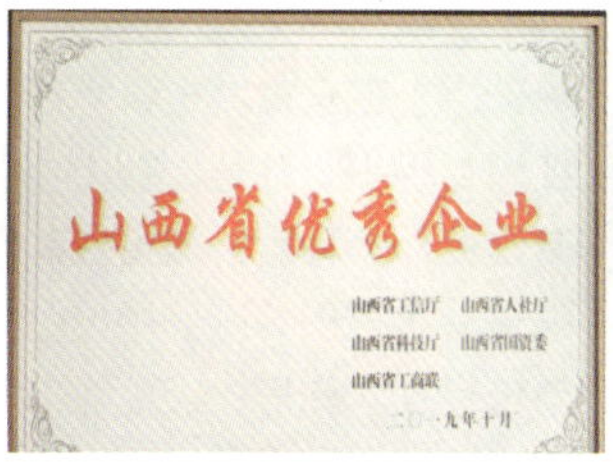

山西天泽集团永丰公司

晋城市自来水有限公司

市城市管理局局长王秀峰到第三水厂调研

晋城市自来水有限公司是集产水、供水、水质检测、水表计量、供水工程设计、供水管道安装和维修能力的国有独资企业，公司固定资产 2.03 亿元。拥有 3 座水厂、4 座水处理站、31 眼水源井，设计供水能力 13 万立方米 / 日，管网总长度 480 多千米，供水服务面积 48 平方千米。

2019 年，该公司树立“安全供水、依法经营、优质服务”发展理念，倡导“团结敬业、务实创新、诚信服务、追求卓越”企业精神，以“洞头速度”“丹河速度”为标杆，全体干部职工抢抓机遇、迎接挑战，攻坚克难、真抓实干。2019 年 10 月 16 日，市重点工程第三水厂工程项目正式开工建设，公司上下齐心协力、倒排工期、挂图作战，三水厂、配水站、配套管网建设进入实质性施工阶段；“三供一业”分离移交改造圆满完成。围绕“抓改革促发展，抓管理增效益”指导方针，实施“经营创新、节能降耗、结构调整、人才强企”四大发展战略，明晰企业可持续发展线路规划图，初步形成城市供水市场化运作机制，为企业实现高质量稳步发展夯实基础，走在全省城市供水行业前列。被市直工委授予“十佳红旗党组织”称号，被市委、市政府授予“模范集体”“和谐企业”等称号；被省住建厅评为“行风建设先进单位”，被省消协授予“诚信单位”称号，连续四届蝉联省级“文明单位标兵”称号；被住建部命名为“全国建设系统创建文明行业示范点”单位，被中央精神文明建设指导委员会授予“全国文明单位”称号。

三水厂鸟瞰图

春节前公司领导慰问老干部

荣获“全国文明单位”等荣誉

全体党员开展“不忘初心　牢记使命”主题教育

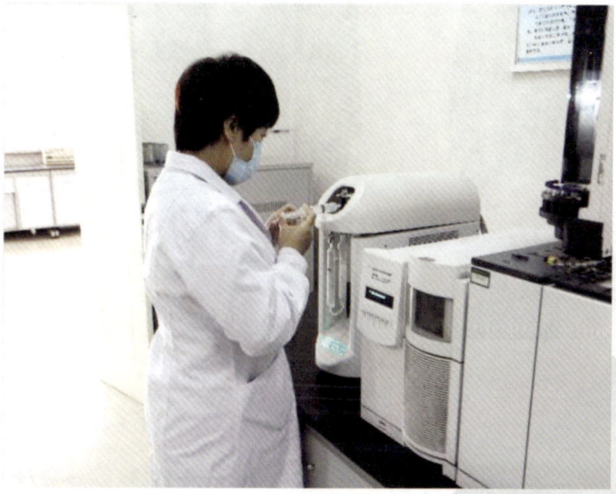

水质检测

公司举办“礼赞新中国、奋进新时代”庆祝中华人民共和国成立70周年文艺汇演

供水管网抢修现场

晋城市保安守押有限公司

市委常委、市委秘书长孙世新（左三）、市政府秘书长焦新文（左四）、副秘书长、市直属机关事务服务中心主任牛泽民（左二）慰问市政府保安队员

公司举办庆祝建国 70 周年“我和我的祖国”新时代大家唱活动

省保安协会会长董秀华一行到公司调研指导工作

升国旗仪式

市公安局领导检查指导安全工作

圆满完成“二青会”沁水站火炬传递安保任务

安保维稳誓师大会

国庆大型演出活动外围警卫任务

晋城市城区人民法院

2019 年 12 月 3 日，市长刘锋到该院观摩开庭

2019 年，晋城市城区人民法院在区委坚强领导下、在区人大及其常委会有力监督下、在市中院的精心指导下、在区政府、区政协及社会各界关心支持下，以习近平新时代中国特色社会主义思想为指导，全面贯彻党的十九大和十九届二中、三中、四中全会精神，紧紧围绕“努力让人民群众在每一个司法案件中感受到公平正义”这一奋斗目标，忠实履行宪法和法律赋予的职责，践行宗旨、奋力拼搏，以审判执行为中心的各项工作取得了新进展。一年来，区人民法院充分发挥人民法院审判职能作用，积极服务全区社会经济发展，努力维护社会公平正义，全面开展刑事、民事、 执行各项工作，全年共受理各类案件 7572 件，办结 7256 件，审执结率 95.83%，法定审限内结案率 99.91%，员额法官人均办案数 241.48 件，位居全市法院第一，超出全市法院平均办案数 173.37 件的 39.3%，超出全省法院平均办案数 143.43 件的 68.4%。

院长李东明在区九届人大五次会议上作法院工作报告

2019 年度总结暨表彰大会

2019 年 10 月 10 日，省人大领导到该院执行局调研

2019 年 10 月 8 日，党组书记、院长李东明讲党课

2019 年 9 月 30 日，升国旗仪式

2019 年 10 月 22 日，民营企业家开放日活动

赴“联点共建”单位推进文明城市创建工作

泽州县人民法院

召开党组会议

机关党委成立，举行授旗仪式

2019 年，泽州县人民法院坚持以党建带队建促审判，推进法院工作全面协调高质量发展。全年共受理各类案件 5031 件，审执结 4947 件，同比分别上升 4.44%、5.68%，审判执行质效居全省前列，被评为全市先进法院。认真落实市委党建四句话要求，撤销党总支成立“县法院机关委员会”，3 个党支部调增为 7 个，将支部建在庭上，创建机关党建标识和 7 个党建品牌，实现党建与审判业务的高度融合，党建阵地建设被县直工委列为标兵。根据《中国共产党政法工作条例》《中国共产党党组工作条例》要求，对党组班子进行规范化调整，精简内设机构，强化派出法庭建设，优化配置审判力量，加强干警职业权益保障，形成了干事创业的浓厚氛围。以高度政治担当深入推进扫黑除恶专项斗争，高质量审理了马某某等 23 人组织领导参加黑社会性质组织、开设赌场、非法拘禁等犯罪一案。主动服务丹河新城建设，为创造“丹河速度”贡献法院智慧和力量。深化家事审判方式改革成果应用，继续保持全省全国领先地位。民事审判庭获“晋城市十大优秀政法单位”称号，被授予“晋城市五一劳动奖状”。基本解决执行难工作作为全省法院代表，顺利通过了社科院第三方评估，执行局被省高院授予集体二等功。

重温入党誓词

人民陪审员颁证宣誓仪式

法官田间调解

涉黑案件庭审现场

民营企业家开放日

执行行动

晋城市城区钟家庄街道

2019 年 3 月 16 日，市委书记张志川（中）到洞头村调研指导

2019 年 3 月 6 日，市长刘锋（中）到洞头调研

禾瑞尚康效果图

2019 年 9 月 4 日，市纪委书记那志茂（左四）到上辇社区检查指导创文工作

2019 年 10 月 18 日，中央巡察组调研

2019 年 5 月 24 日，区委书记王文全（左二）参加洞头村新时代文明实践站揭牌仪式

2019 年 4 月 29 日，区长李晓峰（左二）调研重点工程万达广场项目进度

万达广场效果图

晋城市城区开发区街道

市委书记张志川（中）在东南新区学校调研

市长刘锋（左二）在东南新区学校调研

开发区街道东临泽州县金村镇，西接钟家庄街道，北靠陵沁路，南依南村镇，总面积15.85平方千米，总人口7万余人。辖10个社区居委会，61个驻地小区、居民点，8所中小学校，1所职业技术学校，7家机关事业单位，34家重点工业企业。

2019年，开发区街道办事处加大服务力度，积极协调老项目，主动引进新项目，全年固定资产投资6亿元，完成年度目标任务。克服东南新区学校总体设计变更、雨季土方清运、采空区治理验证等难题，强力推进项目建设。8月12日主体基础开工建设，140天实现中、小学教学楼和综合楼主体工程封顶，累计完成投资9800万元，刷新重点学校项目速度。

街道党工委在白马寺山长江支队纪念林爱国主义教育基地开展“不忘初心、牢记使命”革命传统教育

创建全国文明城市攻坚大会

纪念建党 98 周年“七一”文艺汇演暨表彰大会

东吕匠社区回迁安置 35 号楼主体工程

助力晋城马拉松赛事

新时代大家唱群众性歌咏合唱比赛

南村镇杨洼社区

社区党支部书记　李志刚

社区居委会主任　王建强

南村镇杨洼社区成立于2010年10月，由原南村镇杨洼村改建设立。有居民374户，1311人。两委班子成员9人，其中，支委委员5人，居委委员4人。中共党员38人，居民代表16人。近年来，杨洼社区立足“城中村”改造，大力实施“1+3”党建提升工程（即“一个承诺聚民心、三项举措便民行”），各项工作取得新成绩。

党的建设方面：围绕党的十九大报告提出的“打造共建、共治、共享的社会治理格局”，坚持民主管理，健全党员民主权利保障制度，落实党员知情权、参与权、选举权、监督权，全面推进党务公开工作，让党员更好地了解和参与党内事务，提高两委班子决策民主性和科学性。

经济发展方面：围绕“融城、强村、建设一流园林社区”目标，成立晋城市亿泰房地产开发有限公司，进行杨洼社区“棚户区”改造，修建四季花城小区、晋城市经济适用住房和泽州县凤城小学，总建筑面积43万平方米。筹建杨洼社区综合大楼，占地7333.33平方米，建筑面积2.7万平方米，总投资6000万元。

居民住宅区

社区办公大厅

荣誉室

社会事业方面：社区依托房地产业发展，妥善安置社区居民，为社区居民日常生活提供细致和周到服务，成立四季花城物业管理有限公司，解决部分居民就业问题。建立助学金和奖学金制度。实现社会养老保险和新型合作医疗全覆盖，解决社区居民养老后顾之忧，为辖区 134 名 45 岁以上居民缴养老保险，共 24.12 万元。为辖区内 106 名 60 周岁以上老人，每人每月发放养老金 240 元。在南村镇苏庄村南山建设社区公墓，总投资约 300 万元，占地面积 1 万余平方米，停车场 3000 平方米，道路铺装硬化 2100 平方米。

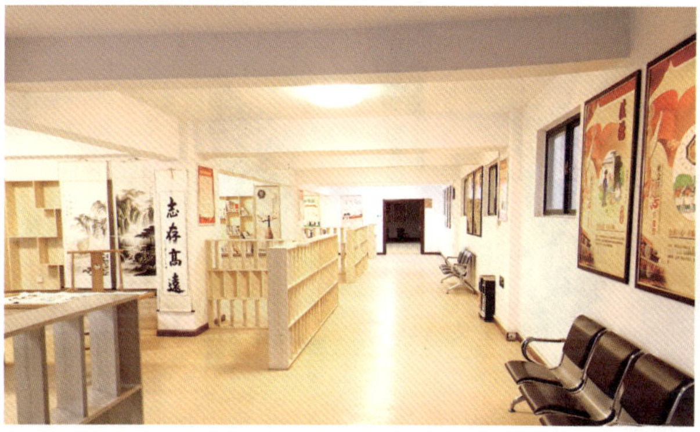

书画展室

健身活动中心

学府平墅区

泽州县大东沟镇

泽州县四大班子领导在该镇观摩重点工程

县委常委、组织部长张韶华（右三）在北村观摩检查

组织全镇党员干部参观“红色三杰”纪念馆

县委副书记、县长张军（右二）在“一乡一特”七干面生产车间调研

县法院院长郭旭鸿（中）在关庄村就软弱涣散整顿工作调研

文明行（道德模范宣讲）走进泽州县大东沟镇贾泉村

中国农民丰收节暨大东沟镇“情系长河 爱满东沟”文化旅游宣传月开幕式

泽州县金村镇

县长张军（左三）带队调研枣园路

金村镇位于城郊接合部，紧邻晋城市主城区，是典型的城郊结合型乡镇。全镇总面积212.29平方千米，辖56个行政村、3个社区,5.6万人口,8.7万亩耕地，下设86个基层党组织。在泽州县17个乡镇中，所辖行政村数位列第一，人口位列第二，国土面积位列第三，是泽州县五个中心乡镇之一，是山西省首批国家建制镇示范试点乡镇。主导产业为城郊农业、现代服务业和生态旅游业。

地理位置凸显。晋城市新一轮城市规划，把金村镇规划为金村新区、高铁新区、空港新区建设主战场，将金村定位于现代物流集聚区、科技文化特色区、低碳发展示范区、城乡一体先行区。三所大、中专学校等教育科研机构项目先行落地，县行政文化中心即将搬迁至此。随着市区东扩，特别是兰花北路和红星东街延伸段、太岳街、畅安路等道路开通运行，金村发展已与市区紧密融为一体。

旅游资源丰富。全镇现存有玉皇庙、青莲寺、关帝庙等5处国家文物保护单位和省级历史文化名村——水北村,10多处省市县级文物古迹和珏山AAAA级旅游区。丹河穿境而过，旅游资源丰富，人文历史和现代文明景观交相辉映。

交通区位优越。太焦电气化铁路、长晋高速公路、晋焦高速公路、晋陵一级公路、207国道、晋张公路等多条主干道交通大动脉贯通南北、连接东西，客运东站建成使用、太焦高铁站即将投入运行、晋城市民用机场选址通过专家评审正式落地太行山村、全镇已形成四通八达的交通网络。

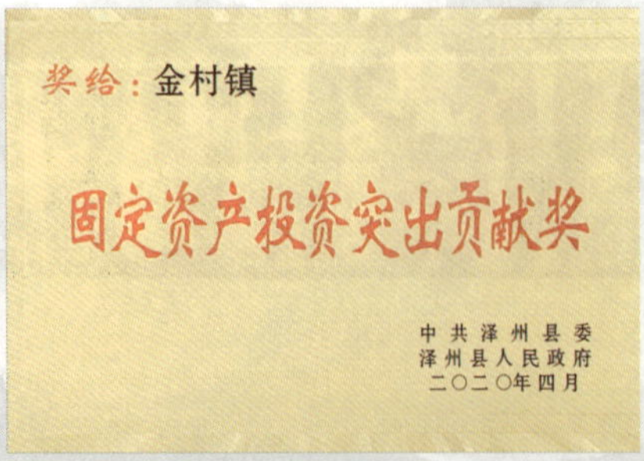

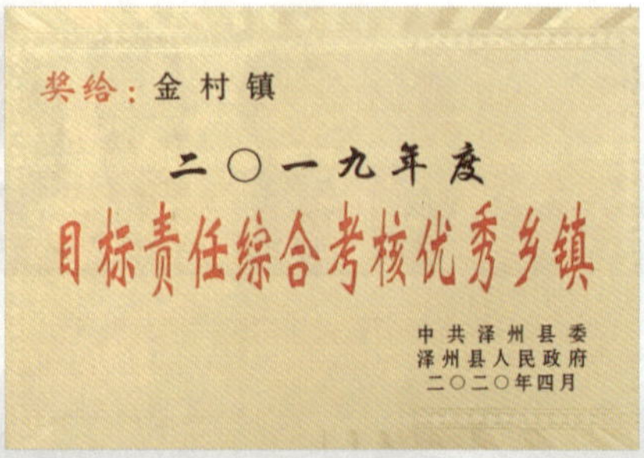

镇党委书记闫晓阳（右三）调研高铁东站站台工地

镇党委书记闫晓阳、镇长许俊春节慰问驻地武装部

市政工程和重点项目多。金村镇作为晋城市未来的教育科研和文化产业创新基地及金村新区建设区域，规划建成和在建的市政工程众多。建成项目有晋城市委党校、太原科技大学晋城校区、市中等专业学校、市客运东站、红星东街延伸段、兰花北路、弘泽街、龙化路、畅安路、太岳街和丹河人工湿地一期工程等；在建项目有西岭街、兰花路片区道路工程、金村新区朝阳街、学苑街、珏山路、新晋路等六条道路工程、丹河新城教育园区、行政中心、五谷山公园等。

重点转型项目多，投入运营的有国投热电、晋煤天溪煤制油、路宝铝轮毂、山水合聚水泥，月星广场、兰花物流一期、锦绣鑫源等项目；在建项目有中国青年城、华为数据中心及智慧城市、晋城市奥韩重工、中益聚新型建材、蓝远物流、宏腾电子商业物流、龙顺鑫农产品物流、兰能瓦斯发电机组商贸物流等项目，山西船重晋药谷金村生态综合体、皇城相府集团文化旅游综合体等一批项目也纷纷落户。

2019 年，全镇呈现出经济转型加快、社会稳定祥和、城乡一体化先行镇建设步伐全面加快的良好态势。全镇财政总收入 3.62 亿元，企业总产值 10.03 亿元，企业营业收入 24.70 亿元，企业增加值 9.57 亿元，固定资产投资 16 亿元，招商引资签约 54.9 亿元。被县委、县政府授予“2019 年度目标责任考核优秀乡镇”“文化旅游先进集体”“固定资产投资突出贡献奖”等称号，被市委、市政府授予生态环保先进乡镇，被市文明办授予市级文明乡镇和文明单位，以实际行动展现了大镇的担当，提升了发展的气场，增强了跨越的底气。

金村镇机关党支部换届选举大会

沁水县龙港镇

2019 年 7 月 31 日，县委书记原光辉（右二）调研曲寨脱贫攻坚

2019 年，龙港镇紧扣县委“一个统领、三五支撑”总思路，以党的建设为统领，高举乡村振兴和城市建设“两张名片”，打造全域旅游和项目建设“两架引擎”，聚力脱贫攻坚、生态环保、民生事业和安全稳定“四大重点”，改革创新，奋发有为，争先领跑，跨越赶超，继续在全县高质量转型发展中交好龙港答卷。受到省市县各级的充分肯定，连续三年被县委授予“三基建设示范金杯”，连续 8 年在全县年度目标责任考核中评为优秀乡镇。

经济社会发展方面，按“一核四轮三极”城镇化布局，完成拆迁面积 2.50 万平方米，梅园二期实现拆迁清零，新增建筑面积 6 万平方米；作为“三城同创”主战场，完成文明城市创建 6 类 34 项任务、卫生城市创建 10 类 36 项任务；梅河流域乡村振兴连片示范区五大功能日臻完善。21 家企业入驻运营、沿河大棚突破 1000 标栋；投资 5000 余万元，分别实施农村民用煤层气利用工程、农村饮水安全提升工程和农村住房安居工程，全镇气化覆盖率达到 87%，住房和饮水安全保障率达到 100%；以乡村振兴巩固脱贫攻坚，全镇贫困户 578 户、1514 人的“两不愁三保障”得到有效确保，4 个贫困村摘帽后巩固提升全面完成，4 个扶贫移民安置点入住完毕，163 户易地搬迁户全部入住新居。

党的建设方面，立足于“打造千年古县发展桥头堡、建好如画沁水城市会客厅”发展定位，以党的建设为统领，树牢强镇促村、大抓基层的鲜明导向，以严实作风推进工作落实，全镇基层党建工作全面过硬、全面进步，受到省市县各级的充分肯定。在创新方面下足功夫，城市基层党建、创新党建载体、全科网格管理等方面进行大胆创新，取得较好成效。在城市基层党建方面，探索建立“1314”龙港模式，100 多个党组织 1700 余名党员到社区报道，开展各类活动 70 余次；创新党建载体方面，为优秀党员家庭挂牌，7 月 1 日在树理广场举办的“龙港先锋”主题党日活动，1500 名党员集体宣誓，收到社会各界一致好评；全科网格管理有序，率先在全县探索“12345”全科网格管理模式，为沁水县全科网格规范化管理提供参考样本。

2019 年 4 月 25 日，龙港镇综合工作部署会

2019 年 4 月 6 日，龙港镇第四届杏花节开幕式

2019 年 7 月 23 日，市委副书记李根田（左三）、副市长冯志亮（左二）、沁水县委副书记杨洋（左一）参加龙港镇举办全市产权制度改革现场会

2019 年 9 月 27 日，县委常委、组织部长王东胜参加龙港镇东安社区和驻区单位党组织开展“双服务”活动

东安社区党群服务中心

2019 年 7 月 1 日，七一龙港先锋主题活动

百里画廊第一站吴家沟村

沁水县嘉峰镇

2019 年 10 月 10 日，嘉峰镇代表沁水县接受晋城市农村人居环境整治观摩

嘉峰镇位于沁水县东南部，东临郑村镇，北倚端氏镇，南与阳城县润城镇搭界，西与阳城县町店、寺头乡毗连，总面积 99.7 平方千米，辖 24 个建制村，8247 户，户籍人口 20171 人，常住人口 4.2 万人，27 个党（总）支部，党员总数 930 人，其中女党员 163 人，建国前老党员 3 人。

一年来，在县委、县政府的正确领导下，嘉峰镇坚持以习近平新时代中国特色社会主义思想为指引，深入贯彻落实党的十九大和十九届二中、三中、四中全会精神，紧紧围绕县委“一个统领、三五支撑”工作部署，紧扣“经济强镇 品质嘉峰”建设，抓人居环境改善强乡村振兴基础，抓新型城镇建设强概念城市基础，抓人文古堡特色强全域旅游基础，抓工业项目建设强转型发展基础，抓社会事业进步强民生改善基础，嘉峰镇经济社会保持了和谐稳定健康发展。

2019 年，嘉峰镇经济保持定力，实现稳定增长，发展更有韧性。

经济总量又有突破。嘉峰镇民营经济工业产值完成 61.3 亿元，同比增长 24%，民营企业营业额收入完成 74.4 亿元，同比增长 27%；农民人均可支配收入达到 21337 元，增幅 9.5%；三项指标稳居全县第一。

重点工作亮点纷呈。在推进县委、县政府的各项决策部署上，奋力打造“嘉峰样板”，召开了全县环境卫生整治现场会、全科网格建设现场会，全市扫黄打非现场会、环境卫生整治现场观摩会，全国煤矿瓦斯抽采利用现场会及市、县重点工程观摩会，各项工作走在全县前列。

2019 年 6 月 12 日，沁水县城乡环境整治现场会在嘉峰镇召开

2019 年 7 月 4 日，在嘉峰镇举行晋城市“扫黄打非”进基层工作现场推进会

2019 年 7 月 10 日，全国煤矿瓦斯抽采利用现场会在嘉峰镇召开

产业转型依然强劲。嘉峰镇粮食总产量完成 5188.4 吨，羊群饲养量 12338 只，完成目标任务的 103%；肉鸡出栏 136.24 万只，完成目标任务的 105%；蜂存栏 78.8 吨，农业综合指标增长超过 3%；固定资产投资完成 13.56 亿元，完成目标任务的 121%；农业固定投资完成 3069 万元；社会消费品零售额完成 846.1 万元。招商引资项目签约金额完成 10 亿元，签约项目当年开工率达到 100%，固投项目到位资金达到 6 亿元，非固投项目到位资金达到 1000 万元。

生态文明成绩喜人。环境保护工作按照《沁水县环保目标管理责任状》要求已全部完成；基本农田保护面积和耕地保护面积均完成目标任务；农村人居环境整治村全部完成；农村凋敝宅基地搬迁复垦完成 350 亩，新增耕地 200 亩。

民生福祉暖意融融。嘉峰镇脱贫攻坚和人居环境改善全市排名第 ，城乡居民养老保险参保人数为 8485 人，新型农村合作医疗参保人数为 18528 人，转移农村劳动力人数完成 772 人，其中建档立卡贫困劳动力转移就业 4 人，城镇新增就业 1096 人，建设基层综合性文化服务中心 25 个，全部超额完成目标任务。所辖企业建立、完善并不断规范工资集体协商长效机制。

2019 年 10 月 21 日，在嘉峰镇召开沁水县全科网格建设现场会

沁水县郑村镇

2019 年 5 月 16 日，县委书记原光辉（左三）到福祥苑调研

2019 年 1 月 2 日，国学大讲堂开讲

郑村镇是全国文明镇，总面积 92.64 平方公里，耕地面积 26790 亩，辖 20 个行政村，2.1 万人。共有基层党组织 23 个，党员 681 名，其中女党员 109 名，农村党员 512 名。近年来，郑村镇紧紧围绕“一个目标、两个抓手、三区互动、产城相融”发展思路，着力建设“美丽郑村、幸福小镇”，改革发展各项事业取得显著成绩。农民人均可支配收入达到 20364 元；连续九年重点工程建设在全县领先。

郑村有“四张名片”：一是煤气资源名片。境内有侯村、岳城、平山 3 座百万吨煤矿，年生产能力 360 万吨；寺河煤矿两个风井落户湘峪、常店两村。中联、蓝焰、中石油、亚美等煤层气企业，在本镇日产气量 200 余万方。二是现代农业名片。其中以山西大象农牧集团为龙头的肉鸡产业化项目，年加工饲料 20 万吨，年设计屠宰肉鸡 4000 ~ 6000 万只。三是旅游文化名片。有中国北方明代第一古城堡的湘峪古堡、陈廷敬祖地及樊山避暑山庄、王街金湟城、岳城山、沁水县第一次党代会旧址、幸福农庄等旅游资源。四是产业转型名片。山西龙骏艾柯环保科技有限公司投资实施的生物基材料制品项目是郑村镇招商引资的又一重点转型项目，生产的环保餐具是以玉米淀粉作为原材料，具有绿色环保、安全放心、性能卓越等优势，可实现年利润 5000 万元，上缴利税 1500 万元，可安排就业 200 余人。

湘峪古堡

2019 年 12 月 20 日，山西龙骏艾柯生物基制品项目竣工投产仪式

2019 年 7 月 10 日，“不忘初心 牢记使命”全体党员培训大会

2019 年 3 月 5 日，机关党支部志愿服务活动

2019 年 5 月 22 日，郑村镇党委庆祝中国共产党成立 98 周年歌咏比赛

阳泰集团实业有限公司

阳城县阳泰集团实业有限公司资产总额163亿元，现有员工1.2万余人，是一个以煤炭生产加工经营为主业，兼营文化旅游、瓦斯综合利用、新能源等多种产业于一体的集团化公司。2019年，集团完成原煤产量850万吨，实现销售收入50亿元，实现利润总额12亿元，是阳城县地方国有企业排头兵，县域经济“4+1”高质量转型发展战略的重要支撑。

集团煤炭版块井田面积81.11平方千米，保有资源储量7.98亿吨，拥有矿井12座，总产能990万吨。其中120万吨生产矿井3座、90万吨矿井4座、60万吨矿井3座、45万吨矿井2座。有配套洗煤厂10座，年洗选能力925万吨。集团生产的优质无烟煤具有低灰低硫、高热值、机械强度大等优点，是化工、电力、冶金、建材等行业的上好原料。集团不断致力于煤矿安全装备技术水平的提升，采煤机械化程度达到100%，掘进机械化程度达到85%，采区资源回收率达80%以上，拥有先进的调度指挥、应急救援等信息化管理系统，同时推行了千米钻机、端头支架、沿空留巷、物探化探、无人值守等一系列新装备新技术新材料。集团大力推行煤炭清洁文明开采的先进适用技术，致力于生产低灰低硫高热值的优质无烟煤产品，同时依托现代化的大型洗选配煤基地，借助“优煤易购”等网络化营销平台，着力增强清洁煤炭供给能力。

集团积极承接转型升级和能源革命新使命，精心培育和大力发展新能源、旅游等新兴产业。矿井瓦斯年利用量达9000万立方米，井口瓦斯发电站总装机容量30兆瓦。集团投资开发的“AAAA”级蟒河景区是国家级自然保护区、国家森林公园，大析城山景区拥有奇峻秀美的原生态风光和丰富厚重的历史文化底蕴，“AAA”级小尖山景区是阳城及周边具有重要影响力的宗教文化胜地。集团在阳城演礼新兴产业园拥有占地1000亩的转型产业集聚区，引进落地的征弘农产品深加工项目、阳泰龙焱碲化镉光伏电池组件生产基地已建成投产，瑞亚力体外诊断生化试剂项目、演礼新区阳泰商住楼项目、演礼新区足球场及配套设施建设项目等正在稳步推进。

展望未来，阳泰集团将围绕“集团化建设、资本化运营、精细化管理、规模化发展”的总体目标，大力实施“以煤为基、多元发展”战略，抓住5G智慧矿山建设的战略机遇，加快转型升级步伐，做大做强做优煤炭产业，扶持壮大文化旅游、新能源、先进制造、医药健康等多种产业，为经济社会高质量转型发展注入持久强劲的动力。

安全高效生态文明矿区

安全高效生态文明矿区

安全高效现代化矿井

沁河生态景观治理项目（二期）

阳泰龙焱碲化镉光伏电池组件生产基地

小尖山景区

蟒河景区

析城山景区

山西泽州天泰锦辰煤业有限公司

党总支书记、董事长王路文

精诚团结的干部团队

山西泽州天泰锦辰煤业有限公司位于晋城东 25 千米处，隶属山西泽州天泰能源有限公司，系国家一级安全生产标准化矿井。2011 年 8 月进行 120 万吨 / 年技改建设，2016 年 8 月转产，井田面积 13.73 平方千米，现开采 15# 煤层，保有可采储量 2347 万吨。公司拥有资产总额 14.93 亿元，职工 1200 余人。

矿井属低瓦斯矿井。煤尘无爆炸危险性，煤层自燃倾向性为Ⅱ级，属自燃煤层。矿井正常涌水量为 80 立方米 / 每小时，最大涌水量为 190 立方米 / 每小时，水文地质类型为中等类型，矿井地质类型中等，无冲击地压危险，煤层赋存稳定，全区可采。矿井开拓方式为斜井开拓，井下布置有一个综采工作面和两个综掘工作面，机械化程度达 98% 以上。曾被授予“全国煤炭行业先进煤矿”“省生态示范矿井”“省优秀企业”等称号。

锦辰煤业在市、县及总公司的正确领导和大力支持下，坚持把提升企业竞争力、提高职工幸福指数、实现国有资产保值增值作为各项工作的出发点和落脚点。实施“本质型安全、精细化管理、跨越式发展、融入型党建、融合型文化”工作方略，各项工作取得长足进步。2019 年，面对开局不利的被动局面、波动起伏的煤炭市场、超过预期的困难挑战、内外环境的深刻变化，全体干部在党总支书记、董事长王路文的带领下，戮力同心，勇于担当，心无旁骛，众志成城，安全生产持续平稳、党建工作深入开展、产量效益连连攀升、经营管理推陈出新、企业文化融入人心、民生改善普惠职工，圆满完成了年度各项工作任务，被总公司授予“模范企业”称号。

如今，坚韧不拔、永不服输的锦辰人，正以崭新的精神风貌，在习近平新时代中国特色社会主义思想的指引下，紧紧围绕“三年基本减负，五年争创一流”的目标，再鼓发展之气、再强发展之志、再聚发展之力，奋力续写高质量发展的壮丽篇章。

矿山满园尽是春

到洗煤厂现场办公

红色教育基地考察学习

助力精准扶贫

丰富多彩的职工文化生活

庆祝中华人民共和国成立 70 周年活动

山西泽州天泰岳南煤业有限公司

充满朝气的领导班子团队

山西泽州天泰岳南煤业有限公司隶属于天泰能源有限公司，是山西省煤矿企业兼并重组整合工作领导组办公室以晋煤重组办发[2009]39号文件核准的兼并重组整合矿井，位于泽州县下村镇境内。整合后矿井生产能力由原来的45万吨/年提升到120万吨/年。批准开采3#、9#、15#煤层，井田面积11.66平方千米，矿井保有资源储量7115万吨，设计可采储量3204万吨，矿井服务年限为19.08年。配套建有年入选能力120万吨的选煤厂和年发运量120万吨的铁路专用线，专用线经晋城北站与太焦线相连。

2019年，公司坚持以习近平新时代中国特色社会主义思想为指导，全面贯彻党的十九大和十九届二中、三中、四中全会精神，紧紧围绕“1531”年度工作目标，突出矿井竣工验收转产主线，统筹推进安全生产、矿井建设、资金运作、投资效益，企业改革、民生和谐，党的建设各项工作，持续转变工作作风，全面聚焦120万吨/年矿井及配套厂建设项目竣工验收转产。公司上下众志成城，以“三大工程”扫尾清零、建设工程质量认证、选煤厂同步竣工报验及环保、消防、水保专项工程等为重点，倒排工期，细化目标，人人肩上压担，严格奖惩激励，强化责任落实，整体工作呈现出“严、细、实、快”的态势。2019年10月11日，经山西省能源局对《山西泽州天泰岳南煤业有限公司120万吨/年矿井兼并重组整合项目联合试运转方案》进行备案公告，矿井转入联合试运转。

2019年，公司获天泰能源有限公司“优秀单位”称号、泽州县“县级文明单位”称号。

2019年底，120万吨/年矿井配套洗煤厂初具规模

2019 年 7 月，公司副科以上干部赴四明山煤业观摩学习

岳南煤业集体廉政谈话专题会议

2019 年，岳南煤业“金秋助学”座谈会

2019 年 11 月 12 日，赴中国人民解放军长江支队水北展览馆接受传统革命精神洗礼

2019 年 10 月，庆祝中华人民共和国成立 70 周年“我和我的祖国”主题歌会

山西天地王坡煤业有限公司

2019 年 6 月 13 日，中煤科工能源科技发展有限公司第一届“矿工节”

山西天地王坡煤业有限公司（以下简称“天地王坡”）是由中国煤炭科工集团下属中煤科工能源科技发展有限公司、煤炭科学技术研究院有限公司、泽州县国有资本投资运营有限公司共同出资组建的有限责任公司，注册资金 1.14 亿元，股权结构比例分别为 39.48%、21.93%、38.59%。主营从事煤炭开采及销售改成主营煤炭开采、洗选及销售。

矿井建设规模 300 万吨 / 年，矿井井田面积 25.35 平方千米，现保有资源储量 2.52 亿吨，可采储量 1.28 亿吨，建有配套的洗选厂和铁路专用线，各种证件齐全有效，批准开采 3#、9#-15# 煤层，现开采 3# 煤层，属高瓦斯矿井。

近年来，先后被评为煤炭工业特级安全高效矿井、煤炭工业“双十佳”煤矿、全国煤炭工业文明煤矿、一级安全生产标准化煤矿、全国安全文化建设示范企业、山西省百强企业等荣誉称号。

盛夏的山西泽州，麦浪翻涌，丰收在望。在全国人民喜迎中华人民共和国成立 70 周年之际，中煤科工能源科技发展有限公司第一届“矿工节”于 2019 年 6 月 13 日在山西天地王坡煤业有限公司隆重举行。为了进一步丰富广大矿工精神文化生活，13 日晚在新落成的天地王坡“职工之家”演播大厅举办了矿工节文艺晚会，晚会通过歌曲、快板书、诗朗诵、小品等内容并通过微信直播的方式，为全体矿工奉献了一场精彩纷呈、美轮美奂的表演；通过表彰天地王坡“最美矿嫂”“功勋矿工”“最美班组”，进一步弘扬了公司煤矿工人及其家属甘于奉献、敢为人先、团结协作的良好精神风貌，将晚会和矿工节气氛推向了一个又一个高潮。

2019 年是煤炭监管体制改革第一年，公司根据机构改革的特点，一是编制下发《2019 年职工培训计划》，按照监管新要求统筹安排各项培训工作；二是稳步开展非煤安管和特种作业人员培训；三是推行使用移动 E 课堂手机软件，建立健全各岗位学习题库，实现员工随时随地学习安全知识。

根据晋城市总工会、共青团晋城市委、晋城市科学技术协会、晋城市妇女协会（晋市工发［2019］35 号文件《关于印发＜推进“五小”竞赛“六化”提质行动实施方案＞的通知》要求，积极组织开展“五小”成果申报工作，2019 年共申报 33 项“五小”成果。2019 年与天地科技合作完成的《厚煤层留巷巷道围岩失稳破坏机理及综合控制技术研究》项目经中国煤炭工业协会评审获得三等奖。

2019 年“不忘初心、牢记使命”主题教育部署开展以来，天地王坡党委严格按照中央和县委县政府要求，立足新的历史方位，细化工作举措、明确责任清单、细化任务分解、狠抓推动落实，主题教育工作取得了实实在在成效。

2019 年 7 月 1 日，建党九十八周年暨七一表彰大会

厚德载物　自强不息

丰富多彩的矿工节

美丽的矿区

山西汽运集团晋城汽车运输有限公司

2019 年 11 月 12 日，市委书记张志川（右一）在客运东站检查指导工作

山西汽运集团董事长助理、晋城公司党委书记、董事长李军社

2019 年 10 月 1 日，110 台新能源纯电动公交车上线运行

2019 年，山西汽运集团晋城汽车运输有限公司以习近平新时代中国特色社会主义思想为指导，坚持稳中求进工作总基调，深度融入晋城市经济社会发展全局，持续拓展全域公交一体化，五级公交体系基本形成；上线 110 台纯电动高端公交车，实现全域公交移动支付全覆盖；推进定制 + 网约融合协同，高质量完成二青会晋城地区预赛、火炬传递等用车任务。电商、快递、物流“两翼三园”发展格局加快建构。以汽车客运站为依托，延伸公交产业链，拓展“公交 + 快递 + 旅游”业务，自主研发“大美太行晋城全域旅游公交索引平台”，五位一体站商综合体建设初显成效。公司党委以党的政治建设为统领，围绕发展中心，从严落实两个责任，强化精神文明创建，筑牢发展的“根”与“魂”。全体干部职工秉持“精诚团结，用心做事”企业精神，不忘初心、牢记使命，企业综合实力、品牌影响力持续提升，为新时代美丽晋城高质量转型升级发展作出了应有贡献。

2019 年 1 月 21 日，晋城市城际公交暨旅游公交开通仪式

文化和旅游

【概况】 2019年，晋城市文化和旅游局贯彻落实市委、市政府重大决策部署，在加强党的建设、法治体系建设、意识形态工作、全域旅游建设、太行古堡申遗、国家公共文化服务体系示范区创建等方面精准发力，推动文旅业取得新成效。全市累计接待国内旅游人数7326.76万人次，同比增长20.51%；实现旅游总收入668.75亿元，同比增长20%。晋城市被评为“中国最佳文化旅游目的地”。市文化和旅游局被山西省广电局表彰为庆祝中华人民共和国成立70周年山西省广播电视安全保障工作先进集体。

【全域旅游】 2019年，晋城市出台《关于加快推进全域旅游发展的实施意见》，召开首届旅游发展大会，依托王莽岭景区整治提升、华谊兄弟星剧场、大阳古镇开发、皇城相府大旅游整合提升、太行洪谷国家森林公园、高平长平古战场、司徒小镇花车巡游演绎体验等大项目，“一县一大景区”建设进入实施阶段，基本形成景城融合、产城融合、城乡一体的全域旅游新格局。首次面向晋城居民发行旅游惠民年卡，首次对中原城市群和晋城及周边城乡居民实施门票半价优惠，率先在山西省推出全市A级旅游景区向全国公安民警、警务辅助人员、驻市部队军人家属实行免收门票优惠政策。城区司徒村入选全国乡村旅游重点村名录，全市10个村入选全省首批AAA级乡村旅游示范村。阳城县入选首批国家全域旅游示范区名单，形成产业围绕旅游转、产品围绕旅游造、结构围绕旅游调、功能围绕旅游配、民生围绕旅游兴的全域旅游发展格局。陵川县成为“中国清凉旅游产业推广联盟”首批成员，获“全国生态特色旅游县”称号，连续第6年入选全国“百佳深呼吸小城”。

【法规保障】 2019年，晋城市出台《太行古堡群保护利用条例》《关于加快推进全域旅游发展的实施意见（试行）》《太行古堡文物密集区体制改革试点实施意见》《关于进一步推进太行古堡文物密集区保护改革的意见》《太行古堡守护认养导则》，编制《老城文物维修方案》《晋城市革命文物保护纲要》，联合印发《晋城市工艺美术大师评选管理工作办法（试行）》等，健全文旅行业政策法规。

【国家公共文化服务体系示范区建设】 2019年，晋城市推进国家公共文化服务体系示范区建设，旅游厕所完工率105.83%、百度地图上线率100%；图书馆实现市县乡村通借通还，率先在中部地区实现办证免押金；市文化馆上党八音会在中央音乐学院演出；市书画院国家艺术基金项目“上党中古代墓志拓片及临摹、题跋巡展”在北京八一美术馆、北京宋庄当代艺术文献馆、河北益津书院、泰山市美术馆、珠海古元美术馆等10个场馆展出；“一县一品牌”活动惠及群众110余万人次；综合文化站建筑面积全部达标，基层综合性文化服务中心建筑面积达标率从23%上升至70%，乡级文化工作人员配齐率从29%上升至80%，村级专职人员配备比例达73%，新增全国基层文化队伍远程培训接收站点31个。免费送戏下乡939场、农村公益电影放映26460场、周末大剧场52场、消夏晚会100场、悦乐音乐会12场、非遗演艺进景区演出2600场，晋城博物馆接待参观观众10万余人次，市图书馆举办各类活动238场次，市美术馆举办各类展览31场。

【景区建设】 2019年，王莽岭景区被评为“魅力中国城年度魅力生态景区”，“陵川生态文化旅游示范区”获批，蟒河农林文旅康产业融合发展先行示范区建设开始推进。全市新增5处全国森林康养基地试点。大阳景区、皇城相府景区上榜山西首批文旅产业融合示范区创建单位。新建成高平良户、阳城中庄布政李府、砥洎城3个国家AAA级旅游景区和大阳古镇、炎帝陵2个国家AAAA级旅游景区。

【重大活动】 2019年，第五届山西（晋城）太行山文化旅游节举办活动48项，第四届海峡两岸神农炎帝经贸文化旅游招商系列活动，签约项目30个，总投资123.39亿元。城区举办第三届全域旅游嘉年华、第五届民俗文化节、第二届樱花节、第二届乡村文化旅游节等。泽州县举办“谁不说俺泽州好”第三季电视竞演，建立“玩转泽州”微信小程序，上线泽州文旅电商平台“泽州特色馆”，建立抖音平台“泽州dou好玩”，发布2条旅游线路、7大旅游景区和30个旅游景点。高平市举办第二届中国农民丰收节庆丰收祭神农系列活动、首届“全民发现大美高平”短视频比赛、“良户过大年回到小时候”第四届元宵灯会等。阳城县举办第四届中国阳城国际徒步大会、第四届农业嘉年华，承办山西省农民工歌手大赛。陵川县举办第四届太行连翘节、第21届金秋红叶节、“太行一号风景道”摄影作品展等。沁水县举办第三届赵树理文化旅游嘉年华、民俗文化旅游年、沁河古堡文化旅游节、“风味沁水”美食季和六大赏花节等活动。水上实景剧《古堡！古堡！》获评“中国国家旅游优质旅游节目”，司徒小镇《千年铁魂》获评“魅力中国城年度魅力旅游演艺”。

【文物保护】 2019年，晋城市完成省级涉旅文保单位试点“两权分离”改革。太行古堡文物密集区改革省级试点在润城片区、湘峪片区的基础上，新增大阳片区、郭峪片区；举办首届太行古堡文化艺术周系列活动、东西方古堡对话活动，发布东西方文化交流《晋城宣言》；与北京大学、山西大学、太原理工大学开启太行古堡校地合作模式；成立太行古堡研究院，发布首批50处古堡民居院落向社会公开认养。6县（市、区）全部入选国家第一批革命文物保护利用片区名录。全市国保单位新增7处，总量72处，排名全国第四。

【非物质文化遗产保护】 2019年，晋城市文化和旅游局开展“文化和自然遗产日”大型综合展演展示活动，开幕式及八音会演出进行网络直播，点击率20余万人次。乡村文化记忆工程建成县级示范基地3个、村级特色展厅6个，试点乡镇完成资料收集整理工作。出版《晋城工艺美术精品册》，开展第二届晋城市工艺美术大师评选活动，举办晋城市首届工艺美术精品展、“晋善·晋美·晋城”文化创意产品展示大赛。全年，非遗演艺进景区演出2600场。

【文艺创作】 2019年，晋城市上党梆子现代戏《太行娘亲》获评国家舞台艺术政府最高奖文华大奖提名剧目，陈素琴获文华表演奖。上党梆子历史剧《郝经》获山西省舞台艺术政府最高奖“杏花新剧目奖”，宋晋义获“戏剧表演奖”。小戏《拯救》获首届“黄河情”全国小戏小品展优秀剧目奖，《屠夫讨债》上演。电影《带着你去追太阳》入围第10届青年编剧扶持计划，本土原创电影《七彩梦》获龙标。上党梆子现代戏《长江支队》获中宣部建党100周年优秀剧目奖，入围文化和旅游部艺术基金奖。全年，市县两级公共文化单位创作戏剧、歌舞、音乐、舞蹈、美术等各类体裁文艺作品160余个。

【执法检查】 2019年，晋城市文化旅游部共出动检查人员5354人次，检查经营单位3559家次。其中责令改正135家次，立案调查

62件，移送案件4件，办结案件56件，警告32家，罚款2.43万元，取缔1家，责令停业整顿2家；打击非法卫星电视接收设施安装销售行为，出动检查人员2185人次、车辆654车次，收缴卫星接收机131台、卫星天线71面、高频头137个、其他配件38件，查处并拆除非法卫星接收设施157座，取缔非法销售安装点10家。2017—2019年度全国文化市场综合执法案卷评查中，市文化市场综合行政执法队1个案卷被文旅部评为“规范案卷”，2个案卷被山西省文旅厅评为“规范案卷”。

【旅游扶贫】 2019年，晋城市文化和旅游局制定旅游产业扶贫行动计划和实施方案，在编制乡村旅游扶贫规划、打造乡村旅游扶贫示范村、开展景区带动扶贫行动、组织开展旅游企业对口帮扶工作、强化乡村旅游基础设施和公共服务体系建设、实施乡村旅游精准营销工程、组织开展乡村旅游人才培训、抓好招商引资和鼓励政策应用8个方面进行全方位帮扶。全年，申报省级旅游扶贫示范村20个；投资68万元，为10个旅游扶贫示范村制作安装旅游标识标牌；每村补助1万元，推进29个旅游扶贫示范村厕所改造；协调企业和社会团体到定点帮扶村采购农产品，帮助农民增收。将摩登农庄休闲观光农业建设、苏庄村民俗生态休闲游建设等19个乡村旅游项目，作为晋城市重点旅游招商项目进行对外推介。

（武敏宏）

体 育

【概况】 2019年，晋城市体育局围绕一个重点（承办第二届全国青年运动会现代五项赛事），办好两大活动（第七届国际围棋文化节、第四届全市职工运动会），实施三项改革（足球改革、体校改制、推动全民健身与全民健康深度融合），努力破解全市体育事业发展中存在的不平衡、不充分问题，实现群众体育、竞技体育、体育产业“三位一体”全面发展，各项工作取得明显成效。

【社会组织建设】 2019年，晋城市体育局组织召开体育社会组织“改革创新、奋发有为”大讨论暨2019年全民健身活动座谈会，市老年体协、市武术协会、市长跑协会等围绕改革创新和激发社会组织活力情况进行交流。根据省、市和行业协会商会与行政工作脱钩要求，完成全市26个体育类协会的脱钩工作，做到“一会一表、一会一方案”。

【青少年体育】 2019年，晋城市体育局完成2018年青少年体育基础数据统计。组织开展青少年传统体育进校园、青少年体育夏令营活动，举办第三届卡尔美“贺岁杯”小学生五人制足球邀请赛、首届小学生四人制足球争霸赛等多项青少年体育赛事。创建省级青少年体育俱乐部1个。组队参加山西省体育局主办的滑雪冬令营、排球夏令营活动。

【全民健身活动】 2019年，晋城市体育局开展“强健体魄·阳光生活·共享青运”全民健身系列活动。先后举办2019年迎新年登高活动、第五届光猪跑冬季运动大赛、第二届海峡两岸初中男子重点篮球队交流赛、首届王莽岭景区锡崖沟挂壁公路酷走展示大赛、第十四届“风范杯”门球赛、首届青少年足球超级联赛、第十九届武术锦标赛、第二届半程马拉松、第三届气排球联赛和老年文体艺术节等多项赛事（活动）。共举办市级群体活动43项次，直接参与群众2.4万人次。

【体育设施建设】 2019年，晋城市体育局根据《山西省2019年二青会主题体育公园建设方案》，对晋城市二青会主题体育公园（体育场）进行规划、器材补充、布置，达到市级体育公园不少于8个运动项目的要求。争取中央体彩公益金资助建设地方全民健身设施项目3个，每个项目资助80万元。争取山西省体育局资助2019年移民新村全民健身路径普及工程13个，每个村资助健身器材11件。争取山西省体育局资助建设行政村农民体育健身工程7个，每个村资助价值5万元的健身器材。

【承办赛事】 2019年5月26日至6月1日，晋城市完成当地二青会火炬传递活动。8月11—17日，举办二青会晋城赛区现代五项比赛，来自全国各地的194名运动员、72名领队教练、48名裁判员参加比赛，决出33枚金牌。晋城市组队参加二青会现代五项和棒球、中国式摔跤等项目，获得6金10银3铜的成绩。以第五届山西（晋城）太行山文化旅游节为契机，举办国际职业围棋“名人之家”邀请赛，邀请中国、韩国、日本的4对围棋名人参加比赛。7月4—7日，举办第五届“棋源杯”全国业余围棋公开赛暨全国少年儿童围棋比赛。组织举办2019第二届中国·高平“后羿杯”全国射箭挑战赛、第二届海峡两岸初中男子重点篮球队交流赛、晋城市第二届暨高平市首届“神农”杯海峡两岸棒球邀请赛，承办和组队参加山西省男子篮球联赛等高水平体育赛事。市体育局与市直工委联合举办晋城市第七届“凝心聚力·争先竞逐”机关系列体育大赛，共设拔河、跳绳、乒乓球等10个比赛项目；与市总工会联合承办晋城市第四届职工运动会，共进行10个大项64个小项的比赛，参赛运动员、教练员、裁判员共3300人次。

【比赛成绩】 2019年，晋城市组队参加全国性比赛游泳5次、跳水2次、水球2次、现代五项2次，获得1枚金牌、2枚银牌。参加山西省跳水冠军赛8个项目的比赛，获得5枚金牌、4枚银牌、4枚铜牌，团体总分97分，全省排第3名，并获得体育道德风尚奖。37名运动员参加山西省游泳锦标赛32个小项的比赛，获得金牌22枚、银牌32枚、铜牌26枚，总分730分的成绩。

【体育产业】 2019年，晋城市争取到CBA联赛季前赛的举办权。联赛采取市场化运作方式，由第三方公司运营，于10月17—19日在市文体宫举行。全市体彩累计销售1.7亿元，全省销量排名列第6位。

（李　霞）

新闻传媒

【概况】 2019年，晋城市新闻传媒集团宣传贯彻中共十九大精神，坚持以习近平新时代中国特色社会主义思想为指导，围绕市委七届六次全会和市委七届七次全会精神，坚持守正创新，新闻宣传和舆论引导成效显著；坚持移动优先，推动媒体融合发展创新；加强意识形态管理，加快产业转型，集团综合实力提高。

【主题宣传】 2019年，晋城市新闻传媒集团围绕中共十九大精神，习近平新时代中国特色社会主义思想，习近平总书记视察山西重要讲话精神，省委十一届八次全会精神和市委七届六次、七次全会精神，报纸、广播、电视、网站、新媒体各平台组织策划一系列主题宣传报道活动，为全市的改革发展稳定营造浓厚舆论氛围。在报纸、电视先后开设《在习近平新时代中国特色社会主义思想指引下——新时代新作为新篇章》《奋进新时代 谱写新篇章》等专栏，刊播《奋进新时代 巾帼展风采——市妇联五年工作综述》《生态美、产业兴、百姓富——阳城县依托绿水青山全力推动乡村振兴纪实》等稿件300余篇，反映在习近平新时代中国特色社会主义思想指引下，全市广大干部群众改革创新、积极作为的良好精神状态，反映晋城市落实党中央重大决策部署，落实省委、市委各项会议精神的好经验、好做法以及取得的突出成就。

【主题教育宣传】 2019年，晋城市新闻传媒集团开展“改革创新、奋发有为”大讨论和“不忘初心、牢记使命”主题教育新闻报道。开设《深入开展“改革创新 奋发有为”大讨论》《“改革创新、奋发有为”大讨论进行时》等专栏，各平台累计刊发相关重点报道500余篇，采访对象涵盖各县（市、区）委书记、市直各单位负责人、机关干部、企业家、普通群众等群体，充分展示广大基层群众奋发有为的精神状态，为推动新时代美丽晋城高质量转型发展取得新成果奠定思想基础。

【庆祝中华人民共和国成立70周年宣传】 2019年，晋城市新闻传媒集团围绕庆祝中华人民共和国成立70周年，组织策划中华人民共和国成立70周年报道，深入报道中华人民共和国成立70年来的光辉历程、伟大成就、宝贵经验，开设《壮丽70年 奋斗新时代·推进高质量发展》《壮丽70年、奋斗新时代》等专栏专题，刊播《“红色”枪杆变化大》《沁水县第三水厂建设紧锣密鼓》等重点报道200余篇，充分展示中华人民共和国成立以来晋城市取得的历史性变革和成就，营造全市上下共迎祖国华诞、共铸复兴伟业的浓厚氛围。

【“走转改”活动】 2019年，晋城市新闻传媒集团开展“走转改”活动，走进农村，走进基层，走进一线，开展“新春走基层”“改革创新、奋发有为”“不忘初心、牢记使命”等“走转改”活动，刊播发走基层稿件200余篇。

【重要会议和活动报道】 2019年，晋城市新闻传媒集团完成市委七届六次全会暨经济工作会议、市纪委七届四次全会、市“两会”、市委七届七次全会等重大会议报道任务，完成第四届“问祖炎帝 寻根高平”海峡两岸同胞神农炎帝故里民间拜祖典礼、第五届山西(晋城)太行山文化旅游节、二青会火炬传递等重大活动报道任务。

【社会主义核心价值观宣传】 2019年，晋城市新闻传媒集团加强社会主义核心价值观宣传，开设《创文在行动》《我的家风故事》《身边正能量》等节目、版面及主题专栏，围绕培育社会主义核心价值观、弘扬社会正气、展示文明新风、规范道德行为等内容，制作有思想性、艺术性、观赏性的广播、电视节目，刊发报纸及新媒体公益作品，为晋城市的文明城市创建提供舆论支持。

【媒体融合发展】 2019年，晋城市新闻传媒集团推动媒体融合发展，促进报纸、电视、广播和新媒体平台充分融合，形成“你中有我、我中有你”的融合态势。把新媒体发展作为主要方向，《太行日报》微信公众号累计关注人数408566人、同比增长210%，推送图文3332条、同比增长208%，总阅读量24385453次、同比增长480%。《太行日报》微信公众号99%的头条新闻阅读量在10000以上，阅读量和影响力指数在山西省党媒新媒体排名第一。在深圳文博会上，晋城市新闻传媒集团作为“媒体融合、山西实践”的重大成果被山西省单独向全国推介。积极拓展战略合作的深度和广度，先后与陵川、高平、泽州、阳城、沁水、城区等县(市、区)进行战略合作；与晋城经济技术开发区、山西交通控股集团有限公司晋城高速公路分公司、市教育局、市文化旅游局、市卫计委、市农业农村局等单位联合成立融媒体中心(工作室)10多个，形成与县区融、与市直部门融、与驻市单位融、与企业融的全新格局。

【产业转型】 2019年，晋城市新闻传媒集团依托党媒优势，探索“传媒+”产业发展新模式，在巩固影视制作、报纸发行、包装印务、户外广告、电器销售等原有业务的基础上，探索和拓展教育培训、文化演出、会务会展等业务，先后成立文化教育传媒公司、文化艺术公司、戏曲文化公司、晋视界品牌发展公司等子公司，推进互联网LED大屏产业项目，实施古堡文创产品项目，多元化产业布局初步形成。

(程　才)

上党戏剧研究

【概况】 2019年，晋城市上党戏剧研究院学习贯彻习近平总书记关于文艺工作的重要讲话精神，坚持以党建统领业务，坚持“二为”方向、“双百”方针，发挥理论研究阵地作用，突出研究成果转化，各项工作稳步推进，获2018—2019年度市直文明单位标兵称号。

【艺术创作】 2019年，晋城市上党戏剧研究院与阳城县剧团合作创排戏剧《长江支队》，于8月27日搬上舞台；经文化和旅游部2020年国家艺术基金会终审，被预选为中宣部庆祝建党一百周年的剧目之一。创作电影剧本《带着你去追太阳》、话剧《信仰》、戏曲《戏剧人生》《渴望》、儿童舞台剧《追日》，其中电影《带着你去追太阳》入围全国第10届青年编剧扶持计划。创作小戏、小品14个，其中小戏《拯救》作为山西省唯一剧目，参加中国剧协主办的首届黄河情全国小戏小品展演和第八届全国优秀小戏小品展，获优秀剧目奖、优秀编剧奖、优秀演员奖。创作歌曲11首，其中《任重如山》入选全国政协“庆祝中华人民共和国成立70周年”活动；《山西行》入选山西省委宣传部和省文化和旅游厅、省文联山西十大金曲。

【理论研究】 2019年，晋城市上党戏剧研究院出版《上党戏剧》刊物；撰写戏曲研究类文章12篇，其中《鼎盛时期，上党梆子的“天下”有多大》《喜看上党梆子现代戏阔步前行》《〈三关排宴〉的魅力》《只留清气满乾坤》《淡看世事去如烟，铭记恩情存如血》5篇文章在《晋城文化研究》发表，《泽州辛壁成汤庙礼乐楼考察》《花开孟夏，独具匠心》《上党梆子〈收鲁城〉：唱出地域独有特色》3篇文章刊登于山西戏剧网。

【文化活动】 2019年，晋城市上党戏剧研究院完成《上党梆子志》初稿编纂工作，共160余万字。编写15万字的《中国戏曲剧种全集(上党梆子卷)》、50万字的《戏剧研究与评论集》。承办第14届“凤鸣春晓——赵树理戏剧奖”优秀剧目展演活动，完成“两节”期间优秀戏曲评选、剧目审定等工作。指导传统剧《打金枝》参加山西省第二届艺术节演出。

(杨　姣)

医疗保障

【概况】 2019年，晋城市医疗保障局坚持对标一流谋划工作、对标一流担当干事、对标一流争先创优，把握医保部门新职能、新定位、新要求，加强医保基金监管，完善惠民便民政策，推进重点领域改革，推进全市新时期医疗保障事业平稳有序发展。

【机构改革】 2019年1月30日，晋城市医疗保障局正式挂牌成立。3月22日，中共晋城市委办公室和晋城市人民政府办公室印发《晋城市医疗保障局职能配置、内设机构和人员编制规定》。4月初，人员转隶全部到位，完成新机构组建任务。

【打击欺诈骗保】 晋城市医疗保障局出台《晋城市医疗保障局开展打击欺诈骗取医疗保险基金专项行动的实施方案》，成立打击欺诈骗取医疗保险基金专项行动领导组和4个专项督查组，对6个县(市、区)和市本级定点医药机构、诊所、药店进行交叉式专项督查，共检查两定医药机构3164家，其中医疗机构2528家，零售药店636家，覆盖率100%。检查中发现，部分医疗机构存在挂床住院、无指征住院、过度医疗、重复检查、重复收费、乱收费、串换套用项目收费、超范围及不合理用药等违规行为。根据《定点医疗机构服务协议》《定点零售药店服务协议》，对1021家医疗机构进行追回违规基金、约谈、通报批评等处理，暂停医保结算58家，解除服务协议3家。共查处涉及违规医保基金1373.36万元，追回医保基金及违约金2277.9万元，节约医保基金6000余万元。

【创新基金监管】 2019年，晋城市医疗保障局依托大数据平台，投资3160.62余万元，引入政府与社会资本合作模式，在全省率先建设智慧医保信息系统(智慧医保信息系统由五大系统组成，即大屏可视化分析系统、定点医药机构人脸识别分析系统、医保基金大数据智能审核系统、药店进销存管理系统、定点医药机构实时清算系统)，保障医保基金健康平稳运行，确保医保基金安全。系统上线后有效依托信息化手段，对医保基金各个环节进行网上实时监控，利用大数据进行疑点分析，逐步实现“事中监控”“事后分析”，全市定点医药机构医保数据实时上传，逐步实现全市医保、医疗数据一体化。通过智慧医保信息系统，对全市两定机构进、销、存数据实施动态监测，实现人脸抓拍、视频监控、自动预警、智能审核，实时清算，通过大数据比对、可视化分析、网上身份核验等智能化手段，有效预防和打击各类违规骗保行为。

【医保支付方式改革】 2019年，晋城市医疗保障局根据山西省医保局《关于加快推进医保支付方式改革的通知》文件要求，组织召开全市医保支付方式改革推进会，全市医保支付方式改革工作有序推进。一是扩大按病种付费病种数量和覆盖范围。2019年，各县(市、区)符合按病种付费的病种比例二级综合医院及以上不低于50%，专科医院和民营医院不低于70%，逐步实现以按病种付费为主体、项目付费为补充的改革目标。二是做好按疾病诊断分组付费(DRG)试点工作。三是规范县乡一体化医保打包付费管理。改革年度总额测算方式，实行精准测算，坚决防止粗放式“一包了之”；规范资金结算管理，科学分配结余超支资金；根据医改新形势，顺势而为，科学调配，合理调整实行县乡一体化医保打包付费后市县机构职能，充分调动各级机构工作积极性。

【医疗保障】 2019年，晋城市医疗保障局重点解决地方病、罕见病、血液病等医疗保障问题。在地方病政策落实方面，印发《关于将大骨节病等地方病纳入城乡居民门诊慢性病和重特大疾病保障范围的通知》，全市城乡居民门诊慢性病由38种增加至44种。在血液病政策落实方面，印发《关于将真性红细胞增多症等血液病纳入门诊大额疾病（慢性病）保障范围有关问题的通知》。新生儿落地参保落实方面，印发《关于做好新生儿医疗保险有关工作的通知》，加强新生儿参保工作。

【慢性病管理】 2019年，晋城市医疗保障局采取“五定”（即定鉴定标准、定医疗机构、定药品范围、定用药标准、定报销额度）措施，规范引导参保慢性病患者就医报销。定鉴定标准，根据慢性病病种及准入标准，规范慢性病的申报流程，制定专家评审标准，每年11月开展一次慢性病申报专家鉴定工作；定医疗机构，慢性病门诊就医实行定点医疗机构管理，慢性病参保人员需选择定点医疗机构（二级及以上医疗机构）门诊治疗并填写《信息卡》，根据具有处方资格的医师开具的处方购药，享受慢性病报销待遇；定药品范围，由主治医师按照专病专治原则，确定各慢性病病种治疗方案，各定点医疗机构核实报销药品库，结合实际临床治疗需求，调整完善慢性病药品库，同步维护销售系统，满足慢性病门诊就医报销及审查需要，实现慢性病管理精细化与信息化；定用药标准，慢性病患者在定点医疗机构购药时，需如实反应病情、检查项目及用药情况，一次开药原则上不超过一个月剂量，且必须如实写清药品明细；定报销额度，自2019年起慢性病执行病种限额制度，超过限额部分基本医疗保险基金不予报销。

【大病保险提升】 2019年，晋城市加大城乡居民特别是困难群众大病保险保障力度。提高大病保险筹资标准。2019年，新增财政补助一半（15元）用于提高大病保险保障能力，全市大病保险人均筹资标准提高至85元。加大大病保险对参保困难群众支付倾斜力度，起付线降低至5000元，建档立卡贫困人口和农村特困供养人员支付比例提高到80%，其他困难群众支付比例提高到78%。自2019年起，农村特困供养人员大病保险封顶线提高到50万元，取消建档立卡贫困人口大病保险封顶线，减轻大病患者、困难群众医疗负担。

【医保帮扶】 2019年，晋城市医疗保障局建立医保救助扶贫新模式。一是贫困人口、特困人口参保率100%。2019年城乡居民医保参保期全市建档立卡贫困人口65951人，全部参保资助，参保率100%。市医保局会同民政、财政、扶贫部门印发《关于转发〈进一步做好农村贫困人口医疗保障精准扶贫工作的通知〉的通知》，完善贫困人口动态调整机制，做好动态调整后医保待遇衔接工作。二是贫困人口住院实际报销比例94%以上。贫困人口享受“先诊疗后付费”政策，落实医保目录内住院医疗费用“136”（“136”医疗扶贫政策，即在县域内、市级、省级住院，个人年度自付封顶额分别为0.1万元、0.3万元、0.6万元）兜底保障政策。控制定点医院医保目录外费用，县域内、市级、省级分别不超过15%、20%、30%，超过控制比例费用由医疗机构承担。医保目录外控制比例范围内的费用，通过建立补充医疗保险报销85%，个人自付15%。自2019年起，取消建档立卡贫困人口大病保险封顶线，慢性病病种从38种增至44种，保障水平整体提升。三是贫困人口住院实现一站式结算。率先完成城乡居民医保整合，在全省建立起覆盖市、县、乡、村四级医保四级网络，实现参保居民全市范围住院“一站式”结算；率先在全省开通建档立卡贫困人口“三保险”异地就医直接结算系统，贫困患者可以在省、市、县三级医疗机构直接结算“三保险”医疗费用。

（赵艺嵘）

卫生健康

【概况】 2019年,晋城市卫生健康委员会围绕中共十九大提出的“健康中国”战略及国家、山西省卫健委和晋城市委、市政府工作部署,聚焦“健康晋城”主题,凝心聚力抓改革,多措并举促发展,服务百姓惠民生,完成卫生健康各项工作任务。晋城市获全国创建“平安医院”活动表现突出地区、全国无偿献血先进市称号,泽州县获评“国家心血管病高危人群早期筛查与综合干预”先进项目点,阳城县创建为国家级慢性病综合防控示范区,沁水县被确定为全国健康促进试点县。

【医药卫生体制改革】 2019年,晋城市推进城市公立医院综合改革和县域医疗综合改革,高平市、泽州县、阳城县被评为全省紧密型县域医共体建设示范县;健全完善公立医疗现代管理运行新机制,推行党委领导下的院长负责制,泽州县被列入全省现代医院管理制度省级试点。推进城市医联体建设,制定下发《晋城市城市医联体建设工作实施方案》,由晋城市人民医院、晋城大医院两个核心医院牵头,联合晋城市其他公立医院、社区卫生服务中心(站)、专业康复机构及优质的社会办医疗机构组建2个紧密型城市医疗集团。通过基层首诊、双向转诊、急慢分治、上下联动,逐步形成“小病在社区、大病进医院、康复回社区”的就医新格局。11月27日,晋城市人民医院医疗集团和晋城大医院医疗集团成立。

【医防融合】 2019年,晋城市卫生健康委员会探索建立医防融合工作机制,以构建覆盖市县乡三级慢性病综合防控网络为依托,以医疗集团实行“一兼两管三统一”为抓手,逐步建立起“未病早预防、小病就近看、大病能会诊、慢病有管理、转诊帮对接”的医防融合防治一体的健康管理服务体系。召开全市深化县域综合医改促进医防融合工作现场会,起草《关于进一步深化县域综合医改加快建立整合型医疗卫生服务体系的指导意见》。完善市级区域全民健康信息化平台功能,实现市级平台与省级平台联通试运行。推进“互联网+智慧医疗”平台建设及信息便民惠民服务,统一在线预约挂号、金融支付、双向转诊、家庭医生签约、个人健康档案管理等功能。推进出生医学证明、计划免疫等公共卫生信息系统的互相融合和业务协同,建立晋城市统一权威、互联互通的人口健康信息平台。

【人才培养】 2019年,晋城市通过高层次人才引进工程、县域医疗集团大型人才招聘会等平台,签约各类医卫人才12名;经山西省教育厅和省卫健委批准,晋城市中等专业学校首次招收50名护理专业学生,开创晋城市在中专技校开设卫生专业的先例。与河南省人民医院达成医卫人才分批培养计划,分专业分批次选送晋城市医务人员到河南省进修学习,定期邀请专家教授到晋城市授课。

【医疗服务】 2019年,晋城市与山西中医药大学签订战略合作框架协议,围绕中医药人才队伍建设、中医药健康服务合作、民间特色诊疗技术和方药研究以及中医药产学研合作平台建设等开展合作。召开中医中药中国行——2019年中医健康文化主题活动,提升群众中医药健康文化素养。首次开展跨省航空急救,与上海金汇通用航空股份有限公司签署直升机应急医疗救援服务协议,填补晋城市航空紧急医疗救援空白,开启地空一体化医疗救治网络建设。开发微信公众号“微急救”,实现一键报警、GPS呼救定位、车辆甄别、微信支付等功能。发布全市急性脑卒中溶栓地图、急性胸痛急救地图,形成覆盖全市的心脑血管疾病快速救治网络。

【爱卫工作】 2019年,晋城市以809.8高分通过“国家卫生城市”复审,继续保持“国家卫生城市”称号。沁水县、阳城县和西河乡、南岭乡、三甲镇等2县3乡镇通过“国家卫生县城”“国家卫生乡镇”验收。晋城市卫生健康委员会获全市环保工作先进集体称号。

【老龄事业】 2019年,晋城市将“为全市80周岁以上老年人高龄补贴”列为全市为民办实事项目,市县财政共投入资金2900余万元。其中80~89周岁每人每年800元,90~99周岁每人每年2400元,百岁以上老人每年3600元。举办"爱在重阳·孝行晋城"——晋城市2019年孝老爱亲模范颁奖活动,从各县(市、区)推荐选送的30名孝老爱亲模范中评选出9名孝老爱亲楷模。为6县(市、区)、市直及驻市单位共2760名90~99岁高龄老人集中发放尊老金662.4万元。

【民生项目】 2019年,晋城市卫生健康委员会为全市18495名怀孕妇女提供免费产前筛查项目,共筛查18440人,完成率99.7%。为全市新生儿进行遗传代谢病和耳聋基因检测项目,共采集血样本17933例。争取国家卫健委批准健康快车澳门号首次落地晋城,为全市1227名贫困白内障患者提供免费救治。开展健康扶贫,实现建档立卡贫困人口和计划生育特殊家庭应签尽签目标。推进医养结合,全市80%二级以上综合医院开设老年病科,超额完成省下达50%的目标任务;全市106所一级以上医疗机构(不含专科医院)有102所开通老年人优先就医绿色通道,占比96%以上,超额完成省下达80%的目标任务;65岁以上老年人健康管理率78.81%,超额完成任务。

【公共卫生应急保障】 2019年,晋城市卫生健康委员会举办"二青会"突发公共卫生事件应急演练暨卫生应急保障培训班,结合"二青会"期间可能出现的突发公共卫生事件预设场景,组织各医疗单位疾控、监督、临床等专家开展桌面推演,重点讨论先期处置、组织指挥、病人转运、定点救治、流行病学调查、卫生监督、快速风险评估等环节,并进行专业点评。对辖区内的接待单位、比赛场馆按照重大活动卫生保障的标准和要求进行实战演练。

(尚姗姗)

·晋城市人民医院·

【概况】 2019年,晋城市人民医院门急诊量662518人次,同比增长17.92%,其中急诊75043人次,同比增长10.27%;出院病人39593人次,同比增长11.03%;住院手术与操作19113人次,同比增长22.46%。住院病人手术14525台,其中三、四级手术占比68.55%,次均住院费用随着三、四级手术比例的上升控制在合理区间;出院患者平均住院日9.81天,同比下降0.54天,病床使用率87.76%;临床路径入径例数22238例,入径率85.4%,完成21980例,完成率98.8%,占全部出院病人55.5%,全年药占比30.08%,百元医疗收入中消耗的卫生材料费用占比38.16%。当选中国医院协会第四届文化专业委员会理事、山西省医院协会第三届文化专业委员会常务理事单位。

【门诊服务】 2019年,晋城市人民医院出台并实施门诊诊区统一规划管理方案;全面推进门诊结构化电子病历系统应用,门诊电子病历使用率90%以上;规范出诊医师挂号管理,根据患者实际需求,多元化调整出诊时段;全面推进网上预约挂号、无卡就诊、线上支付,实现患者网上管理,开通碎片预约和慢性病扫码挂号。门诊预约挂号率平均为50.81%。成立门诊服务流程优化品管圈,召开品管圈会议5次。完善门诊科室设置,开设药学门诊、日间门诊和麻醉门诊。

【预防保健和健康教育】 2019年,晋城市人民医院加强传染病管理、健康教育与控烟工作、食源性疾病的监测及放射人员的健康管理。将新生儿出生统计工作、孕产妇艾梅乙管理和死亡病例信息统计纳入全院的医疗质量管理体系。通过网络直报的39种法定管理传染病病例2373例,实现控制传染病漏报率为零的目标。作为国家级流感哨点监测医院和住院严重急性呼吸道感染病例监测哨点医院,完成流感监测各项目标任务和定期采样指标。报告食源性疾病监测病例152例(其中有7起聚集性病例)。院健康管理中心成为全国首批"健康管理学科建设与科技创新中心"单位、山西省医院协会健康体检专业委员会副主委单位。

【学科建设】 2019年,晋城市人民医院完善呼吸与危重症医学科、中医科、日间病房、风湿免疫科、介入放射科、内分泌科等学科建制,新组建核医学科,新加入6

个国家级专科联盟,新成立专科联盟7个,新增市级质控部3个。成立中国心脏联盟心血管疾病预防与康复专业委员会山西晋城联盟、晋城市房颤中心联盟和晋城市心血管疾病介入质控部。拥有省级医学重点学科1个、省级临床重点专科5个、省市共建医学学科2个、市级重点学科28个;牵头成立专科联盟11个、市级质控部23个。

【“六大中心”建设】 2019年,晋城市人民医院胸痛、卒中、创伤、危重孕产妇、危重新生儿救治、房颤“六大中心”实现从院前急救、基层转诊到院内多学科联合诊治流程的畅通。胸痛中心接诊急性胸痛618例,行CAG+PPCI 256例;卒中中心接诊急性脑梗死1628例,溶栓92例;启动创伤中心运行50余次,收治创伤病例238例;危重新生儿救治中心收治危重新生儿328人,占比45.5%,抢救成功率99.39%;危重孕产妇救治中心收治危重孕产妇1628例,占比70.78%,抢救成功率99.91%;房颤中心收治400余例病人,房颤射频手术治疗29例。

【人才培养】 2019年,晋城市人民医院出台《晋城市人民医院高层次人才引进实施方案》和《晋城市人民医院在职非脱产攻读博士研究生暂行规定》,对取得博士学位的医院工作人员进行奖励,为高端人才引进和培养创造条件。选派医务人员外出学习532人次。接受实习生110人,完成长治医学院36人的临床理论课带教任务;完成第九批全科医师转岗培训及考核,对长治医学院21名本科生进行系统考核;完成中级职称以上专业技术人员学分考核工作,合格率90.50%。住培教学方面,2019年第一批次结业理论考核通过率100%,其中全科专业通过率100%,排名全省第一。与长治医学院共同申报山西省研究生联合培养基地,累计招收学员262名,王美星等6名住培学员在全省首届住院医师规培内科、外科专业临床实践能力竞赛中分获三等奖。4人入选“三晋英才”拔尖骨干人才,7人入选“三晋英才”青年优秀人才,30人入选晋城市高层次人才,12位专家成为市委联系专家。

【课题研究】 2019年,晋城市人民医院组织院内课题评审,32项临床医技科室科研课题通过院内专家评审环节,选出9个课题申报山西省科技厅科研课题。全院立项课题3项,2项为国家卫健委课题,1项为科技部课题。出台《晋城市人民医院科研奖励细则》,明确对不同等级科研项目、科研论文、科研成果的奖励办法。发明实用新型专利1项,出版专著3部,发表科研论文127篇,其中SCI论文5篇、核心期刊和中华系列论文10篇。

【医疗技术】 2019年,晋城市人民医院开展新技术、新项目51项,向省卫健委报备限制性医疗技术项目17项。重新修订四级手术目录,制订11个微创手术分级目录,并对各级手术医师重新进行分级管理及授权。制定日间手术准入标准、病历格式、入选病种、临床路径、绩效方案等,日间病种从初期的15种增至69种,其中51种属于晋城市的按病种付费,完成日间手术538例。临床路径管理病种26个专业273种,开展告知见证手术587例。

【学术交流】 2019年4月,晋城市人民医院举办各级各类学术活动94场次。连续第3年参与“长城国际心脏病学会”急诊PCI实况转播;承办“中国心脏联盟心血管疾病预防与康复委员会山西晋城联盟成立大会”暨“首届太行心血管疾病预防与康复论坛”,全国心血管病专家、中国心脏联盟主席胡大一到院指导;日本东京国家癌症中心、美国马里兰安德森癌症中心应邀进行学术交流和手术演示;加拿大国际基金文化义诊团到院开展学术交流和技术指导,举办晋城籍在京博士服务家乡行活动,4名医学博士到院指导;定期邀请河南省人民医院互联智慧专家进行实地指导培训。

【易址扩建项目】 2019年4月,晋城市人民医院易址扩建项目开工。截至年底,完成土方开挖和桩基施工,门诊医技楼基础工程量完成40%;完成1号住院楼和手术室部分改扩建工程以及信息机房、核医学科、病理科、肿瘤化疗集中配置室、双源CT室的改造工程;完成3号楼工程决算。

【社会服务】 2019年，晋城市人民医院开展“送温暖、献爱心”社会捐助活动；组织义诊、健康咨询300余次，协调专家500余名，服务群众5000余名；安排医疗保障工作75次，派出医护人员100余人次，保障时间1000余小时，服务人数3000余人次，完成全国二青会、全国能源会等10余场大型活动医疗保障任务。

【对口帮扶】 2019年，晋城市人民医院选派90名高年资主治医师和副主任医师、12名护理骨干，分到4所县级医院开展对口支援帮扶工作。开展教学查房1000余次，手术指导300余人、病例讨论350余次、学术讲座250余次、业务培训200余次，帮助开展新技术新业务20余项；受市卫健委委托，组织专家对全市12家二级医院申报的30项限制类医疗技术项目进行现场审核。

（张慧丽　徐　沛）

·晋城大医院·

【概况】 2019年，晋城大医院年门诊量71.1万人次，同比增加8.7万人次，增长13.94%；出院3.9万人次，同比增加3104人次，增长8.65%；完成住院手术1.3万台，同比增加979台，增长8.14%；手术与操作1.7万人次，同比增加2497人次，增长17.22%；平均住院天数10.1天，同比减少0.6天。患者满意度99.08%。医疗事故为零。

【医院评审】 2019年3月2日，山西省首次三级公立医院绩效考核成绩公布，晋城大医院综合成绩晋城市第1、省内企业医院排名第1、省内三级医院排名第13名。通过三级甲等医院复审。5月27日，晋城大医院成为晋城市唯一一家国家级药物临床试验机构和医疗器械备案机构。9月5日，呼吸与危重症医学科通过国家PCCM规范化建设达标单位认证，成为晋城地区首家通过PCCM认证的医院，成为山西省唯一一家参与国家重点研发专项《呼吸系统疾病临床研究大数据与生物样本库平台》的医院。

【医疗集团组建】 2019年11月27日，晋城大医院医疗集团揭牌成立。由晋城大医院、古书院矿医院、王台铺矿医院、凤凰山矿医院、成庄矿医院、寺河矿医院、赵庄矿医院、城区北石店镇中心卫生院、西上庄社区卫生服务中心、开发区社区卫生服务中心、北街社区卫生服务中心组成，通过基层首诊、双向转诊、急慢分治、上下联动，形成“小病在社区，大病进医院，康复回社区”的就医新格局。12月28日，晋煤集团与国科新里程举行晋煤集团晋城大医院（医疗集团）改革重组签约仪式，实现强强联合。

【科研教学】 2019年，晋城大医院获批国家级合作项目4项、省级科研课题5项，获得省部级科技进步二等奖1项、三等奖2项，获得省部级科技成果7个，发表SCI论文3篇、主编副主编著作2部，获国家专利1项。晋城大医院成为中国医学救援协会矿山灾害救援分会常务副理事长单位，赵瑞峰当选矿山灾害救援分会常务副会长。加入16家专科联盟单位，成为“国家感染性疾病临床医学研究中心核心单位”、山西省第3家国家药品不良反应监测哨点联盟单位，获批为山西省药师协会执业药师培训实训基地，成为国家级影像医学质控中心挂靠单位、中国地市级医院急诊专科医联体常务理事单位，成立山西省继续医学教育协会省级继续医学教育培训基地。

【义诊活动】 2019年，晋城大医院首次开展“不忘乡情，回报乡亲”大型系列义诊活动，举办义诊活动20场，参与义诊专家200余人，涉及20多个临床、医技科室，服务群众5000人次。

【医疗保障】 2019年，晋城大医院加强应急救援能力培训，派出48名高年资医护人员参加急救站轮训。推进“120·晋城大医院站”建设，与晋城市“120”指挥中心建立紧密合作关系。抽调经验丰富的医护人员，完成各类医疗保障任务9起，派出医务人员65人次。

【对口支援】 2019年，晋城大医院多次派出医疗质量管理、药学、院感、护理队伍，对医联体成员单位进行医疗质量管理提升培训、病案DRGs开展、护理管理、人才培养、专科护理、护理技术和科研教学进行帮扶。帮助阳城县人民医院建设胸痛中心，帮助高平市人民医院开展新技术、新项目15项，帮助陵川县人民医院开展首例急诊PCI手术。对阳城县人民医院、阳城县第二人民医院进行“心肺复苏及电击除颤”技术培训及考核。派出高级职称15人次、副高级职称12人次、中级职称42人次开展下乡帮扶工作。其中，门诊8717人次，急诊850人次，开展手术759例，会诊及疑难次数442人次；开展新技术新项目67项，健康体检259人次，义诊304人次，学术讲座203次，业务培训124次，教学查房303次，手术示教61次。

（王亚翔）

·晋城市中心血站·

【概况】 2019年，晋城市中心血站围绕年度采供血工作要点，强化内部管理、优化服务质量，临床用血100%来自自愿无偿献血者，无偿献血100%保障临床用血需求，被晋城市公民无偿献血领导组授予“血液管理先进单位”称号，获市直工委“先进基层党支部”、市直团工委“五四红旗团组织”、市卫健委“目标责任考核优秀单位”等称号。

【采供血工作】 2019年，晋城市中心血站改进献血招募方式，全年采供血10吨。采血24663人次49264单位，同比增长3.4%；单采血小板1347人2660治疗单位，同比增长4.1%，血液100%来源于自愿无偿献血，采血量达到历史最高水平。加强采供血宣传，晋城电视台、晋城广播电台、《太行日报》《太行晚报》等媒体广泛开展无偿献血宣传；各乡镇制作无偿献血墙体广告，加大农村、社区无偿献血知识宣传；开展无偿献血进机关、进学校、进企业、进社区、进农村“五进”活动。巩固团体献血工作，开展团体单位献血53次，新增团体单位3家，共190人参加献血。开设微信订阅公众号，新增微信预约、自助登记、自助查询等功能，及时发布献血资讯，打通献血者手机端和站内shinow9.0信息系统桥梁。

【用血服务】 2019年，晋城市中心血站100%确保临床用血需求，全市有符合临床用血条件的医疗机构62所，全年临床总供红细胞45151单位，同比增长1.1%；单采血小板2721个治疗单位，同比增长8.4%；冰冻血浆269.06万毫升，同比增长13.7%，无偿献血100%满足临床用血需求。在满足晋城市用血的同时，向太原、晋中、长治、运城等市提供红细胞3982U，血浆69万毫升，外调机采血小板3个治疗单位。新增二维码扫码支付接口，与年供血量在200单位以上的现金支付医院签订供血协议，账目实行一月一结。做好送血服务，全年送血706次，安全行程3万余千米，实际送血率占总供血量75%以上。100%保障献血返还，全年报销335人血费337174.37元。收集献血者满意度调查164份，献血者满意度95.38%；用血者单位满意度调查40家，用血者满意度94.95%。

【质量控制】 2019年，晋城市中心血站质量控制100%覆盖采供血全过程。质量检测血液制剂成品303袋，抽检原辅材料80次、试剂230次，检测环境工艺卫生378次、关键设备1105台次，均符合规定；进行内部监督检查99次，查对数据统计分析14次，对不合格品统计分析14次，对不合格品进行评审378次；对血液放行监控771次，对不合格品进行评审708次；召开质量分析会4次，下发《纠正和预防措施表》10份、《不合格项(差错)登记报告表》2份、《外部督导检查问题整改验证表》6份。

【核酸检测】 2019年，晋城市中心血站开展核酸检测工作，对26010份样本进行检测和血型正反定型及抗-D筛查，总不合格177例，新发现RHD(-)49例；核酸检测26009人份血液标本，检出不合格44份。

（贾庆朝）

疾病防控

【概况】 2019年，晋城市疾病预防控制中心贯彻落实新时代卫生与健康工作要求，坚持“预防为主、防治结合”工作方针，牢固树立“大卫生大健康”发展理念，狠抓突发急性传染病疫情的应急处置和慢性非传染疾病的综合防控能力建设，多项工作走在全省前列。

【健康教育】 2019年，晋城市疾病预防控制中心组织制作实用性强、传播率广、群众易接受的健康教育资料，开展健康教育“六进”和“健康中国行”等主题宣传活动。利用现代传媒技术，让疾病防控知识以喜闻乐见的形式走进千家万户。

【免疫规划】 2019年，晋城市疾病预防控制中心落实儿童计划免疫策略，推进预防接种门诊规范化建设，全市109家常规接种门诊达到标准设置要求，部分门诊实现数字化。以乡镇为单位免疫规划疫苗接种率持续保持在90%以上。组织开展预防接种技能大赛，强三基、促学习、练技能、展风采，推动晋城市免疫规划工作科学、规范、可持续发展。

【传染病防控】 2019年，晋城市疾病预防控制中心共收到6县(市、区)通过网络报告的法定传染病24种11936例，报告发病率为509.41/10万。报告死亡病例6例，死亡率为0.26/10万，病死率为0.05%。全市传染病诊疗机构实现疫情网络直报全覆盖。对传染病疫情做到早发现、早处置，将疫情控制在萌芽状态。未发生甲类传染病和法定传染病类突发公共卫生事件和暴发疫情。传染病自动预警处置全省第一，报告综合质量全省第二。

【结核病防治】 2019年，全市6县(市、区)均开展痰培养工作，市级耐药定点医院开展快速药敏监测，耐药结核病高危人群耐药筛查率和新涂阳患者耐药筛查率两项重点指标均居全省前列。建立病人“推荐转诊”“病人通知”“病人追踪”“追踪反馈”四个循环链接，促进晋城市结核病工作顺利进行，肺结核患者规范管理率达到100%。全年无学校聚集性疫情发生。

【艾滋病防控】 2019年，晋城市疾病预防控制中心以宣传教育和行为干预为重点，以阻断传播为目的，全面落实各项综合防治措施，依托国家“四免一关怀”政策，取得明显成效。全人口检测覆盖率、治疗覆盖率、CD4检测率位居全省前列。第32个艾滋病宣传日期间，围绕“社区动员同防艾，健康中国我行动”主题启动“防控艾滋社区行”行动，组织人员到厂矿、社区、学校等场所开展主题宣传，掀起全市共同抗击艾滋病的新高潮。

【慢性病防治】 2019年，晋城市在山西省国家基本公共卫生服务项目考核中，排名第二；在山西省死因监测工作通报中，排名第二，被推荐为国家级死因监测工作先进集体。泽州县获得“国家心血管病高危人群早期筛查与综合干预”先进项目点。全市新创建各类健康支持性环境20个；6个县(市、区)均开展“三减三健”专项行动，提升个人健康意识和行为能力。截至2019年底，全市有高血压患者健康管理数232357人，规范管理179333人，规范管理率77%；2型糖尿病健康管理数48331人，规范管理37097人，规范管理率77%；65岁以上老年人登记人数253321人，健康管理人数(体检人数)202937人，健康管理率(体检率)80%。

【地方病防治】 2019年，晋城市疾病预防控制中心强化食用碘盐、改炉改灶，气化、电化等清洁能源改造，牛羊免疫等多种综合防治措施，大骨节病实现持续消除目标；燃煤污染型氟中毒达到消除目标；布病发病逐年下降，稳定控制。碘缺乏病病情监测结果显示，盐碘中位数、碘盐覆盖率及合格碘盐食用率几项指标均处于消除碘缺乏病状态；尿碘中位数、甲肿率表明晋城市碘营养状况总体保持在适宜水平。

【健康危害因素监测】 2019年，晋城市疾病预防控制中心狠抓慢性病防控源头治理，重点开展公共场所、生活饮用水、食品安全风险、职业病、消毒效果、学生常见病等健康危害因素监测工作。全市累计报告在岗期间职业健康检查个案卡44059张，报告数量位居全省第一。尘肺病回顾性调查3001人，完成下达任务的150%；在全省率先开展工作场所职业病危害因素监测采样及现场检测工作；对393份样品开展食品安全风险监测；对城市、农村饮用水329个监测点658份样品进行检测；对市区公共场所空气质量、公共用具、集中空调、二次供水、学校直饮水等1575份样品开展检测；对

60个农村土壤监测点开展酸碱度和重金属检测工作;对市区13家医疗、托幼机构98份样品开展消毒效果质量抽查检测;对17所学校、4861名学生开展学生常见病健康影响因素监测与干预工作。通过数据分析,为慢性病的科学防控提供数据支撑。

【突发公共卫生事件应急管理】 2019年,晋城市疾病预防控制中心完成乡宁“3·15”山体滑坡救援现场预防性消毒任务和二青会晋城赛区公共卫生安全保障工作。

(李　军)

爱卫工作

【概况】 2019年,晋城市爱国卫生运动委员会紧扣巩固国家卫生城市、创建国家卫生县城(乡镇)、卫生乡村和健康村镇试点建设、城乡环境卫生整洁行动等重点工作,加大爱国卫生宣传发动,稳步推进城乡环境综合整治,城乡卫生面貌明显改善。

【活动宣传】 2019年4月12日,晋城市爱国卫生运动委员会、市卫健委联合市爱卫会各成员单位,在市区凤西广场集中开展以“共推‘厕所革命’共促卫生健康”为主题的第31个爱国卫生日宣传活动。向群众发放农村改厕、健康知识、传染病防治、食品安全、环境保护、城市管理、公共场所卫生等宣传资料2000余份。晋城电视台、《太行日报》、晋城在线等媒体同步开展主题宣传活动。各县(市、区)爱卫会按照市爱卫会的统一安排部署,紧扣活动主题,结合国家卫生县城(乡镇)创建和卫生乡村、健康村镇建设等爱国卫生主要工作,集中开展形式多样的宣传活动。

【国家卫生城市创建】 2019年,城区政府、泽州县政府,市爱卫会各成员单位围绕巩固“国家卫生城市”开展专项整治,强化城市管理力度,健全完善长效管理机制,提升城市卫生管理水平。按照市委、市政府“四洗六见一红旗”活动要求,全市开展“洗地、洗墙、洗树、洗楼顶,开门见绿、游园见景、空地见翠、道路见树、逢山见林、河水见底”为主要内容的环境卫生大整治活动,市区共出动车辆2万余车次、人员7.6万余人次,清洗城市主次干道和背街小巷610万平方米,洗墙刷墙60万平方米,洗树刷树5万余株,清洗楼顶3.7万平方米,修补路面6.1万平方米,清洗美化修复绿地7.3万平方米,清理违规广告条幅、小广告24万条,清理积存垃圾8.3万余吨,取缔破旧门牌2565个、乱堆乱放12653处、乱扯乱挂7379处。

【国家卫生城镇创建】 2019年3月27日,晋城市政府在沁水县召开全市创建国家卫生城镇工作现场会议,安排部署全市创建国家卫生城镇工作。市爱卫会对照《国家卫生城市标准》《国家卫生乡镇(县城)标准》,对全市创建国家卫生城镇的3县9乡镇工作推进情况进行4轮专项督查,推进国家卫生城镇创建工作。泽州县组织人员对5个创建国家卫生城镇乡镇进行检查指导,为5个试点乡镇发放宣传资料1万余份。高平市组织市场监管、城市管理、卫体局、国土资源、农业农村、卫生监督、交警等部门组成联合工作组,对三甲镇、马村镇创建国家卫生乡镇工作进行多轮驻村督促指导。阳城县邀请省、市专家检查指导16次,对北留镇和西河乡督查指导8次;县政府建立创建国家卫生县城约谈通报机制;召开推进会13次,召开各类专项协调会40余次。陵川县采取拉网排查的方式,对建成区各主要街道和社区存在的问题进行大排查、大起底,实施重点工程项目20项。沁水县组织开展创卫宣传、市政设施、垃圾污水、旱厕改造、拆违治乱等18项专项整治行动。9月,阳城县、沁水县和泽州县南岭乡、高平市三甲镇、阳城县西河乡通过山西省爱卫办组织的技术评估。

【卫生乡村建设】 2019年,晋城市6县(市、区)结合国家卫生城镇创建、城乡环境卫生整洁行动等爱国卫生重点工程,以《晋城市卫生乡村建设2019年行动计划》为引领,结合健康村镇、农村人居环境整治示范村、美丽宜居示范村、绿色生态村庄,加大卫生基础设施建设,集中开展环境综合整治,广泛开展健康宣传教育,掀起纵向到底、横向到边的乡村大整治、环境大变样、健康大提升的农村环境卫生整治行动,农村人居环境质量整体提升。城区出台

《关于开展环境卫生整治流动红旗考核评比活动实施方案》，将农村环境卫生纳入考核处罚体系，全面启动处罚机制。泽州县依托环卫体制改革，实现全县17个乡镇和599个行政村（社区）全覆盖，基本建立新的环境卫生管理体制机制，建立金村、南岭、南村、巴公4个乡镇监管中心，覆盖管理全县11个乡镇，普遍进行卫生乡村建设。高平市各乡镇出动人力5000余人次、清运车辆1800余车次，开展道路乱堆乱放整治、残墙断壁整修、绿化带锄草筑盘、树木描红刷白、枯枝败叶清理等工作。阳城县结合国家卫生县城工作，在城镇9个村建设高标准示范小区，其他各乡镇对村内小街小巷、旧街旧巷等地方进行彻底清理，各村号召群众将室内室外、房前屋后“四堆十乱”进行清理打扫，乡镇政府对镇直和驻镇各单位进行环境卫生大评比。陵川县编制卫生乡村建设专项行动方案，统筹农村生活污水管网建设、垃圾处理、旱厕改造与特色乡村建设等，开展环境卫生整治，打造卫生示范乡村精品。沁水县开展以县城和农村地区“三环三沿”（环城镇、环村、环景点，沿路、沿河、沿沟）为重点的城乡环境整治。至2019年底，各县（市、区）基本建成省卫生乡村623个，其中省级卫生乡镇29个、省级卫生村504个、省级卫生示范乡镇30个、省级卫生示范村60个。

【城乡环境卫生整洁行动】 2019年，按照《晋城市2019年城乡环境卫生整洁行动目标任务和重点工作》，市爱卫会各成员单位和各县（市、区）稳步推进城乡环境卫生基础设施建设，改善城乡环境卫生面貌，提升城乡环境卫生精细化治理水平。

“厕所革命”稳步推进。晋城市印发《关于加快推进全市农村“厕所革命”工作的通知》等文件，发放《晋城市农村改厕热点百问》5000册，争取省级财政资金7066万元、市级财政资金3650万元，采取“以奖代补、先干后补、切块到县、奖补到村”方式进行专项奖补。全市完成农村改厕任务21387座。

生活垃圾和污水治理不断规范。全市建设建制镇污水处理厂8个，完成农村生活污水集中处置项目47项，建设畜禽粪污处理设施100个；整治非正规垃圾堆放点1272处，建成农村垃圾中转站77座，33个乡镇82个行政村开展垃圾分类工作。

农村饮水安全巩固提升。水务部门实施农村饮水安全巩固提升工程227处，投资9037万元，巩固提升363个自然村（其中36个贫困村）、16.14万农村人口（其中贫困人口8526人）的饮水安全水平。全市平均集中供水率99.9%，供水保证率95%，水质合格率91.8%，自来水普及率98%，“四率”均达到考核标准。

路域环境综合整治成效明显。交通部门强化路面管控，加强非法超限车辆治理，共投入执法人员22842人次，检测车辆937225辆次，超限超载率稳定控制在0.2%以内。

食用农产品市场监管有力。市场监管部门检查食用农产品批发市场4个、食用农产品零售市场8个、食用农产品经营者1435户。其中检查猪肉等动物产品经营者1044户，出动执法人员1034人次，检查915户次，发现问题89户，完成整改66户。

【农村改厕】 2019年，晋城市承担2018年改厕任务1万套（其中泽州县4000套、高平市3000套，阳城县、陵川县、沁水县各1000套）。截至2019年7月底，全市1万座农村改厕任务全部完成。

（李建军）

民　政

【概况】 2019年，晋城市各级民政部门践行“民政为民、民政爱民”工作理念，强化统筹协调，深化改革创新，脱贫攻坚兜底保障有力有效，上级重大决策部署全面落实，基本民生保障水平稳步提升，基层社会治理能力显著增强，基本社会服务水平大幅提升，民政系统综合能力得到加强。晋城市民政局被评为晋城市精神文明单位标兵、2019年平安建设(综治工作)先进单位、2019年度目标责任考核优秀单位。

【机构改革】 2019年，晋城市民政局原退役军人优抚安置和拥军优属等职责划入市退役军人事务局；原救灾职责划入市应急管理局；原医疗救助职责划入市医疗保障局；原救灾物资储备职责划入市发改委(市粮食和物资储备局)；原所属事业单位承担的民间组织管理、村务公开监督、勘界管理、救助管理、殡葬执法管理、城乡社会救助监督管理等部分行政职能划归局机关。内设办公室、社会组织管理和执法监察科、基层政权和社区治理科、养老服务和儿童福利科、慈善和社会事务科、区划地名科6个等科室。行政编制15名，设局长1名，副局长2名，科级领导职数6名。

【脱贫攻坚】 2019年，晋城市9852名建档立卡贫困对象纳入农村低保保障范围，2854名建档立卡贫困对象纳入特困供养保障范围，累计为贫困对象发放救助资金5612万元。全市农村低保平均标准位居全省第4，达到每人每年4600元，超过国家扶贫指导线，实现困难群众100%全覆盖。社会组织参与扶贫项目35个。

【区划调整】 2019年，晋城市启动行政区划调整工作，制定《晋城市部分行政区划调整方案》，调整优化生产力布局，解决阻碍晋城发展的行政区划和行政体制矛盾，提高中心城市综合承载和资源优化配置能力，助力美丽晋城高质量转型发展。该工作被评为2019年晋城最有影响力的十件大事之首。

【养老服务】 2019年，晋城市推进全国居家和社区养老服务改革试点工作，新建凤鸣、凤台2家居家和社区养老服务中心，玉屏山百合老年护养院、厚福为老综合服务中心2家养老机构，开展延伸居家和社区养老服务试点；完成养老服务信息平台项目主体建设、全市60周岁以上老年人基本信息筛查摸底工作。截至年底，全市共建成住养型养老服务机构74所、居家养老服务机构14所、城乡老年人日间照料中心984个，基本建成“以居家为基础、社区为依托、机构为补充、医养相结合”的具有晋城特色的养老服务体系，惠及15万名老年人。5月，山西省养老服务工作会暨康养产业推进会在晋城市召开。完成“新建50个农村老年人日间照料中心”和“实施经济困难的高龄和失能老年人关爱行动”2件民生实事。经济困难的高龄老年人补贴标准提高到每人每月50元，经济困难的失能老年人补贴标准提高到每人每月100元。全年累计为4200人发放补贴360万元。

【保障与救助】 2019年，晋城市城市低保平均标准达到每人每月593元，位居全省第二。机构养育孤儿标准由每人每月1000元提高到1500元，社会散居孤儿标准由每人每月600元提高到1000元。全年累计救助生活无着的流浪乞讨人员2715人次。全市共保障城市低保对象8597人、农村低保对象35960人、特困供养人员6886人、困难残疾人和重度残疾人36620人，实施临时救助11358人次，发放各类救助资金和补贴资金3.25亿元。

【基层治理】 2019年，晋城市完成“三基建设”任务，彻底解决社区无活动场所和面积不达200平方米的问题；下拨资金120万元，扶持6个城市社区活动场所和公益性服务设施项目。市委、市政府出台《关于加强行政村合并工作的实施意见》，安排部署全市合并行政村工作。开展扫黑除恶专项斗争，排查出不符合条件的村委干部89人，全部清理到位。推动社会治理重心向基层下移，在城区和高平市开展“三治融合”试点工作，探索符合晋城实际的自治、法治、德治相融合的社会治理新格局；以高平市、泽州县高都镇为试点推进乡镇政府服务能力建设，加快乡镇政府职能转变；村规民约居民公约修订完善率达到75%。在全省首创社会组织重大事项备案制度，把社会组织信用信息纳入全程监管；全面推开行业协会商会与行政机关脱钩改革工作以及规范行业协会商会收费工作；社会组织“两个覆盖率”进一步提升。启动地名普查成果转化项目，完善市县地名基础信息，对市区街路牌进行清洗维护；推动市区地名公共服务机制改革，将市区范围内的部分地名命名工作交由城区地名管理机构负责；开展界线管理，配合省民政厅完成省界晋豫线和泽州阳城县界联检任务。

【社会事务】 2019年，晋城市民政局推进移风易俗，培育现代殡葬新理念新风尚，落实惠民殡葬政策，减免殡葬资金25.7万元。依法规范开展婚姻登记管理工作，办理结婚登记15802对、离婚登记4189对。开展“送温暖、献爱心”活动，接收捐款133.3万元。

（李旭东）

人力资源和社会保障

【概况】 2019年，晋城市人力资源和社会保障局坚持“提境界、扩格局、敢担当、善作为”工作遵循，勇于改革创新，就业创业工作再创新佳绩，社会保障工作取得新突破，人才队伍建设取得新成效，人事管理工作取得新进展，工资收入分配工作取得新成绩，劳动关系工作取得新突破，人力资源社会保障工作呈现良好发展态势。

【就业创业】 2019年9月底，晋城市城镇新增就业63885人，失业人员再就业6125人，就业困难人员就业1734人，转移农村劳动力29735人，均超额完成目标任务。城镇登记失业率控制在1.08%，低于年度控制目标(4.2%)3.12个百分点。实施全民技能提升工程，完成培训37445人。举办各类招聘会69场，提供就业岗位3.5万余个，帮助1.4万人与单位达成就业意向。改革创业融资贷款政策，个人额度提高至15万元，企业额度提高至300万元，发放创业担保贷款4625万元，扶持创业者402户，创业带动就业1458人。举办全市创新创业大赛，择优对30个项目进行资助，9个项目在全省星火项目创业大赛中获奖。落实高校毕业生就业援助、就业见习岗位、“三支一扶”等帮扶政策，解决就业困难人员就业8000余人。

【社会保险】 2019年，晋城市制定实施《改革创新、援企减负十条举措》，降低企业运行成本。将企业养老保险费率由19%降至16%，分2步下调工伤保险费率20%，为企减负4855.72万元。开展失业保险“护航行动”和“展翅行动”，发放稳岗补贴5464.3万元、技能提升补贴339.85万元。提高城乡居民养老保险基础养老金，市级基础养老金最低标准为每月118元。建立城乡居民养老保险丧葬补助金制度，对参保正常死亡的城乡居民发放不低于一年的丧葬补助金,是全省首家建立市级规模丧葬补助金的地市。实行高龄人员养老补贴政策,65岁以上的参保居民每月增加5元基础养老金。

【人才工作】 2019年,晋城市实施“新兴产业领军人才”“学术技术带头人”等人才工程,培养一批创新驱动发展和经济转型升级急需的创新创业领军人才和具有“工匠精神”的高技能人才。1—9月,全市新增专业技术人才1968人,新增技能人才2622人,新增“两高人才”2925人。成立江淮重工院士工作站,实现晋城市院士工作站零的突破;苏少博、伍永安入选山西省第五批新兴产业领军人才。引进国内外高层次人才在晋城市技术交流50余人次,解决技术难题30余项,提出合理化建议100余个。

【人事工作】 2019年,晋城市人力资源和社会保障局深化人事制度改革,打通政企、事企人才双向流动通道,顺向流动全部取消审批,横向流动单位自主办理、逆向流动实行科学调控,构建全新的人才流动机制,为全市引进高层次人才56人,新招人员183人,专技人员岗位变动61人,专业技术人员离岗创业8人。强化人事工作服务全市大局政治站位,及时调整2019年事业单位招聘计划,解决统计等部门编制及人员需求。

【收入分配】 2019年上半年,晋城市城镇居民人均可支配收入绝对值16655元,排位第三,同比增加1060元,增长6.8%,高于6.5%年度目标。为3323名失业人员发放失业保险金2344.2万元,缴纳基本医疗保险费393.7万元,发放冬季取暖补贴319万元,发放临时价格补贴23.28万元;为52482名贫困及低保对象代缴养老保险费196万元。发布企业工资指导线,基准线上调8%,上线为12%,下线为4%,促进劳动者报酬与经济同步增长;提高企业退休人员养老金标准,71007名企业退休人员人均月增加164元。控制高收入群体。对市属国有企业负责人薪酬状况开展调查,制定具体实施意见,合理确定企业负责人和企业职工薪酬倍比关系。

【劳动保障】 2019年9月底,晋城市区查处工资类违法案件降幅100%,追发劳动者工资待遇涉及金额降幅100%,追发劳动者工资待遇涉及人数降幅100%,均超额完成任务。全市各级劳动保障监察机构实地检查各类用人单位1557户,涉及劳动者5.44万人,督促用人单位为158名劳动者签订劳动合同,及时排除欠薪隐患258件,督促用人单位发放工资1470.7万元,惠及1351名劳动者,未发生一起因欠薪引发的群体性事件和极端事件。接待人力资源社会保障信访案件531件次,涉及632人次,无集体访,无突发事件。信访案件有效处置率100%。

(靳海波)

人才服务

【概况】 2019年,晋城市人才服务中心围绕“人才强市”战略和实现“更高质量就业”目标,创造性开展人才服务工作,多措并举促进就业,不断提升就业服务,人才服务工作实现新发展和新跨越,为晋城市经济社会发展提供人才保障和智力支持。

【岗位征集】 2019年3月,晋城市人才服务中心对全市重点行业、企业及市、县两级人才市场的人才需求情况进行摸底调查,共征集到需求岗位36976个,其中本科以上岗位3251个,专科岗位6533个,中高职及以下5067个,不限岗位需求的22125个。

【招聘活动】 2019年,晋城市人才服务中心在周五、周六定期招聘活动的基础上,举办就业援助月、春风行动、民营企业招聘周等一系列公共就业服务活动,举办晋城市行业龙头企业专场招聘会、居然之家(晋城分会场)第七届商家联聘会、蓝九天药业连锁有限公司专场招聘会等企业专场招聘活动,赴太原参加山西太原人才智力交流大会,并开展回访及就业形势分析。6月12日,在晋城职业技术学院举办“晋城市2019年大中专毕业生供需洽谈会”,320家省内外用人单位参会,提供就业岗位近万个。当天达成初步意向4336人次,其中大专学历4097人次,中专及其他学历239人次。全年,共举办各类招聘会132场，入场招聘单位5195家次，为求职者提供就业岗位4万多个，3万多人次通过人才市场和人才网平台达成就业意向或调换工作岗位（其中网站1.4万多人次）。

【信息服务】 2019年，晋城市人才服务中心“晋城人才网”新增就业扶持专栏，公众号关注数量30745人，单位会员6969家，未到期企业会员1365家，网站日均点击率保持在4万次左右；库存简历14321条，有效简历1757条。各县（市、区）开通微信公众号，建立健全全市就业信息公共服务网络，实现全市公共就业和人才服务机构招聘信息互联互通和共享发布。制定和完善信息安全保护、晋城人才网用户协议、信息发布审核以及应急处理制度等相关办法。

【档案服务】 2019年，晋城市人才服务中心建立流动人才党支部，加强与公安、教育、医保等有关部门的业务合作关系，为各类流动人才提供档案管理、党团关系挂靠、户口挂靠等服务。推进人事代理档案管理实名制信息录入工作，全市信息录入率85%以上。实有档案数28167份，人事代理单位347家，户口挂靠1784人，出具各类手续3000多人次。

【就业服务】 2019年，晋城市人才服务中心办理就业创业证1779人。完成第二批山西省政府购岗人员退出转岗工作，除26名“孕期、产期、哺乳期”人员外，全部完成退出或转岗；组织就业见习人员专场对接招聘会2场，63家见习单位，700多名见习生进行对接，380名见习人员于9月上岗；开展高校毕业生实名制登记，接收山西省人社厅转发数据5025人，根据所学专业、求职意愿等情况提供相应的公共就业服务，就业率85%。晋城人才网微信公众号开设《微课堂》专栏，为广大高校毕业生提供全方位的就业指导信息服务，发布20期。

【流动党员管理】 2019年，晋城市人才服务中心有流动党员支部35个，流动党员1000多名。5月20日至6月底，对挂靠的1000多名流动党员进行全面排查，掌握流动党员的去向、现居住地、工作情况以及党费缴纳情况，并根据排查结果对流动党员进行分类管理。

（谭李军）

退役军人事务

【概况】 2019年，晋城市退役军人事务局坚持党的建设和自身建设融合发展，机关工作逐步制度化、规范化；坚持体系建设和统计调查一体推进，夯实退役军人事务工作基础；坚持思想政治和权益维护统筹开展，维护经济社会安全稳定；坚持接收安置和就业创业同步推进，构筑人尽其才、合理使用的坚实基础；坚持优抚褒扬和双拥共建紧密结合，营造尊崇军人关爱军人的浓厚氛围，各项工作呈现出良好工作态势。

【机构组建】 2019年，晋城市推进退役军人服务保障体系建设，市、县两级党委退役军人事务工作领导小组全部成立，市、县退役军人事务局全部挂牌成立，涉军事业单位全部划转到位，市县乡村退役军人服务中心（站）全部挂牌成立。

【信息采集】 2019年，晋城市全面开展退役军人信息采集工作，审核退役军人及优抚对象信息。开展退役军人基本情况摸底调查，发放调查问卷76000份，收回68607份。

【接收安置】 2019年，晋城市退役军人事务局开展退役士兵安置“回头看”，成立专项工作组，对2018年接收的退役士兵进行梳理排查，解决问题。接收安置军转干部、自主择业军转干部、随调家属；接收符合安置条件的退役士兵。组织退役士兵参加职业技能培训，向政府专职消防员、祥达集团、伟诚安保公司等推荐退役军人就业；举办13场退役军人专场招聘会。探索退役军人招聘“互联网+”模式，在晋城人才网就业扶持专栏设置退役军人专用通道，为退役军人提供有针对性的求职登记、就业信息、政策咨询等服务。推进部分退役士兵保险接续，受理社保接续工作。

【褒扬活动】 2019年，晋城市退

役军人事务局为全市现役军人和退役军人家庭更换、悬挂光荣牌。开展对越自卫反击战40周年烈士祭扫、清明祭英烈专题活动等，推荐2名中华人民共和国成立前老战士到北京参加中华人民共和国成立70周年庆祝活动。开展“最美退役军人”“最美军嫂”“老红军老战士”事迹宣讲、“9·30”烈士公祭、晋城英烈展等系列活动，体现党和政府对军人的关爱。

【帮扶解困】 2019年，晋城市将符合生活困难条件的退役军人纳入精准脱贫家庭进行帮扶，通过临时救济、困难补助、医疗救助、纳入低保等方式予以帮助。分两批次发放优抚对象生活补助资金9082万元。市财政拨付资金1000多万元，为全市困难企业军转干部发放生活困难补助。全市所有企业军转干部每月收入达到省里规定的在职5167元、退休4742元标准。

【双拥共建】 2019年，晋城市退役军人事务局组织召开全市双拥工作暨创建全国双拥模范城推进会、创建全国双拥模范城迎检工作推进会，建设双拥主题公园，与7家银行签订拥军优抚合作协议，在全市公共服务窗口张贴军人、退役军人优先标识，举办“双拥花开模范城”双十佳表彰及双拥主题晚会。联合市委市政府督查办公室，对25家全国双拥模范城创建工作重点单位进行督查，在全市各类媒体广泛开展双拥主题宣传活动。在全省双拥模范城(县)命名表彰大会上，晋城市第6次被省委、省政府、省军区命名为“山西省双拥模范城”，高平市、泽州县、沁水县、陵川县4个县(市、区)获“山西省双拥模范城(县)”称号。

(贾　骁)

2019年6月17日，晋城市退役军人服务中心正式挂牌　(来源：晋城市退役军人事务局)

晋城市城区

中共区委书记 王文全
区人大常委会主任 宋春生
区　　　　长 李晓峰
区政协主席 晋　昕

【概况】 晋城市城区位于晋城市中心，地理坐标为北纬35°24′55″—35°35′45″，东经112°45′10″—112°55′08″。总面积142.59平方千米，南北长17.5千米，东西宽15.4千米，占晋城市国土总面积的1.55%。四周与泽州县的7个乡镇毗邻，分别是：东邻金村镇；西接东沟镇、川底乡；南连南村镇、大箕镇；北接巴公镇、高都镇。是晋城市的政治、经济、科技、文化中心，为晋城市人民政府、城区人民政府机关驻地。2019年末，辖北石店1个镇，东街、西街、南街、北街、钟家庄、西上庄、开发区7个街道，共8个乡级政区；设84个社区委员会，62个村民委员会。常住人口为504797人，比上年末增加3952人；户籍总人口为403835人，比上年末增加6985人。人口出生率为9.9‰；死亡率为2.1‰；自然增长率为7.9‰；人口性别比为102.10。

城区区位优越，交通便捷。双轨电气化太焦铁路贯穿南北，有铁路专用线10多条。晋(城)阳(城)、晋(城)焦(作)、长(治)晋(城)、晋(城)济(源)高速公路，在境内交会。G207国道、太(原)洛(阳)、晋(城)韩(城)、晋(城)陵(川)、晋(城)张(路口)、晋(城)辉(县)等干线公路，纵横交织。

旅游业是城区的新兴产业。境内省级森林公园有白马寺山森林公园1个。全国重点文物保护单位1个，省级文物保护单位3处，市级文物保护单位29处，区级文物保护单位1处。省级生态文明村有洞头生态旅游村1个。省级科普教育基地1个，市级科普教育基地6个。市级爱国主义教育基地4个。主要旅游景点主要有司徒小镇、白马寺山森林公园、洞头生态旅游景区、泽州公园、吴王山森林公园、凤凰岭森林公园、玉龙潭公园、文笔峰塔、怀覃会馆、程颢书院等。驻区旅行社、旅游公司有友好国际旅行社、太行旅行社、假日旅行社、铁道旅行社、东方旅行社等。

晋城市城区先后获全国义务教育发展基本均衡区、全国科技进步先进县(区)、国家卫生城市、国家餐饮服务食品安全示范区、全国法治县(区)创建活动先进单位、山西省林业生态区、山西省“增加农民收入先进区”、山西省城乡居民养老保险经办管理示范区、山西省实施“十二五”妇女儿童发展规划示范区、山西省老龄工作示范区、山西省级慢性病综合防控示范区、山西省社会管理综合治理先进集体、山西省平安城区、山西省无邪教创建示范县区等称号。

【综合经济】 2019年，晋城市城区紧扣“3185”工作思路和“建好新时代美丽晋城会客厅，勇当高质量转型发展排头兵”目标定位，全区经济运行呈现总体平稳、稳中有进的良好态势。全年全区实现生产总值3427381万元，比

2018年增长7.6%。其中,第一产业增加值6015万元,下降10.1%,占生产总值的比重为0.2%;第二产业增加值1038687万元,增长9.5%,占生产总值的比重为30.3%;第三产业增加值2382679万元,增长6.7%,占生产总值的比重为69.5%。人均地区生产总值68163元,按2019年平均汇率计算为9881美元。全年全区城镇居民人均可支配收入37023元,同比增长7.8%。

全年全区财政总收入408820万元,比上年增收26693万元,增长7.0%。一般公共预算收入94848万元,比上年增收11950万元,增长14.4%。其中,税收收入77757万元,增收6220万元,增长8.7%;非税收入17091万元,增收5730万元,增长50.4%。一般公共预算支出245617万元,比上年增支34446万元,增长16.3%。其中,教育支出增长6.8%,社会保障和就业支出下降4.8%,卫生健康支出增长12.9%,一般公共服务支出增长32.2%,文化旅游体育与传媒支出增长1.8%,科学技术支出增长15.5%。全年居民消费价格比上年上涨2.6%,其中,食品烟酒类价格上涨5.5%。

全年全区城镇新增就业1.4万人,下岗失业人员再就业2106人。

【农业】 2019年,晋城市城区贯彻新发展理念,加快产业转型,加快推进农林文旅康融合发展试点建设,打造洞头乡村振兴示范点。司徒小镇老山西文化综合体和五千年花车巡游演绎体验区、五龙山庄生态农业园、康宁手外科医院医养结合等一批重点项目加紧建设,集休闲、旅游、康养为一体的乡村融合发展新模式不断涌现。

2019年,城区农作物总种植面积1800公顷,粮食总产量5832吨,比2018年减少781吨,减产11.8%。其中,夏粮小麦4531吨,同比增产4.1%;秋粮1301吨,同比减产42.4%。全年全区肉类总产量220吨,同比下降74.1%。其中,猪肉产量6吨,同比下降99.1%;牛肉产量57吨,同比增长11.8%;羊肉产量88吨,同比下降3.3%。年末生猪存栏1256头,同比下降83.4%;生猪出栏74头,同比下降99.1%。禽蛋产量1094吨,同比增长29.9%。年末全区农业机械总动力14394千瓦,比2019年末增长0.9%。

【工业和建筑业】 2019年,晋城市城区大力发展新型工业。北石店工业园区商业街、太丰路、尚安街等基础设施加快建设,园区内180亩土地收储手续办理完成。海斯药业冻干粉针车间项目完成设备安装,搬迁扩建项目办理环评手续,中盛建材二期项目开始试生产,新华线缆项目具备试生产条件,工业经济新的增长点逐步形成。年末全区规模以上工业企业23家。全年规模以上工业完成增加值122886万元,比上年增长6.3%;完成总产值515920万元,同比增长8.3%;完成销售产值515784万元,同比增长11.9%。规模以上工业全年实现主营业务收入511299万元,比2018年增长9.5%;实现利润总额12223万元,比2018年增长85.3%。二轻集体企业全年实现利税总额3321万元,同比增长6.4%。

2019年末,全区具有资质等级的总承包和专业承包建筑业企业78家;签订合同额1131321万元,同比增长22.3%;完成总产值571232万元,同比增长25.4%。房屋建筑施工面积2179951平方米,同比下降1.5%;竣工产值408787万元,同比增长24.2%。

【现代服务业】 2019年,晋城市城区聚力提升现代服务业,紧盯商贸服务业、现代物流、金融业、大数据、健康养老、文化旅游、房地产七大重点行业精耕细作。万达城市广场、中农联等项目成功签约;华谊兄弟星剧场、中电智云大数据产业园等重点项目进展顺利,猪八戒网、远中供应链物流园区、星悦城商业综合体、电商小镇等项目投入运营,集酷文化小镇商业街获省级特色商业街,服务业增加值占GDP比重69.5%,服务业主引擎地位日益凸显。

【城市建设】 2019年,晋城市城区把棚户区(城中村)改造作为"头等大事",提升城市品质,改善群众生活。推进老城更新与保护,扛起建市以来最大范围的征补拆迁任务,老城一期居民住宅征收完成3589户,完成率99.8%;公建征收完成113处,完成率95%,老城改造进入到由拆到建的新阶段。"两路"(景德路、景忠路)

具备通车条件，“两街”（东大街、西大街改造）“两河”（东河、西河治理）加紧施工，“两会”（东滩会、西滩会）“两园”（景德桥公园、景忠桥公园）进行规划设计，南大街立面改造全面完成，10宗回迁地块全部完成土地收储。大力度推进棚户区（城中村）改造，科学谋划、分类推进100个村（社区）改造。依法有序推进原有模式的38个棚户区（城中村）改造，协调解决历史遗留问题，连川社区、中原街社区、司徒村等一批改造项目重新启动，西马匠社区平衡用地出让难题协调解决，金华社区改造项目完成重新选商，圣拓地产多个项目的资金压力得到缓解，防范化解房地产领域重大风险取得突破性进展。探索棚改新模式，明确“政府主导、村为主体、整体规划、连片改造、市场介入、全区平衡”的改造原则，以河东、西后河社区为试点，探索可推广、可复制的城区经验。全年全区棚户区（城中村）改造完成投资28.07亿元，拆迁31.51万平方米，回迁1392套、17.73万平方米，完成建筑面积80.97万平方米。推进道路建设，程颢路、泰康路建成通车，景西南路、建设北路加快建设；启动实施西大街西延、太印街、冯苗路三条道路工程，西北片区“四纵四横”路网骨架加快构建；完成中原街、畅安北路、上元街、文华路等12项市政工程11万平方米征补任务。提升城市品质，借势创建全国文明城市，深入开展“四洗六见一红旗”活动，集中打响“提升城市品质、攻坚五项任务百日大会战”。凤台小区完成提升改造，面貌焕然一新；20家集贸市场基本完成整治；“十纵十横”主次干道累计拆除广告牌匾484处，约7920平方米，拆除违建1.65万平方米，施划车位4504个；218条背街小巷累计粉刷和整治墙壁1.98万平方米，扩宽道路2.47万平方米，修建挡墙80米，城市形象更加靓丽。

【综合改革】 2019年，晋城市城区着力推进相对集中行政许可权改革，在全市率先启动“一枚印章管审批”，工商个体登记、变更、注销等29个划转事项全部实现“即来即办”，为30余个项目提供了手续代办服务，营商环境进一步优化。减税降费政策全面落实，为中小企业减免税收3.2亿元；民营经济30条落地见效，市场主体活力不断增强。城管综合行政执法体制改革成效凸显，8支执法队伍下沉镇（街道），城市管理能力大幅提升。农村“三变”改革扎实开展，全区承包地经营权流转率达80%以上，远超省、市平均水平。国资国企改革稳步实施，城运公司现代企业制度改革、保安公司混合所有制改革完成。教育、医药卫生、标准化等重点改革进展顺利。

【生态建设】 2019年，晋城市城区以“五定五化一平台”为抓手，全力推进环保网格标准化建设，为全市提供城区经验。深入开展违法排污大整治“百日清零”专项行动，对整改不彻底的19家“散乱污”企业进行整治，1560家大中型餐饮单位全部安装高效油烟净化设施。超额完成2900户清洁取暖改造任务。全年完成生态环境部强化监督帮扶工作组转办问题整改52个，完成省生态环境保护专项督察组转办问题整改5个。深入开展农村人居环境整治，大力实施国道G207过境段绿化、白水河洞头段综合治理、玉屏山二期等工程，美丽晋城会客厅的生态底色更加靓丽。

【民生改善】 2019年，晋城市城区民生支出达21.89亿元，占全年支出的89.13%。新增就业1.3万人，下岗失业人员再就业2106人。东南学校、西城小学加快建设，苗匠幼儿园、东后河幼儿园进展顺利，全年全区财政性教育投入达到4.8亿元，占财政总支出的19.4%。巩固公立医院综合改革成果，持续落实取消药品加成政策，为群众减轻药费负担720万元。开工建设保障性安居住房2585套，为686户住房困难家庭发放了廉租住房补贴。积极创建公共文化服务体系示范区，建成8个镇（街道）标准文化站、141个村（社区）基层综合文化服务中心。顺利完成北石店村村改居和君悦湾、寺河嘉苑、皇城新区三个片区社区居委会组建工作。举全区之力，全力打响全国文明城市创建攻坚战，文明理念深入人心，文明风尚蔚然成风。狠抓安全生产，严控风险隐患，强化社会治安，保持扫黑除恶高压态势，完成国庆70周年、“二青会”等重大活动期间安保维稳工作。八件民生工程全部兑现,人民群众的获得感、幸福感、安全感明显增强。

(王翠平)

泽州县

中共县委书记 高喜全
县人大常委会主任 靳水生
县　　长 张　军
县政协主席 李正根

【概况】 泽州县位于太行山南端、山西省东南部。史称"河东屏翰,冀南雄镇"。地理坐标为北纬35°12′—35°42′,东经112°31′—113°14′。地域分布在晋城市城区四周,东连陵川,西接阳城、沁水,北靠高平,南与河南省的辉县、修武、博爱、沁阳、济源等市、县毗邻。总面积2023平方千米,占晋城市总面积的21.3%,占山西省总面积的1.2%。

境内地貌以山地丘陵为主,山地、丘陵、平川面积之比为6:3:1。最高点为西北部的武神山主峰,海拔1346.6米,最低点为东南丹河出口处的三姑泉,海拔296米。相对高差1050.6米。全县平均海拔650~1000米之间。境内主要河流有沁河、丹河,均属黄河水系。年平均气温10℃左右,大陆性季风气候明显。无霜期192.6天。年降水量618.3毫米,但年际、月际间降水量的相对变率较大。年日照时数为2580小时,日照率67%。

境内自然资源丰富,尤以"煤铁"为最。全县煤炭地质储量为44亿吨,铁矿石储量5亿吨,硫铁矿、铝矾土、石灰石、大理石、银、铜、锰、石膏等储量也很丰富。全县水资源总量为2.814亿立方米,属相对富水区。全县年末耕地保有量为76.74万亩。封山育林面积8.1万亩。全县省级自然保护区1个,自然保护区面积93775.1公顷。全县林木绿化覆盖率达到46.43%,森林覆盖率达到28.19%。野生动植物不但种类繁多,而且较为珍贵,其中属国家二、三级保护的珍稀动物有猕猴、大壁虎;属国家保护的植物有青檀木等。丰富的自然资源为泽州县经济的发展提供了重要的物质基础和条件,使泽州县成为山西省能源重化工基地及全国无烟煤生产基地的重要组成部分。

泽州县辖14镇3乡,即下村、大东沟、周村、南村、北义城、大箕、柳树口、山河、犁川、晋庙铺、金村、高都、巴公、大阳镇,川底、李寨、南岭乡。全县共有590个行政村,9个居委会。2019年底,全县常住人口为498186人,比上年末增加2193人。全年全县出生人口4912人,人口出生率为9.88‰;其中农业人口247129人,非农业人口251057人;自然增长率为4.41‰。人口以汉族为主,回族次之,另外还有蒙族、满族、朝鲜族、布依族、苗族、白族、土族、壮族等少数民族。

【综合经济】 2019年,泽州县生产总值完成303.1亿元,同比增长7.3%。其中:第一产业增加值完成14.8亿元,下降1.7%,占生产总值的比重为4.9%;第二产业增加值完成213.8亿元,增长8.5%,占生产总值的比重为70.5%;第三产业增加值完成74.5亿元,增长6.1%,占生产总值的比重为24.6%。

规模以上工业增加值同比增长8.5%;一般公共预算收入完成23.58亿元,同比增长22.7%,总量、增速全市双第一;全社会固定资产投资完成99.45亿元,同比增长19.5%,增速全市第一;社会消费品零售总额完成35832元,同比增长7.3%;农村常住居民人均可支配收入完成16595元,同比增长9.1%,总量全市第一。在省委2019年度县域经济转型升级考核中泽州县名次前移30位,位列33个限制开发的农产品生产县域中第一名;全市年度综合考核第一名。

2019年,人均地区生产总值60995元,按2019年平均汇率计算达到8842美元。全县公共财政预算收入23.6亿元,增长22.7%,增收4.4亿元。税收收入14.8亿元,增长19%,其中:国内增值税、企业所得税、个人所得税、资源税和城建税共计完成税收11.3亿元,增长8.2%。公共财政预算支出38.7亿元,增长10.2%,增支3.6亿元。其中:教育支出5.9亿元,增长0.5%;社会保障和就业支出5.1亿元,增长17.3%;卫生健康支出5.2亿元,增长7.8%;农林水支出6.8亿元,增长7.8%。民生支出占全县公共财政预算支出的比重为72.4%。

2019年,全县城镇新增就业

7512人,失业人员实现再就业人数达到848人,就业困难人员实现再就业309人。年末城镇登记失业率为0.61%。

【农业】 2019年,全县农作物种植面积47169.5公顷,比上年减少5801.8公顷。其中:粮食种植面积44324.5公顷,减少5972.4公顷;油料种植面积569.4公顷,增加187.9公顷;棉花种植面积0.5公顷,减少2.2公顷。在粮食种植面积中,玉米种植面积8826.4公顷,减少3333.7公顷;小麦种植面积29360.7公顷,增加419.9公顷。2019年,粮食总产量19.3万吨,比2018年增加0.5万吨,同比增产2.4%。其中,夏粮13.1万吨,增产15.2%;秋粮6.2万吨,减产16.9%。2019年,棉花产量0.6吨,同比增长-80%;油料产量1141.1吨,同比增长88%;药材产量2409吨,同比增长64%;蔬菜产量65277吨,同比增长8.7%;水果产量24887吨,同比增长121.7%。全年完成造林面积367公顷,同比增长176%;经济林面积33公顷,同比下降106.3%。2019年,肉类总产量38831.2吨,比2018年下降26.2%。其中,猪、牛、羊肉分别下降29.7%、3%和6.2%;奶类总产量11吨,同比下降78%;禽蛋总产量24692吨,同比下降14.9%;水产品产量350吨,同比增长16.7%。

2019年末,全县农业机械总动力18.7万千瓦,同比增长1.6%。机械耕地面积42950公顷,同比下降7.4%;机械播种面积40880公顷,同比下降5.9%;机械收获面积31000公顷,同比下降8.7%。全县农机服务收入18989万元,其中,农机作业服务收入12349万元。2019年,环境空气质量二级以上天数达到202天,重污染天数11天。空气综合质量指数为5.73。2019年,泽州县坚持重点领域突破,农村"三块地"改革不断深化,高都镇南焦庄宅改试点全面启动,农地入市累计完成85宗3008.5亩,征收农村土地1469亩,腾退宅基地1575.6亩。乡村振兴多点突破,编制完成乡村振兴总体规划,推农林文旅康融合发展,新增市乡农业产业园5家,全年粮食产量完成2.11亿千克,41家龙头企业完成销售收入16.4亿元、同比增长8.75%。生态环境持续好转,对2588个重点污染源实现监管全覆盖,211家企业开展了绿色评估,华昱输煤管廊和晋钢铁路专用线主体完工,畜禽粪污资源化利用整县推进项目奠基开工,$PM_{2.5}$、重污染天数实现双下降。

【工业建筑业】 2019年,全县规模以上工业企业62家,全年全县规模以上工业增加值同比增长8.5%。分行业看:煤炭行业增加值下降8.3%,非煤行业增加值同比增长49.4%。其中:煤化工行业增长10.8%,冶铸行业增长31.4%,装备制造行业下降6.5%,电力行业下降2.9%。全年原煤产量3098.1万吨,同比增长3.2%;化肥折纯量145.4万吨,同比增长8.6%;生铁产量447.9万吨,同比增长22.9%;粗钢产量474.6万吨,同比增长35.7%;钢材产量461.1万吨,同比增长33.6%;水泥产量114.6万吨,同比增长59.6%;发电量完成30.9亿千瓦时,同比增长11.1%。规模以上工业实现主营业务收入506.5亿元,比上年增长13.2%;工业企业实现利润42.9亿元,比上年下降29.3%;实现利税97.7亿元,同比下降21.8%。全社会建筑业实现增加值59650万元,同比下降19.3%。年末全县具有资质等级总承包建筑业企业15家,完成总产值790466万元,同比下降15.7%。

2019年,泽州县坚持"转型为纲、项目为王"不松懈,扎实开展"深化转型项目建设年"活动,56个重点项目进展顺利,完成投资160亿元。产业园区攻坚突破,晋钢智造科技产业园,污水处理厂、废钢回收利用等项目建成;周村煤化工园区,华昱煤制油达产达效,晶英纳米钙、和美固废等项目进展顺利;城东商贸物流园区,蓝远快递物流园3家快递企业入驻,中国青年城5栋楼主体完工,隆顺鑫、兰能商贸完成前期。高度重视争资立项,全年争取债券4.3亿元、专项资金4亿元。产业转型加快推进,岳南洗选煤厂投产达效,段河瓦斯发电顺利并网,华电风电一期并网发电。全县煤炭工业增加值占工业增加值比重下降9.5个百分点,制造业增加值占工业增加值比重上升9.5个百分点。

【固定资产投资】 2019年,泽州县固定资产投资完成99.5亿元,增长19.5%。从产业划分看，第一产业投资2.3亿元，同比增长23.3%；第二产业投资48.5亿元，同比增长22.9%；第三产业投资48.7亿元，同比增长16.1%。全年房地产投资44556万元，比2018年增长72.4%；商品房销售额完成43124万元，同比下降42.6%。

【贸易出口】 2019年，泽州县社会消费品零售总额48.1亿元，同比增长8.1%。按经营地统计，城镇消费品零售额29.5亿元，同比增长6.8%；乡村消费品零售额18.6亿元，同比增长10.3%。按经营地统计，城镇消费品零售额29.5亿元，同比增长6.8%；乡村消费品零售额18.6亿元，同比增长10.3%。2019，全县海关进出口总额242565万元，同比增长49.6%。其中，出口完成5212万元，同比增长37.7%；进口完成237353万元，同比增长54.3%。

【金融保险】 2019年，泽州县金融机构各项存款余额293.2亿元，比年初增加41.9亿元，增长16.7%。各项贷款余额107.9亿元，比年初增加9.3亿元，增长9.4%。

保费收入20822.9万元，同比增长4.5%。其中，寿险业务保费收入9150.4万元，同比增长2.7%；健康险业务保费收入2980万元，同比增长5.6%；意外险业务保费收入429.9万元，同比增长44.1%；财产险业务保费收入8262.6万元，同比增长4.6%。全年支付各类赔款及给付6791.6万元，同比增长33.5%。

【国企改制】 2019年，泽州县国企改制民企股改稳步推进，21家国企完成国有股权划转，20家中小企业成功挂牌，挂牌企业总数达到71家、全省第一，15家企业实现“小升规”，5家企业被认定为国家级高新技术企业，获全省资本市场县域工程试点县。坚持扩大开放积蓄动能，先后组团参加进博会、中博会等各类展会，在深圳举办2019泽商泽才回乡创业创新恳谈会，全年签约项目50个，签约资金241.6亿元，开工项目40个、开工率达80%，新入固投开工项目计划投资额达170亿元，三项指标全市第一。

【交通邮电】 2019年，全县公路线路里程2490千米，其中高速公路134千米。公路密度123.1千米/百平方千米。邮电业务总量18862万元。其中，邮政业务总量1815万元；电信业务总量17047万元。农村固定电话用户1.1万户，移动电话用户年末达到31.4万户，全县宽带接入用户数达9.4万户。

【旅游】 2019年，全县共有旅游景区（点）6处，其中：国家AAAA级旅游景区2个，国家AAA级旅游景区3个。共有星级饭店3家，其中：四星级2家，三星级1家。共有农家乐217家。全年共接待游客1554.5万人次，其中，海外旅游接待游客0.4万人次。实现旅游总收入143.5亿元，其中，海外旅游创汇219.6万美元。

2019年，大阳古镇创建国家AAAA级旅游景区，大阳旅游公路开工建设，举办第四届文化旅游节和第三季《谁不说俺泽州好》电视竞演，新建旅游厕所30座，贺坡村、东六庄村入选全省首批3A级乡村旅游示范村，高都镇泽州小院等家乡村民宿入选省级“太行人家”，全年旅游总收入和接待游客人数均创历史新高。

【教育科技】 2019年，全县共有幼儿园79所，小学122所，普通初中31所，普通高中学校4所，完中1所，高职中学2所，教师进修学校1所，特殊教育学校1所。年末全县共有各级各类在校学生人数41520人，比2018年末减少1753人；全年各级各类学校招生数11093人，比2018年减少2745人；毕业生数12732人，比2018年减少1471人；年末全县教职工人数4447人。小学学龄儿童入学率100%；小学和初中升学率均达100%。

2019年共申请各类专利101件，其中，发明专利申请量40件，实用新型专利48件；有效发明专利拥有量34件。

【文化、卫生和体育】 2019年，全县共有艺术表演团体7个，新创作首演剧目2个，2019年上演剧目53个，演出场次2600余场，收入530万元，其中，剧团2个，2019年上演剧目23个，演出420场次，收入310万元；曲艺队1个，2019年上演剧目20个，演出520余场次，收入10.4万元。全县共有公共文化馆1个，公共图书馆1个，乡镇文化站17个，村级农家书屋

590个，共藏书约118万册。广播电台1座，电视台1座。年末全县有线电视用户达10万户，其中，接收数字信号用户6.5万户。电视人口综合覆盖率达100%。有线电视入户率达到83%。

2019年，全县共有卫生机构（含诊所）719个，其中县医院1个、县妇幼保健院1个，疾病预防控制中心（防疫站）1个，卫生监督所1个，乡镇卫生院26个，村级卫生所631个，个体诊所58个。全县共有床位数2325张，卫生技术人员1942人，其中执业医师和执业助理医师848人，注册护士679人。县乡村三级医疗机构达标率为100%。

2019年，全县共举办各级各类体育赛事10余次，参加运动会运动员人数5000余人。运动员在市级以上重大比赛中获金、银、铜牌分别为8枚、9枚、7枚。全民健身活动更加形式多样，据不完全抽样体质检测统计，全年全县体育锻炼标准达标人数达到90.7%，约48万人。

【社会保障】 2019年，全县参加城镇职工基本养老保险47855人，比上年末增加2618人；参加城乡居民基本养老保险306699人，增加3505人；参加城镇职工基本医疗保险41284人，增加4223人；参加城乡居民基本医疗保险406602人，减少6181人；参加失业保险25046人，增加606人；参加工伤保险80339人，增加13887人；参加生育保险32867人，增加3967人。全县城镇基本社会保障覆盖率达99%以上，其中，城乡居民养老保险覆盖率达99.5%，企业养老保险覆盖率达99.5%；失业保险覆盖率达99.1%。全年城镇低保人数652人，保障户数593户；农村低保人数6568人，保障户数4261户。

【民生事业】 2019年，泽州县民生领域的支出达31亿元，年初承诺的10件实事全部完成。晋城一中南岭爱物学校完成首届招生，县中医院奠基开工，4.5万户农户享受到集中供暖，8万户农户享受到集中供气，新建了15个老年日间照料中心，农村数字电视工程为群众减免费用100余万元，免费送戏下乡300场，县乡村三级综治中心标准化建设、“雪亮工程”走在全省前列，岭上村、山耳东村、东四义村入选全国首批森林乡村。脱贫攻坚再战再胜，聚焦“两不愁三保障”，着力补短板、强弱项，财政投入专项资金2682.48万元，产业扶贫资金387万元，确保4687户10839人不返贫，完成7户15人年度减贫任务，对2830人进行易地搬迁，入住率、拆除腾退率和复垦率实现三个100%。守住不发生系统性风险的底线，安全生产指标连续两年“双下降”，非访、群访人次批次大幅下降，“扫黑除恶”专项斗争扎实有效，政府债务率稳控在50%以下，社会大局总体平稳。人民武装、国防动员等工作进一步加强，工商联、老龄、信访、档案、工会、外事、对台事务、共青团、妇女儿童、残疾人等工作取得新成绩。

2019年，泽州县高起点定位，历时一年编制完成了13平方千米的金村起步区控制性详细规划，举办丹河新城金村起步区招商推介大会，与32家企业签订总额达155亿元的合作协议；高质量建设，集中开工总投资156亿元的35个项目，新晋路、朝阳街等6条道路路基基本成型，教育园区、商务中心等项目奠基开工；高效率征拆，45天完成5个村1974户的协议签订，4天完成42万平方米的房屋拆迁。

（张　静）

高平市

中共市委书记	胡晓刚
市人大常委会主任	张志刚
市长	原　健
市政协主席	李培安

【概况】 高平市位于山西省东南部、晋城市北部。雄踞太行山麓，背靠三晋腹地，面对千里中原，地理位置优越。地理坐标为北纬35°39′—35°59′，东经112°42′—113°09′。境域版图近于方形，东西长41千米，南北宽37千米，总面积980.35平方千米。四周东至铁佛岭与陵川县相接，南至界牌岭与泽州县毗邻，西至老马岭与沁水县交界，西北至丹朱岭与长子县为邻，东北至金泉山与长治县相接。东、西、北三面环山，中为平川，整体地貌状如簸箕。境内地势北高南低。北部金泉山最高，海拔1391.1米，南部杜村附近丹河河床最低，海拔780米。境域

周边为侵蚀剥蚀中低山区，内侧为绵延起伏的黄土丘陵，中部为冲洪积的带状平川。山区面积占39.6%，丘陵面积占36.2%，平川面积占24.2%。

1993年5月12日，经国务院批准，撤销高平县，设立高平市，全市辖9镇4乡3个街道办事处。

高平是中华民族人文始祖炎帝的故里，中国历史上长平之战的发生地，太行太岳革命老区、"煤铁之乡""黄梨之乡""生猪之乡"和"上党梆子戏剧之乡"。发现的东庙遗址、李家庄遗址等，证明早在旧石器晚期这里就有人类繁衍生息。

市境地处交通枢纽，太(原)澳(门)高速公路、国道G207线、省道长(治)晋(城)线和太(原)焦(作)铁路南北纵贯，省道坪曲线东西横越，交通便利。

高平市域属黄河水系，全市地表水年平均径流量约为3888万立方米，平均径流深35.7毫米，地下水1.49亿立方米。境内大小河流30余条，流域面积在30平方千米以上的有丹河、许河、大东仓河、小东仓河、东大河、永录河等6条。最大的河流为丹河，其余大部分为丹河的支流，丹河由西北至东南纵穿市境中部，其流域成带状平川，向南渐宽。境内河流均为季节性河流。

【综合经济】 2019年，高平市生产总值完成231.9亿元，同比增长6.9%；规模以上工业增加值同比增长8.5%；固定资产投资完成86.5亿元，同比增长13.4%；社会消费品零售总额完成75.9亿元，同比增长8.1%；一般公共预算收入完成22亿元，同比增长14.9%；城镇居民人均可支配收入完成34623元，同比增长7.5%；农村居民人均可支配收入完成15392元，同比增长8.6%。

【转型发展】 2019年，高平市域原煤产量3290万吨，先进产能占比63.1%。173项"一纲十目"重点工程完成投资101.2亿元，转型项目投资占比65.8%。开发区"三化三制"改革、"启航"产业基金、招商引资"12条"、1200亩熟地等政策效应逐步显现，新能源、新材料等新兴产业渐成态势。出台支持民营经济发展"33条"，清偿民营企业账款3.8亿元，减免企业税费4.2亿元，凯永养殖、海诺科技、泫氏实业分别入选国家级重点龙头企业、全省优秀企业和"小巨人"企业。服务业同比增长7.4%，产业结构进一步优化。

【综合改革】 2019年，高平市坚持改革勇立潮头、永立潮头，"一枚印章管审批"改革经验全省复制推广，92家市县考察团到高平市学习交流；学前教育改革经验在山西省教育大会交流；医改信息化建设走在山西省前列，全省现场会再次开到高平市；农业生产托管服务连续两年被确定为山西省试点，经验做法在全国供销合作总社介绍交流；国资国企、标准化等改革走在晋城市前列。推动开放加快步伐、再拓新局，神农炎帝经贸文化旅游招商系列活动成为两岸交流合作的最大平台。

【乡村振兴】 2019年，高平市稳定农业投资，出台农业可持续发展扶持办法和生猪产业转型升级奖补意见，一产固投总额位居山西省前十，创建国家生猪育种创新标准化示范区和省级现代农业产业园、食品安全示范县、出口农产品质量安全示范区。改善人居环境，完成农村饮水安全巩固提升50个村，开工建设供排水及污水治理60个村，改厕2.2万座，清洁取暖改造2.32万户，"冬煤夏供"惠及361个村、3.12万户；推进城乡环卫一体化，三甲国家卫生镇创建通过省级初审，永禄庙儿沟、南城梨园、东城果则沟3个村获批省级改善人居环境示范村。深化农村改革，农村集体资产清产核资工作走在全省前列；率先在全省建立城乡一体化基准地价体系，购买1500亩土地增减挂指标，破解耕地占补平衡难题。

【城乡融合】 2019年，高平市统筹城乡发展，实施13条市政道路改扩建，完成建设路人行天桥和30条背街小巷硬化亮化，城市第三水厂投入试运行。筹措资金，保障太焦高铁征拆和主线建设，高铁东站、站前广场及周边道路陆续开工。改造提升G208国道6.5千米，新建"四好农村路"159千米，太行一号国家风景道加快建设，北诗至米山快速路全线开工，一元票价的城乡、镇村公交实现全覆盖。神农、野川、陈区积极发展农林文旅康产业，加快建设特色小镇;寺庄、建宁、石末等乡镇的39个村入选中国传统村落,河西牛村入选中国历史文化名村,东城沟北获评中国美丽休闲乡村。

【生态环境】 2019年,高平市持续推进“五大行动、三年攻坚”,空气质量综合指数排名稳定在山西省70名左右、同比改善率全省第4。城市第二污水处理厂和马村、河西、野川、永禄4个乡镇污水处理站建成投运,丹河出境断面水质持续改善,累计获奖补资金3300万元。整改环保督察交办问题,网格化监管成效显现。

【社会事业】 2019年,高平市财政民生类支出85.7%。年度脱贫攻坚任务完成,省、市巡视督导反馈问题扎实整改,易地扶贫搬迁入住率100%。民生实事全部兑现,2所“九年一贯制”学校、5所公办幼儿园、特校、党校等教育工程加快推进,“城乡公交进校园”让同学们抬脚出教室、迈步进家门。高考二本以上达线率51%,清华、北大录取连续八年不断线。开展免费送戏下乡、农村公益电影放映等文化惠民活动,高平珐华器被誉为“山西三宝”之首,省级文明城市创建通过验收;炎帝陵、原村良户古村分别获批国家AAAA级、AAA级旅游景区,国保单位增至22处。城镇登记失业率低于控制目标3.56个百分点,各类保障应保尽保。安全生产和信访形势总体平稳,扫黑除恶专项斗争整体战果连续两年排名晋城第一,平安创建综合考评位居晋城第一,群众获得感幸福感安全感山西省排位大幅前移、位居第13;加强退役军人服务保障,第四次荣获省级“双拥模范城”。

（牛　彬）

阳城县

中共县委书记	窦三马
县人大常委会主任	张保国
县长	史小林
县政协主席	田龙社

【概况】 阳城县位于晋城市西南部,地处太行、太岳、中条山三山之间。地理坐标为北纬35°12′30″—35°41′12″、东经112°01′02″—112°37′28″。东沿樊山、华阳山、沁河与泽州县搭界,西以云蒙山与运城市垣曲县相连,南以大岭头、原山、鳌背山与河南省济源市毗邻,从西到北,有东岩根、梁树腰、地棚岭、皇岩底、险坪、柿树凹、后韩山、大安头与沁水县相接。南北长约54千米,东西宽约53千米,县域面积1918平方千米,下辖17个乡(镇),426个行政村。2019年末,常住人口394864人,其中男性195575人,女性199289人,男女性别比为98.14(女性=100)。城镇常住人口196171人,乡村常住人口198693人。城镇人口比重49.68%。人口出生率8.56‰,死亡率7.64‰,自然增长率0.92‰。公安部门户籍登记总户数166278户,总人口382381人。

阳城古称濩泽,历史悠久,文化源远流长。唐至清末县内130多人中进士。有明万历吏部尚书王国光、天启工部尚书白所知、南明吏部尚书张慎言,清康熙文渊阁大学士兼吏部尚书陈廷敬、雍正初的文华殿大学士兼吏部尚书田从典,还有世称“天下第一清官”的明成化佥都御史杨继宗及南宋著名画家萧照、清代著名数学家张敦仁。抗日战争时期,阳城是晋豫边革命根据地的中心,朱德、彭德怀、邓小平、徐向前等老一辈革命家曾在此战斗、生活。1946—1949年,太岳行署进驻阳城,阳城成为太岳区中心。

主要山脉南部有析城山、云蒙山、小尖山、鳌背山、大乐岭、风山岭、老虎岭、指柱山,西部、北部有仙翁山、白龙山、黄龙山等。沁河是境内最大的河流,其次为南大河、芦苇河、涧河。境内交通发达。侯月铁路穿越县境,阳翼高速、晋阳高速、阳济、陵沁、阳垣等出境公路构成交通网。阳城工业以煤炭产业为支撑,形成以安阳工业集中发展区、北留工业园区、芹池煤化工园区、演礼工业园区为主导的“1+4”的工业强县的产业格局;亚洲最大的火力发电厂——阳城电厂位于境内。旅游业发展较快,主要有国家AAAAA级旅游景区皇城相府,国家AAAA级旅游景区蟒河风景区、亚高山草甸析城山景区。

【综合经济】 2019年,阳城县实现生产总值218.60亿元,比2018

年增长6.0%。第一产业实现增加值9.91亿元,同比增长2.3%;第二产业实现增加值126.67亿元,同比增长7.6%;第三产业实现增加值82.02亿元,同比增长4.4%。全年人均生产总值60262元,按2018年平均汇率折算为9107美元,比上年增加1556美元,全年人均生产总值55387元,比2018年增长5.9%,按2019年平均汇率计算为8029美元。

【农业】 2019年,阳城县粮食种植面积29228.5公顷,比上年减少70.3公顷。全年粮食产量103608.3吨,比2018年减少39286.8吨,减产27.5%。全年棉花播种面积2公顷,比2018年减少3.3公顷,总产量2吨,比2018年减产63%。油料播种面积1790.9公顷,比2018年增加467.9公顷,总产量3274.7吨,比2018年增产52.2%。蔬菜播种面积1126.9公顷,比2018年增加167.7公顷,总产量56645吨,比2018年增产17.1%。水果总产量9083.9吨,比2018年增产123.9%。坚果总产量4739.4吨,比2018年增产146.9%。全年造林面积300公顷,四旁(零星)植树110万株,育苗面积567公顷。

年末牛存栏1557头,比2018年增长9.6%。猪存栏169107头,比2018年增长24.7%。羊存栏50916只,比2018年增长4.5%。鸡存栏273.7万只,比2018年增长4.5%。全年肉类总产量20731.3吨,比2018年增长4.4%。禽蛋总产量38183吨,比2018年增长22.9%。全年阳城蚕茧总产量1217.9吨,比2018年增长9.9%。全县有效灌溉面积9902公顷,高效节水灌溉面积167公顷。全年化肥施用量(实物量)24711.1吨,比2018年下降3.8%。农用薄膜使用量25.6吨,比2018年增长88.7%。农药使用量106.8吨,比2018年下降1.6%。

【工业建筑业】 2019年,阳城县工业增加值1251125万元,比2018年增长7.6%。其中,全县规模以上工业企业共64家,增加值比2018年增长7.6%。全年规模以上工业企业实现主营业务收入2336357万元,比2018年增长9.6%。规模以上工业企业实现利税549579万元,比2018年增长3.1%。规模以上工业企业实现利润324220万元,比2018年增长13.1%。年末全县具有资质等级的总承包和专业承包建筑业企业12家,完成总产值20082万元,比2018年增长18.3%。建筑业增加值15543万元,比2018年增长10.2%。

【固定资产投资】 2019年,阳城县固定资产投资完成954683万元,比2018年增长13.0%。全年房地产开发投资68528万元,比2018年增长80.7%。全年社会消费品零售总额545567万元,比2018年增长8.0%。全年外贸进出口总额14081万元,比2018年增长20.1%。

【能源】 2019年,阳城县一次能源生产折标准煤1371.7万吨,比2018年增长14.1%;二次能源生产折标准煤1313.5万吨,比2018年增长17.4%。全年销售煤炭1213.7万吨,比2018年增长25.6%。向省外输送电力179.5亿千瓦时,比2018年增长0.5%。全年全社会用电总量37.4亿千瓦时。

【交通邮电】 2019年,阳城县公路货运总量2262万吨,比2018年增长1.4%。公路货物周转量79170万吨千米,比2018年增长5.1%。全年公路旅客运输总量20万人次,比2018年下降99.0%。公路旅客周转量79170万人千米,比2018年下降94.4%。全年邮政业务总量4403万元,比2018年增长49.3%。全年电信业务总量19481万元,比2018年下降9.0%。

【财政收支】 2019年,阳城县完成财政总收入493312万元,比2018年增长10.7%。完成一般公共预算收入191086万元,比2018年增长14.9%,其中,税收收入完成114965万元,增长8.3%。一般公共预算支出345548万元,比2018年增长16.4%。

【金融保险】 2019年,阳城县金融机构各项人民币存款余额2458991万元,比年初增加201284万元。金融机构各项贷款余额1029723万元,比年初增加9351万元。保费收入75528万元,比2018年增长6.6%。其中,财产险保费收入13767万元,人身险保费收入61761万元。

【教育科技】 2019年，阳城县普通中学26所，职业高级中学2所，小学62所，幼儿园107所，成人中等专业学校1所。阳城4人考入清华大学，揽获全省文科状元和全市理科状元（全省第三名）。阳城一中被清华大学确定为“优质生源中学”。

阳城县科技研发专项资金支持引导科技研发、科技创新、成果转化等项目共36项，研发经费740万元。组织实施市级农村地区分布式光伏发电扶持项目，下发专项资金2462万元。新增高新技术企业2家。

【文化旅游】 2019年，阳城县共有文化馆1个，公共图书馆1个，文物博物馆1个，档案馆1个，电视台1座。举办第四届农业嘉年华、东西方古堡文明论坛等系列活动。精选优秀剧目进行370余场展演。放映公益电影4631场。全县A级旅游景区共10家，其中，国家AAAA级以上旅游景区3家。全年共接待游客1477.9万人次，实现旅游综合收入137.7亿元。

【体育卫生】 2019年，阳城县举行全国第二届青年运动会阳城站火炬传递，组织举办第四届中国阳城国际徒步大会。全年共举办各类体育比赛28场次。组织120人参加晋城市职工运动会。2019年，阳城县乡村共有医疗卫生机构624个，卫生技术人员2813人（乡村医生576人，医师783人，助理医师148人），编制床位1790张，实际开放2116张。村级卫生所达标率99%。

【人民生活】 2019年，阳城县非私营单位在岗职工平均工资65053元，比2018年增长6.6%。居民人均可支配收入22096元，比2018年增长8.6%。农村居民人均可支配收入14569元，比2018年增长9.3%；人均生活消费支出7891元，同比下降13.2%。

【社会保障】 全年全县企业职工养老保险参保49131人，机关事业养老保险参保15516人，城乡居民养老保险参保211501人，职工医疗保险参保62891人，城乡居民医疗保险参保300975人，工伤保险参保71597人，失业保险参保31420人。

【生态环境】 2019年，阳城县城市绿化率45.5%，绿地率40.5%，人均公园绿地面积12.6平方米。全年空气质量二级以上天数232天，比上年增加3天。$PM_{2.5}$平均浓度下降10%。二氧化硫平均浓度下降13.3%，环境空气综合指数为4.88。城市供水普及率100%，供气普及率100%。乡镇气化率达82%。集中供热普及率100%，生活垃圾处理率94.7%，污水处理率99.5%。

【安全生产】 2019年，阳城县生产安全事故死亡16人。

（邹　帅）

陵川县

中共县委书记	侯贵宝
县人大常委会主任	张江龙*
	王立新
县　　长	杨晓雷
县政协主席	郎在陵*
	侯贵宝

【概况】 陵川县位于晋城市东北部。地理坐标为北纬35°25′—35°54′4″、东经113°1′30″—113°37″。东、南分别与河南省辉县市、修武县交界，西与泽州县、高平市相连，北与长治市长治县、壶关县毗邻。东西长53.2千米，南北宽52.8千米，全县总面积1751平方千米。2019年，全县共辖7镇5乡，312个行政村，7个居民社区。

境内万峰环列，沟壑纵横，山势险峻，较大的山峰有70余座。地形东北高、西南低，板山海拔最高1791.9米，甘河海拔最低628米。河流分丹河和卫河两个流域，分别属于黄河和海河两大水系。境内属大陆性季风气候区，气候特别凉爽，年平均气温为7℃～9℃，年平均降水量700～1000毫米。日照时数平均为2380～2730小时。境内矿产资源丰富，矿种主要有煤、铁、硫、铝、黏土、大理石、硅石等。全县水资源总量为62872.62万立方米，是山西省水资源较丰富的地区之一。

陵川县人杰地灵。古代著名人物有金代武氏三状元、金代教育家元好问老师郝天挺、元代国信使郝经等。现代人物有中共山西省委原第一书记卫恒、作家韩文洲、电影《上甘岭》编剧崔家俊等。全国重点文物保护单位有西溪二仙庙、小会岭二仙庙、崔府君庙、白玉宫、玉皇庙、寺润三教堂、南神头二仙庙、玉泉东岳庙、南吉祥寺、北吉祥寺、三圣瑞现塔、崇安寺、龙岩寺等,省级文物保护单位有南庙宫、南召文庙、千佛造像碑等。主要风景名胜区有王莽岭、棋子山、黄围山、西溪风景区。

【综合经济】 2019年,陵川县生产总值完成45亿元,按可比价计算,同比增长3.4%。其中,第一产业增加值完成6.1亿元,下降1.6%,占生产总值比重为13.4%;第二产业增加值完成8.9亿元,增长8.7%,占生产总值比重为19.8%;第三产业增加值完成30.1亿元,增长2.8%,占生产总值比重为66.7%。全县财政总收入完成3.87万元,增长3.5%,其中,增值税15248万元;企业所得税5575万元;资源税5353万元;个人所得税485万元;城市维护建设税404万元。一般公共预算收入完成18860万元,同比增长13.8%。一般公共预算支出达到207562万元,同比增长5.3%,其中,一般公共服务支出同比增长29.3%,公共安全支出同比下降2.0%,教育支出同比下降3.1%,节能环保支出同比增长71.5%,科学技术支出同比增长188.9%,社会保障支出同比增长3.1%,卫生健康支出同比增长7.0%,城乡社区支出同比下降42.1%。

【农业】 2019年,陵川县农作物播种面积25974.7公顷,同比增长16.33%,其中,粮食种植面积22909.7公顷,较2018年增加3213.3公顷,其中,玉米种植面积3272.9公顷,小麦种植面积3.4公顷。全年粮食总产量达到80519.2吨,减产16.24%,其中,夏粮产量378.9吨,增产48.18%;秋粮80140.3吨,减产16.41%。全年油料产量589.1吨,增产0.02%;药材产量5053吨,增产32.97%;水果产量4097吨,增产116.78%;干果1295.2吨,增产230.75%;蔬菜产量40568吨,增产18.51%。

全年肉类总产量达到12619.7吨,同比下降8.37%,其中,猪肉产量9929.1吨,同比下降11.67%;牛肉产量78.1吨,同比增长155.23%;羊肉产量503.6吨,同比下降9.59%;年末生猪存栏116808头,同比下降12.37%,生猪出栏132375头,同比下降10.83%;牛存栏877头,同比下降1.24%,牛出栏577头,同比增长151.97%;羊存栏37093只,同比下降1.89%,羊出栏33563只,同比下降9.22%;禽存栏1278293只,同比增长24.38%,禽出栏1593358只,同比增长15.10%。禽肉产量2072.1吨,同比增长8.49%;兔肉产量33.9吨,同比增长4.63%;禽蛋总产量12786.3吨,同比增长14.06%;蚕茧总产量4.5吨,同比下降25%。

2019年末,全县森林面积139万亩,森林覆盖率达到54.35%。全年完成造林面积633.3公顷;四旁植树65万株;育苗面积333.3公顷,其中新增育苗面积66.7公顷。年末全县农业机械总动力达到5.11万千瓦,同比增长1.8%。

【工业和建筑业】 2019年,陵川县规模以上工业企业15个,当年培育"小升规"企业数量4个,净增2个。全年规模以上工业增加值增长9.7%,其中,国有控股企业同比增长11.1%,非公有制企业同比下降6.5%;分轻重工业看,轻工业同比下降6.7%,重工业同比增长10.1%。规模以上工业企业实现主营业务收入133207万元,同比增长7.3%,其中,煤炭行业59282万元,同比增长15.5%;化工行业17847万元,同比下降1%;医药制造业3548万元,同比下降23.1%;非金属矿物制品业37216万元,同比增长15.5%;电力、热力生产和供应业15315万元,同比增长67.8%。规模以上工业企业实现利税36507万元,同比增长3.2%;实现利润22175万元,同比增长6.6%。全县民营经济增加值完成19.84亿元,同比增长0.4%;总产值完成61.56亿元,同比增长0.3%;营业收入达到52.1亿元,同比增长0.3%。全县建筑业增加值完成1.8亿元,同比增长5.8%。年末全县具有资质等级的总承包和专业承包建筑业企业共有2家,完成总产值5872.5万元,同比下降14.3%;竣工产值3817.9万元,同比增长34%。

【招商引资】 2019年,陵川县招商引资签约项目28个,签约金额40.98亿元。2019年签约项目开工数14个，开工率达到50%；固定资产投资项目到位资金6.24亿元。

【固定资产投资】 2019年，陵川县固定资产投资累计完成25.99亿元，同比增长15.7%，其中，第一产业14541万元，同比增长24.3%；第二产业78704万元，同比下降24.9%；第三产业166627万元，同比增长53.9%。全年在建固定资产投资项目80个，其中，5000万元以上项目30个，比2018年同期增加6个，累计完成投资212636万元，占全县固定资产投资的比重达到81.8%。

【能源】 2019年，陵川县向省外运输煤炭61.98万吨，同比增长4.06%；外运煤炭占原煤产量的比重为31.2%。全县全年全社会用电量41886万千瓦时，同比增长12.4%，其中，线损1026万千瓦时，全社会有效用电40195万千瓦时。根据用电用途，行业用电33641万千瓦时，占84%；城乡居民生活用电6553万千瓦时，占16%。从行业用电看，第一产业用电1213万千瓦时，占全部用电量3.5%；第二产业用电25939万千瓦时，占全部用电量77.1%；第三产业用电6551万千瓦时，占全部用电量19.4%。

全县全年冬季清洁取暖完成5505户，其中，煤改气完成2747户，煤改电完成1668户，集中供热新增1090户。

【国内贸易】 2019年，陵川县限额以上的贸易业共21个，其中批发零售业17个，住宿餐饮业4个。全年社会消费品零售总额累计完成22.1亿元，同比增长8.2%。分地域看，城镇146473.3万元，占66.1%，同比增长8.2%；乡村74962.8万元，占33.9%，同比增长8.1%。分消费形态看，餐饮收入完成26602.9万元，占12%，同比增长9%；商品零售完成194833.2万元，占88%，同比增长8%。在限额以上批发和零售业零售额中，粮油食品类同比增长21%，饮料类同比增长17.3%，烟酒类同比增长28%，服装鞋帽、针纺织类同比增长0.9%，化妆品类同比下降6.6%，金银珠宝类同比下降7.6%，日用品类同比增长9.5%，五金电器类同比增长6.6%，体育娱乐用品类同比增长8.9%，中西药品类同比下降17.9%，文化办公用品类同比增长11.1%，机电产品及设备类同比增长8.5%，汽车类同比增长69.1%，其他类同比下降3.2%。

【交通邮电】 2019年，陵川县公路通车里程达到1691.7千米。其中高速44.8千米，国道135.3千米，省道30.2千米，县道199.7千米，乡村道1281.7千米。全县邮政业务总量完成1799万元，同比增长4.4%；全县电信业务总量完成10968万元，同比下降3.6%。全县移动电话用户达到19.7万户，减少9676户，同比减少4.7%；宽带接入用户达到68816户，增加12842户，同比增长22.9%。全年交通运输、仓储和邮政业增加值完成1.1亿元，同比增长0.8%。

【旅游】 全县以省级生态文化旅游示范区正式获批为契机，秉持绿色发展理念，全力实施王莽岭景区整治提升、太行风景一号道建设等标杆工程，加速推进“全域旅游、全景陵川”建设步伐，旅游产业实现蓬勃发展。年末全县旅游企业个数达到26个，全年共接待旅游人数530万人次，同比增长10.2%；旅游总收入实现24.9亿元，同比增长20.1%。

【金融保险】 2019年，陵川县金融机构各项存款余额1048129万元，比年初增加79297万元，增长8.2%，其中，住户储蓄存款余额790308万元，比年初增加73171万元，同比增长10.2%；年末各项贷款余额363766万元，比年初增加108460万元，同比增长42.5%。全年全县保险费收入23649.59万元，同比增长29.2%。其中，人身险保费完成17807.78万元，车辆险保费完成3648.81万元，财产险保费完成2372.71万元，其他险保费完成0.29万元。全年支付各类赔款支出5633.2万元，同比上升124.9%，其中，人身险给付支出1521万元，同比上升185.9%。

【教育科技】 2019年，陵川县共有各级各类学校141所，其中，中学17所，小学88所，幼儿园及其他36个；全县教学点共有30个。全县共有各级各类在校学生28300人，其中，高中在校生4914人，高中毕业生1631人；初中在校生7103人，初中毕业生2451人；

小学在校生11150人,小学毕业生1663人;在园幼儿5133人。年末全县教职工2992人,其中,专任教师2449人,教辅人员253人,其他人员290人。专任教师中,大学本科及以上学历达到1812人,其中义务教育占74%;大学专科学历以上学历2259人,占92.2%。年末社会及其他办学655人。全县科技三项经费支出210万元,同比下降45%。全年科技项目立项数14项(其中,省级1项,县级13项),完成科技项目数22项(其中,省级1项,县级21项)。年末全县具有初级以上专业技术职称的人员共有3345人,其中,高级职称239人,中级职称1063人,初级职称2043人。

【文化卫生体育】 2019年,陵川县有1个县级文化馆,12个乡镇文化站;1个公共图书馆,总藏书量12.5万册;1个文物馆,藏品件数13084件;2个电影院,全年放映收入达到374.44万元。年末全县共有各级医疗卫生机构370个,开放床位881张,卫生从业人员1073人,执业医师219人,每千人拥有病床3.71张,每千人拥有医生数0.92人。村卫生室达到365个,覆盖率达到92.7%,县、乡、村三级医疗机构达标率96.8%。全县儿童“七苗”全程接种率以乡镇为单位均达到了97.31%。碘盐覆盖率达到96%、合格碘盐食用率儿童92.5%、孕妇达到89%,碘盐合格率达到91.3%,各种地方病得到有效控制。年末全县拥有室内体育场馆2个,公共体育场1个,各级裁判员45人,各级举办运动会13次。

【人民生活】 2019年,陵川县户籍总户数为91370户,户籍总人口达到253208人,减少145人。根据人口抽样调查,年末全县常住人口为237498人,比2018年末增加399人,其中,城镇人口105888人,乡村人口131610人。全年出生人口2176人,人口出生率为9.17‰;死亡人口1777人,死亡率为7.49‰;自然增长率为1.68‰。性别比为102.97(以女性人口为100)。按常住人口计算,城镇化率达到44.58%。全年全县居民人均可支配收入达到14262元,同比增长8.3%,其中,城镇居民人均可支配收入21061元,同比增长7.2%;农村居民人均可支配收入10309元,同比增长9.9%。

【社会保障】 2019年,陵川县基本养老保险参保人数达到157553人,占年度目标任务的100.8%,基金收入完成17806.55万元,其中,城镇职工参保23129人,占年度目标任务的101%,基金征收完成16113.8万元;城乡居民基本养老保险参保134424人,占年度目标任务100.76%,基金征收完成1692.75万元。全县基本医疗保险参保人数达到233687人,基金征收完成11950万元,占年度目标任务的100.38%,其中,城镇职工参保16338人,基金征收完成5599万元,占年度目标任务的105.4%;城乡居民参保217349人,基金征收完成6351万元,占年度目标任务的100.2%。全县工伤保险参保人数达到20305人,占年度目标任务的101.5%,基金征收完成598.62万元。全县失业保险参保人数达到8894人,占年度目标任务的101%,基金征收完成136万元。

2019年末,城镇低保人数737人,同比减少142人,全年城镇保障资金发放514.1万元;农村低保人数5444人,同比增加151人,全年农村保障资金发放2542.2万元。农村集中供养五保户431人;分散供养五保户1337人。年末,全县各类社会福利收养单位5个,床位530张,收养各类人员431人。全年享受伤残抚恤金人数151人;享受定期补助人数1995人。优待对象户数136户,优待总金额279.6万元。全年安置残疾人就业328人,累计安置2655人。

【生态环境】 2019年,陵川县耕地保有量为47.99万亩。自然保护区23565.2公顷。县城集中供热普及率达到94.6%;建成区绿化覆盖率达到39.97%。全年县区环境空气质量二级以上天数达到266天,空气质量优良比例达到72.9%,较2018年降低3.2个百分点;$PM_{2.5}$年均浓度下降率达到36%,较2018年下降9.1个百分点;大气环境综合污染指数为4.27,较2018年下降1.4个百分点。全年平均气温为9.7度,年降水量569.8毫米,年内最大积雪深度达到5厘米,年无霜期达到198天,年日照百分率达到46%。

【安全生产】 2019年，陵川县共发生各类事故80起，较2018年减少3起，降低3.6%；死亡21人，降低25%。80起事故中，其中4起为安全生产事故，死亡4人；其余76起为道路交通事故，死亡17人。

（焦国锋）

沁水县

中共县委书记 原光辉
县人大常委会主任 郭沁林
县　　　长 任彩虹
县政协主席 张瑞忠

【概况】 沁水县位于晋城市西北部，地理坐标为北纬35°23′48″—36°04′03″、东经111°56′02″—112°47′20″。东连高平市、泽州县，西接临汾市翼城县、运城市垣曲县，南邻阳城县，北靠长治市长子县，临汾市安泽县、浮山县。地形东西长，南北窄。东西长约150千米，南北宽约55千米。地势西高东低，最高处西南舜王坪海拔2358米，最低处东南尉迟村沁河出境处海拔520米，相差1838米。行政区划总面积2676.6平方千米。2019年，辖7镇7乡，242个建制村，9个社区。

2019年，全县户籍人口201612人，比上年末减少556人，其中城镇人口72225人，乡村人口129387人。全县常住人口218145人，比上年末增加502人，其中城镇人口99946人，乡村人口118199人。全年全县出生人口1998人，人口出生率为9.17‰；死亡人口1496人，死亡率为6.87‰，自然增长率为2.30‰。男女人口性别比为101.12(以女性人口为100)。

境内自然资源丰富，其中煤炭和煤层气储量最大。全县含煤面积2421.9平方千米，占全县总面积的90.5%，煤炭地质总储量265.25亿吨，年产原煤2905.8万吨（包括基建工程煤28.9万吨）。煤层气资源沁水盆地储量6.85万亿立方米，县域境内储量6000亿立方米，是国内最大的煤层气开发利用基地和第一个国家级煤层气高技术产业化示范基地。全县林地面积17.98万公顷，森林覆盖率48.63%。有野生植物400余种，属国家重点保护的植物11种。野生动物220余种，属国家重点保护的珍稀动物26种。位于县城西南部的历山是国家级自然保护区，被誉为“山西动植物宝库”。

沁水县人杰地灵，文化底蕴深厚。古有著名的画家荆浩、散曲家常伦，今有人民作家赵树理、作曲家乔谷、儿童文学家靳兵煊。沁水历史悠久。历山脚下发掘有“下川遗址”，证明早在2.3万年到1.6万年前就有人类在这里繁衍生息。境内有武安村战国古寨、河头村汉墓群、柳氏民居、湘峪古城、窦庄夫人城等人文景观。沁水是革命老区，抗日战争时期，晋豫特委、太岳区党委、太岳行署、太岳军区、抗日军政大学第七分校、决死三纵队和八路军23个正规团相继进驻沁水。刘少奇、朱德、彭德怀、邓小平、徐向前、陈赓、王震等老一辈革命家曾在这里生活战斗。上党战役最后一战的桃川战斗就发生在境内。

沁水交通便利。晋（城）侯（马）高速公路穿越境内东西，侯（马）月（山）铁路西连同蒲线，东接太（原）焦（作）线。高（平）沁（水）高速公路通车运营。村村通水泥路。通信网络覆盖全境。

2014年，被联合国地名专家组认定为“千年古县”，成为全省第五个“千年古县”；曾获全国“六五”普法中期先进县、国家级生态示范县、中国绿色名县、中国低碳旅游县、中国最具投资潜力特色示范县、全国无公害农产品标志推广与监管示范县、全国绿化模范县、中国美丽乡村建设示范县、中国生态魅力县、全国林业生态保护先进县、地质灾害防治高标准十有县，山西省文化强县、全省文明创建先进县、省级平安县、全省双拥模范县、全省增加农民收入先进县、林业生态建设先进县、省级卫生县城等称号。2019年，沁水县获得国家生态文明建设示范县、“四好农村路”全国示范县、全国养蜂精准扶贫示范县、全国“七五”普法中期先进县、省级食品安全示范县、省级“双拥”模范县等称号；在全省区域经济转型升级考核中，取得45个限制开发重点生态功能县排名第一的好成绩；在全市目标责任考核中被评为优秀等次。

【综合经济】 2019年，沁水县生产总值221.0亿元，比2018年增长4.4%，其中，第一产业增加值9.0亿元，同比增长2.6%；第二产业增加值162.9亿元，同比增长4.8%；

第三产业增加值48.9亿元，同比增长3.5%。三次产业占GDP的比重为4.1∶73.8∶22.1。第三产业中，金融业增加值3.5亿元，同比增长0.4%；交通运输、仓储邮政业增加值9.7亿元，同比增长3.2%；批发和零售业增加值7.1亿元，同比增长2.9%；住宿和餐饮业增加值1.8亿元，同比增长3.9%；营利性服务业增加值5.1亿元，同比增长6.5%。按常住人口计算，人均地区生产总值101403元。财政总收入51.7亿元，同比增长3.3%，其中，增值税5.6亿元，同比下降10.6%；企业所得税2.2亿元，同比增长4.8%；个人所得税0.1亿元，同比下降44.3%；资源税2.5亿元，同比增长12.4%。一般公共预算收入完成18.8亿元，同比增长14.1%，其中，税收收入12.7亿元，同比下降4.0%。一般公共预算支出28.1亿元，同比增长16.3%，其中，科学技术支出同比增长33.5%，教育支出同比增长4.4%，城乡社区支出同比下降6.5%，交通运输支出同比增长24.6%，社会保障和就业支出同比增长42.2%，文化体育与传媒支出同比增长16.2%，卫生健康支出同比增长18.1%，节能环保支出同比下降13.3%。城镇新增就业5444人，失业人员再就业608人，就业困难人员就业215人，转移农村劳动力4624人。年末，城镇登记失业率为0.92%。

【农业】 2019年，沁水县全年全县农作物播种面积388992.5亩，同比下降0.6%，其中，粮食作物播种面积348776亩，同比下降1.7%。粮食作物中，小麦播种面积18396亩，同比下降24.9%；玉米播种面积296479.5亩，同比增长3.6%。粮食总产量91650.2吨，同比下降31.5%，其中，小麦产量4276吨，同比下降27.3%；玉米产量81950.5吨，同比下降32.2%。粮食亩产量235千克，同比下降37.7%。年末，全县设施农业大棚1799个，同比减少375个，下降17.25%，其中，蔬菜播种面积2356.5亩，同比下降10.6%，产量10708.5吨，同比增长8.1%；食用菌产量1354.3吨，同比下降28.5%。

2019年末，全县大牲畜存栏193头，同比增长27.0%。猪存栏59608头，同比增长6.8%；牛存栏2399头，同比增长20.4%；羊存栏148449只，同比增长10.5%；禽存栏2530703只，同比增长3.1%；羊群饲养量279918只，同比增长1.9%。肉类总产量26888吨，同比增长18.6%。禽蛋产量3812吨，同比增长1.2%。蚕茧产量460.1吨，同比下降4.6%。

2019年末，全县农业机械总动力107337千瓦，同比增长2.6%。机械耕地面积20169公顷，同比增长4.3%；机械播种面积16480公顷，同比增长5.2%；机械收获面积13477公顷，同比下降1.6%。全县农机服务收入4890万元，同比下降2.6%。

全县共完成义务植树35万株，林分抚育改造1000亩，生态治理荒山造林12787.5亩，改善人居环境村庄绿化12个；完成连翘造林5000亩，机械围栏34100米；完成“四好公路”及太行一号风景线通道绿化45千米；完成古树名木保护60株，制作古树名木保护牌724块。

【工业】 2019年，沁水县规模以上工业企业共48家，规模工业增加值比2018年增长4.6%，其中，煤炭行业同比下降0.1%；煤层气行业同比增长17.8%。共完成总产值312.2亿元，同比增长0.2%；实现利税124.3亿元，同比下降0.4%，其中，煤炭行业总产值184.8亿元，同比下降2.9%，实现利税88.3亿元，同比下降1.9%；煤层气行业总产值78.8亿元，同比增长9.4%，实现利税32.0亿元，同比增长2.6%；共完成销售产值308.7亿元，同比增长4.1%，实现利润87.2亿元，同比增长8.0%；税金总额46.2亿元，同比下降17.2%。

全年全县原煤产量3128.2万吨，同比增长7.7%；洗煤1028.8万吨，同比增长13.6%；煤层气利用量42.6亿立方米，同比增长7.8%；煤层气液化量74.8万吨，同比下降2.6%；发电量243096.6万千瓦时，同比增长2.5%；焦炭18.4万吨，同比下降1.7%；生铁1.3万吨，同比下降48.2%。

全年规模以上工业企业综合能源消费量148.1万吨标准煤，同比增长6.3%；规上工业单位总产值能耗为0.5吨标准煤/万元，同比增长6.0%；单位工业增加值能耗0.9吨标准煤/万元，同比增长1.6%；规上工业企业工业用电量232822.8万千瓦时，同比增长11.1%。

全年民营企业实现增加值

80.1亿元，同比增长12.7%；实现营业收入170.3亿元，同比增长17.7%，其中，民营工业总产值127.2亿元，同比增长17.0%；民营工业增加值59.9亿元，同比增长16.3%。

【建筑业】 2019年，沁水县具有资质等级的建筑业企业14家，共完成建筑业总产值1.8亿元，同比增长9.8%，其中，建筑工程、安装工程和其他工程分别完成1.2亿元、0.2亿元和0.4亿元。签订合同额2.2亿元，同比增长15.5%，其中，2019年新签合同额1.9亿元，同比增长13.6%。建筑施工面积达到3.4万平方米，同比下降32.0%；房屋建筑竣工面积完成2.7万平方米，同比下降35.1%；房屋竣工价值完成0.5亿元，同比下降19.1%。

【固定资产投资】 2019年，沁水县固定资产投资完成71亿元，同比增长13.7%，其中，国有及国有控股投资43.9亿元，同比增长28.9%；民间投资22.9亿元，同比增长5.7%。在固定资产投资中，第一产业投资2.2亿元，同比增长34.8%；第二产业投资59.2亿元，同比增长47.7%；第三产业投资9.6亿元，同比下降53.6%。在第二产业中，工业行业投资59.2亿元，同比增长47.7%。全年全县在库项目169个，其中，5000万元以上项目77个，计划总投资407.1亿元，2019年完成投资64.7亿元，占全县固定资产投资的比重为91.0%。

全年全县房地产开发计划总投资90031万元，同比下降31.5%。实际完成投资9509万元，同比下降62.4%。按工程用途分，住宅投资7697万元，同比下降61.6%；商业营业用房投资1185万元，同比下降75.7%；其他投资627万元，同比增长85.0%。全年完成商品房销售面积20233平方米，同比下降78.9%。

全年共实施重点工程项目20个，概算总投资290.9亿元，计划投资33.6亿元，完成投资35.1亿元，占年计划的104.5%，其中，省市重点工程6项，概算总投资256.5亿元，当年安排投资20.3亿元，全年完成投资23.7亿元，占年计划的116.7%。

【市场贸易】 2019年，沁水县社会消费品零售总额28.8亿元，同比增长8.5%，其中，城镇消费17.0亿元，同比增长8.9%；乡村消费11.8亿元，同比增长7.9%。分行业看，批发业零售额5.2亿元，同比增长9.4%；零售业零售额17.9亿元，同比增长8.7%；住宿业零售额0.8亿元，同比增长9.1%；餐饮业零售额4.9亿元，同比增长7.0%。在限额以上商品零售额中，粮油食品饮料烟酒类、化妆品类、通信器材类、日用品类、金银珠宝类分别实现零售额12293.2万元、572.3万元、394.9万元、4718.1万元和258.9万元，同比分别增长11.2%、16.5%、75.1%、119.2%和275.2%；服装鞋帽纺织类、书报杂志类、文化办公用品类、石油及制品类分别实现零售额3544.1万元、70.4万元、67.0万元和327.9万元，同比分别下降6.0%、11.3%、13.9%和50.8%。

全年全县共签约招商引资项目36个，总投资217.1亿元，完成市目标的106.4%；签约项目当年开工21个，开工率58.3%。全年对全县范围内的食品批发企业和大、中、小型超市为重点对象进行了监督检查，共检查食品经营单位935户次。全面排查特种设备安全隐患，辖区特种设备检验率达到100%，登记使用率达到100%，人员持证上岗率达到100%。

【交通邮电】 2019年，沁水县公路通车里程1559.4千米，其中高速公路77.3千米。共有载货汽车1230辆，其中，普通载货汽车载重量16101吨位。共有公路干线3条126.8千米，公路支线329条1355.4千米，桥梁233座33577.0米。全年公路养护里程1559.4千米。

2019年末，全县邮政局（所）20处，邮政路线48条，邮政单程总长度1279千米。全年共完成邮政业务总量1777.1万元，比2018年增加73.5万元，增长4.3%，其中，国内函件26.2万件，特快专递48.7万件，订销报纸565.9万份，订销杂志13万份。

2019年末，全县共有通信基站数1788座，其中，新联通公司574座，移动公司1016座，电信股份有限公司198座。移动电话客户211354户，比2018年减少25029户，同比下降10.6%，其中，4G客户159978户，比2018年增加6463户，同比增长4.2%；互联网客户69392户，比2018年增加

7104户,同比增长11.4%。全年共完成通信业务总量13828.3万元,比2018年减少159.3万元,同比下降1.1%。

【金融保险】 2019年,沁水县金融机构人民币各项存款余额达138.4亿元,较年初增加11.3亿元,同比增长8.9%,其中,年末住户存款余额达89.1亿元,较年初增加8.6亿元,同比增长10.7%;金融机构人民币各项贷款余额达44.3亿元,较年初减少2.8亿元,同比下降5.9%。全年保险行业实现业务总收入10131万元,同比增长9.6%,其中,财产保险业务收入2523万元,同比增长0.3%;人身保险业务收入7608万元,同比增长13.1%。全年支付各类赔款及给付3211万元,同比增长38.9%,其中,财产险赔款1664万元,同比增长71.4%;人身险赔款及给付1547万元,同比增长15.4%。

【教育和科学技术】 2019年,沁水县共有各级各类学校132所,其中,幼儿园56所,小学54所(教学点17所),初中17所,高中3所,职业学校1所,特殊教育学校1所。在校学生20480人,其中,在园幼儿3806人,小学8006人,初中5068人,高中3221人,职中306人和特殊教育73人。义务教育阶段毕业生数3259人、义务教育阶段招生数2757人、义务教育阶段在校生数13074人,二本B类以上达线670人,在考生减少的情况下,达线率仍与2018年持平;中考650分以上49人,比2018年增加36人,600分以上329人,比2018年增加160人。全县首次超额完成7家高新技术企业认定的市级考核指标任务,并且有两项煤层气技术项目获国家立项支持。首次出台《沁水县教育局关于落实高层次人才(团队)申报国家级、省级科技重大专项配套资金的办法)》,对新申报成功的国家科技重大专项,予以一次性扶持20万元,对新申报成功的省级科技重大专项,予以一次性扶持10万元。

【文化旅游】 2019年,沁水县共有群众文化馆1个,公共图书馆1个,文史博物馆1个,宣传文化中心1个,老年活动中心1个,青少年活动中心1个,全民健身中心1个,县级剧团1个,电影发行放映公司1个,乡镇综合文化站14个;全县共有农村电影放映队11支,业余文艺演出团体4家。全县共有国家级非物质文化遗产项目3项,省级项目8项,市级19项,县级55项。全年组织参加晋城新时代理论宣讲快车"沁水号"暨2019年文化扶贫巡回演出12场次;成功举办第三届山西沁水赵树理文化旅游嘉年华活动。

2019年末,全县共有国家A级旅游景区3个。其中,国家AAAA级旅游景区2个,国家AAA级旅游景区1个。有三星级饭店1家。全年全县接待海外旅游者2172人次,接待国内旅游者1010.28万人次,分别同比增长6.35%和20.30%;旅游外汇收入121.54万美元,国内旅游收入92.55亿元,旅游总收入92.62亿元,分别同比增长6.87%、20.29%和20.27%。

【卫生体育】 2019年,沁水县共有各级医疗卫生机构368个,医院和卫生院床位769张,卫生专业技术人员696人,每千人拥有病床3.53张,每千人拥有医生数3.19人。村卫生室覆盖率100%,县乡村三级医疗机构达标率100%。

举办如画沁水系列比赛之"爱羽杯"城市羽毛球邀请赛,"母亲河杯"原生态钓鱼比赛,第二届"圣康蜂业杯"农民乒乓球比赛,第二届全国青少年跆拳道邀请赛,夏季篮球联赛,老年门球比赛,毽球比赛,"全民健身日"工间操比赛,迎新年千人登高、长跑比赛,山西·沁水2019年半程马拉松赛,第三届自行车公开赛等15项体育赛事,完成第二届全国青年运动会沁水站火炬传递工作,先后成立沁水县长跑、武术、体育指导员协会。

【广播电视】 2019年,沁水县共有广播电视台1个,调频发射台和转播台1座,调频发射功率1千瓦,广播覆盖率为97%;电视转播发射台1座,电视发射功率0.6千瓦,电视覆盖率达98.5%;全年制作播发《沁水新闻》253期;电视台在央视发稿3条,省台发稿16条,市台发稿210条,电台在市台播发稿件近380条。

【人民生活】 2019年,沁水县居民人均可支配收入19892元,同比增长8.3%。按常住地分,城镇居民人均可支配收入30792元，同比增长7.7%；城镇居民人均消费性支出19529元，同比增长9.9%。农村居民人均可支配收入13113元，同比增长9.6%；农村居民人均生活消费支出9485元，同比增长11.7%。城镇和农村居民恩格尔系数（即食品消费支出占生活消费支出的比重）分别为19.6%和25.6%，分别比2018年下降0.9和0.4个百分点。

【社会保障】 2019年，沁水县城乡基本养老保险参保156839人，共征缴基本养老保险基金29609万元，其中，机关事业单位职工、企业职工和城乡居民分别参保10238人、23938人和122663人，基本养老保险基金分别征缴12286万元、15785万元和1538万元。城乡基本医疗保险参保193921人，其中城镇职工31861人，城乡居民162060人；征缴保险基金17121万元，其中城镇职工10831万元，城乡居民6290万元。失业保险和工伤保险分别参保19858人和40001人，保险金分别征缴732万元和1242万元。全年共发放基本养老金40494万元，其中为机关事业单位发放待遇18487万元，为企业职工发放待遇16494万元，为城乡居民发放待遇5513万元。

年末，全县城乡低保对象2653户3364人，共发放城乡低保资金1230.33万元，其中，城市低保金111.65万元、农村低保金1118.68万元；发放特困供养资金647.53万元。农村低保标准由年3960元提高到年4440元；特困人员基本生活标准由年5160元提高到年5820元；全自理、半失能、全护理集中供养人员护理标准分别为每月160元、400元、800元，分散供养人员分别为每月100元、200元、300元。

【城乡建设】 2019年，沁水县立足“千年古县 如画沁水”城市定位，以建设“山水园林县城”为目标，不断加大城镇建设投入，在城市道路、园林绿化、集中供热、供气供水、安全防范等市政设施建设方面力度空前。推进“三城同创”工作和公园、小游园、游泳馆、梅杏剧院、大医院项目、棚户区改造、街巷拓宽改造、主要街景绿化等工程。创建国家园林县城，入围全国文明城市提名，入列国家卫生县城推荐名单。县城建成区面积6.1平方千米，市政道路长度达到95.99千米，集中供气覆盖率达到98%，供暖普及率达到82%以上，自来水普及率达到98%。全县城镇人口99946人，城镇化率达到45.82%，比2018年提高1.16个百分点。全县城市建设项目27项（开展前期9项、新建13项、续建5项），总投资达42亿元。把南山片区和玉皇山片区纳入县城核心区建设，完成南外环城市道路、玉皇山外环路部分项目前期；桃园小区市政道路延伸段作为玉皇山外环路的重要组成部分，完成土石方路基工程；南山城市道路一期工程，建成通车，县城发展将实现“从窄城到宽城、从背面到正面、从谷地到山城”的根本性转变，“城在山中、山就是城”的大县城格局已初具雏形。率先在全市开展农村人居环境整治，全县12个村获评市级“村庄清洁行动”先进村，窦庄村获评省级农村人居环境整治示范村。农林文旅康产业融合发展试点扎实推进，“百里画廊”示范区初见成效，太行洪谷、沃泉小镇、杏则徒步小镇、西文兴文化旅游区各具特色，南阳村获“山西省3A级乡村旅游示范村”。

【民生事业】 2019年，沁水县建成东关幼儿园、定都小学。“四好农村路”建改扩366千米，城乡五级公交全面开通。第三水厂提前通水，农村饮水安全巩固提升工程惠及52646人。新改建标准公厕21座，完成旱厕改造2000座，清洁取暖改造9618户。新增城镇就业5444人，转移农村劳动力4624人。基本医保、大病保险、补充医疗保险，个人缴费救助、免费适配辅助器具救助、特殊困难帮扶救助“三保险三救助”平均补偿比例达到90%以上，“一站式”住院即时结算实现全覆盖。县城中心敬老院建成投用，蚂蚁金服“普惠金融+智慧县城”上线运行。

【综合改革】 2019年，沁水县经济技术开发区挂牌运行，“三化三制”改革加速推进。国资国企三级管理框架初步构建，煤层气、农林、城投3家国有投资平台高效运转。沁水县作为唯一县级代表在全省深化党政机构总结大会上进行党政机构改革工作经验交流。农村集体产权制度改革、凋敝宅基地改革全省领先。相对集中行政许可权改革开启“一个部门、一颗印章”管审批全新阶段。落实“招商引资黄金8条”，兑现奖励项目26个。出台“支持民营企业发展35条”，新登记各类市场主体2290户，新增民营企业719家，申报国家及省、市和团体标准10项，培育“小升规”企业10家，认定市级“专精特新”企业2家，圣康科技、源通饲料等6家企业在“晋兴板”挂牌上市。

【脱贫攻坚】 2019年，沁水县坚持“摘帽不摘责任、摘帽不摘政策、摘帽不摘帮扶、摘帽不摘监管‘一摘四不摘’”，实行精准动态管理，落实防贫兜底机制，巩固脱贫基础，提升脱贫成色，农村集体经济全部破零，28个贫困村实现有集体经济收入、有硬化路、有卫生室、有文化室、有通信网络“五有”全覆盖。

【生态环境】 2019年，沁水县有历山自然保护区1个，自然保护区面积24800公顷；太行洪谷国家级森林公园1个，保护面积2032.39公顷。全年县城环境空气质量二级以上天数达到281天，其中，一级天数66天。空气综合污染指数为4.04。饮用水源地水质达标率达到100%。水环境质量连续4个季度全市第一，空气质量全市第一、全省第八，获全市2019年度污染防治专项奖。县城污水处理率达到90.0%；县城垃圾无害化处理率达到100%；县城绿化覆盖率达到39.6%。

【安全生产】 2019年，沁水县共发生各类安全事故16起，事故死亡5人。实行网格化管理，严格落实安全生产责任制，深入开展“扫黑除恶”专项斗争，防范重大金融风险，全力化解社会矛盾，全县大局和谐稳定，群众安全感、获得感、幸福感位居全省第二。

（张丽霞）

柳氏民居 （来源：网络）

新任市级领导

姚逊 山西神池人。1973年8月生。大学管理学学士、历史学硕士，1995年3月加入中国共产党，1995年7月参加工作。

1991年9月至1995年7月在山西大学经济学系企业管理专业学习；1995年7月至1998年8月任省委《党史文汇》编辑部助理编辑；1998年8月至1999年8月任省政府办公厅社会处干部；1999年8月至2001年12月任省政府办公厅社会处副主任科员；2001年12月至2004年12月任省政府办公厅秘书四处主任科员；2004年12月至2007年7月任省政府办公厅秘书一处副处长(其间，2002年9月至2005年7月在山西大学历史系近代史专业学习，获历史学硕士学位)；2007年7月至2010年7月任省政府办公厅秘书一处处长；2010年7月至2011年4月任省政府办公厅秘书二处处长；2011年4月至2016年7月任省人社厅副厅长、党组成员(公选)；2016年7月至2019年12月任长治市委常委、组织部部长；2019年12月任晋城市委副书记、阳城县委书记。

孙世新 河北沧州人。1968年10月生。哲学学士。1989年3月加入中国共产党，1990年7月参加工作。

1986年9月至1990年7月在山西大学哲学系马克思主义哲学专业学习；1990年7月至1993年2月任省政府办公厅人事处科员(其间，1990年10月至1991年10月到山阴县安荣乡西沟村下乡锻炼；1991年11月至1992年11月到榆社县郝北镇常银村扶贫)；1993年2月至1995年6月任省政府办公厅人事处副主任科员；1995年6月至1997年12月任省政府办公厅人事处、会务处主任科员；1997年12月至2000年8月任省政府办公厅经济一处副处级秘书；2000年8月至2002年4月任省政府办公厅秘书一处副处级干部；2002年4月至2004年12月任省政府办公厅秘书一处调研员；2004年12月至2007年7月任省政府办公厅督查处处长；2007年7月至2011年11月任省政府办公厅秘书六处处长；2011年11月至2014年1月任省政府办公厅秘书二处处长；2014年1月至2018年10月任省教育厅副厅长级督学、党组成员；2018年10月至2019年4月任省教育厅党组成员、副厅长；2019年4月任晋城市委常委、市委秘书长。

尹红岩 山西平顺人。1960年2月生。中央党校研究生学历。1993年12月加入中国共产党，1977年9月参加工作。

1977年9月至1982年9月在平顺县北社中学任教；1982年9月至1984年9月在长治师范读书；1984年9月至1985年3月在平顺职业中学任教；1985年3月至1985年5月在晋东南行署教育局工作；1985年5月至1990年7月在市教育局工作；1990年7月至1995年7月任市教育局招办副主任；1995年7月至1997年11月任市教育局招办主任；1997年11

月至1999年7月任市教委副处级督学;1999年7月至2001年12月任市教委副处级督学、党组成员、教工委委员;2001年12至2007年5月任市教育局副局长、党组成员;2007年5月至2008年12月任市委副秘书长;2008年12月至2011年9月任市委副秘书长、市委督查室主任(兼);2011年9月至2011年10月任市教育局党委书记、提名局长;2011年10月至2016年10月任市教育局局长、党委书记;2016年10月至2016年11月任市政府党组成员、办公厅党组书记,提名市政府秘书长、办公厅主任(兼);2016年11月至2018年9月任市政府秘书长、党组成员,市政府办公厅党组书记、办公厅主任(兼);2018年9月至2018年12月任晋城市人大党组成员;2018年12月,拟提名为市人大常委会副主任候选人;2019年2月当选为晋城市七届人大常委会副主任。

史晓莉 女,山西沁水人。1963年5月生。大学本科学历,无党派。1986年11月参加工作。

1986年10月至1993年8月任市科技情报所技术员;1993年8月至1995年11月任市科技情报所技术员、会计、办公室主任;1995年11月至1998年7月任市科技情报所副所长;1998年7月至2004年1月任市科技情报所所长;2004年1月至2008年12月任市科技局总工程师;2008年12月至2009年2月提名市侨联主席;2009年2月至2011年9月任市侨联主席;2011年9月至2012年4月提名市工商联主席;2012年4月至2016年12月任市工商联主席;2016年12月至2018年12月任市科学技术局局长;2018年12月至2019年2月提名市人大常委会副主任;2019年2月当选为晋城市七届人大常委会副主任。

劳模人物(含集体)

2019年晋城市获山西省“劳动模范”名单(共47人)

焦宇强　山西蓝焰煤层气集团有限责任公司班组长

李　虎　兰花科技股份有限公司化工总工程师

郜　鹏　山西科兴能源公司副书记、副董事长

董沁樑　沁和能源公司侯村煤矿监控维修工

栗红连　阳城县东关红连理发店理发师

陈素琴　晋城市上党梆子传习所所长

孙秋林　山西清慧机械制造有限公司总工程师

窦文武　晋煤集团技术研究院有限公司职工

梁宽命　阳城县华泰电力杆塔公司总工程师

路晓荣　晋煤集团寺河矿生产技术管理部部长

汪进宝　晋煤集团救护消防中心技术员

李庚田　晋城市同兴盛商贸有限公司负责人(泽州)

李建强　兰花股份公司大阳煤矿分公司开拓队长

范剑英　晋煤金鼎煤机支架分公司装配车间车间主任

李　超　山西煤运集团晋城公司总会计师

王西栋　兰花科创化工生产经营管理中心主任

张永国　山西天地王坡煤业有限公司综采队长

武　虎　兰花股份公司唐安煤矿分公司支护工

邢　武　兰花科技股份公司唐安煤矿分公司支护工

闫玉喜　富晋精密工业(晋城)公司工会主席

申国义　山西高平科兴新庄煤业公司支书记、矿长

牛惠波　陵川县昌城供热有限公司经理

李爱玲　晋城市幸福汇老年养护服务中心主任

史军民　浩翔控股集团公司党支部书记、董事长(城区)

程永新　晋煤集团赵庄公司党委书记、董事长

李晓明　兰花科创公司董事长、总经理

马晋章　山西祥达餐饮服务有限公司董事长

尚利刚　泽州县金秋铸造公司总工程师

郭晚平　阳城县旭东商贸有限公司业务主管

郭刘杰　沁和能源集团有限公司救护队小队长

陈晓栓　阳城县北留镇皇城村党委书记、主任

石爱国　陵川县附城镇丈河村党支部书记

李绪枝　城区北石店镇王台铺村支部书记、村委主任

许雪梅　陵川县乡土人家农业综合开发公司董事长

秦朝泥　沁水县郑村镇夏荷村兴荷养鸡合作社社长

胡　凯　山西凯永养殖有限公司董事长(高平)

张旭芳　高平市第二中学校教师

马克俭　阳城县第一中学校教师

张晋斌　晋城市第一中学校工会主席

杨全民　国家税务总局晋城开发区税务局党委书记、局长

石李强　陵川县抗旱服务队队长

靳照胜　山西省陵川公路管理段养路工

张雪峰　税务总局阳城县税务局党委书记、局长

牛玉万　中共泽州县委组织部常务副部长

李跃进　高平市公安局交通警察大队副队长

张淑平　晋城博物馆讲解员

李得中　高平市百恒运输有限公司司机

2019年晋城市模范单位(集体)和劳动模范名单

城　区

模范单位(5个)

晋城农村商业银行股份有限公司

晋城市城区东街办事处东关社区居民委员会

国家税务总局晋城市城区税务局

晋城市白马纳米厂

晋城银行股份有限公司城区支行

模范集体(2个)

晋城市城区房屋征收与补偿管理办公室

晋城市公安局城区分局扫黑除恶专业队

特级劳动模范(2人)

程宏斌　晋城市恒光热力有限公司技术总监

郭永文　城区住房和城乡建设局科长

劳动模范(28人)

周　杰　晋城市金建集团投资有限公司项目部经理

张阳明　晋城市新华线缆有限公司质量部部长

邢建军　晋城市三鑫祥达现代后勤服务有限公司安检员

焦磊磊　晋城农村商业银行股份有限公司开发区支行行长

吴立东　晋城市安东机动车检测有限公司职工

刘　艺　山西海湾汽车服务有限公司职工

赵　巍　晋城开发区社区卫生服务中心医保科科长

郝安平　晋城市瑞丰工贸有限公司工会主席

韩丽芳(女)　晋城星悦城商贸有限公司董事长

袁良富　晋城市喜临门商贸有限公司董事长

张建兵　晋城市凤展购物广场执行董事

宋雄利　山西金九建设工程集团有限公司保管员

李晋平　晋城市凤展购物广场有限公司采购主管

杨国平　城区北街下东关社区党支部书记

刘先婷(女)　城区北石店镇窑头村党支部书记

王二华　城区北石店镇大张村电工

李广锁　晋城市红土岭农业专业合作社社长

樊丽香(女)　城区新金鑫环卫清扫保洁有限公司清洁工

马红霞(女)　城区开发区街道东吕匠社区妇联主席

闫建斌　城区凤鸣小学校校长

雷三龙　晋城市第二人民医院麻醉科主任

郭海霞(女)　城区凤台小学校教师

王爱萍(女)　城区北街街道党委书记

李海勇　城区老城更新与保护工程指挥部办公室成员

王　孟　城区市场监督局局长

土瑞强　城区行政审批服务管理局科长

朱红伟　城区住房和城乡建设局科长

冯世良　山西太行古书院文化旅游有限公司发展中心总经理

泽州县

模范单位(6个)

泽州县财政局

山西大阳古镇旅游开发股份有限公司

山西泽州天泰西陈庄煤业有限公司

晋煤集团泽州天安润宏煤业有限公司

国网山西省电力公司泽州县供电公司

泽州县自然资源局

模范集体(3个)

泽州县县直机关工作委员会党建综合股

晋煤集团泽州天安海天煤业有限公司掘进队

山西泽州天泰岳南煤业有限公司生产技术科

特级劳动模范(3人)

谢满廷　晋城市谢氏城堡文化艺术有限公司董事长

李鹏鹏　山西大阳古镇旅游开发股份有限公司办公室主任

陈　燕(女)　中共泽州县委办公室科员

劳动模范(45人)

成　铖　山西彤康食品有限公司生产经理

马素峰　晋煤集团泽州天安苇町煤业机电副队长

王　磊　山西天地王坡煤业有限公司综采队队长

申高文　晋煤集团泽州天安盈盛煤业工人

秦红亮　泽州天泰锦辰煤业有限公司综采队队长

杨　静(女)　泽州县疾病预防控制中心工会主席

王　伟　泽州天泰坤达煤业有限公司机电副队长

李彦军　山西祥达集团家政服务有限公司部门负责人

杨建斌　泽州县总工会经济技术部部长

常握平　泽州县川底乡企业公司主任

郭东林　泽州县祥浩商贸有限公司部门负责人

原培英　泽州县医疗集团巴公中心卫生院医师

张燕兵　山西环宇高科新型建筑材料有限公司总经理

赵国胜　山西泽州珏山旅游开发有限责任公司总经理

刘乃勇　晋城山水合聚水泥有限公司总经理

李中会　山西清慧机械制造有限公司董事长

李海兵　泽州天泰和瑞煤业有限公司工会主席

牛　浩　晋城市宏伍铸业股份有限公司经理

乔　峰　泽州天泰能源有限公司副总经理

马树斌　泽州海天实业有限公司副总经理

张忠亮　泽州县晋庙铺镇宇鸿铸造厂部门负责人

王瑨璐(女)　晋城市金工铸业有限公司部门经理

马香琴(女)　晋城市润华实业有限公司高都大酒店执行总经理

张浩浩　泽州县大东沟镇广鑫隆养殖专业合作社负责人

王具财　泽州县巴公镇李村村党总支书记

王五德　泽州县南村镇南马匠村党总支书记、村委会主任

陈冠兵　泽州县下村镇刘村村党支部书记、村委会主任

张胜利　泽州县周村镇岭西村党支部书记、村委会主任

赵春并(女)　泽州县坛西农业专业合作社理事长

赵先军　泽州县柳树口镇映丰年农业发展有限公司负责人

丰向阳　泽州县丰庆小麦专业合作社负责人

王江团　泽州县进江农牧专业合作社执行董事

焦晋霞(女)　泽州县锦花润农蜂业专业合作社联合社技术员

苏化乾　泽州县祥煜农业专业合作社理事长

申小东　泽州县大箕镇孔庄村农民

王柳琴(女)　泽州县晋庙铺镇教学区教师

李晨霞(女)　中共泽州县委党校教师

王竹香(女)　泽州县农业农村局经管站站长

樊　玲(女)　泽州县中小企业局党组书记、局长

温永忠　国家税务总局泽州县税务局党委书记、局长

任晋茂　泽州县委政策研究室主任

刘　波　泽州县政府办公室科员

殷向阳　泽州县公安局刑侦大队副大队长

张彦铨　泽州县行政审批服务管理局办公室主任

王　悦　泽州县医疗保险管理中心主任

高平市

模范单位(6个)

国家税务总局高平市税务局

晋城市恒光热力有限公司高平市分公司

高平市泫氏铸管有限公司

高平市统计局

山西高平神农炎帝文化旅游开发公司

山西高平科兴南阳煤业有限公司

模范集体(3个)

山西兴高能源有限公司脱硫工段

高平市公安局南城派出所

山西省高平化工有限公司锅炉班组

特级劳动模范(3人)

焦永晋　高平科兴新庄煤业有限公司机修队队长

孙永胜　高平市翠岭茶楼经理

杨　斌　高平市第三中学校教师

劳动模范(45人)

王斌达　高平市炎帝农耕文化园开发公司项目部科长

李永刚　高平科兴牛山煤业有限公司职工

廉振华　高平科兴能源发展有限公司项目筹建组组长

孟丽兵　高平科兴南阳煤业有限公司调度室主任

宋晋梅(女)　高平市人民剧团副团长

张丹妮(女)　高平神农炎帝文化旅游开发公司讲解员

冯建忠　高平科兴申家庄煤业有限公司通风助理

刘银燕(女)　高平市润典人力资源有限公司培训师

吴志涛　高平市煤炭技术服务中心安监员

费　强　山西煤销集团野川煤业有限公司准备队队长

赵　飞　山西煤销集团首阳煤业有限公司生产科长

靳卫国　高平科兴申家庄煤业有限公司武装部副部长

毕俊强　高平市卧龙湾康养小镇旅游开发有限公司项目部主任

靳慧广　高平科兴游仙山煤业有限公司矿长

李雪峰　高平市诚建综合开发有限公司总经理

张勇勇　高平市朝元晋艺文化发展有限公司董事长

李起翠(女)　高平市龙帝水云间科技有限公司董事长

邢建勇　国网高平市供电公司工会主席、纪检委员

牛培德　高平科兴云泉煤业有限公司副书记

李慧斌　高平科兴前和煤业有限公司工会主席

苏卫红　高平科兴平泉煤业有限公司副矿长

张雪峰　山西兴高能源股份有限公司炼焦负责人

祁秋胜　山西泫氏实业集团有限公司厂长

牛荣花(女)　高平市河西镇华盛佳业保洁公司环卫工人

侯有才　高平市米山镇侯家庄村党支部书记

田广胜　高平市东城办事城东社区党总支书记、居委会主任

申永胜　高平市东城办事处沟北村党支部书记

石红芳(女)　高平市米山镇南朱庄村党支部书记

高俊文　高平市梨之乡专业种植合作社理事长

杜云清　高平市普峰种植专业合作社理事长

田建龙　高平市大益养殖专业合作社社长

王秀娥(女)　高平市奎星种养专业合作社经理

宰天吉　高平市铁炉贡梨种植专业合作社理事长

李建文　高平市禾丰生态农业开发有限公司经理

冯发旺　高平市鑫欣和种植专业合作社社长

闫进光　高平市第一中学校工会主席

王　勇　高平市三甲镇中心学校校长

李红霞(女)　高平市米山镇中学校教师

韩梅梅(女)　高平市总工会经审委主任

申小锋　高平市委办公室副主任

成　燕(女)　高平市旅游开发服务中心副主任

赵庆国　高平市政府办公室副主任

王桂仙(女)　高平市中医院护理部主任

王　亮　高平市人民检察院刑事检察部检察官

苏秋珍(女)　高平市长平中学校副校长

阳城县

模范单位(6个)

阳城县人民检察院

阳城县公安局

山西国新中昊盛天然气有限公司

阳城县皇城相府(集团)实业有限公司

阳城县征弘食品有限公司

阳城县蓝煜热力有限公司

模范集体(3个)

阳城县濩泽古城保护与开发利用筹建处项目实施部

张峰水库一干渠郑庄至芹池供水工程项目部

阳城阳泰集团晶鑫煤业股份有限

公司武甲分公司综采队第二班组

特级劳动模范（3人）

卫亮亮　山西阳城阳泰集团竹林山煤业有限公司综掘机司机

范利兵　山西优煤易购信息科技有限公司总经理

王宏岗　中共阳城纪律检查委员会第四审查调查室主任

劳动模范（46人）

都启家　山西煤销集团阳城惠阳煤业有限公司机电科长

马红兵　阳城阳泰集团宇昌煤业有限公司采煤队队长

陕亚伟　山西煤销集团阳城大西煤业有限公司综采队副队长

曹学亮　阳城阳泰集团西沟煤业有限公司综采区队长

王敏亮　阳城阳泰集团西冯街煤业有限公司综采队司机

武学兵　阳城阳泰集团屯城煤业有限公司调度室主任

原建光　阳城阳泰集团实业有限公司安监部安监员

原继胜　阳城阳泰集团小西煤业有限公司掘进队队长

郭军丰　山西煤销集团阳城四侯煤业有限公司掘进队队长

梁岩飞（女）　阳城县泰昌物资有限公司技术员

乔　琳（女）　阳城县侨枫瓷业有限公司研发中心技术员

朱腊梅（女）　阳城县环卫处洗扫车管理员

酒晨浩　阳城蟒河生态旅游有限责任公司市场部营销员

上官路东　阳城县康途公路勘察设计有限公司工程师

张敏丽（女）　阳城县人民剧团演员

杨育红　阳城县潮隆商贸有限公司董事长

陈三贵　山西陈贵食品加工有限公司董事长

王庆勇　阳城县太行山孙文龙生态农业开发有限公司总经理

卫端太　阳城县东升企业总公司经理

郑　江　国网阳城县供电公司副经理

康　静（女）　阳城县惠康超市有限公司董事长

崔苏琴（女）　阳城县盛世陶瓷有限公司分选工

王战兵　晋城山水水泥有限公司车间主任

张秀枝（女）　山西皇城相府文化旅游有限公司导游班组长

田兵兵　阳城县太行能源有限公司地销部销售员

王国龙　阳城县西河乡孙沟联合党支部书记

李海江　阳城县演礼乡献义联合党支部书记

王军川　阳城县润城镇上伏村党总支书记、村委会主任

郑志兵　阳城县凤城镇美泉村党支部书记

史小成　阳城县桑园河旅游开发有限公司业务经理

郭军社　阳城县古硒绿源农场董事长

邢二林　山西文旅铁艺制作有限公司项目开发技术员

曹乐会　山西中睿城农产品开发有限公司总经理

张艳亮　阳城县固隆乡人民政府综合办干事

崔丹丹（女）　阳城县北留镇脱贫攻坚领导小组办公室干事

王闫明　阳城县永丰源制丝有限公司工会主席

蔡丽平（女）　阳城县肿瘤医院（第二人民医院）妇产科主任

原娟娟（女）　阳城县第二小学校教师

孔小利　阳城县畜牧兽医局高级兽医师

秦　钢　阳城县财政局党组书记、局长

梁乔太　阳城县总工会党组书记、常务副主席

孔建龙　阳城县西河乡纪检书记

张永红　阳城县人民法院行政审判庭庭长

原振宇　阳城县环境监察大队东冶监察中队副中队长

丁兆勇　阳城县园林局管理股股长

郭建兵　阳城县中小企业局驻村第一书记

陵川县

模范单位（6个）

陵川县人力资源和社会保障局

陵川县太行第一山国有林场

国网山西省电力公司陵川县供电公司

陵川县昌城供热有限公司

晋城市鸿生化工有限公司

陵川县附城镇附城村村民委员会

模范集体（2个）

山西陵川崇安关岭山煤业有限公司井口群众安全工作站

中共陵川县委组织部驻杨村镇寺湖村工作队

特级劳动模范（2人）

靳文莲（女）　陵川县盲人曲艺

队副队长

崔文孝　陵川县高级实验中学校负责人

劳动模范(27人)

侯俊国　国网陵川县供电公司技术员

石鹏凯　陵川金隅水泥有限公司设备管理部班长

袁保平　山西陵川崇安苏村煤业有限公司综采机电副队长

王　霞(女)　陵川县农村信用合作联社城内分社网点负责人

赵　广　陵川工具有限责任公司办公室主任

侍有才　晋城市农生园农业开发有限公司顾问

郭海波　陵川县煤炭安全纠察队职工

秦俊义　陵川县供水公司经理

宋四清　山西九州天润道地药材开发有限公司总经理

庞文东　山西陵川崇安关岭山煤业有限公司工会主席

秦廷锴　晋城市鸿生化工有限公司生产经理

陈　林(女)　陵川县乡土人家农业综合开发有限公司技术总监

靳泽峰　陵川金隅水泥有限公司质量管理部工段长

宋晓永　陵川县崇文镇小召村党支部书记

杨　阳　陵川县古郊乡锡崖沟村党支部书记

李　东　陵川县瑞宝生态农业有限公司董事长

姚　帆　陵川县喜禾金小米专业合作社社长

逯江平　陵川县绿尔新种植专业合作社社长

程治国　陵川县亿利禽畜养殖有限公司总经理

赵永强　陵川县共建后勤服务公司经理

张　晋　陵川县广播电视台新闻部负责人

吴雪莲(女)　陵川县人民医院内镜中心主任

靳志德　陵川县总工会党组书记、常务副主席

魏晋峰　国家税务总局陵川县税务局党委书记、局长

韩军峰　陵川县公安局刑侦大队大队长

苏万里　陵川县纪委监委第二审查调查室主任

师跃峰　陵川县自然资源局驻村第一书记

沁水县

模范单位(6个)

沁水县人民法院

沁水县扶贫开发办公室

沁和能源集团有限公司

山西沁水新奥清洁能源有限公司

山西沁水农村商业银行股份有限公司

沁水县市容环卫大队

模范集体(2个)

沁水县园林局碧峰公园管护队

沁和能源集团有限公司侯村煤矿综采队采煤一组

特级劳动模范(2人)

李战强　沁水县顺世达铸业有限公司车间主任、工会主席

李　康(女)　沁水县中村镇初级中学校教师

劳动模范(30人)

王晓波　沁和能源集团南凹寺煤业有限公司井下机电工

韩振龙　山西保利平山煤业股份有限公司生产技术科科长

董国荣(女)　沁水县梅苑扶贫攻坚造林专业合作社负责人

卫江波　山煤集团鹿台山煤业有限公司抽采班组长

张向东　沁和能源集团候村煤矿队长

陈超颖(女)　中国邮政集团沁水县分公司支局经理

霍斌斌　国网沁水县供电公司财资部主任

程海兵　沁和能源集团永安煤矿党总支书记、矿长

范壮壮　沁水县源通饲料有限公司总经理

苏小东　北京城建七公司沁水教育园区公租房项目部负责人

闫晋强　沁和能源集团永红煤矿生产副矿长

郭胜会　沁水县嘉峰小微企业创业园有限公司经理

王小雷　晋城市永青矿机股份有限公司车间主任

李应华　山西成友工矿有限公司车间主任

商立建　沁水县嘉峰镇殷庄村党支部书记

韩　君　沁水县郑村镇湘峪村党支部书记、村委会主任

邢　军　沁水县固县乡云首村党支部书记

吕赵勇　山西涌泉香醋业股份有限公司经理

常引桃(女)　晋城市宏泉深森生态农业有限公司董事长

李爱香（女） 沁水县绿大养羊专业合作社社长

王三红 山西圣康蜂业有限公司总经理

王海俊 沁水县晟华农业发展有限公司董事长

王 霞（女） 沁水县特殊教育学校校长

豆焕香（女） 沁水县医疗集团人民医院妇产科主任

程凌平（女） 沁水县农业农村局技术推广站站长

冯海云 国家税务总局沁水县税务局党委书记、局长

廉江超 山西太行洪谷国家森林公园管理处副主任

张胜军 沁水县总工会权益保障部部长

李 霞（女） 沁水县龙港镇党委办公室主任

李庆胜 中共沁水县委组织部办公室主任

开发区

模范单位（1个）

晋城经济技术开发区税务局

模范集体（1个）

山西森鹅服装有限公司面料事业部

劳动模范（5人）

李兵霞（女） 晋城市缔景皇冠大酒店职工

聂艳青（女） 山西森鹅服装有限公司职工

尹伟巍 开发区跃丰投资有限公司总经理

杨天举 开发区国内投资服务中心三级主办

许亚军 开发区总工会三级主办

晋煤集团

模范单位（4个）

山西金驹煤电化股份有限公司

晋煤集团总医院

晋煤集团晟泰公司古书院工贸有限公司万德福超市

晋煤集团沁秀煤业有限公司

模范集体（2个）

晋煤集团供电分公司寺河工区

晋煤集团财务中心

特级劳动模范（2人）

刘彦锋 山西蓝焰煤层气集团有限责任公司技术主管

田永东 山西蓝焰煤层气集团有限责任公司执行董事

劳动模范（22人）

陈晋亮 晋煤集团秘书局主任

曹国华 晋煤集团沁水胡底煤业有限公司通风防突部部长

李明安 晋煤集团华昱煤化工有限公司质监部副部长

邢虎威 晋煤集团金鼎煤机矿业公司支架制造分公司工人

庾永波 山西金驹煤电化股份有限公司科长

毋会芃 晋煤集团总医院主任医师

李小卫 晋煤集团晋圣公司亿欣煤业综掘一队队长

和林波 山西铭石煤层气利用股份有限公司工人

王海明 晋煤集团寺河矿二号井地测工程师

武进岗 晋煤集团铁路运输分公司队长

王佑平 晋煤集团天安公司壁盈煤业有限公司调度室主任

毕元生 晋煤集团赵庄煤业有限责任公司综采二队副队长

靳建中 晋煤集团产业扶贫办公室扶贫第一书记

赵 鑫 晋煤集团工会主任科员

申瑞屏 山西长平煤业有限责任公司董事长

李 林 晋煤集团晟泰能源投资有限公司董事长

王春进 晋煤集团沁秀煤业有限公司董事长

郭东杰 晋城蓝焰煤业股份有限公司成庄矿矿长

翟慧兵 晋煤集团寺河矿矿长

谷志远 晋城宏圣万隆工程管理有限公司副总经理

郭金良 山西长平煤业有限责任公司综掘一队队长

都海龙 晋煤集团技术研究院有限责任公司常务副院长

兰花集团

模范单位（2个）

山西兰花清洁能源有限责任公司

山西兰花大宁发电有限公司

模范集体（1个）

山西兰花丹峰化工股份有限公司机修班

特级劳动模范（1人）

李俊虎 兰花科创玉溪煤矿有限责任公司党总支书记、董事长

劳动模范（15人）

宋 刚 兰花科创玉溪煤矿有限责任公司财务科科长

原爱军 兰花科创阳化分公司供应科科长

李海军 兰花科创股份公司秘书处副主任

李建军 兰花集团东峰煤矿有限公司准备队队长

郝丽琴(女) 兰花集团公司财务处综合管理科科长

司汉全 兰花(集团)房地产开发公司党总支书记、董事长

郭义瑞 兰花机械制造有限公司党委书记、董事长

宋晋飞 山西兰花同宝煤业有限公司生产副总经理

原建军 兰花科创大阳煤矿分公司经理、党委副书记

古三伟 山西兰花林业有限公司副经理

李文忠 兰花科创伯方煤矿分公司副矿长

陈吉靠 兰花科创田悦化肥分公司党委书记、经理

刘卫军 兰花科创阳化分公司工会主席

吕纪烈 兰花科创新材料分公司经理

张晋森 兰花药业股份有限公司党总支书记、工会主席

市直产业和驻市单位

模范单位(12个)

山西煤炭运销集团野川煤业有限公司

晋城市国库集中支付中心

山西铭润建筑装饰工程有限公司

中国银行股份有限公司晋城市分行

晋城市洁霸清洁服务有限公司

山西绿洲纺织品有限责任公司

山西汽运集团晋城汽车运输有限公司

晋城市正源水务发展有限公司

中国邮政集团公司晋城市分公司

国家税务总局晋城市税务局第一税务分局

晋城市公安局

晋城市规划和自然资源局

模范集体(11个)

晋城市众宸工贸有限公司工程技术部

山西酒乐乐酒业有限公司配送部

晋城市上党梆子传习所《太行娘亲》剧组

山西广播电视大学晋城分校办公室

中国工商银行股份有限公司晋城凤翔支行

晋城市三鑫祥达洗业有限公司

晋城市公共交通有限公司4路线班组

晋城市广场管理处(人民广场管理办公室)

山西天泽煤化工集团股份公司煤气化厂造气二车间化工乙班

阳城国际发电有限责任公司维护一部汽机二班

中煤华晋集团晋城热电有限公司生产技术部化验班

特级劳动模范(7人)

史常青 山西煤销集团晋城有限公司副经理

葛森峰 晋城市森宝商贸有限公司业务经理

花良军 富士康科技集团晋城科技工业园金加三厂资深专理

邸若冰 阳城国际发电有限责任公司专业工程师

朱旭东 国网晋城供电公司营销部主任

柴高原 中共晋城市委组织部办公室主任

卫俊婷(女) 晋城市第一中学校党总支副书记

劳动模范(72人)

靳慧勇 山西煤销集团裕兴煤业有限公司机电队队长

毕明山 山西煤销集团阳城大西煤业有限公司财务总监

成德安 山西煤销集团晋城有限公司煤炭事业部副经理

郭太生 山西煤销集团盖州煤业有限公司机运队队长

赵学文 山西利普利拓煤机部件制造有限公司生产部长

宁笑雨(女)晋城市辉昊商贸有限公司技术总监

王俊波 晋城市龙谷仓粮油有限责任公司负责人

韩贝贝(女) 中国人寿财产保险股份公司晋城市中心支公司职工

杨 丽(女) 泽州浦发村镇银行股份有限公司职工

王 飞 兴业银行晋城支行职工

张俊如(女) 晋城市国贸酒店有限公司餐饮部经理

范晋阳 晋城市蔬菜有限公司部门经理

王 兵 国网晋城供电公司变电检修一班班长

王永祥 山西省公路局晋城分局北段副段长

李晋刚 山西交通控股集团晋城高速公路分公司救援班长

李维红 晋城市广场管理处科长

刘东伟 晋城市公用事业建设局科长

曹伟幸 山西泉域水资源开发有限公司安全负责人

郭 瑾 中国联通公司晋城市分公司技术总监

岳 进 富士康科技集团晋城科技工业园ST产品处资深副理

王俊风　山西天泽集团永丰化肥有限公司职工

桑海彬　国网晋城供电公司输电运检室党支部书记

宋晨光　山西天巨重工机械有限公司技术服务部部长

李小军　晋城市保安守押有限公司办公室主任

李慧明　晋城市建筑工程有限公司项目经理

张文斌　山西煤销集团野川煤业有限公司董事长

于向阳　山西煤销集团阳城四侯煤业有限公司董事长

王海峰　晋城市海峰天合装饰工程有限公司董事长

张家立　招商银行股份有限公司晋城分行行长

高重庆　晋城市百货纺织品有限公司党总支书记、董事长

王文明　山西晋城路桥建设有限公司总经理

申建平(女)　晋城市建材家居商会会长

李振宁　中煤华晋集团晋城热电有限公司执行董事、总经理

张茂生　山西煤销集团南河煤业有限公司书记

马福阳　山西煤销集团盛泰煤业有限公司矿长

白琚鹭　山西华洋集团有限公司工会主席

王志忠　中国建设银行股份有限公司晋城分行行长

史永新　中石化山西晋城石油分公司审计监察部主任

杨晋国　山西汽运集团晋城公司阳城分公司党支部书记、经理

杨书伟　山西三建集团有限公司晋城分公司项目经理

何云波　国网晋城供电公司党建工作部职工

王毓华(女)　晋城市农机局科长

李　学　中国移动公司晋城分公司部门经理

申芳芳(女)　富士康科技集团晋城科技工业园周边办专理

王　婧(女)　晋城市假日国际旅行社计划调度员

王　娟(女)　中共晋城市委党校党史党建教研室副主任

冯小明　晋城市书画院(美术馆)职工

程燕广　晋城市上党戏剧研究院创作室副主任

茹瑞峰　晋城市紧急医疗救援中心院前急救医生

李永红　晋城市中心血站副站长

张双斌　晋城职业技术学院教师

李小军　晋城市实验小学校副校长

赵瑞斌　晋城市凤城中学校校长、党支部副书记

常张敏　晋城康宁手外科医院院长

柳鹏飞　政协晋城市委员会内务干事

宋冬青(女)　晋城市园林绿化一大队队长

史蕾蕾(女)　晋城市委统战部(光彩事业促进会办公室)科员

梁　凯　中共晋城市委办公室科长

赵　耀　晋城市人民政府办公室综合科科长

姬端端　《晋城人大》杂志副总编辑

宋　冰　国网晋城供电公司工会主席

王晋晋　晋城市纪委监委第三审查调查室副主任

崔静芳(女)　晋城市审计局科长

李俊峰　中共晋城市委宣传部文明创建管理中心副主任

李振亚　中共晋城市委政法委员会执法检查科科长

贺　炜　国家税务总局晋城市税务局副科长

段君毅　晋城市畜牧兽医局防治动物重大疫病指挥部办公室主任

李　琴(女)　晋城市直工委科员

王丽丽(女)　晋城市市场监督管理局科长

李斌红　晋城市私营企业工会联合会经费审查审查会主任

张会忠　晋城市餐饮住宿行业协会秘书长

李继伟　晋城市出租汽车行业工会职工

扶贫攻坚

模范单位(1个)

中共沁水县委组织部

劳动模范(6人)

赵　江　晋城市农业农村局(市扶贫办)科室负责人

王晋军　山西五谷养生科技有限公司董事长

王　斌　高平市工商业联合会主席

吴秋会　阳城县东冶镇枪杆村党支部书记

胡进富　山西沁泽农业开发有限公司董事长

郭宏斌　山西兰花太行中药有限公司总经理

扫黑除恶

模范单位(1个)

高平市公安局

劳动模范(3人)

霍敏翔(女)　晋城市中级人民法院未成年人审判庭庭长

范　伟　晋城市人民检察院刑事检察一部副部长

段文军　晋城市司法局司法鉴定科科长

环境保护

劳动模范(3人)

郭前进　晋城市环境监控中心主任

韩　栋　晋城市环境监察支队教导员

韦保明　晋城市生态环境局高平分局监控中心主任

重点工程

模范单位(1个)

山西路恒交通勘察设计咨询有限公司晋城分公司

劳动模范(4人)

陈　斌　中铁隧道股份有限公司太焦高铁TJXQ-1标项目经理部项目党工委书记

王晋霞(女)　晋城市交通运输局副调研员

李　文　晋城市交通运输局科员

程江淮　山西省工业设备安装集团有限公司晋城分公司经理

促进晋城经济社会发展突出贡献荣获“晋城市五一劳动奖状”和“晋城市五一劳动奖章”名单

一、晋城市五一劳动奖状

山西交控集团晋城高速路分公司

二、晋城市五一劳动奖章

赵升琪　山西交控集团有限公司晋城高速公路分公司总经理

2019年度“晋城工匠”名单(10名)

张晨光　晋煤集团成庄矿机电维修队副队长

宰红斌　国网晋城供电公司职工

武旭升　阳城电厂运行一部主任

何兴军　江淮重工有限公司设备技术员

贾红光　山西大通铸业有限公司生产部经理兼技术中心主任

张天林　晋城市公安局刑事技术支队支队长

田安善　阳城县侨枫瓷业有限公司技术经理

孙永胜　高平市翠岭茶楼总经理

张勇勇　高平市朝元晋艺文化发展有限公司董事长

孙军伟　陵川县军伟民俗文化发展中心经理

2019年度“晋城工匠提名”名单(10名)

赵学文　山西利普利拓公司总经理兼生产部主任

徐卫强　山西蓝焰煤层气公司勘探分公司武乡钻机项目经理

常　进　晋煤集团凤凰山矿职工

郭立威　陵川金隅水泥公司设备管理部部长

潘三葱　晋城市人民医院心血管内科主任医师

来剑云　晋城市晋氏实业有限公司设计师

安阳军　晋城路桥建设有限公司职工

张生光　晋城市湖滨花园酒店有限公司行政副厨

白爱霞　城区凤阳小学校教师

初显仁　泽州县金秋铸造公司技术中心副主任

2019年度“工匠人才培育贡献奖”名单(6个)

晋煤集团成庄矿

国网晋城供电公司

晋煤集团工会

泽州县总工会

高平市总工会

晋战平　晋城市晋氏实业有限公司董事长

(市总工会)

晋城市中级人民法院工作报告（节选）

——在晋城市第七届人民代表大会第六次会议上

晋城市中级人民法院院长　于昌明

（2020年4月28日）

2019年工作回顾

2019年，全市法院坚持以习近平新时代中国特色社会主义思想为指导，坚持服务大局、司法为民、公正司法，忠实履行宪法法律赋予的职责，为推进新时代美丽晋城高质量转型发展作出了积极贡献。全市法院受理案件33374件，审执结32593件，同比分别上升8.59%和9.70%，审判工作18项核心指标有10项位列全省前三，执行工作14项核心指标有10项位列全省前二，审判执行质效连续三年保持全省法院第一方阵。

一、贯彻总体国家安全观，维护国家安全和社会稳定

依法打击各类犯罪，审结刑事案件2465件，判处罪犯2864人，审结减刑、假释、特赦案件959件，努力保障社会安定有序、人民安居乐业。

深入推进扫黑除恶专项斗争。依法从重从快打击黑恶犯罪，专项斗争以来一审审结黑恶案件102件666人，判处五年有期徒刑以上刑罚202人。集中攻坚大案要案，对原某某、李某某、王某某等一批人民群众反映强烈的黑恶势力依法惩处。坚持不枉不纵，对8件案件改变恶势力犯罪集团、团伙认定，防止拔高或降格处理，确保把每一起案件都办成铁案。坚决铲除黑恶犯罪经济基础，422人被判处财产刑3311万元。严惩黑恶势力“保护伞”“关系网”，发现和移送“保护伞”线索11条。推动召开刑事审判联席会，就8大类26项问题达成共识，规范保障专项斗争开展。延伸司法职能，发出司法建议49份，推动加强行业监管和社会治理。

依法惩治各类刑事犯罪。严惩危害国家安全、公共安全犯罪和故意杀人、抢劫、绑架等严重暴力犯罪，对398人判处五年有期徒刑以上刑罚。积极参与禁毒斗争，严惩张某某等23人特大贩毒案、李某某等8人跨省贩毒案等毒品犯罪，一审判处十年有期徒刑以上刑罚24人。坚定不移惩治腐败，审结贪污受贿等职务犯罪案件82件99人。依法惩治行贿犯罪，审结行贿、介绍贿赂案件3件10人。切实保障人民群众“舌尖上的安全”，审结危害食品药品安全犯罪案件45件。加强涉未成年人案件审判，积极开展法治宣传进校园活动，未成年人犯罪案件数量连续4年下降，有力保护未成年人成长。坚持宽

严相济，对2087人判处三年有期徒刑以下刑罚，对32人免予刑事处罚。落实罪刑法定、疑罪从无等原则，依法宣告2名公诉案件被告人和11名自诉案件被告人无罪。

规范减刑、假释、暂予监外执行工作。制定庭审规则，推进减刑假释案件庭审规范化、实质化。强化庭审教育，充分发挥感化挽救功能。制定财产性判项履行能力认定办法，畅通履行渠道，服刑罪犯主动履行460.31万元，同比提升96.41%，有效解决财产性判项“空判”问题。推行立案信息互联网公示、监狱公示，推进庭审公开、文书公开，促进刑罚执行公开透明。把狱内消费作为罪犯改造态度的考量因素，强化其吃苦赎罪的改造思想。推动制定办案流程，细化监狱、检察院、法院职责，完善各司其职、互相配合、互相制约的工作机制，确保公平公正。市中院办理减刑案件经验做法被中国社科院《实证法学研究》推广。严把监外执行审核关，办理暂予监外执行案件49件，核准率24.48%，决不让监外执行成为“法外之地”。

二、贯彻新发展理念，保障美丽晋城高质量转型发展

紧紧围绕市委确定的“五个三”战略部署，创新完善司法服务举措，审结公司、证券、合同等商事案件11261件，审结行政案件615件，为晋城改革发展提供有力司法保障。

服务供给侧结构性改革。最大限度发挥破产重整的拯救功能，积极促进破产和解，实现各方利益均衡，加快不符合产业政策的“僵尸企业”退出市场，盘活生产要素。全年受理破产及强制清算案件27件，已办结9件，其中破产重整3件、破产和解1件，化解债权20.9亿元，安置职工557人，盘活土地298.99亩、厂房8.1万平方米。建立府院联动机制，引进温州等地破产审判经验，在全省率先成立破产管理人协会。加大知识产权保护力度，审结一审知识产权案件144件，优化创新生态，增强创新驱动力。在全省营商环境评价中，我市办理破产指标和知识产权保护指标均位列全省第三。依法平等保护民营企业和企业家合法权益，与工商联开展“民营企业家开放日”活动，以党支部为单位到民营企业走访调研，梳理出6大方面50项法律风险提示，服务保障民营企业健康发展。

服务三大攻坚战。审结金融借款、保险、证券等案件1236件，涉案金额10.3亿元，依法保护金融债权，支持和保障金融服务实体经济。审结民间借贷案件3040件，涉案金额4.59亿元，规制职业放贷，打击“套路贷”，向公安机关移送涉嫌犯罪线索10条，规范融资行为。审结非法吸收公众存款、集资诈骗等犯罪案件14件，涉案金额0.82亿元，防范化解金融风险。积极开展农村土地改革情况调研，妥善审理泽州试点地区土地流转纠纷案件，促进农村发展。审理涉及扶贫领域、贫困地区产业发展等案件67件，促进精准扶贫、精准脱贫。扎实推进驻村帮扶，持续巩固脱贫成果，市中院驻村干警被评为“全市干部驻村帮扶工作模范农村第一书记”。审结环境资源刑事、民事、行政案件14件，审结环境公益诉讼案件2件，吸收7名专家陪审员参与环境资源案件审理，设立环境公益诉讼专项资金账户，服务保障污染防治攻坚战和美丽晋城建设。

推进行政争议实质化解。审结行政案件388件，审查非诉行政案件238件，监督、支持行政机关依法履职，促进“放管服效”改革。加强司法与行政良性互动，推动晋城、长治行政审判工作交流常态化，建立府院联席会议、重大决策风险评估、诉前沟通协调、行政机关负责人出庭等四项工作机制，行政机关负责人出庭应诉率达90%以上。配合推进行政机关领导干部旁听庭审常态化。坚持依法裁判和协调化解并重，我市老城拆迁、行政执法等一批涉众疑难案件得到实质性化解，取得了良好的法律效果、政治效果和社会效果，有2件案件入选全省行政审判十大典型案例。

助力市域社会治理现代化。坚持“把非诉讼纠纷解决机制挺在前面”，全年受理诉前调解案件4662件，调解成功2333件，同比分别提升21.56%和19.34%。大力推行诉前司法鉴定，2019年法医类诉前鉴定案件数量首次超过诉中鉴定，该做法被中国社科院《法治蓝皮书》收录。联合司法局建立律师调解制度。加强与晋城仲裁委对接，仲裁案件连续三年增长，为仲裁渠道化解纠纷提供了有力保障。

分享大数据成果，先后发布行政审判、非法集资刑事审判、家事审判等系列司法白皮书，为党委政府提供决策参考，推动提升社会治理现代化水平。坚持“法治宣教是暖人心的司法”理念，打造融媒体传播矩阵，市中院官方抖音荣获“全国法院十佳客户端”，官方微信、微博荣获“全国法院百优新媒体账号”，《法院在线》栏目制作的《执行干警的一天》荣获山西广播影视奖三等奖。一个案例胜过一打文件，通过报道典型裁判树立行为规则、引领社会风尚、培树法治信仰，“儿童公园落水身亡案”“殴打公交司机获刑案”等案例得到广泛传播，充分发挥了典型案件的法治教化功能。

三、坚持以人民为中心，努力满足人民群众司法需求

积极适应社会主要矛盾新变化，不断提高司法服务保障水平，审结婚姻家庭、物权、侵权等民事案件6980件，让人民有更多、更直接、更实在的获得感。

强化民生权益保障。审结婚姻家庭案件3256件，发出人身安全保护令7份。进一步深化家事审判改革，出台离婚冷静期指导意见，泽州法院推行家事审判“五度”工作法，共同促进新时代家庭文明建设。审结劳动争议、消费纠纷、医疗纠纷等案件528件，维护人民群众切身利益。审结权属、侵权纠纷案件1694件，强化人身权、财产权、人格权司法保护。将院长编入信访团队，全程把关信访工作，19个律师事务所律师参与化解和代理涉诉信访案件，维护群众合法权益，引导群众依法理性表达诉求，来访人数同比下降29.1%。推进司法救助工作规范化、日常化，为当事人缓减免交诉讼费269.2万元，为生活困难当事人发放司法救助款363.02万元，市中院荣获“全国法院司法救助工作先进集体”称号。

强化诉讼生态治理。坚持内外两手硬，持续打造风清气正的诉讼生态。对内坚持过问案件登记常态化，连续三年推进“严守审判纪律、排除司法干扰”专项整治工作，为法官依法履职提供有力保障。对外坚持打击虚假诉讼常态化，依法对20名虚假诉讼当事人作出罚款处罚，对2人追究刑事责任。联合市文明办召开联席会议，在全省率先建立虚假诉讼名单公开制度，先后三批对虚假诉讼当事人信息予以曝光，传递维护诉讼诚信的强烈信号。全市诉讼生态明显改善，相关做法被人民日报、法制日报、中国新闻网等多个国家级媒体报道。

强化司法便民利民。以“一次办好”为目标，推进一站式诉讼服务中心建设，市中院荣获“全省诉讼服务工作先进集体”称号。构建当场立案、网上立案、跨域立案相结合的立案新格局，全年网上立案1101件，跨域立案24件。全面落实诉讼费一次性交退措施，通过当事人预留的银行账户主动退费3917.25万元。市中院新审判法庭开工奠基。落实人民陪审员法，保障公民依法参加审判活动，新任陪审员286名，全年参审案件3672件，参审率87.76%。拓展司法公开广度深度，以公开促公正、保廉洁，互联网公开裁判文书30937件，同比上升14.81%，庭审直播案件7556件，同比上升50.07%，观看量超过1300万人次，让正义以看得见的方式实现，让热点案件成为全民共享的法治公开课。

四、巩固提升攻坚战果，向“切实解决执行难”目标迈进

健全执行工作长效机制，推行“一性三统五化”工作法，推进阶段性攻坚战向常态化持久战转变，持续增强当事人胜诉获得感。全年执结案件10313件，同比上升12.61%，执行到位金额19.4亿元，同比上升13.45%，实际执行到位率高出全省平均数18.9个百分点，实际执结率高出全省平均数8个百分点，执行工作在全省平安建设考核中被评为一类等次。

完善执行联动格局。加大涉党政机关等特殊案件执行力度，在市委、市政府大力支持下，21件涉党政机关案件全部执结。健全网络执行查控系统，与市规划和自然资源局对接，推进不动产“点对点”查控全覆盖。加强失信被执行人信息共享和联合惩戒工作，向全市31个单位推送失信被执行人信息1334人次，协助组织部、文明办等单位在干部任用、荣誉评选等工作中查证信用情况292人次。强化“三统一”执行管理，两级法院握指成拳、一体推进，市中院提级、协同基层法院执行77件，“中电明秀”“澜港现代”等一批重点难点案件得到顺利执结，2件案件入选全省法院“十佳执行案例”。

健全执行工作机制。推进执行流程标准化，明确执行立案、首次约谈、网络查控、案件分流、财产处置等关键节点的操作要求，促进严格公正执行。推进执行事务集约化，建立繁简分流、事务集约的执行权运行机制，执行效率明显提升，全年执行完毕案件平均用时58天，同比减少13天。推进执行手段信息化，完善"1+2+N"执行信息化系统，充分运用网络询价方式确定财产处置价，创新采用"主播带货+法官推荐"拍卖模式，全年进行网络拍卖533件，成交额5144万元，溢价率34%，为当事人节约佣金246万元，有效祛除拍卖环节暗箱操作和权力寻租空间。推进执行行为规范化，对执行工作实行"一案双查"，严肃整治执行不规范行为，加强和规范"终本案件"管理，对发现新的财产线索恢复执行1087件，到位金额3.5亿元。推进执行过程阳光化，执行进展向当事人主动反馈，开展执行活动媒体直播，邀请人大代表、政协委员、申请人等见证执行，保障当事人和社会公众的知情权、监督权，"司徒村强制腾房案"取得良好办案效果。2项机制入选全省法院"十佳执行工作创新机制"。

加大强制执行力度。开展"晋法出击""秋季风暴"等专项执行行动，形成强大声势，彰显法律权威。落实财产报告制度，阳城法院对拒不申报财产的被执行人罚款33人、拘留3人，增强制度威慑力。用足用活执行措施，城区法院常态化开展被执行人集中约谈，充分运用悬赏执行、司法拘留、司法救助等措施，解决了一大批小额欠款和涉民生案件。加强失信惩戒，全年累计公开失信被执行人信息3162人次，限制消费10125例，限制乘坐飞机、高铁、动车17661人次。严厉打击拒执违法犯罪行为，全年拘留失信被执行人229人次，罚款19人，判处拒执罪9人，共有3533人迫于压力履行了义务，"一处失信、处处受限"的信用惩戒格局初步形成，有力促进了社会诚信体系建设。

五、深化司法体制改革，推进审判体系和审判能力现代化

坚持问题导向，强化改革创新，着力破解影响司法公正、制约司法能力提升的体制机制性障碍。

创新审判监督管理。建立审判委员会听证制度，举行听证案件14件，破解长期饱受诟病的审判委员会"审者不判、判者不审"的弊端，被业内专家称为"审判委员会制度里程碑式的改革"，改革经验入选最高法院《司法改革案例选编》。规范专业法官会议制度，建立类案及关联案件强制检索制度，促进法律适用统一。推行审判管理"五四工作法"，在判前对五类案件实行院庭长留痕监督，在判后对四类案件以"两级三评互动"方式进行质量评查，审判管理模式从"单一静态"转向"全面动态"，为破解放权与监督难题探索了新路径，一审判决改判率从上年的6.37%降至5.00%；发回重审率从上年的1.93%降至1.20%，低于全省全国平均水平，经验做法受到最高法院领导肯定，被《人民法院报》推广。

优化司法资源配置。在市委大力支持下，全市法院两年接收20名大学生军转干部，首次面向社会为阳城法院公开选调8名公务员，法官断档难题得到明显缓解。在完成基层法院内设机构改革的基础上，在全省率先探索中级人民法院内设机构改革，组建刑事警务、民事审判等7大团队，职权配置、组织机构进一步优化。在全市法院上线智能送达一体化平台，泽州法院创新推行"快递+送达""网格+送达"等送达模式，为审判活动减负增效。在市中院6个民庭全面推行"类案专审"，形成了10类案件调研分析报告，发布金融借款、民间借贷等30个典型案例；通过制定类案审理指南，让当事人的诉讼可预期、更理性，让法官的裁判更统一、更公正，交通事故责任纠纷案件一审收案数量同比下降24.97%，二审收案数量同比下降44.88%。

深化诉讼制度改革。推进以审判为中心的刑事诉讼制度改革，召开庭前会议70次，通知证人、鉴定人、侦查人员出庭作证36人次，推进律师辩护全覆盖，充分发挥庭审在裁判中的决定性作用。推进认罪认罚和刑事速裁改革，适用认罪认罚从宽制度审结案件949件，适用率45.19%，当庭宣判率46.95%，服判息诉率83.47%；适用速裁程序审结案件407件，适用率19.64%。推进律师调查令制度落实，将调查令拓展至立案审查阶段，全年签发调查令618份，保障和规范律师调查取证，维护当事人合法权益。推进民商事案件繁简分流，推广法庭调查

和法庭辩论合并进行、要素式审判等庭审模式，全年适用简易程序审理民事案件17189件，同比提升46.48%，案件审理平均用时降至44天，正义的实现进一步提速。

六、坚持全面从严治党，建设忠诚干净担当法院队伍

坚持以革命化、正规化、专业化、职业化为方向，努力建设高素质法院队伍。全市法院14个集体、40名个人受到省级以上表彰奖励，市中院5个单项工作获最高法院表彰，沁水法院荣获“全国模范法院”荣誉称号。

加强政治建设。制定党组政治责任清单，加强对意识形态工作的领导，坚决维护以习近平同志为核心的党中央权威和集中统一领导，确保中央、省委、市委决策部署得到不折不扣贯彻执行。认真贯彻《中国共产党政法工作条例》，严格落实重大事项请示报告制度，确保法院工作正确政治方向。扎实开展“不忘初心、牢记使命”主题教育和“改革创新、奋发有为”大讨论，整改意见建议56条，健全完善制度44项，梳理提炼近年来24项改革创新举措推动再落实。坚持“党务就是第一业务”，认真落实市委党建“四句话”要求，以“五个做实”推进“五个融合”实现“五个转变”，连续两年实施党支部星级创建工程，基层党组织组织力明显提升，党建和业务融合深入推进，经验做法受到市委肯定，先后被山西省委组织部官方网站、太行日报等媒体刊发推广。

提升履职能力。依托市委党校法院分校举办18期“学习大讲堂”，实现政治教育、党务业务培训常态化。选派干警到最高法院第四巡回法庭、省高院、市委挂职锻炼、跟班学习，安排干警外出考察学习，全年参训干警3000余人次，干警的政治素质、司法能力和综合素质进一步提升。连续三年开展办案能手、庭审规范、优秀裁判文书等“九个一”大比武活动，干警的司法技能进一步提升。坚持“调研是更高层次的审判”，着力培养高层次审判人才，5名法官被聘为市委联系专家，13名法官被评为全市“专家型法官”，19篇调研课题被省委政法委、省法学会评为优秀小微课题，2篇调研论文分别荣获全国法院论文评选二等奖、三等奖。

持续正风肃纪。制定并落实全面从严治党主体责任清单，认真开展“纪律作风整顿年”“反对形式主义、官僚主义”警示教育月等专项活动，不断改进纪律作风。成立综合督查组，对各基层法院和中院各部门开展包括党的建设、重点工作、作风纪律等在内的综合督导检查，及时发现和解决问题。全力支持市纪委监委驻院纪检监察组制定并履行全面从严治党监督责任清单，加强审判管理与纪检监察融合，由驻院纪检监察组对随机抽查的已结案件当事人、律师进行回访，对12个月以上长期未结案件的承办法官进行提醒谈话，长期未结案件从2018年初的115件降至25件。精准运用监督执纪“四种形态”，全市法院约谈、函询48人，提醒谈话43人，处理违纪干警9人，切实让纪律成为规范干警行为的高压线。

主动接受监督。主动接受市人大及其常委会监督，认真落实人大决议和常委会审议意见，认真办理代表建议5件。虚心接受政协民主监督，认真办理政协提案11件，做到件件有反馈。制定办理人大代表建议、议案和政协委员提案工作制度，规范办理质效。开展走访代表委员活动，主动通报法院工作，邀请人大代表、政协委员视察工作、旁听庭审、座谈交流等400余人次，听取意见建议，不断改进工作。依法接受检察机关诉讼监督，认真审理检察机关提起的抗诉案件，及时办理检察建议，共同维护司法公正。广泛接受社会监督，召开新闻发布会6次，连续三年在人大代表、政协委员、律师、当事人中开展满意度测评工作，2019年发出调查问卷900份，满意度提升1.78%。支持配合纪检监察机关对法院工作人员进行监督，促进公正廉洁司法。

在肯定成绩的同时，我们清醒地认识到，全市法院工作还存在一些问题和困难：一是服务大局工作的针对性、实效性还存在不足，司法保障职能作用有待进一步强化。二是少数法官的政治素质、司法理念、司法能力与新时代要求和人民群众司法需求相比还有不小差距。三是有的改革创新举措只是刚刚破题，还需要在实践中继续完善，改革整体效能仍需强化。四是缺少在全市过得硬、全省叫得响、全国有影响的“标兵”“标杆单位”“工作品牌”，

与全国一流法院相比还有较大差距。五是法院内部监督、队伍管理还有薄弱环节，司法作风不正和司法不廉的问题仍有发生。六是人案矛盾非常突出，全市法院员额法官人均结案173件，阳城法院人均结案276件，法官超负荷工作成为常态。对这些问题和困难，我们将紧紧依靠党的领导，在人大监督和各方面支持下，千方百计加以解决。

新冠疫情发生以来，全市法院认真贯彻落实中央、省委和市委部署要求，一手抓疫情防控，一手抓审判执行，实现战“疫”办案齐推进。在疫情防控中，党员冲锋在前，群众积极请战，充分体现了新时代法院干警的忠诚担当。在执法办案中，积极采取网上立案、“云上”办案等方式，切实做到诉讼服务“不打烊”，审判执行“不断线”。当前，新冠疫情正在全球蔓延，不可避免会对经济社会造成较大冲击，会给法院工作带来较大挑战。面对疫情带来的“大考”，全市法院将坚定信心、迎难而上、主动作为，找准司法工作结合点、切入点，为统筹做好经济社会发展各项工作提供精准司法服务。

2020年工作安排

2020年是全面建成小康社会和“十三五”规划收官之年。全市法院将坚持以习近平新时代中国特色社会主义思想为指导，全面贯彻党的十九大和十九届二中、三中、四中全会精神，深入学习贯彻习近平总书记“三篇光辉文献”精神和对政法工作的重要指示精神，按照中央、省委、市委、上级法院的部署要求，紧紧围绕“努力让人民群众在每一个司法案件中感受到公平正义”目标，坚持党对法院工作的绝对领导，坚持以人民为中心的发展思想，坚持稳中求进工作总基调，坚持精学、实做、创优的工作作风，保持全市法院整体工作走在全省法院前列，持续打造晋城法院品牌，为夺取新时代美丽晋城高质量转型发展新胜利提供有力司法服务和保障。

围绕总体要求，今年要重点抓好以下工作：

一、聚焦政治引领，以更高标准把牢法院工作政治方向

毫不动摇坚持党对法院工作的绝对领导，全面提升维护国家政治安全工作水平。

一要把深入学习贯彻习近平新时代中国特色社会主义思想作为首要政治任务，为实现全市法院新发展筑牢坚实思想根基。**二要**认真贯彻《中国共产党政法工作条例》《中国共产党重大事项请示报告条例》，细化实化措施，把党的绝对领导优势转化为工作效能，坚定不移走中国特色社会主义法治道路。**三要**认真落实党组政治责任清单，准确把握新时代新要求，紧密联系法院工作实际，创造性贯彻落实中央、省委、市委决策部署。**四要**严格落实意识形态工作责任制，提高政治敏锐性和政治鉴别力，切实维护司法领域意识形态安全。**五要**认真落实《中国共产党宣传工作条例》，牢牢坚持正确舆论导向，加快构建全媒体传播格局，进一步提升司法新闻舆论工作能力水平。

二、聚焦服务大局，以更强担当保障经济社会高质量发展

充分发挥审判职能，为贯彻落实市委“五个三”战略部署提供有力司法保障。

一要依法惩治各类刑事犯罪，按照中央“一十百千万”、省委“双线作战”“三打四建”、市委“五大攻坚战”部署要求，持续推进扫黑除恶专项斗争，维护良好社会秩序。**二要**推动破产审判府院联动机制落地运行，提升破产审判市场化、法治化、专业化、信息化水平，服务保障供给侧结构性改革。**三要**加强知识产权审判，建立知识产权类型化案件快速审判机制，严格落实惩罚性赔偿制度，培育活力迸发的创新生态。**四要**加大产权司法保护力度，依法平等保护各类市场主体合法权益，努力营造稳定公平透明、可预期的法治化营商环境。**五要**落实最严格的生态环境司法保护制度，建立环境资源审判府院联动机制，助力打好蓝天、碧水、净土保卫战。**六要**围绕乡村振兴战略，妥善审理涉农村“四块地”案件，建立涉农维权长效机制，服务保障脱贫攻坚战。**七要**监督支持政府依法行政，完善行政争议实质性解决机制，服务老城改造和新城建设。

三、聚焦司法为民，以更大力度满足群众多元司法需求

全力助推市域社会治理现代化，加快推进“两个一站式”建设，以高质量司法供给满足人民群众

新期待,让司法更加温暖人心。

一要依法妥善审理涉民生案件,建立婚姻家事案件、劳动争议案件联席会议机制,实行涉诉信访案件"一案双查",促进保障和改善民生。**二要**全力推进一站式多元解纷机制建设,完善多元解纷联动衔接机制,切实发挥人民法院在诉源治理中的参与、推动、规范和保障作用。**三要**全面建设一站式诉讼服务中心,高标准推进审判法庭建设,进一步加强人民法庭工作,为人民群众提供更加优质高效便捷的司法服务。**四要**进一步完善综合治理执行难工作格局,强化善意文明执行理念,建立信用惩戒分级管理和守信激励、失信修复机制,严厉打击规避执行、逃避执行和抗拒执行行为,保障胜诉当事人及时实现权益。**五要**持续发布司法白皮书,充分发挥司法大数据在社会治理中的重要作用。**六要**多渠道开展法治宣传,充分发挥典型案例的导向作用,大力弘扬社会主义核心价值观,助力打好文明城市创建攻坚战。

四、聚焦公正司法,以更实举措优化司法改革整体效能

坚持改革不停步,不断释放改革红利,让人民群众对公平正义有更多获得感。

一要深入落实和不断完善审判委员会听证制度和审判管理"五四工作法",继续推进审判管理和纪检监察有机融合,加强审判流程标准化建设,保障审判权依法规范公正高效运行。**二要**深化以审判为中心的刑事诉讼制度改革,完善出庭作证机制,推进律师辩护全覆盖工作,强化庭审功能,确保惩罚犯罪与保障人权相统一。**三要**准确适用认罪认罚从宽制度,加大速裁程序、简易程序适用力度,提高刑事审判效率。**四要**继续完善民商事多层次诉讼体系,认真落实小额诉讼、司法确认、实现担保物权、督促程序等操作规程,进一步提升司法效能。**五要**继续推进"类案专审",出台八类民商事案件审判指引,促进类案同判,提升司法公信。**六要**推进司法改革与现代科技深度融合,积极推广远程视频开庭模式,加强"道交事故一体化平台"、智能送达一体化平台及电子卷宗深度应用,助推审判体系和审判能力现代化。**七要**继续强化诉讼生态治理,严格贯彻执行防止干预司法"三个规定"等铁规禁令,严厉惩治虚假诉讼、恶意诉讼、无理缠访闹访等违法行为,让守法守信在晋城大地化为信仰、成为习惯。

五、聚焦初心使命,以更严要求锻造新时代法院队伍

抓党建,带队建,保廉洁,狠抓制度落实,推动全面从严治党、从严治院向纵深发展。

一要深入贯彻《中共中央关于加强党的政治建设的意见》和《党委(党组)落实全面从严治党主体责任规定》,教育引导广大干警不断提高政治站位和政治能力,切实增强"两个维护"的自觉性和坚定性。**二要**巩固深化"不忘初心、牢记使命"主题教育成果,把守初心担使命作为终身课题常抓不懈,加强思想淬炼,葆党的先进性和纯洁性。**三要**认真贯彻落实《中国共产党支部工作条例(试行)》,继续实施党支部星级创建工程,切实发挥基层党组织的战斗堡垒作用和党员的先锋模范作用。**四要**启动为期三年的队伍素能、司法质效提升工程,扎实开展"一部门一品牌"创建活动,升级优化"大培训、大调研、大比武"活动,使广大干警的思想、理念、能力真正进入新时代。**五要**加强法院文化建设,推动文化建设与审判执行、党建工作深度融合,为法院队伍建设提供价值引导力、文化凝聚力和精神推动力。**六要**深入开展"两个坚持"专题教育和"以案释德、以案释纪、以案释法"警示教育,探索引入司法公信力第三方评估机制,努力建设一支党和人民信得过、靠得住、能放心的法院队伍。

附件1

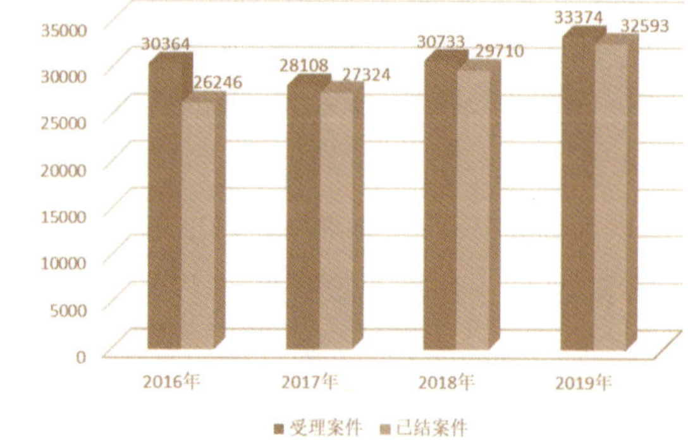

图1 2016—2019年晋城法院受案结案对比图

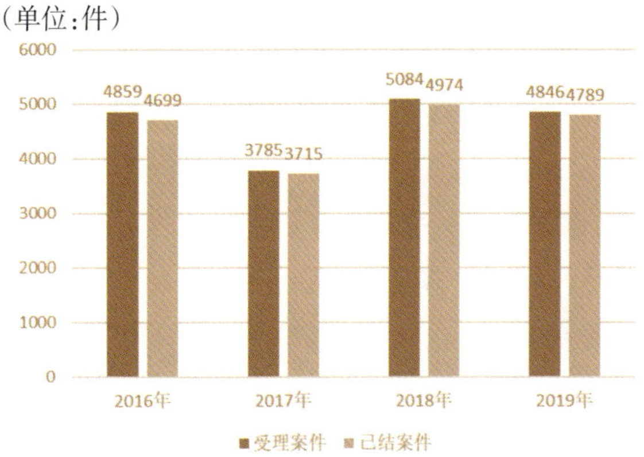

图2 2016-2019年市中级人民法院受案结案对比图

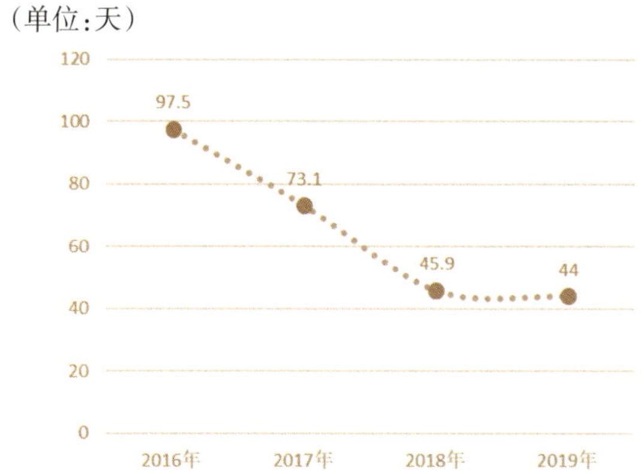

图6 2016—2019年晋城法院办案周期变化图

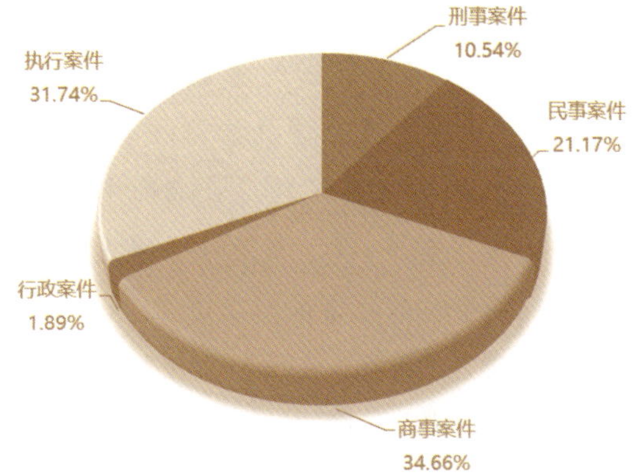

图3 2019年晋城法院审执结案件占比图

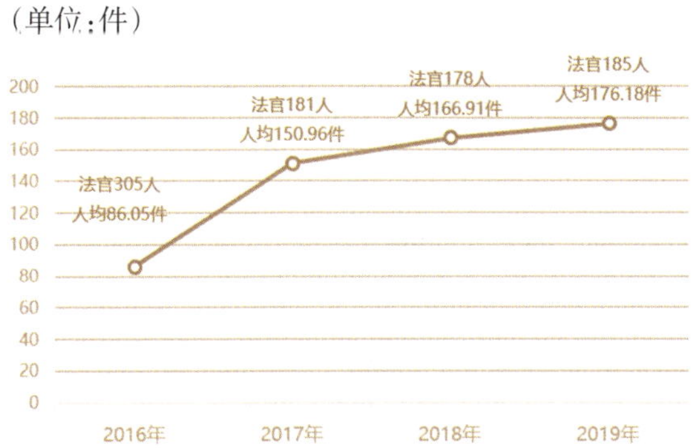

图4 2016—2019年晋城法院人均结案变化图

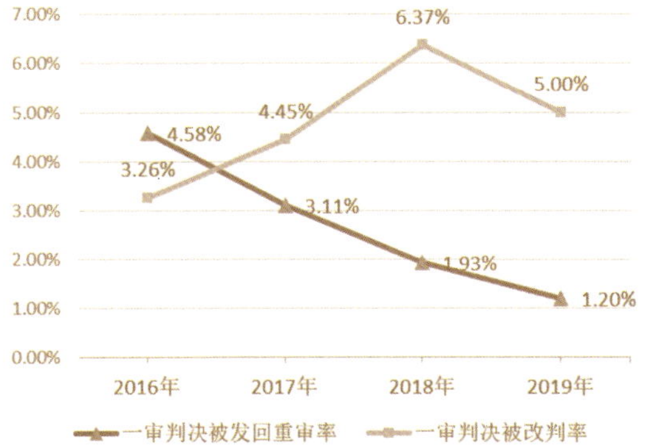

图5 2016—2019年晋城法院一审判决被发回重审率、一审判决被改判率对比图

附件2

报告中有关用语说明

1.暂予监外执行：是指对判处无期徒刑、有期徒刑或者拘役的罪犯，由于符合身患严重疾病需要保外就医、生活不能自理等法定情形，决定暂不收监或者收监以后又决定改为暂时监外服刑，由社区矫正机构负责执行的刑罚执行制度。

2.财产性判项：是指判决罪犯承担的附带民事赔偿义务判项，以及追缴、责令退赔、罚金、没收财产等判项。

3.非诉行政案件：是指对于具有执行内容的行政行为，具有起诉主体资格的公民、法人或者其他组织在法定期限内既不向人民法院提起行政诉讼，又不履行行政机关作出的具体行政行为，行政机关向人民法院提出执行申请，由人民法院审查是否准予执行的案件。

4.人身安全保护令：当事人因遭受家庭暴力或者面临家庭暴力的危险，有权向法院申请人身安全保护令。法院应当在72小时内作出裁定，情况紧急的应当在24小时内作出。人身安全保护令由人民法院执行，公安机关以及居民委员会、村民委员会等协助执行。

5.家事审判"五度"工作法：即建制度、降烈度、讲温度、拓广度、强力度。建制度方面，陆续推出诉调对接、家事调解员、家事调查员等一系列新的制度和举措；降烈度方面，通过举证通知书延后送达、改革裁判文书制作等做法，弱化了一些对抗意味较强的审判程序和诉讼行为;讲温度方面,建设符合家事审判特点的硬件设施,制作发放《家事法官温情提示》《离婚证明书》,体现人文关怀;拓广度方面,加强与相关部门协调配合,形成了“党委领导、政府尽责、法院牵头、社会参与”的工作局面;强力度方面,持续加大家事审判改革的宣传报道和舆论引导力度,营造良好社会氛围。

6.参审率:是指人民陪审员参与审理案件数占全市法院适用第一审普通程序案件结案数的比率。人民法院适用普通程序审理案件应当组成合议庭,合议庭可由3名以上审判员或由审判员和人民陪审员共3人以上组成。

7.“一性三统五化”:市中院对推动执行工作发展提出了“一性三统五化”工作法,“一性”,即“强制性”,“三统”,即“统一管理、统一指挥、统一协调”,“五化”,即“执行流程标准化、执行事务集约化、执行手段信息化、执行行为规范化、执行过程阳光化”。

8.实际执行到位率:是指首次执行案件实际执行到位金额占首次执行案件申请执行标的总额的比率。首次执行案件即首次启动强制执行程序的案件,不包括恢复执行案件、财产保全执行案件。

9.实际执结率:是指实际执结案件数占首次执行案件数的比率。实际执结包括强制执行完毕、达成执行和解并履行完毕等情形,不包含终本案件。

10.“1+2+N”执行信息化系统:是指以执行指挥中心综合管理平台为核心,以四级法院统一的办案系统和执行公开系统为两翼,以网络查控、评估拍卖、信用惩戒、执行委托等N个执行办案辅助系统为子系统的执行信息化建设系统。

11.“主播带货+法官推荐”拍卖模式:2019年“双十二”期间,市中院创新网络司法拍卖模式,邀请网络主播在淘宝网发起司法拍卖直播,活动当天与多家法院一起登上微博热搜。直播活动共挂网拍卖拍品65件,成交63件,成交率96%,成交金额约666万元。

12.“终本案件”:即终结本次执行程序的案件。终结本次执行程序是指执行人员穷尽执行措施,查明被执行人确无财产可供执行情况下的结案方式。终结本次执行程序后,申请执行人发现被执行人有可供执行的财产的,可以向执行法院申请恢复执行。

13.审判委员会听证制度:市中院针对六类案件,将审判委员会讨论案件的程序分为听证和评议两个阶段。第一阶段听证,先由承办法官汇报双方无争议的事实、有争议的事实及双方的诉求,不发表处理意见。再由当事人双方各自发表意见。委员们可以询问承办法官和当事人。听证结束双方退场,转入第二阶段评议。第二阶段首先由承办法官发表处理意见,然后依序进行。这样,审判委员会委员实际上听取了三方的意见,既增强了亲历性,又没破坏审判委员会评议案件的不公开原则,还让当事人可以监督合议庭是否准确完整地向审判委员会汇报了案情,有助于消除当事人对审判委员会讨论决定案件裁判结果的不信任感。

14.审判管理“五四工作法”:市中院创新构建以“判前五类案件留痕监督、判后四类案件质量评查”为抓手,系统集成覆盖全员全流程配套机制的动态、多向、互动式审判管理模式。具体讲,在判前,对涉及群体性纠纷、有重大影响、可能类案冲突、投诉法官、超审限等五类案件,院庭长要主动留痕监督;在判后,对发回、改判、再审、长期申诉信访等四类案件进行质量评查,抓住案件中的“关键少数”,促进案件质效提档升级。

15.“两级三评互动”:“两级”,即基层法院和中院,“三评”,即基层法官自评、基层法院评查委员会初评、市中院评查委员会终评三个步骤,“互动”,即将一、二审法官“面对面互动”贯穿其中。

16.“类案专审”:是指相同类型的案件由特定的法官或合议庭进行专门审理,有利于提升法官专业化水平,促进裁判尺度统一和审判质效提升。

17.以审判为中心的刑事诉讼制度改革:系党的十八届四中全会部署的重大改革任务。“以审判为中心”就是强调司法机关和诉讼参与人的诉讼活动必须围绕庭审进行,确保侦查、审查起诉的案件事实和证据经得起法律的检验,保证审判尤其是庭审在查明事实、认定证据、保护诉权、公正裁判中发挥

晋城市人民检察院工作报告(节选)

——在晋城市第七届人民代表大会第六次会议上

晋城市人民检察院检察长　张世荣

（2020年4月28日）

2019年主要工作情况

2019年，在市委和省检察院的坚强领导下，在市人大及其常委会的有力监督下，全市检察机关坚持以习近平新时代中国特色社会主义思想为指导，深入贯彻党的十九大和十九届二中、三中、四中全会精神，认真落实市委七届七次、八次全会精神和市七届人大五次会议决议，围绕市委“五个三”战略部署和省检察院工作要求，充分履行检察职能，奋力争创一流业绩，为新时代美丽晋城高质量转型发展取得新成果提供了良好的法律服务和有力的司法保障。一年来，全市检察机关共批准逮捕各类犯罪嫌疑人1121人，提起公诉2839人，反映刑事案件办理质量和效率的“案-件比”全省最低，排名第一；监督刑事、民事和行政诉讼中的违法情形1197件次，民事生效裁判结果监督案件同比增加20.7%，增幅居全省第二；立案办理公益诉讼案件418件，同比

决定性作用，切实维护司法公正，防止冤错案件。

18.要素式审判：是指对固定案情的基本事实要素进行提炼，将各要素是否存在争议进行归纳，并围绕争议要素进行庭审及制作裁判文书，从而达到简化审理流程、提高审判效率、实现简案快审的审判方式。

19.以“五个做实”推进“五个融合”实现“五个转变”：即做实工作机制，推进领导指导融合，实现法院党建工作格局由单一发力向合力推进转变；做实组织保障，推进力量融合，实现党内职务与行政职务由松散联系向紧密结合转变；做实教育培训，推进理念融合，实现干警素质提升由重业务向党务业务并重转变；做实工作落实，推进过程融合，实现业务政务工作由行政单向推动向党组织和行政双向推动转变；做实“两个清单”，推进责任融合，实现责任追究由重个人责任向个人责任和领导责任并重转变。

20.党支部星级创建工程：市中院制定党支部星级创建考核细则，从基础性考核、工作实绩考核、品牌创建考核三个方面细化考核内容，其中工作实绩和品牌创建考核占70分，重点考查支部所辖庭室年度重点工作任务及审判质效指标完成情况，支部所辖庭室及支部干警荣获通报表彰、通报表扬、荣誉等情况。通过党支部星级创建，激发了各支部之间“力争上游、不甘落后”的工作劲头，树立了“用发展检验党建”的工作理念。

21.“两个一站式”建设：2019年8月1日，《最高人民法院关于建设一站式多元解纷机制、一站式诉讼服务中心的意见》发布实施，提出到2020年底，全国法院一站式多元解纷机制基本健全，一站式诉讼服务中心全面建成。

22.防止干预司法“三个规定”：即中共中央办公厅、国务院办公厅于2015年3月发布实施的《领导干部干预司法活动、插手具体案件处理的记录、通报和责任追究规定》；中央政法委于2015年3月发布实施的《司法机关内部人员过问案件的记录和责任追究规定》；最高人民法院、最高人民检察院、公安部、安全部、司法部于2015年9月发布实施的《关于进一步规范司法人员与当事人、律师、特殊关系人、中介组织接触交往行为的若干规定》。

增长104.9%,院均办案数全省第二。

一、坚持围绕中心、服务大局,全力护航新时代美丽晋城高质量转型发展

坚决贯彻省委、市委重大决策部署,以司法办案为中心,全面履行法律监督职能,坚决维护国家安全和社会大局稳定。

一是推进平安晋城建设。认真贯彻总体国家安全观,深入开展反渗透、反邪教、反恐怖斗争,批准逮捕4人、提起公诉41人。围绕庆祝中华人民共和国成立70周年、"二青会"等重大活动,扎实做好维护稳定工作,依法严惩黑拐枪、黄赌毒、盗抢骗等犯罪498件816人。认真贯彻新时代"枫桥经验",妥善化解涉检矛盾纠纷,最大限度减少社会对抗。全面落实宽严相济刑事政策,对犯罪情节轻微、社会危害性较小的犯罪嫌疑人,依法不批准逮捕141人,不起诉95人。积极参与市域社会治理,结合司法办案向涉案单位、有关主管部门等制发纠正违法、加强行业监管、强化综合治理等检察建议427件,同比上升38.4%,有效促进了系统治理、依法治理、综合治理、源头治理。

二是推动扫黑除恶专项斗争向纵深发展。随着扫黑除恶专项斗争的深入推进,大量案件涌入检察机关审查起诉环节,专项斗争进入法律交锋的新阶段。贯彻依法严惩方针,持续对黑恶势力挥出重拳,全年批准逮捕涉黑涉恶案件55件171人,提起公诉65件396人,涉黑涉恶案件审查起诉环节审结率达到98.6%,居全省第三。市检察院依法办理的程某某等38人组织、领导、参加黑社会性质组织案,受到省检察院充分肯定。牢记"依法"二字,坚持"是黑恶犯罪一个不放过,不是黑恶犯罪一个不凑数",纠正漏捕5人,追诉漏犯18人,追诉漏罪73人,不捕、不诉4人。扎实推进"积案清零、问题线索清零"百日攻坚战,率先在全省检察机关完成"积案清零、问题线索清零"目标。严格落实"两个一律""一案三查""五个查清"要求,强力"破网打伞",发现并移送黑恶势力违法犯罪和"关系网""保护伞"线索82条。强化"打财断血",引导侦查机关清查涉黑涉恶案件涉案财物,深挖细查利益链,依法监督查封、扣押、冻结、追缴、没收、判处财产刑等措施,摧毁黑恶势力经济基础。注重深挖根治,结合司法办案制发检察建议31件并全部收到回复,推动黑恶势力染指基层政权、非法讨要高利贷、"楼霸"等突出问题得到有效解决。

三是服务打好三大攻坚战。围绕打好防范化解重大风险攻坚战,依法起诉集资诈骗、非法吸收公众存款、网络传销等金融犯罪21件30人。城区检察院依法办理申某非法吸收公众存款案,追回426万元涉案财物并全部退还投资者,追赃率达到99%。围绕打好脱贫攻坚战,依法起诉贪污、挪用扶贫资金等扶贫领域职务犯罪2件2人。陵川县检察院依法办理了毕某某诈骗产业项目扶贫资金案,追回扶贫资金8万元。认真落实《关于检察机关国家司法救助工作支持脱贫攻坚的实施意见》,与相关职能部门建立贫困户、残疾人等"四类人员"国家司法救助全覆盖工作机制,为64名生活确有困难的刑事被害人或者其近亲属发放国家司法救助金70万元。围绕打好污染防治攻坚战,持续推进打击破坏生态环境违法犯罪专项行动,起诉破坏环境资源犯罪9件15人;与市河长办联合开展"携手清四乱、保护河湖生态"百日会战行动,对沁河、丹河等重点河流水系开展调查,有效解决了一批"黑水河""垃圾河"等河流污染问题。

四是营造法治化营商环境。紧紧围绕营造"六最"营商环境和服务"深化转型项目建设年"活动,开展"涉民营企业刑事犯罪专项立案监督"等6个涉企专项检察监督活动,积极参与整顿和规范市场经济秩序,依法起诉制假售假、合同诈骗、侵犯知识产权、非法放贷、欺行霸市等破坏经济秩序犯罪99件174人。高平市检察院对刘某某销售假冒注册商标商品案依法进行立案监督,保护了酒类驰名商标"杏花村"商标注册人的合法权益。正确把握法律政策界限,准确区分罪与非罪,对涉案民营企业负责人或者重要岗位管理人员能不捕的不捕9人、能不诉的不诉3人。阳城县检察院办理的张某合同诈骗不起诉公开审查听证案被评为山西省检察机关2019年度"护航民企健康发展"十大精品典型案例。加大财产保护力度,帮助相关企业追赃挽损400余万元。城区检察院在办理张某某涉嫌诈骗山

西大昌汽车租赁公司一案中帮助权益受到侵害的民营企业追回被骗车辆，挽回经济损失60万元。主动“护航”民营企业发展，市检察院领导同志带头深入10余家民营企业开展法治服务30余次，帮助企业筑牢依法经营的“法治墙”。

二、坚持以人民为中心的发展思想，努力把人民群众得实惠的检察实事做细做好

自觉把以人民为中心的发展思想落实到司法办案全过程、各环节，着力解决群众反映强烈的难点痛点问题。

一是坚决落实“群众来信件件有回复”制度。群众的事情不能等。聚焦群众“告状难”“申诉难”问题，全面升级“12309”检察服务平台，提供“一站式”服务，办理群众来信452件，7日内程序性回复率、3个月内办理过程或结果答复率均为100%，以“小切口”做好服务群众的“大文章”。全市两级检察院检察长、副检察长耐心接待上访群众，说法理、谈情理、讲道理，带头办理信访案件363件。坚持以公开促公正，对张某某不服检察机关不起诉申诉案等5件群众诉求强烈的申诉案件依法公开听证，让人民群众近距离感受到司法公平正义。出台和解息诉“一案一评估”制度，通过释法说理促成32件民事申诉案件息诉，努力打造晋城检察版“枫桥经验”。市检察院成功息诉苗某某与城区苗匠村委会之间长达4年的房屋买卖合同纠纷，获《山西法制报》《检察周刊》等多家媒体“点赞”。

二是持续加强未成年人司法保护。坚决斩断伸向未成年人的“魔爪”，着力保护未成年人健康成长。依法批准逮捕故意伤害、猥亵儿童等犯罪20件24人，提起公诉21件24人，对30名涉案未成年人进行心理疏导或者为其提供法律援助。认真落实最高检察院“一号检察建议”，以宣告方式向市教育局送达检察建议书，建议其建立预防性侵害未成年学生违法犯罪等一系列制度、机制。抓好“法治副校长”制度落实，全市两级检察院99名检察人员担任中小学校“法治副校长”或者“法治辅导员”。在全市中小学校开展“法治进校园”活动107场，覆盖全市53所中学、28所小学、7所幼儿园共计45000余名学生、儿童、家长和教师，帮助孩子们扣好人生第一粒纽扣。市检察院第七检察部被中华全国妇女联合会授予“全国维护妇女儿童权益先进集体”称号。

三是切实加强民生司法保障。坚持在涉检民生问题上不缺位、“不失声”。对利用电信网络实施的犯罪、销售假冒伪劣商品等损害民生民利的犯罪，依法提起公诉24件95人。以推进食品药品安全“四个最严”专项行动为抓手，对危害食品药品安全的犯罪，依法提起公诉29件47人。加大对老年人、残疾人、农民工等弱势群体合法权益的司法保护力度，对侵害老年人、残疾人、务工人员合法权益的犯罪，依法提起公诉96件111人。通过对拒不支付劳动报酬的犯罪依法提起公诉和支持起诉等方式，帮助158名农民工追回劳动报酬136.6万元，让法治的阳光照亮每一个角落。沁水县检察院通过支持起诉，为56名农民工追回拖欠2年多的5万元“血汗钱”。

三、坚持双赢多赢共赢的理念，依法维护公平正义的司法环境

准确把握检察机关是国家法律监督机关的宪法定位，加强对“立得对不对、抓得该不该、判得公不公、执行得严不严”等问题的监督，努力让人民群众在每一个司法案件中感受到公平正义。

一是强化立案和侦查活动监督。加强检警协作，在全省率先实现派驻公安机关执法办案管理中心检察室全覆盖。对故意杀人、涉黑涉恶等案件全部提前介入侦查、引导取证。对侦查机关应当立案而不立案、不应当立案而立案的，监督立案35人，监督撤案14件；对侦查机关应当逮捕而未提请批准逮捕、应当起诉而未移送审查起诉的，追捕、追诉57人；纠正侦查活动违法262件次，有效发挥了审前主导和“过滤”作用。

二是强化审判活动监督。坚持刑事、民事、行政审判活动监督并重，共办理审判活动监督案件178件。对绝大多数正确的裁判，依法向当事人做好释法说理工作，促进其服判息诉，维护人民法院的裁判权威。对认为确有错误的刑事裁判提出抗诉33件（含2018年积压），法院改判和发回重审15件；对审判活动违法行为提出纠正意见34件。对认为确有错误的民事和行政裁判提出抗诉2件，提出

再审检察建议5件，法院改判6件（含2018年积压）、调解1件；向上级检察机关提请抗诉19件。对民事和行政审判程序违法行为提出检察建议6件，法院采纳4件。全市两级检察院检察长、受检察长委托的副检察长列席同级法院审判委员会会议13次，充分发表检察机关意见，与法院共同维护司法公正。

三是强化刑事、民事和行政执行监督。重点监督刑罚执行不公正和民事、行政案件"执行难"，打通司法公正的"最后一公里"。审查减刑、假释、暂予监外执行15人，监督纠正5人。推进判处实刑罪犯未执行刑罚检察监督活动，纠正未交付执行刑罚罪犯23人。强化刑罚执行同步监督，纠正各类刑罚执行违法873件。市检察院办理的对市看守所提请变更强制措施建议不当监督案件，入选2013—2018年全国检察机关刑事执行检察纠正违法二十大精品案例。开展羁押必要性审查并被采纳85人。泽州县检察院办理的李某某羁押必要性审查案件入选最高检察院评选的全国羁押必要性审查精品案件。扎实开展监督维护在押人员合法权益专项活动，发出纠正违法通知书80件，提出检察建议9件，均被采纳并得到回复。加强民事和行政裁判执行活动的监督，立案45件，提出检察建议21件，法院采纳18件。阳城县检察院办理的张某民间借贷申请执行监督案件入选全省检察机关民事检察监督十大典型案例。对有能力执行法院判决、裁定而拒不执行的犯罪依法提起公诉7人，绝不让"老赖"逍遥法外。

四、坚持做好检察公益诉讼工作，切实维护国家利益和社会公共利益

认真履行维护国家和社会公共利益的职责使命，深入贯彻市委、市政府"两办"《意见》和市人大常委会《决定》，切实加大案件办理力度，实现法律赋权"4+1"领域全覆盖。

一是守护太行山水。绿水青山就是金山银山。以大气污染防治、河湖生态、自然保护区保护等为重点，办理公益诉讼案件241件，督促整治造成环境污染的企业16家，督促清理被污染和非法占用的河道96.25公里，督促清理被污染的水域面积437亩，督促清除违法堆放的生活垃圾5255吨。扎实开展大气污染综合治理检察公益诉讼专项活动，针对市生态环境局重点检查的建筑工地扬尘污染等问题，深入建筑工地摸排扬尘污染案件线索，1个月内发出诉前检察建议7件，问题全部整改到位。

二是守护人民群众"舌尖上的安全"。深化"保障千家万户舌尖上的安全"专项监督活动，办理公益诉讼案件87件，监督解决食品经营不规范、药品销售不合规、二次供水安全隐患等问题52个。高平市检察院依法办理了涉及21个省份的文某某等14人生产、销售假药刑事附带民事公益诉讼案件，涉案金额达200余万元。联合市文明办等6个部门开展"校园周边环境及食品安全"公益诉讼专项监督活动，针对发现的问题发出诉前检察建议7件，有效维护了校园周边环境和食品安全。

三是守护国家"钱袋子"。守好国有财产司法防线，使一线一缕、一谷一粟悉归于仓。围绕人防易地建设费、财政专项补贴资金等费用征收、发放不规范，擅自变更国有土地用途等问题，办理国有财产保护领域公益诉讼案件51件，督促监管部门收回国有财产1550余万元，收回国有土地使用权出让金1000余万元。市检察院依法办理了城区小西关社区违法用地行政公益诉讼案件，督促相关行政机关收回一幢建筑面积为2700余平方米的5层楼房并恢复其公益服务功能。

四是守护国有文物和英烈设施。深入开展国有文物保护专项监督活动，办理公益诉讼案件33件，推动中国历史文化名村窦庄村违建住房影响历史文化名村风貌等问题得到有效解决。加强与军事检察机关的沟通协调，联合发出诉前检察建议7件，保护太岳烈士陵园、紫台岭烈士陵园等英烈纪念设施5座。

五是探索开展新领域公益诉讼检察工作。关注社会治理热点难点问题，稳妥、积极拓展公益诉讼案件范围。对妨害未成年人身心健康的行为"亮剑"，办理涉未成年人公益诉讼案件7件。沁水县检察院涉未成年人公益诉讼案件办理经验被最高检察院《方圆》杂志刊登。陵川县检察院针对石马线、陵修线公路弯急、坡陡、路窄、沟深且护栏被撞毁后长期未得到修复的交通安全问题，向陵川县交通运

输局发出诉前检察建议，督促修复护栏60余米，保障了交通安全。

五、坚持改革不停步、创新不停滞，不断激发检察工作动力和活力

抓住改革关键一招，勇于担当、主动作为，持续抓好各项改革任务落实，努力破解发展难题。

一是继续配合做好深化国家监察体制改革相关工作。受理监察机关移送审查起诉案件41件49人，决定逮捕23件27人，提起公诉43件52人，依法办理了省法院原副院长刘某某受贿案，晋煤集团原副总经理王某等人贪污、挪用公款、受贿、国有公司人员滥用职权案等重大职务犯罪案件，巩固和拓展反腐败斗争成果。与市监委、市中级人民法院联合出台《关于协商办理职务犯罪案件指定管辖若干问题的意见》，进一步完善衔接配合机制。市检察院制定《职务犯罪案件提前介入工作制度》，对23件案件提前介入调查，工作经验被省检察院推广。

二是深入推进司法体制改革。突出专业化建设，按照一件事情由一个机构负责到底的原则，全市两级检察院同步完成内设机构改革任务，实现职能适当分离、机构合理分设、工作科学分工，司法办案质效明显提升。严格落实司法责任制，两级检察院入额院领导落实司法办案亲历性要求，带头办案、直接办案，办理各类案件2005件，占办案总量的34.7%。

三是检察办案机制改革有序推进。全面实行“捕诉一体”办案新机制，办理一审公诉案件平均用时缩短近30%，办案质量居全省前列。从助推国家治理体系和治理能力现代化的高度认真履职，全面落实认罪认罚从宽制度，推进案件繁简分流，减少社会对抗，认罪认罚从宽制度适用人数比例为41.48%，排名全省第二，量刑建议采纳率为97.95%，居全省第一，95.15%的被告人一审服判息诉。阳城县检察院建立适用认罪认罚从宽制度“简案快办”模式，5天内审查起诉环节审结26件危险驾驶案件，法院在1个小时内当庭宣判。

四是“一体两翼”智慧检务模式运行良好。坚持“建”“用”并重，建成了以“智慧办案”为主体，以“智慧办公”和“智慧服务”为两翼的智慧检察工作平台。全市两级检察院部署和应用各类信息系统共61个，其中自主研发25个，100%的办案活动和70%左右的办公事务在线上运行，初步形成实体检察院、网上检察院和掌上检察院“三位一体”的新格局。

五是“树立品牌、打造亮点”活动取得明显成效。将“树立品牌、打造亮点”活动作为推动检察工作创新发展的重要抓手，按照“项目化管理、品牌化经营”的方式推动活动深入开展，形成了市检察院案件流程监控和信息公开、高平市检察院高标准推进扫黑除恶专项斗争等23个检察工作品牌和亮点，工作经验被省检察院推广、被省市新闻媒体宣传报道。

六、坚持以党建为引领，着力打造新时代高素质专业化检察队伍

按照习近平总书记“五个过硬”要求，以革命化、正规化、专业化、职业化为目标，努力打造让党和人民放心的检察队伍。

一是以政治建设为统领加强机关党的建设。坚持党对检察工作的绝对领导。认真开展“不忘初心、牢记使命”主题教育和“改革创新、奋发有为”大讨论。扎实推进深入贯彻习近平新时代中国特色社会主义思想“大学习、大调研、大落实、大提升”活动，推动党的创新理论学习不断往实里走、往深里走、往心里走，检察人员增强“四个意识”、坚定“四个自信”、做到“两个维护”的行动更加自觉。市检察院在全市第四次学用习近平新时代中国特色社会主义思想经验交流会上作了交流发言。两级检察院向同级党委、党委政法委主动报告扫黑除恶专项斗争、重大案件办理、公益诉讼检察等工作59次。认真落实市委党建“四句话”要求，党建工作与检察工作融合发展，市检察院机关党支部规范化建设工作经验材料被省检察院转发。深化系统内政治巡察，在全省检察机关率先完成政治巡察全覆盖。

二是以专业化建设为牵引提升队伍履职能力。坚持把专业化建设摆在突出位置，深化“大练兵、大比武、大培训”活动。通过领导干部上讲台、案件庭审观摩等方式，对检察人员加强职业素能培

训,237名检察人员参加最高检察院、省检察院组织的业务培训,298名检察人员赴重庆等地学习交流,检察人员业务水平特别是实战能力明显提升。

三是以纪律作风建设为保障推进全面从严治党。认真落实全面从严治党、全面从严治检主体责任,在重大节日前开展集体廉政谈话29次,层层传导压力,不断压实责任。扎实开展“肃清腐败流毒影响、持续净化政治生态”和“以案为鉴、警钟长鸣”等警示教育,着力营造风清气正良好政治生态。将贯彻执行“三个规定”作为司法公正的“防火墙”,如实记录报告过问或干预插手司法办案等情况101件次。

四是以对下指导为抓手强化基层基础建设。坚持把县级检察院建设放在基础性、战略性位置来抓,健全市检察院领导干部定点联系县级检察院、业务部门对口指导等制度,强化上级检察院的领导、指导责任。阳城县检察院被省委政法委表彰为全省第九届“公正执法先进集体”。

2019年,全市检察机关主动接受人大监督和政协民主监督,向同级人大及其常委会报告工作13次;邀请人大代表、政协委员、人民监督员和新闻媒体代表参加“检察开放日”活动21次;召开新闻发布会5次,向社会发布服务打好三大攻坚战、服务保障民营经济发展、公益诉讼检察、民事和行政检察监督等典型案例42件。及时公开案件信息,保障人民群众知情权,接受社会各界监督,我市检察机关案件信息公开工作连续三年在全省名列前茅。全市检察机关有5个集体、20名个人受到省级以上表彰,10个集体、25名个人受到市级表彰。市检察院继续保持“全国文明单位”称号,并被市委宣传部等表彰为“第一批社会主义核心价值观建设示范机关”。

在看到成绩的同时,我们也清醒认识到,我市检察工作仍然存在一些问题。一是用政治统领业务的意识还需要增强,能力也需要提高。二是提供的法治产品、检察产品还不能满足新时代人民群众的新期待、新要求。三是刑事检察、公益诉讼检察与民事检察、行政检察发展不平衡的问题还比较突出,民事检察、行政检察的短板需要尽快补齐。四是检察信息化建设和建设成果的应用还有较大提升空间。五是队伍专业化程度还不够高,检察人员的素质能力还不能适应新时代检察工作创新发展的需要,特别是检察人员办理金融、网络侵权、知识产权等领域案件的能力还不够强、水平还不够高。对于这些问题,我们今后将采取有效措施,认真加以解决。

2020年工作安排

2020年是决胜全面建成小康社会和“十三五”规划收官之年,做好今年的检察工作至关重要。今年全市检察工作的总体要求是:以习近平新时代中国特色社会主义思想为指导,坚持党对检察工作的绝对领导,深入贯彻党的十九大和十九届二中、三中、四中全会精神,认真贯彻习近平总书记“三篇光辉文献”精神,全面贯彻中央政法工作会议、全国检察长会议、省委政法工作会议、全省检察长会议、市委七届八次全会、市委政法工作会议精神,坚持“讲政治、顾大局、谋发展、重自强”总体要求,牢牢把握“稳进、落实、提升”工作主题,以深入开展“四大活动”和“树立品牌、打造亮点”活动为抓手,以高度的政治自觉、法治自觉、检察自觉服务和保障全市经济社会发展大局,为夺取新时代美丽晋城高质量转型发展新胜利贡献检察智慧和力量。重点抓好以下4个方面工作。

一、充分发挥检察职能作用,全力服务和保障我市高质量转型发展大局

服务和保障经济社会发展大局是检察机关义不容辞的责任。今年,要紧紧围绕市委“五个三”战略部署实施,切实提高服务保障经济社会发展大局的精准度和有效性。一是坚决维护国家政治安全和社会大局稳定。严厉打击危害国家安全和社会稳定的各类犯罪,积极参与平安晋城建设,着力推进市域社会治理现代化试点工作。以提升“群众信访件件有回复”制度落实质效为抓手,着力化解涉检信访矛盾纠纷,实现案结事了人和。加大未成年人司法保护力度,推动形成未成年人保护大格局。二是深入推进扫黑除恶专项斗争。准确把握专项斗争新形势新任务,以“一十百千万”行动为牵引,围绕深挖整治、长效常治“两条主线”,落实省委“三

打四建”和省检察院“三个三”等部署要求。坚持依法严惩，做到快捕快诉，突出“破网打伞”，强化“打财断血”，确保决战决胜。三是积极服务打好三大攻坚战。坚持法治原则，树立底线思维，积极参与防范和化解新冠肺炎疫情引发的社会风险。积极参与金融领域风险防范化解工作，推动优化金融监管秩序。坚决惩治扶贫领域腐败犯罪；对“因案致贫”“因案返贫”人员加大司法救助力度，以“法律扶贫”助推精准脱贫。坚决落实党中央“依法治污”要求，在打好蓝天、碧水、净土保卫战中发挥检察机关职能作用。四是巩固反腐败斗争成果。加强监检衔接机制建设，完善补充调查（侦查）工作机制，进一步提高职务犯罪案件办理质量。依法做好司法工作人员职务犯罪侦查工作。五是着力营造法治化营商环境。认真贯彻中央《关于营造更好发展环境支持民营企业改革发展的意见》，积极推动创建平等保护的法治环境。扎实开展“涉民营企业刑事案件专项立案监督”等4个专项检察活动，以更大力度支持、服务和保障民营经济发展。

二、狠抓司法办案，强化法律监督，推动“四大检察”全面协调充分发展

牢牢把握检察机关是国家法律监督机关的宪法定位，坚持以办案强化监督、以监督促进办案，常规工作规范开展、重点工作打造亮点，在增强法律监督效果上取得新进步。**一是进一步做优刑事检察**。坚持全面适用原则，认真落实认罪认罚从宽制度。坚持在办案中监督、在监督中办案，着力加强刑事诉讼监督。扎实开展未交付执行刑罚专项检察活动，持续推进财产刑执行监督案件化办理。**二是进一步做强民事检察**。要加大民事审判、执行活动监督和生效裁判结果监督力度，努力办理一批在司法理念上具有引领、纠偏、创新价值的典型案件，达到办理一案、影响一片的效果。**三是进一步做实行政检察**。切实发挥行政检察“一手托两家”的作用，加大行政非诉执行监督力度，做好行政争议实质性化解工作。**四是进一步做好公益诉讼检察**。从助推国家治理体系和治理能力现代化的高度认识和把握进一步做好公益诉讼检察的重要意义，加强公益诉讼案件办理工作，探索拓展公益诉讼案件范围，不断提高办案质量，切实维护国家利益和社会公共利益。

三、全面深化改革，不断优化管理，进一步提高法律监督能力

以提高检察工作现代化水平为目标，全面贯彻《关于政法领域全面深化改革的实施意见》。**一是深化司法体制综合配套改革**。认真落实《2020年全省检察机关司法体制综合配套改革实施方案》，扎实推进改革任务落地落实。优化检察官业绩考评办法，更好落实领导干部带头办案规定。巩固内设机构改革成果，优化内设机构职能配置，促进检察工作提质增效。**二是推进检察管理机制改革**。以“案—件比”为核心，优化司法办案监督管理。加强案件质量监督，常态化开展案件质量评查和法律文书评比。做好每季度公开发布检察主要业务数据工作，主动接受广大人民群众监督。**三是加强检察信息化建设和建设成果应用**。做好检察工作网配套建设工作。积极参与公检法司联盟链协同平台和政法机关跨部门大数据平台建设，实现共建共享。坚持建、学、用相结合，规范、高效使用全国检察机关统一业务应用系统、“206”辅助办案系统等信息化建设成果。**四是深入开展“树立品牌、打造亮点”活动**。认真总结和推广前期开展活动的经验，精心培树和打造全市检察机关新的品牌、亮点工作。

四、加强革命化、正规化、专业化、职业化建设，努力建设“四个铁一般”检察队伍

按照革命化、正规化、专业化、职业化方向，不断加强检察机关自身建设，努力打造具有铁一般信仰、铁一般信念、铁一般纪律、铁一般担当的高素质检察队伍。**一是始终把党的政治建设摆在首要位置**。牢牢把握检察机关的政治属性，始终坚持党的绝对领导。以党的政治建设为统领，深入开展“四大活动”，持续加强政治轮训，巩固拓展“不忘初心、牢记使命”主题教育成果，教育引导检察人员坚定不移走中国特色社会主义法治道路，进一步增强“四个意识”、坚定“四个自信”、做到“两个维护”。严格落实意识形态工作责任制，积极防范和化解涉检舆情等风险。**二是全面加强业务能力建设**。深化"业务培训年"活动，通过领导干部和检察官上讲台等方式大力开展业务培训，运用中检网院、检答网等网络平台加强业务学习，持续开展岗位练兵、庭审观摩等活动，提升检察人员职业素养和实战能力。**三是着力加强基层基础建设**。树立大抓基层的鲜明导向，以开展"基层建设年"活动为契机，用好"一线工作法"，推动市检察院领导同志联系县级检察院制度更好落实，实现县级检察院建设有目标、有措施、有力度、有亮点。**四是推进全面从严治党**。严格落实全面从严治党主体责任，强化对检察权运行的制约和监督，一体推进不敢腐、不能腐、不想腐。持之以恒纠治"四风"，重点解决形式主义、官僚主义突出问题。健全检务督察机制，强化内部监督。严格执行"三个规定"，如实记录报告过问或干预插手司法办案情况。

附件

有关用语说明

1."案—件比"：是指检察机关在办理刑事案件中，受理审查起诉的"案"数与检察机关在审查案件时因退回补充侦查（调查）、延长审查起诉期限等因素所产生的"件"数之间的比率。具体讲，"案"指的是受理审查起诉案件的数量；"件"指的是检察机关在办理刑事案件时的各项具体业务活动，除了作为基准"案"的审查起诉本身，目前包括不捕复议、不捕复核、（不）捕申诉、延长审查起诉期限、退回补充侦查（调查）、不诉复议、不诉复核、不服不起诉申诉等8项业务活动作为"件"数（尚在动态调整中）。

2.宽严相济刑事政策：是我国的基本刑事政策，贯穿于刑事立法、刑事司法和刑罚执行的全过程。该项政策的实质是，根据犯罪具体情况实行区别对待，做到该宽则宽，当严则严，宽严相济，罚当其罪，打击和孤立极少数，教育、感化和挽救大多数，最大限度减少社会对立面，促进社会和谐稳定，维护国家长治久安。

3.检察建议：是指人民检察院为促进法律统一正确实施和社会和谐稳定，在履行法律监督职能过程中，结合司法办案建议有关单位正确实施法律，加强内部监督制约，完善社会管理、服务，预防和减少违法犯罪的一种方式。检察建议主要包括再审检察建议、纠正违法检察建议、公益诉讼检察建议、社会治理检察建议。

4."两个一律""一案三查""五个查清"：在扫黑除恶专项斗争中，对涉黑涉恶案件一律深挖背后的腐败问题，对黑恶势力"保护伞"一律一查到底、绝不姑息；既要查办黑恶势力犯罪，又要追查黑恶势力背后的"保护伞"，还要倒查党委政府的主体责任和部门的监督管理责任；对正在办理的黑恶势力犯罪案件逐案过筛，查清涉黑涉恶案件人员的成长轨迹、查清主要犯罪嫌疑人历次涉案情况、查清犯罪嫌疑人涉案未追责原因、查清涉案财产"非法"变"合法"的手段、查清在犯罪团伙坐大成势过程中施以帮助的公职人员。

5.国家司法救助：是指检察机关在办理案件过程中，对遭受犯罪侵害或者民事侵权，无法通过诉讼获得有效赔偿，生活面临急迫困难的当事人而采取的救助措施。在开展国家司法救助工作中，检察机关遵循辅助性救助、及时救助、公正救助、属地救助等原则。

6.6个涉企专项检察监督活动：是指2019年在全省检察机关开展的保护民营企业财产权、知识产权专项行动，涉民营企业刑事犯罪专项立案监督活动，涉民营企业民事行政专项监督活动，涉民营企业案件羁押必要性审查专项监督活动，涉民营企业刑事强制措施专项监督活动，涉民营企业案件办案期限专项监督活动。

7.释法说理：是指检察机关在履行职能过程中，就作出案件处理决定的理由和依据，向当事人、其他诉讼参与人以及有关单位和人员进行解释、说明和论证的活动。

8."一号检察建议"：2018年10月19日，最高人民检察院向教育部制发《中华人民共和国最高人民检察院检察建议书》，主要内容是结合检察机关办理的性侵幼儿园儿童、中小学生犯罪案件，就校园安全管理规定执行不严格、教职员工队伍管理不到位以及儿童和学生法治教育、预防性侵害教育缺位等问题，提出3项具体措施。这是最高人民检察院首次直接向国务院组成部门制发检察建议，也是首次发出的社会治理创新方面的检察建议书，编号为一号，被称为“一号检察建议”。

9.“四个最严”：2019年5月9日，中共中央、国务院发布实施《关于深化改革加强食品安全工作的意见》，明确提出用最严谨的标准、最严格的监管、最严厉的处罚、最严肃的问责，进一步加强食品安全工作，确保人民群众“舌尖上的安全”。10月17日，最高人民检察院联合国家市场监督管理总局、国家食品药品监督管理局在全国部署开展落实“四个最严”要求专项行动。

10.再审检察建议：是指人民检察院对部分民事、行政申诉案件不以抗诉方式启动再审程序，而是向人民法院提出检察建议，由人民法院自行启动再审程序进行重新审理，有利于节约司法资源和提高司法效率。

11.羁押必要性审查：是指人民检察院依据《中华人民共和国刑事诉讼法》第九十三条规定，对被逮捕的犯罪嫌疑人、被告人有无继续羁押的必要性进行审查，对没有必要继续羁押的，建议办案机关予以释放或者变更强制措施的监督行为。

12.诉前检察建议：是指人民检察院在履行职责中发现生态环境和资源保护、食品药品安全、国有财产保护、国有土地使用权出让等领域负有监督管理职责的行政机关违法行使职权或者不作为，致使国家利益或者社会公共利益受到侵害的，依法向行政机关提出检察建议，督促其依法履行职责。行政机关不依法履行职责的，人民检察院依法向人民法院提起诉讼。

13.认罪认罚从宽制度：是贯穿整个刑事诉讼程序的一项重要制度。根据《中华人民共和国刑事诉讼法》第十五条、第一百七十四条规定，犯罪嫌疑人、被告人自愿如实供述自己的罪行，对于指控的犯罪事实没有异议，同意检察机关的量刑建议并签署具结书的案件，可以依法从宽处理。对于认罪认罚案件，法院依法作出判决时，一般应当采纳检察机关指控的罪名和量刑建议。

14.“树立品牌、打造亮点”活动：是我市检察机关为实现检察工作创新发展，于2016年启动开展的一项活动，其目的是打造“一院一品牌、一部门一亮点”，以品牌工作、亮点工作带动检察工作全面发展。

15.“五个过硬”：是指政治过硬、业务过硬、责任过硬、纪律过硬、作风过硬，是2014年1月7日习近平总书记在中央政法工作会议上对政法队伍建设提出的要求。

16.深入贯彻习近平新时代中国特色社会主义思想“大学习、大调研、大落实、大提升”活动：是省检察院于2018年6月在全省检察机关启动开展的一项为期5年的活动，是全省检察机关学习贯彻习近平新时代中国特色社会主义思想和党的十九大精神的持续和引深，是贯彻落实最高检察院党组和张军检察长“讲政治、顾大局、谋发展、重自强”总体要求的重大举措，其目的是引领全省检察机关深入学习贯彻习近平新时代中国特色社会主义思想，顺应新时代检察工作新要求，围绕强化检察监督办案主业，以大学习为引领，以大调研为基础，以大落实为关键，以大提升为目标，努力争创一流工作业绩，不断开创新时代山西检察工作新局面。

17.“三个规定”：是指《领导干部干预司法活动、插手具体案件处理的记录和责任追究规定》（中办发〔2015〕23号），《司法机关内部人员过问案件的记录和责任追究规定》（中政委〔2015〕10号），《关于进一步规范司法人员与当事人、律师、特殊关系人、中介组织接触交往行为的若干规定》（法〔2015〕26号）。

18.行政非诉执行：行政机关作出行政处罚等具体行政行为后，公民、法人或者其他组织等行政相对人在法定期限内既不提起行政诉讼又不履行义务，行政机关或者相关权利人向法院提出执行申请，由法院依法受理、审查、裁定并实施强制执行。检察机关对行政非诉执行活动进行监督，既有利于促进法院公正司法，又可以促进行政机关依法行政。

19.检答网：是最高人民检察院于2018年10月建成运行，为全国检察人员提供法律政策运用、业务咨询、答疑服务的全系统信息交流共享平台，主要由最高人民检察院、省级人民检察院组织专家和业务骨干，对基层检察人员在办案中遇到的法律、司法解释以及规范性文件的理解和适用问题答疑释惑。

关于晋城市2019年国民经济和社会发展计划执行情况与2020年国民经济和社会发展计划草案的报告（节选）

——在晋城市第七届人民代表大会第六次会议上

晋城市发展和改革委员会主任　邹树琦

（2020年4月27日）

一、2019年国民经济和社会发展计划执行情况

2019年是中华人民共和国成立70周年，是全面建成小康社会的关键之年。一年来，在市委市政府的坚强领导下，全市上下坚持以习近平新时代中国特色社会主义思想为指导，全面贯彻党的十九大和十九届二中、三中、四中全会精神，深入学习习近平总书记“三篇光辉文献”精神，认真落实市委、市政府决策部署，严格执行晋城市七届人大五次会议审议批准的2019年国民经济和社会发展计划，落实市人大常委会七届二十九次会议的审查意见，以“先行区”“领跑者”“桥头堡”三大目标为指引，坚持稳中求进工作总基调，深入推进供给侧结构性改革，持续加大“六稳”工作力度，统筹推进稳增长、促改革、调结构、惠民生、防风险、保稳定各项工作，全市经济社会持续健康发展，计划执行情况总体良好。在全省市域经济转型升级考核评价中排名第一。

（一）经济运行总体平稳，发展质量不断提升

经济保持平稳增长。2019年，全市地区生产总值完成1362.4亿元，同比增长6.5%，增速高于全省平均水平0.3个百分点，排全省第3位。第一产业下降1.2%，第二产业增长7.8%，第三产业增长5.7%，三次产业结构比例调整为4.1∶54.0∶41.9。

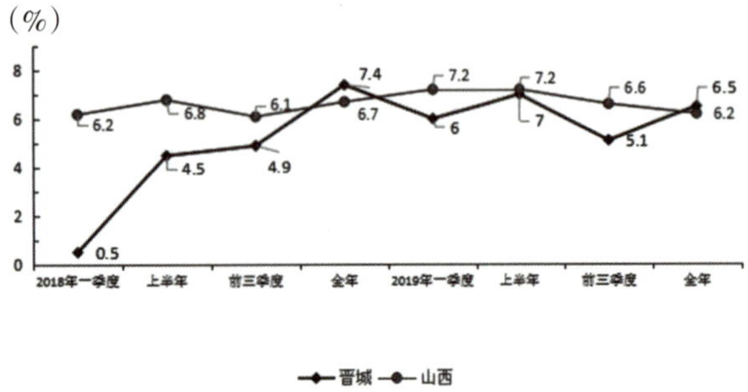

图1　地区生产总值增速

产业结构持续优化。大力改造提升传统产业，加快培育新兴产业，推动经济结构持续优化。省考核市、县区域转型升级的两个核心指标“制造业增加值占工业增加值的比重”和“煤炭工业增加值占工业增加值比重”圆满完成年初目标。其中，制造业增加值增长26.7%，增速快于规上工业19.1个百分点，快于煤炭工业25.4个百分点。煤炭工业增加值占规上工业比重同比降低3.9个百分点。

投资增速结构“双提升”。持续推进深化转型项目年建设，通过开展项目集中开工、集中竣工活动，全市投资保持稳定增长势头，全年固定资产投资完成523.0亿元，增长10.4%，增速高于全省平均水平1.1个百分点，排全省第4位。其中，基础设施投资完成155.3亿元，同比增长32%；工业投资完成201.1亿元，同比增长6.2%。

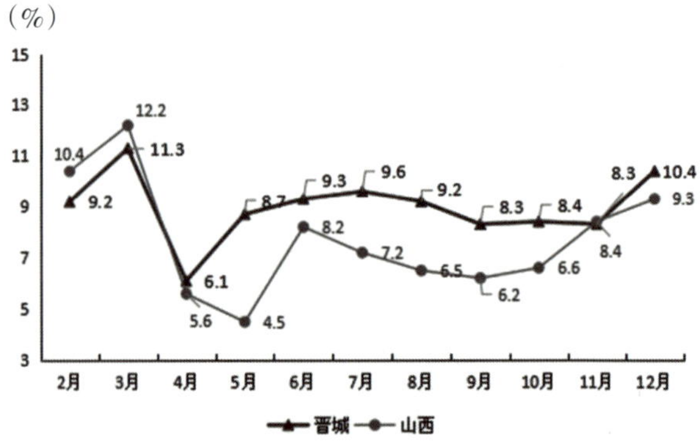

图2　固定资产投资累计增速

消费基础性作用逐步增强。大力开展促进消费活动，积极推进消费升级。全市社会消费品零售总额完成490.3亿元，增长8.3%，增速高于全省平均水平0.5个百分点，排全省第1位。新业态新模式不断拓展，网上销售增速持续加快，互联网对消费的

支持作用明显增强，全年全市限上批发零售业单位通过网上实现零售额5.4亿元，同比增长77.9%，增速比限上单位零售额快74.9个百分点。

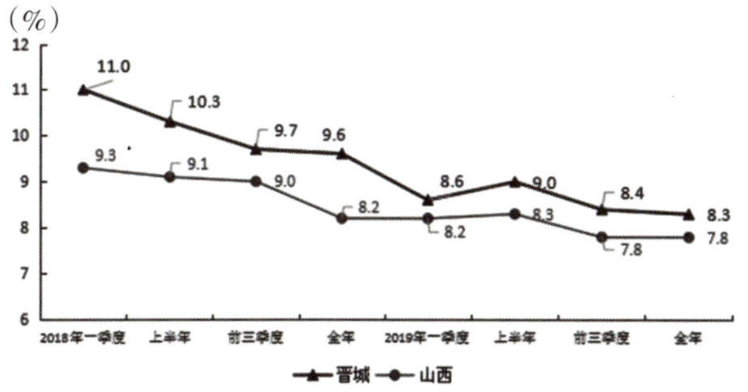

图3　社会消费品零售总额增速

质量效益持续向好。2019年，全市规模以上工业增加值增长7.6%，增速高于全省平均水平2.3个百分点，排全省第2位。全市一般公共预算收入完成138.2亿元，增长10.3%，增速高于全省平均水平7.9个百分点，排全省第2位。全年城乡居民人均可支配收入分别增长7.7%和9.2%，均高于当年GDP增速。

就业形势总体平稳。实施积极的就业政策，举办各级各类招聘会69场，城镇新增就业5.77万人，城镇新增就业岗位完成省定目标的173.32%，农村劳动力转移完成省定目标的136.38%。落实高校毕业生就业援助、就业见习岗位、“三支一扶”等帮扶政策，解决就业困难人员就业8000余人。城镇登记失业率控制在1.27%，低于省控目标2.93个百分点。

价格总水平保持稳定。多措并举稳定粮、油、肉、蛋、菜等重要民生商品价格。动用价格调节基金550万元，用于2020年春节市场优惠供应。及时启动价格联动机制，发放价格临时补贴2000多万元，保障了困难群体基本生活不因价格上涨而受到影响。2019年全市居民消费价格指数上涨2.6%，完成了涨幅控制在3%左右的目标任务。

（二）深入推进供给侧结构性改革，新旧动能加快转换

持续深化农业供给侧结构性改革。一是稳定农业生产。积极应对一产固定资产投资下滑挑战，开展专项督查，加快农业项目库建设，全市一产固投降幅收窄、增幅由负转正，全年增长16%。面对非洲猪瘟和猪周期导致的全市生猪生产出现的新情况新问题，通过发放能繁母猪补贴、扩大能繁母猪和育肥猪保险覆盖面、出台促进生猪产业转型升级和稳定生猪生产保障市场供应“猪六条”等措施，有效阻止生猪产业下滑，实现了生猪存栏和能繁母猪存栏的“双增长”，生猪产能逐步恢复。二是农业产业化发展进一步加快。启动了市级现代农业产业园申报工作，以现代农业产业园建设为核心的农业产业发展格局已经铺开。三是稳妥推进农村各项改革。农村集体产权制度改革清产核资和成员身份全部完成，整体工作进度全省领先。农村“三变”和“四块地”改革走在全省前列。

新兴产业加快发展。围绕“两只翅膀腾飞，三足鼎立支撑”，召开全市推进工业高质量发展大会，制定了工业高质量发展“黄金十条”措施，为实体经济发展注入了活力。加快产业集聚载体培育。争取省级产业集聚区试点专项资金6400万元。晋城市泽州特色产业集聚区（绿色智能铸造）和晋城市陵川特色产业产业集聚区（精细化工）两个试点项目成功入选山西省首批特色产业集聚区试点名单。制造业，率先在全省出台《降低制造业成本若干政策措施》，从“减、奖、惠”三方面精准发力。推动组建山西省智能化钻探装备创新中心试点。争取到中国智能制造系统解决方案供应商联盟对我市4家企业的免费诊断。煤层气行业，成功举办全国煤矿瓦斯抽采利用现场会和能源革命·煤层气论坛，集中力量建设煤层气产业示范基地，总投资152亿元的煤层气扩能项目加快推进。光机电产业，与富士康250亿元合同已经签署，新一代智能手机机结构件升级改造项目已经落地，“两中心一基地”项目加快推进，13家光机电企业入驻，太行富士康光机电基金完成设立。新能源产业，重点推进了总投资50亿元的50万千瓦集中式风电项目和18.8万千瓦竞价光伏项目。

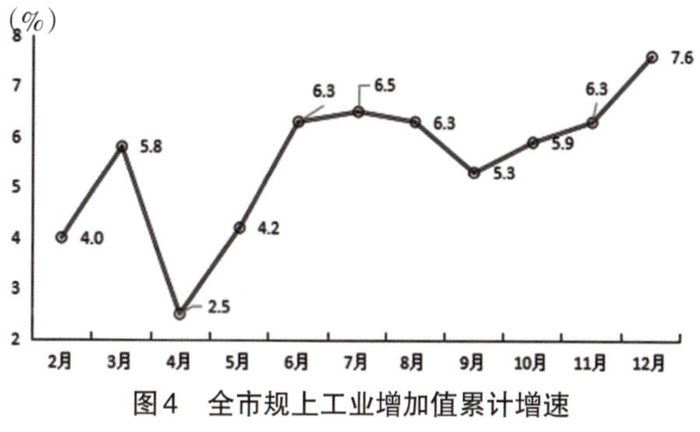

图4　全市规上工业增加值累计增速

传统产业改造升级步伐加快。一批项目相继落地、集中开工、加快推进，重点推进的40个亿元以上转型项目完成投资78.2亿元，超年度计划32.4个百分点。总投资120亿元的巴公园区气化升级改造暨产业结构调整项目奠基开工。高平马村工业园年产6万吨三聚氰胺项目于2019年3月开工建设，积极推进晋丰煤化工10万吨尿素产业链延伸技改、兰花年产30万吨己内酰胺等技改项目。南村绿色智能铸造创新产业园一期基本完工，33家企业入驻开工，5家投入试生产；晋钢智造科技产业园累计完成投资20亿元，一期场地平整和铁路专用线建设基本完成，废钢回收利用项目钢结构主体完工。

现代服务业加快发展。以服务业集聚区为载体，加快推进现代物流业、大数据等为主的服务业发展，2019年服务业增加值增长5.7%。集聚区重点培育了司徒小镇等10个优秀市级服务业集聚区和30家全域旅游集聚区。启动编制《晋城市物流业发展规划(2020—2025年)》，蓝远物流园区快递分拨仓库投入使用，吸引快递企业入驻运营。编制完成《晋城市大数据发展规划纲要(2018—2020年)》。积极探索数字化转型发展新路子，为我市24万个企业提供了数据咨询和专业服务，培育了柴火部落、鼎峰科技等一批本土大数据企业。成功举办首届“数字中国行·晋城峰会”，我市被阿里巴巴确定为第一个开展全面战略合作的地级市。

全域旅游全力推进。全力打造太行风光、古堡文化、农耕文化三大旅游品牌。出台了《关于加快推进全域旅游发展的实施意见》，召开首届旅游发展大会，以“一县一大景区”为平台，基本形成了景城融合、产城融合、城乡一体的全域旅游新格局。全省黄河、长城、太行三大板块旅游公路建设现场推进会在我市召开。王莽岭景区被评为年度魅力生态景区，陵川生态文化旅游示范区成功获批，新增5处全国森林基地康养试点，新增3个国家AAA级旅游景区、2个国家AAAA旅游景区，10个村荣获全省首批3A乡村旅游示范村。扎实推进晋城古堡申遗，水上实景剧《古堡！古堡！》荣获“中国国家旅游优质旅游节目”。2019年接待国内旅游人数、实现旅游总收入同比分别增长20%以上，双双超出年度省定目标，我市被评为“中国最佳文化旅游目的地”。

创新动能不断积聚。全市研究与试验发展(R&D)经费占GDP的比重达到1.18%，投入强度跃居全省第2位。高新技术企业数量再创新高，全市高新技术企业数量首次突破60家。技术市场交易额刷新纪录，全年全市技术合同交易达到249项，总额37.03亿元，为年度目标的185.2%。山西大学晋城光电信息产业研究院、中北大学晋城先进材料与智能装备研究院等科研机构先后揭牌运行。晋城市科技研发基地主体基本完工。培训农村科技人员9200人次，下达农村地区光伏补贴资金2.03亿元。

(三)积极推进能源革命试点，打造能源革命排头兵

煤层气产业加快发展。推动煤层气管理体制改革，盘活煤层气已批复矿权，倒逼现有探矿权人加快投入，加速推进煤层气勘探开发步伐。推进增储上产，开展提升煤层气单井产量科研实验，全年煤层气产量(包括地上地下)46.6亿立方米，同比增长9%。推进管网互通，在现有管网基础上，重新优化管道设计，根据用气需求有计划改造提升管输能力，确保主要开采企业、液化企业、管输企业实现互联互通。致力打通管输企业与各县“煤改气”地区用户的通道，确保气源能稳定输送至居民用户。推进应急调峰，依托沁水、阳城LNG液化厂、CNG压缩站，引导上中下游企业签订长期供气协议，构建运转高效的煤层气调峰调度系统。

推动煤炭产业走“减、优、绿”之路。化解煤炭过剩产能，关闭退出5矿285万吨/年。加快优质产能释放，引导符合条件的煤矿加快建设，完成投资16.47亿元，推进煤矿向智能化煤矿开采转变。在全市煤矿开展无煤柱开采等试点探索；全市洗选煤厂原煤洗选率70%；加大对优质无烟煤的推广力度，山东、河北将我市无烟煤纳入冬季取暖用煤范围。

加快推进新能源产业建设。大力发展风光发电，全年新增并网装机总量18万千瓦，累计达到63万千瓦，同比增长40%。建成4个风电项目，装机30万千瓦；建成1个光伏发电项目，装机3万千瓦；抢抓国家推动光伏竞价上网和分散式发电政策机遇，获批6个竞价光伏项目18.8万千瓦，批复11个分散式风电项目26.5万千瓦。高平农谷丹峰生物质能发电项目建成。

稳步推进电力产业。进一步优化电网结构，持续提升发电能力。高平第三热源厂1×25兆瓦背压热电联产机组项目开工。全市电力装机总量达到555.1万千瓦，同比增长2.6%，发电量完成262.6亿千瓦时，同比增长3.3%，全社会用电量186.9亿千瓦时，同比增长6.63%。

（四）扎实推进深化转型项目年建设，有效投资不断扩大

加强项目谋划和储备。坚持把项目谋划和建设作为"转型项目建设年"的重中之重，持续做好服务项目"最后一公里"工作。建立完善"建设项目库"、"项目储备库"两个总库和储备项目增补退出机制，开辟储备项目"绿色通道"。全市建设项目库813个项目，年度计划投资632.2亿元，占固定资产投资比重的124.2%；储备项目296个，总投资额2166亿元，达到2018年全市固定资产投资实际完成额的4.5倍。

争取上级资金创新高。密切关注国家、省最新政策动向，紧盯中央资金投向，多次同国家、省发改部门进行对接，大力推介我市项目，积极争取资金倾斜，共争取上级资金4.15亿元。同时我们与财政部门开展了2020年地方政府专项债券申报工作。上级补助资金的有效投入，加快项目建设的同时缓解了地方财政压力，为经济平稳较快增长做出了积极贡献。

激发民间投资活力。一是继续加大PPP项目库储备规模，在库储备项目42项，总投资259亿元，涉及交通、水利、环保、市政、社会事业等行业。二是定期通过各类媒体广泛推介成熟度高、操作性强、回报可观的PPP项目，吸引社会资本参与建设。向社会推介发布了国道207长治晋城界陵川段升级改造、市医院易址扩建、丹河快线等一批PPP项目，市医院易址扩建项目已与社会资本方达成合作意向。

深化转型项目年建设。出台了"三方案两办法"，实施了清单管理、观摩考评、领导包联三项机制，开展了前期手续集中办理月活动，共为327个项目办理各类手续711项，项目集中开工月共有207个项目集中开工，开展了迎国庆转型项目集中竣工活动，共有81个项目竣工。建立了"一月一调研、双月一调度、一季一通报、半年一点评、年终一总结"以及重点工程月专报制度。扎实推进深化转型项目建设年活动，全年省市重点工程累计完成投资266.9亿元，完成率117.5%。

（五）持续深化重点领域改革，发展活力和动力不断增强

推动企业投资项目承诺制改革继续领跑。研究落实省人大立法通过的《山西省企业投资项目承诺制规定》，制定出台适合我市市情的承诺制改革配套制度，以开发区、工业园区为主战场，实现了开发区及园区企业投资新开工项目实行承诺制办理率达到100%，进一步压缩项目前期工作时限一半以上。探索将承诺制改革试点由备案类向核准类探索，对不涉及重大公共利益、生态利益和国家安全的核准类项目实行承诺制审批。

加快国资国企改革步伐。召开了全市深化国企改革大会。8家企业完成改革任务，13家脱钩改革企业完成产权划转；兰花集团"瘦身健体"，深化体制机制改革，完善风险防控制度，加快产业转型升级；天泽集团上市步伐加快；国投公司信用等级由AA增进为AA+，在推进重点项目建设中发挥了重大作用。出资人监管权责清单在全省率先出台。晋煤集团、兰花集团等省市企业"三供一业"完成移交，惠及人口10多万人，国企退休人员社会化管理加快推进。

深化开发区改革创新。坚持把开发区改革创新发展作为深化转型综改的战略举措来抓，先行先试、大胆探索。全市各经济开发区聚焦主导产业，共引进项目34个，总投资122亿元，17个项目开工建设。整合扩区基本到位。实现了"一市一国家级开发区、一县一省级开发区"，形成了"1+3+1"的总体布局。"三化三制"改革加快推进。先后出台了支持开发区改革创新发展"黄金政策18条"和加快发展"8条"措施，全力支持开发区率先发展。晋城经济技术开发区和高平经济技术开发区"三制"改革基本到位。阳城、沁水经济技术开发区领导班子、内设机构和中层干部基本配备到位。基础设施不断完善。建成了5万平方米的孵化器、公租房、专家公寓等项目，全市省、市两级开发区共储备土地1万亩以上，实现了“地等项目”。招商引资成效明显。按照“差异化、特色化”布局要求，晋城经济技术开发区重点发展光机电、形成了以富士康为龙头的光机电产业集群；高平经济技术开发区积极推进“台湾产业园”建设，吸引一批台商企业签约落地；阳城经济技术开发区连续两年举办国际陶瓷博览会，积极打造“华北瓷都”；沁水经济技术开发区初步形成了集煤层气抽采、液化、压缩、发电、集输于一体的产业链条。营商环境持续优化。在开发区全面推行“管家式”服务、“承诺制改革”“一枚印章管审批”，着力打造集成式改革标杆。

深入推动“放管服效”改革。一是相对集中行政许可权改革试点成效明显，“一枚印章管审批”经验在全省复制推广。10月29日，全省相对集中行政许可权改革现场推进会议在我市召开，全省各市县开始推广复制晋城经验。11月14日，全省深化“放管服效”改革优化营商环境电视电话会议召开，再次明确全省推广晋城模式。我市市级29个部门313项行政许可及关联事项划转到市行政审批服务管理局，启用行政审批专用章，逐渐形成“1729”制度体系。二是公共资源交易全流程电子化。工程建设电子交易系统、政府集中采购电子交易系统全面上线运行，实现了“互联网+公共资源交易”。三是政务服务综合体初步建成。50个单位的1231个事项进驻政务大厅，实现了进“一扇门”办“千件事”。不动产一般登记、抵押登记分别压缩至4和1个工作日。四是审批程序进一步优化。政府投资项目施行模拟审批模式。作为全省试点，工程建设项目审批时限压缩至70个工作日以内，其中政府投资类、社会投资核准类、社会投资备案类、一般性工业项目类分别压缩至70、60、40、30个工作日，全省第一。五是进一步简化企业开办申报材料，企业开办全链条闭环办结仅需2个工作日。市县一体化在线政务服务平台建成使用，打造“晋快办”品牌。审批事项减少34项，申请材料减少142项，审批时限压缩75%以上。六是营商环境显著改善。我市营商环境在全省开展的营商环境评估评价中排名第三，全国292个地级以上城市政商关系排名中，获得全国进步最快城市第6名。

创新推动金融改革。一是积极开展创建国家级资源型经济转型发展金融改革创新试验区申报工作，我市《创建总体方案》已经通过第三方权威机构的评估论证。二是政策工具运用更加充分。落实准备金和普惠金融定向降准等政策，为全市金融机构增加可用资金56.7亿元。三是取消企业银行账户许可，将企业银行开户时间压缩至0.5个工作日。对富士康集团实施进口付汇简化审核流程，推进贸易便利化。四是开展支付便民工程。率先在全省实现全域公交移动支付全面上线，为全市1418辆公交车开通了全支付方式。

深化户籍制度改革。出台深化户籍制度改革和《关于鼓励高层次人才助力高质量转型发展的意见》《吸引大学毕业生就业创业实施办法》两个人才新政。全市共完成涉及户籍制度改革和人才引进政策配套文件17个，形成深化户籍制度改革助力高质量转型发展完整的人才政策体系。

着力强化社会信用体系建设。建成市信用信息共享平台，“信用晋城”网站、手机App和微信公众号投运服务。制定了全市第一个“公共信用信息目录”，在库数据突破1000万条，与省平台和市政务云平台、审批平台建立了共享机制。在全省率先推进信用承诺制度，形成了第一批事项目录，有效促进了信用监管的落地落实。依托平台完善了联合奖惩自动发起响应、信息公示、信息异议、信用修复等工作机制，完成修复案例20多个。

（六）全力支持实体经济发展，市场活力进一步激发

严格落实减税降费政策。先后对涉及我市的文化事业建设费、教育费附加和地方教育附加等4项收费政策进行调整，并在全市范围内开展涉企收费专项检查，全年共减税降费26亿元，其中减税20.9亿元，降费5.1亿元。小微企业普惠性减税政策新增减税1.91亿元，惠及5.97万户次纳税人。

加强金融支持实体经济力度。截至2019年底，全市各项存、贷款余额分别达2631.3亿元和1547.1亿元，较年初分别增加312和156亿元。出台金融支持民营小微企业的18条措施，全市金融机构全年支持民营经济、小微企业新增贷款和增幅全省排名第一。整合担保资源降低担保费率全省"两率先"。出台促进政府投资基金发展的意见，太行富士康光机电基金首期12亿元募集资金已达成协议，市产业转型发展基金已投资我市3个转型项目4409万元。引导优势产业进入期货市场，主动对接郑州商品交易所，推动在我市设立甲醇、尿素期货交割库。非法集资案件处置全省领先，推进陈案化解，案件销号率超70%，排名全省第一方阵。

促进民营经济健康发展。一是制定出台《关于贯彻落实省委省政府支持民营经济发展若干意见的决定》《关于创建全省民营经济发展改革示范市的实施方案》。二是启动实施"236"行动计划，2019年安排重点民营项目38个，总投资201.92亿元。三是"小升规"首批申请入规并通过市级审核企业45家，超额完成省定考核指标。四是持续推进创业创新，新认定市级"双创"基地4家，总数达29家。五是首次开展市级"专精特新"中小企业培育工作，新认定"专精特新"企业37家，推荐认定省级"专精特新"企业20家、"小巨人"企业3家。六是推进中小企业规范化股份制改造，年底完成规范化股份制改造中小企业33家，比上年增长53.6%，改制数量连续三年位居全省第二位。

（七）坚持补短板强弱项，三大攻坚战取得明显成效

深入推进脱贫攻坚。"两不愁三保障"全面达标，打牢2020年交总账基础。一是对全市200个贫困村26094户65139个建档立卡贫困人口全面排查，2019年全市贫困人口医保参保率100%，共计补助1451万元。二是完成建档立卡贫困户房屋等级鉴定工作，174户农村危房改造省定任务全部完成。三是产业扶贫方面，全市新实施（巩固）小杂粮、畜牧、干鲜果等特色产业扶贫项目86个，带动8611户贫困户受益。下达农村光伏补贴资金1.71亿元。四是人居环境方面，推进厕所革命，积极解决长期以来制约农村发展的环境问题。五是教育扶贫方面，落实兑现1810名贫困学生雨露计划补助资金543万元。六是生态扶贫方面，全市完成国省营造林任务2.41万亩，聘用贫困森林管护员706人；对36个贫困村8526贫困人口实施了饮水安全提升工程项目。七是整村提升方面，在126个贫困村实施贫困村巩固提升项目160个。全市13个贫困村实施硬化路升级改造工程全部完工。200个贫困村全部通了公交或客车。32个深度贫困自然村实施整村搬迁。八是制定出台《晋城市致贫返贫预警办法（暂行）》，加大防致贫返贫工作力度。

有效开展环境整治。一是加快构建工业源、社会源两大管控体系，压实网格化环境监管责任。对绿色评估评为D级的45家企业实施停产整治。编制完成《大宗固体废弃物综合利用基地建设实施方案》，开展大宗工业固体废物专项整治，我市成功入选全国50个工业资源综合利用基地。二是查处一批尾气排放超标车辆；将272家工业企业纳入"用车大户"监管范围，制定出台机动车尾气排放超标电子抓拍处罚规范标准。三是强力推进扬尘污染防治。全市所有施工、运输均实现在白天进行，所有工地安装了视频监控、空气质量微站及车辆清洗设施。四是强力推进水污染防治。对全市所有涉水企事业单位实施环保"黄、红"牌管理，对列为"黄""红"牌的17家企事业单位采取警告、停产措施；完成7家重点涉水企业超低排放改造；持续加大对79个乡镇及以上集中式饮用水源地的保护力度。五是强力推进土壤污染防治。完成129个企业（地块）基础信息调查采集，对39家土壤污染防治重点监管企业开展自行监测。

稳妥防范化解重大风险。积极防控金融风险，以地方法人金融机构为重点，开展"一行一策"防范化解金融风险工作。严厉打击非法集资，银行业金融机构不良贷款率为全省最低，全市信贷风险总体可控。政府债务风险防控有序推进，政府债务率全省最低。加强油气长输管道保护和新能源安全监管。对长输管道开展了持续不间断隐患排查，对重点地区、重点时段进行了保护，确保了煤层气长输管道安全运行。加强农产品质量安全。推进"三品一标"认证，强化农产品质量安全检验检测，抽检合格率100%。加大房地产市场调控力度，全市房地产市场总体保持平稳。

（八）统筹城乡协调发展，发展的整体性和平衡性持续增强

持续推进乡村振兴。一是出台《晋城市乡村振兴战略总体规划（2018—2022年）》和6个专项规划。出台村庄规划建设条例和城市绿化条例，为乡村振兴战略实施和城市生态文明建设提供了重要制度保障。二是印发农林文旅康产业融合发展试点整市推进实施方案，12个综合改革试点乡镇、73个融合发展试点项目、145个产业发展试点项目建设进展顺利。三是有机旱作农业陵川示范县建设、4个省级示范片、8个市级示范片，“1+12”重点项目全面铺开。四是农村集体产权制度改革清产核资和成员身份确认全部完成，99%成立股份经济合作社，被列为中央农村集体产权制度试点市。五是农村“三变”“四块地”改革全省先行一步，探索出“点状供地”“林权抵押”“农地入市”等先进经验。六是完成农村危房改造376户，完成建档立卡贫困户鉴定20048户。七是农村人居环境整治有了新提升。市级投入1.3亿元奖补资金，新改建“四好农村路”990公里，完成户用厕所改造6.3万座，在32个乡镇112个行政村开展垃圾分类，评选出100个“村庄清洁行动”先进村。八是举办首届中华药食同源产业发展论坛，初步打响“药食同源、康养晋城”品牌。

扎实推进新型城镇化。统筹推进新型城镇化建设和城乡融合发展。全市城镇化率为60.79%，比上年提高0.91个百分点。审议通过《晋城市部分行政区划调整方案》，全市行政区划调整正式启动。积极推进我市润城、巴公、神农3个国家级特色小镇和大阳、北留、端氏、嘉峰4个省级特色小镇建设，及时解决工作中的困难和问题，推动特色小镇有序发展。我市美丽宜居乡村建设取得新成果，全市新增97个中国传统村落，新增历史文化名镇名村2镇20村，数量均位居全省第一。

全面提升城市品质。一是实施城市“三通”工程。17条新建改造道路建成通车，拉大了城市框架，完善了周边市政设施配套，畅通了区域微循环。二是开展城市“双修”。完成了文博路、红星街和建设南路城市双修改造。新市街、南大街完成升级改造，中原街改造实现双向八车道临时通车，建成了我省最长的地下综合管廊。三是全市规模最大的金凤凰广场建成使用。南大街立面改造基本完成。在主城区新建10座人行天桥。全市共75座公厕投入使用。完成火车站设施提升、客运东站周边和20条背街小巷环境整治。四是老城更新与保护工程加快建设。一期工程征收拆迁圆满完成，十宗地块回迁楼全部开工，“两路”具备通车条件，“两街”“两河”加紧施工，“两会”“两园”进展顺利。出台了中心城区城中村改造“1+2”政策体系，全省第一家实行城中村改造回迁安置房建设审批承诺制。五是丹河新城建设全面启动。金村起步区控制性详规编制完成；举办了招商推介大会，与32家国企央企达成战略合作协议，签约资金达155亿元。总投资219亿元的45个项目开工建设，6条道路路基基本成型，丹河新城建设投资集团有限公司开始实质性运作。

（九）着力打造“桥头堡”，对外开放空间不断拓展

全力构建开放通道。铁路方面，太焦高铁我市境内路基、桥梁、隧道全部完工，全线转入铺轨阶段；晋城东站站房开工建设，站前广场、丹河快线“1+3”等配套工程进展顺利。完成了晋城至运城铁路客运专线方案研究。积极推进“公转铁”货运铁路工作。公路方面，加强与河南方面对接出省道路。阳蟒高速全线贯通，G207线省界瓶颈路段改造完成，晋阳高速八车道拓宽改造工程、陵川至长治一级公路改造工程开工建设，积极协调高新高速河南段开工建设。机场方面，1月3日，晋城机场项目列入国家民用运输机场建设“十三五”规划中期调整计划，9月27日，机场选址获民航局批复。同时，预可研也通过了专家组评估，军地协议上报空军受理。

全力开展招商引资。一是在全市范围内征集招商项目127个，筛选重点招商项目50个，编印《晋城重点招商推介项目册》。二是首创“1+5”推介活动，利用展会、推介会，积极融入发达地区。主动洽谈对接，推进项目合作，先后与加拿大湛江同乡联

谊会、中国电信集团、中通快递等40多家单位对接治谈。三是招商引资信息管理系统初步建立，实时掌握全市招商引资签约、落地项目的最新动态和进展情况。四是成立中原经济区招商合作处。成立专门驻外机构，推进区域一体化发展。招商引资开工项目164个，完成省定任务的140.47%，全省排名第三。招商引资到位资金104.61亿元，完成省定任务的92.76%，全省排名第七。

持续推进区域协调发展。一是出台《晋城市建立更加有效的区域协调发展新机制分工方案》和《关于贯彻习近平总书记在推动中部地区崛起工作座谈会上重要讲话精神实现高质量发展的意见》。二是充分利用国家中部崛起加速和中原城市群战略，主动融入中原经济区，先后与郑州、新乡、焦作等周边城市建立了部门定期对接协调机制。三是落实国家支持山西与京津冀加强协作实现联动发展的意见，主动承接发达地区产业转移，组织协调市经济技术开发区赴天津市参加承接沿海城市产业转移精准对接现场会，与鸿刃公司签订了“两中心一基地”项目。四是积极对接国内行业排头兵，先后多次赴京津冀、长三角、珠三角等国内经济最发达区域，对接宝能、中交、中国移动、格力等行业排头兵。五是以深化晋城与郑州中欧班列对接协作为重点，进一步促进我市物流业发展。

（十）抓实民生重点工作，人民群众获得感、幸福感、安全感显著提升

持续加大民生投入。持续加大财政投入，集中力量支持生态环保、脱贫攻坚、教育、社保、医疗等重点领域，全市民生支出205.8亿元，占一般公共预算支出的81.5%，同比增长9.7%，增支18.1亿元。

不断提高居民收入水平。通过发放各类补贴、发布企业工资指导线、强化国有企业薪酬调查等方法，全市城镇居民收入呈现稳步提升态势。全市城镇居民人均可支配收入34627元，增长7.7%，高于年度目标1.2个百分点。制定实施《改革创新、援企减负十条举措》，将企业养老保险费率由19%降至16%，减轻企业养老保险支付负担4.9亿元，提高企业退休人员基本养老金，全市71007名企业退休人员人均月增加164元。先后两次下调工伤保险费率，为企减负5197.6万元。为3323名失业人员发放失业保险金、冬季取暖补贴以及代缴医疗保险、养老保险等费用共计3276万元。

持续加强公共服务供给。一是教育综合改革不断深化，新（改）建幼儿园13所，晋城一中教育集团南岭爱物学校组建开学，晋城三中、晋城五中新校区开学，晋城中专完成整体搬迁，综合实践基地投入运营，东南新区学校预计9月开始招生，晋城一中丹河校区、泽州一中新校区奠基开工，清华、北大裸分录取人数全省第一。二是高平医改模式引领全国，泽州、阳城被列为省级县城综合医改示范县，晋城市人民医院和晋城大医院两大医疗集团成立，市医院易址扩建项目开工建设，沁水、阳城通过国家卫生县城评估验收，基本公共卫生考核全省第二。三是积极创建国家公共文化服务体系示范区，上党梆子《太行娘亲》荣获“文华大奖”提名剧目，圆满完成“二青会”现代五项赛事承办任务。第六次荣膺“山西省双拥模范城”。四是积极推进社会事业项目建设。全国居家和社区养老服务改革试点工作高效推进，共建成住养型养老服务机构73所，居家养老服务机构15所，城乡老年人日间照料中心976个，惠及15万老年人。困难群众基本生活救助工作再次被评为全省优秀，全市城乡低保实现困难群众100%全覆盖。

扎实推进重点民生工程。一是采煤沉陷区治理扎实有序，新建安置工程全部开工建设，新建安置小区项目完成投资34.6亿元，主体竣工户数9673户，入住户数5322户，货币补偿完成签约2260户。二是城镇棚户区住房改造4157套，城镇保障性安居工程基本建成6435套。三是实施清洁取暖改造7.5万户，超额完成年度任务。四是网络覆盖改善民生。2046个行政村提前5个月实现4G网络全覆盖任务；我市5G商用属全国首批，已建成开通110个5G基站，核心城区室外基本全覆盖，5G战略合作协议正式签署。

全力抓好安全生产工作。印发了地方党政领导干部安全生产责任制实施办法、加强煤矿安全监管和应急管理工作的意见，推进安全生产网格化建设。一是成立了“1+17”应急救援指挥部，组建了应急管理专家组，编制了106个预案，组织开展各类预案演练370余场。二是专项整治成效明显。先后开展了“两节两会”“三个专项行动”、汛期和森林草原防灭火等系列专项整治，国庆节期间全市未发生生产安全事故。三是责任追究更为严格。对今年以来发生的5起生产安全事故进行了严肃处理，党政纪处分26人，处罚160余万元，调整了5名矿领导职务，对7家安全管理薄弱的生产经营单位进行了约谈。四是舆论引导作用更强。广泛开展了安全生产“七进”活动；“安全晋城”微信公众号阅读量在全国应急管理系统排名第4名，山西应急管理系统排名第一。

2019年《计划报告》通过的全市主要经济社会发展计划，包括经济发展、科技创新、社会民生、资源节约和环境保护4大类31项指标。初步核实，31项指标中，有28项完成或者超额完成年度计划，有3项未完成年度计划，计划完成情况总体良好。在外部环境复杂多变，经济下行压力持续加大的背景下，取得这样的成绩，实属来之不易，这是习近平新时代中国特色社会主义思想科学指引、生动实践的结果；是市委、市政府正确领导、精准施策的结果，是市人大、市政协监督支持、积极参与的结果，是全市人民戮力同心、奋力拼搏的结果。

在充分肯定成绩的同时，必须清醒看到我市发展仍面临不少困难和挑战，发展不平衡不充分问题和结构性体制性素质性矛盾依然比较突出。新兴产业发展不足，新动能不够强劲，创新发展基础仍然薄弱，发展的质量和效益亟待提高。市场化改革较为滞后，对外开放水平不高。城乡居民收入与发达地区差距较大，生态环境保护形势仍然严峻，民生领域还存在不少短板，距离人民日益增长的美好生活需要还有不小差距。对此，我们一定要高度重视，实际工作中下更大力气加以解决。

二、2020年经济社会发展的总体要求和主要目标

（一）总体要求

以习近平新时代中国特色社会主义思想为指导，全面贯彻党的十九大和十九届二中、三中、四中全会精神，深入贯彻习近平总书记“三篇光辉文献”精神，按照中央和省委、市委经济工作会议部署，紧扣全面建成小康社会目标任务，坚持稳中求进工作总基调，坚持新发展理念，坚持以供给侧结构性改革为主线，坚持“四为四高两同步”总体思路和要求，解放思想，先行先试，狠抓落实，统筹抓好疫情防控和经济社会发展各项工作，坚定不移将转型综改进行到底，加快实现“五个三”战略部署的重大突破，奋力夺取新时代美丽晋城高质量转型发展新胜利，确保全面建成小康社会和“十三五”规划圆满收官。

（二）主要目标

按照上述总体要求，统筹推进疫情防控和经济社会发展工作，综合考虑需要与可能、当前与长远、速度与质量，按照科学合理、实事求是、为转型发展留出空间、合理引导预期的原则，2020年我市经济社会发展主要目标安排如下：

——经济发展提质增效。地区生产总值增长6.2%左右。主要考虑2020年要与全国、全省同步全面建成小康社会以及“山西大发展、晋城要先行”的要求，同时也考虑了我市三次产业增加值增长的可能性。一般公共预算收入增长3%以上，主要考虑经济增长压力和减税降费影响。

——有效需求稳步扩大。全社会固定资产投资增长6.5%，综合考虑全国和全省投资形势、我市近年来投资增速、稳定就业以及加快高质量转型发展的现实要求。社会消费品零售总额增长7%以上，主要考虑今年经济发展持续向好、城乡居民收入稳步增长等积极因素，消费有基础和条件延续近年来持续增长的态势。

——生态环境持续改善。资源节约方面，万元地区生产总值能耗降幅、万元地区生产总值二氧化碳排放量降幅完成省下达的任务；万元地区生产总值用水量下降1.8%。环境质量方面，空气质量优良天数比例、细颗粒物($PM_{2.5}$)浓度下降比例等指标和二氧化硫、化学需氧量、氨氮、氮氧化物4项主要污染物减排指标，完成省下达年度目标任务。达到或好于Ⅲ类水体比例保持在77.78%、劣Ⅴ类水体比例保持在0，稳定达标。

——生活品质不断提高。城乡居民人均可支

配收入分别增长6.2%和6.5%以上,主要考虑居民收入增长与经济增长同步、农村居民收入增长快于城镇居民的要求。城镇新增就业3万人,城镇登记失业率控制在4.2%以内。主要考虑是落实国家稳就业的要求和经济增长对就业的拉动作用,充分体现以人民为中心的发展思想和民生为先、就业为本的执政理念,有利于稳定预期和增强发展信心。城镇棚户区住房改造开工4483套。居民消费价格涨幅控制在3%左右。

三、2020年经济社会发展的主要任务

做好统筹推进新冠肺炎疫情防控和经济社会发展工作,认真落实市委经济工作会议和政府工作报告安排,按照实现"五个三"战略部署,聚焦全面建成小康社会、实现"十三五"规划圆满收官和推动高质量转型发展,奋力实现今年经济社会发展目标任务,建议今年要着力抓好以下十方面重点工作。

(一)积极培育壮大新动能,全力推进产业转型

坚持转型为纲,落实我市支持工业高质量发展"10条"政策措施,加快推进"两只翅膀腾飞,三足鼎立支撑"的转型发展格局形成突破、见到雏形。

做大做强煤层气产业。煤层气产业集中力量建设"一枢纽三基地一中心"(即,全国输气管道重要枢纽、全国煤层气生产基地、煤层气装备制造业基地、煤层气储气调峰基地、全国煤层气交易中心),年内建成山西(晋城)煤层气交易中心。加快我市大型LNG储气设施建设,开展增储上产稳供大会战,实现煤层气产能80亿立方米,产量(包括地面抽采和井下瓦斯利用)50亿立方米。加快推进煤层气管道互联互通,提升通达市内、省内、中原地区及京津冀的管道输送能力。

加快推进先进制造业发展。光机电产业重点是推动与富士康合作的"两中心一基地"项目全面落地见效,引进光通讯、智能终端、机器人等核心项目和关键技术,培育"芯、屏、端、网"全产业链。装备制造业重点抓好天巨重工煤机装备制造、中船重工新能源装备产业基地、长征动力三元锂电池一期、江淮工贸永磁涡流传动装置生产线等项目建设,积极推动爱驰汽车甲醇制氢燃料电池动力系统生产基地落地。推动晋产晋用,组织召开煤机装备企业与煤炭企业供需对接会。加快培育提升以风电装备和光伏装备为主的新能源装备产业。加快山西省智能化钻探装备创新中心建设,争取成为山西省制造业创新中心(第二批)试点。

大力发展现代煤化工产业。全力攻克无烟块煤大型气化技术工业化应用难题,拓展无烟煤应用市场。重点建设巴公园区气化升级改造、晋丰煤化工10万吨尿素产业链延伸技改和兰花新材料己内酰胺节能增效技改等项目,启动北留周村工业园、马村工业园"造气岛"建设。加快发展煤化工下游产业,实现从原料向材料转化、从大宗化学品向终端应用品拓展、从产业链中低端向高端迈进。

加快传统冶铸业升级。重点抓好南村、晋钢两大园区建设。南村绿色智能铸造产业园加快由单一铸造园区向综合加工制造园区转型升级,力争一期8家企业全部建成投产,二期基础设施全面完工,同步推进三期工程,加快由单一铸造园区向综合加工制造园区转型升级。晋钢智造科技产业园,力争一期产能减量置换项目建成,二期开工建设。同时,启动建设铸造产品研发创新中心和交易中心,推进3D铸造打印技术在晋城落地,进一步提高晋城铸造品牌的市场话语权。

大力发展现代服务业。确保中央、省委、市委出台的系列逆周期调节三产政策落地;同时结合实际,聚焦短板,加大刺激力度,全力推动三产持续稳定向好发展。现代物流业重点抓好兰花、蓝远、均和等综合物流园区和栖菁园、隆顺鑫农贸物流园区建设,全力打造中东部地区现代物流节点城市。加快中通快递项目落地,积极引进其他知名快递物流企业到我市设立总部或分支机构。支持发展冷链物流。组织召开全国性的城市物流发展大会。现代金融业重点推动一批企业在区域股权交易中心挂牌,用好市政府产业转型升级发展基金,对接郑州商品交易所在我市设立甲醇、尿素交割库。数字经济进一步深化与阿里巴巴集团战略合作,全面实施"1183"工程。加快建设数字产业园区,积极培育大数据产业基地。筹建"大数据晋城实验室"和大数据运营公司,构建基础数据服务体系,加快大数据企业发展。超前部署5G网络基础设施,力争中

心城区基本实现5G网络连续覆盖和商用。实施“企业上云”专项，推动工业互联网部署应用。重点完成市区智慧停车平台建设，改造提升领导“驾驶舱”，构建基层综合服务信息化平台，加快数字政府建设。推动落实第二届“数字中国行·晋城峰会”活动；举办老城改造影展。

大力发展全域旅游和康养产业。充分发挥我市全域旅游比较优势，深入挖掘产业潜力，提升产业规模和产业层次，争创国家全域旅游示范区，叫响叫亮“晋善·晋美·晋城”品牌。加快“一县一大景区”建设，持续推进皇城相府、珏山、太行洪谷、司徒小镇、大阳古镇、长平之战古战场等大景区建设。太行一号国家风景道年内通车，同步建设公路驿站、汽车营地、观景台等配套设施，构建“城景通、景景通”旅游路网格局。努力创建高等级景区，力争新增2~3个国家AAA级旅游景区，引导和鼓励王莽岭景区、珏山景区积极创建国家AAAAA级旅游景区。深入推进古堡申遗，建设晋城市文化交流（太行古堡）展示中心和青莲寺古建彩塑数字化保护和展示项目，举办太行古堡长三角推广活动，助力古堡申遗。抓好华谊兄弟星剧场和万达城市广场项目，加快发展夜间经济和假日经济。制定乡村旅游示范村市级标准，探索旅游新模式，开发旅游新产品。推进智慧旅游建设，实现“一部手机游晋城”。办好全国性康养大会、海峡两岸神农炎帝经贸文化旅游招商系列等重大活动，不断增强晋城旅游市场的吸引力。以召开全国性康养大会为契机，加快发展康养产业，积极推进20个康养基地、10个康养小镇、30个康养乡村和社区等项目建设。

（二）扎实推进能源革命，建设新型绿色能源基地

聚焦争当全省能源革命排头兵的领跑者目标，坚持以供给侧结构性改革为主线，不断巩固拓展“1168”成果，奋力实现能源革命综合改革试点重大突破。

推进煤炭清洁高效开发利用。化解煤炭落后产能，完成60万吨/年以下煤矿减量重组，煤炭产量稳定在1.1亿吨，保持动态紧平衡，持续提高先进产能占比，先进产能占比达到2/3。优化煤炭开采方式，开展1座智能化煤矿和3~5个智能化工作面建设试点，支持兰花集团玉溪、晋煤集团长平等煤矿智能化矿山和智能工作面项目建设。积极推广应用煤与瓦斯共采、充填开采等绿色开采技术，确定3~5座矿井先行开展试点。优化煤炭利用，积极探索“分质分级、能化结合、集成联产”的新型煤炭利用方式。开展废弃矿井采空区煤层气资源调查，积极推动开发利用；推动低浓度瓦斯（乏风）氧化高效利用。加快焦化转型升级和化产高端延伸。

加快煤层气增储上产。加快推进煤层气示范基地建设。推进煤层气产业勘探开发的体制机制改革，在煤层气关键技术攻关、煤层气管理体制改革等方面先行先试，加快整合煤层气资源，促进煤层气全产业链协调发展。整体推进区域煤层气输气管网重要枢纽、煤层气装备制造业、调峰保供设施、晋城煤层气交易中心建设进程。以项目建设带动产量提升，承接好省下放我市的6项授权，加快项目落地。重点推进马必区块、潘庄区块、郑庄区块、成庄区块、里必区块等增储上产项目建设，全年力争完成投资45.5亿元，新增产能12.3亿立方米、产量6.7亿立方米。深化煤层气矿权改革，争取煤层气项目备案权下放我市。加快煤矿瓦斯抽采力度，大力推进采煤采气一体化技术，重点支持晋煤成庄矿开展煤与瓦斯共采试点；加快推进煤炭采空区（废弃矿井）煤层气抽采，全市煤矿瓦斯抽采利用率达到60%。加快推进煤层气外输通道与周边区域的输气管网联通，规划建设年外输能力50亿立方米的3条主干管线。落实地方政府和燃气企业的储气责任，鼓励各类投资主体合资合作建设储气设施，实现储气设施集约化、规模化运营。大力推进嘉沁、浩坤二期和聚力民生储气调峰项目建设，强化应急保障功能。

增强新能源可持续发展能力。加快发展风电、光伏、氢能等新能源产业。有序扩大光伏风电规模，集中式要做大做强，分布式要做小做精。加快推进已核准的项目建设，60万千瓦集中式风电项目年底前全部建成并网，推动18.58万千瓦竞价光伏在6月底前全部并网，推动28.9万千瓦分散式风电项目全部开工建设。力争新能源总装机容量从63

万千瓦提高到100万千瓦以上。加大氢能开发研究，有序布局氢能产业，加快氢能源制、储、加、运、用全产业链布局。支持晋煤集团与国内外氢能技术领先企业在天然气管网掺氢和氢燃料电池应用开发领域开展深入合作。

提升清洁电力发展水平。继续推进智能电网建设，开工建设晋城东500千伏输变电工程，加快建设周村、周壁等220千伏输变电工程。加快推动电力生产体制扩容，重点推进阳电三期2×100万千瓦和高平2×60万千瓦项目前期工作，着力提升电力外送能力。加快推进金匠园区、晋煤集团增量配电业务改革试点项目建设，进一步深化电力市场化改革，不断完善24小时实时电价现货交易机制，开展电力现货交易试点，推动风光发电平价上网。创新循环经济运行模式，推动煤、电、热产业一体化发展。

构建清洁低碳能源消费体系。实施节能优先战略，完善节能优先制度体系，严格落实能权初始分配、有偿使用和交易制度，积极参与全国碳排放交易。积极推进煤炭等量减量替代，推动市、县建成区"禁煤区"全覆盖，持续扩大"限煤区"。进一步创新"物联网+经销商+终端用户"煤炭销售模式，通过多种途径巩固拓展清洁煤市场。抓好煤炭伴生资源、关闭煤矿剩余资源、煤矸石的综合利用。开展电力现货交易试点，推动风光发电平价上网。加快焦化产业压减过剩产能，重点完成山西明源集团沁泽焦化有限公司13万吨，山西兴高能源股份有限公司27万吨压减任务。建设清洁取暖智能平台，抓好"洁净煤+环保炉具"试点工作，拓宽清洁取暖新路径。加快发展装配式建筑，在丹河新城开展绿色建筑示范试点。推动中短途客运线路纯电动、清洁化运营。

深化能源领域对外合作。举办首届煤层气国际高峰论坛，全面提升晋城煤层气产业的地位和影响力。主动融入中原经济区、京津冀和中部地区，完善区域能源协作和利益补偿机制，消除行政壁垒和市场障碍，推进能源协同发展。加强与各地能源企业的互动合作，建立起优势互补、资源共享的合作机制，加强与全球、全国、全省领军能源企业的合作，主动融入产业链，打造合作示范项目。搭建晋城能源交流平台，主动积极参加国家、省能源展览和论坛峰会，进一步丰富拓展能源革命的晋城实践。

（三）聚力扩大有效需求，不断激发市场潜力

坚持项目为王，充分发挥投资对经济发展的关键性作用和消费的基础性作用，促进投资消费进出口协同发力，推动经济运行在合理区间。

持续扩大有效投资。把转型项目建设放在更加突出位置，持续扩大投资规模，优化投资结构，力争实现全社会固定资产投资增长7%。做好重大项目谋划。聚焦产业转型、基础设施、民生改善三大板块，深入开展项目前期谋划工作。围绕产业发展方向，接链延链强链，建设项目储备库，全年完成谋划项目3000亿元。着力拓宽项目融资渠道。紧密对接国家、省鼓励支持的重点领域，超前谋划面向高质量发展的"新型基础设施建设"。抓住国家提高赤字率、大幅增加地方政府专项债券规模的机遇，积极争取政府新增债券额度。创新融资方式，用好开发性政策性金融工具，有序开展企业资产证券化、市场化债转股。加大与金融机构对接力度，推动政银企常态化对接，完善信息、数据共享机制，着力保障项目资金。进一步激发民间投资活力。放宽民间投资准入。开展民营资本准入障碍专项清理行动。有序推进PPP模式，引导社会资本投资教育、健康医疗、养老等公共服务领域。实施中小企业成长工程，加快"专精特新"培育，推动中小企业规范化股份制改造。抓好重点项目建设。完善"6+3"工作体系，层层传导压力，压紧压实责任，重点抓好总投资1353.6亿元的70项省市重点工程，年内完成投资232.6亿元。加大项目保障工作力度。严格落实市县两级领导干部包联项目制度。规范企业投资项目供地前政府统一服务事项，征地以前的所有费用由政府承担。继续组织开展项目手续集中办理月、集中开工月等活动。建立项目服务"24小时直通车"制度，全流程服务项目建设。深化拓展延伸重点工"13710"信息督办，建立问题台账，高质高效推进重点工程建设。

有效激发消费潜力。持续改善消费环境，推动消费稳定增长，充分发挥消费对经济发展的基础性作用。加强流通设施建设。着力打造消费高质量发展新载体，支持特色商业街升级改造，提升特色商业街区服务水平。建设一批农村生活综合服务中心，打造大众化便民服务集聚综合体。积极推进各县(市、区)电子商务产业园和电子商务公共服务中心建设，打造电子商务集聚区。继续推进贫困地区村级电商服务体系建设，巩固“两有、一能、双七十”成果。推进流通方式创新。积极开展电商主体培育行动，推进电子商务与快递物流协同发展。促进农产品流通企业与新型农业经营主体对接，打造长期稳定的新型农商关系。继续举办晋城品牌走进长三角、京津冀会展活动，扩大晋城品牌影响力。培育商业消费新增长点。积极推进农商互联合作，加大农产品产销衔接。积极培育定制消费、信息消费、幸福消费和绿色消费等新热点，加快发展夜间经济和假日经济。培育家政龙头企业，开展晋城名店名品名厨认定工作，满足市民消费升级需求。积极举办各类推介活动，带动商贸、旅游、文化等消费业态融合发展。

推动外贸稳中提质。用好用活国家关于进一步促进两岸经济文化交流合作的“26条”措施。扎实推进外贸主体培育三年行动计划，积极培育壮大外贸主体，深入落实我市促进对外贸易发展的5项政策措施，支持外贸企业做大做强。积极应对中美贸易摩擦，以山西品牌“丝路行”“品牌行”“网上行”为载体，全面对接“一带一路”，加快拓展国际市场。深化“千企百展”行动计划，推动出口市场从传统市场为主向“一带一路”多元化市场全面发展。继续做好中国(山西)自贸试验区晋城片区的申报设立工作，深化复制推广广东自由贸易试验区深圳前海蛇口自贸区制度创新经验，推动118项任务清单落实落地，扩大贸易便利化水平。以实施负面清单制度为核心，推进投资自由化、便利化。定期召开外资企业高管座谈会，及时协调解决外资企业反映的突出问题。拓展兰花保税物流中心功能，积极发展跨境电商业务。不断提升出口产品质量，努力实现外贸进出口增长。

(四)大力实施创新驱动战略，打造创新生态小气候

坚持“创新为上”，聚焦“两只翅膀腾飞，三足鼎立支撑，城市两翼发展”高质量发展格局，汇聚人才、政策、资金、项目、企业等创新要素要件，下大力气培育创新文化，营造创新生态小气候。

完善创新制度。深化科技体制机制改革，落实项目评审、人才评价、机构评估改革，不断强化市场导向。加大R&D经费投入强度，促进大中小企业联合创新、协同发展。继续实施高新技术企业五年倍增计划，今年达到68家。

推动创新研发。推动规上工业企业研发活动全覆盖，通过技术改造和研发创新双向发力，不断提高企业创新能力。支持晋煤、兰花、清慧等骨干企业开展相关领域前瞻性关键技术和“卡脖子”技术研究。

搭建创新平台。加快总建设规模26万平方米，集创客空间、项目孵化、企业加速、人才培养、智创活动、赋能服务于一体的“5号智创城”建设，打造省级“双创”中心和我市产业转型升级“双创”引领区。2020年上半年完成“5号智创城”A区(晋城市科技研发基地)加速器、室外总图和二次室内装修及设备安装等的建设，B区(晋城市中小企业创新创业产业园)完成标准化厂房4万平方米，总建设面积达到18万平方米，同步启动运营商招聘工作，下半年投入运营使用。通过引进国内一流的创新资源，形成双创集聚效应。通过引进东京大学纳米光机电研发中心、清华大学光机电产业研究院、山西大学光电信息产业研究院等6所新型科研机构入驻智创城，为重点产业发展提供智力支持。积极争取省级2200万元“智创城”运营补贴政策，落实市级财政保障，转化一批科技成果，扶持一批可创型企业。充分发挥“晋城市共享大型科学仪器设备库”作用，促进科技资源共享和优化配置。

集聚创新人才。围绕产业转型重点领域，柔性引进“两院”院士等高精尖人才和专家团队。细化落实人才住房、配偶就业、子女上学等各项优惠政策，吸引更多高层次人才和优秀大学毕业生来我市就业创业。大力弘扬企业家精神和工匠精神，用好本地人才。

打造“双创”升级版。健全和完善创新创业高质量发展政策。启动“创新型县(市、区)”试点建设。培育一批国家级和省级“双创”示范基地,加快推进高平、开发区两个省级双创示范基地建设。加快建设省级“智创城”和10家市级“星创天地”。落实支持创新创业的财税政策,加快建立完善知识产权运营服务体系。进一步提升孵化机构和众创空间服务水平,建立大中小企业融通发展平台,推进工业互联网创新发展,健全“互联网+”创新创业服务体系。积极推进西安光机所、西安交大增材研究中心、中科院太原煤化所等一批科研院所的合作平台建设。

(五)坚决打赢三大攻坚战,加快补齐全面建成小康社会短板

聚焦重点领域,围绕薄弱环节,全力以赴坚决打赢三大攻坚战。

坚决打赢脱贫攻坚战。统筹开发式扶贫和保障性兜底,确保剩余贫困人口全部脱贫。持续深化产业扶贫、就业帮扶、生态扶贫,推进消费扶贫,加强易地扶贫搬迁后续扶持,全力巩固拓展脱贫成果。持续关注脱贫监测户、边缘户两类群体,开展动态帮扶,确保稳定脱贫不返贫。开展脱贫攻坚普查,全面排查整改“三落实”“三精准”“三保障”等方面的突出问题。强化扶贫项目资金管理,持续开展扶贫领域作风建设专项整治。建立解决相对贫困的长效机制,推动脱贫攻坚和乡村振兴有机衔接。

坚决打好污染防治攻坚战。打好蓝天保卫战。严格“两高一危一化”重点行业项目环境准入管理,完成市区周边4家污染企业关停搬迁任务,实现“散乱污”企业动态清零。强力推进重点行业企业提标改造及工业炉窑、挥发性有机物综合治理。深化锅炉综合整治,稳步推进冬季清洁取暖改造。加快运输结构调整,大力推进大宗运输“公转铁”。持续加大扬尘、机动车尾气、餐饮油烟精细化治理力度,有效应对重污染天气。打好碧水保卫战。全面完成入河排污口整治。推动已建成的污水处理厂正常运行。加快正源污水处理厂扩容提标改造和金匠、阳城安阳、沁水(第二)污水处理厂以及一批乡镇水污染防治工程设施建设。建立黑臭水体长效管控机制,逐步实现河道清水复流。打好净土保卫战。以工业固废综合利用为重点,加快建设国家级工业资源综合利用基地。

全力打好防范化解重大风险攻坚战。加强金融风险监测,积极防控信用风险和流动性风险,有效压降不良贷款,扎实推进市场化、法制化债转股,严厉打击非法集资等各类非法金融活动。坚决打击网络传销、电信网络诈骗。加快推进陵川农信社改制化险。加强房地产等重点领域风险防控。树牢红线意识,进一步夯实安全生产和应急管理工作基础,坚决防止和遏制重特大事故发生。严防群体性事件、突发性事件、重大食品药品安全事故、重大公共卫生安全事故、重大交通安全事故等公共安全事件。健全信用体系建设政策标准,利用好“信用中国(山西晋城)”平台,营造良好信用环境。

(六)狠抓关键领域改革,持续扩大对外开放

坚持改革为要,坚定不移全面深化改革,不断将制度优势转化为治理效能和发展动能,最大限度激发转型发展内生动力。紧紧抓住国家扩大高水平开放机遇,加强区域间的合作共赢,加快建设晋东南门户城市,不断提升对内对外开放水平。

纵深推进“放管服效”改革。进一步深化“一枚印章管审批”改革,推动营商环境继续领跑全省,跻身全国第一方阵。加快完善市县一体的政务服务平台和便民服务平台,优化审管衔接机制,全力打造“一网、一门、一窗、一次、一章”的服务模式。启动“项目一件事”“企业一件事”改革,探索构建便捷高效的政务服务体系、城乡一体的基础设施体系、沉底到边的基层治理体系、优质均衡的民生服务体系、全域覆盖的公共安全体系“五大体系”,全面提升政府治理现代化水平。支持高平市开展集成改革试点,围绕“五大体系”全面探索、先行先试,其他县(区)选择重点领域,尽快突破。进一步拓展企业投资项目试行承诺制比例,开发区和工业园区备案类新开工项目实行承诺制办理率达到100%;不断完善承诺事项流程,提高办理效率,加大保留审批事项并联办理力度,提升审批效能,扩大改革红利。

持续深化国资国企改革。深化国有资本投资运营体制改革,推动监管职能从管企业、管资产向管资本转变。市国投公司要围绕投资、融资、运营、整合“四大平台”，强化资本投资运营功能，优化国有资本布局，引导国有资本向能源革命方向进军，向新兴产业集结，在公共服务领域优化，提高国有资本运营质量与效率。持续深化重点企业改革，推动兰花集团体制机制改革方案落地，天泽集团上市基础工作取得更大进展。积极推进混改、国有资本退出和市场出清各项工作，力争再完成5家企业改革任务。强化国有资本监管，建立健全国有资本布局统计监测体系，对资本收益严格实行“收支两条线”管理。减少对商业类国有企业的干预，给予充分自主权；规范对公益类、功能类国有企业的监管，除特殊人才外，选人用人全部公开招聘。有序推进国企退休人员社会化管理工作。

持续深化开发区改革。继续深化“三化三制”改革。推动各开发区“三制”改革全部到位，各省级开发区建立健全各项体制机制，深入推进管运分离，提高服务效能。引用市场化选人用人机制，加强队伍建设，加大国际化产业合作，提升国际化水平。推进“三化”改革，鼓励开发区与发达地区、优势企业合作共建产业园区，在更多领域引入社会资本参与开发区建设运营。优化开发区投资环境，推动市县两级向开发区授权到位，推行全程领办代办机制，探索完善区域评估制度，全面实现开发区一般工业项目“全承诺、无审批、拿地即可开工”。积极推进陵川生态文化旅游示范区建设，打造“太行天堂”。完善开发区考核办法，细化考核指标，强化投资强度、产出强度、税收强度考核。强化基础设施建设。支持开发区标准厂房、道路等基础设施和科技孵化器、技术研发平台等公共服务平台建设。全市各开发区和园区年内建设50万平方米标准化厂房。支持晋城经济技术开发区用好我市支持开发区改革创新发展的“18+8”等政策措施，进一步发挥国家级开发区的示范引领作用。

全力创建全省民营经济发展改革示范市。推动支持民营经济改革发展的各项政策落实到位。落实我市18条支持民营企业发展具体措施，着力破解民营小微企业融资难融资贵问题。鼓励引导民营企业加快建立现代企业制度，完成规范化股份制改造企业10家。继续清理政府部门和国有企业拖欠民营企业账款，加大政府收费清理规范力度，切实减轻企业负担。健全民营企业涉法维权机制，依法保护企业家人身和财产安全。深入实施民营企业培育行动，年内“236”行动计划入围企业达130家，培育“小升规”企业45家，“专精特新”企业20家，“421”工程培训企业家2000人以上。面对当前疫情防控现状，认真落实《晋城市人民政府关于应对新型冠状病毒感染的肺炎疫情支持中小企业平稳健康发展的若干措施》，确保实体民营经济平稳运行。

构建立体化开放通道。铁路方面，完成太郑高铁晋城段建设任务及站房、站前广场等配套设施建设，确保年底按期投运。公路方面，G342改线工程年内建成通车，加快推进G207线长治至陵川段升级改造和晋阳高速八车道拓宽改造工程，力争晋城东南过境高速开工建设，完成G208长治司马至高平刘庄段改扩建工程前期工作。协调推进陵川至新乡高速加快建设、阳运高速和安沁高速做好前期工作。积极协调周边城市畅通国省道出省口。机场方面，积极争取晋城机场列入国家民航“十四五”规划，统筹推进机场和空港新区规划建设，开工建设机场大道，启动场址拆迁工作；推动中国航发航空维修产业园落地；加快建设阳城通用机场。

扩大区域交流合作。紧抓国家战略机遇，积极融入一带一路，加强与国外友好城市、友好企业交流。贯彻落实国家支持山西与京津冀加强协作实现联动发展的意见，完善合作机制，形成晋城市与京津冀协同联动发展，互惠互利共赢新格局。深入对接长三角、粤港澳大湾区，争取更多项目纳入合作协议，主动承接一批项目落地我市。以更加积极主动的姿态对接郑州、融入中原，在中部崛起、黄河流域生态保护和高质量发展的国家级战略框架内展现晋城担当。加强与周边城市的紧密协作，在交通设施互联、产业发展互补、要素资源互享、人文交流互通、生态环保联动等方面形成常态化合作机制，共同推动建设一批合作项目。

加大招商引资力度。围绕五大产业，用好六个比较优势，实行差异化招商，助推高质量转型发展弯道超车。紧盯中原城市群、长三角、珠三角、台湾等四大区域,加大招商引资力度。市级层面举办好首届泽商大会,做好郑州招商大会工作,办好晋城(郑州)丹河新城暨重点产业项目推介专题招商活动,深化拓展"新时代海外侨胞、台湾同胞山西(晋城)经贸交流恳谈会"等活动。各县(市、区)举办各具特色的专题招商活动。深化市县两级招商引资市场化改革,强化考核奖惩兑现。紧密结合国家重大产业布局,积极对接世界500强、全国500强企业,招大招强项目。支持本地企业"以企引企、以商招商"。加强外商投资促进和保护,继续缩减外商投资负面清单。

(七)积极推进城乡区域协调发展,构建发展新动力源

加大乡村振兴,全面增强中心城市辐射带动作用,树立城乡一体化发展的理念,优化布局,补齐短板,实现城乡统筹、融合发展。

深入推进乡村振兴战略。加快农林文旅康产业融合发展试点建设。充分挖掘"文化、生态、康养"三大比较优势,创优产业融合发展软硬环境,全力推动现有试点开展综合改革。大力发展特色功能农业、药食同源产业、有机旱作农业;着力打造纺织品、功能食品、中医药品、肉制品等农产品精深加工产业集群,力争建设6个特色产业联盟、22个现代特色农业产业园区,打造"药食同源、康养晋城"品牌。切实改善农村人居环境。以星级村创建为抓手,明确标准,突出特色,6月底前完成全市星级村创建认定工作。优化第二批市级奖补项目,整体提升"六道"周边环境。坚持改厕和治污同步推进,完成5万座改厕任务。基本建成农村生活垃圾收运体系,启动运行99个垃圾中转站,扩大生活垃圾分类试点范围。新(改)建"四好农村路"635公里。完善农村环境运行管护机制。开展村庄清洁行动"百村"评选和第三届最美乡村评选。充分发挥农民主体作用。制定出台《加强乡村治理的实施意见》,创建一批乡村治理示范村镇,推进"三治融合"。大力培育新型农业经营主体,建立职业农民培育体系,完成3000名新型职业农民培训任务。加大国家级、省级农民专业合作社和示范性家庭农场培育力度,发展多种形式的适度规模经营。加快恢复生猪生产,力争年底存栏达到100万头,确保市场供应稳定有序。

全面提升城市品质。筹备召开好全省城市建设大会。力争年内完成行政区划调整,进一步优化空间布局。扎实推进老城更新与保护。加快推进"五个二"续建工程,"两街""两路"上半年全面完成,并同步实施好两侧环境提升、风貌管控,"两河""两会""两园"建设年内取得实质性进展。加快十宗地块回迁楼建设,年底主体全部完工。统筹抓好"两城楼、一城墙、两广场、二十一巷、二十院落"等历史文化遗迹的提升改造。适时启动东西大街以北片区改造前期工作。全面加快西北片区改造步伐。加快推进丹河新城建设。按照县级实施、市级统筹的模式,推动金村起步区内教育园区、行政办公中心、五谷山公园等43个项目奠基开工,统筹抓好路网、水系、绿化建设,确保朝阳街、学苑街、珏山路、新晋路、金村大道北段、金村大道南段6条路建成通车。积极举办丹河新城郑州推介活动,吸引更多的中原人前来投资兴业、旅游康养、求学就业。加强城市基础设施建设。持续实施"三通"工程,东面重点抓好尚安街、太岳街东延工程,确保G207改线金凤路和红星街互通工程建成通车、中原街互通开工建设;南面加快G207改线文峰路互通工程、文博路至文峰路连通工程、南环路前期工作,确保太行路、景西路年内全线贯通;西面重点抓好环城高速西口互通、太印街、古书院街、佑安街、白水街西延、金匠开发区至南村连接线等工程;北面重点实施建设北路、七岔口连通工程。同时,推动中原街改造及地下综合管廊建设上半年全面完工,对上元街、瑞丰路、泰欣街、上辇街进行提升改造。新气源项目上半年全面完工,阳电至市区集中供热热网工程年内完成隧道主体、长输管网敷设和4座大型泵站建设。第三水厂年底基本建成。晋城东500千伏输变电项目完成输电线路塔基浇筑和变电站土建工程。深入开展"两下两进两拆四提升"城市品质提升行动,重点抓好"十纵十横"主次干道和224条背街小巷的整治提升。以凤台小区为样板,改造提升一批老旧小区。有序推进步行街改造提升。抓

好时家岭公园、凤台公园建设，实施泽州公园提质工程，启动笔峰寺公园、城市绿心公园前期。继续抓好人行天桥、公共厕所建设，对城市停车系统和公交系统实施智慧化管理。

加快推进城乡融合发展。充分发挥中心城市的辐射带动作用，统筹县城和重点镇建设，持续加大县城建设力度，推动“两下两进两拆四提升”向县城和城乡接合部延伸，完善小城镇联结城乡功能，增强城镇对乡村的带动能力。加强对特色小镇和特色小城镇的规范管理，有序推进特色小镇发展。统筹推进城乡基本公共服务均等化，积极构建城乡基础设施一体化规划、建设、管护机制。全面完成农村集体经济组织股份合作制改革，统筹推进农村“三变”“四块地”等各项改革，支持各类人才返乡入乡创业，引导工商资本下乡，推动要素双向流动，促进城乡融合发展。完成466个行政村撤并任务。

（八）加强生态保护与修复，加快建设美丽晋城

深入践行“两山”理论，坚持高标准保护，牢固树立绿色发展理念，扎实推进生态保护及修复治理，提供更多优质生态产品。

完善生态文明建设体制机制。建立国土空间规划和用途统筹协调管控制度，完成市县两级国土空间总体规划编制，严格划定落实“三区三线”“三线一单”和主体功能区，实施“多规合一”。6月底前完成生态保护红线、永久基本农田保护红线、城镇开发边界的划定工作。完成河道与水库工程管理范围划界工作，提交河湖岸线保护与利用规划初步成果。建立覆盖全市的生态环境分区管控体系。完善生态环境监管执法机制，落实生态补偿和生态环境损害赔偿制度，逐步健全源头预防、过程控制、损害赔偿、责任追究的生态环境保护体系。

持续加大生态修复治理力度。严格落实耕地保护基本国策，完成永久基本农田和储备区划定工作。紧紧抓住国家制定黄河流域生态保护和高质量发展战略规划的契机，统筹推进山水林田湖草综合治理，实施一批生态修复工程。完成39万亩水土流失治理任务；做好矿山生态环境恢复治理工作，加大采煤沉陷区、工矿废弃地等生态修复治理力度。持续推进国土绿化。完成国省营造林1.6万亩。实施天然林保护植被恢复工程。抓好高速公路、重点国省道沿线绿化，启动长晋高速、高沁高速两侧林带建设。对15个重点乡村进行园林绿化，集中连片建设生态园林村。持续推进环城生态圈、城市河流水系绿网和城市道路绿网建设。完善“河长制”工作机制，完成沁河重点段河道治理项目，加快推进沁河（阳城段）生态景观治理、沁河（沁水段）和丹河（高平段）生态修复与保护工程、丹河龙门湿地公园建设、北石店河和南村河开发区段综合治理。加强主城区河道管理，实现清水复流。

加快发展节能环保产业。重点打造我市国家级工业资源综合利用基地，加快和美环保固体废物综合处置中心项目建设。进一步深化与中环装备公司的合作，大力拓宽合作领域，开启大气污染和污水治理等相关领域深度合作新篇章。

（九）全力保障和改善民生，切实提高人民群众获得感和幸福感

坚持以人民为中心的发展思想，聚焦全面建成小康社会，加强基本公共服务保障，不断增进民生福祉。

切实提高就业服务和社会保障水平。深入开展“人人持证、技能社会”暨全民技能提升工程，大规模开展职业技能培训，统筹做好高校毕业生、退役军人、农民工、残疾人、下岗失业人员等重点群体的就业工作。完善社会保障体系，稳步提高各项社会保险待遇水平。继续阶段性降低企业保险费率。落实社会救助、社会福利等制度，提升困难群众基本生活保障水平。稳步推进棚户区（城中村）改造，新开工建设4483套。

全面提高公共服务水平。推进学前教育公平普惠发展，新建改建10所幼儿园，深入推进小区配套园建设整治，扩大城市学前教育资源；深化全国居家和社区养老服务改革试点建设。建设改造41所农村寄宿制学校和乡村小规模学校，鼓励高中、初中向县城集聚、小学向乡镇集中。推进集团化办学和中小学教师“县管校聘”改革，促进义务教育城乡一体化发展，启动实施普通高中教育强市工程，深化职业教育产教融合和现代学徒制改革。东南新区学校和西城小学投入使用。加快健康晋城建设，推动市级两大医疗集团规范运行，持续深化县域综合医改，全面推进基本公共卫生服务均等化。强力推动高平、陵川创建国家卫生县城。市人民医院易址扩建工程年内主体完工。加强公共卫生基础设施建设，加大专业卫生人才引进和培养力度，提升突发公共卫生事件应急防控水平，全面打赢新型冠状病毒疫情防控阻击战。在全省率先完成图书馆文化馆总分馆制建设，做好第四批国家公共文化服务体系示范区迎检工作。深入推进文明守望工程、文物安全及保护利用工程、乡村文化记忆工程和文化惠民工程。广泛开展全民健身活动，建设体育晋城、健康晋城。在市区建设足球场、网球场、篮球场、羽毛球场等体育设施19块，在各县（市、区）建设社会足球场地10块以上。抓好“两馆六中心”（科技馆、规划展览馆、全民健身中心、文化艺术中心、老年活动中心、职工活动中心、青少年活动中心、防灾教育中心）和10处左右综合便民服务场所建设。

做好粮食安全和物资储备工作。强化粮食安全责任制考核，加强粮食安全保障能力建设。做好粮食市场和流通促进优粮优产、优购、优储、优加、优销“五优联动”，完善粮食物资执法监督，加快构建高质量供给体系，推进能源、战略物资、应急救灾和防汛抗旱物资储备安全管理改革，建成统一的物资储备体系，提高各类储备管理规范化、标准化和信息化、智能化水平，确保收得进、储得好、调得动、用得上。

加强稳价保供工作。加强价格监测工作。加强农产品成本调查和成本监审，推动实行政府定价管理的4A、5A重点国有景区门票降价，降低部分旅游景区服务价格。完善限价房和经济适用住房物业收费标准，推进各县（市、区）建立健全城镇生活垃圾处理收费机制。

加强和创新社会治理。加快推进市域治理现代化，探索“全科网格”社会治理模式，推动社会治理和服务下沉。建立完善社会矛盾纠纷多元化解联动机制，创新发展新时代“枫桥经验”，做实做细各类利益诉求群体的信访维稳工作。纵深推进扫黑除恶专项斗争，健全社会治安防控体系，完成“雪亮工程”。持续加大全国文明城市创建力度，确保今年创建成功。

（十）强化政策研究和运行调控，充分发挥规划引领作用

贯彻落实好国家、省一系列方针政策和决策部署，围绕稳增长、调结构、促改革等重大问题，加大政策落实和运行调控力度，高标准做好“十四五”规划编制工作，切实增强推动全市高质量转型发展的能力。

加强重大问题研究和政策落实。认真贯彻落实国家减税降费、促进消费升级等政策，及时出台相关政策措施。加强产业发展政策协调研究，加快“3+5”政策落地。加快户籍改革政策，协调引进人才政策、盘活农村集体土地政策两个文件推进实施。通过政策的落地实施，增强经济发展的动力和活力。

加强经济运行的监测调控。不断完善全市经济运行分析联席会议制度，定期召开全市经济运行联席会议；及时掌握全国、全省经济形势和我市主要经济指标、重点行业、重点项目等情况和发展趋势，定期对全市经济运行情况进行综合分析，对经济运行中或推进落实过程中存在的问题、困难和原因，及时研究提出有针对性的对策和措施，实施精准调度、精准调控。

高标准做好“十四五”规划编制工作。“十四五”时期是“两个一百年”奋斗目标的历史交汇期，是实现晋城高质量转型发展的决胜期，要切实提高规划站位，明确规划重点，强化规划对接，开门搞好规划，积极推进“多规合一”。一是做好全市“十四五”规划前期研究工作，完成22个“十四五”规划前期重大课题研究工作。二是起草全市“十四五”规划基本思路。在前期课题研究成果的基础上，完成晋城市“十四五”时期经济社会发展基本思路。同时启动一批市级专项规划编制工作。三是谋划一批“十四五”时期重大项目。紧盯国家产业政策，围绕我市主要产业发展，超前部署一批具有全局性、带动性、标志性的重大工程项目。加强与国家、省发改委对接，争取将更多的重大项目纳入国家、省规划盘子。

关于2019年全市和市本级预算执行情况与2020年全市和市本级预算草案的报告(节选)

——在晋城市第七届人民代表大会第六次会议上

晋城市财政局局长　崔国炜

(2020年4月27日)

一、2019年预算执行情况

2019年,全市上下以习近平新时代中国特色社会主义思想为指导,在市委坚强领导下,全面贯彻市委七届六次、七次、八次会议精神,认真落实市人大七届五次会议精神,坚持稳中求进工作总基调,瞄准"先行区""领跑者""桥头堡"三大目标,按照新时代美丽晋城高质量转型发展要求,改革创新、奋发有为,实现全市经济稳中有进、稳中向好。与此同时,全市财政部门牢固树立过"紧日子"思想,加力提效实施积极财政政策,不断强化预算管理,确保预算收支平稳运行,推动各项财政工作取得新进展。

(一)一般公共预算执行情况

1.全市一般公共预算执行情况

2019年全市一般公共预算收入138.2亿元,完成预算的103.1%,比上年增长10.3%,其中市本级39.6亿元。各县(市、区)完成情况为:泽州县23.6亿元,高平市22亿元,阳城县19.1亿元,沁水县18.8亿元,城区9.5亿元,开发区3.7亿元,陵川县1.9亿元;增长速度分别为:泽州县22.7%,阳城县14.9%,高平市14.9%,城区14.4%,沁水县14.1%,陵川县13.8%,开发区10%。

全市支出预算在执行过程中根据省财政厅追加转移支付及《中华人民共和国预算法》有关规定作了相应变动:一是将省追加的专项指标顺加到了有关科目;二是报经市人大常委会批准,增加了政府债券支出;三是根据预算管理有关规定核减当年未能执行的预算指标。全市一般公共预算支出预算由人代会通过的200.1亿元变动为253.0亿元,全年执行252.5亿元,为变动预算的99.8%,比上年增长10.5%,其中市本级58.2亿元。各县(市、区)一般公共预算支出执行情况为:高平市40.6亿元,泽州县38.7亿元,阳城县34.6亿元,沁水县28.1亿元,城区24.6亿元,陵川县20.8亿元,开发区7亿元;增长速度分别为:高平市18.7%,阳城县16.4%,城区16.3%,沁水县16.3%,泽州县10.2%,陵川县5.3%,开发区2.5%。

全市一般公共预算收入138.2亿元,加上级补助收入85.3亿元、债务转贷收入19.6亿元(其中新增一般债券收入13亿元)、动用预算稳定调节基金18.5亿元、调入资金12.5亿元、上年结余收入0.7亿元,收入总计274.8亿元。全市一般公共预算支出252.5亿元,加上解上级支出2.5亿元、安排预算稳定调节基金12.5亿元、债务还本支出6.8亿元,支出总计274.3亿元。收支相抵,滚存结余0.5亿元,均为有专项用途资金结转下年使用。

2.市本级一般公共预算执行情况

(1)收入执行情况

2019年市本级一般公共预算收入39.6亿元,完成预算的91.4%,比上年下降2.2%;加上级补助收入85.3亿元、下级上解收入2.1亿元、债务转贷收入19.6亿元、动用预算稳定调节基金7.5亿元、调入资金5.3亿元、上年结余收入0.5亿元,收入总计159.8亿元。

主要收入项目执行情况:市本级税收收入29.5亿元,为预算的90.9%,比上年增长1.9%,其中:增值税13.2亿元,为预算的89.4%;企业所得税6.1亿元,为预算的98.3%;个人所得税0.6亿元,为预算的

59.9%；资源税7.4亿元，为预算的89.7%；城市维护建设税1.3亿元，为预算的102.7%；其他税收0.9亿元，为预算的93.3%。市本级非税收入10.1亿元，为预算的92.6%，比上年下降12.3%，主要是2019年探矿权采矿权收入比上年减少2.5亿元。

(2)支出执行情况

2019年市本级一般公共预算支出58.2亿元，为变动预算的99.8%，比上年增长1.1%；加上解上级支出2.5亿元、补助下级支出86.8亿元、债务还本支出1.7亿元、债务转贷支出10.3亿元、安排预算稳定调节基金0.2亿元，支出总计159.7亿元。收支相抵，滚存结余0.1亿元，均为有专项用途资金结转下年使用。

主要支出项目执行情况：教育支出7.1亿元，为变动预算(下同)的100%；科学技术支出0.2亿元，为预算的100%；文化旅游体育与传媒支出2.4亿元，为预算的100%；社会保障和就业支出4亿元，为预算的100%；卫生健康支出1.3亿元，为预算的100%；节能环保支出8.5亿元，为预算的99.6%；城乡社区支出14.4亿元，为预算的100%；农林水支出1.6亿元，为预算的95.8%；交通运输支出1.3亿元，为预算的100%；自然资源海洋气象等支出0.7亿元，为预算的100%；住房保障支出1.4亿元，为预算的100%；公共安全支出4.9亿元，为预算的100%。

3.转移支付执行情况

省对我市转移支付85.3亿元，比上年下降1.6%。其中：返还性收入0.2亿元，与上年持平；一般性转移支付61.0亿元，增长38.1%；专项转移支付24.1亿元，下降43.0%，一般性转移支付和专项转移支付增减幅度较大，主要是上级将属于共同财政事权的专项转移支付调整至一般性转移支付，进一步提高一般性转移支付比重。市对县(市、区)转移支付86.8亿元，比上年增长17.3%。其中：返还性支出-3.2亿元，与上年持平；一般性转移支付60.4亿元，增长35.3%；专项转移支付29.6亿元，下降23.8%。

(二)政府性基金预算执行情况

1.全市政府性基金预算执行情况

2019年全市政府性基金预算收入54.7亿元，增长163.5%，完成预算的156.7%，增幅较大主要是由于国有土地使用权出让收入51.5亿元，增长167.8%，完成预算的158.4%；加上级补助收入1.2亿元、债务转贷收入26.5亿元(其中新增专项债券收入25.5亿元)、上年结余收入0.6亿元，收入总计83.0亿元。

全市政府性基金支出75.3亿元，增长119.2%，为变动预算的99.3%；加调出资金6.2亿元、债务还本支出1亿元，支出总计82.5亿元。收支相抵，滚存结余0.5亿元。

2.市本级政府性基金预算执行情况

2019年市本级政府性基金预算收入14.8亿元，增长225.1%，完成预算的227.6%，增幅较大主要是由于国有土地使用权出让收入14.3亿元，增长238.7%；加上级补助收入1.2亿元、债务转贷收入26.5亿元、上年结余收入0.5亿元，收入总计43.0亿元。

2019年市本级政府性基金预算支出19.3亿元，为变动预算的97.1%，比上年增长168.2%；加补助下级支出4.3亿元、债务转贷支出15.1亿元，债务还本支出0.5亿元，调出资金3.2亿元，支出总计42.4亿元。收支相抵，滚存结余0.6亿元。

(三)国有资本经营预算执行情况

1.全市国有资本经营预算执行情况

2019年全市国有资本经营预算收入4.3亿元，下降45.5%，完成预算的59.9%；加上级补助收入4.5亿元，收入总计8.8亿元。全市国有资本经营预算支出6.8亿元，为变动预算的75.1%，加调出资金2.0亿元，支出总计8.8亿元。收支平衡，无结余。

2.市本级国有资本经营预算执行情况

2019年市本级国有资本经营预算收入0.02亿元，完成预算的0.76%，未完成预算主要是由于市直国有企业历史遗留问题等原因欠缴国有资本经营收入；加上级补助收入4.48亿元，收入总计4.50亿元。市本级国有资本经营支出4.50亿元，主要是中央和省下达晋煤集团“三供一业”分离办社会补助支出。收支平衡，无结余。

(四)社会保险基金预算执行情况

1.全市社会保险基金预算执行情况

全市社会保险基金收入95.8亿元,为预算的106.0%;加上级补助收入0.6亿元、上年结余收入218.8亿元,收入总计315.2亿元。全市社会保险基金支出84.2亿元,为预算的101.1%;加上解上级支出0.3亿元,支出总计84.5亿元。收支相抵,滚存结余230.7亿元。

2.市本级社会保险基金预算执行情况

市本级社会保险基金收入61.1亿元,为预算的114.6%;加上级补助收入0.6亿元、上年结余收入146.0亿元,收入总计207.7亿元。市本级社会保险基金支出51.4亿元,为预算的106.0%;加上解上级支出0.3亿元,支出总计51.7亿元。收支相抵,滚存结余156.0亿元。

(五)政府性债务管理情况

1.新增债券情况。2019年省财政厅转贷我市新增债券38.5亿元,其中:转贷市本级18.72亿元,已按规定编制预算调整报告上报市第七届人大常委会第二十七次会议审议批准;转贷县(市、区)19.78亿元。市本级新增债券资金主要用于土地收储、市民广场等50余个重点建设项目。

2.再融资债券情况。省财政厅转贷我市2019年再融资债券7.57亿元,其中:转贷市本级2.02亿元、转贷县(市、区)5.55亿元。再融资债券用于偿还到期债券本金,减轻财政偿债压力,有效缓释债务风险。

3.债务限额情况。全市2019年底地方政府债务限额142.3亿元,其中市本级(含开发区)66.58亿元。全市地方政府债务余额为127.85亿元,其中市本级(含开发区)63.18亿元,未超过省下达限额,我市债务风险可控。

4.还本付息情况。2019年市本级财政共安排政府性债务还本付息支出3.46亿元,其中:还本支出2.12亿元,付息支出1.34亿元。资金来源包括:再融资债券资金2.02亿元,一般公共预算1.15亿元、政府性基金预算0.29亿元。

(六)晋城经济技术开发区预算执行情况

晋城经济技术开发区一般公共预算收入完成3.72亿元,为预算的102.8%,比上年增长10%,加上级补助收入2.34亿元、债务转贷收入1亿元、上年结余29万元、调入预算稳定调节基金0.3亿元,收入总计7.3亿元。一般公共预算支出7亿元,为变动预算的99.8%,比上年增长2.4%,加上解上级支出266万元、安排预算稳定调节基金0.3亿元,支出总计7.3亿元。收支相抵,一般公共预算滚存结余100万元,均为有专项用途资金结转下年使用。

晋城经济技术开发区政府性基金收入2.6亿元,为预算的71.6%,比上年增长27.4%。加上级补助收入0.6亿元、债务转贷收入1.08亿元、上年结余收入0.1亿元,收入总计4.4亿元。晋城经济技术开发区政府性基金支出3.8亿元,比上年下降34.3%,加上解上级支出12万元、债务还本支出0.59亿元,支出总计4.4亿元。收支相抵,滚存结余88万元。

(七)落实市人代会预算决议及重点财政工作情况

1.加力提效落实积极财政政策。积极发挥财政政策逆周期调节和“四两拨千斤”作用,助力新时代美丽晋城高质量转型发展。

不折不扣实施更大规模减税降费。严格执行降低增值税税率、扩大进项税抵扣范围、退还新增留抵税额等增值税减税政策,认真贯彻小微企业普惠性减税和小规模纳税人减征“六税两费”政策,全面落实个人所得税专项附加扣除政策,降低城镇土地使用税适用税额。城镇职工基本养老保险单位缴费比例统一下调至16%,继续阶段性降低失业保险、工伤保险费率。减征地方文化事业建设费,减免不动产登记费、商标注册费、易地扶贫搬迁有关政府性基金和行政事业性收费。为符合政策的14家企业办理增值税退税19笔,涉及金额4.8亿元。组织开展减税降费政策实施效果专项检查,严格规范政府非税收入管理。全市2019年新增减税降费超过30亿元,减负力度和规模均为近年来最大。

加快美丽晋城城市建设步伐。进一步完善基础设施,提升城市功能,拓展城市空间,推动美丽晋城更加宜居。大力支持老城更新与保护,注资丹河新城建设投资集团,积极支持丹河新城起步区建设,推动“老城新区、一体两翼、协同发展”;加快太焦高铁及客运东站建设,积极支持畅安路北延、景西南路、文化路等“三通”工程,新建10座人行天桥投入使用，启动背街小巷改造，城市交通更加畅通便捷；支持阳城电厂至市区集中供热热网工程、张峰水库干渠末端水池至市区引水及第三水厂等热源、水源项目建设，城市承载能力不断增强；支持市民广场、书院河上游河道治理及清水复流等工程建设，对“三洗六见一红旗”活动进行奖补，城市功能不断提升，市容市貌焕然一新。

着力支持高质量转型发展。围绕“两只翅膀腾飞、三足鼎立支撑”产业转型格局，加快构建现代产业体系，积极支持光机电产业“两中心一基地”建设，着力打造“世界光谷”；继续落实煤层气产业增值税退税和抽采补贴政策，支持举办全国煤矿瓦斯抽采利用现场会和煤层气论坛。大力推进全域旅游，加强王莽岭景区基础设施建设，支持成功举办第五届太行山文化旅游节和第四届海峡两岸神农炎帝文化旅游系列招商活动，对创建国家AAAA级旅游景区进行奖补。积极落实市委、市政府支持开发区发展专项政策措施，全力推动市开发区率先发展。

切实推动国资国企改革和民营企业发展。进一步规范市级国有经营性资产管理，继续推进市级企业国有产权整合划转，完善国有资本收益管理，持续增强市国投公司国有资本投资运营实力，促进国有资本保值增值。认真落实支持民营企业发展各项政策措施，创新实施小微企业信用贷款风险互助补偿、融资担保风险补偿等机制。在全省率先整合政策性融资担保机构，增强全市融资担保能力。实施“236”行动计划，培育“小升规”企业60家。与德国国际合作机构(GIZ)合作，培训企业家65人。

积极实施科技创新战略。鼓励支持科技创新，引导企业加大研发经费投入，促进科技成果转化，激发科研人员创新创业积极性。加快实施大数据“1183”工程，继续加大对科技研发基地投入，积极支持智创城5号建设。

2.着力支持打赢打好三大攻坚战。坚持目标导向、问题导向，强化底线思维，加大投入，完善管理，积极补齐发展短板。

着力巩固脱贫攻坚成果。持续加大扶贫资金投入，2019年安排市级专项扶贫资金5124.3万元，比上年增加1143.3万元，增长28.72%，从2016年以来连续四年保持“双增长”。为所有建档立卡贫困户投保“1+5”脱贫保障保险，探索建立巩固脱贫攻坚成果长效机制。进一步加大产业扶贫投入，支持做好易地扶贫搬迁后续扶持工作。对建档立卡贫困户安装光伏发电项目予以补助。继续支持陵川县和沁水县两个脱贫县统筹整合涉农资金，集中财力补短板、强弱项。进一步完善扶贫资金动态监控系统，不断加强财政扶贫资金监管。

持续强化污染防治。积极支持落实大气污染防治措施，继续推进农村冬季清洁取暖改造，按200元/户为全市农户发放冬季清洁取暖补贴，加强大气污染源研究，开展市区机动车尾气治理，加快全市锅炉改造，增强大气遥感监测能力，强化大气污染防治网格化精准监控。加强“巡河员”队伍建设，强化“河长制”管理，继续支持巴公河人工湿地生态治理，推进沁河沿线乡村污水管网建设，切实加强水源地保护，积极推进水污染防治。

积极防范化解政府债务风险。坚持“开好前门、严堵后门”，在积极争取上级债券资金支持的同时，努力构建地方政府债务“借、用、还”良性循环机制，严格在省核定政府债务限额内，依规适度举借政府债务，严格将地方政府债券资金用于公益性资本支出，严格按照规定时限偿还到期债务本息。加强债务风险预警监控，积极推进地方政府债务公开，超额完成年度隐性债务化解任务。自觉接受审计监督，严格履行人大审查监督程序，在全省率先向市人大常委会报告全市及市本级债务情况。

3.积极保障和改善民生。更加积极主动“保基本、兜底线、惠民生”，不断增强人民群众福祉。全市保障和改善民生领域支出205.8亿元，达到一般公共预算支出的81.5%。

优先支持就业创业。实施更加积极的就业政策，支持市级创业孵化基地和创业实体发展。建立健全城乡统筹的公共就业服务体系，继续发放高校毕业生就业见习补贴、五类人员职业培训补贴，促进高校毕业生、农村转移劳动力、城镇困难人员等就业。实施企业稳岗补贴政策，支持企业开展转岗培训和技能提升培训。

推动教育均衡发展。优先足额落实城乡义务教育"两免一补"、家庭经济困难学生资助以及高职教育、中职教育、普通高中、特殊教育生均拨款制度等教育经费保障政策。加快东南新区学校建设,完成晋城中专、晋城三中、晋城五中整体搬迁,建成综合实训基地(一期),继续推进太原科技大学晋城校区建设,大力支持新(改)建幼儿园、乡村小规模学校和乡镇寄宿制学校。为市直中小学分批配备教学触控一体机设备,进一步提高中小学教学信息化水平。

稳步提升社会保障水平。建立城乡居民基本养老保险待遇确定及基础养老金正常调整机制,对65岁及以上参保城乡老年居民每月增发基础养老金5元,达到月人均128元,对去世的参保城乡居民按不低于12个月的基础养老金标准发放丧葬补助金。企业退休人员基础养老金再提高5%。城市、农村低保标准每人每月分别提高30元、40元,特困供养人员每人每月供养标准分别比上年增加37元、55元,将城市三无人员等纳入特困人员救助范围,社会散居孤儿养育标准由每人每月600元提高到每人每月1000元,集中供养孤儿养育标准由每人每月1000元提高到每人每月1500元。积极做好退役军人事务,切实保障在乡复员军人、两参人员、伤残军人等重点优抚对象的基本生活,为市直部分破产企业下岗失业退役军人补缴社保欠费。

加快医疗卫生事业发展。进一步加大基本公共卫生服务投入,将全市人均基本公共卫生服务经费标准由55元提高到69元,支持建设全民健康信息平台和基层医疗卫生机构信息管理系统,继续加强乡村医生队伍建设。加快推进市医院易址扩建PPP项目建设,持续深化城市公立医院综合改革,城乡居民基本医疗保险财政补助标准由每人每年490元增加到520元以上,为未纳入建档立卡贫困人口的低保和特困供养人员参保医疗商业补充保险。继续实施农村计生家庭奖励扶助政策。

繁荣文化事业发展。大力支持创建国家公共文化服务体系示范区,继续落实公益性文化设施免费开放、免费送戏下乡、农村"五项公共文化建设"等各项文化惠民政策,进一步提高基层公共文化服务水平。加强对文物古迹、非物质文化遗产的保护,积极扶持《太行娘亲》《立秋》《连翘花开》等文艺精品创编、演出。支持全国第二届青年运动会在我市举办游泳、射箭、击剑、跑步等项目。积极推动山西晋城太行古堡群申遗及保护管理规划工作。支持组建我市新闻传媒集团,加快推动融媒体改革。

推进乡村振兴战略。落实农村人居环境整治三年行动方案,加快补齐农村人居环境突出短板。积极支持农林文旅康产业融合发展,促进农业产业升级。加强非洲猪瘟疫情防控,发放新增能繁母猪补贴,推进畜禽粪污无害化处理利用。加大农村饮水安全巩固提升和维修养护工程投入,推进高标准农田建设,划定粮食生产功能区,稳步提升粮食产能。建立完善农业信贷担保体系,对农业产业化龙头企业予以贷款贴息。加强"三品一标"建设,积极开展设施蔬菜、育肥猪、核桃等地方特色农业产业保险试点。支持市级生态公益林补偿,加强林业生态建设。

4.不断深化预算改革加强财政管理。紧扣财政职能定位,强化责任担当,夯实工作基础,不断提升依法理财、科学理财水平。

全面推进预算绩效管理。加快构建事前、事中、事后"三位一体"的全方位、全过程、全覆盖的预算绩效管理体系,2019年市本级申报项目绩效目标920个,审核通过843个,绩效跟踪项目777个,绩效自评项目47个,重点评价项目6个,进一步树立"花钱必问效、无效低效必问责"的资金使用导向。

继续深化预算管理改革。出台我市医疗卫生领域财政事权和支出责任划分改革实施方案,持续推进基本公共服务领域事权和支出责任改革。制定出台《晋城市市本级项目库管理办法(暂行)》,进一步加强项目库管理。继续开展政府综合报告试点编制工作。市直预算单位全部实行授权支付电子化支付,国库集中支付电子化改革工作全面完成。完善《晋城市市级社会保险基金竞争性存放管理暂行办法》,通过公开方式对社保资金进行竞争性存放。

进一步加强预算执行管理。多措并举加快预算支出进度,在全省对2019年3—11月一般公共预算支出进度考核中，我市连续七个月排名全省各市第一，市本级、城区、阳城县、沁水县和陵川县始终稳居前列，省财政厅共兑现我市一般公共预算支出进度考核奖励资金3500万元。积极盘活财政存量资金，2019年市级共盘活存量资金12.9亿元，更好发挥财政资金使用效益。

总的来看，2019年各项财政工作锐意进取、开拓创新，取得了新的进展。这是市委市政府科学决策、正确领导的结果，是市人大、市政协加强监督、有力指导的结果，是各级各部门和全市人民拼搏奋进、攻坚克难的结果。在看到成绩的同时，我们也清醒地认识到，随着经济环境变化及财税政策调整，财政运行中还存在一些突出矛盾和问题，主要表现在：受外部环境不确定、环保倒逼、煤炭发展"天花板"等风险影响，经济下行压力加大，一般公共预算收入增速明显放缓；民生改善和高质量转型发展支出需求较快增长，公共财政收支矛盾更加突出；地方政府债务管理稳增长和防风险的双重压力逐步加大等。我们高度重视这些问题，正在采取措施认真解决，也恳请各位代表一如既往给予指导和支持。

二、2020年全市和市本级预算草案

（一）2020年财政工作总体要求、基本原则

2020年是全面建成小康社会和"十三五"规划收官之年。贯彻全国、全省财政工作会议和全市经济工作会议精神，2020年我市财政工作及预算安排的总体要求是：以习近平新时代中国特色社会主义思想为指导，全面贯彻党的十九大和十九届二中、三中、四中全会精神，深入贯彻习近平总书记"三篇光辉文献"精神，紧扣全面建成小康社会目标任务，坚持稳中求进工作总基调，坚持新发展理念，坚持以供给侧结构性改革为主线，坚持"四为四高两同步"总体思路和要求，贯彻落实"五个三"战略部署，更加积极有为落实积极财政政策，加强疫情防控应对保障，促进经济社会平稳发展；进一步调整优化支出结构，提高财政资金使用效益；深入推进财政改革，不断加强财政管理，解放思想，先行先试，狠抓落实，为夺取新时代美丽晋城高质量转型发展新胜利贡献财政力量，确保全面建成小康社会和"十三五"规划圆满收官。

根据上述总体要求，在收支预算编制中坚持以下基本原则：一是收入预算实事求是，既充分考虑经济形势错综复杂、减税降费等因素对财政收入的影响，又打实打足收入，不虚列空转收入、人为平衡预算。二是支出预算更加注重落实"紧日子、保基本、调结构、保战略"要求，坚决压缩一般性支出和"三公"经费，调整优化支出结构，切实兜牢保工资、保运转、保基本民生底线。三是更加积极有为落实积极财政政策。贯彻落实"五个三"战略部署，积极应对疫情冲击，努力争取更多地方政府债券，带动有效投资，支持补短板扩内需。四是硬化预算约束。严格执行人大批复预算，切实加快预算支出进度。五是全面实施预算绩效管理。项目预算必须设定绩效目标，强化绩效运行监控和绩效评价结果运用。六是积极防范财政风险。优先统筹落实到期还本付息资金，积极化解隐性债务存量，坚决遏制新增隐性债务。

（二）全市2020年预算收支安排

1.全市一般公共预算收支

全市一般公共预算收入安排142.4亿元，比上年增长3%；加上级补助收入68.1亿元、债务转贷收入12亿元、上年结余收入0.5亿元、动用预算稳定调节基金7.3亿元、调入资金3.9亿元，减上解上级支出2.3亿元、债务还本支出6.8亿元，安排一般公共预算支出225.1亿元，比上年预算增长12.5%。

2.全市政府性基金预算收支

全市政府性基金预算收入安排34.8亿元，加上年结余收入0.5亿元、上级补助收入0.7亿元、新增专项债券收入18.4亿元、调出资金1.6亿元，可安排政府性基金财力为52.9亿元。按照以收定支的要求，相应安排政府性基金预算支出52.9亿元。

3.全市国有资本经营预算收支

全市国有资本经营预算收入安排4.6亿元，减去调到一般公共预算2亿元，安排国有资本经营预算支出2.6亿元。

4.全市社会保险基金预算收支

全市社会保险基金预算收入安排94.5亿元，安排社会保险基金预算支出90.6亿元。社会保险基

金滚存结余预计231.0亿元。

上述全市预算草案为市本级代编,市本级和各县(市、区)人代会批准的预算由市财政局按要求汇总后,报市人大常委会备案。

(三)市本级2020年预算收支安排

1.市本级一般公共预算收支

市本级一般公共预算收入安排40.8亿元,比上年增长3%,加上级补助收入68.1亿元、下级上解收入2.0亿元、地方政府债务收入12亿元、上年结余收入0.1亿元、动用预算稳定调节基金0.2亿元、调入资金2.1亿元,减上解上级支出2.3亿元、补助下级支出54.4亿元、债券还本支出1.9亿元、债务转贷支出4.8亿元,安排一般公共预算支出61.9亿元,比上年预算增长3.7%。

主要收入项目安排情况:税收收入30.8亿元,比上年增长4.3%,其中:增值税13.8亿元,增长4.0%;企业所得税6.3亿元,增长4.0%;个人所得税0.6亿元,增长1.9%;资源税7.8亿元,增长5.7%。非税收入10.0亿元,下降0.9%。

主要支出项目安排情况:教育支出8.2亿元,比上年预算增长6.7%;科学技术支出2.0亿元,增长5.5%;文化旅游体育与传媒支出3.2亿元,下降3.8%,主要是上年安排两年一届的太行山文化旅游节项目支出导致基数较大;社会保障和就业支出6.0亿元,增长4.7%;卫生健康支出2.3亿元,增长14.7%,主要是应对新冠肺炎疫情加大公共卫生投入;节能环保支出9.1亿元,增长237.5%,主要是上级提前下达中央冬季清洁取暖补助资金等;城乡社区支出6.8亿元,下降46.4%,主要是2019年安排基建项目等一次性支出导致基数较高;农林水支出3.8亿元,增长8.9%;交通运输支出1.6亿元,增长12.7%;自然资源海洋气象等支出1.2亿元,增长75.0%,主要是机构改革后规划、林业部门相关支出科目调整;住房保障支出1.3亿元,下降1.3%。

2020年市本级盘活收回市直部门(单位)结余资金0.7亿元,纳入预算管理,统筹使用平衡支出。

2.市本级政府性基金预算收支

市本级政府性基金预算收入安排15.8亿元,比上年增长6.8%,加上年结余收入0.6亿元、上级补助收入0.7亿元、专项债务转贷收入18.4亿元,减补助下级支出0.4亿元、专项债务转贷支出9.2亿元、调出资金1.2亿元,安排政府性基金预算支出24.7亿元,比上年增长90.1%。

3.市本级国有资本经营预算收支

市本级国有资本经营预算收入安排3亿元,减去调到一般公共预算0.9亿元,安排国有资本经营预算支出2.1亿元。

4.市本级社会保险基金预算收支

市本级社会保险基金预算收入安排56.3亿元,下降7.8%,安排社会保险基金预算支出52.9亿元,增长9.1%。社会保险基金滚存结余预计156.6亿元。

市本级2020年财政拨款开支的“三公”经费预算数为4060万元,比上年减少233万元,下降5.4%。其中:因公出国(境)费370万元,公务接待费640万元,公务用车购置费650万元,公务用车运行维护费2400万元。

在市人代会召开之前,市财政对本级基本支出和参照上年同期支出数额必须支付的项目支出、上年结转支出等必要支出进行了支付。

(四)晋城经济技术开发区收入和支出安排

晋城经济技术开发区一般公共预算收入安排3.8亿元,比上年增长3.2%,加上级补助收入0.6亿元、上年结余100万元、动用预算稳定调节基金0.3亿元,安排一般公共预算支出4.7亿元,比上年下降20.2%。

晋城经济技术开发区政府性基金预算收入安排3.6亿元,加上年结余88万元,安排政府性基金预算支出3.6亿元。

(五)2020年主要财政政策情况

1.加大财政投入,全力支持应对新冠肺炎疫情

强化疫情防控经费保障。及时足额保障疫情防护物资、诊断治疗专用设备以及快速诊断试剂采购储备,实行政府采购便利化政策。实施税收优惠、财政贴息、资金补助政策,大力扶持疫情防控物资生产企业恢复和扩大生产。积极落实疫情应急处置工作中受到感染工作人员的工伤保险政策,对参加防治工作的医务人员和防疫工作者按规定给

予临时性工作补助和一次性慰问补助。对于疑似、确诊患者发生的医疗费用，在基本医保、大病保险、医疗救助等按规定支付后，个人负担部分由财政给予全额补助。启动市对县国库库款应急调度机制，构建疫情防控拨款“绿色通道”。

积极帮扶企业渡危解困。不折不扣落实好《晋城市逆周期调节支持服务业发展的若干措施》，加大对受疫情影响较大的文化旅游、商贸流通、住宿餐饮等困难行业扶持力度。及时启动返还失业保险费、缓缴社会保险费、阶段性减免社保缴费等援企稳岗政策，对增值税小规模纳税人，适用3%征收率的应税销售收入，减按1%征收率征收增值税。加大对受疫情影响个人和企业创业担保贷款贴息支持力度，优化政策性融资担保服务，对重点服务业企业给予免费政策性担保。加快兑现专项扶持资金，对符合兑现条件的项目即时兑现扶持政策并拨付相关资金。

加强困难群体帮扶。启动疫情期间物价联动机制，为符合条件的困难群体发放价格临时补贴，阶段性提高每月价格临时补贴标准1倍。积极支持建档立卡贫困户就业增收，全市范围内企业在复工复产时优先使用建档立卡贫困劳动力一年以上的，财政给予1000元/人用工补助；扶贫车间在疫情期间吸纳建档立卡贫困户就业达到规定时间和薪酬要求的，按1200元/人给予一次性吸纳就业补助。

大力促进农民稳收增收。紧密结合乡村振兴战略，积极落实疫情期间促进农民增收十项举措。实施粮食产能项目，加快发展有机旱作农业。在不少于60个村开展农村庭院经济试点。加强生猪养殖洗消中心建设，对种猪场、规模养殖户予以贷款贴息，加快恢复生猪产能。实施“智慧农机”惠民项目，加快“互联网+农机”全覆盖。完成农村改厕5万座，推进“农村厕所革命”。开展“村庄清洁行动”，助力农村疫情防控。对农业产业化龙头企业予以贷款贴息，带动农业全产业链升值。全面开展市级农业生产托管，提升农业规模化经营水平。开展现代农业产业园创建，带动农民融入产业链。积极服务农民创业就业，增加农民工资性收入。

2.落实积极财政政策，推动高质量转型发展

切实巩固拓展减税降费成效。按照国家部署，不折不扣落实落细各项减税降费政策，不断巩固降低企业负担成果。认真落实涉企收费制度，加大监督检查力度，畅通减税降费政策传导机制，严肃查处政策执行不力、增加企业负担、损害群众利益等行为，发挥好减税降费政策效应，增强经济内生发展动力。

着力提升美丽晋城城市品质。继续实施老城更新与改造和丹河新城建设，加快推进“一体两翼、协同发展”。积极支持七岔口连通等城市道路“三通”工程建设，实施“两下两进两拆四提升”行动，加快老旧小区改造，大力整治背街小巷，推进公园绿地建设，加强全国文明城市创建，进一步提升我市城市品质和文明水平。着力支持太焦高铁晋城段、高铁东站站房扩建以及丹河“1+3”快线等配套设施建设，加快晋城机场前期工作，继续推进过境道路建设，不断构建完善城市开放通道。积极支持大数据“1183”工程等新型基础设施建设，加快打造中等智能城市样板。

积极推动产业转型升级。继续围绕“两只翅膀腾飞、三足鼎立支撑”产业转型格局，入股设立山西省煤层气产业发展基金，增强晋城煤层气产业发展整体优势，扎实推进能源革命。加快光机电“两中心一基地”项目落地，着力加强光机电产业研究院建设，积极支持开发区改革创新，继续推进市经济技术开发区率先发展。积极支持争取省级新动能专项等资金，推动煤化工、冶铸行业改造升级。加快太行一号风景道建设，积极创建国家全域旅游示范区。

加快改革创新步伐。积极支持深化企业投资行政审批制度改革，努力营造“六最”营商环境。着力落实招才引智财政扶持政策，不断吸引更多高层次人才和优秀大学生来我市就业创业。加快科技研发基地建设，引导调动企业创新研发积极性，加强科技合作和资源共享。继续提升市国投公司资本投资运营能力，积极培育壮大民营企业，完善政策性融资担保扶持政策，继续清理拖欠民营企业工程款，加快创建全省民营企业经济改革发展示范市。

3.坚持以人民为中心,持续保障和改善民生

切实改善医疗卫生服务。基本公共卫生人均财政补助标准由69元提高至74元,继续支持乡村医生队伍建设,进一步提升基层公共卫生保障水平。完善统一的城乡居民基本医疗保险和大病保险制度。加强医保基金监管能力建设,提高医保基金使用效益。支持深化公立医院综合改革,加快推进市医院易址扩建建设。

积极促进就业创业。把稳就业摆在更加突出位置,继续扶持创业孵化基地发展,落实各项创业补贴政策,更加注重支持大学生创业。积极促进重点群体就业,加大对就业困难人员帮扶力度,加强援企稳岗工作。支持开展全面技能提升工程,加强职业技能培训。

扎实做好社会保障工作。积极配合做好企业职工基本养老保险省级统筹工作。加强社会救助兜底,积极落实社会救助、社会福利、优抚安置等政策,将城乡低保等困难群众救助补助标准人均每人每月提高20元左右。继续做好企业军转干部解困和退役军人社保接续工作,对就业退役士兵给予一次性经济补助。积极扶持引导社会力量发展养老服务业,继续对城乡老年日间照料中心予以适当补助。

支持教育事业均衡发展。巩固城乡义务教育经费保障机制,继续支持义务教育薄弱环节改善和能力提升。落实民办幼儿园财政补助政策,推进学前教育普及普惠发展。优化增加教育资源,加快丹河新城教育园区建设,支持东南新区学校投入使用,稳步改善教学办学条件。继续支持太原科技大学晋城校区建设运行,落实好高中免学费、中职助学金等各项教育惠民政策。

促进文化事业发展。大力支持创建国家公共文化服务体系示范区。继续实行公益性文化设施免费开放、免费送戏下乡、农村公共文化建设等各项文化惠民政策,进一步提高基层公共文化服务水平。加强对文物古迹、非物质文化遗产的保护。支持群众体育设施建设,积极推进全民健身。继续推动新闻传媒集团改革和发展。

4.积极支持打好三大攻坚战,切实补齐发展短板

决战完胜脱贫攻坚战。严格按照“四个不摘”要求,持续加大脱贫攻坚投入力度,聚焦“两不愁三保障”,加强饮水安全保障,持续巩固拓展脱贫成果。认真落实疫情期间各项支持脱贫攻坚政策,防止因“疫”致贫、因“疫”返贫。继续为建档立卡贫困户免费参投“1+N”脱贫保,进一步完善产业扶贫带贫利益联结,及时全额偿还易地扶贫搬迁政策性融资本息,做好易地扶贫搬迁后续扶持工作。继续支持推动脱贫县统筹整合涉农资金,集中财力补齐脱贫攻坚短板。进一步加强财政扶贫资金监管,强化扶贫项目资金绩效管理,提高扶贫资金使用效益。研究推动脱贫攻坚与乡村振兴有机衔接。

坚持不懈推进污染防治。稳步推进冬季清洁取暖改造,加快阳电电厂至市区集中供热管网工程建设,实施秸秆禁烧和综合利用财政奖补。加强黑臭水体治理管控,逐步推进河道清水复流。强化污染源监测检测,完善污染防治考核财政奖惩制度。加强生态修复治理,扎实推进国土绿化,加快生态文明建设。

积极主动防范政府债务风险。严格落实债务限额管理和预算管理要求,优先足额安排政府债务还本付息资金,坚决杜绝政府债务违约风险。及时化解隐性债务存量,坚决遏制隐性债务增量。完善政府债务公开机制,加强债券资金使用和项目实施情况监控,强化政府债务项目绩效管理,提高债券资金使用效益。完善政府债务风险预警管理,强化政府债务风险考核问责,前瞻性分析研判国有企业投融资等各类潜在风险因素,坚守不发生系统性债务风险底线。按规定定期向市人大常委会汇报政府债务情况,自觉接受审计监督。

三、完成2020年预算目标的主要措施

2020年经济社会形势复杂多变,财政收支矛盾更加突出,财政工作必须贯彻新发展理念,围绕中心、服务大局,统筹兼顾、突出重点,精准发力做好改革发展各项工作,推动经济社会发展取得新成就。

(一)积极开源节流,切实加强财政保障。一是多措并举开源增收。加强财政收入分析研判,严格依法强化收入征管,加强税收征管能力建设,提高

税收征管效能，防止“跑冒滴漏”。千方百计主动挖潜，盘活政府闲置存量资产，有效弥补财政收入。积极支持扶贫、涉农等专项资金统筹整合，进一步高效集约使用财政资金。切实落实《晋城市进一步做好政策资金争取工作的意见》，努力争取上级政策资金支持，将更多项目列入国家和省支持计划。抓住国家大幅增加专项债券的机遇，全力争取更多债券资金支持全市经济社会建设。二是精打细算狠抓节支。牢固树立过“紧日子”思想，严格控制“三公经费”和一般性支出，坚决压减非刚性非重点支出，精打细算、执守简朴，勤俭办一切事业。清理规范过高承诺、过度保障的支出政策。三是有保有压强化保障。积极应对疫情冲击，主动作为化解财政收支矛盾，优先“保工资、保运转、保基本民生”，统筹资金集中财力保障市委、市政府办急事、干大事，促进经济社会平稳运行。

（二）坚持依法理财，严格预算执行管理。一是硬化预算约束。牢固树立预算法治意识，全面贯彻执行预算法，自觉接受人大监督。预算执行中，除中央、省和市委、市政府重大决策部署外，坚决不开新的支出口子，从严控制预算调剂事项。二是加快预算支出进度。严格落实部门预算执行主体责任，强化预算支出执行分析，加快预算执行进度，特别是加快应对疫情相关支出进度，及时发挥财政资金使用效益。三是加强预算执行审核管理。完善预算执行审核流程，强化预算支出特别是基本建设、专项资金支出审核，对前期工作不充分、预算支出不符合进度要求的资金要统筹调整用于亟须资金支持的项目；对项目执行完毕或情况变化预计难以支出的结余资金，一律收回平衡预算。

（三）持续深化改革，加快构建完善现代财政制度。一是积极完善财税体制。积极争取调整完善煤层气税收政策，配合做好资源税地方立法工作。加快完成教育、科技、交通运输等领域财政事权和支出责任划分改革，促进基本公共服务领域政府间权责清晰，保障有序。根据行政区划调整进展，及时调整完善财政体制。二是健全完善预算管理机制。进一步健全完善预算支出标准，加强行政事业单位资产管理，规范政府和社会资本合作（PPP）项目预算管理，完善基本建设项目预算管理，制定出台专项债券管理制度。深化财政国库管理改革，强化预算执行动态监控，严格规范资金支付和清算业务，加强预算执行和财政资金安全管理。加快构建优质优价优效的现代政府采购制度，规范政府购买服务工作。三是全面推进财政业务一体化信息系统升级改造。建成涵盖财政预算编制、预算执行、单位会计预算、决算和财报的财政核心业务一体化系统，加强与绩效管理、政府采购、资产管理、债务管理、非税收入收缴等系统融合衔接。四是持续强化财政监督管理。更好发挥财政监督在完善预算管理中的作用，大力推进预决算公开规范化、常态化、制度化，健全完善专项检查机制，加大监督检查力度，进一步完善财政内控制度。积极配合市人大预算联网监督，及时互联互通基础数据，更好接受人大监督。

（四）强化绩效管理，不断提高财政资金使用效益。一是健全完善预算绩效管理制度。出台晋城市全面推进预算绩效管理实施方案，修订项目支出绩效评价管理办法，加快构建“全方位、全过程、全覆盖”的预算绩效管理体系。二是加强预算绩效目标管理。将绩效目标设置作为预算安排的前置条件，严格绩效目标审核，将绩效目标与预算同步批复下达。三是硬化绩效管理激励约束。严格落实预算绩效管理责任，积极应用预算绩效评价结果，对绩效好的政策和项目原则上优先保障，对绩效一般的政策和项目要督促改进，对交叉重复、碎片化的政策和项目予以调整，对低效无效资金一律削减或取消，对沉淀资金一律收回。

索引

说 明 (1)本索引以人名、地名、机构名称、活动名称、事件(事物)名称等为主题词进行检索。(2)本索引按主题词汉语拼音字母顺序排列(数字开头主题词另排序),主题词后面的数字和字母分别表示所在页码和分栏位置(a b c表示本页码左、中、右三栏)。(3)本索引主题词主要选自本年鉴正文部分,特载、专记、大事记、文献辑录以及图表、照片不在索引范围内。

A

B

C

D

H

J

M

N

市直单位撰稿人名单

闫晨俊	市文明办
李　容	市委办公室
上官华波	市委组织部
马永进	市委宣传部
赵　赫	市委统战部
肖瑞敏	市光机电产业研究院
秦树兵	市委机构编制办
李　冰	市委老干部局
裴陆茂	市信访局
王志现	市直机关工委
李张亮	市委党校
闫婷婷	市委讲师团
薛长青	市委新闻中心
李先丽　苏　涛	市档案馆
李　娜	市委党史研究室(市地方志研究室)
张　军	市人大常委办公室
牛　军	市政府办公室
尚鹏飞	市安全生产和应急管理局
李　玮	市防震减灾中心
成晓冰	市规划和自然资源管理局
史志强	市行政审批服务管理局
申　云	市大数据应用局
王京欣	市政府外事办公室
李　璐	市统计局
贺　婧	市直属机关事务服务中心
窦历宏	市治超事务中心
赵　健	市住房公积金管理中心
赵亚峰	市发展研究中心
张刘敏	市政协办公室
任　利	市纪检委
裴余庆　酒　磊	晋城军分区
刘少峰	市人防办
牛振中	市双拥服务中心
卫鑫伟	武警晋城市支队
崔志鹏	市委政法委
李会芳	市公安局
安如河	市交警支队
梁燕妮	市公安消防支队
王　昊	市检察院
郝文林	市中级法院
赵艳萍	市司法局
韩　红	市仲裁委
程梦馨	市公证处
成丽梅	民革晋城市委
李玲玲	民盟晋城市委
韩连弟	民建晋城市委
李卫国	民进晋城市委
孙夏芳	农工党晋城市委
王晓芳	九三学社晋城市委
郭浑庆	市总工会
张　宁	团市委
张　欧	市妇联
宋安太	市科协
张　然	市侨联
李群山	市工商联
王　敬	市文联
赵军锋	市残联
王晋临	市关工委
苏　洁	市法学会
殷建忠	市红十字会
陈苏洲	市老区建设促进会
张志斌	市发改委
焦哲玺	市能源局
张虎林	市场监督管理局
赵　斌	市审计局
牛　坤	市农业农村局
苗胜鹏	市农业综合开发中心
姜　凯	市畜牧兽医服务中心
李　芳	市农机发展中心
崔小守	市水务局
李　斌	市水利勘测设计院
谭　超	市工业和信息化局
邢爱华	国网晋城供电公司
谢晓前	市城镇集体工业联合社
孔　阳	市中小企业发展促进中心
郝　露	市投资促进中心
张晶晶	市经济技术开发区
高　鹏	晋煤集团

乔　鹏	晋能集团晋城有限公司	薛　婷	晋城银行
付　鑫	阳城电厂	张凌云　王　敏	市农村信用社
关　成　李　琦	兰花集团	芦　佳	市保险行业协会
袁志刚	兰花科创	李　栋	中国人民财产保险晋城市分公司
秦　飞	天泽煤化工集团	陈立新	中国人寿保险晋城市分公司
张颜良	市住建局	韩国良	太平洋财产保险晋城中心支公司
王云霞	市公用事业建设服务中心	薛丽霞	太平洋寿险晋城中心支公司
司继迎	市园林绿化服务中心	张剑峰	市教育局
牛江瑶	市生态环境局	郝　云	太原科技大学晋城校区
魏　嘉	市交通局	司建新	晋城职业技术学院
元军鹏	晋城交通运输执法局	梁满亮	晋城市中等专业学校
宋永胜	晋城公路局	李　军	山西广播电视大学晋城分校
孙浩男	晋城汽车运输有限公司	郭玉青	晋城一中
毛　慧	中国邮政晋城市分公司	樊忠东	市科技局
段精婧	中国移动晋城市分公司	杨学峰	市科学技术研究所
王　佳	中国联通晋城市分公司	王建民　司艳敏	市气象局
张　煜	中国电信晋城市分公司	武敏宏	市文化和旅游局
张　勇	市无线电管理局	李　霞	市体育局
郑承庄　钟飞翔	市商务粮食局	程　才	市新闻传媒集团
王　雷	市供销社	杨　姣	市上党戏剧研究院
李红霞	晋城石油分公司	赵艺嵘	市医保局
陕旭东	市烟草公司	尚姗姗	市卫健委
郭素兰	晋城盐业公司	张慧丽　徐　沛	市人民医院
陈璟璇	市财政局	王亚翔	晋城大医院
田　宇	市税务局	贾庆朝	市中心血站
宋　莉	市金融办	李　军	市疾病预防控制中心
郭志卫	人行晋城市中心支行	李建军	市爱卫办
郭　超	晋城银保监分局	李旭东	市民政局
白如兵	中国工商银行晋城市分行	靳海波	市人社局
李静莲	中国建设银行晋城市分行	谭李军	市人才服务中心
田家龙	中国银行晋城市分行	贾　骁	市退役军人事务局
高文英	中国农业银行晋城市分行	程立胜	市信息中心
冯　雪	中国农业发展银行晋城市分行	宋鹏鹏	市信息中心
逯　璐	交通银行晋城分行		

各县（市、区）撰稿人名单

王翠平	中共城区区委党史研究室（城区地方志研究室）
张　静	中共泽州县委党史研究室（泽州县地方志研究室）
牛　彬	中共高平市委党史研究室（高平市地方志研究室）
邹　帅	中共阳城县委党史研究室（阳城县地方志研究室）
焦国锋	中共陵川县委党史研究室（陵川县地方志研究室）
张丽霞	中共沁水县委党史研究室（沁水县地方志研究室）